# 学力テストの
# イノベーションとダイバーシティ

## ―全国の学力向上政策の実証的研究―

北野秋男 著

風間書房

# ま え が き

　日本の小・中学校の教育実践に対する世界的な評価は高い。教員の児童生徒に対する指導力は優れ、日々、創意工夫された授業が全国で展開されている。こうした日本の教育の優れた点を指摘した研究としては、1980年代のアメリカ人研究者による日本の学校教育研究が挙げられる。カミングス（William K. Cummings）の1980『ニッポンの学校（Education and Equity in Japan）』、ローレン（Thomas P. Rohlen）の1983『日本の高校（Japan's High Schools）』、デューク（Benjamin C. Duke）の1986『ジャパニーズ・スクール（The Japanese School）』などである。これらの研究は、日本の学校教育の優れた点を指摘する実態調査に基づく実証的な研究であった。

　たとえば、デュークは「日本の労働者の読み書きと計算の能力、仕事に対する取り組み姿勢、その決意、競争精神といったものは、すべて学校時代の毎日毎週の長い授業時間、並外れて多い年間授業日数の中で培われ強められてきたものなのである」（デューク『ジャパニーズ・スクール』講談社, 1986：26）とした上で、日本の労働者の優れた資質形成が学校教育によるものであることを指摘した。そして、日本の児童生徒が「読み書きと数学にかけては、世界でも最高の集団的学力水準を身につけた」（同上, 1986：80）とも述べ、児童生徒の基礎学力が世界最高であると賞賛した。確かに、1981年（数学）と1983年（理科）に実施された「国際到達度評価学会」（IEA）の「国際数学・理科教育動向調査」（TIMSS）の結果は、日本は両科目で世界のトップであった。日本の学力は、得点の分散が極めて小さく、高い学力レベルでの均質化傾向を示すものであった（北野秋男『日米のテスト戦略』風間書房, 2011：67）。

　TIMSSでも証明された「日本の基礎学力の高さ」は、戦後から今日まで全国の学校現場で日々、地道に積み上げられた教育実践の成果を示すものであった。本書においては、この日本の教育実践の成果となった要因を解明することを意図するが、とりわけ「学力向上」を目指した学力テスト政策に焦点を当て

るものである。学力テストの実施は、まずは児童生徒の学力の実態把握を行なうものの、その結果に基づいて、さらなる学力向上を目指す場合、学力不振やつまずきに苦しむ者を救済する場合、教育課程や教育施策の改善に役立たせる場合、教員の指導力や学習指導を改善する場合、学校・学級経営に役立たせる場合など様々な取り組みが挙げられる。また、「都鄙格差」と呼ばれた地域間格差の是正、家庭環境の改善、学校の教育施設や設備の改善、学力と階層、学力と知能といった相関関係の解明などにも利用された。

　言い換えると、戦後の日本の学力テスト政策は各都道府県において教育的な背景や事情が異なるとはいえ、極めて明確な利用目的が設定され、独自の内容や方法によって実施されたものであった。それは各都道府県の自律的・自主的なものであり、個性的・独創的なものであった。こうした戦後の各都道府県における学力テスト政策が日々の日本の学校・教師の向上を促し、進歩・発展する土台を構築しただけでなく、小・中学校の教育や教員の資質を「世界一」と評価する礎となったと言えよう。もちろん、「ゆとり教育」による学力低下、平成15 (2003) 年の「PISAショック」など「学力の危機」と呼べるような時期もあった。この時、文部科学省は「確かな学力の向上のための2002アピール『学びのすすめ』」(平成14年1月17日) を発して、「心の教育」の充実と「確かな学力」の向上を当時の学校教育の「大きな課題」として挙げている。しかしながら、この時も多くの都道府県では学力向上を目指した学力テストが実施され、平成18年度には39都道府県・13指定都市に達している。苅谷・志水は、この時を「学力調査の時代」(苅谷剛彦・志水宏吉『学力の社会学』岩波書店, 2004：1) が到来したと位置づけたが、いわば全国で一斉に学力向上対策がスタートしたことを意味した。

　本書は、わが国の戦後以降の「学力向上政策」を都道府県ごとに記述し、その特色や違いを描き出すことを意図したものである。日本の各都道府県における戦後の「学力向上」を目指す学力テスト政策を体系的・総合的に解明した先行研究は存在しない。本書は、各都道府県による「地方学力テスト」の実態解明を行なった前著2022『地方学力テストの歴史—47都道府県の戦後史—』(風間書房) の続編ではあるが、新たな資料も加え、「学力向上」を目指すテスト

政策の特色や違いを都道府県ごとに記述したものである。もしも興味・関心の
ある県があれば、その県だけを一読することも良い方法かと思う。そして、本
書を通して、日本の学力問題や学力テストのあり方の過去・現在・未来を考え
て頂ければ、筆者の望外の喜びともなる。

# 目　　次

まえがき……………………………………………………………………… i

序章　本書の目的や課題………………………………………………… 1

## 第1部　北海道・東北・関東地方……………………………………… 15

第1章　「地域格差」と「教育諸条件」の改善〜北海道〜……………… 19

第2章　「全教科最下位グループ」からの脱出〜青森県〜……………… 39

第3章　「岩手事件」のその後〜岩手県〜……………………………… 56

第4章　「茨教連」の教育活動〜茨城県〜……………………………… 79

第5章　「千教研式標準学力テスト」の開発〜千葉県〜……………… 96

第6章　「詰め込み教育」による競争主義〜東京都〜………………… 114

第7章　「神奈川教研式」学力テストの開発〜神奈川県〜…………… 132

第8章　「学力向上」は小1から〜新潟県〜…………………………… 154

## 第2部　北陸・東海・関西地方………………………………………… 171

第9章　「小中教研学力テスト」：教員力の結集〜富山県〜………… 175

第10章　SASA：「戦後最長」の学力テスト〜福井県〜……………… 195

第11章　「信濃教育会教育研究所」の功績〜長野県〜……………… 215

第12章　「テスト王国」の実態〜静岡県〜…………………………… 232

第13章　全県的「学校テスト」の実態〜愛知県〜…………………… 248

第14章　「機能的学力観」の受容と継承〜岐阜県〜………………… 267

第15章　「学力の実態」に関する独自の調査研究〜滋賀県〜……… 285

第16章　「目標準拠評価」としての「到達度評価」〜京都府〜……… 305

第17章　学力保障を求めて！「府教育センター」の活動〜大阪府〜…326

vi 目 次

第3部　中国・四国・九州・沖縄地方⋯⋯⋯⋯⋯⋯⋯⋯⋯⋯⋯⋯⋯⋯⋯347

　第18章　「電気統計会計機」の導入〜岡山県〜⋯⋯⋯⋯⋯⋯⋯⋯⋯351

　第19章　「学力診断テスト」による「つまずき」発見〜鳥取県〜⋯⋯⋯372

　第20章　すべては「学習指導改善」へ〜島根県〜⋯⋯⋯⋯⋯⋯⋯⋯392

　第21章　「学習評価」のイノベーション〜山口県〜⋯⋯⋯⋯⋯⋯⋯408

　第22章　「愛研式標準学力テスト」の開発〜愛媛県〜⋯⋯⋯⋯⋯⋯425

　第23章　「学力と知能」の相関関係の解明〜佐賀県〜⋯⋯⋯⋯⋯⋯443

　第24章　「熊本型教育」「熊本型授業」を目指して〜熊本県〜⋯⋯⋯⋯463

　第25章　「本土なみの学力」への葛藤〜沖縄県〜⋯⋯⋯⋯⋯⋯⋯⋯482

終章　「学力向上」を目指す「学力テスト」の課題と展望⋯⋯⋯⋯⋯⋯⋯505

あとがき⋯⋯⋯⋯⋯⋯⋯⋯⋯⋯⋯⋯⋯⋯⋯⋯⋯⋯⋯⋯⋯⋯⋯⋯⋯⋯⋯519

# 序章　本書の目的や課題

## 1　本書の目的

　学力テストの点数が「上がること」は、「下がること」と比べれば、はるかに歓迎すべき事柄である。しかし、学力テストの点数が「上がること」「下がること」はテスト結果でしかない。結果のみを学力や教育の善し悪しの判断材料にし、結果のみを求めるような教育政策や学習指導を行なうことは、本来の教育からすれば本末転倒である。児童生徒を点数のみで評価することは間違いである。しかし、同時に学力の成果や実態を何らかの方法で評価・測定することも避けられない現実である。学力テストは、個人のみならず学校や地域などの学力のあり様を検証する有効な手段であることは間違いない。つまりは、学力テストをどのように使うかが重要な問題となる。

　本書は、戦後の47都道府県による「学力向上」を目指す学力テスト政策を、47都道府県の中から特に特色のある25都道府県を取り上げて、それぞれの都道府県の戦後から今日までの「学力向上」のあり様を「学力テスト政策」の実施状況に焦点化して、実証的に解明したものである。とりわけ、各都道府県で刊行された学力テストに関する一次資料を独自に調査・収集し、都道府県別に学力テスト政策の特色や違いを描いたものである。本書で取り上げた25都道府県の学力テストは、全国的に見ても際立った特色ある歴史をもっている。そうした特色は、学力テストそれ自体の「イノベーション（革新性・先駆性）」と実施主体の「ダイバーシティ（多様性・多元性）」として焦点化し、全国の学力テスト政策の展開を都道府県別に記述した。

　各都道府県における「学力向上」を目指す学力テストの実施内容は、多様かつ多彩であり、豊かな教育実践を伴うダイナミックなものであった。それは、まずは児童生徒の学力の実態把握を行い、その結果に基づいて学力向上を目指す場合、学力不振や学習上のつまずきを解明する場合、教育課程や教育施策の改善に役立たせる場合、教員の指導力や学習指導を改善する場合、学校・学級

経営に役立たせる場合などの取り組みとなって具現化された。また、「都鄙格差」と呼ばれた地域間格差の是正、家庭環境の改善、学校の教育施設や設備の改善、学力と階層、学力と知能といった相関関係の解明などにも利用された。こうした各都道府県の自律的・自主的な、個性的・独創的な「学力向上」を目指すテスト政策が日本の教育実践を変革し、質の高い教育を行なう基礎・基盤を形成したと言える。

　本書における学力テストの「イノベーション」は、二つの意味を持つ。一つは、「学力テスト（それ自体）のイノベーション」であり、いま一つは「学力テストの利活用による学力向上のイノベーション」である。前者は、学力テストそれ自体のイノベーションを問うたものであり、学力テストの実施内容や評価・分析のあり方の革新性・先駆性に着目したものである。後者は、学力テストの利活用による学力向上のあり様における革新性・先駆性に着目したものである。

　なお、本書は各都道府県における「地方学力テスト」を取り上げたものであり、国や文部省（文部科学省）が行った「ナショナル・テスト」を取り上げたものではない。その理由は、筆者自身がすでに次の研究成果によって明らかにしているためである。昭和31（1956）年度から11年間にわたって実施された文部省「全国学力調査」の実施内容と影響については、前著2022『地方学力テストの歴史―47都道府県の戦後史―』（風間書房）において検討した。また、平成19（2007）年度から開始された文科省「全国学力・学習状況調査」（以下、「全国学テ」）についても北野・下司・小笠原2018『現代学力テスト批判―実態調査・思想・認識論からのアプローチ―』（東信堂）において検討した。参照願えれば幸いである。


## 2　「標準学力テスト」と「学習指導改善テスト」

　戦後直後から始まる各都道府県の「学力向上」を目指した学力テストの開発・実施には、いくつかの歴史的契機や背景がある。まず、戦後直後に小・中学校で学力テストによる教育評価が求められた背景としては、昭和22（1947）年3月の『学習指導要領一般編（試案）』における「第五章　学習結果の考察」、

ならびに昭和26年の『学習指導要領一般編（試案）』の「Ⅳ教育課程の評価」「Ⅴ学習指導法と学習成果の評価」において、学習結果の確認を指導する教師の側だけでなく、学ぶ側の児童生徒にとっても有効である「学習結果の考査」「学習成果の評価」のあり方が示された（戦後教育改革資料研究会，1980）[1]。また、客観テストの説明も「標準化された方法」と「標準化されない方法」に区分して行われた。

　そして、昭和22年5月23日制定の「学校教育法施行規則第24条」では「校長は、その学校に在学する児童等の指導要録を作成しなければならない」と規定され、第36条では「校長は、別に定める様式によって、児童の学籍簿を編制しなければならない」とされた。昭和24年9月23日には文部省初等中等教育局長から「学籍簿の名称変更並びにその取扱いについて」と題する文書が各都道府県知事や教育委員会・5大市教育委員会に出され、従前の「学籍簿」は「指導要録」と名称変更され、記載事項も定められた（北海道立教育研究所，1981：63）。この「指導要録」への記載の対象となったものが、各都道府県で開発された「標準学力テスト（検査）」であった。「指導要録」は、昭和30年9月13日に文部省初等中等教育局から改訂の通知が出されたが、ほぼ「現行通り」とされ、校長が作成する「公簿」であること、指導要録の「標準検査の記録」もそのままとなった。その際には、「標準化された知能検査・適性検査等で最も信頼のおけるものを正確に実施した場合に記入すること。必ずしも実施したすべての標準検査の結果を記入する必要はない」（城戸，1956：16）とされ、地方の実状や方針に委ねられた。

　こうした「学習指導要領」における学習内容の定着度の確認、ならびに「学習指導要録」への記載のために利活用された学力テストが各都道府県で開発・実施された「標準学力テスト」であった。それは一定の標準的な問題をテスト問題の専門家が作成し、一人ひとりの児童生徒の学力の実態を一定の「規準」（norm）に基づいて評価するものである。この標準学力テストの開発と実施は、各都道府県によって様々な理由や背景があるものの、「教育政策テスト」として各都道府県における教育政策の立案と改善にも役立つものとなった。

　一方、「標準学力テスト」とは別に「学習指導改善テスト」と呼ばれる学力

テストも各都道府県において実施された。「学習指導改善テスト」とは、おもに日本の学校教育における教師の授業・学習指導の改善、教師の資質向上を意図したものである。このテストは、各教科における単元の指導の際に、適切な指導計画を立案するために授業前に「事前テスト」「診断テスト」「前提条件テスト」などを行い、学力の実態や問題点を探るものである。また、授業プランを立てて、実験・研究・実証授業を行いつつ、途中の評価である「形成的テスト」などを行なうものである。授業直後に、その効果や課題を明らかにする「事後テスト」「総括的テスト」を行なうか、ないしは1ヶ月くらい間を置いて再度評価する「把持テスト」も行う。事前・事後・把持テストを同一問題で行い、その理解度の推移を検証することも行われる。

　こうした「学習指導改善テスト」は小規模な学級・学校を単位として実施され、別名「教師作成テスト」とも呼ばれた。戦後の学習評価研究者であった橋本重治（1952）は、学習欠陥の治療を志向する「診断テスト」（diagnosis test）の役割や意味を解説した上で、学習上の欠陥を明らかにする「誤謬分析」を「教師自作テスト」として作成し、診断的治療的指導を行なうことの重要性を述べた。さらに、橋本（1959）は「教師作成テスト」の種類や内容も解説している。同じく矢口ら（1957）も、「基礎学力の診断という教育の科学的研究の普及の第一歩」（矢口，1957：はしがき）となることを目指して、小・中学校の国・算（数）・理・社の4教科における学力テストの作成方法を解説した。教育活動を目的とするテストは、「子どもの生長をはかるためのテストであり、それが同時に、教師の成長にもなるために行われる」（同上，1957：7）と位置づけた。

　以上のように、学習の指導と評価の間には重要で密接な関連があり、その目的に応じて学力テストの規模や方法も異なる。「教育政策テスト」は、児童生徒の学力の実態把握を目的として悉皆調査・希望調査・抽出調査などの方法による比較的大規模な「標準学力テスト」を行なうものである。一方、「学習指導改善テスト」は研究・実験協力校などで研究授業・実験授業などの前後で学習指導の効果を確認するための「教師作成テスト」による小規模テストを行なうものである。学校・教員が主となって学校・学級といった小規模単位で学習指導改善を目的として「教師作成テスト」を実施し、その効果や問題点を調査

研究するものである。

## 3　戦後の「学力向上政策」の展開

　本書の課題は、戦後の各都道府県における「学力向上」を目指した「学力テスト」の開発・実施内容を、学力テストの「イノベーション（革新性・先駆性）」と「ダイバーシティ（多様性・多元性）」に焦点化し、解明することである。その際の本書の課題は、以下の通りである。

　第一の課題は、戦後から今日まで各都道府県で行われた「学力向上」を目指す「学力テスト政策」の歴史的展開を実証的に解明することである。戦後の全国的な「学力向上政策」は、時代によって異なる。また、各都道府県によって異なるものでもある。例えば、敗戦直後の荒廃した状況下における「学力低下」、ないしは新教育導入による「学力低下批判」などに対応した学力テストが各都道府県で行われた。また、昭和31年から11年間にわたって実施された文部省「全国学力調査」の結果が全国の都道府県における学力競争を誘引し、学力下位県を中心に県を挙げての「学力向上運動」が推進された。さらには、高校・大学進学率の上昇とも関連し、全国的に民間のテスト業者による「受験学力・テスト学力」の向上を目指した競争もヒートアップした。しかしながら、昭和41年に「全国学力調査」が終了した際には、県によっては「学力調査アレルギー的風潮」（岩手県教育委員会，1982：1328）が残ったとされた。この時には、標準学力テストの実施は少なくなり、代わって学習指導の改善を目指したり、学力と教育諸条件の相関関係を調べる調査研究が行われた。つまりは、各都道府県における学力テスト政策は全国的な傾向はあるものの、その実施内容は都道府県ごとに個別、実証的に解明すべきものである。

　第二の課題は、学力テストの「イノベーション（革新性・先駆性）」を都道府県ごとに分析し、その内容的な特色や違いを明らかにすることである。例えば、戦後直後における「標準学力テスト」は、宮城県では「宮教研式」、山形県では「山教研式」、千葉県では「千教研式」、神奈川県では「神奈川教研式」、愛媛県では「愛研式」と呼ばれた県独自の学力テストのイノベーションを具現化するものであった。他方、福井県においては戦後から今日までの約70年近くに

わたって、一貫して「県標準学力テスト」が実施された。こうした学力テストの「イノベーション」を、「学力テストそれ自体のイノベーション」と「学力テストの利活用による学力向上のイノベーション」に区分して、都道府県別に記述することが本書の課題である。

　第三の課題は、その実施主体の「ダイバーシティ（多様性・多元性）」に目を向けたことである。たとえば、茨城県は「茨教研」、富山県は「小教研」「中教研」の学力テストの長い歴史を持つ。長野県は、民間の「信濃教育会教育研究所」が長野県教育委員会に代わって、多くの学力テストを実施している。愛知県は、地域ごと、学校ごとに学力テストが行われている。こうした学力テストの開発・実施は、各都道府県における教育事情の歴史を反映するものであり、その県独自の特色を持つものである。戦後の学力テストの実施主体は、一般的には県の「教育委員会」・「教育研究所」・「教育センター」などであったが、それ以外にも「小中学校長会」、教員組織による「小中学校教育研究会」、民間の「教育研究機関」など多種多様な機関によっても行われていたことになる。こうした学力テストの「ダイバーシティ」を解明することも本書の課題である。

　第四の課題は、現代の「学力向上」を目指した「学力テスト政策」の展開を都道府県ごとに分析することである。一般的動向をいえば、平成15（2003）年以前、もしくは平成15年以降に「ゆとり教育」による学力低下に対して、学力向上を目指す都道府県が多かった（北野・下司・小笠原, 2018：43-44）。また、平成19年から開始された「全国学テ」に合わせて実施した都道府県も多い。つまりは、現代においては各都道府県の学力テストの独自性は一部の県を除いては色あせ、自らの県の学力を全国的な学力と比較するケースが多い。そうした全国的な傾向の中でも、京都府のように学力保障を目指す県独自の学力政策を掲げたり、群馬県のように実技試験を課す学力テストを実施する例外的なケースもないわけではない。現代における各都道府県における学力テストの実施目的と内容を確認することも本書の課題とする。

　以上のような各都道府県の戦後の学力テストの実施状況は、各章において共通に時期区分して一覧表にした。この表では、学力テストの種類を「教育政策テスト」と「学習指導改善テスト」に区分して、年代ごとの初回の実施数を示

した。もちろん、「標準学力テスト」を用いて学習指導改善に役立てようとする方法もあるわけで、必ずしも明確に両者を区分できない場合もあるが、そうした場合には筆者の判断で、どちらに重点が置かれているかで判断した。

## 4　先行研究（学術研究）の検討

　本書の課題に照らし合わせて、先行研究を学術研究と一般・啓蒙書に区分して検討する。本書の課題は、上記で示した四つの事柄であるものの、共通点は「学力向上」を目指す「学力テスト政策」を扱った研究を先行研究と位置づけた点である。戦後の地方学力テストに関する歴史研究は、前著2022『地方学力テストの歴史―47都道府県の戦後史―』が挙げられるが、本書と前著の違いは以下の点にある。

　前著2022『地方学力テストの歴史―47都道府県の戦後史―』は、47都道府県の学力テストの実施を戦後から時期区分した上で、学力テストの実施主体、「標準学力テスト」と「学習指導改善テスト」の開発・実施、知能検査を用いた学力との相関関係、文部省「全国学力調査」の影響、「全国教育研究所連盟」による共同研究の影響、教育・学習評価の変遷、民間の業者テストの影響など、多角的な視点によって解明したものであった。いわば、地方学力テストの歴史的展開を事実に基づき、実証的・歴史的に記述したものである。

　本書は、前著の地方学力テストに関する歴史的展開の事実や実態を利用しつつ、焦点を各都道府県の「学力向上」を目指した「学力テスト政策」に絞り、焦点を明確にした上で、戦後の「学力テスト」の開発・実施内容を解明した。従って、前著と本書では、その目的も内容も異なるものとなっているばかりでなく、前著刊行後には再度の資料調査と新たな資料の発掘も試みた。特に、地元新聞のマイクロフィルムなども確認し、各都道府県の学力テスト関係の新たな事実確認も行った。

　さて、戦後の「学力向上」を目指した全国的な「学力テスト」の開発・実施内容を歴史的に解明した先行研究は、実は皆無といってよい。いわば、本書は日本初の都道府県別の全国の「学力テスト政策」の展開を記述した研究成果であると言える。全国の「学力テスト政策」の歴史的研究は見当たらないが、現

代の学力テスト政策に関する問題を扱った研究成果は存在する。志水（2012）は、平成20（2008）年1月27日の「大阪府知事選挙」で当選した橋下知事が先導した「大阪の教育改革」を批判的に検証した。志水は、橋下教育改革の特徴を「無反省な新自由主義」と「むき出しの新保守主義」が合体したものであったと評価している（志水，2012：56）。この研究は、学力テストを取り上げたものではないが、大阪府の学力テストで上位を目指す教育改革を批判しつつ、「大阪では、「同和教育」をはじめとする「在日外国人教育」「障害児教育」という人権教育のなかで、マイノリティの教育権をしっかりと保障しようという取り組み・実践が数十年にわたって蓄積されてきた」（同上，2012：51）ことを高く評価するものであった。志水（2009）は、関西の学校現場を紹介しながら、欧米の「効果のある学校」論をもとに、「力のある学校」論を様々な角度から理論的にも分析している。

　東京都については、平成16（2004）年からスタートした東京都内の公立中学2年生（約6万8千人）を対象とした「児童・生徒の学力向上を図るための調査」（以下、「都学力テスト」）を対象に、嶺井・中川（2007）が学校選択への影響を考察した。山本（2008・2009）は、都学力テストを新自由主義的文脈で考察し、品川区と足立区などの学力テスト状況を分析した。石川（2007）は、東京都における学力テストの学校現場への悪しき影響を指摘した。大阪の橋下知事と並んで東京都の石原慎太郎都知事による東京都の教育改革を取り上げた研究として乾（2004）、嶺井（2004）、堀尾・小島（2004）、佐貫・世取山（2008）、北野（2013）らが参考になる。石原東京都知事による都改革は高校改革、人事考課制度、テスト政策などを柱とするものであった。

　学力格差是正の国際比較研究の視点からは高田・鈴木（2015）が、大阪府と東京都の今日の「全国学テ」実施状況下における「学力向上策」を比較検証した。大阪府に関しては「子どもの貧困が深刻な自治体の一つである」（高田・鈴木，2015：193）との認識の下、学力不振の背景要因や学力向上の対策を検証した。東京都の場合は、板橋区のD小学校の学力と学習指導の実態が分析された。同書における世界各国と日本の学力向上政策の質的な違いを指摘した点は興味深い。

「学力向上」ではないが、「学力低下」をキィーワードにした研究もある。2
〜3例を挙げておくと、古くは戦後直後の青木（1949）が新教育における「学
力」の意味を問い直し、基礎学力重視の考え方を捉えなおす必要性を指摘した。
久保（1952）は、戦前と戦後の子どもの算数学力を比較した調査研究を行なっ
た。現代では、学力低下論者の中でも急先鋒とされた和田（2000）が、「ゆと
り教育」推進者であった当時の文部省大臣官房政策課長であった寺脇と対談し、
日本の学力低下問題について激論を展開した。市川（2002）は、1990年代の
「ゆとり教育」による学力低下論者の主張を紹介しながら、3極化した学力低
下論争の構図や影響を描いた。その他にも、児童生徒の学習意欲の低下による
「意欲格差」を取り上げた苅谷（2001）、同じく「希望格差」を取り上げた山田
（2006）など注目すべき研究は多い。これ以上の言及は、紙幅の関係で割愛す
るが、いずれにせよ本書のような「学力向上」を目指した学力テストの実態に
言及した先行研究は存在しない。

## 5　先行研究（一般・啓蒙書）の検討

　次に、都道府県別の「学力向上政策」を取り上げた一般書・啓蒙書なども確
認しておく。但し、受験対策に向けたノウハウ本、学校現場での教育実践を紹
介したもの、学力テストに言及していないものは除くこととする。「教育の読
売」として、北海道の学力低下問題に切り込んだ読売新聞社北海道支社（2013）
は、平成19年から平成22年までの4年連続で「全国学テ」で北海道が40位台に
低迷したという危機感を背景に、北海道の学力低下の原因と対策を幅広い取材
を基に提言している。本書は、北海道の学力向上を軽視する背景や要因を探る
ものであり、「北海道教組や札幌市の学力テストへの反対」「授業時間の削減」
「学習成果の検証不足」「道教大（札幌校）の教員志望者への悪影響」などを要
因の一端として挙げている（読売新聞社北海道支社, 2013：146-171）。北海道の学
力低下の現状を多角的に検証したものである。

　「学力低下」を危機とした北海道とは異なり、福井県の学力が全国トップ・
クラスであることの原因や理由を詳細に紹介した本が志水・前馬（2014）で
あった。本書においては、福井県と秋田県が全国学テにおいて「ツートップ」

であるという結果に基づいて、同書では福井県の学力がなぜ全国的に見て最上位であるのかを徹底検証している。その要因の一つとして挙げられたものが、戦後から「60年以上続いている県独自の学力調査の実施」（志水・前馬, 2014：40）であった。また、志水（2014）は人と人との「つながり格差」が学力格差を生み出すという「社会関係資本」のあり方にも注目した[2]。福井県は地域・家庭の状況が秋田県と類似しているとした上で、とりわけ福井県では「学校規律の徹底」と「何事にもがんばる精神の育成」（志水, 2014：134）といった「きびしさ」が高学力を維持する要因と推測され、特に学校教育における「無言清掃」「雑巾がけ」「遠泳大会」などが厳しい指導の事例として挙げられた。福井県の厳しい指導が学力最上位県を保ってきた一つの要因として指摘されたが、それがイコール児童生徒にとっての教育であったか否かの検証が必要ではなかろうか。

　京都府については、京都自治体問題研究所・京都府政研究会が平成3（1991）年から開始した小4・小6を対象にした「小学校基礎学力診断テスト」、平成15年から開始した中2を対象にした「中学校学力診断テスト」という名称の「一斉学力テスト」を取り上げ、このテスト結果に基づく京都府内の各学校の教育実態に言及した。それは、このテストの実施以来、学校の「平均点」が京都府や所在する自治体の「平均点」よりも1点でも下であれば、「年度途中の指導主事訪問が追加されることもあり」、「テスト結果がその後の学校の学習指導を方向づけ、強化する体制」（京都自治体問題研究所・京都府政研究会, 2013：13）になっていることを指摘した。要するに、テスト結果を上げるための指導やドリル学習、練習・指導が優先されたということである。

　以上のような各都道府県別の学力問題を取り上げた一般書・啓蒙書などの特徴は、「学力問題」に焦点化し、「学力向上政策」の内容を検討したものであるが、学力テストへの本格的な言及はほぼ皆無であった。なお、前節と本節で北海道・大阪府・東京都・福井県・京都府などにおける先行研究を紹介したが、これら以外の各都道府県でも教育改革や学力向上策を取り上げた研究もある。それらについては、各章で取り上げることとする。

## 6　本書の構成

　本書は、各都道府県における「学力向上」を目指す「学力テスト政策」を、学力テストの「イノベーション」と「ダイバーシティ」に焦点化して、戦後から現代まで記述したものである。47都道府県の全てを取り上げることは理想ではあるが、紙幅の関係もあり、特色ある25都道府県に限定し、第1部が「北海道・東北・関東地方」（北海道・青森・岩手・茨城・千葉・東京・神奈川・新潟の8県）、第2部が「北陸・東海・関西地方」（富山・福井・長野・静岡・愛知・岐阜・滋賀・京都・大阪の9県）、第3部が「中国・四国・九州・沖縄地方」（岡山・鳥取・島根・山口・愛媛・佐賀・熊本・沖縄の8県）とした。主として学力テストの「イノベーション」の特色に着目した県が北海道・青森・岩手など19県、実施主体の「ダイバーシティ」の特色に着目した県が茨城・富山・長野・静岡・愛知・滋賀の6県である。

　本書は序章・終章を除いた全25章で構成され、読み手が読みたい県から読み始めることが可能なように工夫した。また、各章に共通する構成は、第一には戦後から現代までの学力テストの実施件数を「教育政策テスト」と「学習指導改善テスト」に区分し、その動向を確認した上で、各都道府県の学力向上を目指した学力テストの歴史的展開を概観した。また、各都道府県における現代の学力テストの動向にも言及した。現在実施されている学力テストは、まさにその県の歴史的土台や蓄積を反映するものであるが、同時に未来に向けた教育のあり様を示すメルクマールともなり得るものでもある。

　本書で用いた資料は、令和4（2022）年12月に刊行した前著『地方学力テストの歴史―47都道府県の戦後史―』と重複するものもあるが、その後のさらなる資料調査によって発掘した資料も加えている。こうした資料は、各都道府県の県立図書館と市立図書館、県教育センター（旧教育研究所）、国立国会図書館、国立教育政策研究所図書館、日本大学文理学部図書館などにおいて、調査と収集を行ったものである。本書の特徴は、各都道府県の地方学力テストに関する歴史と現状に関する実証的研究である。

　最後に、本書における内容上の注意点を挙げると、以下のようになる。第一には、各章で示した各都道府県における学力テストの実施年（度）は、学力テ

ストが行われた初回の実施年（度）である。複数年にわたって行われたケース
もあるが、初回の年（度）のみ示したものとなっている。第二には、各都道府
県の地方学力テストの実施回数を都道府県別に一覧表にした。その際の実施主
体は、各都道府県の教育委員会や教育研究所が中心ではあるが、小・中学校の
校長で組織された「校長会」、公立小・中学校教員で組織された各教科の「教
育研究会」、都道府県の教職員組合で組織された「教職員組合」、大学教員や大
学内にある学力テストの開発を旨とする「大学の研究所（研究会）」なども、
学力テストの実施主体となったケースもあった。これらの実施主体は、各都道
府県の教育委員会や教育研究所が発行する『紀要』や『所報』などに掲載され
たものであり、それ以外の「校長会」や「教育研究会」の場合は、刊行された
学力テストに関する『報告書』などを確認した。

　表記上の注意点としては、第一には本文中でしばしば使っている「2教科」
とは国・算（数）であり、「4教科」が国・算（数）・理・社、「5教科」が4教
科に英語を加えたものである。第二には、各章末の〈引用・参考文献〉は著者
名を〈アイウエオ順〉に掲載している。


〈注〉
〈1〉戦後直後の「学習指導要領」は、昭和22年と昭和26年『学習指導要領（試案）一
般編』（試案）」として「経験カリキュラム」の形で提示されたが、昭和33年版以降の
「学習指導要領」（「（試案）」削除）は、「教科カリキュラム」の形で提示された。当然
の事ながら、「学力テスト」による学力の実態把握の内容も異なってくる。この問題の
解明には、「学習指導要領」の改訂内容と「地方学力テスト」の実施内容を突き合わせ
て検討する必要があるが、今後の課題としたい。
〈2〉志水は、地域・学校・家庭の「つながり」「地域連携」といった「社会関係資本」
の充実を図ることが肝要であると指摘する。志水は、この社会関係資本のタイプを「結
束型」（よく似た状況にいる似た者同士の絆からなるもの）「橋渡し型」（似た者との距
離がより大きい絆からなるもの）「連携型」（異なる状況にある、似ていない人々に手を
差し伸べるもの）の3つに区分している（志水, 2014：145-146）。


〈引用・参考文献一覧〉
青木誠四郎他　1949『新教育と学力低下』原書房

石川好文　2007「東京都における学力テストの学校現場への影響」『教育目標・評価学会紀要』第17号、25-29頁

市川伸一　2002『学力低下論争』ちくま新書

乾　彰夫　2004「東京都の教育改革―分権改革下における教育と教育行政の専門性・自律性をめぐって―」日本教育学会『教育学研究』第71巻第1号、16-27頁

岩手県教育委員会　1982『岩手県教育史第3巻・昭和Ⅱ編』岩手県教育委員会

苅谷剛彦　2001『階層化日本と教育危機―不平等再生産から意欲格差社会へ―』有信堂

北野秋男　2013「東京都の教育改革とテスト政策」日本大学文理学部人文科学研究所『研究紀要』第86号、91-104頁

北野秋男・下司　晶・小笠原喜康　2018『現代学力テスト批判―実態調査・思想・認識論からのアプローチ―』東信堂

北野秋男　2022『地方学力テストの歴史―47都道府県の戦後史―』風間書房

城戸幡太郎　1956「改訂指導要録　取り扱いの實際―北海道教育評価県研究シリーズ第1集―」『北海教育評論臨時増刊』Vol. 9, No. 3、1-112頁

京都自治体問題研究所・京都府政研究会　2013『京都の教育―現状とその目指すべき方向―』田中プリント

久保舜一　1952『算数学力：学力低下とその実験』東京大学出版会

佐貫　浩・世取山洋介編　2008『新自由主義教育改革―その理論・実態と対抗軸―』大月書店

志水宏吉　2012『検証 大阪の教育改革―いま、何が起こっているのか（岩波ブックレット）』岩波書店

志水宏吉　2014『「つながり格差」が学力格差を生む』亜紀書房

志水宏吉・前馬優策　2014『福井県の学力・体力がトップ・クラスの秘密』（中公新書ラクレ）中央公論新社

戦後教育改革資料研究会（国立教育研究所内）　1980『文部省　学習指導要領』日本図書センター

「戦後日本教育史料集成」編集委員会　1983『戦後日本教育史料集成』（第8巻）三一書房

高田一宏・鈴木　勇　2015「日本「確かな学力向上」政策の実相」志水宏吉・山田哲也編『学力格差是正策の国際比較研究』岩波書店、181-211頁

橋本重治　1952『学力検査法』（教育文庫）金子書房

橋本重治　1959『教育評価法総説』金子書房

北海道立教育研究所　1981『北海道教育史　戦後編二の一』北海道立教育研究所

堀尾輝久・小島喜孝編　2004『地域における新自由主義教育改革―学校選択、学力テスト、教育特区』エイデル研究所

嶺井正也　2004「逆走する東京の教育」アドバンテージサーバー『教育評論』No. 682、26-29頁

嶺井正也・中川登志男　2007「学校選択と教育バウチャー—教育格差と公立小・中学校の行方—」八月書館

矢口　新編　1957『基礎学力の診断—テスト問題作成の理論と技術—』法政大学出版局

山田昌弘　2006『新平等社会—「希望格差」を超えて—』文藝春秋

山本由美　2008「新自由主義教育改革が先行する東京都」佐貫　浩・世取山洋介編『新自由主義教育改革—その理論・実態と対抗軸—』大月書店、54-68頁

山本由美　2009『学力テスト体制とは何か—学力テスト・学校統廃合・小中一貫校—』花伝社

読売新聞社北海道支社　2013『学力危機　北海道—教育で地域を守れ—』中西出版

和田秀樹・寺脇　研　2000『どうする学力低下』PHP研究所

# 第1部　北海道・東北・関東地方

第1章　「地域格差」と「教育諸条件」の改善〜北海道〜……………………19

第2章　「全教科最下位グループ」からの脱出〜青森県〜……………………39

第3章　「岩手事件」のその後〜岩手県〜………………………………………56

第4章　「茨教連」の教育活動〜茨城県〜………………………………………79

第5章　「千教研式標準学力テスト」の開発〜千葉県〜………………………96

第6章　「詰め込み教育」による競争主義〜東京都〜…………………………114

第7章　「神奈川教研式」学力テストの開発〜神奈川県〜……………………132

第8章　「学力向上」は小1から〜新潟県〜……………………………………154

〈第 1 部を読む前に〉

　戦後の学力テストは、本書では「教育政策テスト」と「学習指導改善テスト」に区分して論じているが、下記の〈表—A〉は北海道・東北・関東地方の15県の実施状況を年代別に一覧にしたものである。学力テストの実施数が最も多い県が千葉県の31件、最も少ない県が栃木県の 8 件であった。第 1 部は、これら15県の中から北海道・青森・岩手・茨城・千葉・東京・神奈川・新潟の 8 県を各章で取り上げた。

〈表—A〉 北海道・東北・関東地方の戦後学力テストの実施状況

|  | 昭和20年代 | 30年代 | 40年代 | 50年代 | 60年代〜平成18年度 | 19年度〜令和 2 年度 | 合計 |
|---|---|---|---|---|---|---|---|
| 北海道 | 4 | 7 | 3 | 2 | 0 | 0 | 16 |
| 青森 | 4 | 5 | 2 | 2 | 1 | 0 | 14 |
| 岩手 | 3 | 5 | 3 | 1 | 2 | 2 | 16 |
| 宮城 | 2 | 8 | 0 | 2 | 3 | 0 | 15 |
| 秋田 | 3 | 3 | 1 | 1 | 1 | 0 | 9 |
| 山形 | 3 | 2 | 2 | 0 | 1 | 2 | 10 |
| 福島 | 3 | 2 | 1 | 0 | 4 | 1 | 11 |
| 茨城 | 5 | 9 | 2 | 1 | 1 | 0 | 18 |
| 栃木 | 1 | 0 | 3 | 1 | 1 | 2 | 8 |
| 群馬 | 1 | 7 | 4 | 0 | 0 | 1 | 13 |
| 埼玉 | 1 | 12 | 5 | 1 | 3 | 1 | 23 |
| 千葉 | 5 | 12 | 5 | 6 | 3 | 0 | 31 |
| 東京 | 2 | 3 | 7 | 2 | 4 | 0 | 18 |
| 神奈川 | 8 | 13 | 3 | 1 | 2 | 0 | 27 |
| 新潟 | 6 | 12 | 7 | 0 | 3 | 0 | 28 |

＊数値は新規に開発・作成された学力テストを用いた調査研究であり、 2 年以上継続されたものでも「 1 」としてカウント。（表は北野秋男2022『地方学力テストの歴史—47都道府県の戦後史—』風間書房より作成。）

第1部では取り上げなかった各県の特徴を簡単に述べておくと、東北地方の宮城県は、昭和25年度には小・中学校で標準学力検査を開発し、以後は現代まで学力向上に向けた学力テストを実施している。秋田県は、昭和36年の「全国中学校一斉学力調査」(「学テ」)においては、最下位グループに位置していたが、県教育委員会や教育研究所を中心に全県的な学力向上政策に取り組み、今日では学力最上位県に位置するようになっている。山形県は、昭和30年には独自の標準学力テスト「山教研式標準学力検査」を行っている。福島県は、昭和32年度から小・中学校の全学年を対象にした「診断的性格を帯びた県で標準化した学力検査」を昭和60年度まで継続している。

関東地方の栃木県は、昭和26年3月から「標準学力検査」(小6・中3)を悉皆調査によって実施している。群馬県は、戦後から「学習指導改善テスト」を中心に行っていたが、平成23年2月の「ぐんまの子どもの基礎・基本習得状況調査」において全国で唯一「筆記」と「実技試験」を導入している。埼玉県は、戦後は県教育研究所が中心となって学習指導改善に積極的に取り組んできたが、平成27 (2015) 年4月の「県学力学習状況調査」では、「学力の伸び」を測定する全国初の試みを行なう。

# 第1章 「地域格差」と「教育諸条件」の改善〜北海道〜

〈北海道における教育研究の課題〉

*現在の教育者は、人間を忘れてはいないかと思う。北海道のばあいでも、それが私には非常に気になる問題でありまして、テストのための教育なのか、人間のための教育なのかを真剣に考えるべきである。学習によってえられるところの学力が、はたして人間なり、人間の生活なりを問題にしているかどうか、テストをやれといわれて、そのために教育をするのだとなると、人間を忘れた教育といわざるをえません（城戸, 1965：17）。*

---

## はじめに

　北海道教育委員会（以下、「道教委」）は、北海道に住むすべての子どもたちに、社会で目立するために必要な学力を身に付けさせる必要があるとし、平成13（2001）年から「ほっかいどう『学力・体力向上運動』」を学校・家庭・地域・行政が一体となって推進している。学力向上に関しては、道教育長のコメントとして平成23年8月25日に「全国学力・学習状況調査」（以下、「全国学テ」）において『平成26年度の全国調査までに全国平均以上』（北海道教育委員会, 2014）という目標設定を公表している。結果、「中学校国語Ａ」では目標をクリアーしたが、他の教科は目標達成には至っていない。

　道教委は、今後の方針として「授業改善と生活習慣の確立を車の両輪と位置づけ、正答数の少ない児童生徒の割合をさらに改善することに重点的に取り組みつつ、平成27（2015）年度には、全ての教科で全国平均以上となるよう、学力向上の取組を推進してまいります」（同上, 2014）として、新たな到達目標を掲げている。しかしながら、平成31年度の結果においても正答数の少ない子どもの割合が減少するなど改善の傾向が見られるものの、すべての教科で全国平均に届いていない結果になっている。

20　第 1 部　北海道・東北・関東地方

　最近の北海道の学力向上政策の特徴は、兎にも角にも「全教科で全国平均以上」とすることが最優先課題となっている。そこには、平成19年度から平成22年度まで 4 年連続で「全国学テ」における都道府県別平均正答率が40位台に低迷したという学力低下現象に対する強い危機感が見られる。「教育の読売」と自負し、こうした北海道の学力低下問題に切り込んだ読売新聞社北海道支社は、「北海道には学力が上がることを軽視する雰囲気がある」としつつも、「かつては、そんな雰囲気などなかった」（読売新聞北海道支社, 2013：5 ）とも述べている。学力向上を軽視する背景や要因として、北海道には序列化や競争を避けようとする市町村教委や教員の意識が浸透していることに加え、学力低迷の「深層」として「北海道教組や札幌市の学力テストへの反対」「授業時間の削減」「学習成果の検証不足」「道教大（札幌校）の教員志望者への悪影響」などもあることを指摘している（同上, 2013：146-171）。

　本章は、今日において学力低下批判に晒される北海道の学力向上政策の戦後史を概観し、北海道が取り組んできた学力テストが「何を課題」とし、「どのように取り組んできたか」を明らかにすることを目的とする[1]。とりわけ、北海道の広大な面積やへき地校の多さを考えると、北海道では学力テストによる学力向上よりも、学校の設備・施設といった環境面の改善や地域・家庭・学校における格差是正が大きな課題となってきたといえる。この「教育諸条件の改善」が北海道の学力向上を目指す「学力テストのイノベーション（革新性・先駆性）」を象徴するものであった。読売新聞社北海道支社が指摘した「学力危機」は、果たして「北海道の危機」なのか。北海道の学力テストの歴史をたどりながら、北海道の昔と今を考えることが本章の課題である。まずは、北海道の戦後の学力テストの歴史を概観してみよう。

## 1　戦後の学力テスト開発の歴史

　戦後から今日までの北海道の「道教委」「道立教育研究所」「道立教育研究所連盟」などの公的機関が実施した戦後の学力テストの実施状況を時期区分して示すと、〈表— 1 〉のようになる。「教育政策テスト」は 11件、「学習指導改善テスト」は 5 件であり、北海道では標準学力テストの実施による「教育政策テ

スト」が主流であったことが理解される。

〈表―1〉 北海道の戦後学力テストの実施状況

|  | 昭和20年代 | 30年代 | 40年代 | 50年代 | 60年代～平成18年度 | 19年度～令和2年度 | 合計 |
|---|---|---|---|---|---|---|---|
| 教育政策テスト | 4 | 6 | 1 | 0 | 0 | 0 | 11 |
| 学習指導改善テスト | 0 | 1 | 2 | 2 | 0 | 0 | 5 |
| 合計 | 4 | 7 | 3 | 2 | 0 | 0 | 16 |

＊数値は新規に開発・作成された学力テストを用いた調査研究であり、2年以上継続されたものでも「1」としてカウント。

　戦後直後に北海道が独自に開発した学力テストは、学力向上を目的にすることではなく、学力調査としての科学性・信頼性・妥当性などを徹底的に検証し、学力テスト実施の際における精度や効果を高めようと意図するものであった。北海道の戦後の標準学力テストの開発は、全国的に見ても最も早くに行われたものであると同時に、昭和20・30年代に集中し、10件もの標準学力テストの開発・実施がなされている。特に、昭和25年度における標準学力テスト開発では、学校差・個人差の問題が重視され、「實状を明らかにするための標準學力檢査が未開拓である」（北海道立教育研究所, 1950：36）とされた。そして、昭和40年代になると北海道の標準学力テストの実施は、昭和42年4月に実施された「新入学児童の基礎能力調査」の1件のみとなり、それ以降は皆無となる。その背景には、次節でも述べるように、昭和41年に終了した文部省「全国学力調査」に対する批判が北海道内では強かったことが挙げられ、その影響があったものと思われる[2]。

　さて、北海道における学力テストの開始を確認しておくと、昭和25年3月に実施された「小・中学校卒業生に対する學力調査」が最初であった。同調査は、戦後の学力低下問題の指摘を受け、「①道教育の現状把握、②標準学力テスト作成の方法的研究並びにその試行と試作、③研究所と教育実践家との協同研究」（同上, 1950：36）といった3つの目的が掲げられている。翌26年3月20日に実施された「全道高校志願者の學力調査」は、高校志願者（約4万人）を対

象とした入試結果に基づいた学力調査であり、高校志願者を中心に中学校卒業生の全教科にわたる学習成果の現状を探り、合わせて中学校教育の改善に資するというものであった。この「学力調査」においては、学力テストとしての信頼性・妥当性の検証が行われ、「テストの妥当性は、教科の目標達成をはかるに適切であつたかどうかということである」（同上，1951：170）として、真の評価のあり方を得るには、さらなる時間と考察が必要であるとしている。

　こうした標準学力テストの開発と実施主体は、道立教育研究所（昭和24年5月設立）が担当しているが、その開発の特徴を挙げると、第一にはテスト開発における企画と運営の一切を担う「道立研究所学力測定専門委員會」を組織し、研究所員、北大教員、小・中学校教員などが加わり、テストの標準化における「妥当性」「信頼性」「客観性」「処理の効率」などを検討したことであった（同上，1950：37）。テスト問題は、学習指導要領と教科書から問題が作成されたが、問題の「信頼性」はキューダー・リチャードソンの公式を簡略化[3]したものを用い、高い信頼度を得たとされた。「客観性」は、採点の手引きが各校に配布され、実施校の教員が採点することで担保された。「処理の効率」は、1問1点として計算がしやすいことなどが挙げられた（同上，1950：38-39）。

　しかしながら、戦後初の標準学力テストの実施に関しては、「北海道の地域的特殊性その他の理由から、多くの問題が残された」（同上，1950：49）と率直な反省も述べられ、標本抽出の手続き、産業別地域の設定に基づく地域差の検定などに課題が残ったとされた。北海道における標準学力検査問題は、昭和27年度までに小4～高3までの4教科において総計25セットが作成され、以後の学力テスト実施の際には利用されている。当時において、こうした4教科にもわたる標準学力検査問題を作成した県は「愛媛県が相当手広く作つただけで、いまだ他府県ではみられない」（同上，1953b：1）とされ、北海道の先駆性・革新性が強調された。

　第二の特徴としては、「北海道立教育研究所連盟」による学力調査が1件あり、道立教育研究所との共同実施も2件あったことである[4]。この道立教育研究所連盟は、昭和25年4月に道内の各教育研究所の連携により、道教育の振興・発展に寄与することを目的として結成されたものであった。昭和30年11月

に行なわれた「道小・中学校学力標準検査」は、道立教育研究所連盟が主体となり、道内の19教育研究所が参加して実施されたものであった（北海道立教育研究所連盟，1956：はしがき）。各学年で約5万人が参加し、その中から1,500人が抽出され、結果の分析がなされた。道内の各教育研究所は、昭和40年までの10年間にわたって毎年区内の学力の実態を全道との関連で分析している。学力向上のための問題点を調査するものであり、網走・美唄・夕張・釧路などの各市でも学力テストによる調査が実施されている。

　昭和39年度には「学力向上のための事例研究」、昭和42年4月には「新入学児童の基礎能力調査」が道立教育研究所連盟と道立教育研究所による共同実施という形で行われている。前者の研究は、3年間の継続研究として小4・5（4教科）を対象に、学力向上対策の資料を得るために実施されている。後者は、小1の新入学児童の基礎能力を調査研究するために行われ、新入学児童の「言葉」「数」「一般的知識」「社会的生活」の能力を調査し、さらには「家庭環境調査」も実施している。

## 2　学力テスト批判

　北海道の学力テスト政策の最大の特徴は、学力向上を目指す学力テストが実施されたことではなく、テスト政策やテストそれ自体を問題視する批判的な見解が多かったことである。最初に批判されたテストは、昭和25年3月に実施された「學力検査（中3テスト）」であった。1回目は高校を会場として「高校入学志望者」に対して、2回目は「高校入学志願者」に対して、3回目からは中学校を会場として「高校入学選抜資料の一部」として実施された。

　3回目の「學力検査（中3テスト）」は、昭和27年2月27日に英語を除く8教科を対象に実施され、（1）中学校3年間の学習達成度合の調査であり、その結果で中学校教育の改善に役立てる、（2）学習に及ぼす教育環境の関係を発見し、行財政上の資料とする、（3）生徒の成績は、指導要録に記入し、入学者選抜の資料とするというものであった（北海道立教育研究所，1953a：132）。つまりは、中学で「學力検査（中3テスト）」を実施して報告書に記載し、高校側の選抜資料の一部とするというものであり、従来の入学者選抜試験の性格を弱

24　第1部　北海道・東北・関東地方

めることを意図したものであった。問題作成並びに実施は、道教委が担当し、学力調査という名目で中3の学力テストを全道一斉に実施し、高校への入学試験は実施しないということであった。この中3テストに関しては、実施直後から全道を二分して賛否両論が沸き起こった。

　とりわけ、道教組や中学校側は「昔の入試地獄を再現するもの」として、当初から強硬に反対した（時評，1954：5）。「中3テスト」で出題された国語や社会科の問題について、さらには配点などに対する疑問や抗議も沸き起こった。昭和29年2月25日のテスト終了日の夕刊に、「教育漢字」ではなく「当用漢字」が出題されたことが、「テスト問題としては不適格である」と批判された。また、俳句鑑賞に関する問題でも「現場教師の道教委への不信の念を増大させることにはなりはしないだろうか」（北海教育評論社，1955：6）と指摘された[5]。学力テストのあり方自体に関しても、道立教育研究所員であった斎藤兵市が批判的な見解を述べている。斎藤は、昭和34年に「最近、学力テストは年中行事的な色彩をおびて、一時流行したころのような新鮮味がなくなつたように感じられる」（斎藤，1959：32）として、学力テストのマンネリズムに陥っている状態を嘆いている。斎藤は、学力テストが「知識のテスト」であることを批判し、本来は技能や態度を含む「総合的な学力」を試すものであり、「学力テストの本当のねらい」を再確認する必要性を指摘した。斎藤が指摘したことは、「教育研究の立場から学力をとりあげ、少なくとも現場教育に役立てようとする」（同上，1959：32）ことの重要性であった。

　さらには、昭和26年から北大教育学部長であった城戸幡太郎も退官後の昭和40年に、文部省「全国学力調査」を批判し、かつ北海道における教育研究の課題を指摘している。城戸の批判は、「全国学力調査」において北海道の学力が全国的に低かったことに対して、北海道で「学力向上」が課題となっているということへの再吟味を促し、教育研究の課題が何であるかを提言したものであった。本章の冒頭でも紹介したように、城戸は最初に「テストのための教育なのか、人間のための教育なのかを真剣に考えるべきである」（城戸，1965：17）と警鐘した上で、北海道における教育研究の課題が「子どもの将来における生活力と労働力」（同上，1965：17）の内容や目標を研究することであると提

言した。城戸が指摘した北海道における教育研究の課題は三つあった。

第一には、「生徒の生活力とは一体、何か、また労働力とは一体、何かについて、それらの内容、目標をはっきり研究すること」（同上，1965：18）であった。そして、生徒の学力とは、この生活力と労働力を学習する能力であるとし、「学力とは学習能力である」（同上，1965：18）とした。しかしながら、城戸は文部省「全国学力調査」が非科学的な調査方法であり、教育効果をもたらすに必要な条件を明らかにしていないとした。そこで、城戸は科学的な調査方法として、最初に教育（学校）調査を行い、条件分析のための諸条件を明らかにした上で、次に学力テストを一つの指標（インデックス）と位置づけ、その結果を用いた総合的な分析を行なう必要性を指摘した。特に、各学校における教育計画のあり方、児童生徒の学習状況の実態などの条件分析を行なうためには、「教育（学校）調査」が必要不可欠であるとしていた。

第二の教育研究の課題としては、「教育の調査計画をまず立てる」（同上，1965：20）ことを挙げ、北海道における評価基準としては「生活力」と「労働力」とすることを提言した。そして、調査結果に基づいて解決すべき問題点を発見し、問題解決に移っていく研究計画を立てる重要性を指摘した。学習効果を上げるためには、教師の学習指導法の研究も重要であり、学力テストを利用する場合には児童生徒の「まちがい」や「つまずき」を分析する必要があるとした。城戸は、「テストそのものは、単なるインテリジェンス・テストではいけないのでありまして、いわゆる診断テストか、あるいはレディネス・テストのようなものでなければならない」（同上，1965：21）と述べた。こうしたテストは、面倒であっても教師自身が作成する「教師作成テスト」によって行なう必要性を指摘した。

第三の教育研究の課題としては、「教育はどうあるべきかという教育政策の検討」であった。とりわけ、北海道においては、この教育政策をどのように具体化するかという教育計画の検討が重要であるとし、学校と社会が連携する「地域社会学校」のあり方を検討する必要性を述べている。

以上、北海道の学力テストに対する一連の批判、及び城戸の北海道における教育研究課題の提言内容を確認したが、こうした批判や提言を考慮すると、北

26　第1部　北海道・東北・関東地方

海道では知識偏重に基づく競争主義的な学力テストの実施に関しては、多方面から抵抗や問題提起があったことになる。つまりは、単なるテストの点数を上げる「学力向上」には批判的であり、北海道の現状や未来を見据えた建設的で価値ある提言を内包するものであった。こうした提言は、今日においても再認識すべき内容を含んでいると考えられる。

## 3　「学力と教育諸条件」の相関

　本節では、北海道における標準学力テストの中でも「学力と教育諸条件の相関」を解明した〈表―2〉の5件の学力テストを取り上げる。北海道では、テストの点数による学力向上には批判的であったが、学力テストによる「学力と教育諸条件の相関関係」の解明は、北海道における教育環境の整備・改善に大きな役割を果たすものと認識された。北海道における学力テストのイノベーションを示す考え方であった。

〈表―2〉北海道の「学力と教育諸条件の相関」を目的とした「教育政策テスト」の実施状況

| 調査研究の名称 | 対象学年・教科 | 初回のテスト<br>実施年（度） |
|---|---|---|
| 學力検査（中3テスト） | 中3：4教科＋音・図工・保体・家庭 | 昭和27年2月27日 |
| 新入学児童基礎能力調査 | 小1：ことば・数の検査＋一般知識 | 昭和34年4月 |
| 音楽科学力調査 | 中3：音（筆記試験と聞き取り） | 昭和34年11月〜12月 |
| 学力向上のための事例研究 | 小4・5：4教科 | 昭和39年度 |
| 新入児の基礎能力調査 | 小1：言葉・数・一般的知識 | 昭和42年4月18日 |

＊「4教科」は、国・算（数）・理・社

　北海道の高校入学者に対する最初の学力検査は、昭和25年に高等学校で実施されたが、3回目にあたる昭和27年には中学校で実施され、「選抜資料の一部分をなす」（北海道立教育研究所，1953a：はしがき）とされた。この昭和27年2月の「學力検査（中3テスト）」は、高校入学選抜における一資料として利用されたものであった。加えて、「学力と教育諸条件との相関性」を分析することも行われ、多くの調査項目が分析された。

第1章 「地域格差」と「教育諸条件」の改善～北海道～ 27

とりわけ、昭和29年2月の「学力検査」は「道学力検査」とも呼ばれ、さら
に多くの「学力と教育諸条件との相関性」に関する調査が行われた。その目的
は、北海道内の著しい地域格差を是正することであった。「北海道はよくいわ
れるとおり、広領域を占める地帯であるから、全道一せいのテストにかければ、
その成績の地域的落差は相当ひどいものとなる。いろいろな条件がそれを生ぜ
しめているわけである。だから急に、すべての学校の成績が上がるわけにはい
かない」（同上，1955a：2）とし、まずは教育条件の実態調査の必要性が提言さ
れた。ただし、テスト問題作成の基本方針も未だ不十分であるために、各学校
における過剰なテスト指導を戒めたものともなっている。「学校におかれては、
こうした制限せられたテストのために、正常の学習指導を、ゆがめないように
してほしいし、教科ごとの指導においては、その重点をのがさず指導していた
だきたいということである」（同上，1955a：2）と、学習指導のあり方がテスト
偏重にならないように釘をさしている。

　北海道において学力に影響する教育条件として調査対象となった項目は、「学
校規模・教員の資格別構成・経験年数による教員構成・教員の専門化の効率・
平均一学級生徒数・施設と設備・産業構成・高校進学希望率・出席率・ピアノ
とオルガンの所有など」（同上，1955a：4-15）であり、テスト結果による学力と
の相関が詳細に調査研究された。高学力の要因とされた項目は、「学校規模が
大きいこと」「助教諭の比率が小さいこと」「1学級の生徒数が多いこと」「特
別教室・放送施設・学校図書館などの施設・設備が整っていること」「都市的
傾向を持つ地域」であり、特に強い相関があるとされた項目が「高校進学の志
望率」や「出席率」の高さであった。この「志望率」と「出席率」は高くなれ
ばなるほど、テストの得点結果も上昇し、「非常によく相関している」（同上，
1955a：10）とされた。

　分析のまとめとしては、「各要因と得点の関係を学校規模層別に比較しなが
ら解釈し得たことは、作業量は非常なものであつたが、一応の成果をおさめた
ものと考える。更にこの結果は各要因間に相関係数がとられるように整理され
ているので、今後の研究に利用されるものと考えている」（同上，1955a：14）と
され、研究の継続が期待された[6]。当時の北海道の教育目標は、戦後直後の

28　第1部　北海道・東北・関東地方

荒廃した状況の中で学力における地域格差の実態解明と格差解消を目指したも
のであり、「教育諸条件の改善」が学力向上に結び付くと考えられていた。

　こうした調査研究は、昭和30年代にも継続され、昭和39年度には小4・5
（4教科）を対象に「学力向上のための事例研究」において「学力と教育条件に
関する諸問題につき、具体的な個々の事例について実証的に研究し、学力向上
対策の資料を得る」（同上, 1965：2）ことを目的に行われた。同研究は、都市・
鉱山・農村から各2校が抽出され、昭和38年度の「全国中学校一斉学力調査」
（学テ）結果に基づき有意差のある中学校下の小学校が対象となっている⟨7⟩。
道立教育研究所と道立教育研究所連盟との3年間の共同研究であり、初年次に
は「学力格差の実態と問題点の把握」「教育条件の第一次現状調査」が実施さ
れた（同上, 1965：1）。この研究では、「児童・生徒」（学習興味・態度・意欲な
ど）「教師」（研修状態・担当教科など）「学校」（研究体制・設備など）「家庭」（学習
環境など）「地域」（教育に対する関心など）といった教育条件を対象に、影響の
強い要因や改善可能な要因を探し出し、その改善と解決の糸口を探ろうとする
ものであった。「田中B式団体知能検査」と「道標準学力検査」が利用され、
学力と知能、学力と教育条件に関する相関についても分析し、学力向上対策の
資料を得ることが試みられている。

　北海道大学教育部の黒田孝郎による一連の調査研究も注目される。黒田は、
昭和27年度から31年度までの5年間における中3を対象にして実施された「道
学力検査」の結果を基に、昭和38年度に北海道の教育諸条件の分析結果を公表
している。調査対象となった項目は、道内の市町村別の「平均得点や標準偏
差」と「国庫交付率（富裕度）」「進学率」「出席率」などであり、各教科の得
点結果の相関による学力格差を検証し、「進学率との相関がきわめて高い」（黒
田, 1963：88）との結論を出している。黒田の研究は、昭和41年度まで継続され
ている⟨8⟩。北海道の教育条件の調査研究が北海道大学でも詳細に行われたこ
とから鑑みて、当時においては「学力と教育諸条件の相関」が重要な研究テー
マでもあったことが理解される。

## 4 授業における最適化

北海道では、昭和20・30年代には10件の「教育政策テスト」が実施されていたが、文部省「全国学力調査」終了後の昭和40・50年代には4件の「学習指導改善テスト」が行われたに過ぎない。とりわけ、次の〈表―3〉で示した4件の学力テストを用いた調査研究は、道立教育研究所内の教科研究部、ないしは指導調査研究部の共同研究として、児童生徒一人ひとりの特性や能力を生かすための授業実践の検証であった。言い換えると、テストの点数を競う競争主義的な学力向上ではなく、児童生徒の一人ひとりの「学力保障」を目指したものであった。

〈表―3〉北海道の昭和40・50年代の「教育指導改善テスト」の実施状況

| 調査研究の名称 | 対象学年・教科 | 初回のテスト実施年（度） |
|---|---|---|
| 教授・学習のシステム開発に関する研究 | 小4：算、5：社 中2：数・英 | 昭和48年度 |
| 個性の理解と指導の最適化に関する研究 | 小2・4・6・中2：2教科 | 昭和49年11月 |
| 児童・生徒の特性を生かした学習指導に関する研究 | 小3～6：算 中1・2：数・英 | 昭和52年2月～3月 |
| 授業目標の明確化と授業過程の最適化に関する研究 | 小3～5：2教科 | 昭和52年1学期 |

＊「2教科」とは、国・算（数）

この4件の研究成果の中から、学習指導の「最適化」を目指した2件の研究を北海道における学力テストの第二のイノベーションとして取り上げる。その理由は、現代において学習指導上の重要事項となっている「個別最適化学習」が、約半世紀前の北海道では既に検討対象となっていた事実に注目したためである[9]。

1件目の研究は、昭和47～52年度までの6年間の継続研究として行われた「個性の理解と指導の最適化に関する研究」である。この研究が着手された要因の一つが文部省「全国学力調査」に代表される戦後の学力テストが個々の学

30　第1部　北海道・東北・関東地方

校や県単位の学校の平均的学力向上に重点が置かれ、「ひとりひとりの能力や適性に向ける目が不十分であった」（北海道立教育研究所，1973：173）ことへの反省であった。そこで、「教育がより望ましい人間形成に寄与するためには、その対象である人間を理解し、その成長発達に即して指導が行われるものでなくてはならない。そのため人間理解の方法のは握と、発達段階における発達課題の設定や、ひとりひとりの特性に応ずる指導の在り方の追及は緊要である」（同上，1973：177）とし、児童生徒の個性の把握と指導のあり方の最適化を目指して、追跡研究を行なうことが意図された。

　この6年間の継続研究における第3年次（昭和49年度）の研究では、小・中（小1・3・5・中1・3）の研究協力校各3校において「教研式学年別知能検査」（中1のみ）「教研式全国標準診断的学力検査」「Y-G検査（性格検査）」「職業興味検査」（中3のみ）が実施されている。同じく、第4年次・第5年次研究でも同様の検査が実施され、「学力と性格」「知能と性格」「性格等と学習適応性」「性格と職業興味」などの相関関係が分析されている。例えば、第4年次研究の「学力と性格」の分析では「情緒の安定性や外向的性格特性が学力、つまり学業成績に関係のあることが明らかになった」（同上，1976：344）こと、「知能と性格」では「知能の高いものは情緒の安定度が高い」こと、「学力と知能との相関は、かなり高い」（同上，1976：349）ことなどが指摘された。こうした多角的な調査分析の結果を基に、児童生徒一人ひとりの理解と指導の最適化を図ることが、6年間に及ぶ同研究の最大のねらいであった。

　2件目の研究は、昭和52〜54年度までの3年間の継続研究として行われた「授業目標の明確化と授業過程の最適化に関する研究」である。第1年次研究は、昭和52年1学期に小3〜5（2教科）を対象に単式校・複式校各2校において、「ひとりひとりを生かす授業実践の改善を目指すことを基本的なねらい」（同上，1978：60）とし、授業目標と授業過程に視点を当て、子どもの学習の成立を目指す授業改善の基礎資料を得ることを目的としたものである。子どもの学習実態の把握のため、「教研式全国標準診断的学力検査」（小学H形式）と「教研式新訂学年別知能検査」を実施し、学力と知能の相関を調査し、学業不振の原因を探るものとなっている。第2年次・第3年次の研究においても、学

力検査や基礎理論の調査は継続されたが、新たに授業実践による仮説の検証と評価もなされている。同研究の特徴は、最初に授業目標を明確にした上で、一人ひとりの児童生徒における授業過程の最適化を図るために、「学習指導法」「学習形態」「評価」の観点などから研究を展開したものである。

　現在、中央教育審議会では「教育課程部会における審議のまとめ」（令和3年1月25日）において、「『令和の日本型学校教育』の構築を目指して〜全ての子供たちの可能性を引き出す、個別最適な学びと、協働的な学びの実現〜」を答申している。その中では「多様な子供たちを誰一人取り残すことなく育成する『個別最適な学び』と、子供たちの多様な個性を最大限に生かす『協働的な学び』の一体的な充実」（文部科学省初等中等教育局教育課程課, 2021：1）を図ることを求めている。北海道の昭和50年代の試みが現在にも生きていることになり、その先駆性が注目される。

## 5　現代学力テスト政策の動向

　上記でも述べたように、北海道では昭和52〜54年度の「授業目標の明確化と授業過程の最適化に関する研究」が道教委や道立教育研究所による学力テストを利用した調査研究としては最後のものであった。これ以降は現在まで、北海道内では全道レベルの学力テストを用いた調査研究を行なっていないし、各都道府県が独自の学力テストを実施する全国的な傾向の中でも、北海道は学力向上を掲げた一切の学力テストを実施していない。

　学力テストを用いた調査研究はないものの、平成14年度には北海道教育大学と道教委の連携事業で「中学校における学習評価の在り方に関する研究」が2年間の継続研究として行われている。この研究は、平成14年度からの自ら学び自ら考える力を養うことを目的とした「生きる力」を培うことをねらいとした学習指導要領の全面実施に対応して、「生徒に基礎的・基本的な内容を確実に身に付けさせることが必要であるとともに、評価の在り方の究明が緊要な課題となっている」（北海道立教育研究所・北海道教育大学, 2004：2）ことに鑑み、観点別学習状況に基づいた評価規準の作成と生徒の学習状況を適切に把握するための評価方法の開発を行うことを意図したものである。

32　第 1 部　北海道・東北・関東地方

　具体的な研究内容としては、指導と評価の一体化を図ること、及び学習指導要領の改訂に合わせて「関心・意欲・態度」「思考・判断」「技能・表現」「知識・理解」の 4 つの観点で観点別学習状況の評価規準の作成方法などを挙げている。さらには、目標に準拠した評価も重視され、「個人内評価」も工夫することが求められている（同上, 2004：9, 10）。

　しかしながら、この時においては「ゆとり教育」による学力低下批判に加え、平成15年にはPISAショックが「世界の中の日本の学力低下」を示す根拠となり、多くの都道府県では平成15年度以降に独自の学力テストを実施するようになる。平成18年度には39都道府県・13指定都市が実施しているが、こうした状況を苅谷・志水（2004）は、全国的な「学力調査の時代」（苅谷・志水, 2004：1）が到来したと指摘している。さらに、こうした「学力調査の時代」の到来に拍車をかけたものが、平成19（2007）年度から開始された文科省「全国学テ」であり、各都道府県では「全国学テ」の問題を強く意識し、事前対策的な要素を加味して学力テストを実施した。平成24年度における都道府県の学力テストの実施は33県となり、実施していない県は北海道を含めた14県であった（全国都道府県教育長協議会第 1 部会, 2014：19）。例えば、「全国学テ」の問題構成が「知識」（A問題）と「活用」（B問題）に区分して出題されると、大阪府・岡山県・宮崎県・沖縄県などのように「全国学テ」に極めて類似した問題を出題する県も増加した。

　北海道は、全国的に見ると、こうした「全国学テ」に対する学力テスト対策を行なわない都道府県の一つである。いずれにせよ、北海道は全国的に見ても長い間、単なるテストの点数を上げるだけでの「学力向上」を目指すことはしていない。ただし、本章の冒頭でも述べたように、平成13年から「ほっかいどう『学力・体力向上運動』」を開始し、平成23年 8 月25日には道教育長が「全国学テ」において「平成26年度の全国調査までに全国平均以上」（北海道教育委員会, 2014）という目標設定を公表している。以後、北海道では「全国学テ」で「全教科」で全国平均以上をクリアーすることが目標として掲げられる。

　また、平成25年以降における道教委の学力向上対策としては、各学校における教育課程の評価・改善システムの確立を目的とした「教育課程改善の手引

き」の作成、「全国学テ」の結果分析と改善策に利用する「分析ツール北海道」、学期末ごとに5教科の学習習得状況を確認する「道学力WEBシステム」と「ほっかいどうチャレンジテスト」といった様々な授業改善と学力向上対策事業などが実施されており、その本気度が伺える。

　しかしながら、こうした「全国学テ」対策に対する批判や抗議の声は北海道では他県以上に根強い。学力テスト批判は、北海道の伝統と言えなくもない。全北海道教育職員組合らは、令和3（2021）年9月8日に「全国学テ」に対する道教委の姿勢を、以下のように批判している。

　　「道教委は以前から全国学テの結果が「全国平均以上」になることに執着し、全道の子ども・教員を「全国学テ」競争に追い込んできました。この道教委の姿勢は、一面的で、偏った学力観のみを根拠にし、子どもや教員ばかりでなく、家庭までも過度な点数競争に巻き込んでいます。学校は本来、子どもたちの人間的成長の場であり、豊かな学び合いの場であるのです。「全国学テ」対策に追われ、生徒の知的好奇心を刺激する楽しい授業、人間的関わりを紡ぐ、生きいきとした学校生活に歪みが生じています」（全北海道教育職員組合他, 2021）。

　同じく、道議会においても、「全国学テ」対策への道教委の姿勢を非難する声も上がっている。一例のみ挙げておくと、平成25年第4回定例会（12月3日）において、梶谷大志議員（民主党・道民連合）は「道教委が、平成26年度の全国平均以上を目標として掲げ、ことしのテストの前には、児童生徒に向けて、「悔（くや）しくないだろうか」と記述した文書を配ったりした」ことを指摘し、順位・点数至上主義の目標は撤回すべきではないのか、と提言している。つまりは、北海道には「学力テスト」で学力向上を達成するよりも、北海道の地域格差を解消することや教育環境の改善を優先課題とする意識が強いことになる。こうした北海道の姿勢は、「学力テスト」の実施を学力向上の「切り札」と考える全国的動向に再考を促すものではなかろうか。昭和30年代に行われた文部省「全国学力調査」及び「全国中学校一斉学力調査」（学テ）に対す

34　第1部　北海道・東北・関東地方

る批判が強力に展開された北海道の伝統が、今日にも継承されているとも評価
できる。批判のための批判は必要ないが、「批判なくして改善・進歩はない」。

## おわりに

　昔、「北海道はでっかいどう～！」というテレビコマーシャルがあったが、
とにかく北海道は広大である。しかしながら、北海道における過疎地域は
82.7％にも及んでおり、これは島根県の100％、秋田県の92％に次いで全国3番
目である。令和3年4月1日には、全国の過疎対策を支援する「過疎地域の持
続的発展の支援に関する特別措置法」が施行されたが、北海道では148市町村
が過疎地域市町村として指定されている。また、こうした過疎化問題に加え、
北海道では少子高齢化や急速な人口減少なども予想され、全道的な社会問題と
して深刻なものとなっている。

　北海道の「低学力」問題は、「はじめに」でも読売新聞社北海道支社による
要因分析を紹介したが、北海道の低学力問題を追及した学術研究が北海道教育
大学の川崎・青山（2011）によって刊行されている。川崎・青山は、北海道の
「低学力」問題をデータに基づく実証的な研究として扱ったものは「ほとんど
見当たらない」として、この問題の要因を「子どもの貧困」と「へき地校の割
合の高さ」にあると指摘した（川崎・青山，2011：33）。「子どもの貧困」につい
ては、釧路市の生活保護を受給する母子世帯に関する調査研究（2006年）の結
果を基に「貧困状態にある家庭の子どもの学力が低いこと」（同上，2011：41）
を指摘している。「へき地校の割合の高さ」については、「へき地校における教
員の年齢構成」と「へき地における学習へのインセンティブ」という観点から、
道内公立高校の入試倍率、北海道の大学進学率の低さなどを低学力の要因とし
て挙げている。しかしながら、「北海道における子どもたちの低学力は、複合
的な要因によるものであり、明確な原因を絞り込むことは非常に難しい」（同
上，2011：45）とも結論づけている。

　北海道教育大学の調査研究によって、北海道における低学力が何を要因とす
るかは明確な結論は得られなかったものの、それでも北海道には北海道独自の
問題があり、困難な問題が横たわっていることは明白である[10]。それは、学

力向上も重要だが、それ以前に、それ以上に取り組むべき課題が北海道には
あったということである。本章でも紹介した北海道の戦後から今日までの学力
向上を目指した学力テストの歴史は、そうした北海道の独自の問題に正面から
取り組んだものであったとも言える。

　北海道の学力向上を目指す「学力テストのイノベーション（革新性・先駆
性）」には、２つのことが挙げられる。一つは、「学力テストの利活用による
イノベーション」であり、学力の実態把握に伴う「教育諸条件の改善」を目指
した点である。この改善を意図した調査研究は、戦後においては５件行われて
いた。本文でも示したように、北海道では教育諸条件の改善による教育環境の
整備改善が一貫して目指されてきた。２つ目は、「学力テストそれ自体のイノ
ベーション」であり、現代において重要事項となっている「個別最適化学習」
が約50年近く前の北海道では、すでに試みられていたことが注目される。この
「個別最適化」の試みは、昭和49年11月に小２・４・６・中２（２教科）を対象
とした「個性の理解と指導の最適化に関する研究」、昭和52年の単式校・複式
校（各２校）の小３～５（２教科）を対象に行われた「授業目標の明確化と授業
過程の最適化に関する研究」として刊行された。どちらの研究も、授業目標と
授業過程に着目し、子どもの学習の成立を目指す授業改善を目的とするもので
あった。それは、テスト学力の向上よりも、一人ひとりの児童生徒の「学力保
障」を目指す試みであった。

　北海道において学力競争を意図した学力テストが実施されていない理由や背
景としては、昭和30・40年代における文部省「全国学力調査」への反対闘争や
城戸に代表される学力テスト批判などが挙げられるが、同時に北海道では「教
育諸条件の改善」による地域間格差や学校間格差の解消が優先課題となってい
たためでもあった。北海道の学力が上がることを願うが、それ以上に北海道の
教育条件の改善とともに、北海道の大自然や伸び伸びとした教育が今後とも失
われてにならない。


〈注〉
〈１〉戦後の道教育史の代表的研究としては、山崎（1980）の研究が挙げられるが、学

36　第1部　北海道・東北・関東地方

力調査の実施状況に関しては数行程度の記述しかない。

〈2〉北海道は、岩手県同様に「全国学力調査」への阻止運動は道教組を中心に行われ、校長を含めた282名の処分者が出ている（北海道中学校長会, 1967）。

〈3〉簡略化した公式とは「Froelich, G. T.」の式であり、「N＝テスト問題数、σt＝テスト標準偏差、M＝平均値」とした上で、小6で0.90、中3で0.82の結果を得ている（北海道立教育研究所, 1950：39）。公式は省略する。

〈4〉道立教育研究所連盟と異なる組織ではあるものの、「茨城県教育研究連盟」（以下、「茨教連」）が昭和31年9月17日に「茨城大学教育研究所」「同大学付属学校」「茨教組」「高教組」「教育会」「小・中校長会」の6団体の加盟により結成されている。第1回茨城県教育研究集会は、同年11月17日・18日に水戸市内の中学校で開催されている（茨城県教育研究所連盟編, 1956）。茨教連による学力テストは、連盟結成前の昭和30年4月・9月の「国語科学力調査」（中1・2）と昭和31年5月の「英作文指導の実践」（中3）であった。

〈5〉「學力検査（中3テスト）」のテスト問題に対する批判は多い。中学校教員ら8名による座談会（1952）や教育新潮社（1956）の記事では、9教科全ての問題構成や内容上の問題点を厳しく批判している。

〈6〉結局、道立教育研究所では昭和27年からの「学力検査」の結果を4年間にわたって分析している。4年目の30年2月の「学力検査」の結果分析においても、「学校規模」「教科別」「地域別」「男女別」「進学希望者」の得点分析などが行われている（北海道立教育研究所, 1955c、北海道立教育研究所, 1962）。その後も研究は継続され、昭和39年度の「学力検査」の結果を基に、その活用方法などを検討している（佐竹・高畠, 1965）。その際に、道内の地域別・学校規模別格差は依然として縮小されていないことも指摘する（同上, 1965：58）。

〈7〉昭和37・38年度の学テ結果が全国で「最低位にある」（北海道立教育研究所, 1964：2）ことへの危機感から教育条件に関する課題の発見を試みたものが『学力と教育条件』（昭和39年3月）である。「学力と教育条件」に関する調査研究の全国的動向も紹介している。

〈8〉黒田の研究は、同じ題名で5年間継続される。1964「北海道における学力検査についての解析―その2　学校別得点」『北海道大学教育学部紀要』第10号（45-67頁）、1965「同―その3　地域性および学校規模と得点との関連」第11号（117-134頁）、1966「同―その4　職業の学力に及ぼす影響」第12号（29-44頁）、1967「同―その5　生活条件および授業形態の学力に及ぼす影響」第14号（39-57頁）である。

〈9〉地方学力テストの実施において、この「最適化」を用いたものは、昭和48年度の山口県教育研修所による「教育機器導入による授業の最適化に関する研究」（中3：数）のみである（山口県教育研修所, 1974）。同研究は、「シート式磁気録音機利用による学

習指導の一考察」を目的とし、個別指導を行う際に、学習指導において教師の活動を援助し、細分してくれる教育機器を利用することにより、受動的な学習から能動的な学習へ転化させ、進んで学びとろうとする生徒を育成するものである。

〈10〉北海道の学力問題を、様々な観点から広く扱った研究成果もある。所　伸一・辻智子他2015「年報フォーラム：北海道の『学力問題』」北海道教育学会編『教育学の研究と実践』第10号（11-20頁）である。

## 〈引用・参考文献一覧〉

＊「北海道教育研究所」とする資料もあるが、本章では「北海道立教育研究所」に統一。

茨城県教育研究連盟編　1956「第一部会第一分科会　読解力を伸ばすにはどうすればよいか」『茨城の教育　第1回』1-8頁（資料：1-17頁）

苅谷剛彦・志水宏吉編　2004『学力の社会学―調査が示す学力の変化と学習の課題―』岩波書店

川崎惣一・青山麻里亜　2011「北海道における子どもたちの低学力の原因についての一考察」『北海道教育大学紀要（人文科学・社会科学編）』第61巻第2号、33-47頁

城戸幡太郎　1965「北海道における教育研究の課題」北海道立教育研究所『北海道教育』第12号、16-23頁

教育新潮社　1956「昭和31年施行　北海道中三学力テスト問題批判」『教育新潮』5月号、44-56頁

黒田考郎　1963「北海道における学力検査についての解析―その1　市町村別得点」『北海道大学教育学部紀要』第9号、71-88頁

斎藤平市　1959「教育研究の現状と課題」北海道立教育研究所『北海道教育』No. 8、28-34頁

佐竹　隆・高畠惇彦　1965「『特集』北海道の生徒の学力を考える―中三学力調査の結果とその利用―」北海道立教育研究所『北海道教育』No. 12、49-70頁

座談会　1952「学力テストの検討」『北海教育評論』第5巻第6号、330-344頁

時評　1954「高校選抜問題と学力テスト」北海教育評論社『北海教育評論』第7巻第2号、4-7頁

全国都道府県教育長協議会第1部会　2014『学力向上のための取組について：平成25年度研究報告 No. 1』1-113頁 http://www.kyoi…/H25ichibukai.pdf［2016. 3. 31. 取得］

全北海道教職員組合他　2021「2021年度「全国学力・学習状況調査」結果公表にあたって【見解】」https://sbbad8c85d74fbcd4.…version…［2021. 10. 25. 取得］

北海教育評論社　1955「中三テストと當用漢字」北海教育評論社『北海教育評論』第8巻第3号、6-7頁

北海道教育委員会　2014「平成26年度全国学力・学習状況調査　調査結果に関する教育

長コメント（8月25日）」https://www.dokyoi.⋯.lg.jp［2021.9.7.取得］

北海道中学校長会　1967『北海道中学校二十年』北海道中学校長会

北海道立教育研究所　1950「学力測定について」『研究紀要』第1号、36-58頁

北海道立教育研究所　1951「全道高校志願者の學力調査」『研究紀要』第2号、1-203頁

北海道立教育研究所　1953a「全道中學校三年次に実施した學力検査について」『研究紀要』第4号、1-285頁

北海道立教育研究所　1953b「標準学力検査問題」『研究紀要』第5号、1-205頁

北海道立教育研究所編　1955a「学力検査について」『研究紀要』第11号、1-59頁

北海道立教育研究所編　1955b「北海道學力水準調査報告書」（昭和28年度）『研究紀要』第12号（別冊）、1-74頁

北海道立教育研究所編　1955c「昭和三十年二月実施　中学校三年生に対する学力調査」『研究紀要』第14号、1-41頁

北海道立教育研究所　1962『北海道の小さな学校』1-131頁

北海道立教育研究所　1964『学力と教育条件：学力調査資料1』1-60頁

北海道立教育研究所　1965『学力向上のための事例研究―学力格差と教育条件の研究―』1-95頁

北海道立教育研究所　1973「個性の理解と指導の最適化に関する研究（その1）」『研究紀要』第66号、167-200頁

北海道立教育研究所　1976「個性の理解と指導の最適化に関する研究（その4）」『研究紀要』第76号、335-389頁

北海道立教育研究所　1978「授業目標の明確化と授業過程の最適化に関する研究（その1）」『研究紀要』第81号、59-96頁

北海道立教育研究所・北海道教育大学　2004「北海道教育大学・北海道教育委員会連携事業　中学校における学習評価の在り方に関する研究」北海道立教育研究所『研究紀要』第132号、1-66頁

北海道立教育研究所連盟　1956『学力検査の方法と利用―北海道小学校五・六年の学力検査を中心として―』1-94頁

文部科学省初等中等教育局教育課程課　2021「学習指導要領の趣旨の実現に向けた個別最適な学びと協働的な学びの一体的な充実に関する参考資料」1-38頁

山口県教育研修所　1974「教育機器導入による授業の最適化に関する研究（1）―シート式磁気録音機利用による学習指導の一考察―」『研究紀要』第70集、1-21頁

山崎長吉　1980『北海道戦後教育史』北海道教育新報社

読売新聞北海道支社　2013『学力危機　北海道―教育で地域を守れ―』中西出版

# 第2章 「全教科最下位グループ」からの脱出〜青森県〜

〈県教育研究所指導主事　松宮徳明〉

　青森県には理科センターもない、社会教育会館もない。市町村立図書館の数
も少ない。幼稚園教育も立ちおくれている。悲観的材料が多すぎるのだ。そし
て、一つの問題を解決しようとすれば、他の問題もそれに伴って起きてくる。

　したがって、学力向上は、単に教師、教育行政者だけがその本務に精励する
のでは期し得られない。もっと広く大きい背景を持っているのだ。県民全体の
意欲、わけても県、市町村理事者の教育愛と努力がなければならない。いわば、
一つの大きな県民運動として学力向上問題をとりあげなければ、発展は望みえ
ないであろう（青森県教育研究所, 1962：56）。

---

## はじめに

　冒頭の一節は、昭和36年度の文部省「全国中学校一斉学力調査」（以下、「学
テ」）における結果分析を基に、青森県中学生の学力と教育条件の関係を分析し
た『報告書』の最後に登場するものである。「教育愛と努力」による「県民運
動としての学力向上」。郷土を愛する故の提言であると同時に、県民総がかり
の学力向上を促す意見でもある。昭和36年度の文部省「学テ」における青森県
の結果は『全国最下位』のグループに属するものであった。だが、それは単に
国語や数学といった教科学力が最下位であっただけでなく、「高校進学率」「消
費的支出」（中学校1学級当り）「県民所得」「理科設備」「へき地生徒数」「第1次
産業」「第3次産業」「その他の産業」といった諸条件までもが「全国で最下位
グループに属する」（青森県教育研究所, 1962：46）というものであった。

　「青森県の学力はたしかに低い。ほとんど毎年、文部省の学力調査では、最
下位グループの仲間入りをしている。しかし、低いのは学力だけではないのだ。
学力をとりまく条件そのものが悪いのだ」（同上, 1962：51）。この現状を直視す

40　第1部　北海道・東北・関東地方

る分析こそ、その後の青森県の県を挙げての「学力向上運動」の原動力となるものである。当時の学力上位県と言えば、東京・大阪・香川・長野・富山・福井・兵庫・岡山などであり、下位県は北海道・青森・岩手・福島・高知・熊本などであった。とりわけ、学力下位県であった青森県においては学力上位県の仲間入りを果たすべく、学力向上に向けて粉骨砕身の努力がなされたのである。そして、悪い条件下でも、それを克服し、優れた教育効果を上げることは大切であるとはしながらも、「教師の質を高めるとともに条件整備の努力も怠ってはならない」（同上, 1962：56）といった建設的な提言も盛り込まれた。教育の基盤整備をした上で、学力向上を果たそうとする青森県の戦略が明確に打ち出される。

　本章の課題は、戦後における青森県の学力低下の実態を明らかにすると同時に、その学力低下の実態に正面から向き合い、真摯な反省と建設的な提言による県を挙げての「学力向上運動」に向けた様々な努力の軌跡を確認することである。この県民運動は、青森県人の誠実さと努力を象徴するものとは言えるが、果たして、文部省「学テ」の結果を学力の高低の実態を測る判断基準としたことは正しかったのか。青森県の学力は確かに向上し、半世紀以上も経った平成30年度の文科省「全国学力・学習状況調査」（以下、「全国学テ」）の結果は、小6で4位、中3で19位の学力上位・中位県に位置した。この結果は、学力が上がったことの証となり、手放しで喜べるものとなるのか。その点の検証も含めて、青森県の戦後の学力向上を目指した「学力テストの利活用によるイノベーション（革新性・先駆性）」を検証することが本章の課題である。まずは、戦後の学力テストの動向から概観してみよう。

## 1　戦後の学力テスト開発の歴史

　戦後から今日までの青森県の「県教育委員会」（以下、「県教委」）「県教育研究所」（後の「県教育センター」）が実施した学力テストの実施状況を時期区分して示すと、〈表―1〉のようになる。「教育政策テスト」は11件、「学習指導改善テスト」は3件となり、青森県では児童生徒の学力の実態を把握して、教育政策に生かすテストが数多く実施されていたことがわかる。その原因は、後に

も先にも「学力低下」を引き起こした学力の実態把握と要因の検証のためであった。そして、その実施主体は最後の2件が県教委によるものであるが、それ以外の12件の全てが県教育研究所によるものである。県教育研究所の果たした役割は大きい。

〈表—1〉 青森県の戦後学力テストの実施状況

|  | 昭和20年代 | 30年代 | 40年代 | 50年代 | 60年代〜平成18年度 | 19年度〜令和2年度 | 合計 |
|---|---|---|---|---|---|---|---|
| 教育政策テスト | 4 | 5 | 1 | 0 | 1 | 0 | 11 |
| 学習指導改善テスト | 0 | 0 | 1 | 2 | 0 | 0 | 3 |
| 合計 | 4 | 5 | 2 | 2 | 1 | 0 | 14 |

＊数値は新規に開発・実施された学力テストを用いた調査研究であり、2年以上継続されたものでも「1」としてカウントしている。

　青森県では、昭和25年7月に「県教育研究所」が設立され、戦後の調査研究の全てを担当している。その際の理念は、過去の教育研究のあり方が「現実と遊離した観念的な思考」であったり、「外国の教育思潮の紹介」であったりした点を反省し、「青森県教育研究所は本県の教育施策と教育実践とに対して科学的な基礎資料を提供せんために、鋭意調査研究をつづけてきた」（青森県教育研究所, 1953：序）と、昭和28年3月に当時の県教育長田村清三郎は述べている。昭和45年4月、「県教育研究所」及び「県理科教育センター」は統合され、「県教育センター」となり、平成10年4月には「県教育センター」及び「県情報処理教育センター」を統合して「県総合学校教育センター」に改組している。県教育研究所による昭和20年代の4件の「教育政策テスト」は〈表—2〉のようになる。

　昭和27年3月の「青森県人の読み書き能力調査」は、国立教育研修所によって昭和23年8月に行われた「日本人の読み書き能力調査」と同一問題、同一方法を用いて、青森県人の読み書き能力の実態を確認しようとしたものである。青森県で設定された独自の目的は、「青森県人の（Ａ：読み書き能力）の實態を全国及び東北地方との比較によつて把握し、その内容を検討することによつて

42　第1部　北海道・東北・関東地方

〈表―2〉 青森県の昭和20年代の「教育政策テスト」の実施状況

| 調査研究の名称 | 対象学年・教科 | 初回のテスト実施年（度） |
|---|---|---|
| 青森県人の読み書き能力調査 | 小6～中3（国語） | 昭和27年3月2日～3月15日 |
| 県小・中学校児童生徒学力水準調査 | 小6・中3（4教科） | 昭和27年11月 |
| 小学校国語・算数学力調査 | 小1～6（2教科） | 昭和28年9月25日 |
| 中学校国語・数学学力調査 | 中1～3（2教科） | 昭和29年9月10日 |

（A）に影響を与える条件を発し、（A）の発達にたいする具体的目標とその手がかりを得ること」（青森県教育委員会教育研究所，1951：9）であった。同調査の対象は小6～中3（1,000人）と15才～64才の一般人（1,500人）であったが、青森県の読み書き能力は相当に低く、「中学校生徒は各学年とも全国平均に比較すると約1年半おくれ、小学校6年では約半年おくれている」（青森県教育調査研究所，1954：1）と指摘された。

　また、昭和27年11月実施の国立教育研究所「全国小・中学校児童生徒学力水準調査」の結果においても、小6・中3ともに「全国平均より相当低い」（同上，1954：1）ことが指摘され、かつ県全体の8割を占める郡部の児童生徒が県全体の平均を下げている、とも述べられている。そこで、この学力の低い郡部と学力の高い市部とを比較し、郡部の学力が低い原因を把握するための学力調査が企画・実施される。それが翌28年9月に県下の全小学校児童を対象とした「小学校国語・算数学力調査」（小1～6：2教科）であった。加えて、学校側が個々の児童の評価及び学習指導の資料とすることが可能なように、標準学力テスト問題としても利用することが意図された。翌年の「中学校国語・数学学力調査」（中1～3：2教科）では「学習における生徒の困難点とへき地の生徒の学力の実態把握を目的」としただけでなく、「中学校標準学力検査問題、診断的検査問題として県内各中学校の生徒の評価と指導の資料とする」（青森県教育研究所，1955：1）とされた。

　小・中学校ともにほぼ学力調査の目的や方法は同一であるので、前者の「小学校国語・算数学力調査」のみを取り上げると、この調査では知能検査も実施

し、児童の学力に影響を及ぼす要因を究明している。その際に、学力の要因を主体条件と環境条件に区分し、主体条件として「知能」と「対人関係」の要因が調査されている。知能検査は小3〜6を対象に実施され、学力に及ぼす要因として「知能」「地域環境」「学校規模」「学校設備・教員組織」などの13項目が分析されている。そして、「学力に影響を及ぼす要因のうちで、最も相関の著しいのは知能である」（青森県教育調査研究所，1954：26）と結論づけている。言い換えると、知能が高ければ学力も高く、知能が低ければ学力も低いという結論である[1]。

　同調査においては、児童一人ひとりの学力に及ぼす要因として「生育歴、遺伝、態度、性格などの主体条件、風土、経済状態、交通、などの地域の条件、学校のいろいろな条件、担任教師の教育力とでもいうべき能力、素質など担任教師の影響、家庭の環境、友人や家族から受ける影響」などが挙げられたが、その中でも「地域環境、学校設備・教員組織、家庭学習環境」（同上，1954：38）が重大な要因であるとし、今後の青森県児童の学力改善の方向性が提示されたものとなっている[2]。

## 2　「全国学力調査」への対応と結果

　昭和30年代になると、文部省は昭和31年から11年間にわたって、児童生徒の学力到達度を明らかにしつつ、学習指導要領、ないしはその他の教育諸条件の整備・改善に寄与することを目的として「全国学力調査」を実施した。とりわけ昭和36年から4年間実施された「学テ」は、全国的な規模で学力競争を促す契機ともなるものであった。具体的には、テスト結果による各都道府県間の学力比較やランキング化がなされ、全国規模での学力競争が展開されることとなった。特に、全国の中で成績上位となる条件は基礎学力を重視し、ペーパー・テストによる学力テストの開発と実施を精力的に行うことであり、事前対策を徹底することであった。そうした対策を実施した愛媛県・香川県・福井県などが成績上位県として名を連ねたのである。

　昭和36年度の「学テ」結果は、〈表—3〉〈表—4〉のように都道府県別ランキングとして時事通信社『内外教育』（1962.6.5.）に掲載されたものである。

44　第1部　北海道・東北・関東地方

〈表—3〉 昭和36年度の都道府県別の教科別成績一覧（中学校・第2学年）

| 順位 | 国語 | | 社会 | | 数学 | | 理科 | | 英語 | |
|---|---|---|---|---|---|---|---|---|---|---|
| 1 | 東京 | 64.6 | 香川 | 57.3 | 香川 | 72.1 | 香川 | 65.1 | 福井 | 74.0 |
| 2 | 大阪 | 63.9 | 岡山 | 56.7 | 富山 | 70.9 | 富山 | 62.7 | 香川 | 73.2 |
| 3 | 香川 | 61.2 | 富山 | 56.1 | 大阪 | 69.8 | 長野 | 62.0 | 大阪 | 73.0 |
| 4 | 兵庫 | 60.0 | 東京 | 55.9 | 兵庫 | 68.4 | 大阪 | 61.4 | 栃木 | 72.4 |
| 5 | 富山 | 59.7 | 長野 | 55.9 | 福井 | 68.3 | 岡山 | 61.3 | 富山 | 72.4 |
| | | | | | | | | | | |
| 41 | **青森** | **49.4** | 福島 | 43.3 | 福島 | 56.7 | 秋田 | 52.0 | 群馬 | 60.0 |
| 42 | 宮崎 | 49.1 | 高知 | 43.1 | 熊本 | 56.2 | 熊本 | 50.2 | 福島 | 59.6 |
| 43 | 高知 | 48.1 | 熊本 | 42.7 | **青森** | **54.3** | **青森** | **50.2** | **青森** | **57.5** |
| 44 | 熊本 | 47.9 | **青森** | **41.8** | 北海道 | 52.8 | 北海道 | 49.6 | 岩手 | 55.8 |
| 45 | 北海道 | 47.8 | 北海道 | 41.6 | 高知 | 51.6 | 高知 | 49.2 | 北海道 | 55.1 |
| 46 | 岩手 | 44.8 | 岩手 | 39.3 | 岩手 | 50.7 | 岩手 | 46.9 | 高知 | 54.5 |

＊数値は平均点。　　『内外教育』（1962.6.5.）2–7頁.

〈表—4〉 昭和36年度の都道府県別の教科別成績一覧（中学校・第3学年）

| 順位 | 国語 | | 社会 | | 数学 | | 理科 | | 英語 | |
|---|---|---|---|---|---|---|---|---|---|---|
| 1 | 東京 | 68.0 | 香川 | 60.3 | 富山 | 65.5 | 香川 | 59.9 | 福井 | 71.0 |
| 2 | 大阪 | 66.7 | 大阪 | 59.2 | 香川 | 64.4 | 東京 | 58.8 | 富山 | 70.5 |
| 3 | 香川 | 64.6 | 東京 | 58.5 | 大阪 | 63.5 | 富山 | 58.2 | 滋賀 | 70.3 |
| 4 | 神奈川 | 63.7 | 富山 | 58.2 | 東京 | 63.2 | 長野 | 57.9 | 長野 | 69.7 |
| 5 | 長野 | 63.4 | 長野 | 57.5 | 福井 | 63.0 | 大阪 | 57.7 | 愛知 | 69.7 |
| | | | | | | | | | | |
| 41 | 宮崎 | 53.8 | 秋田 | 48.1 | 茨城 | 49.5 | 福島 | 47.1 | 茨城 | 59.8 |
| 42 | 山形 | 53.6 | 福島 | 47.5 | 福島 | 48.7 | 長崎 | 46.9 | 福島 | 56.7 |
| 43 | 福島 | 53.5 | **青森** | **46.3** | **青森** | **46.9** | **青森** | **46.1** | **青森** | **55.7** |
| 44 | 北海道 | 53.4 | 高知 | 45.8 | 北海道 | 45.9 | 北海道 | 45.9 | 岩手 | 52.4 |
| 45 | **青森** | **52.3** | 北海道 | 45.0 | 高知 | 44.4 | 高知 | 43.0 | 北海道 | 52.0 |
| 46 | 岩手 | 47.6 | 岩手 | 43.2 | 岩手 | 43.9 | 岩手 | 42.6 | 高知 | 51.6 |

＊数値は平均点。　　『内外教育』（1962.6.5.）2–7頁.

第2章　「全教科最下位グループ」からの脱出～青森県～　45

〈表―4〉からすると、中3の5教科とも学力上位県と下位県は現在の「全国学テ」とは全く異なることが理解できる。「学テ」においては、成績の上下は「都道府県の地域に大いに関係がある」（時事通信社，1962：5）とされ、市街地が多い都道府県の成績がよくて、農山魚村が多い都道府県の成績が低いと推測された。いわゆる「都鄙格差」である。

文部省「全国学力調査」の結果は、青森県でも独自に何度も分析されている。昭和33年の「青森県の学力の実態」では県教育研究所が昭和31年度（国・算、数）と32年度（理・社）の小6・中3の結果を分析し、全国平均と青森県のそれを比較している〈3〉。まず、昭和31年度の小学校では全国平均よりも国語3.2点、算数5.6点が、32年度の理科9.9点、社会12.6点が「全国より劣っている」（青森県教育庁教育研究所，1958：1）と報告された。中学校も同じ状態で、全国平均よりも国語3.4点、数学7.4点、理科6.0点、社会7.4点も低かった。続いて、教科別の問題領域ごとの分析も行われたが、例えば算数・数学は「式」「図形とそれによる表現」「数概念とその意味」（同上，1958：11）が劣っていると指摘された。

また、昭和36年度の中3の「学テ」結果を分析した「青森県中学生の学力―その姿と条件―」においても、各教科における全国平均との差が示され、中3の国語8.4点、数学10.3点、理科7.1点、社会7.4点、英語9.5点も全国平均よりも低く、かつ5教科全体で42.7点も低いとされた（青森県教育研究所，1962：5）。時事通信社『内外教育』（1962.6.5.）では、都道府県別ランキング〈表―4〉が紹介され、国語が45位で、他は43位であったことが指摘され、「最下位グループに属している」（同上，1962：8）ことも明言された。この「学力が最下位」という事実の要因として、学力と教育条件の相関関係が文部省調査の結果に基づいて分析され、その際の分析項目が「生徒1学級当り教育費」「理科設備現有率」「小規模校総数」「へき地生徒数」「高校進学率」「都道府県民所得」「行政費の中の教育費の割合」であった。そして、学力との関係の度合いが強い条件として、「県民所得」「教育費のうちの消費的支出」（中学校1学級当り）「高校進学率」「理科設備現有率」などが指摘されると同時に、「青森県はどの条件をとってみても全国で下位グループに属している」（同上，1962：45）とされた〈4〉。そして、冒頭で掲げた一節「県民運動としての学力向上」が展開されたのであ

46　第 1 部　北海道・東北・関東地方

る。そこには青森県の悲痛なまでの決意が確認される。

## 3　繰り返される「学力調査」

　さて、昭和30年代における県の学力テストは、〈表― 5 〉に示したように 5
件行われている。この昭和30年代における県の学力テストは、文部省「全国学
力調査」に影響を受けて実施されたものであった。

〈表― 5 〉青森県の昭和30年代の「教育政策テスト」の実施状況

| 調査研究の名称 | 対象学年・教科 | 初回のテスト実施年（度） |
|---|---|---|
| 入学前児実態調査 | 小学校入学直前の幼児（基礎） | 昭和31年10月10日 |
| 小中学力実態調査 | 小 4 ・ 6 ・中 2 （理・社） | 昭和31年10月10日 |
| 中学校学力調査 | 中 1 ～ 3 （ 2 教科） | 昭和34年 4 月18日 |
| 社会科・理科学力調査 | 小 3 ～中 3 （社・理） | 昭和34年 4 月27日 |
| 中学校英語科学力調査 | 中 2 ・ 3 （英） | 昭和35年 9 月20日 |

　文部省「全国学力調査」の開始直後に行われた青森県独自の学力テストが昭
和31年10月10日の「入学前児実態調査」（入学直前の幼児：基礎学力）と「小中学
力実態調査」（小 4 ・ 6 ・中 2 ：理・社）であった。前者は、昭和32年度入学予
定の標本28校の幼児（550人）を抽出し、県内の小学校入学直前の幼児における
能力の実態を知ることによって、「入学後の指導の一つの手掛かりとし、又、
幼児の家庭教育の参考資料として今後の幼児教育の実際に役立たせようとする
もの」（青森県教育研究所, 1957： 1 ）であった。一方、「小中学力実態調査」は
昭和31年度から開始された文部省「全国学力調査」の開始に合わせ、かつ学校
現場の要望にも応えて実施されたものであった。小学校32校・中学校31校の各
学年（約1,200人）を対象に、「県内小中学校における理科、社会科の学力の実態
を把握し、学習指導上の資料を得る」（同上, 1957：14）ことを目的に行ったもの
である。

　この後、昭和30年代における県の学力テストは文部省「全国学力調査」の影
響を受けて、県独自の学力テストを開始することになる。そこには、文部省

「全国学力調査」に対する疑うことのない、全面的な信頼が見られた。県教委は、全国標準という広い尺度の「全国学力調査」が「今後の学力向上をめざす上での大変貴重な、役に立つ指針となる」と断言した上で、「学力向上を阻害する原因をみつけ出し、もっとも効果的な教育を打ち出す」（青森県教育委員会，1963：1）ことを目指した。さらには、こうした「学力向上」に加え、高校・大学における「進学率」も最下位とされ、そのアップも至上命題と位置づけられた。

　さて、県教育研究所は昭和34年4月には「中学校学力調査」（中1～3：2教科）、「社会科・理科学力調査」（小3～中3）を、翌35年9月には「中学校英語科学力調査」（中2・3）を抽出調査によって実施している。これらの調査は「全国学力調査」の結果を意識し、その学力向上を意図して、文部省「全国学力調査」の対象学年以外の学年で実施したものである。

　昭和30年代の最後の学力テストとなった「中学校英語科学力調査」は、県教育研究所が県下33校の中学校（1,042人）を抽出し、英語科実態調査の一環として実施したものである。その目的は、「（1）中学校生徒の英語科学力水準をは握し、（2）英語科学習の困難点をは握して、学習指導の資料に資するとともに、（3）学校調査、教員調査による外的条件と生徒の学力の相関などについて調査し、今後の県内中学校英語科振興に資する」（青森県教育庁教育研究所，1961：3）とされたものである。テスト結果は、問題領域別と各条件別（産業構成別・学校規模別・高校進学別・履修時間数別・必修選択別・英語科担当教員数別）の平均正答率を分析し、学力と教育条件の相関を調査分析している。特に目新しい分析結果はないが、英語専任及び主として英語を担当している教員が過半数を占めている学校の成績が最も高く、補助的教員が過半数を占める学校の成績が最も悪い、といった指摘がなされている（同上，1961：10）。

　こうした県の調査研究による改善努力は、昭和33年度の文部省「全国学力調査」において全国で最下位グループであった結果を昭和40年度になると小学校は年度によって中位グループに躍進させる結果となっている。中学校は、依然として最下位グループであるものの、「上昇機運に向いている姿」（前田，1965：8）が見えたことも指摘された。

48　第1部　北海道・東北・関東地方

## 4　「学力向上」と「進学率の上昇」への取り組み（昭和38年度以降）

　全国比較において「学力低下」と「進学率が低い」とされた東北各県は、以後は汚名返上に必死となり、自ら進んで独自の学力対策を打ち出している。例えば、今日、「学力日本一」との呼び声が高い秋田県は、昭和34年度に県教委は「学力向上対策に関する検討委員会」を設置し、県教育研究所とともに一体となって学力向上に向けた取り組みを開始している。秋田県では、昭和30年代の「全国学力調査」における下位県からの脱出を県の悲願とするが、その理由は「学テ」結果において学力が最下位グループであった事実に驚愕し、「十分な教育を受けていない悪条件下の沖縄の児童生徒の成績よりも低いことが明らかにされた」（秋田県教育研究所, 1963：24）といった強い危機意識があったためである。確かに、昭和30年代後半以降において秋田県の県教委と県教育研究所は、農村部の学力向上を目的とした学力の実態分析を頻繁に行っている。

　この秋田県と類似した状況は、青森県においても確認できる。昭和38年4月1日に県立青森商業高等学の前校長であった岡本省一が県教育長に就任した際に、4月3日の記者会見では「本県の学力は全国でも最下位に近い状態にあるが、このレベルを上げることも一つの目標となる」と述べ、「学力向上のための全県運動」を進めることを表明する（『東奥日報』1963.4.4.朝刊）[5]。そして、昭和38年度から3カ年計画で学力向上に関する抜本的な対策を樹立し、学力不振の要因を徹底的に分析して、その不振要因を排除、もしくは改善する仮説を設定し、学力向上の方策をうち立てている（都道府県五大市教育研究所長協議会, 1966：160-179）。また、その際には学力向上対策のモデル地区も指定している。

　青森県では、「昭和38年から展開された学力向上運動はきわめて強力なもの」であり、「学力向上は本県に課せられた最大の命題である」（青森県教育史編集委員会, 1974：976）と位置づけられた。こうして、青森県でも県を挙げての学力向上に邁進していくことになる[6]。その際の青森県の具体的な方策として県教委が示した内容は、理科設備の整備や教員数の増員などに加え、他県より遅れている「学習指導の改善」であった。そこには、テスト結果の平均点の安易な比較ではなく、「子どもの学力の実態を科学的に把握し、その実態に即応した学習指導法を研究、実践すること」（青森県教育委員会, 1963：10）が、さらな

る学力向上につながるとの認識が示されている。

　例えば、県教育研究所が昭和40年１月に公表した「学力調査結果４か年の綜合的分析と考察」においては、昭和36年度以降に行われた４か年の「全国学力調査」の結果を基に、「学習指導改善の研究に役立つ実際的な仮説（提案）を発見しようとするもの」（青森県教育研究所，1965：1）と位置づけている。また、県教委も翌41年には「青森県における学校教育の現状と問題点」と題して、昭和37年度以降に行われた４か年の「全国学力調査」の結果を基に、県児童生徒の学力水準や地域格差、及び東北６県の学力分析なども行い、「中学校において格差が顕著であることは問題であろう」（青森県教育委員会，1966：19）と指摘している。

　さらには、昭和43年度には県教育研究所は「能力差に関する基礎的研究」（小５：算）と題して、「能力差の実態を知能検査成績と標準学力検査成績との関連においてとらえ、知識・技能の差について考察する。学業不振児を抽出して、知能以外の要因として環境・学習法・性格など、意欲・態度の差にかかわるきっかけを診断し考察する。最後に機能差と言われる思考力の差についても考察する」（青森県教育研究所，1969a：3）といった研究を５年計画で実施している。調査用の検査は「知能検査」「教研式標準学力検査・算数」「田研式家庭環境診断検査」「能率的学習法診断検査」「性格検査（クレペリン検査）」「推理力を主とした能力検査」など多角的である。とりわけ、学業不振児の抽出をするために「田研式家庭環境診断検査」により「家庭環境」（家庭の一般的状態・子どものための施設・文化的状態・家庭の一般的不雰囲気・両親の教育的関心）の分析も行っている。

　いずれにせよ、昭和40年代になっても県の学力向上への模索が多角的に行われていたことは明らかである。と同時に「学習指導改善テスト」も〈表─６〉で示した３件が実施された。言い換えると、青森県では当時においては学力テストによる「学力向上」には目が向いても、日頃の学習指導の中で授業を改善しながら学力を底上げしていく考え方は薄かったことになる。

　〈表─６〉の中から「学習指導改善のためのテスト」として実施された「学習指導の実践的研究」（中１：2教科）を取り上げる。同研究は、過去の文部省

50　第1部　北海道・東北・関東地方

〈表—6〉青森県の昭和40・50年代の「学習指導改善テスト」の実施状況

| 調査研究の名称 | 対象学年・教科 | 初回のテスト実施年（度） |
|---|---|---|
| 学習指導の実践的研究 | 中1（2教科） | 昭和43年12月 |
| 教科における学習能力の発達と授業に関する研究 | 小2・4・6（作文） | 昭和50年6月 |
| 基礎的・基本的学習内容の理解と定着に関する調査研究 | 小3・6（2教科） | 昭和55年11月26日 |

「全国学力調査」の結果において、青森県の中学生が不振であった「思考力や応用力」における学習指導の質的改善に寄与できる研究資料を提供する目的で実施されている（同上，1969b：序)[7]。最後となった「基礎的・基本的学習内容の理解と定着に関する調査研究」（小3・6：2教科）は、昭和58年度まで実施されるが、「学力調査」だけでなく、「指導資料」も作成されている。指導資料とは、「主な誤答の要因と指導上のポイント」「指導の実際」と題して、学習の定着をはかるための指導の工夫を詳しく解説したものである（青森県教育委員会，1983b)。

　青森県の一連の「学力向上対策」から得られる重要な点は、「学テ」結果が上位であるにせよ下位であるにせよ、文部省による「学テ体制」の全国的な構築が進んだことの現れであったということである。そうした学テ体制の中で、青森県のように「学力下位県」と位置づけられた県の苦悩と焦りは相当なものであった。これこそが、先行研究でも指摘された「学テ」による教育統制強化と能力主義的な教育政策の効果と問題点であった。

## 5　現代の学力テスト政策

　青森県における現代の「学力向上」を目指した学力テストは、平成15年度から開始される「県学習状況調査」（小5：4教科、中2：5教科）の1件のみであるものの、現在も継続されている学力調査である。同調査の趣旨としては「全県的な規模で学習状況の調査を行い、学習指導要領における各教科の目標や内容の実現状況を把握し、学習指導上の課題を明らかにするとともに、各学校が

指導の改善に活用することができるよう、県全体の結果と学習指導改善の方向性を示した資料を作成し、本県児童生徒の学力向上に資する」（青森県教育委員会，2007：3）と謳われている。同調査の特色は、各教科の「設定通過率」を定め、その達成状況を教育事務所管内ごとに公表している点である[8]。「設定通過率」とは、「本県児童生徒の学習状況の実態をより具体的に把握するために、教科ごと・問題ごとに示した目標となる通過率」であり、「教科全体」「教育事務所管内・地区別」「小問」「各内容・領域等」「各観点」の通過率の集計結果が公表されたものである。

　この「県学習状況調査」では、設問ごとの「設定通過率」と実際の「通過率」が一覧表になっており、児童生徒の理解度の把握は一目瞭然である。また同時に、「教育事務所管内・地区別」の結果も公表され、一種のランキング化の様相を帯び、競争を煽るような意図もあるように思われる。例えば、小5の国語（設定通過率70.0%）では上北管内の三沢市（78.2%）が最も高く、下北管内の下北郡（71.1%）が最も低い。中2の数学（設定通過率61.75%）では東青管内の東郡（66.3%）が最も高く、下北管内の下北郡（51.3%）が最も低い（同上，2007：7-8）。この学力テストの結果を上げるために、順位に着目することは青森県の長年の慣習でもあるが、それが今日でも生きていることになる。学力向上とは学力テストの点数を上げるためであり、そのためにも指導の工夫が必要となったのである。

　ただし、令和元年度に決定された「県教育振興基本計画」（令和元年度〜令和5年度）には「確かな学力の向上に取り組むほか、主権者教育や情報教育などにより、新しい時代に求められる資質・能力の育成に取り組みます」（同上，2019：8）との宣言がなされている。他県で見られるような「全国学テ」における数値目標などは掲げられていない。「郷土に誇りを持ち、多様性を尊重し、創造力豊かで、新しい時代を主体的に切り拓く人づくりを目指します」という基本計画における冒頭の一文が実現されることを願って止まない。

## おわりに

　本章の課題は、青森県の戦後の学力向上を目指した「学力テストの利活用に

52　第1部　北海道・東北・関東地方

よるイノベーション（革新性・先駆性）」のあり方を検証することであった。県教委は、発足40周年を記念して昭和63年11月に『発足40周年記念誌』を刊行しているが、その中で青森県における学力向上対策の取り組みを3期に区分している。第1期は、戦後の混乱した世相が落ち着きを見せた昭和29年ころ、第2期が文部省「全国学力調査」が始まった昭和32年、第3期が「学力向上を県政の重大な柱として掲げた昭和38年から」と位置づけている（青森県教育庁総務課, 1988：61）。

　とりわけ、昭和38年度から開始された学力向上運動は「極めて強力であった」と回顧しているが、その理由は「本県小・中学校が全国最下位にランクされたのを直接の契機としている」（同上, 1988：62）と断言している。そして、同年には県民の周知を集めた「県学力向上対策協議会」が組織されただけでなく、県教育庁内には「学力向上推進本部」も設置されている。具体的な学力向上対策としては、校長等研修会、教員の自主的な研究の奨励、各教科における指導資料の作成・配布など多面的な施策が実施され、「大きな成果を上げた」（同上, 1988：62）と評価された[9]。つまりは、青森県における「学力向上」に向けた大きなターニングポイントは昭和38年と言うことになり、以後県による必死の取り組みと努力がなされていく。その成果が今日の「全国学テ」における学力上位県としての評価獲得となるわけであるが、単に学力テストで上位県となることに満足することなく、青森県のために、日本のために、世界のために活躍する人材育成こそ大切なものとなろう。


〈注〉
〈1〉その他、学力との相関が高いものとしては「学力は市部の学校ほど高く、農村又は辺地へ行くにしたがって低い」、「学校規模が大きい方が学力は高い」、「学校環境では設備と組織の影響が大きい」などであった。逆に、有意差が認められないものは「担任教師の資格や経験年数」などであった（青森県教育調査研究所, 1954：26-28）。
〈2〉「小学校国語・算数学力調査」（小1～6：2教科）は、昭和30年9月27・28日にも抽出校33校（1,200人）で診断的なテストとして実施されている。「中学校国語・算数学力調査」は、昭和33年4月18日にも抽出校24校（1,001人）で実施されている。
〈3〉調査のサンプル数は、小6においては昭和31年度が1,315人、32年度が1,166人で

第2章 「全教科最下位グループ」からの脱出〜青森県〜　53

ある。中3においては31年度が1,417人、32年度が1,076人であった（青森県教育庁教育研究所，1958：1）。

〈4〉「進学率」は最高が東京都の78.4％、最低は宮崎県の39.3％、青森県は42.2％で下から2番目。「消費的支出」は最高が東京都の1,064千円、最低は青森県の623千円。「県民所得」は最高が東京都の187.7％、青森県は74.1％で39位。「理科設備」（中学校）は最高が長野の66％、青森県は30％で下から2番目などと分析された（青森県教育研究所，1962：46）。

〈5〉昭和38年5月10日には「県学力向上対策委員会」の設置が決まり、7月までに学力向上に関する答申を出すこと、全県的な体制を作ることなどを公表する（『東奥日報』1963.5.12.朝刊）。県教委は同年6月20日に委員22名と顧問3人を委嘱し、翌年度の4月からは県独自の学力テストも行うことなどを明言する（『東奥日報』1963.6.21.朝刊）。学力向上の諮問機関となる「県学力向上対策協議会」は6月25日に発足している（『東奥日報』1963.6.26.朝刊）。

〈6〉県教委は、昭和38年度から開始した学力向上対策の3年目にあたる昭和40年度に於いて、「教育諸条件の整備による教育格差の是正」を掲げ、教育効果の向上に予算を投入していることを説明している。例えば、理科教育センターの設備充実費に300万円、教育指導主事8名の増員、教育指導費と学力向上対策費に1,800万6千円を支出している（青森県教育委員会，1965：27）。

〈7〉国語は「文章読解に関する調査研究」として、読解過程における思考傾向を探り、学習指導を改善するための着眼点を見出す。数学は「数学科における問題解決の諸側面を基盤にした学習指導の調査研究—中学校学習指導（数）の実践的研究の仮説を求めて—」として、中学校学習指導の実践的研究の仮説の根拠を求める基礎資料とすることを目的としている（青森県教育研究所，1969b）。

〈8〉平成以降の教育・学習評価に関する新たな動向として確認できることは、各教科の領域別・観点別正答率、ないしは平均正答率・誤答率・無答率を公表する都道府県県が多い中で、「設定通過率」を評価基準として学力テストを実施した県が多かった点である。確認できた県は、青森・福島・栃木・千葉・山梨・奈良・大阪・岡山・広島・福岡・鹿児島の11県である。

〈9〉昭和40年代になると青森県の高校進学率の向上対策も本格的に実施され、昭和51年度の高校進学率90％に向けた具体的な施策が取られていく。昭和41年の県の高校進学率は55.2％で、全国平均の72％台と比べると相当に低かった。そこで、県教委は昭和42年度から高校整備計画に着手し、昭和51年度における実際の進学率は、87.7％まで上昇している（青森県教育庁総務課，1988：62）。大学進学率の向上に関しては千田（1993）が詳しい。

54　第1部　北海道・東北・関東地方

## 〈引用・参考文献一覧〉

青森県教育委員会　1963「全国学力調査のために」『昭和38年度　文教施策趣旨普及指導資料』1-15頁

青森県教育委員会　1965「学力向上対策の推進と青少年の健全育成を図る」青森県広報室『県政のあゆみ』4・5月合併号、26-28頁

青森県教育委員会　1966『青森県における学校教育の現状と問題点』1-211頁

青森県教育委員会　1981『小学校　基礎的・基本的学習内容の理解と定着に関する調査―昭和55年度調査の分析―国語、算数』1-137頁

青森県教育委員会　1983a『中学校　基礎的・基本的学習内容の理解と定着に関する調査研究―昭和56年度調査結果の分析―国語編』1-70頁

青森県教育委員会　1983b『中学校　基礎的・基本的学習内容の理解と定着に関する調査研究―昭和56年度調査結果の分析―数学編』1-65頁

青森県教育委員会　2007『平成19年度　学習状況調査実施報告書』青森県教育庁義務教育課、1-138頁

青森県教育委員会　2019『あおもりの今と未来をつくる人づくり―青森県教育振興基本計画（2019～2023年度）』1-13頁

青森県教育委員会教育研究所　1951『青森県人の読み書き能力調査中間報告』1-47頁（別に図16頁）

青森県教育研究所　1953「青森県人の読み書き能力」『研究紀要』第一巻、1-52頁

青森県教育研究所　1955「中学校国語・数学学力調査（調査の設計・国語診断テスト・数学診断テスト・学力と教育条件）」『研究紀要』第三巻、1-120頁

青森県教育研究所　1957「入学前児、小中学力実態調査（入学前児実態調査、社会科学力調査、理科学力調査）」『研究紀要』第6巻、1-66頁

青森県教育庁教育研究所　1958「青森県の学力の実態」『研究調査資料』No. 17、1-26頁

青森県教育庁教育研究所　1961「中学校　英語科学力調査」『研究資料』No. 6、1-41頁

青森県教育研究所　1962「青森県中学生の学力―その姿と条件―」『研究資料』No. 7、1-56頁

青森県教育研究所　1965「学力調査結果4か年の綜合的分析と考察―学習指導改善の仮説を求めて―」『研究資料』No.36、1-105頁

青森県教育研究所　1969a「昭和43年度　能力差に関する基礎的研究（1）」『研究資料』No. 91、1-30頁

青森県教育研究所　1969b「昭和43年度　学習指導の実践的研究―中学校国・数―」『研究資料』No. 92、1-70頁

青森県教育史編集委員会　1974『青森県教育史（第二巻：記述編）』青森県教育委員会

青森県教育調査研究所　1954「小学校学力調査の設計、児童の学力に影響を及ぼす要因

について、小学校国語・算数学力検査』『研究紀要』第二巻、1-214頁

青森県教育庁総務課　1988『発足四十周年記念誌　青森県教育委員会のあゆみ』青森県教育委員会、1-184頁

秋田県教育研究所　1963「学力を高めるために　第１集」『研究』No. 66、1-282頁

時事通信社（本社支局社）　1962「学力の開き、実体はどうか。教科別成績と、その分布をみる」時事通信『内外教育』（1962. 6. 5.）2-7頁

千田　忠　1993「青森県における進学率向上対策事業と学力競争の激化」国土社『教育』No. 557、26-35頁

都道府県五大市教育研究所長協議会　1966『昭和40年度　学力の実態とその要因分析』都道府県五大市教育研究所長協議会

前田安三　1965「ことしの学力調査の結果をめぐって」青森県広報室『県政のあゆみ』２月号、6-9頁

## 第3章 「岩手事件」のその後〜岩手県〜

〈岩教組五十年史〉

　　私にとって法廷のすう勢よりもさびしかったことは、学テ後岩手の教育現場
　がどんどん変わっていった事実であった。学テ闘争に対する直接の刑事・行政
　両面にわたる弾圧に耐えた教師たちも、その後の研究体制や管理体制、そして
　人事配置による権力の体系的な日々の執拗な差別やしめつけによって、徐々に
　抵抗の姿勢を弱めていった事実について、誰が岩手の教師たちを責められよう
　か。岩手もまたヨソ並みになっていったのである（岩教組50年史編集委員会,
　1997：215）。

---

### はじめに

　　冒頭の一節は、昭和36年の「岩手事件」後の岩手県の教育事情に言及したも
のである。この人物は、当時においては岩手県教職員組合（以下、「岩教組」）
の中央執行委員であったが、岩手県の教育現場の変貌を嘆き悲しむだけでなく、
「あきらめ」にも近い気持ちが表明されている。昭和36年度に全国の中2・3
を対象とした「全国中学校一斉学力調査」（以下、「学テ」）が実施されたが、岩
手県では岩教組の強硬な阻止運動によって県内の実施学校数は17.2％、生徒数
は15％となり、全国の中でも学テ実施率は最低であった。岩教組がとった戦術
は、学テ実施には従わず、いつも通りの平常授業を行うことによって阻止・抵
抗を試みるというものであった[1]。この時の阻止運動や処分を「岩手事件」
と呼ぶ。「岩手事件」では教職員の阻止行動に対して、801名にものぼる懲戒処
分がなされただけでなく、3名の自殺者までも出ている（衆議院文教委・地方行
政委連合審査会議録, 1962：35）。

　　日本教職員組合（以下、「日教組」）は、学テ実施に反対する「学テ闘争」を
全国的規模で展開し、昭和36年度は「岩手では9割以上、福岡、北海道、高知

第3章 「岩手事件」のその後〜岩手県〜 57

では6割以上がテストを中止し、その他宮崎、鳥取、滋賀、大分をはじめ青森、東京、京都、山口、熊本、石川の各県でも中止」（青森県教育史編集委員会，1974：978）といった事態になっている。こうした全国的な反対闘争の結果、家宅捜索160カ所、任意出頭2,000人、逮捕61人、起訴15人、懲戒免職20人、停職63人、減給52人、戒告1,189人に及ぶ刑事処分と行政処分が行われている（浦岸，2010：28）[2]。

　こうした岩教組による学テ阻止運動に対しては、政府・文部省側の強固な権力姿勢も垣間見える。というのも、衆議院文教委員会（派遣数3名）は岩手県における全国最低の実施率を問題視し、「学力調査における実情調査」を行う。また、地方行政委員会（派遣数4名）も「学力調査阻止事件に関連する地方公務員法違反事件に関する調査」を実施する。昭和36年12月22日から3日間の日程で県教育委員会（以下、「県教委」）、県警本部、盛岡地裁、岩教組、地教委連合会、県PTA連合会などを対象に、自民・社会・民社の各党所属の国会議員を派遣している（衆議院文教委・地方行政委連合審査会議録，1962）。

　これまでの学テに対する評価は、その負の側面を強調するものが多かった。特に、学テが国家主導の誤った教育政策であったとし、日本の学校・教師・児童生徒を競争と選別に追い込み、以後の日本の教育体制、ならびに授業のあり方をテスト中心主義に変貌させたと指摘された。碓井は、「1961年の全国一斉学力テストの実施による国家による教育統制強化と能力主義的な教育政策が展開」（碓井 1979：247）されたとし、学テを国家主導の誤った教育政策と捉えている。「学テの強行実施は、教育の内部から退廃を生んだ。学テ日本一を競い合った愛媛・香川両県には学テ残酷物語がある。学テ中心の教育活動であるばかりか、様々な不正行為は生徒相互、生徒と教師、そして教師相互の不信感をつのらせ、教育の内部から退廃をつくりだした」（同上，1979：251）として、学テに対する香川・愛媛両県における不正や事前対策の実態を暴き、学テの及ぼした悪影響を指摘している。

　本章の課題は、この「岩手事件」後の同県における学力向上を目指す「学力テストの利活用によるイノベーション（革新性・先駆性）」のあり方を検証することである。学テに最も激しく反対した岩手県が、学テ終了後にどのような学

58　第1部　北海道・東北・関東地方

力向上政策に取り組んだかを検証することは、岩手県のみならず、全国における学テの影響と、その後の日本の学力政策のあり様も確認することになるからである。先にも述べたように、学テに関する先行研究は多いものの、学テに最も激しく抵抗した岩手県の学テ後の学力政策を検証した先行研究は存在しない。本章の意義は、岩手県の事例を学テ終了後の日本の学力政策・学力テスト政策を象徴するものとして位置づけることでもある。

## 1　戦後の学力テスト開発の歴史

　まずは、戦後の岩手県の学力テストの実施状況から確認してみよう。〈表—1〉は、戦後から今日までの岩手県の「県教委」と「県教育研究所」（後の「県立教育センター」「県立総合教育センター」）が実施した学力テストの件数を時期区分したものである。この岩手県の学力テストの実施状況は、岩手県立図書館、岩手県立総合教育センター、国立国会図書館などでおこなった資料調査に基づくものである。

　岩手県における戦後の学力テストの実施状況の特徴は、児童生徒の学力の実態把握を行ない教育政策に役立てようとする「教育政策テスト」が多かったことである。岩手県では、学力テストに基づく児童生徒の学力向上を目指す反面、地道な学習指導・授業改善に基づく「学習指導改善テスト」は少なかったと言える。この「教育政策テスト」と「学習指導改善テスト」の区別は、注記において説明する[3]。

〈表—1〉岩手県の戦後の学力テストの実施状況

| | 昭和20年代 | 30年代 | 40年代 | 50年代 | 60年代～平成18年度 | 19年度～令和2年度 | 合計 |
|---|---|---|---|---|---|---|---|
| 教育政策テスト | 2 | 4 | 0 | 1 | 2 | 2 | 11 |
| 学習指導改善テスト | 1 | 1 | 3 | 0 | 0 | 0 | 5 |
| 合計 | 3 | 5 | 3 | 1 | 2 | 2 | 16 |

＊数値は新規に開発・作成された学力テストを用いた調査研究であり、2年以上継続されたものでも「1」としてカウント。

第 3 章 「岩手事件」のその後～岩手県～　　59

　最初に、戦後直後の岩手県における教育状況を見てみると、学力低下への危
機意識が強くあり、そのことが繰り返し指摘されていることである。例えば、
昭和26年9月28日付の『岩手日報』では、県の全学年300余名の中学校2年
生・1クラス44名の中に7名が自分の名前を「ひらがな」でも満足に書けない
という状況が報告されていたり、「天然」という漢字も「シゼン」「テンサイ」
「テンゼン」「テンゴク」「アマテラ」などと読むだけでなく、全く意味も理解
できていないことなどが指摘された。計算能力も著しく低かったようである
（岩手県教育委員会，1982a：1302-1303）。また、昭和28年度の「全国小・中学校児
童生徒学力水準調査」（国立教育研究所）における県の中学校の正答率は国語の
「漢字力」は48.0％（全国62.0％）、数学21.0％（全国33.0％）であった（同上，1982a：
1306）。国・数・理・社の4教科のいずれの科目でも全国と比較すると約10％も
低く、県教育界のショックは相当なものであった。さらには、昭和37年度の中
3（5教科）の学テ結果も時事通信社『内外教育』（No.142）において公表され
たが、1位が香川、最下位が岩手という結果になり、この時も県全体に大きな
衝撃が走っている（同上，1982a：1329）。

　しかしながら、こうした全国最下位とされた岩手県の教育事情には考慮すべ
き点も多い。終戦前後の県の中学生は、勉強どころではなく、食糧事情も逼迫
していた。また、全国で最も小規模へき地校が多かった。昭和27年度の公立中
学校の長期欠席生徒数は6,100人（在籍者の7.0％に相当）にものぼり、全国3位と
いう状況であった。長期欠席の理由は、家庭の貧困がほとんどで、「労働力と
して炭焼き」などに従事したためであった（岩手県中学校校長会，1998：57）[4]。
戦後の県の学力政策の主要な目的は、こうした県内における学力低下の実態と
問題点を解明することであった。その最初の契機となったものが、昭和25年12
月に小4～6（算）の算数を対象にした「県標準学力検査問題」の実施であっ
た。この検査は、県のカリキュラム基底の完成を目指して、標準学力検査問題
を作成し、地域の実態に基づいて活用することを意図したものであった。検査
結果では、「学校（学級）によつて学力差が非常に大きく、学校差（学級差）を解
消するための努力がなされなければならない」（佐藤他3名，1952：196）と提言
された。

60　第1部　北海道・東北・関東地方

　学業不振児の判別では、昭和27年9～10月に中1を対象とした「知能と計算能力」によって、普通学級における「知能差に基づく計算能力の特質を知り、精薄児、中間児のカリキュラム作成の資料」とすると同時に、「誤答を分析して、まちがえた経路やその程度を明らかにして、指導法を改善する手掛かり」（川村，1953：25）とすることが目的とされた。調査結果の結論は、「四則計算の学力が相当に低い」こと、「指導法の改善が急務である」（同上，1953：60）ことであった。翌28年2月の中1～3を対象とした「分数の加減の診断と治療」においては、県下の36校から200人が抽出され、「計算ができない者や計算だけできて問題解決できない者を、誰でもが手軽に診断することができ（団体テスト）、手軽に治療することができること（団体治療）を目的」（大木，1955：127）とすることが意図された。調査結果は、中学生の「分数計算の学力が特に低い」というものであり、その対策として、グループ指導や一斉指導によって手軽に対処できる治療指導の方法が提言された。

　昭和30年12月には、小4～6を対象に「県小学校算数学力の最近5年間における変動」と題して、昭和25年度の第1回「県標準学力検査問題」で対象となった31校の再調査が実施された[5]。昭和25年度と昭和30年度の結果を比較し、算数学力の変動を確認するというものである。その際の結論として挙げられた項目は、①算数学力は大幅に向上している、②各学年で個人の学力差は縮小している、③村の学校の成績が都市や町の成績に接近していることなどであった（佐藤・堀川，1956：126）。翌31年度の小4（2教科）を対象とした「学業不振児の一般的特性」では、「田研式標準学力検査」と「田研式知能検査」を実施し、学業不振児となる要因を「環境的要因」（家庭学習環境・家庭文化度・保護者の学歴）と「個体的要因」（出席状況・学習意欲・学習態度）に区分し、「環境的要因が決定的な不振の原因にはならない」こと、「教科によって不振の原因が非常に異なっている」（川村・佐藤，1957：123）ことなどが指摘された。

　以上のように、岩手県における戦後の学力テストは算数・数学科を中心に、学力低下の実態を解明し、その治療指導のあり方を提言するものであった。昭和35年6月には県教委において「学力向上対策懇談会」が発足し、県の教育政策の重点方針に「学力向上対策」が掲げられた。しかしながら、その翌年の学

テでは岩教組による徹底的な阻止運動があり、「岩手事件」と呼ばれる不幸な結果を招くことになる。岩手県当局は、県教委を中心に県の学力低下には相当に強い危機感を抱いたにもかかわらず、学テ終了後は「学力調査アレルギー的風潮が教育界に残った」（岩手教育委員会, 1982a：1328）とされ、昭和57年2月2日（小4）と3日（中1・2）に行われた「県学習達成状況調査」までの約20年間は全県的な学力テストは実施されていない。

## 2 「岩手事件」のその後

　岩手県は、全国の中で最も学テの実施に激しく反対した県であった。昭和37年2月に岩教組の小川中央執行委員長以下、7人の岩教組本部役員が起訴され、法廷闘争に入っている。学テ刑事裁判の決着には15年もの長い時間を要し、昭和51年5月21日の大法廷において被告人有罪として結審している。次の一文は、昭和40年4月16日の刑事裁判証言でなされた岩教組中央執行委員によるものである。

　　　「岩手の教師の主張は正しかった――ここに教育残酷物語がある――。テストで追いたて、テストでしばり、テストで人間を格づけするというこの文部省のやりかたは、まったく人間を尊重する教育そのものの破壊だという岩手の教師の指摘は正しかった。学力テスト実施後、「追いつけ、追い越せ」のコトバで表現される教育現場は、人間性を欠落したテスト練習の場となっている」（『岩手の教育物語』編集委員会, 1993：75）。

　岩手県における激しい学テ反対闘争の経緯や実態、ならびに法廷闘争の内容に関しては他の研究や文献に譲ることとする[6]。本章の課題は、上記の岩教組中央執行委員も指摘した学テ終了後の県の教育界の変容、ならびに学テ結果で最下位とされた県の学力向上政策がどのようなものであったかを検証することである。それは、「岩手事件」を引き起こした岩教組の運動理念とは対立する県教委の「学力向上政策」であった。そして、その「学力向上政策」の実施に正当な根拠を与え、多くの反対や抵抗を封じ込めたものが学テにおいて「岩

手県が全国最下位」となった不名誉な事実であった。こうした岩手県における「学力向上政策」の最初の契機は、県教委によって設置された昭和32年度の「学力向上研究協議会」（県教委と小・中・高の各教科研究団体）であり、学力向上の具体的方策の協議が行われている（岩手県教育委員会, 1982a：1323）。昭和35年度には「学力向上対策懇談会」（県内の教育関係者や父兄、その他一般県民など14名）が学力向上に向けた様々な意見交換をおこなっている（同上, 1982a：1326）。そして、県教委は昭和36年度になって、「学力向上対策」を具現化すべく長期的総合的な教育行政計画の作成に着手している。昭和38年4月に秘書調査課内に企画班を設置し、教育振興基本計画の策定事務を行う。同年10月15日には「教育振興基本条例」が制定され、翌39年6月30日にＡ４版500頁にも及ぶ「県教育振興基本計画」が公表された。

　当時の工藤　厳教育委員会委員長は、「計画策定にあたって」の中で、「岩手の教育水準が全国に比し低位にあることは、単に教育の機会均等の精神にもおとり、岩手の子どもにとって誠に不幸なことといわざるをえない」と述べている。また、教育振興基本対策審議会答申でも「教育の普及度、学力水準における全国との格差を解消するために必要な教育諸条件の整備と、教員の指導力向上を促進する必要がある」（岩手県教育委員会, 1964（付録）：3）と指摘された。この教育振興基本計画は、第1次が昭和39年〜42年度、第2次が昭和43〜46年度、第3次が昭和47〜50年度とされ、12年間の長期計画となり、それぞれで達成目標が数値でも示された。

　「第1次教育振興基本計画」で注目すべきは、岩手県において教育格差を生じさせる要因として挙げられた事柄であった。それは、岩手県における社会的・経済的・文化的諸力としての「教育的民力」であった。この「教育的民力」の低さが「本県の教育を常に低水準に追い込んで来た」（同上, 1964：1）という認識の下に、民力の実態と教育を取り巻く厳しい諸条件を認識し、これを克服することが重要であるとされた。そして、この「教育的民力」は教育に直接影響する教育財政、父兄負担教育費などの「直接的な教育的民力」と教育の背景としての県の社会的・経済的・文化的諸力といった産業構造や所得水準などの「間接的な教育的民力」に区分され、相互に影響し合って全体の「教育

的民力」を構成しているとされた。こうした県における「直接」「間接」の民力の実態が全国的な比較の下に分析され、ほとんどの分野において岩手県の「教育的民力は低い」と評価され、改善すべきことが提言された。

　岩手県の教育水準を全国水準に引き上げるために、「就学前教育の普及」「後期中等教育の拡充」「高等教育の普及」（同上，1964：385）などの改善が今後10年間の基本方針として位置づけられた。より具体的には「全国トップ・クラスの小・中学校児童生徒の長期欠席者」「低い高校・大学進学率」「教員免許者比率の低さ」「充足率の低い施設・設備」「授業日数の不足」などの改善であり、重点施策として県を挙げての取り組みが始まっていく。そして、昭和41年4月には「教員養成所」と「理科センター」を統合して、県教育研究所（昭和22年設立）が「県立教育センター」に衣替えし、盛岡市内に開設された。その主なる役目は、学力向上に直結する教員の資質向上を目指した教員研修と研究であった。また、「第1次教育振興基本計画」（昭和39年～42年度）に基づいて、昭和39年度には県内の岩泉町と九戸地区に「へき地教育センター」が設置され、へき地における教育水準の向上が目指され、昭和46年度までに県内17か所にセンターが開設された。

　以上のような、県を挙げての教育振興基本計画の実施は「教育振興運動」とも呼ばれ，岩手県における経済力の伸長、各学校の施設・設備の近代化が整備される契機となった。高校進学率も昭和30年代までは50％未満であったが、昭和48年度の高校進学率は79.6％にも上昇している。平成7年に刊行された『教育振興運動30周年記念誌』の刊行に携わった一人の編集委員は、教育振興運動の果たした成果として、「学校だけの子供でなく、地域の子供であるという考えが浸透し、教育の視野を拡大するという面で教育振興運動は学校を大きく変えたのではないかと思うのです」（岩手県教育委員会，1995：76）と回顧し、教育振興運動が学校・地域・家庭の接着剤の役目を果たしたことを評価している。

## 3　「学力向上政策」への取り組み

　岩手県における学力テストの特徴を挙げるとすれば、それは文部省「全国学力調査」の結果分析を詳細に行ない、その明確な目標を「学力向上」に置いた

ことであった。岩手県における学力低下問題は戦後直後から認識されていたが、本格的に「学力向上」が重要な課題とされたのは昭和32年以降であり、「全国学力調査」が開始された直後からであった。それ以前は、具体的なデータに基づき、全国的視野に立って学力向上を論考する構えが弱かったが、「全国学力調査」は「本県児童・生徒の学力を全国的な視野の中でとらえ、その水準と特質を認識する直接の機会を提供」（阿部他3名，1964：1）するものとなった。「全国学力調査」の結果における県の学力水準は、「全国平均をかなり大きく下回る」（同上，1964：2）とされ、全国の最下位グループに位置することが明らかになった。さらには、昭和37年度の中3（5教科）の学テ結果は、全国最下位という屈辱的なものとなり、県全体に大きな衝撃が走った。

　そこで、県教育研究所は昭和39年度から3年間にわたって「全国学力調査」の結果を詳細に分析することに着手している。その成果が、昭和39～41年度に刊行された「小規模校における学力向上のための研究（第1報）」「同（第2報）」「同（第3報）」である。本章では、この3つの調査研究を岩手県における学力向上策を具体的に示したものと位置づけ、その内容を分析することとする。この研究自体は4年間の継続研究であり、「小規模学校を対象として、学力の向上を阻害している問題状況や諸要因を調査分析し、これらの学校で学力水準を高めるための具体的条件と方法を、実証的に究明しようとする」（同上，1964：9）ことを目的としたものであった。同研究では、最初に昭和31年度から38年度までの「全国学力調査」における県の学力水準を「全国平均に対する到達率」という数値で示している。特に、算数・数学と英語の2教科において全国平均との差が大きいことが指摘されたが、〈表―2〉は、これら2教科に国語を加えた「全国平均に対する到達率」の推移を示したものである（同上，1964：3）。

　例えば、昭和31年度の算数・数学における小6は63%、中3が72.1%であったが、昭和38年度になっても小6は76.0%、中3は79.3%であり、全国との格差は依然として大きく開いたままであった。報告書では、まずは算数・数学と英語における「成績水準を90%台に引き上げることが、当面の課題だといってよい」（同上，1964：3）との方向性を打ち出している。そして、全国との学力格差が多方面から検討され、「地域類型別」「学校規模」「学習内容別」などの観点から

第3章 「岩手事件」のその後〜岩手県〜　65

〈表—2〉「全国学力調査」における岩手県の「全国平均に対する到達率」

| 区　　分 | | 31年度 | 32年度 | 33年度 | 34年度 | 35年度 | 36年度 | 37年度 | 38年度 |
|---|---|---|---|---|---|---|---|---|---|
| 国語 | 小6 | 81.5% | | | 80.7% | | 81.3% | 81.3% | 86.6% |
| | 中3 | 83.6% | | | 88.9% | | | 85.8% | 89.4% |
| 算数・数学 | 小6 | 63.0% | | | 78.7% | | 72.9% | 72.9% | 76.0% |
| | 中3 | 72.1% | | | 75.0% | | | 76.6% | 79.3% |
| 英語 | 中3 | | | 75.0% | | | | 76.8% | 79.8% |

＊年度は「昭和」。

も分析が行われるが、「本県の実態に即した教育行政の確立」、教育現場による
「効率の高い教育作用を展開しうる体制と基盤を提供」すること、「学力向上の
手段方策を実証的に積み上げていく、粘り強い研究実践」（同上, 1964：3）など
が不可欠の条件となると結論づけられた。

　次に、文部省「全国学力調査」の結果を基に、「学力の高い学校」と「学力
の低い学校」を選び、学校間の教育条件を比較考察し、学力向上を阻害する要
因や学校経営の問題点なども考察された。今日的に言えば、データに基づく学
力格差の検証である。小学校では農山村から2校、中学校では普通農村から3
校が選ばれている。調査結果においては、各学校の地域の特性として「①地域
の条件」として「地域産業」「文化的・教育的環境」が、「②学校の教育的条
件」として「施設・設備、教材・教具、教育費」「職員構成・勤務量」が、「③
生徒の条件」として「知能検査の成績」「標準学力検査の成績」「学習興味「社
会交友関係」「体位と健康状態」「家庭環境」といった多彩な項目が分析対象に
挙げられている。分析結果に基づく全体考察では小・中学校ともに、望ましい
学力を形成する教育の過程や構造として、「学校の管理・運営」「教授・学習活
動」「地域社会との学力的相互作用」といった基本的な相互規定的側面が重要
であることが指摘された。そして、教育過程から「むり」「むら」「むだ」を排
除する計画化と組織化が必要であり、粘り強い「研究と実践」が継続されるべ
きことも提言された（同上, 1964：110）。

　第2年次（昭和39年度）の研究では、学校における教授＝学習場面に焦点化
され、学力向上をもたらす「教授＝学習過程」の改善が主要テーマとなり、第

３年次（昭和40年度）の研究では、学力形成に直接関係する「学習指導過程」「学級指導」「家庭学習」「校内研修」などの諸問題を構造的機能的に位置づけることが試みられた。こうした調査研究の意図は、児童生徒の学力向上を達成するためには、児童生徒の「学力・知能が低いこと」「学習・生活行動が消極的なこと」「家庭での生活が無計画であること」といった現実の問題に即した具体策が講じられる必要性が強調された（阿部他５名，1966：２）。

　県教委は、上記の県教育研究所による４年間の研究成果を基礎として、昭和41年１月に『学力調査結果利用の手引』を刊行し、中２の「全国学力調査」の結果を基に、全国や県の平均点と教科ごとの県内各学校の平均点などを見比べるための資料を作成している。「全国学力調査」の集計表では教科ごとの学校平均点が算出されているので、この学校平均点を基に各学校で「学力の状態を比較考察しながら、分析の第１歩を進めることができます」（岩手県教育委員会，1966：１）と述べている。そして、全国・県・県内各学校における平均点の比較だけでなく、生徒の得点分布の散らばり程度（偏差値）による集団内の学力差の特徴、パーセンタイル順位による生徒の全国的位置の確認なども行なわれている。また、「各教科ごとに分野・領域別や小問別正答率の検討」（同上，1966：10）もなされ、指導上の問題点を発見することが重要であるとしている。そして、正答率の低い問題は応答状況を分析すること、スケーログラム（尺度図表）を作成することも奨励している。

　こうした一連の「全国学力調査」の結果分析によって、県では学習指導上の問題点が自覚され、「全国教育研究所連盟」（以下、「全教連」）との２年間の共同研究による学習指導改善による学力向上を目指した研究が新たに着手された。その最初の取り組みが、昭和39年度に県教育研究所によって小６（算）を対象に実施された「学習態度の形成に関する基礎的研究」であり、「児童生徒の態度（思考過程）の実態を過程的に明らかにし、その類型化をはかり、望ましい態度を形成するための指導法探求の実証的基礎を得ようとする」（佐藤・渋谷，1967：169）ことであった。

　その後、県教育研究所は昭和41年４月には「県立教育センター」に衣替えをしたが、最初に着手した研究が全教連との共同研究「学力向上をめざす学習指

導の改善に関する研究」であった。同研究は、全教連の「学習指導の近代化」をテーマとする昭和42年度からの３年間の継続研究であり、学習の個別化による学習指導改善の視点と方法上の具体的な手立てを検討したものであった。小５と中２の算数（割合）・数学（図形）、及び中２の英語科における学習過程の全体構造を解明するものであり、算・数では県内の小・中学校が各４校ずつ、英語科では３校が協力校として委嘱されている（小田他２名, 1969：６）。研究自体の目新しさはないものの、算・数では「比較学習シート方式」（学習過程でのフィードバックを行なう個別シート学習）による学習成立の実態が、英語科では標準学力検査と知能検査で上・中・下位の能力群を編制（各群10人）し、英語のテープ教材を作成するための資料とすることを試みている。また、昭和49年６月の「生徒の能力・適性に応じた学習指導に関する基礎的研究」では、数学の授業を中心にして生徒の学習能力を類型化し、その類型に応じた学習指導のあり方についての基礎資料を得るために、中１・中３の「思考力」（追跡調査）を行なっている。

　以上、岩手県における学テ後の学力向上策は、まずは文部省「全国学力調査」の結果分析を詳細に行い、県の学力低下の原因や要因を解明することから始まり、次に学力向上を最優先課題として学習指導改善に着手したことであった。この学習指導改善に対する調査研究は、他県と比べると件数は少なく、わずか３件しかない。確かに、県では学習指導改善に取り組む姿勢は弱かったものの、代わって、県教委が昭和39年度以降には「教育振興基本計画」を策定し、政策的な学力向上に力を注ぎ込んだことが挙げられる[7]。

## 4　「業者テスト」の普及

　これまでは、県教委や県教育研究所（県立教育センター）といった公的機関による学力テストの実態を述べてきたが、実は、岩手県内では「県教職員組合」「岩手日報社」「民間のテスト業者」による学力テストも盛んであった。特に、学テに強硬に反対した岩教組支部が独自の学力テストを実施していたという事実にも注目したい。こうした様々な機関・組織やテスト業者による学力テストの実施が県の学力向上に貢献してきたという側面もあったといえるが、同時に

68 第1部 北海道・東北・関東地方

進学のためのテスト対策や事前準備が県民のニーズであったことも伺わせる。

　公的な機関以外の戦後直後における最初の実施は、昭和28年に岩教組盛岡紫波支部が主体となり盛岡・紫波・岩手地区の中学校教員などで構成される「中三テスト委員会」による「中三テスト」が挙げられる[8]。当初は、この「中三テスト委員会」が出題・実施・採点・集計を行うという全国的には稀なケースで行われた[9]。また、この「中三テスト」は開始当初は盛岡市内との周辺に限られていたが、次第に実施校が増加し、平成4年12月には149校で通常の授業内で実施されている[10]。しかしながら、平成5年には岩教組執行部は文部省の指導に従い「業者テストの範疇に入る」として、中止の方針を打ち出している（『岩手日報』1993.3.4.）。

　同じく岩手県の地元新聞社である「岩手日報社」は、昭和32年11月10日に盛岡一高など県下15会場で中3の約7,500人が受験する「中学生学力テスト」を実施している（『岩手日報』1957.11.10.）。午前中は、数学・理科・音楽・図工・体育の5教科、午後は国語・社会・英語・職業家庭の4教科であり、高校入試対策の一環として行われたものである。昭和38年からは、夏と秋の年2回となり、昭和45年11月16日には「第22回日報中学生学力テスト」として実施している。この時の受験者数は、初回の3倍程度にまで増大し、23,092人にも達している。午前中は、理科・社会・国語、午後は英語・数学の5教科が行われるが、解答は『岩手日報』紙上で1週間後には出されている。また、得点結果は学校別・科目別・地区別の順位がわかる個人票として、12月下旬までに各学校や個人に通知されている[11]。

　「岩手日報社」による学力テストの歴史は、昭和30年代から開始されるが、こうした業者テストによる偏差値は、昭和40年代の後半から受験競争が激化する中で、中学生の進路を振り分ける手段として定着したものである。こうした業者テストの普及は、全国的に見られたものであり、昭和61年度の文部省による全国調査では、業者テストを実施している県は35県であったものの、平成4年度には実施県は42県、実施していない県は北海道・神奈川・長野・静岡・大阪の5県のみであった。さらに、翌平成5年度には44県が実施し、実施していない県は3県に減少している（『福島民報』1993.11.18.）。

第3章 「岩手事件」のその後〜岩手県〜　69

　こうした全国的な業者テストの普及に対して、文部省側は昭和51年、昭和58年、平成5年の三度にわたって文部省通知を出して業者テスト自粛や廃止を求めている。とりわけ、平成5年2月22日には文部事務次官通知「高等学校入学者選抜について（通知）」が出され、「業者テストの結果を資料として用いた入学者の選抜が行われることがあってはならない」（文部省事務次官通知, 1993：5）とし、中学校における業者テストの実施を禁止することを打ち出している。

　　＊入学者選抜に関し一切、中学校にあっては、業者テストの結果を高等学校に提供しないよう、また、高等学校にあっては、業者テストや学習塾の実施するテストの偏差値の提供を中学校に求めないよう、平成6年度入学者選抜から直ちに改善すること（以下、省略）。
　　＊中学校は業者テストの実施に関与することは厳に慎むべきであり、授業時間中及び教職員の勤務時間中に業者テストを実施してはならないし、また、教職員は業者テストの費用の徴収や監督、問題作成や採点に携わることがあってはならないこと（以下、省略）。

　岩手県教委は、同年5年2月23日には「業者テストの範疇に入る」として、県内で実施されている「日報テスト」（岩手日報社）・「白ゆりテスト」（白ゆり教育社）・「新教育テスト」（新教育研究協会）に対して、中止勧告を行なっている（『岩手日報』1993.3.4.）。この3社の対応を見てみると、「岩手日報社」は学力テストに関するアンケート調査を各市町村教委や中学校に行いつつも、県の業者テスト廃止の決定には応じている（『岩手日報』1993.4.21.）。しかしながら、盛岡市内の「白ゆり学習社」による「白ゆりテスト」は県内中学生の約80%が受験しており、学校内テストから会場テストに、年9回実施から3回実施に縮小して存続することを表明した（『岩手日報』1993.6.11.）。新教育研究協会（東京）による「新教育テスト」は、「実施は不可能」との方針を出している（『岩手日報』1993.2.23.）。

　昭和23年から約40年間にわたって実施されてきた岩教組森岡紫波支部による「中三テスト」も、岩教組自体が「業者テストの範疇に入る」と位置づけ、平

70    第1部　北海道・東北・関東地方

成5年3月には、その中止を決定している（『岩手日報』1993.3.4.)。しかしながら、翌4月には同支部は「今後とも継続の方向」との方針を打ち出す（『岩手日報』1993.4.21.)。業者テスト廃止に対応する新たな動きとしては、6月に入ると、盛岡市中学校長会が中3を対象とする「共通テスト」を12月上旬に実施することを表明している（『岩手日報』1993.6.11.)。この動きに追随するものとして、県内各地区校長会の「共通テスト」も県内の7地区で順次実施されていくこととなった（『岩手日報』1993.12.4.)。

　文部省側は業者テストの利用を禁じたにもかかわらず、岩手県内では「進路指導の客観的な資料がなくなる」としてテスト業者だけでなく、教員、父母・保護者、生徒の多くが不安視し、存続を希望する声を上げている。一方、県教委は業者テストに代わる適切な進路指導は「各校とも校内の独自テストを中心に進路指導に当ること」「各学校間で連携、協力し共通テストを実施する場合には、当該校の教員が問題作成や採点を行なうこと」などの基本方針を出している（『岩手日報（夕刊）』1993.6.17.)。県教委の方針は、業者テストは追放しても形を変えたテストによる進路指導、言い換えれば、偏差値による受験指導は必要であるとして、これを継続したことになる。学力テストは「必要悪」とされつつも、なくてはならない魅力的なものだったことになる。

## 5　現代の学力テスト政策

　最後に、県教委によって実施された3件の現代の学力テストの内容を確認しておこう。この3件に共通することは、岩手県独自の学力調査といった特色は消え去り、文部省・国立教育政策研究所（以下、「国研」）の学力調査にならって実施されたものであった。県教委は、県の「第5次教育振興基本計画」に基づき、昭和57年2月に小4と中1（2教科）、及び中2（英）を対象に「県学習達成状況調査」を実施しているが、その目的は「県内の小・中学校における児童生徒を対象として学習の達成状況を全県的な規模で把握し、新学習指導要領に基づく指導上の問題点を明らかにするとともに、学習指導の改善に役立てようとするもの」（岩手県教育委員会, 1982b：1）であった。この調査は、県の学力向上を最重要課題と位置づけた「第5次教育振興基本計画」に基づき、学力

向上政策の一環として実施されたものである。

　この「学習達成状況調査」の特徴は、第一には昭和52年に改訂され、昭和55年から実施された「学習指導要領」に合わせたものであり、基礎的・基本的な学習内容を確実に身に付け、児童生徒の個性や能力・適性に応じた学習指導の充実を図ることを意図した。また、昭和57年2月に行われた文部省による「教育課程実施状況に関する総合的調査研究」（小5・小6：2教科）に歩調を合わせたものであった。第二の特徴は、学力テストの分析は児童生徒の「学習達成状況」の実態把握に焦点化され、「誤答」の分析によって学習指導上の改善点を提言しつつ、学力向上を図ろうとするものであった。とりわけ、「学習達成状況」の実態把握は、達成度基準として「正答率80％〜85％が達成の有無を判定する標準的な基準」（同上，1982b：2）とされ、達成度の判定が〈表—3〉のように、3段階に区分された。

〈表—3〉「達成度」を判定するための基準設定

|  | 達成 | おおむね達成 | 達成不十分 |
|---|---|---|---|
| 基本的目標 | 80％以上 | 79〜60％ | 59％以下 |

　例えば、小4の国語では小問別に「出題観点」「応答分析」「指導上の留意点」が指摘された。一例のみ挙げておくと、「説明文」における小問「文の内容把握」では、正答率34.6％、誤答64.6％、無答0.8％といった解答状況であった。「結果の考察と指導上の留意点」としては、「解答の状況をみると、完全解答を求めるものであることから正答率の低さは予想されたが、語句のはたらきに注意して、細部を正確に読む力が十分に身についているとは言い難い」（同上，1982b：11）とコメントされた上で、「誤答の傾向」と「指導に当って」が丁寧に記述され、正答への導き方が示されている。明らかに、正答率を上げるための指導のあり方に特化したものであり、「達成基準」をクリアーすることを目的とした結果分析である。

　同調査は、平成7年度からは「学習状況調査」に名称変更されるものの、平成13年度までの約20年間にわたって同様の調査を繰り返している。その途中の

72　第1部　北海道・東北・関東地方

　昭和59年度には4年間の小・中学校別の「平均正答率」や「領域別正答率」の推移も分析され、ますます達成基準のクリアーが求められている。にもかかわらず、80％の到達はなかなか困難であったことが〈表―4〉からも確認される（岩手県教育委員会, 1986a）。

〈表―4〉「小学校平均正答率」の推移

|  |  | 昭和56年度 | 57年度 | 58年度 | 59年度 |
|---|---|---|---|---|---|
| （小）| 国語 | 72.4% | 68.3% | 71.4% | 67.2% |
|  | 算数 | 69.0% | 67.1% | 69.8% | 71.0% |
| （中）| 国語 | 67.6% | 61.1% | 66.2% | 61.0% |
|  | 数学 | 60.0% | 54.1% | 59.3% | 56.9% |
|  | 英語 | 62.4% | 46.1% | 67.2% | 54.8% |

　〈表―4〉で示された数値は、平成に入ってからも余り変わっておらず、そもそも80％の数値設定自体が無理なものであったことが明白である。
　そして、国研が平成14年1～2月に「小中学校教育課程実施状況調査」（小5・6：4教科、中1-3：5教科）を実施すると、岩手県でも同年度から「県学習定着度状況調査」を同年10月に、小5（2教科）・中2（2教科＋英）を悉皆調査によって実施している。翌15年度には小3～中3までに拡大され、いわば国研の調査に歩調を合わせたものであったが、現在も実施されている[12]。この調査における県の独自性と言えば、「正答率」に加え「達成率」（正答率が85％を上回った児童生徒の割合）を示している点である。達成率の全体的な状況としては、各教科ともおよそ10～30％で、「中には10％未満の教科」があること、「学年が上がるにつれて正答率が下がる」（岩手県教育委員会, 2004：9）など、基礎・基本の定着状況が満足できる状況にないことも指摘された。
　近年では、上記の「県学習定着度状況調査」は、岩手・宮城・和歌山・福岡の4県合同の「統一学力テスト」ともなり、平成16年11月に小5（4教科）・中2（5教科）を対象に実施している。平成16年の第1回には4県で合計2,100校、約11万8千人にも参加する大規模なものとなっている（地方分権研究会, 2005）。

この学力テスト自体は、3年間で終了するものの、慶應大学内の「地方分権研究会」が主導したものである。調査目的や実施方法は4県共通である。

　この「県学習定着度状況調査」の実施に関しては、競争と点数アップが至上命題になっているとの批判も見られる。県教組が平成17年12月に行った組合の調査結果では、「県学習定着度状況調査」の結果が①学校間の比較や序列化につながっている、②正答率を上げるために過去問を繰り返し練習する事前指導が徹底されている、③点数を上げることが教育目的になっている、④児童生徒・教職員の過重な負担となっているなど、学校現場に「多くの弊害」をまき散らしているとの指摘がなされている（豊巻, 2006：29-30）。

## おわりに

　本章の課題は、「岩手事件」後の同県における学力向上を目指す「学力テストの利活用によるイノベーション（革新性・先駆性）」のあり方を検証することであった。具体的には、昭和36年度の文部省「学テ」実施に対して、激しい阻止運動を展開した「岩手事件」後の岩手県の学力テストを利活用した学力向上政策を検証することであった。学テにおける「全国最下位」という結果は、その後の県の教育政策の基本的あり方を決定するものとなり、学力水準を「全国平均に到達」させることが岩手県教育界の県を挙げての目標となった（岩手県中学校校長会, 1998：49）。

　そして、その目標を達成するために昭和39年の「第1次教育振興基本計画」を皮切りに、以後12年間に及ぶ学力向上政策が県における主要な教育政策として継続された。この「第1次教育振興基本計画」は、以後の岩手県における教育政策の方向性を明示するものとなるが、その特徴は、第一には県の社会的・経済的・文化的諸力としての「教育的民力」の低さが問題視されたことであった。学テ結果の順位によって「県」自らが自らの県民の「教育的民力」を低いとして、自らの県民をさげすむような表現が使われていることに、いささか驚きの念を禁じ得ないが、逆に考えれば、それだけ学テ結果の順位に基づく「学力低下」の問題が県教育界にとっては重大な問題であったことになる。しかしながら、昭和36年から展開された約30年間の「教育振興運動」への総括として

74　第1部　北海道・東北・関東地方

は、この運動の推進体制として県全体で「各市町村とも推進組織、実践組織とも県内隈なく整備」（岩手県教育委員会，1995：65）されただけでなく、各市町村では「集約集会」なるものが開催された。そして、父母が発表の場に立ったことなどが特筆され、「教育を通してコミュニテイが回復した」（同上，1995：66）と評価された。さらには、子どもを学校から地域の子どもへと教育の視野を拡大し、教育復興運動が「学校と地域と家庭の密着度を強くするための接着剤」（同上，1995：76）の役割を果たしたことも強調された。いわば、県の「教育的民力」の向上については県全体が一体となって様々な形で具現化されたことになる。

　また、第二には岩手県では昭和31年度から41年度まで行われた文部省「全国学力調査」の結果を詳細に分析した調査研究が数多く行われ、学力向上を阻害している問題状況や諸要因を徹底的に調査分析し、学力水準を向上させる具体的条件と方法を究明したことであった。そして、望ましい学力を形成する要因として「学校の管理・運営」「教授・学習活動」「地域社会との学力的相互作用」といった教育における基本的構造の改善と組織化の重要性が指摘された。また、学力向上をもたらす「教授＝学習過程」の改善をもたらす「研究と実践」への継続的な取り組みの重要性も指摘された。こうした調査研究自体は岩手県の学校教育の改善や基盤整備に貢献するものであり、高く評価することが可能である。

　しかしながら、その取り組みの背景や目的・意図を確認すると、それは学テ結果の「全国最下位」という危機感から発したものであり、せめて「全国平均に到達」することによる汚名返上への取り組みであった点である。こうした県の全県的運動による取り組みが、私たちに、学力テスト本来の役割や意味が児童生徒の学力の実態把握や教育諸条件を改善するための調査研究であるべきことを再確認させる。この点からすると、県の取り組みが教育研究や教育実践の本来の姿からは逸脱している側面もあったことに気づかせる。そして、現代においても県の学力テスト政策が達成基準をクリアーするという「結果」を追い求めるという基本路線を維持するものになっている。

　本章では、文部省「全国学力調査」が岩手県の学力政策に与えた影響は甚大なものがあったと結論づけるが、それは岩手県のみならず全国的な影響を持つ

ものでもあった。とりわけ、学テがもたらした全国的な学力競争は、昭和41年「全国学力調査」が終了した後も継続され、昭和50年頃には「テストあって授業なし」（黒木，1976：86）といった指摘がなされるくらい全国的に学力テストが横行する事態を招いている。それは、学力テスト体制に基づく能力主義・競争主義の浸透と激化であった。学テに徹底抗戦し、「岩手事件」を引き起こしたものの、その後の岩手県の学力向上政策は児童生徒の「学力保障」という重要な観点が抜け落ちるという日本の戦後教育政策の典型的事例とも言える。

　そして、岩手県の「学力振興基本計画」による学力向上策は、昭和20・30年代から匿始された「県教職員組合」「岩手日報社」「民間のテスト業者」による学力テストとも呼応し、高校進学率の上昇とともにますますヒートアップしていった。「学テ」後の学力テストを利用した学力向上策は岩手県の特徴であると同時に、岩手県民によって支えられた政策であったとも言える。


〈注〉

〈1〉生徒による学テのボイコットも全国的に見られた（『朝日新聞』1961.10.27.）。静岡県教組は、学テが「権力による教育支配」と断じた上で、個別の成績集計と複雑な教育条件との相関関係の解明が簡単ではないこと、テスト結果は生徒にとって有害であるとし、「文部省テストは、テストとして落第である」（静教組教育文化部，1961：45）と攻撃している。

〈2〉福岡県の事例も挙げておくと、県教組と高等学校教組の阻止運動により、昭和36年度の学テの実施率は20.8％であった。「この学力調査について、事前に行われる県教育委員会と教職員組合の交渉は妥結を見るに至らず、実施を目前に毎年決裂する状況が続いた」（福岡県教育百年史編さん委員会編，1981：1217）。昭和38年度の「学テ」では「一部町村教委において、無記名答案の実施を認めたもの、氏名の記入をせず番号記入で実施した」ケースもあった。昭和40年度、県の教育問題調査特別委員会では「全国学力調査」の実施が不可能である、との結論に達した。そして、「福岡市を除く全市町村教委は調査を中止せざるを得ないとの態度を決定」（教育問題調査特別委員会，1966：33）している。

〈3〉学力テストは、教育政策立案のための資料とする「教育政策のためのテスト」と学校・教員が主となって日々の授業改善を目的とする「学習指導改善のためのテスト」に大別される。前者は、学力の実態把握を目的として悉皆調査・希望調査・抽出調査などの方法で行う比較的大規模なテストとなるが、後者は、研究・実験協力校などで研究

授業・実験授業などの前後で学習指導の効果を確認するための小規模テストとなる。

〈４〉その後も、岩手県の貧困状態は繰り返し指摘されている。近年では、宮寺良光2016『貧困問題をめぐる地域課題研究—岩手での調査・実践の記録—』（ブイツーソリューション）が県の高齢者や15歳未満の子どもの貧困化の実態を報告している。

〈５〉同様な調査研究は、昭和34年12月末に小４〜中３を対象に「小・中学校理科学力に影響を及ぼす要因の研究」でも行われる。同研究は、昭和29年12月の「県標準学力検査問題」を昭和34年12月に再テストとして行い、５年間における理科学力の変動を明らかにするものである（佐藤・阿部・佐々木, 1960）。

〈６〉岩手県における激しい学テ反対闘争の経緯や実態に関しては、岩手県教育行政連絡会（1991）、『岩手の教育物語』編集委員会（1993）、岩教組50年史編集委員会（1997）などの記述が詳しい。記述内容は、それぞれの異なる立場で書かれたものである。

〈７〉「教育振興基本計画」は第４次以降も策定され、第８次（平成11年〜平成22年）まで継続される。現在も「岩手の教育振興」と題して基本方針が明示され、令和元年〜令和５年まで新たな取り組みが策定されている。

〈８〉大学入試を目指した「岩手日報社」による学力試験はもっと早い。昭和22年１月29日には「上級学校入学志願者模擬試験大会」を、昭和28年には青森・秋田の３県で「三県学力コンクール」を実施し、昭和46年まで継続している（岩手日報社百十年史刊行委員会, 1988：506）。

〈９〉県教職員組合が昭和20年代に学力テストを実施するケースとしては、昭和27年10月に「基礎学力実態調査」を愛媛県教職員組合が単独で実施している。島根県においては同年４月に「中学校新入生学力調査」を県教委などと共催する形で実施している（北野, 2022）。

〈10〉岩教組盛岡紫波支部が自主的とはいえ「中三テスト」を実施していたにもかかわらず、岩教組自体は文部省「学テ」には激しく反対している。その理由と経緯は『岩教組五十年史』（1997）に詳しいが、岩教組が日教組の反対闘争の方針に同調したためである。日教組は、昭和36年の宮崎大会（６月）で「学力テスト反対闘争」の方針を決定し、同年の10月６・７日には中央委員会で反対闘争の戦術を決定している。これを受けて岩教組は、10月26日の学テ統一反対行動を整然と行い、「岩手では８・５割以上の中止」を闘い取っている（岩教組50年史編集委員会, 1997：204）。

〈11〉こうした地方新聞社による学力テストの実施事例は、青森・秋田・山形・栃木・福井・岐阜などの県でも確認できる。

〈12〉「県学習定着度状況調査」は、平成27年度より「県小・中学校学習定着度状況調査」に名称変更し、令和３年度まで実施されている。その他には、「県中学校新入生学習状況調査」が平成27年４月から現在まで、平成27年１月から「県中学１年生英語確認調査（CAN-DOテスト）」が平成30年度まで実施されている（岩手県教育委員会学校教

育室の回答、2022年8月24日のメール）。

〈引用・参考文献一覧〉

青森県教育史編集委員会　1974『青森県教育史（第二巻：記述編）』青森県教育委員会

阿部　巖也３名　1964「小規模学校に於ける学力向上のための研究（第１報）―学力水準を規制する教育過程へのアプローチ―」岩手県立教育研究所『研究紀要』48、1-111頁

阿部正夫他５名　1966「小規模学校における学力向上に関する研究（第３報）―学力形成作用への構造的アプローチ―」岩手県立教育研究所『研究紀要（昭和40年度研究紀要）』51、1-119頁

岩教組50年史編集委員会　1997『岩教組五十年史』岩手県教職員組合

岩手県教育委員会　1964『教育基本計画』岩手県教育庁、1-500頁（付録：16頁）

岩手県教育委員会　1966『学力調査結果利用の手引き』1-18頁

岩手県教育委員会　1982a『岩手県教育史第３巻・昭和Ⅱ編』岩手県教育委員会

岩手県教育委員会　1982b『昭和56年度実施学習達成状況調査報告書　基礎的・基本的な内容の学習達成状況に関する調査研究（小学校―国語、小学校―算数）』1-62頁

岩手県教育委員会　1984『第６次　岩手県教育振興基本計画』1-243頁

岩手県教育委員会　1986a『昭和56年度～59年度実施学習達成状況調査報告書　基礎的・基本的な内容の学習達成状況に関する調査研究（小学校―国語、算数）』1-134頁

岩手県教育委員会　1986b『昭和56年度～59年度実施学習達成状況調査報告書　基礎的・基本的な内容の学習達成状況に関する調査研究（中学校―国語、数学、英語）』1-92頁

岩手県教育委員会　1995『教育振興運動30年のあゆみ』1-95頁

岩手県教育委員会　2004『平成15年度学習定着度状況調査結果』1-79頁

岩手県教育行政連絡会　1991『清流　濁流　岩手の教育受難物語』1-218頁

岩手県中学校校長会　1998『岩手県中学校教育50年記念史　温故知新』岩手県中学校校長会

岩手日報社百十年史刊行委員会　1988『岩手日報百十年史』岩手日報社

『岩手の教育物語』編集委員会　1993『岩手の教育物語　昭和史をつづる1000人の証言（下巻）』岩手県教育弘済会

碓井岑夫　1979「戦後日本の学力問題」日本標準『講座　日本の学力１』223-278頁

浦岸秀雄　2010「全国学力テストはなぜ実施されたのか」『園田学園大学論文集』第44号、27-39頁

大木眞一　1955「分数の加減の診断と治療」岩手縣教育研究所『研究紀要』第６集、127-149頁

小田桃介他２名　1969「学力向上をめざす学習指導の改善に関する研究（第２報）―算

数・数学・英語科における学習指導の近代化をめざして─」岩手県立教育センター
『研究紀要』54、1-104頁

小田島宏一他3名　1970「学力向上をめざす学習指導の改善に関する研究（第3報）─
算数・数学・英語科における学習指導の近代化をめざして─」岩手県立教育センター
『研究紀要』55、1-43頁

川村迪雄　1953「知能と計算応力」岩手縣教育研究所『研究紀要』第4集、25-69頁

川村迪雄・佐藤和喜男　1957「學業不振児の一般的特性」岩手縣教育調査研究所『研究
紀要』第8集、111-123頁

北野秋男　2022『地方学力テストの歴史─47都道府県の戦後史─』風間書房

教育問題調査特別委員会　1966「学力調査審議をめぐって」福岡県教育委員会『教育福
岡』No. 194、32-35頁

黒木正彦　1976『開かれゆく鹿児島教育』第一法規

佐藤判三他3名　1952「標準学力検査（小學校算數四、五、六年用）作成について」岩
手縣教育研究所『研究紀要』第3集、160-196頁

佐藤判三・堀川英俊　1956「岩手縣小學校算數學力の最近5ヶ年間における變動」岩手
縣教育研究所『研究紀要』第7集、109-127頁

佐藤判三・阿部　巌・佐々木守　1960「小・中学校理科学力に影響を及ぼす要因の研究
（第1報）─岩手県小・中学校の理科学力はどのように動いているか」岩手県教育研
究所『研究紀要』27、1-45頁

佐藤安人・渋谷次男　1967「学習態度の形成に関する基礎的研究－第3報─小学校算数
科における思考傾向の類型化─」岩手県立教育センター『研究紀要』52、169-202頁

静教組教育文化部　1961「全国一斉学力調査の問題点」静岡県教職員組合『静岡の教
育』10月号、45-47頁

衆議院文教委・地方行政委連合審査会議録　1962「国会調査班が現地で見た岩手県の学
力調査の実情」文部省初等中等教育局『教育委員会月報』No. 141、35-47頁

地方分権研究会　2005『平成16年度　統一学力テスト報告書』1-186頁

豊巻浩也　2006「学習定着度状況調査の弊害」日本教職員組合『教育評論』Vol. 713、
28-31頁

野中一弥他4名　1965「小規模学校における学力向上のための研究（第2報）─学習指
導過程を中心とした学習意欲を高めるための研究─」岩手県立教育研究所『研究紀要』
50、1-84頁

福岡県教育百年史編さん委員会編　1981『福岡県教育百年史　第六巻　通史編（Ⅱ）』
福岡県教育委員会、1-1432頁

文部省事務次官通知　1993「高等学校入学者選抜について」https://www.mext.go.jp/
…/04120702/001.htm［2020. 4. 1. 取得］

# 第4章 「茨教連」の教育活動〜茨城県〜

〈平成22年度研究の重点〉

　茨城県教育研究会は、各支部・各研究部の研究活動や専門委員会の活動を通し、教職員の資質・能力の向上を図り、児童生徒に「生きる力」をはぐくむことを目指して、鋭意努力を重ね着実にその成果を上げてきた。今日、学校教育は、変化の激しい社会の中で、学力の向上、規範意識の高揚や忍耐力の育成、食育の推進や体力の向上及び障害のある児童生徒への支援等、様々な課題に直面している。

　このときに当たり、私たち会員は、全国に誇れる本会の輝かしい歴史と伝統を継承するとともに、英知と情熱を結集して教職員の力量を高め、学校の教育力の向上を図り、児童生徒一人一人の夢や希望をはぐくみ、家庭や地域社会の信頼と期待に応えねばならない (茨城県教育研究会, 2011：13)。

## はじめに

　茨城県における戦後の教育研究組織は、『茨城県史（近現代編）』(1984) によると、戦前からの伝統を継承し、県下の小・中・高の教員と県指導課で組織された官民一体の「茨城県連合研究集会」（略称「連研」）、及び民間団体の茨城県教職員組合（以下、「茨教組」）が主催する「茨城県教育研究大会」（略称「教研」）があった。両者は、組織も性格も異なるものではあったが、参加者の多くは重複し、研究集会の時期もほぼ重なっており、両者の統合・一本化への要望は強かった。しかし、県教育委員会（以下、「県教委」）と茨教組の立場の違いもあり、一本化の実現は難しく、その交渉は難航していた。

　しかし、「研究それ自体は純粋に科学的であるべきで、科学的である限りは政治的動向とは無関係であるべき」(茨城県教職員組合編, 1968：248) との認識の下、昭和30年9月17日、ようやく茨城大学教育研究所、同大学付属学校、茨教

80　第1部　北海道・東北・関東地方

組、茨高教組（茨城県高等学校教職員組合）、県教育会、小・中学校長会の6団体
の大同団結が図られ「茨城県教育研究連盟」（以下、「茨教研連」）が結成された。
この「茨教研連」は、毎年1回の教育研究集会を茨城大学などで開催され、同
県の教育の伸展に大きく貢献するものとなった。

　また、県下の公立の小・中・高教員による自主的教育研究会「茨城県教育研
究会」（以下、「茨教研」）も昭和37年8月27日に発足し、翌38年度から重点事業
の6項目の中に「学力調査の実施」が掲げられ、小2～中3を対象に実施する
ことが決定された（茨城県教育研究会, 2011：13）。この調査の実施は、学力の実
態把握と学力向上を目的とし、文部省「全国学力調査」の結果において茨城県
が全国平均をかなり下回ったために、昭和36年9月に「学力向上対策協議会」
を発足させ、県独自の学力テストを実施したものであった。

　以上、茨城県では県教委や県教育研究所だけではなく、茨教研連や茨教研に
よって実施された学力テストも行われている。まさに地方学力テストにおける
実施主体のダイバーシティ（多様性・多元性）を象徴するものであった。とりわ
け、昭和38年6月から開始された茨教研による「学力調査」は、昭和42年度か
らは「学力診断のためのテスト」と名称変更され、現在も実施されている。こ
の茨教研による「学力診断のためのテスト」は、まさに県教委に代わる全県的
なテストであり、茨城県独自のものである。本章では、実施主体のダイバーシ
ティを象徴する茨教研連や茨教研による学力テストの実施内容を考察するもの
である[1]。他県とは異なる茨城県の特徴とは、こうした県内における様々な
教育団体や組織が学力テストを実施するという独自の取り組みが行われたこと
である。まずは、戦後の茨城県の学力テストの実施状況から確認しておこう。

## 1　戦後の学力テスト開発の歴史

　戦後から今日までの茨城県の「県教委」「県教育研究所」（後の「県教育研修セ
ンター」）に加え、民間教育団体の「茨教研連」「茨教研」などが実施した戦後
の学力テストの実施状況を時期区分して示すと、〈表─1〉のようになる。
「教育政策テスト」は5件、「学習指導改善テスト」は13件となり、茨城県では
児童生徒の学習指導改善を目指すテストが多く実施されているが、とりわけ昭

和30年代に集中していることが特徴的である。

〈表―1〉茨城県の戦後学力テストの実施状況

|  | 昭和20年代 | 30年代 | 40年代 | 50年代 | 60年代〜平成18年度 | 19年度〜令和2年度 | 合計 |
|---|---|---|---|---|---|---|---|
| 教育政策テスト | 3 | 2 | 0 | 0 | 0 | 0 | 5 |
| 学習指導改善テスト | 2 | 7 | 2 | 1 | 1 | 0 | 13 |
| 合計 | 5 | 9 | 2 | 1 | 1 | 0 | 18 |

＊数値は新規に開発・実施された学力テストを用いた調査研究であり、2年以上継続されたものでも「1」としてカウントしている。

　茨城県は、戦後直後に米国から移入された新教育の確立には教育評価法の科学的研究が不可欠なものであるとし、そうした学力を身に付けるべく「教育政策テスト」としての標準学力テストを開発している。このことは、第1章で述べた北海道と類似したケースとなるものである。昭和23年8月に県教育研究所が開設されると、県教育研究所は即座に標準学力テストの開発に着手した。同年12月、被験者560人を対象に予備テストを実施し、翌24年3月には「教育評価法の研究」と題する調査研究の中で、中3（4教科）の417人に学力テストを課している。また、同年12月には小6（4教科）の551人、25年7月には中1〜3（5教科＋音・図工・保体・職業家庭の9教科）の800人に対しても実施している。

　このテストは、県教育研究所内に「教育評価法研究委員会」を組織し、科学的知見に基づく研究開発に着手し、学力テストの標準化を目指すものであった。とりわけ、昭和25年度のテスト結果の分析においては、「生徒の学力の概要」「テスト問題の難易優劣」「授業進度・施設などの生徒学力に対する影響」「テスト問題作成、およびテスト実施上注意すべき点」「男女差・地域差に関する諸事項」（茨城縣教育委員会, 1950：114）などに言及している。また、テスト問題の訂正・修正も完了させ、年度内に標準学力問題を完成し、一般公表することも行われている。

　県教育研究所は、昭和29年3月の「中学校学力傾向調査」（中2・3：2教科

＋英）においては県下の抽出校22校を対象に、昭和25年度の「教育評価法の研究」で用いられた国・数の問題と同一問題を用いて、学力推移の傾向を把握し、テスト問題の妥当性・信頼性などに再検討を加えている。一方、県教委は昭和30年10月には「中学校英語科学力水準調査」（中３）を層化抽出法によって県下30校（計1,441人）を無作為抽出している。その目的は、「（１）本県の英語科の学力水準を明らかにして、今後の指導および施策の参考資料とする、（２）高校入学者選抜の学力検査の際、問題作成の参考資料とする」（茨城県教育庁庶務調査課，1957：1）ことであり、英語履修する中３生徒について、第１学期までに修得した学力水準を把握できる問題を課し、男女別の平均点・標準偏差、学校平均点の度数分布と学校差、問題別平均点と正答率などを分析している。この調査は、昭和30年度から３年間実施された。

　同じく、昭和30年度に県教育研究所も「中学校生徒の学力動態に関する研究」と題して、同年７月（第１回）・９月（第２回）・11月（第３回）・翌年１月（第４回）に研究協力校（大洗第二中の中１約130人）で学力テストを実施している。この調査では、「学力調査においては、テスト結果を診断し、治療の方法を決定することが、きわめて重要な要素である」（茨城縣教育委員会，1956：151）とされた。しかしながら、適切にテスト結果を診断することに相当の困難性があり、現場においては容易に行われ難い実情にあった。そこで、診断による治療方法の決定という方法をとらず、同一問題か類似問題を数回テストし、その結果を比較判定して、学力の動態を把握し、学習指導上の参考資料を提供することを意図した。第１回から第４回までのテスト結果は、学力の動態を分析検討し、その実態を把握するために、知能検査と学力の動態の相関を把握することを試みている。

　以上、昭和30年代において県教育研究所が実施した戦後の「教育政策テスト」の実施概要を紹介したが、その意図は標準学力テストの開発・作成であり、そのテスト問題の妥当性・信頼性を検証することであった。しかしながら、標準学力テスト開発のための試行錯誤も昭和31年度までのことであり、県教委も県教育研究所も、その後は現在まで標準学力テストの新たな開発・実施は一切行われていない[2]。なぜなのか。それは、第３・４節でも詳しく述べるよう

に、県教委や教育研究所に代わって「茨教研連」と「茨教研」による学力テストが実施されたからである。

## 2 「教育評価」の研究

　前節でも述べたように、茨城県は戦後直後から教育評価法の科学的研究に基づく標準学力テストの開発に着手するが、その妥当性・信頼性を担保する試みが繰り返し行われた。この標準学力テストの開発・実施と連動して行われたものが「教育評価」のあり方を追求した一連の研究成果であった。

　昭和24年3月の「教育評価法の研究」は、県教育研究所の創設後に最初に行われた調査研究であった。その際には、「我国教育上の欠陥の一に、教育評価法の非科学性・非体系性がある。したがつて教育評価法の科学的研究は、新教育の確立に必要かくべからざるもの」（同上, 1950：113）とし、まずはテストによる評価が科学的・体系的であることが重要であると問題提起している。そこで、県教育研究所は県下のエキスパートを委嘱して、教育評価の科学的研究に着手する。しかしながら、この「教育評価法の研究」は先にも述べたように、実際には中3（4教科）を対象とした県の「学力検査」の標準化を目指すものであり、翌24年度には小6（4教科）、25年度には中学校全学年全教科（9教科）で標準化されたテスト問題の開発も試みている。

〈表—2〉茨城県の戦後の「教育・学習評価」に関する研究

| 調査研究の名称 | 特色・主なる評価法 | 実施年（度） |
|---|---|---|
| 教育評価法の研究 | 研究所内に「教育評価法研究委員会」を組織。学力テストの標準化と相対評価。 | 昭和24年3月・12月、昭和25年7月 |
| 小学校における基礎学力の研究 | 研究所内の「教育評価法研究委員会」の事業。誤答・無答の分析。 | 昭和27年1月30日〜2月5日 |
| 問題形式とテスト結果の相関を通しての学力評価の診断 | 問題別・男女別の正答・誤答・無答の割合。 | 昭和29年5月18日 |

　昭和20年代は、県教育研究所が担当した〈表—2〉の3件の「教育評価法」

84　第1部　北海道・東北・関東地方

の調査研究に加えて、学力テストによって学力推移の傾向を把握し、テスト問題の妥当性・信頼性などを確立することが行われている。同時にテスト結果の分析においては、児童生徒の学力レベルも問題視され、「教育評価法の研究」では、中3の社会科を除く3教科で「学力が低下」、ないしは「極めて悪い」（同上, 1950：114）とされた。

　そこで、昭和29年3月の「中学校学力傾向調査」（中2・3：2教科＋英）においては、昭和25年度の「教育評価法の研究」で用いられた国・数の問題と同一問題で再テストを実施し、学力の推移を比較検証することを試みている。中3の数学は「今回が良く」、英語は「前回が良かった」と評価され、英語科は「県全体の学力向上は見られない」、数学科は「基礎的事項においてもきわめて低い正答率を示している」（同上, 1954：134）ことなどが指摘された。同じく、県教育研究所は昭和29年5月18日（第1次）の「問題形式とテスト結果の相関を通しての学力評価の診断」（中3：数）において、研究協力校（78人）を対象に同一内容の問題によってテスト成績が異なる点を鑑みて、「テストがそのねらいを正しく評価し得るためには、この点をは握し、是正しなければならない」（同上, 1955：144）と述べている。そして、同一内容のテスト問題を使って発問の形式を変える問題作成を行ない、理解力の無い生徒の誤答や無答の生徒の実態を分析している。昭和20年代の茨城県の重点事項は、「教育評価」のあり方と「学力低下」の問題をいかに改善するかであった[3]。

　しかしながら、こうした戦後直後の県教育研究所の努力と施策に関しては疑義も提示された。昭和28年5月から翌29年6月までに県教育研究所長の賀屋郁雄を中心として、県の教育のあり方に対する県内各層の一般人を対象にした意識調査が行われた。県教育研究所は、「一般社会人の教育に関する意識調査」と題して、県下の28中学校の児童生徒の父兄や一般社会人（2,000人）が教育をどのように考え、理解しているかを調査し、それを『紀要』（第8集）に掲載した。特に、「新教育」が引き起こした県下の学力低下の問題に関しては、職業別でも半数以上の人々が「学力は低下している」と認め、年齢層が高くなるにつれ、その傾向は強くなり、50歳以上では61.8％に達している（茨城県教育研究所, 1954：106）。その他には、「学力とは」「学力低下の原因は」「教科書のとりあ

第4章　「茨教連」の教育活動〜茨城県〜　　85

つかい_「優秀児・劣等児のめんどう」「宿題の量」など様々な調査結果も報告
され、そうした結果が「今後の教育の運営に示唆と参考が与えられた」と認め
られ、「教育の再検討、再構想を加えるべきときに遭遇している」（同上，1954：
163）と指摘した。つまりは、この調査は県の学力テストのあり方に根本的な再
検討を迫るものであった。

　この県教育研究所による独自の調査研究が意味するものは、学力低下の実態
に関して教育の専門家や学校教員だけでなく、広く県下の一般の人々を対象に、
各方面からの示唆や意見を参考にしたことであった。茨城県の教育界の特色が、
様々な研究機関や研究団体の組織によって推進されている点を鑑みると、県に
は、こうした一般人も含めた各界の意見や試みを広く取り入れようとする姿勢
が戦後から存在していたことを伺わせる。そして、昭和30年代には、県教委が
実施主体となり昭和30年10月に「中学校英語科学力水準調査」（中・英）を、昭
和34年度に「学習指導法の研究」（小6・中3：社）を行なう。前者の「中学校
英語科学力水準調査」の内容に関しては、すでに前節で紹介している。後者の
「学習指導法の研究」（小6・中3：社）は、県教委が水戸市周辺の小・中4校
を対象に、授業分析の研究によって問題点を解明して、学習指導法の改善を目
指すものであった。とりわけ、テストを「自由記述法」「真偽法」「多肢選択
法」で行い、テスト後に小6の全児童に面接し、反応の正誤について理解の分
析を行っている点が特徴的である（茨城県教育委員会，1962）。

　県教育研究所は、昭和39年12月に「県教育研修センター」に改組されるが、
「学習指導改善」を目的とした調査研究を、以後は6件実施している。その最
初の成果が昭和39年に刊行された「説明的文章の読解指導に関する研究」（小
4・中2：国）であり、昭和38年度からの全教連との共同研究に参加し、読み
の機能に即した児童生徒の読解の様相を明らかにしている。加えて、読解力形
成の契機を捉えて、読解力を高めるための効率的な指導法も研究されている。
「県教育研修センター」による最後の調査研究となったものが、平成7年9月
に実施された「教科に関する研究」（小6・中2：算・数）であり、平成4年度
からの継続研究「学ぶ力を育てる学習指導の在り方」をテーマとしたもので
あった。新しい学力観のもとに、学ぶ側に立った学習指導に関する研究報告を

86　第1部　北海道・東北・関東地方

行ない、各学校での学習指導の改善・充実に役立てることが意図された。

　以上、本節では戦後の茨城県の学力テストの歴史的展開を県教委、県教育研究所・県教育研修センターを中心に概観したが、こうした学力テストの実施内容や方法は、特に目新しいものではなく、全国的に見ても、ごく一般的なものではある。しかしながら、本章で紹介する茨城県の学力テストのダイバーシティとは、その実施主体が民間教育団体の茨教研連や茨教研であったことである。以下に、これらの二団体の学力テストの実施内容を取り上げる。

## 3　「茨城県教育研究連盟」の活動

　茨城県では茨城大学教育研究所、同大学付属学校、茨教組、茨高教組、県教育会、小・中学校校長会の6団体が大同団結し、昭和31年9月17日に「茨城県教育研究連盟」(茨教研連)が結成される。第1回茨城県教育研究集会が同年11月17日・18日に水戸市内の中学校を会場として開催され、約400名が参加する大研究集会となっている。翌32年11月16・17日の第2回研究集会報告では「小・中・高校の数学教育をどう進めるか」という表題の下に、算数・数学指導の具体的な指導内容と各討議主題に関する討議内容が報告されている。翌33年度の第3回研究集会報告も同一テーマで継続研究となっている。

　一方、昭和32年2月1日に金沢市で開催された日教組主催の「第6次全国研究集会」(2月1日から4日間)には、「茨教研連」の「第1回教育研究集会」の中から19名が選出され、全国大会に参加している。その際に、茨城県代表として報告した内容で学力テストに関連するものは、第1部会の「読解力を伸ばすにはどうすればよいか」と「英作指導の実践」、第2部会の「基礎学力（算数）と指導法」であった（茨城県教職員組合編，1968：250）。

　例えば、第2部会の「基礎学力（算数）と指導法」では算数における「児童生徒の教科に対する好嫌」「父兄の関心」が分析された後に、「児童の算数学力の実態」が報告されている。算数学力の実態は、小2～6を対象に「知能検査」「算数学力」（標準学力テスト）「総合学力」（国・数・社・理）との相関が分析され、「知能相応に算数学力が伸びている」「2年4年は算数学力が他教科より劣っている」などといった報告がなされている（茨城県教育研究連盟編，

1956c：19）。

　さて、上記のような茨教研連の研究集会の活動は活発で熱心な報告・討議がなされていたことが確認できるが、本章の着目する茨教研連による学力テストの実施は上記で述べた全国研究集会で報告された第1部会と第2部会の3件が挙げられる。とりわけ、茨教研連結成直前に行われた昭和30年4月・9月の「国語科学力調査」（中1・2）と昭和31年5月の「英作文指導の実践」（中3）の概要は、以下のようになる。

　「国語科学力調査」は、国研「全国学力水準調査」などの結果における読解力の低さと読解指導の困難性に着目し、1回目は昭和30年4月に中1（150人）を対象とし、1年半後に同一生徒の中2（140人）を対象に実施されたものである（同上，1956a：2）。〈表—3〉は、その学力調査の結果を示したものである。順位は、5項目の中での達成率を示している。

〈表—3〉 国語科学力調査

| 中学1年当初の学力（昭和30年4月） | | | 中学2年の学力（昭和31年9月） | | |
|---|---|---|---|---|---|
| 順位 | 調査項目 | 達成率% | 順位 | 調査項目 | 達成率% |
| 第1位 | 読む能力 | 64.6 | 第1位 | 読む能力 | 49.1 |
| 第2位 | 語い・解釈 | 52.0 | 第2位 | 語の用法・文法 | 47.2 |
| 第3位 | 書く能力 | 32.3 | 第3位 | 書く力 | 43.1 |
| 第4位 | 読解力 | 30.3 | 第4位 | 大意把握・鑑賞・実用文 | 33.5 |
| 第5位 | 語の用法 | 28.3 | 第5位 | 語い解釈 | 31.5 |

　この「国語科学力調査」においては、中学校入学当初の中1に対する学力調査の結果に基づき、読解力向上の対策として「①学習の下調べを励行させる、②文章のだいたいを把握して、ノートさせる、③文章の細部を検討させる、④文法指導に留意する、⑤基礎練習をとりいれる」（同上，1956a：2）といった重点的指導を1年半余り継続する。そして、中2に進級した生徒に2回目の学力調査を実施したものである。中2の結果からは、基礎的諸力はかなり引き上げられたが、読解力は実効を収めることができなかったという事実が判明した。

88　第1部　北海道・東北・関東地方

　そこで、読解力不振の原因、読解指導の問題点などが研究と実践の双方から分析された。また、その分析結果に基づいて読解指導の問題点を究明するために、小3～小6の読解力も調査対象とされた。最後に、読解力向上の対策として「指導の学年的段階づけ」「読解指導の具体化」「自主的な読みの育成」などの具体的方策が提言された。

　次に、「英作文指導の実践」（中3：英語）においては昭和31年5月30日に研究協力校の世喜中学校（43人）を対象に、「作文力テスト」と「読解力テスト」が実施された。目的は、「本校生徒の作文力の実態を調査」（同上，1956b：2）するものであったが、読解力との比較もなされている。結果は、「読解力テスト」（平均点41点）と比べると「作文力テスト」（平均点21点）の学力の低さが露わとなり、英作文指導の不徹底が指摘された。教材（教科書）と作文力との関連、指導の実践的方法などが提言された。

　茨教研連による学力テストの実施は、この結成直前になされた3件以外には確認できなかったが、茨教研連の活動は、現在も年1回の研究集会と報告書を刊行する事業が継続されている。特に、研究集会は既に60年以上の歴史を刻み、各教科別に各学校の教員による実践的な個別報告が行われている。その組織の役員には、茨城大学、県教育研究会、県教職員組合、茨城大学付属小学校、県教育庁（「県教委」の事務局）などの教職員が名を連ね、全県的な組織であることが確認できる。その活動は、教育実践や学習指導改善を主眼とするものであった。

## 4　「県教育研究会」の取り組み

　茨城県では、県下の公立の小・中・高教員による民間の自主的教育研究会である「茨教研」が昭和37年8月27日に発足し、翌年から学力テストを開始している。戦後直後には、各郡市単位で研究会が組織されていたが、昭和26年5月になると「茨城県数学教育研究会」が結成され、県下各地の数学研究会が参加し、小学校から大学までを対象とした研究が推進された。そして、昭和37年の茨教研の発足により、各郡市単位の研究会は「県教育研究会数学教育研究部」となり、同時に茨教研の構成団体となるのであった。

第4章 「茨教連」の教育活動〜茨城県〜　　89

　戦後の各都道府県における学力テストの実施主体は、必ずしも県教委や県教育研究所とは限らない。例えば、第9章でも取り上げる富山県は昭和38年11月に中3（国・理）を対象に悉皆調査の形で「県中学校教育研究会」による「県中教研学力調査」と呼ばれる学力テストを開始している（富山県中学校長会・富山県中学校教育研究会，1963：8）。このテストは、後に中1〜中3までに拡大され、テスト結果に基づいて進学・進路指導が行われている。茨城県や富山県のような事例は他県でも確認され、小・中学校の「教育研究会」が昭和20・30年代から組織され、学力テストの実施主体となったケースであった。

　さて、茨教研の発足の経緯や活動内容などを確認しておくと、まずは「県学校長会」との関係が深いことが指摘される。昭和39年5月に竣工した「茨城県学校長会館」の中に茨教研の事務局が設置され、事務局維持費が「学校長会」と「茨教研」の双方で各30万円が負担されている（茨城県教育研究会，2011：193）。茨教研は、昭和36年9月に「学力向上対策協議会」を発足させ、「学力調査委員会」による「学力調査」が、昭和38年6月に小4〜6（2教科）、中1〜3（2教科＋英）を対象に希望制で実施されている〈4〉。その時の学力調査費として、6,585 150円が予算化されている。問題作成は、県下から78名の問題作成委員（3年間で交替）を委嘱し、県指導課担当指導主事の助言指導も受けている。

　昭和38年度の開始時には、テスト代金は各教科1部10円であったが、昭和56年度には小学校では1部29円、各学年116円、中学校では1部30円、1年は120円、2・3年は150円となっている（同上，1991：46）。昭和42年度からは「学力調査」は「学力診断のためのテスト」に名称変更し、県下の小学校の67％、中学校の70％が参加している。昭和40年代の茨教研の三大事業としては、この「学力診断のためのテスト」に加え、「教育論文の募集」と「県外教育事業調査研究員派遣」を掲げ、まさに県の教育研究を牽引する役目を担っている〈5〉。

　「学力診断のためのテスト」の実施背景としては、文部省「全国学力調査」の結果が全国平均をかなり下回り、学力の実態把握と学力向上を意図したことが挙げられる。昭和40・41年度は、県の実験学校における5教科の学力調査の結果を受け、昭和42年度から「学力診断のためのテスト」が本格実施された。昭和42年度の参加校は、小学校374校（67％）、中学校152校（68％）に過ぎな

かったが、昭和55年度には小学校541校（95％）、中学校183校（92％）へと飛躍的に増加している（同上，1991：46）。集計は、各学校で学年集計し、それを研究会本部において県全体の各学年・各教科の正答率などを出すものである。現学年が前年に学習した課程について、易しい・普通・難しい問題で構成され、受験者個人の得点・受験と学校ごとの平均正答率などが分析された。

　昭和43年の実施目的は、児童生徒の「学力診断テストを、児童生徒の理解の程度や、問題解決能力をいっそう明確にし、学習指導の改善をはかり、学力向上に資する」（同上，1991：44）とされ、小４〜小６が４教科、中１〜３が５教科で、小学校412校、中学校158校、合計570校（76％）が参加した。留意すべき点は、この昭和42年度から実施されたテストが「標準学力テスト」ではなく、「学力診断テスト」であった点である。「標準学力テスト」が児童生徒の学力の実態を平均点や標準点などによって比較・分析するものであるとすれば、児童生徒の学力の進歩や遅滞の欠陥を解明するテストが「学力診断テスト」である。そして、その結果に基づいて何らかの治療手段が検討されることになるが、茨教研でも「ともすると、児童生徒の個々の結果にのみ関心がもたれがちです。が、テストの結果のもたらす過程にメスを入れて、いっそう学力が向上する方策を立てられるように願ってやみません」（同上，1991：45）と述べ、「学力診断テスト」であることを再確認している。

　昭和42年度から開始された「学力診断のためのテスト」は、同時に「学力診断のためのテストの結果からみた指導上の問題点とその改善策」と題して、毎年『報告書』が刊行され、県内全ての小・中学校や関係機関に配布され、その活用が促された。昭和44年度の『報告書』では、「教師自身としてこうした資料の上から教育上の問題点を突きつめて今後の学習指導上の充実に活用する」（同上，1969：１）ことを促した。分析の方法は、小４〜中３まで各教科の学年平均正答率と大問・小問ごとの正答率が示され、指導上の問題点が解説されたものであった。

　しかしながら、各教科に対するさらなる具体的な指導法への要望が高まり、昭和54年度には英語、翌55年度には算（数）・理・社の３教科でも問題作成委員の努力によって、小・中別の指導資料も刊行された。とりわけ、英語は『学

力診断のためのテストの結果から考察される英語学習指導資料集』として刊行され、英語の学習指導の具体的な方法を提示したものであった。中学校における英語の「週3時間」の実施を前に、「昭和54年度学力診断のためのテスト」の結果を基に、第2・第3学年を対象に「特に問題点のある大問や小問については、その重点的考察や改善対策について、執筆者の授業実践の中からいくつかの指導例を引用」（同上, 1980：2）したものとなっている。この『資料集』は、県内小・中学校の会員が学習指導の際に「この資料を他山の石として」（同上, 1980：1）活用することを希望するものであった。

　こうした茨教研の活動使命は、「研究の深化と累積により教育水準を向上することである」とされ、学力向上を目的とした「学力調査」が「教育論文の募集事業」「研究集録の刊行」（重点研究の研究成果の集録）などの事業とともに重点事業として掲げられ、「本研究会の発展は他県等にその例を見ないまで前進を続けてきている」（同上, 2011：194）と評価された。このテストへの各小・中学校の参加率は、先にも述べたように、昭和46年度には82％にまで上昇し、その後は徐々に低下するものの、昭和50年度には86％まで回復した。平成2年度には99％に達し、ほぼ悉皆調査となった（同上, 1991：46）。

## 5　現代の学力テストの実施状況

　茨教研は、平成22年6月24日に「創設50周年記念事業実行委員会」を設立し、『五十年の歩み』を刊行し、その活動の軌跡を総括しているが、その後も、学力テスト事業は一貫して継続している。平成22年度の茨教研の研究の重点事項としては、本章の冒頭でも述べたように、未来に向けた決意表明がなされている点が目を引く。この表明においては、会員の自主的・実践的な研究活動を推進することが重視されているが、まさに日本の教育現場にとっては、こうした教師の自主的・実践的な研究活動こそ重要なものであった。

　また、「学力診断のためのテスト」は依然として学力向上を目指した指導方法の工夫・改善に利活用することを重点項目としている。平成16年度からは県教委・茨教研が共催して「学力診断のためのテスト」を実施するが、「学力診断のためのテストの結果からみた指導上の問題点とその改善策」においては、

小4〜中3まで各教科の「問題構成のねらい」と小問ごとの正答率と無答率が示された上で、結果の考察と改善策が提示された。また、平成14年度から16年度までの3年間の各教科の問題領域別（大問）の平均正答率の結果も示され、正答率の推移も確認できるようになっている（茨城県教育委員会・茨城県教育研究会, 2005）。昭和42年度から開始された「学力診断のためのテストの結果からみた指導上の問題点とその改善策」の『報告書』自体の中身は大きな変更はないものの、その一貫した姿勢は評価されるべきであろう。

「学力診断のためのテスト」は、平成18年度には表計算ソフトの導入により、県内全ての学校の正答率・無答率、設問ごとの正答率・無答率なども簡単にデータ化でき、その利便性や利用価値が高まっている。ただし、全ての学校の平均正答率の比較も可能となり、学校間格差の表面化、序列化を生み出す危険性も潜んでいる。県では、テスト終了後にはデータを集約し、「学力診断のためのテストの結果からみた指導上の問題点とその改善策」と題する冊子を各学校に配布し、各学校の学習指導改善などに利活用することを促している。平成19年度から平成29年度までの結果は、県教委のWEB上でも確認可能なようになっている。また、平成16年度以降には小3〜中3までを対象に、県教委と茨教研が共催し、毎年4月に実施され、現在まで継続されている。さらには、中3だけは「総合学力診断テスト」が毎年11月に実施され、進路指導の際のデータとしても活用されている。令和3年度も実施され、小4（理・社）・中1（社・英）、中2（社）が対象となっている。昭和38年度の開始以来、約半世紀にも達する歴史ある学力テストの実施と言える。

しかしながら、この学力診断テストの問題点を指摘する声が少数ながら見られることにも留意すべきである。「テストをするだけ、結果を出すだけで終わることも多く、これからの指導のあり方を考える余裕がもてない」（茨城県教育研究会, 2001：26）、「多忙な学校現場では、テストの分析に時間を費やし、教職員の負担になっているのも現状である」（簗瀬, 2006：45）など教職員の過重負担を指摘する意見も出されている。また、テストの平均点を上げようとする競争主義が横行していることなども指摘され、「適正な活用」を求める意見も出ている。

第4章 「茨教連」の教育活動〜茨城県〜　　93

## おわりに

　現在、茨城県教育センターは「教育プラザいばらき」の施設内にあるが、この施設内には「県学校長会」「茨教研」「県小・中学校教頭会」「養護教諭会」「栄養士協議会」も同居している。県の教育関係者や教職員が一体となって、児童生徒の学力向上や未来の人材育成に努力している状況を今日においても確認できる。

　本章でも述べたように、茨城県のこうした全県を挙げての学力向上の取り組みは、昭和31年9月17日の「茨教研連」の結成、ならびに昭和37年8月27日の「茨教研」の発足によって強化されたものである。その歴史は、半世紀以上も経過し、現在も継続されているものである。とりわけ、茨教研による昭和42年度からの「学力診断のためのテスト」は、今日まで継続されている学力テストである。「茨城県教育研究会」は、他県のように県教委や県教育研究所が実施主体となるテストではなく、民間団体として学力向上に一貫して取り組んできた歴史を持つ。

　そして、その学力テストは児童生徒の学力の実態を平均点や標準点などによって比較・分析する「標準学力テスト」ではなく、児童生徒の学力の進歩や遅滞の欠陥を解明する「学力診断テスト」であったという点が特徴的である。そこには、単なる学力向上を求めることなく、学習指導の改善を意図したテスト政策のあり様を確認できる[6]。こうした茨城県の活動は、実施主体のダイバーシティ（多様性・多元性）を象徴するものであり、茨城県の特色と言えるものである。


〈注〉
〈1〉各都道府県単位の「県教育研究所連盟」が学力テストの実施主体となったケースとしては、北海道と群馬県が挙げられる。県内全ての教員が参加する「県教育研究会」が学力テストの実施主体となったケースとしては、北海道・茨城・滋賀・富山・静岡・三重・和歌山・奈良・鳥取・徳島・香川・愛媛などが挙げられる。
〈2〉県教委の事務局である県教育庁指導課は、昭和36年度の「学校教育指導方針」において、学力テストの実施においては「診断的評価」を重視し、「児童生徒の治療」に十分活用し、「教師の指導法の改善」と「指導計画の検討」に役立てるといった実施計

画を出している（茨城県教育庁指導課, 1961：91）。

〈3〉昭和28年12月の国立教育研究所「全国小・中学校児童生徒学力水準調査」における中3の理科と数学の結果は、茨城県の平均学力は全国的水準と比較すると「低い」とされた（全国教育調査研究協會茨城支部, 1954）。

〈4〉昭和38年9月には県の「教育振興計画」（昭和38〜45年度）に基づいて、「学力向上対策協議会」が発足し、昭和40年1月には「県学力向上対策協議会中間報告」を刊行している。県内の市町村教委や小・中学校でも学力向上対策協議会が置かれ、全県的な学力向上対策が実施されている。また、学習指導の効率化を求めてテストの活用も提言されている（茨城県学力向上対策協議会, 1965）。

〈5〉「教育論文の募集」は、昭和41年度から開始され、「茨教研」の課題や自校の問題点、教育研究全般の論文の募集を行なったものである。昭和55年度には239点もの論文が応募されている。「県外教育事業調査研究員派遣」は、関東ブロックや近県の教育事情の調査研究のために会員を派遣したものである（茨城県教育研究会, 2011：194）。

〈6〉ただし、現在は県教委が「基礎・基本の確実な定着」を掲げながら、「県学力診断のためのテスト」において平成32年度の数値目標として、4教科平均正答率（小6）で80.0%、5教科平均正答率（中3）で60.0%を掲げている（茨城県教育委員会, 2016：59）。

## 〈引用・参考文献一覧〉

茨城県学力向上対策協議会　1965『茨城県学力向上対策協議会中間報告』1-26頁

茨城縣教育委員会　1950「第六章　教育研究施設」『茨城県　教育要覧1950』茨城縣教育委員会事務局調査課、113-116頁

茨城縣教育委員会　1954「第五章　教育研究機関」『茨城県　教育要覧1953』茨城縣教育委員会事務局調査課、133-138頁

茨城縣教育委員会　1955「第五章　教育研究機関」『茨城県　教育要覧1954』茨城縣教育委員会事務局調査課、143-153頁

茨城縣教育委員会　1956「第五章　教育研究団体」『茨城県　教育要覧1955』茨城縣教育委員会事務局調査課、149-162頁

茨城県教育委員会　1962『紀要　学習指導法の研究』1-209頁

茨城県教育委員会　1963『教育振興計画　全体計画（昭和38年度〜昭和45年度）』1-283頁

茨城県教育委員会　1966「7　学力向上対策協議会」『茨城県　教育要覧1965』茨城県教育委員会事務局調査課、16-17頁

茨城県教育委員会　2016『いばらき教育プラン』1-221頁

茨城県教育委員会　2019「学力診断のためのテスト」https://www.edu.pref.…html

［2020.4.5.取得］

茨城県教育委員会・茨城県教育研究会　2005『平成16年度　学力診断のためのテストの結果からみた指導上の問題点とその改善策』1-146頁

茨城県教育研究会　1969『昭和44年度　学力診断のためのテストの結果からみた指導上の問題点とその改善策』1-122頁

茨城県教育研究会　1980『学力診断のためのテストの結果から考察される英語学習指導資料集』1-23頁

茨城県教育研究会　1981『二十年の歩み』1-183頁

茨城県教育研究会　1991『三十年の歩み』1-207頁

茨城県教育研究会　2001『四十年の歩み』1-183頁

茨城県教育研究会　2011『五十年の歩み』1-195頁

茨城県教育研究所　1954『本県人はいまの教育をどのようにみているか』1-164頁

茨城県教育研究連盟編　1956a「第一部会第一分科会　読解力を伸ばすにはどうすればよいか」『茨城の教育　第1回』1-8頁（資料：1-17頁）

茨城県教育研究連盟編　1956b「第一部会第二分科会　英作文指導の実践」『茨城の教育　第1回』1-8頁（資料：1-12頁）

茨城県教育研究連盟編　1956c「第二部会　基礎学力（算数）と指導」『茨城の教育　第1回』1-41頁

茨城県教育庁指導課　1961『学校教育指導方針　昭和36年度』1-134頁

茨城県教育庁指導課　1962『紀要　学習指導法の研究―授業分析への試み―』1-209頁

茨城県教育庁庶務調査課　1957『中学校第三学年　英語科学力水準調査』1-27頁

茨城県教職員組合編　1968『茨教組20年の歩み』茨城県教職員組合

茨城県史編集委員会監修　1984『茨城県史（近現代編）』茨城県

簗瀬千恵子　2006「茨城の「学力テスト」について」日本教職員組合『教育評論』Vol.713、43-45頁

全国教育調査研究協會茨城支部　1954「理科と数学について―中学校（3年）の学力水準調査の結果から―」『茨城　教育調査』No.10、1-21頁

富山県中学校長会・富山県中学校教育研究会　1963『国語・理科に関する学力調査報告書―1963―』1-78頁

# 第5章 「千教研式標準学力テスト」の開発〜千葉県〜

〈学力診断テストとは〉

　本来、テストは学習指導のほかにあるものではなく、学習指導そのものの分節的な部分として、学習の全過程につきまとうものなのである。テストをそのような意味に解し利用するとき、はじめてテストは教育的な機能を発揮することができるのである。それゆえ、テストは、単に、児童生徒の過去の業績の品定めに終ることなく、将来における指導に役立たせるところに意味を見出さなければならない（千葉県教育センター調査研究部, 1966：17）。

---

## はじめに

　戦後直後、各都道府県においては独自の「標準学力テスト」を開発・実施し、県内児童生徒の学力の実態把握に努め、それを「学力向上」や様々な教育政策に生かそうとする動きが見られた。このことは、日本の学力テストの歴史が戦後直後から始まったことを示すだけでなく、その開発・実施が各都道府県の個別の事情や条件に基づき自発的に行われたことを意味する。これまでの先行研究では、こうした各都道府県の標準学力テストの開発・実施の実態を本格的に取り上げたものは皆無であった。例えば、大津（2002）は「標準学力テストの種類は、1950年代以後急増した」（大津, 2002：116）と指摘するも、その実態に関する言及は何もない。いわば、戦後の各都道府県による「標準学力テスト」の開発・実施に関する研究は教育史研究や評価史研究では未開拓分野になっている。

　本章は、千葉県を事例として、戦後の「学力向上」を目指した県独自の標準学力テストの開発・実施の実態を解明することを課題とする。言い換えれば、千葉県における学力向上を目指した「学力テストそれ自体のイノベーション（革新性・先駆性）」を問うことでもある。千葉県を取り上げた理由は、千葉県の戦後の標準学力テストが「千教研式」、ないしは「県学力テスト」と呼ばれ、

県独自のものが開発・実施されていたからである〈1〉。本文でも詳しく述べるが、千葉県独自の標準学力テストの開発は昭和27年11月に行われた「県小中学校児童生徒学力調査」を契機として、昭和29年に「学力水準調査会」が設置され、県独自の標準学力テストの作成（小1〜中3）が目指された。同年には小1〜小3までの4教科12冊の標準学力テストが、翌30年には小1〜中3までの4教科36冊の標準学力テストが「県学力テスト」として完成している。そして、昭和31年度からは30年間の長きにわたって、この「県学力テスト」は改訂されつつ、県内の学力の実態把握を行なうために利用された。

　千葉県の「学力テストのイノベーション」を解明する際の具体的な課題は三つある。第一には、千葉県の「千教研式」と呼ばれる標準学力テストの開発経緯を踏まえた上で、その実施内容や結果分析の特徴を確認することである。第二には、昭和31年から開始された文部省「全国学力調査」において県の学力が全国平均以下であったとの結果を受け、他県をモデルとした学力向上策や学校経営改善の取り組みを分析することである。第三には、学力低下批判を受けて実施された「学習指導改善テスト」による学校経営や学習指導の改善を意図した調査研究の実施状況を確認することである。まずは、戦後の学力テストの開発の歴史から確認しよう。

## 1　学力テスト開発の歴史

　戦後から今日までの千葉県の「県教育委員会」（以下、「県教委」）「県教育研究所」（後の「教育センター」）が実施した戦後の学力テストの実施状況を時期区分して示すと、〈表—1〉のようになる。「教育政策テスト」は9件、「学習指導改善テスト」は22件であり、千葉県では「学習指導改善テスト」が多く実施されている。ただし、「学習指導改善テスト」が多く実施されているとはいえ、昭和30年度に開発された「千教研式」の標準学力テスト（「県学力テスト」）は、昭和60年度の「児童・生徒の態度的学力の測定に関する研究（Ⅰ）」（小：4教科）まで、しばしば児童生徒の学力の実態把握に利用されている。千葉県においては、「県学力テスト」の結果分析を行ないつつ、学校経営や学習指導の改善に積極的に利活用していたという特徴を指摘できる。

98　第 1 部　北海道・東北・関東地方

〈表— 1 〉 千葉県の戦後学力テストの実施状況

| | 昭和20年代 | 30年代 | 40年代 | 50年代 | 60年代〜平成18年度 | 19年度〜令和 2 年度 | 合計 |
|---|---|---|---|---|---|---|---|
| 教育政策テスト | 3 | 4 | 1 | 0 | 1 | 0 | 9 |
| 学習指導改善テスト | 2 | 8 | 4 | 6 | 2 | 0 | 22 |
| 合計 | 5 | 12 | 5 | 6 | 3 | 0 | 31 |

＊数値は新規に開発・作成された学力テストを用いた調査研究であり、2 年以上継続されたものでも「1」としてカウント。

　千葉県では、戦後直後には新教育運動に基づくカリキュラム理論を調査研究することが試みられている。特に「社会科を中心とした新カリキュラム構成に関する『理論』と『実際』の資料の蒐集を試みた」（千葉縣教育研究所編, 1948a：序）とし、米国の「新教育とカリキュラム」「カリキュラムの発展」「地域社会学校とカリキュラム」「カリキュラム構成の立案」「カリキュラム構成の実際」などが詳細に紹介された[2]。しかしながら、こうした新教育の理念による教育実践が「基礎学力の低下」と「しつけのゆるみ」（千葉県教育センター, 1977：11）をもたらしたとも指摘された。また、県民の学力低下を問題視して、県議会では「千葉県人をアイヌ化するな」（同上, 1977：385）といったアイヌ蔑視とも言える質問までもがなされていた。

　県における戦後直後から開始された標準学力テストの開発は、学力低下問題に端を発し、児童生徒の学力向上を求めたものであった。まずは、この「標準学力テスト」の開発・実施が千葉県における学力テストのイノベーションとして指摘できる。昭和23年に創設された県教育研究所は、「学力向上を目ざしての実態の科学的な把握、およびその教育的諸条件の追求」（千葉県教育研究所史編纂委員会, 1962：99）を設置目的に掲げ、翌24年度から学力テストの開発・実施を行なっている。県の標準学力テストの開発は、まずは昭和25年 6 月に「県基準カリキュラム編成委員会」が組織され、「県基準カリキュラム」の内容として「基準能力表」「単元表」「資料単元」「評価基準」（千葉県教育研究所, 1952：2）の 4 部門が編成された。とりわけ、「評価基準」は実験学校（小・中学校各

第5章 「千教研式標準学力テスト」の開発〜千葉県〜 99

1校）での検証などを経て、4教科の標準学力テストの開発が行われた。この「県基準カリキュラム」は、後に「県下の教育界の総力を結集して構成された偉大な仕事であった」（千葉県中学校長会編, 1968：13）と評価されたものである。

昭和25年の県教育研究所「実験課題の研究」では、『カリキュラム構成と運営の資料─小学校を中心として─』『中学校カリキュラム編成─中心課程の単元設定について─』といったカリキュラム研究の理論と実態の研究成果が刊行された[3*]。県のカリキュラム研究は、昭和33年まで継続された。こうしたカリキュラム研究の理論と実態の研究に加え、学習評価に対する調査研究も行われ、昭和26年度の「國語學習指導に於ける評価」においては、「県基準カリキュラム」（昭和25年度完成）に基づき、国語学習指導における評価のあり方を実験学校における実践を通して再吟味している（千葉県教育研究所, 1952）。評価方法は、各単元の終末テスト、学期末の「客観テスト」などを総合し、Ｔスコア（標準点）に換算するという方式であった[4]。

このＴスコアによる結果分析の手法は、昭和39年2月の福島県における「学力調査」（小4：理・社）でも行われているが、全国的には千葉県がもっとも早いと考えられる。また、評価方法に関する今後の課題として、県では「子供たちの言語能力を高めていくために必要にして充分な評価の技術を生みだしていくために、信頼性と妥当性をもつた評価用具の作製方法の単純化簡素化を目ざして今一般の工夫を必要とするであろう」（同上, 1952：28）とも述べている。この学習評価における信頼性と妥当性に基づく基準作成は、標準学力テストの開発研究の一翼を担うものであり、その後も継続して取り組まれたものであった。

〈表─2〉は、千葉県における標準学力テストに基づく9件の「教育政策テスト」の実施状況の一覧である。

千葉県の最大の特徴は、「千教研式」と呼ばれる「県学力テスト」を開発・実施し、30年間の長きにわたって児童生徒の学力の実態把握に利用したことであった[5]。その開発の実施主体は、昭和23年6月13日に発足した県教育研究所である。昭和36年4月には県教育研究所、県教員講習所を統合して、新たに「県教育センター」が発足した。同時に、「県理科教育センター」も開設され、両センターは合同庁舎（旧千葉市葛城町）に置かれた。昭和43年4月には、文部

100　第1部　北海道・東北・関東地方

〈表─2〉千葉県の「教育政策テスト」の実施状況

| 調査研究の名称 | 対象学年・教科 | 初回のテスト実施年（度） |
|---|---|---|
| 国語科の能力調査 | 小4・6・中1：国 | 昭和24年度 |
| 県小中学校児童生徒学力調査 | 小4〜中3：4教科 | 昭和27年11月20・21日 |
| 小学校に於ける学業不振児の研究 | 小5：4教科 | 昭和29年度 |
| 県小学校低学年学力調査 | 小1〜3：4教科、小1の社会は除く | 昭和30年2月23・24日 |
| 県学力調査 | 小1〜5：4教科<br>中1〜2：5教科<br>小6・中3：2教科 | 昭和32年11月12日 |
| 農村地域の教育 | 小6・中2：4教科 | 昭和38年度 |
| 団地の教育 | 小6・中2（2教科） | 昭和38年度 |
| 学力診断テストの作成に関する研究 | 小2〜4：算<br>中1〜3：5教科 | 昭和41年2月10日 |
| 県学力状況調査 | 小5・中2：4教科 | 平成16年2月17日〜27日 |

省の「都道府県教育研修センター設置要領」に基づき、両センターを統合し「県教育センター」が発足した。そして、昭和59年3月には「県総合教育センター」が設立され、現在に至っている。

## 2　「千教研式」の標準学力テストの開発

　戦後に全国で開発された標準学力テストとは、標準的な問題をテスト問題の専門家が作成し、一人ひとりの児童生徒の学力の実態を一定の「規準」（norm）に基づいて評価するものである。この規準は、児童生徒を比較評定するための数値であり、特定集団が到達した平均的成績（正答率や平均得点）、ないしは標準偏差値をさす。そして、全体の平均点や標準点などを明らかにした上で、児童生徒の学力の得点別・地域別・男女別の成績などによって学力テストの結果を比較分類するものである。

　標準学力テストの基本原則とは、「標準化された手続きを経て作成されていること」「学力を測定した結果の信頼性・妥当性において、高い保証があるこ

第5章 「千教研式標準学力テスト」の開発〜千葉県〜 101

と」「一定の基準を備えていること」（扇田, 1962：26）などである。千葉県が定義する「標準学力検査」の定義も、同じ内容のものである[6]。

　　「標準学力検査とは、標準化の手続きを経て構成された学力検査のことをいう。標準化とは、学力検査をあらかじめ多数の児童生徒に実施し、その標本集団から得られた平均、標準偏差、テスト項目ごとの正答率等を基準として、学力検査の成績を解釈のための尺度として作成することである。標準学力検査は、テスト項目の選定、構成が十分精錬され、信頼性、妥当性とも満足できる水準にあるテストでなければならない」（千葉県教育センター, 1984：24）。

　さて、「千教研式」と呼ばれる標準学力テストの開発は、県教育研究所が担当したものである。昭和27年には「県小中学校児童生徒学力調査」と呼ばれる小4〜中3（4教科）を対象にした全県的規模での学力テストが実施された。「県小中学校児童生徒学力調査」は「県学力テスト」とも呼ばれ、昭和31年度からは30年間継続し、学習指導改善のための資料とされた。つまりは、昭和20年代の学力低下に関する実態把握に加え、「学習指導改善を視野に入れた学習評価観が芽生えた時期」（本橋, 2014：31）でもあった
　この「県学力テスト」は、冒頭でも述べたように、昭和30年には小1〜中3までの4教科36冊の標準学力テストを完成し、刊行している。同テストでは、学級の平均点、標準偏差を算出し、度数分布表が作成された。評価領域相互の比較も行われ、個人ごとの学力偏差値を求め、それぞれの位置を全県的基準から知ることができた。昭和30年度に刊行された「県学力テスト」（4教科36冊）は、量的な達成度の測定を意図しつつ、学習指導の反省と改善に根拠を与える学力の質的内容を明らかにする診断的要素を多分に盛り込んだものであった。冒頭に掲げた一文も、学力テストにおいては単なる得点結果の比較や分析といった児童生徒の「相対値」を発見することではなく、「つまずき」や「学習の欠陥」などの「絶対値」を発見することが重要であると指摘された（千葉県教育センター調査研究部, 1966：18）。

102　第1部　北海道・東北・関東地方

　こうした方針によって、「県学力テスト」におけるテスト結果の分析は、得点を調べる「概括的方向」と小問の応答状況を調べる「分析的方向」が両輪とされた。このテストでは、各小問の正答率を調べ、問題点を把握し、かつ個人別に正答・誤答一覧表を作成して、個人の「つまずき」を把握するものであった。評価領域別・問題応答一覧表が作成され、どの問題で「つまずき」が多いかが究明された（千葉県教育センター，1977：19-21）。県の標準学力テストの利活用の目的は、第一には「地域ぐるみで、学力の向上をはかるにはどのようにしたらよいか」（同上，1977：24）であり、そのための研究・実践であった。特に、学力の実態把握が中心的課題とされ、学力テストが測定用具として使われている。第二には、「学校として、具体的・実践的な課題を明らかにする」（同上，1977：24）ことであり、学習指導の問題点の把握とそれを改善する道筋につなげるためであった。

　昭和30年度に完成した「県学力テスト」は、翌31年度からは学習指導法の改善資料としても積極的に利活用された。昭和37年度からは「学力向上推進地域」が指定され、地域ぐるみの学力向上の研究・実践が展開されている。県の「千教研式」に基づく昭和30・40年代の「県学力テスト」の結果分析は、県全体の「平均得点」「標準偏差」の分布を各学校のそれと比較し、能力領域別に学力の比較を行いつつ問題点を摘出するものであった。例えば、昭和49年度の中1・2における「県学力テスト」の結果分析は、「能力領域別」「学習内容別」に各学年で男女別に県平均との比較が行われただけでなく、過去3年間（昭和47～49年度）のデータ比較と「通過率（％）」も示されている（同上，1977：29-33）。算数科における能力領域とは、「基礎的知識」「原理・約束の理解」「計算や測定の技能」「応用処理」などの項目であり、学年年別、学校別に学力の傾向が分析されている（同上，1977：27）。そして、子どもの学力を客観的にとらえるには「学力偏差値は大変有効である」とした上で、学力テストの役割を重視している（同上，1977：37）。

　また、昭和30年度に完成した「県学力テスト」は「県教育センター教育研究部」が中心となり、学習指導要領や教科書が変わるたびに改訂を重ねている。昭和46年以降には昭和57年までの間に小・中で4回の全面改訂が行なわれてい

る。昭和53年には、県教育センターと教育庁指導課の共同作業によって全面改訂も実施している。この『県学力テスト』の発行部数は、昭和55年度には150万部にも達している（同上，1982：27）。また、昭和51年には『千葉県の学力』（標準学力テスト20年の歩み）、昭和55・58年には『学習指導１、２』（学力テストの分析）も刊行している。

　県の標準学力テストを利用した最後の調査研究となったものが、県総合教育センターによる昭和60年度の「子どものつまずきの傾向と対策（Ⅱ）」、「児童・生徒の態変的学力の測定に関する研究（Ⅰ）」であった。前者の「子どものつまずきの傾向と対策」は昭和59年度から開始され、「県学力テスト」の結果を用いて、小・中学校における「つまずき」の実態を解明するものであった。後者の「児童・生徒の態度的学力の測定に関する研究」では、昭和62年度までの３年間の継続研究として小・中学校を対象に「児童生徒の態度的学力をとらえるために、各測定用具の特性を探り、妥当性、信頼性、実用性などの諸条件をよりどころにして測定用具の開発をするものであった。特に教師による直接観察を補完し、子どもの評価能力育成のための自己評価、相互評価の適用を通して、態度的学力の形成についても追求していく」（千葉県総合教育センター，1986a：5）ことが掲げられた。

　研究の実施方法は、学習の関心・態度の観点から検証授業を行いつつ、「観察記録」「相互評価」「自己評価」「事前・事後テスト」「ゲスフー・テスト」「総括テスト」などを実施し、その変容を明らかにすることであった。こうした手法の目的は、学習到達度評価によって「態度的学力」の具体化を意図したものであったが、その際にも30年間の長きにわたって開発・実施された算数・社会科の「県学力テスト」が利活用されている。

## 3　学力と学校経営の改善

　次に、千葉県における文部省「全国学力調査」への対応も確認しておきたい。県教職員組合（以下、「千教組」）は、日教組による全国的な阻止運動に合流し、反対闘争を行なっているが、千教組以外でも県では「全国学力調査」（とりわけ、学テ）に対する反対や疑問の声は多い。一例を紹介すると、県内中学校でＰＴＡ

104　第1部　北海道・東北・関東地方

会員であった一人の母親は「テストテストで、子供を受験地獄におとしいれている。それに拍車をかけるものが全国一斉テストである」（千葉県教育センター，1962：44）として、文部省の高圧的態度を批判している。また、県教育センターにおいても文部省「全国学力調査」が県内教職員の競争意識を煽っただけでなく、その分析結果の手法にも疑問を呈している[7]。

　しかしながら、千葉県の昭和36年の中3の「学テ」結果は、国・数・社・理の4教科が全国24～26位に位置し、英語は37位であった（時事通信社，1962：7）。つまりは、千葉県の学力が全国平均以下であるという実態を白日の下に晒すこととなったわけである。「文部省の全国学力調査をはじめ諸種のテストの結果は、本県においては中学生の学力低下に焦点をあわせての指摘としての警告を発した」（千葉県中学校長会編，1968：14）とされ、当時においては、学力向上が県の喫緊の課題となったことが指摘された。さらには、県における高校進学率の急激な上昇が、「進学体制下のテスト学力の濃化という圧力に教育現場その他が心ならずも押し流された」（同上，1968：14）とも言われた。こうした「学テ」における全国平均以下といった実態と高校進学率の上昇が、県の学力政策を一気にテスト学力重視の方向へと転換させ、それまでの学力研究やカリキュラム研究にじっくり取り組むという姿勢を放棄させてしまう。

　千葉県における「全国学力調査」の結果分析の特徴は、学校経営の全般的反省であり、学校経営の個性化と合理化を求めつつ、特に基礎学力の充実と学習指導の系統化に重点を置くことであった。また、学力低下の問題を解決するための方策として行われたことが千葉県と他県（富山・長野・埼玉）を比較検証し、改善すべき点を見出すことであった。昭和40年度に都道府県五大市教育研究所長協議会は「全国学力調査」の結果を基に19都道府県と2市における『学力の実態とその要因分析に関する研究事例』を刊行している。この事例集の中には、県教育センターが他県と比較分析した「千葉県における学力水準と教育条件の関係」（都道府県五大市教育研究所長協議会，1966：376-396）が寄稿されている。

　県の学力水準は、昭和37年度の「全国学力調査」の結果において、「小学校よりも中学校、さらに高等学校と上級になるにつれ低下していく傾向を示している」（同上，1966：376）というものであり、埼玉県でも同様の傾向が見られた

と指摘された。ところが、千葉県と比較的類似した学力水準を示す県であっても、富山県は「学校種別が上級になるにしたがってその水準が高まっていく」、長野県は「小学校で示す学力水準の高さが上級の学校でも維持されている」（同上，1966：376）として、千葉県が富山・長野の両県とは異なる学力傾向にあることが指摘された。

そこで，千葉県は富山県と長野県から各9校、埼玉県から4校、自県から15校の中学校を抽出し、県・地域段階における教育条件（学校規模・教職員の配当基準・教職員の構成・学校教育費の支出割合・高校入試の影響）、教職員の教育活動（教育活動の平均時間・授業準備の充実度・研修参加件数と派遣事由・個人研究の有無・教育観の確立度など）に焦点化して、学力との相関度を調査研究している。結果は、千葉県においては「教育行政面における一貫性と独自性にやや欠けていたのではないか」（同上，1966：396）とコメントされるが、この調査研究における比較法の問題点として「各県のよって立つ背景のなかに構造づけられている教育条件のみを、しかも部分的に取り出して比較したこと」（同上，1966：396）が挙げられる。つまりは、学力形成の要因は部分的な問題ではなく、構造的な問題であり、その要因を部分的に取り出しても、何が学力向上になるかを特定することは困難だということである。

しかしながら、「全国学力調査」の結果に基づく、他県との比較によって千葉県の学力の短所として、「思考する能力に欠けていた」（千葉県教育センター，1977：388）ことも明らかにされた。そこで、昭和43年には新たな「学力向上対策委員会」が設置され、学校現場からの研究成果なども検討し、学力像などの再検証も行われている。この「学力向上対策委員会」は、昭和42年度に『本県児童・生徒の学力傾向と問題点』を刊行しているが、その内容は昭和37〜41年度の「全国学力調査」の結果を全国と比較し、「学校間のひらき」や「地域類型間の学力差が大きい」（千葉県学力向上対策委員会，1968）ことなどを指摘したものであった。

## 4　「学力評価」への新たな取り組み

千葉県における第二の学力テストのイノベーションとしては、学力低下批判

106　第1部　北海道・東北・関東地方

を受けて実施された「学習指導改善テスト」による調査研究の実施を挙げることができる。県における学習指導改善に見られる様々な創意工夫は、いわば「期待される学力像」を模索し、学力向上を目指した調査研究であった。それは、「授業の目標・内容・方法の基準づくり」「学習評価の基準づくり」「児童生徒の学習過程の解明」「教師の指導力の向上」を目指したものでもあった。一言で言えば、「期待される学力像、望まれる学力像」への取り組みでもあったが、特に重要な点は「どのような学力観」をもって、「どのような方向に」児童生徒の学力を伸ばすかであった。

　そのためには、「学習評価」を行なう教師の役割こそがカギとなる。「教師が正しい評価観を持って各種の評価技法を開発し、それを駆使しながら個々の子どもの学習状況を的確に把握し、それに応じて学習指導を改善していく力量を持たなければならない」（千葉県教育センター, 1984：57）とする指摘は、教師の役割や責務の重要性を意味するものであった。

　学習指導改善を視野に入れた「学習評価」のあり方・考え方を理論的に構築したものがシカゴ大学のブルーム（Bloom, B. S.）らが提唱し、昭和48年に上越教育大学の渋谷憲一教授らによって紹介された「形成的評価」（formative assessment）の考え方であった。この考え方は、「時あたかも、いわゆる『落ちこぼれ』問題が表面化し、わかる授業をめざした授業改善の動きに弾みをつけることになった」（同上, 1984：35）と評価された[8]。日本では、昭和30年代から授業改善を目指した様々な試みがなされてきたが、学習活動の中で学習目標を達成させるという「形成的評価」の考え方は、日本の「学習評価」のあり方に理論的な根拠を与えるものとなった。

　この学習指導要領改訂に合わせた県の動向を見てみると、県教育センターでは新しい時代に対応する学力観を明らかにし、その評価方法の改善を模索している。同センターが提言する新しい学力観とは、「現代的な視野に立って、全人的な立場から検討されなければならない。それは結局は、時代の変化に即応して、人間をどうみつめ、教育をどう考えるかにかかわってくる」（同上, 1971a：9）ものとし、主知主義的な学力観とは異なる「新しい時代の人間像」に基づく学力観を提言している（同上, 1971a：10）[9]。

そして、新たな学力のモデルとして「態度・習慣性・傾向性などといった情意的方面、身体、技術的方面などを重視」(同上，1971a：11)した総合的・包括的な考え方が提示された。それは、学力モデルの3層構造であり、下層に「問題解決力」(探求的・実証的・批判的・創造的な問題解決的な能力)、中層に「包括的能力」(個々の知識間に成り立っている関係や関連についての理解や関連する個々の技能を必要に応じて、一定の形に組み合わせるような働き)、表層に「要素的能力」(個別的な知識や技術から成るもの)を組み合わせたものであった。千葉県では、これまでの「客観的テスト」「論文体テスト」「問題場面テスト」「標準テスト」においては、それぞれに適合関係を持つものの、限界も持っていると認めた上で、これからの新しい学力評価には「断片的な分析評価」ではなく、「総合的評価」が必要であることを指摘した(同上，1971b：28)[10]。

　新しい学力評価の試みは、昭和58〜62年度の「達成度評価」と「態度的学力の評価」に象徴される。昭和59年度には、県教育センターは小・中学校の5教科で形成的テストによって観点別達成状況の評価を調査研究しているが、とりわけ社会科では「実験クラス」(未学習群)と「比較クラス」(学習群)で「事前テスト」「形成テスト」「事後テスト」による「各問別通過率」「誤答傾向」などが分析され、観点別達成度の判定が行われた(千葉県総合教育センター，1985)[11]。翌60年度からは「児童・生徒の『態度的学力』の測定に関する研究」と題して、小・中学校の4教科で「関心・態度」の「態度的学力を学習到達度評価にしていくため」(同上，1986a：33)の測定用具の開発を行なっている。

　特に、教師による直接観察を補完し、子どもの評価能力育成のための自己評価、相互評価の適用を通して、態度的学力の形成も追求され、「観察記録」「相互評価」「自己評価」「事前・事後テスト」「ゲスフー・テスト」「総括テスト」などが実施され、態度的学力の相関が分析された。

## 5　学力研究の系譜

　県教育センターは、昭和45年に同県における学力研究には二つの系譜があったことを指摘した。第一には、「本県における児童・生徒の学力の水準や特質、到達度などの研究およびそれを支えている教育条件の解明」(千葉県教育センター，

108　第1部　北海道・東北・関東地方

1971b：25）であり、そうした学力と教育条件の相関を調査する標準学力テスト
が開発・実施された。それは、戦後の昭和20・30年代に行われた「千教研式」
の標準学力テストの開発・実施に基づく学力の調査研究を基盤とするものであ
り、昭和50・60年代へと継承・発展していくものでもあった。千葉県では、昭
和40年代にも学力に関する調査研究が盛んに行われたが、学力の実態は全国平
均か、ないしは全国平均を下回るケースが多かった。特に、「学力構造からみ
ると、論理的な思考力や創造性が弱い」（同上，1971b：25）と指摘されたが、逆
を言えば、こうした真摯な反省的態度が千葉県の学力向上策の特質とも言える。
すなわち、児童生徒の学力の実態を繰り返し丁寧に結果分析し、その欠点や問
題点を次の施策に生かしていくという真摯な態度である。こうした態度が、教
職員の日々の教育活動や学習指導のあり方への検証ともなっていく。

　千葉県の学力研究の第二の系譜は、「学力診断テストの開発と、学力形成過
程を解明すること」（同上，1971b：27）であった。つまりは、学力診断テストに
よる「つまずき」、「学習の欠陥」の解明であり、学力の測定方法や評価につい
て研究がなされたことであった。本文中にも述べたように、昭和25年6月には
「県基準カリキュラム編成委員会」が組織され、翌26年に評価基準の作成の中
で「各学年における総合判定のための標準検査」や「各教科・各能力分野にお
ける評価基準」が検討された。こうしたカリキュラム研究の理論と実態の研究
に加え、以後の昭和20・30年代には繰り返し学習評価に対する調査研究も行わ
れたが、その際には科学的な調査研究による実証的な研究が展開された。昭和
40年代は、「県学力テスト」を利用して「子ども個々の理解の特質を診断的に
測定することを目的とした評価用具の作成方法とその理論化をはかった」（同
上，1971b：27）ことが強調され、評価方法の研究は継続された。この評価研究
への取り組みは、従来のような「断片的な分析評価」ではなく、総合的な視点
に立った新たな「総合的な学力評価」（同上，1971b：28）へと導く原動力となっ
たものであった。

　以上、千葉県の学力テストの開発・実施の歴史的な蓄積は、現代においても
生きている。現代の学力テストは、平成15（2003）年度から開始された県教委
の「県学力状況調査」（小5・中2：4教科）であった（千葉県教育委員会，2004）。

この「県学力状況調査」の特色は、児童生徒の「思考し、表現する力」をテスト問題によって調査研究し、今後の指導改善に資することであった。例えば、平成19年度の調査では、小・中学校における共通課題として「複数の条件を満たしながら思考を進めること」「自分の考えを、言葉や図・式などで表現すること」「複数の条件を含んだ文章を理解すること」「相手にわかるように、自分の考えを表現すること」（同上，2008：2）といった4つの課題が設定された。そして、教科の枠を越えた思考力の問題が出題され、思考の過程が重点的に調査された。

　平成19年度の「県学力状況調査」の結果分析は、各設問の「平均正答率」を基に、平成17年度との観点別・内容別正答率の比較、主なる誤答例と分析、詳細な結果分析と課題、課題に対する学校などでの具体的な対策と指導上の改善点などが示されている。平成19年度は、「全国学力・学習状況調査」（以下、「全国学テ」）が開始された年でもあり、その後は千葉県では県独自の学力調査は実施されていない。全国学テにおける県の成績は、おおむね「全国平均並み」であり、無理な上位進出への対策も行われていない。「学習サポーター」派遣事業に見られるように、県内小・中学校における授業や放課後の学習支援が行われ、県独自の学力対策が実施されている。


## おわりに

　本章は、千葉県の「学力テストそれ自体のイノベーション（革新性・先駆性）」を解明することであり、「千教研式」と呼ばれた標準学力テストの開発・実施を取り上げた。この標準学力テストは、「県学力テスト」（小学校4教科、中学校5教科）とも呼ばれ、千葉県では30年以上の長きにわたって利活用されたものであった。「県学力テスト」は、テスト結果の分析や問題点の指摘を受けて、絶えず改訂・修正を繰り返しながら、丁寧な結果分析がなされ、学校現場において利活用された。県教育研究所や教育センターから刊行された学力テストに関する多くの調査研究の成果報告書が、そうした千葉県の取り組み姿勢を物語るものとなっている。

　本章のもう一つの課題が「学力テストの利活用によるイノベーション」であ

り、「県学力テスト」を利活用した学力向上政策の内容を明らかにすることであった。言い換えると、千葉県では「県学力テスト」を単なる児童生徒の学力比較に用いることなく、診断的要素を重視し、学校経営や学習指導の改善に積極的に用いたことが特色として挙げられる。その姿勢は、戦後から現代まで継続されるものであり、千葉県の学力テストの歴史を物語るものであった。

それにしても、昭和31年度から開始された文部省「全国学力調査」は、全国の都道府県をテストの点数結果で上位県や下位県に位置づけ、地方学テの多様性・多元性を破壊するものであった。この時の千葉県の対応は、県の学力低下に危機感をもち、学力上位県への脱却を図ることではあったものの、そこには千葉県独自の対応が見られた。昭和43年に設置された「学力向上対策委員会」では、学力テストの点数を競うことではなく、「どのような学力観」をもって、「どのような方向に」児童生徒の学力を「伸ばすか」が検討され、新たな「学力評価」に基づく学習指導の改善に関する調査研究のリスタートが試みられた。千葉県の学力テストの歴史は、学力テストの本来の姿と果たすべき役割を再確認させてくれる。


〈注〉
〈1〉千葉県同様、県独自の標準学力テストの名称を用いた例としては、山形県の「山教研式」、神奈川県の「神奈川教研式」、愛媛県の「愛研式」などの名称が挙げられる。
〈2〉千葉県における新教育運動に基づくカリキュラム開発に関する先行研究は数点ある。近年の研究成果としては、中西（2017）が千葉県館山市立北上小学校において昭和21（1946）年から取り組まれた社会科の単元開発、その後のコア・カリキュラム研究を行った「北上プラン」を分析している。中西は、「1959年度を最後にコア・カリキュラムを放棄した」とするものの、「北上小では活動主義と教科主義が能力という概念を軸に統一的に把握されていた」（中西，2017：257）ことを指摘する。金馬国晴2016「教科・活動・能力のトリレンマ─能力表・要素表と北上小学校を中心に─」日本教育方法学会紀要『教育方法学研究』第41巻、61-72頁も参考になる。
〈3〉県教育研究所は、昭和23年に知能検査の「目的」「使い方」「実施方法」などを詳しく紹介しつつも、「知能検査は、児童・生徒理解のための唯一の方法ではないが、有力な道具である。しかしその道具も使い方を知らないと有害となる」（千葉縣教育研究所編，1948b：1）といった警告も発している。

〈4〉各旦元の終末及び其他のテストの平均点、学期末客観テスト並びにこれらの総合Tスコア（標準点）に換算したものである。Tスコア＝10（X−M）＋50（X：素点、M：平均，S：標準偏差）（千葉県教育研究所，1952：13）。

〈5〉「教研式」の学力テストは、民間のテスト業者である「図書文化協会」（昭和24年に創設）が昭和25年に「目標基準準拠検査」（相対評価法による検査）である「教研式NRT」（Norm Referenced Test＝NRT）を開発している。このNRTは、「目標基準準拠検査」（絶対評価法による検査）である「教研式CRT」（Criterion Referenced Test＝CRT）とともに、今日においても全国的に利用されている標準学力検査である。

〈6〉標準学力テストのテスト問題は、「概観テスト」（概括的に能力一般を測定するもの）、「分析テスト」（学習内容・学習道程を分析して、その長所短所を測定するもの）、「診断テスト」（学習内容を縦断的に測定し、どの段階に障害点があるかをみるもの）、「予診テスト（レディネス・テスト）」（新たな学習をする場合に、その学習が十分に達成されているかを事前に測定するもの）などに区分される（扇田，1962：30）。

〈7〉県では、文部省「全国学力調査」の結果分析を疑問視する意見も表明され、「文部省の全国学力調査は、教育諸条件の改善に資するというのが目的であった。にもかかわらず結果にこれに答えてくれなかった」（千葉県教育センター，1977：389）と述べている。

〈8〉渋谷憲一らが翻訳・紹介した図書は、B.S. ブルーム他著（渋谷憲一・藤田恵璽・梶田叡一訳）1973『学習評価ハンドブック（上・下）』第一法規出版、B.S. ブルーム、J.T. ヘステングス、G.F. マドゥス著（梶田叡一・渋谷憲一・藤田恵璽訳）1973『教育評価法ハンドブック：教科学習の形成的評価と総括的評価』第一法規出版である。

〈9〉県の方針とは、①理性的判断力と自律心を持ち、信念を持って行動する主体的な人間、②高い知性と科学的な探求心を持つ創造的意欲に満ちた人間、③自然に親しみ、文化を愛し、互いに敬愛しあう情操豊かな人間、④たくましい体力と強い意志を持ち、勤労意欲に満ちた実践力のある人間、⑤広い世界に向かって眼を開き、豊かな識見を持ち、社会の一員としての強い連帯感に立って、よりよい地域社会の建設に積極的に参加する人間であった（千葉県教育センター，1971a）。

〈10〉「学力の総合的評価は、結局、子どもの側に視点をすえ、その個性的な思考のあり方とその変化、すなわち、その子どもなりの学力の全体構造の動きと、その変化を把握していることにならざるを得ない」（千葉県教育センター，1971a：19）とし、新しい学力評価は子どもの側に視点を置きつつ、子どもの思考＝行動の動きや変化を捉え、子どもの成長発達の方向性と可能性を評価しようとするものであった。

〈11〉県は、昭和58年10〜11月に県内の小・中学校教員に新しい評価としての「達成度評価」に関する調査、ならびに各学校における「各教科の目標の達成基準の設定の有無」に関する調査を行っている。「設定の有無」に関しては、「設定している」が小学校で33.3％、中学校で34.3％であったが、目標に対する達成基準を設定して授業を進めてい

ると回答した教諭は、小学校で82.4%、中学校で72.8%であった。千葉県では、学校としての組織的な基準設定作業は遅れがちであるものの、「個々の教師レベルでは、設定作業がかなり進んでいる」（千葉県教育センター，1984：39）と評価している。

### 〈引用・参考文献一覧〉

扇田博元　1962「標準学力検査でみる学力とその利用」金子書房『児童心理』第182号、26-33頁

大津悦夫　2002「学力調査と標準テスト―到達度評価におけるテストの性格と活用―」遠藤光男・天野正輝編『到達度評価の理論と実践』昭和堂、113-127頁

時事通信社　1962「学力の開き、実体はどうか。教科別成績と、その分布をみる」『内外教育』（1962.6.5.）2-7頁

千葉県学力向上対策委員会　1968『本県児童・生徒の学力傾向と問題点』1-103頁

千葉県教育委員会　2004『平成15年度　千葉県学力状況調査報告書』1-214頁

千葉県教育委員会　2008『平成19年度　千葉県学力状況調査報告書』1-276頁

千葉縣教育研究所編　1948a「カリキュラム構成の手引―（社会科を中心として）―」『教育研究』第1集、1-62頁

千葉縣教育研究所編　1948b「知能検査活用の手引」『教育研究』第2集、1-53頁

千葉縣教育研究所　1950「実験課題の研究」『研究紀要』第8集、1-91頁

千葉県教育研究所　1952「國語學習指導に於ける評価―評価基準作製への歩み（中間報告）―」『昭和26年度　研究紀要』第10集、1-28頁

千葉県教育研究所史編纂委員会　1962『千葉県教育研究所の歩み』千葉県教育研究所、1-246頁

千葉県教育センター　1962「一せい学力調査をどのようにうけとめたか」『千葉教育』No.80、33-46頁

千葉県教育センター　1971a「新しい学力観と評価に関する研究（1）」『研究紀要』第107集、1-59頁

千葉県教育センター　1971b『教育研究10年―10周年記念誌―』1-112頁

千葉県教育センター　1977『千葉県の学力　千葉県標準学力テスト20年の歩み』1-537頁

千葉県教育センター　1982『二十年の歩みと展望』1-163頁

千葉県教育センター　1984「学習指導の評価に関する研究（I）―その実態と問題点―」『研究紀要』第223集、1-61頁

千葉県教育センター調査研究部　1966「学力診断テストとは」『千葉教育』No.122、17-20頁

千葉県総合教育センター　1985「学習指導の評価に関する研究（II）―国語・社会・算数・数学・理科・英語―」『研究紀要』第228集、1-89頁

千葉県総合教育センター　1986a「子どものつまずきの傾向と対策（Ⅱ）―千葉県標準学力テストを活用して―」『研究紀要』第240集、1-48頁

千葉県総合教育センター　1986b「児童・生徒の「態度的学力」の測定に関する研究（Ⅰ）」『研究紀要』第241集、1-42頁

千葉県総合教育センター　1987「児童・生徒の「態度的学力」の測定に関する研究（Ⅱ）」『研究紀要』第250集、1-63頁

千葉県中学校長会編　1968『中学校教育二十年の歩み』千葉県中学校長会、1-280頁

都道府県五大市教育研究所長協議会　1966『昭和40年度　学力の実態とその要因分析』都道府県五大市教育研究所長協議会

中西修一郎　2017「戦後初期における北条小学校のカリキュラム開発に関する一考察―単元学習の展開に着目して―」『京都大学大学院教育学研究科紀要』第63号、257-269頁

本橋幸康　2014「昭和二十－三十年代における地域学力調査にみる学力観と評価観―千葉県小学校低学年学力調査を中心に」さいたま国語教育学会『国語論叢』25-31頁

# 第6章 「詰め込み教育」による競争主義～東京都～

〈石原慎太郎東京都知事〉

　小中学校における教育は詰め込みでなきゃだめだと思います。徹底して詰め込まなきゃだめです。そして、そこでやっぱり競争の意識を持たせ、人間、十全万能な人間はおりませんから、この点ではおれは劣る、この点ではまさるという、そういう相対的な人間観というものをきちっと備えて、その先、高校に行って感性、情念というのが育成されていく段階で、カリキュラムの選択の幅を与えるべきだと私は思いますが、いずれにしろ、フィンランドがどうか知りませんけれども、私は、それをそのまま日本に踏襲する必要は全くないと思いますし、戦後日本の教育は、行き過ぎた平等主義による画一的な教育が、子どもたちのさまざまな成長の可能性の芽を摘んできたと思います。個性、能力を重視し、それぞれが持つ可能性を存分に発揮させるような教育こそ大切であると思います。学校では互いに切磋琢磨し、競争しながら成長していくための、そういう試練が必要であると思います（平成18年度都議会第二定例会：6月18日）。

## はじめに

　1990年代から開始された青島幸男（1995～1999）・石原慎太郎（1999～2012）の両都知事の下で行われた都教育改革は、「都立高校の統廃合・再編」「学校経営・管理および教員人事管理政策」「都立大学の改革」「心の教育革命」（国家斉唱と国旗掲揚）などを柱とするものであった。特に石原都知事は「東京から日本を変える」と宣言して、様々な改革を断行した。こうした都教育改革に関しては、すでに多くの先行研究が批判的に言及しているが、例えば佐貫・世取山（2008）は都教育改革を日本の新自由主義教育改革の「実験場」と位置づけ、嶺井（2004）は「信じられないことであるが、『反動化』とか『逆コース』とか言われたあの1950年代以上の状況が今東京の教育の全面を覆いはじめてい

る」(嶺井, 2004：26) と指摘した[1]。

　そして、この都教育改革の一環として行われたものが平成16年から開始された「児童・生徒の学力向上を図るための調査」(以下、「都学力テスト」) である。東京都内の公立中学2年生 (約6万8千人) を対象とした「都学力テスト」に関しては、嶺井・中川 (2007) が学校選択への影響を考察している[2]。山本 (2008・2009) も、都学力テストを新自由主義的文脈で考察し、品川区と足立区などの状況を分析している。この都学力テストの実施にも、冒頭で示したように、石原都知事の競争主義的な学力向上の意向が強く影響している。

　本章の目的は、こうした現代の都の教育改革のあり様を検証すると同時に、戦後から今日までの東京都の学力テストの歴史的展開に着目し、都の教育政策の変容を確認することである。本章で特に注目した事柄は、昭和40・50年代の学力保障の観点から実施された「学習指導改善テスト」であり、学業不振児の治療法や精神薄弱児の指導のあり方が追及されたことである。この昭和40・50年代の都知事と言えば、美濃部亮吉 (昭和42年4月～昭和54年4月) が革新系都知事として主に福祉関連の政策遂行に重点を置いていた時代であった。この美濃部都政の影響が都の学力テスト政策に直接的な影響があったことまでは論証できないが、都教育委員会 (以下、「都教委」) との関係で言えば、美濃部知事は都教委との関係について、「私の意志に反する教育施策が行われたことは一つもなかった」(美濃部, 1979：171) と回想している。いずれにせよ、美濃部都政と石原都政を比べると、時代こそ違え、その特徴は対極の関係にあったことは明白である[3]。こうした東京都の「学力テストによる学力政策の変容」、言い換えれば「学力テストの利活用によるイノベーション (革新性・先駆性)」を示すことが本章の課題である。

　また、都の学力政策の変容に影響を及ぼしたと考えられる昭和30年代以降の民間のテスト業者の動向も合わせて考慮する必要があると考える。というのも、東京都は全国的にも早い段階から学校・教員側が業者テストを利用する実態があり、都では昭和30年頃には早くも「試験地獄」と呼ばれる入試・進学競争の激烈化を迎えているからである。また、教師の多忙化が学力判定の際に業者テストに頼らざるを得ない状況も生み出している (『朝日新聞 (夕刊)』1956.2.22.)。

116　第1部　北海道・東北・関東地方

以後、業者テストは東京都だけでなく全国に蔓延する根深い構造的問題となる。まずは、東京都の戦後の学力テストの歴史から確認しておこう。

## 1　戦後の学力テスト開発の歴史

　戦後から今日までの都の「都教育庁」「都教委」「都立教育研究所」などが実施した戦後の学力テストの実施状況を時期区分して示すと、〈表—1〉のようになる。「教育政策テスト」は8件、「学習指導改善テスト」は10件となり、バランスの取れた実施状況にはなっている。

〈表—1〉　東京都の戦後学力テストの実施状況

| | 昭和20年代 | 30年代 | 40年代 | 50年代 | 60年代〜平成18年度 | 19年度〜令和2年度 | 合計 |
|---|---|---|---|---|---|---|---|
| 教育政策テスト | 2 | 3 | 0 | 1 | 2 | 0 | 8 |
| 学習指導改善テスト | 0 | 0 | 7 | 1 | 2 | 0 | 10 |
| 合計 | 2 | 3 | 7 | 2 | 4 | 0 | 18 |

＊数値は新規に開発・実施された学力テストを用いた調査研究であり、2年以上継続されたものでも「1」としてカウントしている。

　戦後の学力調査は、その調査対象が戦前の小地域や学校内の児童生徒の学業評価・診断から、より広範囲なものに拡大されたこと、科学的・学問的な調査方法に基づいて実施されたことを特徴とした。学力調査の概念も、「個人的学力についての関心よりも、社会的水準により関心がもたれるようになった」（東京都立教育研究所, 1975：794）と指摘され、より広範囲な児童生徒の学力の実態把握が行われることになる。都立教育研究所は昭和29年5月に設置されたが、それ以前の学力調査は都教委指導部内の教育診断の係りが担当していた。昭和26年1月に小学校から高等学校まで203校、約17万人を対象に「都学力調査」（小・中の全学年：2教科）が戦後初の大規模学力調査として実施されたが、前年の6月には約18万人にも及ぶ「知能検査」も実施されていた（『読売新聞』1951. 12. 25.）。

こうした学力調査を推進する原動力となった人物が、当時の関東民事部教育課長マクマナス（McManus, Robert P.）であった[4]。マクマナスは、都の指導部に対して「教育評価」の専門的な部署の設置を助言し、「米国においては、知能テストや学力テストや性格テストなどの要素を総合的に編集した総合テスト用紙が作成されているが、日本ではまだそのような用紙はないから、知能テストを行うとともに、それに即して学力テスト、性格テストなどを実施し、それらの結果を総合して、こどもの実態を解釈しなければならない」（マクマナス、1950〔矢谷、1953：12〕）と述べ、学力テストや知能テストを行なうことを促している。

　その後もマクマナスから度々指導と助言があり、昭和26年度には予算措置が講じられ、「都学力調査」が実施された（東京都教育委員会、1952：3）。この学力調査において2教科を対象とした理由は、「他教科の学習の基礎」であると同時に、「学力と知能指数との相関度が高い」（同上、1952：3）という見通しからであった。学力調査の目的は、児童生徒の学力の実態把握と学習指導の改善、及び昭和24年度に作成された教育課程の第一次試案（小・中学校）の改造の基礎資料とすることであった。調査方法は、抽出された学校の全児童生徒を対象とし、その数は都下の公立学校の約16％に相当した。「学力検査協議会委員」・「学力検査委員」には都主事や小・中・高の学校教員など100名以上が名を連ねているが、それ以外の学力調査の専門家と思われる人物は皆無であった。要は、学校現場関係者のみによる学力調査の企画・作製・実施であった。

　学力調査の実施は、当該学校の担任教員が行い、「個人別採点票」と「学級・学校の集計」は実施学校に委嘱された。次に「学校別集計表」の整理は、区ごとに1～2名の学力検査調査委員が集計整理した。結果は、各学年の問題ごとに正答率・誤答率・不答率が出され、学習指導の注意点や男女差の傾向などが分析された。そして、小・中学校における学力検査の結果と問題点が簡潔に指摘された。例えば、小学校算数については「一年から六年までを通じて、数系列、十進数の理解、記数法、数の相対的大きさ、概数、大きい数の大小判別等に関する問題の正答率が低かった」（同上、1952：118）といった指摘が行われ、学習指導の改善点が提言された。

118　第1部　北海道・東北・関東地方

　この後、「都学力調査」は昭和26〜28年度までの3年間実施されたが、29年度からは都立教育研究所へ引き継がれ、昭和33年度まで継続された。最後の33年度は小6・中3（全教科）が対象となっている。戦後直後の小・中学校の全学年を対象にした科学的な大規模学力調査は、他に例をみない。戦後直後の東京都の意気込みを感じることができる。

## 2　東京都の「教育政策テスト」の実施状況

　戦後の都の学力テストは、昭和26年から昭和33年まで継続された「都学力調査」を初めとして、〈表─2〉で示したような「学力調査」「学力テスト」が実施されていく。

〈表─2〉東京都の「教育政策テスト」の実施状況

| 調査研究の名称 | 対象学年・教科 | 初回のテスト実施年（度） |
|---|---|---|
| 理科学力調査 | 小4・6・中2（理） | 昭和30年11月30日 |
| 社会科学力調査 | 小4・6・中2（社） | 昭和30年11月30日 |
| 中3学力テスト | 中3（5教科＋保体・図工・職業家庭・音） | 昭和33年3月11・12日 |
| 精神薄弱特殊学級入級判別に関する調査研究 | 小3・6（2教科） | 昭和42年9月〜11月 |

　学力テストを実施したわけではないが、都教育庁總務部調査課は昭和29年度の「都学力檢査に關する調査（アチーブメント・テスト）」において同年度の「学力檢査」受験者（約5万5千人）を対象として、「入学選抜の方法や制度を改善したり、検査の個々の問題内容の検討」（東京都教育庁，1954：4）を行なっている。この調査は、検査問題の妥当性や信頼性を調べるものではなく、受験の状況と得点の状況を調査して、生徒の収容力と高校入学希望者の学力の全体的傾向などをみて、学力検査実施・運営上の参考資料を得ることを意図したものであった[5]。本節では、都立教育研究所が実施した昭和30年11月の「都理科・社会科学力調査」、昭和42年の「精神薄弱特殊学級入級判別に関する調査

研究」を取り上げ、その概要を確認する。

　昭和29年に設立された都立教育研究所は、翌30年11月30日には「理科学力調査」「社会科学力調査」（小4・6・中2）を実施した。理科・社会科ともに、無作為層化多段抽出法によって各学年から千数百名が抽出された。理科の実施目的は、「（1）都公立小・中学校の児童生徒の学力の実態を知り、学習上の問題点を診断して、教科指導の参考に資する。（2）学校教育の基本となる各学校の教育課程改訂のための基礎資料を得る」（東京都立教育研究所研究部, 1956a：1）とされた。児童生徒の抽出の際には、「父兄の職業構成比率」や「学校規模」を分類し、無作為に抽出されている。昭和31年11月21日も小6・中2で実施している。「社会科学力調査」（小4・6・中2）も無作為層化多段抽出法で抽出し、小・中学校の社会科における学力の診断的側面を調査している。特に中学校においては、「学力をめぐる諸問題の科学的な究明を前提に、主として児童生徒の能力にあらわれる実態を多角的な視点から把握し、教育内容および方法上の未解決な諸問題の解明に不可欠な資料を提供しようとする」（同上, 1956c：1）ことを意図したものであった。両調査ともに、結果の集計・分析はいたってオーソドックスであり、各教科・各学年の正答率・誤答率・無答率などを男女別に分析している。

　両調査の特筆すべき点は、無作為層化多段抽出による抽出の仕方であるが、加えて学力調査の方針決定、問題作成、結果の処理などに学力調査の実施に必要な各界の専門家が携わっている点である。例えば、社会科では「学力調査協議員」に国研所員の大野連太郎、東京学芸大学教授の尾崎布四郎、東京教育大学助教授の馬場四郎などが名を連ねている（同上, 1956bc：1）。それ以外には「学力調査問題作議委員」「学力調査専門委員」なども組織され、小・中学校長・教諭、都教育庁指導部、都立教育研究所研究部所員などもメンバーとなっている。学力調査を実施する上での人員が確保されていると同時に、専門的な体制が構築されている点が目を引く。

　最後の「精神薄弱特殊学級入級判別に関する調査研究」（小3・6：2教科）は、昭和42年9月〜11月に都内14校の中から15％相当の児童生徒265人を対象に実施されたものであった。その趣旨は、精神薄弱児の能力・特性に応じた教

120　第1部　北海道・東北・関東地方

育の内容や方法を確立し、精神薄弱児の教育の充実を図ることであった。その際の課題としては、「特殊学級に入級させるべき精神薄弱児を早期に発見し、障害の程度にしたがって就学させる際の入級判別をどのように行なったらよいか」（金沢，1969：155）を検討するために、普通学級における学業成績15％の下位者を対象に問題を解答させ、精神薄弱児との違いを判別する方法を検証している。「団体知能検査」と国（9問）・算（9問）のテストを実施し、結果を用いて普通児と精神薄弱児の統計的な有意差を検証し、普通学級における精神薄弱児の発見の手がかりを得るものであった。

## 3　東京都の「学習指導改善テスト」

　都立教育研究所は、平成13年3月に廃止されるまでの約半世紀にわたって都の学習指導改善や学力向上に関する様々な調査・研究を担う機関であった。〈表―3〉は、都立教育研究所による昭和42年以降の学習指導改善を目的とした学力テストを用いた調査研究の一覧である。それ以前の昭和20・30年代には学習指導改善を目的とした調査研究は見当たらない。本章の冒頭でも指摘したように、昭和40・50年代の都知事には革新系都知事としての美濃部亮吉（昭和42年4月～昭和54年4月）が就任し、主に福祉関連の政策に重点を置いていた時代であった。学業不振児や精薄児の調査研究にも一定の影響があったことが推測される。

　東京都の取り組みの特徴は、国語科、とりわけ作文指導の改善が3件と多かったことである。その他にも、算数の基礎計算力、入門期の英語学習、漢字学習などの基礎学力を重視した実態調査もあった。国語科における作文指導の研究は、昭和42年「中学校における作文指導の研究―構想指導の研究―」（中1～3）、昭和45年「児童の作文に見られる父親のとらえ方の研究」（小1～6）、昭和60年「児童・生徒の文法能力の発達と学習指導」（小1～中3）の3件が行われている。最初の「中学校における作文指導の研究」は、都立教育研究所国語研究室が実施したものであり、とりわけ新しい作文教育の方向性として「開放性」「思考性」「創造性」「能動性」を目指す意欲的な研究であった。また実態調査においても、中学生の作文を書き上げるまでの「発想意識」「着想意識」

第 6 章 「詰め込み教育」による競争主義〜東京都〜　121

〈表— 3〉東京都の「学習指導改善テスト」の実施状況

| 調査研究の名称 | 対象学年・教科 | 初回のテスト実施年（度） |
|---|---|---|
| 中学校における作文指導の研究 | 中 1 〜 3：作文 | 昭和42年度 |
| 学業不振児の治療法に関する研究 | 小 4：2 教科 | 昭和42年10月 |
| 精神薄弱児の能力・特性に応じた教育課程と指導法に関する研究 | 小 2・4・6：2 教科 | 昭和44年 6 月〜 7 月 |
| 学習指導の改善に関する研究 | 小 4 〜 6：社 | 昭和45年度 |
| 児童の作文に見られる父親のとらえ方の研究 | 小 1 〜 6：作文 | 昭和45年11月下旬 |
| 児童生徒の心身機能の発達と適性に関する研究 | 小 1：4 教科 | 昭和46年 3 月 |
| 基礎計算力調査 | 小 3・5・中 1・3：計算 | 昭和54年 3 月〜 4 月 |
| 中学校英語入門期における学習意欲と学習到達度との関係について | 中 1：英 | 昭和59年 1 月 |
| 児童・生徒の文法能力の発達と学習指導 | 小 1 〜中 3：作文 | 昭和60年 5 月 |
| 児童・生徒の漢字学習に関する基礎的研究 | 小 1 〜中 3：国 | 昭和63年 9 月下旬 |

＊教科名が判別しにくいものは（　）内に教科名を記した。

「構想意識」「構想類型」といった作文表現における心理過程といった従来の作文指導の盲点を克服することを意図したものであった（高木・北村・中村, 1969：21）。他の二つの研究も、児童生徒の文章表現力の育成を目指した指導のあり方を探ることを意図したものである。

　本節で最も注目した学習指導改善を目的とした調査研究は、学業不振児や精薄児などの心身機能の発達の特性を考察し、かつ支援を必要とする児童生徒への学習保障という観点を考慮したものであった。優れた研究成果と言ってよいであろう。

　第一の学業不振児に関する調査研究としては、昭和42年の「学業不振児の治療法に関する研究」（小 4：2 教科）が挙げられる。この研究においては、実践に結び付いた研究が少ないとの認識の下に、「基礎研究としては、教師による

学力評価の結果を用いた測定がほとんどなされておらず、また臨床研究としては、高学年の学業不振児を対象にした集団治療がほとんどなされていない」（小泉他，1970：1）とし、学業不振児に関する実践研究といった未開拓分野を切り拓こうとする意欲的なものであった。同研究では、学業不振児の概念は「1920年代の教育測定運動（日本では、大正10年頃より）を契機として明確にされてきた」（同上，1970：2）とし、日本における学業不振児の概念や測定法の歴史、日本や諸外国の学業不振児の研究も概観するといった研究面の質の高さも保持するものとなっている。日本における学業不振児の抽出は、一般的には知能検査や標準学力検査を利用する場合が多いものの、その基準も測定方法も様々であるという課題が指摘される。

　学業不振児を測定する方法としては、一般的には成就指数・新成就指数・成就値・新成就値などを算出する方法があるが、本研究では「教師の学力評価点を偏差値に換算して、その値と知能偏差値のずれから学業不振を測定する方法」（同上，1970：11）を試みている。また、学業不振児が学年によって違った様相をあらわすことから、小4（488人）の同一の研究対象児が2年後の小6（469人）において同一の測定方法を用いた場合、どのような結果を示すかも解明している。この際に利用された検査は、「教研式・新制学年別知能検査4年用」と「教研式・小学F型式診断的学力検査4年用（国・算）」であった。これらの検査から知能偏差値と学力偏差値が算出され、学業不振児の「出現率」（同上，1970：13）などが明らかにされている。臨床研究としては、8名の学業不振児に対して集団遊戯療法を用い、親に対しては集団カウンセリングを約6か月間にわたって毎週1回（1時間半）を継続し、行動面や学力面での変化を検証している。こうした調査研究を踏まえた上で、学業不振児の学習指導に関する治療のあり方を考察する実践的な研究となっている。

　第二の精薄児の調査研究は、昭和44年の「精神薄弱児の能力・特性に応じた教育課程と指導法に関する研究」（小2・4・6：2教科）が挙げられる。この3年間の継続研究とされた調査研究では、都内における精薄養護学校と特殊学級に在籍し、知能指数が46〜75の児童（学校数181校394人）を対象に、観察と個別テストによって実態が明らかにされた。研究目的は、「精薄養護学校と特殊

学級に在籍する児童の能力・特性についての実態をは握し、精神薄弱児指導に
関する基礎資料を作成するとともに、精神薄弱児指導のあり方を究明する」
(渡辺・金沢, 1971：59) ことであった。第1年次は文献研究と実態調査のための
予備調査、第2年次は5領域（基本的生活習慣・集団生活への参加能力・作業能力・
言語能力・数量能力）に関する実態調査、第3年次は調査のまとめと指導法の研
究が行われた。とりわけ、「基本的生活習慣」「作業指導」「数量指導」の3領
域に関しては観察学級が設けられ、各領域で対象児4名を抽出し、指導の実際
を観察、筆録、写真、8ミリ映画などによって指導法に関する資料が収集され
た（同上, 1971：60）。まさに、研究と実践の融合・統一を試みた意欲的な調査
研究であったと言える⟨6⟩。こうした調査研究を踏まえた上で、精薄養護学校・
特殊学級における教育課程編成上の留意点や精薄児の指導のあり方を究明する
実践的なものとなっている。

　昭和40年代の東京都の調査研究は、学業不振児や精薄児に関する二つの調査
研究に見られるように、まさに学習保障の観点から福祉的な教育政策のあり方
を検証したものとなっている。


## 4　東京都内の業者テスト

　さて、これまでは都立教育研究所を中心とした戦後学力テスト政策の展開を
概観してきたが、都の学力テストの実態を象徴する民間の業者テストの動向に
も目を向けてみたい。というのも、都では昭和30年前後には早くも「試験地獄」
と呼ばれる入試・進学競争の激烈化を迎え、小・中・高で「総合学力テスト」
が流行しており、学校・教師・児童生徒にも相当な影響があったと考えられる
(『朝日新聞（夕刊）』1956.2.22.)。こうした業者テストは、「○○教育研究所」や
「××学力調査会」といった発行元によるものであり、「総合学力テスト」も、
都内に十数か所もある業者テストの一つが行うものであった。そして、このテ
スト結果によって子ども・親・保護者に加え、学校・教師までもが次第に業者
テストに依存する実態が報告されている。

　これに対して、都では業者テストによるテスト問題が「果たして教育的に正
しく標準化されているか」を疑問視しているが、教師側の声として業者テスト

124　第1部　北海道・東北・関東地方

の利用を歓迎する意見も紹介された。昭和31年の教師側の業者テストを歓迎す
る意見とは、「入学試験の競争に少しでも良い成績をあげたいのは先生なら当
然です。しかし、自分で問題をつくったりするには、先生が余りに忙しすぎる
から、学力判定なども簡単にテスト業者に頼ることになるんです。そのうえ各
校の平均学力が一応分かるのも魅力でしょう」(『朝日新聞（夕刊）』1956.2.22.)
というものであった。教師側の声は、教師の多忙化が学力判定の際に業者テス
トに頼らざるを得ない状況を生み出しているとするものであった（『朝日新聞
（夕刊）』1956.2.22.)。教師の多忙化問題は、約20年後の昭和49年にも指摘され
ている。市販テストの追放に賛成する教師は76％もいるが、なお86％の教師が
これを利用すると回答している。その原因は、「教師の多忙化」に加え、市販
テストの追放では「学校現場の現状」を変えることができないためである（石
田，1979：8）。

　教師だけでなく受験生にとって、業者テストの最大のメリットとなったもの
が偏差値であるが、矢倉（1993）によれば、昭和26年に都内の中学校理科教員
となった桑田昭二が、翌年から民間のテスト業者の模擬テストの結果から生徒
の偏差値を出し、指導に利用することを模索し、昭和32年には偏差値を利用し
た進路指導を行なうようになったことを指摘した（矢倉，1993：4）。しかし、
偏差値を開発した桑田自身は昭和56年には「我、破れたり」という言葉を残し
ている。桑田は、自ら「偏差値を上げるための教育までは主張していなかっ
た」と述べ、偏差値による進路指導、教育のあり方を問題視している（同上，
1993：4）。

　昭和51年に行われた都教委による調査でも、ほとんどの中学校と8割の学校
において授業時間内で業者テストを実施していたことが報告された。この結果
を受けて、都中学校長会の森本秀夫氏は「必要悪とまではいわないにしても、
現在の入試判定の下で的確な進学指導を行うには業者テストは採用せざるを得
ない。教員の経験とカンでは得られないデータが得られるからだ」(『朝日新聞』
1976.5.21.)と弁明した。この業者テストの年間の実施回数は、4〜6回という
ところもあれば、2社を使って7回以上という学校もあった。この東京都の調
査結果を受けて、児童教育研究家金沢嘉市氏は、「どこかで悪循環を断ち切ら

第 6 章 「詰め込み教育」による競争主義〜東京都〜　　125

ねばならない。とするならば、教育現場に専門職としている教師自身が、勇気をもって決意し、実行する以外にない」（『朝日新聞』1976.5.21.）と教師自身の反省が必要であると訴えた。

　しかしながら、業者テストの問題は根が深い。平成 5 年に業者テスト実態を分析した児美川は、業者テスト問題が「『戦後型教育政治』が産み落とした教育実践レベルでの慣性的な病理（業者テスト、中学校の進路指導、高校入試の癒着の構造）を浮き彫りにする」（児美川, 1993：83）と指摘した。まさに、東京都の事例のみならず本書でも紹介した各都道府県の学力向上策に加え、高校・大学進学率の上昇、高度経済成長期からの能力主義的教育政策が業者テストの普及と偏差値による進路指導を構造的に生み出したと言える。そして、東京や埼玉の首都圏では、業者テスト禁止後の平成 5 年 6 月20日には高校受験生向けの「会場テスト」を中学校以外の施設を借りて実施している。東京の業者は、千葉や埼玉の37会場で受験者約 1 万人を対象に学力テストを実施した。同じく埼玉県でも県内の18か所で 1 万 6 千 5 百人が受検した（『朝日新聞』1993.6.21.）。こうした業者は、ダイレクトメールやチラシ配りで受験生を集め、生き残りに必死であった。

　業者テストと中学校との関わりは禁止されたものの、代わって公的なテストを実施する都道府県や校長会が増加したり、塾を通じて業者テストが利用された。文部省による脱偏差値を目指した業者テストの追放は、実は全国的に新たな学力テスト実施の模索が始まったことを意味するに過ぎなかった。読売新聞社が平成 5 年10月に行った中 3 対象の公的テストの実施（予定も含める）状況に関する全国調査でも、31都道府県が実施、もしくは実施予定であることが判明し、大半が県か市町村の「中学校長会」を実施主体とするものであった（『読売新聞』1993.10.17.）。

## 5　現代の学力テスト政策

　さて、業者テストの問題からもう一度都の学力テスト政策に戻ろう。業者テストが禁止となって間もない平成 7 （1995）年に青島幸男が都知事に当選し、4 年間の青島都政がスタートする。翌平成 8 年に都教委は「都立高校長期構想

126　第1部　北海道・東北・関東地方

懇談会」を設置し、将来の都立高校のあるべき姿の検討を開始するが、この都立高校改革が都の「新自由主義的教育改革の起点」（進藤，2004：14）と評されたものであった。この後、東京都は都立高校の改革をはじめとして、能力と業績に応じた教員の新たな人事考課制度など様々な教育改革に着手するが、都教育改革の柱の一つとなったものが平成16年2月に都内の公立中学2年生（約6万8千人）を対象に実施された「児童・生徒の学力向上を図るための調査」（「都学力テスト」）であった[7]。

　この「都学力テスト」の導入に際しては、青島都知事の後の石原都知事の意向が強く働き、その意向の下で学力テストが実施された。この学力テストの表向きの導入理由は、「（1）児童・生徒一人一人に確かな学力の定着を図る。（2）各教科の目標や内容の実現状況を把握し、指導方法の改善・充実に生かす」（東京都教育委員会，2004a：2）ことであったが、実際にはテスト結果が同年6月10日に23区と26市別に公表された。つまりは、23区と26市の「自治体の学力ランキング化」（但し、町村部は学校数や生徒数が少なく、公表されていない）であった。これに対して、都中学校長会は「安易な序列化を招く恐れがある」（『毎日新聞』2004.6.10.）との文書を都教委に提出している。

　また、都学力テストの実施に関しては色々な疑念・疑問も出されていた。例えば、大山とも子議員（日本共産党）は平成18年6月13日の都議会第二回定例会において代表質問し、「一斉学力テスの実施と公表が子どもたちをいかに傷つけているかは明らかであり、学力向上にも結び付いていない」と指摘している。また、都教組は学力テストの問題点として「『成績（平均点）』公表によって、子どもどうしの人間関係が歪められ、『おまえがいると成績が下がるから休め』と友達から言われるなど、心を深く傷つけている子が少なからずいます。また、少しでも順位を上げるのだと『過去問』をくり返す学校、教育委員会が成績の悪い子の答案用紙は提出する必要はないと発言するなど、教育が大きく歪められ、深刻な事態が広がっています」と指摘した（都教組，2007.6.5.）。平成18年度の3回目の都学力テストは小5と中2を対象に行われたが、例えば小学校の23区の結果は1位が渋谷区、2位が千代田区、3位が杉並区であり、最下位が足立区であった。

だが、石原都知事の考えは戦後日本の悪しき平等主義の打破であり、競争という試線に基づく徹底した詰め込み教育であった。本章の冒頭に掲げた石原都知事の意見は、平成18年6月13日の都議会第二回定例会における大山議員の質問に対する答弁となったものである。実に、石原都知事の答弁はストレートな物言いであり、戦後の教育のあり方を完全否定したものとなっている。だが、都学力テストは学校選択制度や人事考課制度ともリンクされ、学校評価や教員評価にも利用された。まさに都の教育改革は結果と競争を求める新自由主義的教育改革の象徴的なものであった。

そして、都教育委員会は平成16年4月には『都教育ビジョン』を公表している。同ビジョンは、都が目指す教育における12の方向・33の提言を示したものであり、「乳幼児期の課題と取り組みの方向」「学童期の課題と取組の方向」「思春期の課題と取組の方向」「青年期の課題と取組の方向」の4つが主なる柱となっている。 学力については「生涯学習の基盤となる確かな学力を育成し、一人一人の個性・能力を伸ばしていく」として、「①「ゆとり」の中で育む確かな学力、生きる力【提言7】、②習熟度別少人数指導の推進【提言8】、③人間関係の基礎となるコミュニケーション能力の確かな育成」が掲げられた（東京都教育委員会, 2004b)[8]。だが、石原都知事の考え方や都学力テストの結果公表の仕方などからすると『都教育ビジョン』との余りに大きなギャップに疑問を抱かざるを得ない。都学力テストのねらいは、一人ひとりの「学力向上」というよりも、自治体や学校のランキング化による競争と評価であった。テストで学力は上がらないし、テスト結果で学校・教員を評価することも間違いである。

## おわりに

戦後から始まる東京都の学力テスト政策は、児童生徒の学力の実態把握や学習指導の改善などの基礎資料とするものであり、必ずしも「学力向上」を目指したものではなかった。また、昭和40・50年代には革新系都知事として名高い美濃部亮吉（昭和42年4月～昭和54年4月）が都知事に就任し、都立教育研究所においても学力保障の観点から「学習指導改善テスト」が実施され、学業不振児の治療法や精神薄弱児の指導のあり方が追及された。つまりは、「学力テス

128　第1部　北海道・東北・関東地方

トによる学力政策の変容」であり、「学力テストの利活用によるイノベーション（革新性・先駆性）」の変化であったと言える。

　ところが、1990年代から始まる東京都教育改革は、まさに日本の教育改革を先取りするものとなり、教育改革を首長主導で行う典型的な事例となった。だが、そこには大きな危険性も伴う。乾は、「東京都の改革は、分権改革のもとで教育の公共性とそれを担保するための国家責任、教育行政の自律性・専門性の確保という課題を浮かび上がらせている」（乾，2004：23）と総括した。東京都における教育の公共性の縮小や教育行政の集権化の問題は、学力テストのあり様からも読み取ることができる。「都学力テスト」の表向きの目的は、児童生徒の学力の実態把握であり、学力改善に役立てるとしながらも、「真のねらい」は戦後の悪しき平等主義教育の打破であり、競争という試練に基づく徹底した詰め込み教育による学力向上であった。それは、教育における成果・結果を求める「トップダウン型」の教育アセスメント行政の展開でもあった。

　こうした現代の東京都の教育改革は石原都知事の影響が強いものの、都内の激烈な受験競争を支える民間のテスト業者の学校教育への普及・浸透も忘れるべきではない。民間の業者テストは「必要悪」とはいえ、児童生徒や学校・教師には利用価値の高いものであった。もともと、東京都には競争型の学力テストの実施を受け入れる社会基盤が整っていたとも言える。本書のスタンスは、もちろん「トップダウン型」の教育改革ではなく、学校・教師・地域が自律的に取り組む「ボトムアップ型」の教育改革に期待するものである。なぜならば、戦後日本の教育を牽引してきたものこそ、日本の学校・教師の地道な取り組み・努力であったからに他ならない。日本の学校・教師への信頼と支援こそ必要であり、学力テストによる管理ではない。


〈注〉
〈1〉進藤は石原教育改革の特徴として、「公共サービスとしての公教育の大幅な縮小」「都立高校の序列化と固定化」「学校間への競争原理の導入」、各学校における「自己評価システム」「学校内でのトップダウンの強化」「一般教員層への業績主義・成果主義の導入」「民間型経営手法の導入」といった7項目を挙げている（進藤，2004：16-18）。

第6章 「詰め込み教育」による競争主義〜東京都〜 129

〈２〉 石原東京都知事による都改革は高校改革、人事考課制度、テスト政策などを柱とするが、詳しくは北野（2013）を参照されたい。

〈３〉 石原元知事は、自らの回顧録において、美濃部批判を行なっている。例えば、石原は「美濃部氏のような大衆迎合に長けた、行政官としてはまったく無能な人物に妙な人気を与えていた」（石原, 2015：196）と美濃部支持を揶揄している。

〈４〉「マクマナス」の人名表記は、本書で用いた資料には「マックマナス」と表記されている（矢谷, 1953：12、東京都教育委員会, 1952：３）。

〈５〉 この「都学力検査」（中３：４教科）は昭和24年１月から開始され、24・25年度は高校入学希望者の選抜資料とすることを目的として実施されたものであった。26年度以降は中学校における教育の成果も調査し、８教科となり、総合検査として実施された（東京都教育庁, 1954：４）。

〈６〉 精神薄弱に関しては、入級判別の方法を検証した金沢四郎1969「精神薄弱特殊学級入級判別に関する調査研究」『東京都立教育研究所紀要』第２号（155-190頁）などもある。

〈７〉 平成13・14・15年度の３年間は「基礎的・基本的な内容の定着に関する調査」（小４・中１：２教科、中３：３教科）も行われている。平成13年度には小４と中１は全児童の11％、中３は平成13年度都立高校入学者選抜学力検査から国・数・英の３教科における定着状況を調査（1,098人）している。平成14年度からの学習指導要領改訂による新教育課程の実施に当たり、児童生徒の定着状況の把握を試みたものである（東京都教育委員会, 2002）。

〈８〉 平成20年５月にも『都教育ビジョン（第２次）』が策定され、12の取組の方向・27の重点施策を掲げ、その実現に向けた具体的な80の推進計画を５年間の年次計画として示している。学力については、「確かな学力の定着と伸長」と題して、「小学校・中学校それぞれの段階で、すべての児童・生徒が身に付けておくべき内容を指導するための基準「東京ミニマム」を示すとともに、都及び国の学力に関する調査の結果等に基づき、「授業改善推進プラン」の作成・実施・検証・改善のサイクルによる授業改善を推進する、と述べられている（東京都教育委員会, 2008：69）。その他には、小５・６の理科授業に「理科支援員」や「特別講師」として学生・退職教員・企業技術者等を配置すること、平成20年度に「第二次東京都子供読書活動推進計画」を策定することなども表明されている（同上, 2008：67-68）。

〈引用・参考文献一覧〉

石田恒好 1979「自作テストと評価」教育調査研究所『教育展望』第20巻６号、8-13頁

石原慎太郎 2015『歴史の十字路に立って―戦後七十年の回顧』PHP研究所

乾 彰夫 2004「東京都の教育改革―分権改革下における教育と教育行政の専門性・自

律性をめぐって―」日本教育学会『教育学研究』第71巻第1号、16-27頁

大山とも子・石原慎太郎　2006「東京都議会第二回定例会代表質問（6月13日）」東京都議会

金沢四郎　1969「精神薄弱特殊学級入級判別に関する調査研究」『東京都立教育研究所紀要』第2号、155-190頁

北野秋男　2013「東京都の教育改革とテスト政策」日本大学文理学部人文科学研究所『研究紀要』第86号、91-104頁

小泉英二他4名　1970「学業不振児の治療法に関する研究」『東京都立教育研究所紀要』第4号、1-73頁

児美川孝一郎　1993「『業者テスト問題』の社会的背景―90年代教育政策におけるジレンマの行方―」国土社『教育』No. 560、82-89頁

佐貫　浩・世取山洋介編　2008『新自由主義教育改革―その理論・実態と対抗軸―』大月書店

進藤　兵　2004「東京都の新自由主義的教育改革とその背景」堀尾輝久・小島喜孝編『地域における新自由主義教育改革―学校選択、学力テスト、教育特区』エイデル研究所、9-30頁

高木大五郎・北村季夫・中村　格　1969「中学校における作文指導の研究―構想指導を中心として―」『東京都立教育研究所紀要』第1号、1-82頁

東京都教育委員会　1952『昭和26年度　東京都学力調査（算数・数学）』1-433頁

東京都教育委員会　2002『基礎的・基本的な内容の定着に関する調査報告書』東京都教育庁指導部、1-65頁

東京都教育委員会　2004a『平成15年度　児童・生徒の学力向上を図るための調査　報告書』東京都教育庁指導部、1-79頁

東京都教育委員会　2004b『東京都教育ビジョン』http://www.kyoiku.metro.tokyo.jp/buka/soumu/vision/saisyu/honbun_mokuji.htm［2011. 6. 20. 取得］

東京都教育委員会　2005「平成17年度「児童・生徒の学力向上を図るための調査」の実施について」http://www.kyoiku.metro.tokyo.jp/press/pr060117.htm［2011. 7. 5. 取得］

東京都教育委員会　2008『東京都教育ビジョン（第2次）』http://www.kyoiku.metro.tokyo.jp/press/pr080522v.htm［2011. 6. 20. 取得］

東京都教育庁（総務部調査課）　1954「昭和29年　東京都学力検査に関する調査―アチーブメント・テスト―」東京都教育庁『調査月報』第52号、1-46頁

東京都立教育研究所　1975『東京都教育史稿（戦後学校教育編）』東京都立教育研究所

東京都立教育研究所研究部　1956a『昭和三十年度　東京都理科学力調査報告書（小学校中学校の部）』東京都立教育研究所、1-130頁

東京都立教育研究所研究部　1956b『東京都社会科学力調査―中学校―』東京都立教育研究所、1-155頁

東京都立教育研究所研究部　1956c『東京都社会科学力調査―小学校―』東京都立教育研究所、1-78頁

東京都立教育研究所研究部　1957『昭和三十一年度　東京都理科学力調査報告書（小学校・中学校の部）』東京都立教育研究所、1-124頁

都教組　2007「東京都の「一斉学力テスト」を斬る」http://www.tokyouso.jp/child/series-test/1-1.html［2011.7.5.取得］

嶺井正也　2004「逆走する東京の教育」アドバンテージサーバー『教育評論』No. 682、26-29頁

嶺井正也・中川登志男　2007「学校選択と教育バウチャー―教育格差と公立小・中学校の行方―」八月書館

美濃部亮吉　1979『都知事12年』朝日新聞社

矢倉久泰　1993「偏差値・業者テストを問う」アドバンテージサーバー『教育評論』557号、14-19頁

矢谷芳雄　1953「東京都の学力検査について」全国教育調査研究協会編『教育調査（学力調査）』Ⅱ－5・6、10-15頁

山本由美　2008「新自由主義教育改革が先行する東京都」佐貫　浩・世取山洋介編『新自由主義教育改革―その理論・実態と対抗軸―』大月書店、54-68頁

山本由美　2009『学力テスト体制とは何か―学力テスト・学校統廃合・小中一貫校―』花伝社

渡辺静子・金沢四郎　1971「精神薄弱児の能力・特性に応じた教育課程と指導法に関する研究」『東京都立教育研究所紀要』第7号、59-108頁

# 第7章 「神奈川教研式」学力テストの開発〜神奈川県〜

〈『神奈川県の国語学力』（まえがき）〉

　学力の問題は一般にも、道徳教育と共に今日の学校教育における最大の関心事である。従つてこの研究問題については、仮説の設定からして、所員一同慎重審議、幾重にも会合を重ねてきた。特にテスト問題作成に当つては、県下各地区から推せんされた現場のヴェテランの八名の先生方に、委員として所員と共に全知を傾けていただいたのである。このテストは、現在客観的テストとしてとりあげることが困難視されていた、聞き取り・速読・書写の三つの分野についても、多少の異論はあろうが、とに角、客観テストとしての完成をみたものである。従つてこの新しい部面の開拓は全国的にも注目されている（神奈川県立教育研究所, 1958）。

---

## はじめに

　神奈川県教育委員会（以下、「県教委」）は、全国的にも有名な「公立中学校学習検査（アチーブメント・テスト）」（以下、「ア・テスト」）を昭和24年度から開始し、平成6年度（平成7年3月14・15日の実施が最後）までの約半世紀にわたって実施した。この「ア・テスト」は、県下の公立中学校の全学年・全生徒を対象に実施された学力検査であり、その結果を用いて高校入試の選抜資料とすると同時に、学力の実態把握も目的とした学力テストの性格を兼ね備えたものであった。しかしながら、この「ア・テスト」も含めて全国に蔓延していた「業者テスト」は、平成5年2月22日付の文部省事務次官通知「高等学校入学者選抜について（通知）」によって廃止、もしくは制度変更への指導が行われ、事実上、中学校における業者テストは禁止されることになった。

　さて、神奈川県の県教育研究所は昭和23年11月1日に神奈川師範学校（今日の横浜国立大学）内に設置され、昭和39年10月に「県立教育センター」が設立

されるまでの約15年間にわたって「神奈川教研式標準学力診断テスト」の開発
や「学習指導改善テスト」を目的とした調査研究を行なっている。創設時にお
ける県教育研究所の使命は、「本県教育の振興のために、⑦将来の教育行政及
び教育改善に資すような、もろもろの教育事象の基礎的調査研究をする。①教
育現場で当面せる諸問題の解決に役立ち、又は、それを援助することのできる
ような研究を進めつつ、現場の研究に協力し又は相談に応じる」（神奈川県教育
委員会，1965：356）とされた。昭和25年度の研究・事業としては、「テスト研
究」（県下中学校の生徒の学力テストの結果処理、学力テスト標準化への準備研究など）
が掲げられた。つまりは、県教育研究所は創設時から標準学力テストの開発・
実施への取り組みを開始したことになる。

　本章の目的は、神奈川県の学力テストにおける開発・実施の歴史を解明しつ
つ、同県の学力向上への取り組みを確認することである。その際の課題は、以
下の二つの事柄である。第一には、昭和25年2月に県下の公立中学校の全学
年・全生徒を対象に実施された「第1回ア・テスト」の実施経緯を確認すると
ともに、平成6年度に廃止されるまでの「ア・テスト」の約半世紀の歴史的変
遷を解明することである。第二には、この「ア・テスト」とは別に県育研究所
が開発・作成を行なった小学校における「神奈川教研式標準学力診断テスト」
と呼ばれる標準学力テストの開発経緯と実施内容を確認することである。この
標準学力テストの開発・作成は、昭和20年代における「ア・テスト」の開発・
実施のノウハウを基に、公立小学校における標準学力テストとして開発・作成
されたものであった。「神奈川教研式標準学力診断テスト」は、昭和30年～33
年度にかけて小4～6の国・算・社・理の4教科で開発・作成されるが、その
後は小学校の全学年用も準備された。

　神奈川県の「ア・テスト」と「神奈川教研式標準学力診断テスト」は、全国
の都道府県で開発・実施された標準学力テストと比較しても、極めて特色ある
ものである。この二つの学力テストは、戦後の神奈川県の学力テストの歴史を
象徴するものであったと断言しても過言ではない。本章は、こうした神奈川県
の「学力テストのイノベーション（革新性・先駆性）」に着目するものである。
まずは、戦後の学力テストの歴史から確認しよう。

134　第1部　北海道・東北・関東地方

## 1　戦後の学力テスト開発の歴史

　戦後から今日までの神奈川県の「県教委」「県教育研究所」(後の「県教育セ
ンター」)が実施した学力テストの初回の実施状況を時期区分して示すと、〈表
―1〉のようになる。「教育政策テスト」は14件、「学習指導改善テスト」は13
件となり、神奈川県では児童生徒の学力の実態を把握して、教育政策の改善に
生かすテストと同時に、学習指導改善に生かすテストも重視されていると指摘
できる。また、そうしたテストが昭和20・30年代に集中していたことも特徴的
である。

〈表―1〉神奈川県の戦後学力テストの実施状況

|  | 昭和20年代 | 30年代 | 40年代 | 50年代 | 60年代〜平成18年度 | 19年度〜令和2年度 | 合計 |
|---|---|---|---|---|---|---|---|
| 教育政策テスト | 3 | 7 | 2 | 0 | 2 | 0 | 14 |
| 学習指導改善テスト | 5 | 6 | 1 | 1 | 0 | 0 | 13 |
| 合計 | 8 | 13 | 3 | 1 | 2 | 0 | 27 |

＊数値は新規に開発・実施された学力テストを用いた調査研究であり、2年以上継続されたものでも「1」としてカウントしている。

　神奈川県の最初の「ア・テスト」(中1〜3：6教科統合問題)は、昭和25年2
月18日に実施されたが、この「ア・テスト」については次節で詳しく取り上げ
る。「ア・テスト」以外では、県教委は昭和27年11月26日に「小学校児童の学
力調査」(小1〜6：2教科)によって「県下小学校児童の学力(国語・算数)の
実態を明らかにし、教育指導に必要な資料を得る」(神奈川県教育委員会．1952：
61)ことを目的とした。この調査は、学校規模・所在・地域性等を考慮し、抽
出された20学級(各学年1,000人)を対象に、東京都教育委員会が作成した問題を
利用したものであった。結果は、児童の学力の水準と都市・農村の学力格差が
分析された。

　昭和30年〜33年度にかけて、県教育研究所は「神奈川教研式標準学力診断テ
スト」という標準学力テストを小4〜6を対象とした国・算・社・理の4教科

で開発・実施している。この「神奈川教研式標準学力診断テスト」に関しては第3節で述べることとする。また、昭和39年10月には県教育研究所に代わって「県教育センター」が設立され、昭和46年7月には「国語の能力に関する調査」（小6）を、翌47年6月には「算数の能力に関する調査」（小6）を実施している。

前者の「国語の能力に関する調査」は、県内の216校の20％相当の42校を抽出し、学校規模・所在地区を考慮して21校をA・Bグループに区分（各約1,100人）して実施したものである。「小学校6学年児童の実態に基づき、国語能力の構造およびその要因等について考察し、学習指導のための参考資料を得る」（神奈川県立教育センター，1972：1）とし、指導要領に示されている「目標及び内容」に基づき、小5終了までに学習した知識で解き得る「読む力」「書く力」を調べたものである。問題ごとに平均正答率を出し、生徒の能力の実態、能力相互の関係、能力の個人差、能力と環境の関係などを考察している。後者の「算数の能力に関する調査」も、国語科とほぼ同じ実施内容となっている[1]。神奈川県では標準学力テストにおいても学習指導改善が目的とされ、その一貫した姿勢は昭和20年代から確立されていたと言える。

一方、「学習指導改善テスト」の最初となったものが県教育研究所による昭和26年度の「数理概念の発達段階の研究」（小1～6）であった。この調査研究は、研究協力校において各学年（約300人）を対象にしたものであり、子どもの数理概念の発達段階における研究成果の不足を解消することを意図した。そこで、学習指導の指導体系を樹立するために、「A．子供の数理概念がどのように発展していくか、B．子供が数理的に考察する場合に、子供の思考過程はどのような順序を経ていくか」（神奈川県立教育研究所，1952：15）などの観点から、とりわけ分数概念の発達段階の分析を行なうことを意図した。

こうした神奈川県における昭和20年代の学習指導改善を目的とした調査研究は、他にも4件を数え、算数・数学が2件、理科と国語で1件行われ、他県と比べても取り組みが早かったことがわかる[2]。昭和30年代における「学習指導改善テスト」は6件を数え、算数・数学が2件、理科が2件、国語2件が行われるが、その中の半数にあたる3件が「全国教育研究所連盟」（以下、「全教連」）との共同研究の成果であった。

136　第1部　北海道・東北・関東地方

　全教連は昭和23年12月に発足したが、本格的に学習指導改善をテーマとした共同研究は、全国の都道府県が参加する形で昭和30年代から開始された。昭和36年度の全教連の共同研究「学習指導法改善のための実証的・総合的研究」に参加した神奈川県は、翌年には「説明的文章の読解指導に関する研究」「算数・数学科の学習における思考力の形成とその指導に関する研究」と題する共同研究の成果を刊行している。

　前者の「説明的文章の読解指導に関する研究」では、「(1) 説明的文章の読解のための、要素的能力相互の有機的関連を明らかにすることによって、読解指導法改善に役立てる。(2) 説明的文章読解における読み誤りの一般的傾向を明らかにすることによって、効率的な読解指導に役立てる」(同上, 1962a：2)を目的に掲げ、「予備テスト」と「読書力標準テスト」を行った上で、教師作成の「本テスト」を小5 (278人) と中2 (265人) に実施している。対象群の学年該当の国語教科書の中から使用していない他社の教科書を選び、説明的文章3編を決定し、読解の要素的能力 (段落の要点や文章を要約する力など) と基礎的能力 (読字力や語句の理解力) を見る問題が出題されている。そして、問題別正答率や学力別の反応分析などの結果を考察する。

　後者の「算数・数学科の学習における思考力の形成とその指導に関する研究」では、3年間の継続研究として「算数・数学科の学習における思考力の形成とその要因を実証的に研究し、学習指導の改善に資する」(同上, 1962b：3)ことを目的とし、比較群法・授業分析を主たる研究法として、児童に対して「知能検査」「標準学力テスト」「レディネス・テスト」「予備テスト」「終末テスト」などを実施し、教師と児童の問答も記録している。児童の思考過程に即する指導法が、児童の思考力を形成するためには効果的であることを実証しようとしたものである。

　全教連との共同研究「説明的文章の読解指導に関する研究」において、最後となった研究成果が昭和38年度における「読みの機能に即した説明的文章の読解指導に関する研究」であった。同研究の目的は、「文章読解成立の機能を実証的に明らかにすることによって、効果的な説明的文章の読解指導法を求めようとしている」(同上, 1964a：1)ことであった。神奈川県における「学習指導

改善テスト」は、昭和20・30年代に集中的に行われ、昭和40年代以降の成果としては2件しか確認できなかった。つまりは、神奈川県の「学習指導改善テスト」の歴史は昭和20・30年代に限定されるが、「ア・テスト」と「神奈川教研式標準学力診断テスト」の歴史はより長く、全国的にも注目されたものであった。

## 2 「ア・テスト」の始まり

　昭和22年4月から施行された「学校教育法」により、新たに「6・3・3制」の学校制度がスタートし、新制中学校から新制高等学校への進学が可能となった。翌23年2月4日の文部省通達「新制高等学校入学者選抜について」（学校教育局長）において、「新制高等学校においては、選抜のための如何なる検査をも行わず、新制中学校よりの報告書に基づいて選抜する」（文部省編（第四集），1997：194）との方針が示された。

　新制中学校側からの高等学校への報告書には「知能検査」（インテリジェント・テスト）、「学力検査」（アチーブメント・テスト）、「教科学習成績」などを記載することが指示され、このことにより、中学校側において「学力検査」を実施することと、その結果を「生徒指導要録」に記載すると同時に、それが高等学校入学者選抜の資料となった。しかしながら、中学校側の「学力検査」は学校単位で実施されたわけではなく、都道府県ごとに入学者選抜が行われた。その本格的な開始は、新制中学校の完成年度である昭和24年度を終えた翌25年度からということになるが、昭和23・24年度は旧制から新制への移行期であった[3]。こうした文部省政策に対する各都道府県の対応は異なるとはいえ、神奈川県では「ア・テスト」による選抜が開始された。

　この「ア・テスト」は、戦後直後から全国的には「学力検査」として実施されたものであるが、こうした名称を用いて高校入試用の選抜試験を実施した県は、神奈川・東京・山梨・愛知・大阪・山口・高知・福岡・大分などである。それらは、中3での学力検査が高校入試の補完機能を持ちつつ、学力の実態把握も目的とした学力テストという性格を兼ね備えたものであった。昭和20年代の「中学校学力検査」は、新制高等学校への進学を希望する者を対象として実

138　第1部　北海道・東北・関東地方

施する県が一般的であるが、中3全員を対象として実施した県としては神奈川・群馬・山梨・静岡・京都などを挙げることができる。特に、神奈川県の「ア・テスト」は昭和25年2月を第1回として、公立中学校の全学年・全生徒を対象に実施されたものであった[4]。「ア・テスト」は、県主導で開発されたものであり、県教育研究所の所員に加え、小・中・高の学校教員、横浜国立大学の教員などが動員されている。以下では、神奈川の「ア・テスト」の歴史を確認しておこう。

　神奈川県では、昭和24年度に最初の新制中学校の第1回卒業生が出るにあたり、学習指導と進路指導の問題が議論され、公立中学校の全生徒を対象とした「学力検査」の実施が決定された。その目的は「本県において実施する学習検査は他の都府県において行われている選抜のためのテストと異なり、県下全生徒を母集団として標準化することを目的として実施し、真に学習指導のため、教師の反省のため、さらに明日へのより良き教育のための、すぐれた標準検査の作成をめざしている」（教育委員会制度発足30周年記念誌編集委員会, 1979：100）として、その方針が示された。すなわち、「ア・テスト」は当初は「高校入試選抜」のための学力検査ではなく、学習指導改善を目的とした全公立中学校を対象にするものであった。その実施内容の変遷を示すと、〈表―2〉のようになる（同上, 1979、神奈川県教育委員会, 1965、中野渡, 2002）。

　神奈川の「ア・テスト」は〈表―2〉でもわかるように、めまぐるしく制度変更されたが、変更のない点を挙げるとすれば、それは高校入学者選抜のテストであった点に加え、学習指導改善や教師の反省材料を目的とした全公立中学校生徒を対象にした「標準学力テスト」の性格も兼ね備えていたことであった。ここに、神奈川県の「ア・テスト」が他県にはない独自性を持っていたことが確認できる。また、〈表―2〉の説明を補足すると昭和24年度より問題作成は「県教委」の単独であったが、昭和29年度より1・2年は「校長会」、3年は「県教委」に変更されている。そして、昭和42年度に再び「県教委」に戻り、その後は平成6年度の廃止まで変更はない。「ア・テスト」は、一貫して学習指導の改善、進路指導の資料として利用されてきたが、一部高校入学者選抜の資料としても利用された。

第 7 章 「神奈川教研式」学力テストの開発〜神奈川県〜　139

**〈表— 2 〉神奈川県の「学習検査」（ア・テスト）実施の変遷（昭和20〜40年代）**

| 年度 | 教科 | 実施年月日 | 対象学年 | 高校入学者選抜制度との関連 |
|---|---|---|---|---|
| 24 | 4 教科＋図工・職業家庭の 6 教科統合問題 | 25．2．18． | 1 〜 3 年 | 報告書のみ。県教委が問題作成。 |
| 25 | 国・数（各50分） | 26．1．30/31． | | |
| 26 | | | | 合否判定困難な者について「ア・テスト」の結果を資料として求める。 |
| 27 | 4 教科 | | | 1 〜 3 年の結果を資料とする。学習成績一覧が加えられる。 |
| 28 | 4 教科＋音・図工・保体・職業家庭の 8 教科 | 29．2．25-27． | | 問題作成は県教委と中学校長会。 |
| 29 | 4 教科各50分、他は各30分 | | | 1 ・ 2 年の問題は「中学校長会」、3 年は県教委が担当。高校入試選抜資料。比率は80%。 |
| 31 | | | | 「学力検査」（ア・テストと同質同形式）が加えられる。検査会場は中学校。 |
| 32 | | | | 「総合検査」（教科にこだわらない内容）に変更。検査会場は高校。 |
| 34 | 名称を「学習検査」に変更。英語（50分）を加え 9 教科。 | | | 「英語」は選別資料とはしない。 |
| 35 | | | | 「学力検査」（9 教科）に変更。 |
| 37 | 図工を「美術」に、職業家庭を「技術家庭」に名称変更。 | 38．1．21/22． | | |
| 42 | | 42.11．8 / 9．43．3.14/15． | →3 年→1 ・2 年 | 現行方式（順位制）実施。「学習検査」（ア・テスト）の結果は 3 年のみ比率60%。「学力検査」は 5 教科。 |
| 43 | | 44．3.18/19． | 1 ・ 2 年 | 「学習検査」の結果は 2 年のみ。 |
| 44 | | 45．3.12/13． | | 「学習検査」の結果は 1 ・ 2 年のみ。 |
| 48 | | 49．3.14/15． | | 偏差値制。比率50% |

＊変更点などがある場合のみ記載。空欄は前年度と同一であることを示す。 4 教科とは国・数・理・社。
＊他の資料も参考に筆者が加筆した項目もある。

140　第1部　北海道・東北・関東地方

　高校入学者選抜の資料としての利用は、昭和27年度入試からであり、合否判定が困難な生徒について高校長は中学校長に結果を資料として求めることができた。また、昭和28年度入試からは「指導要録又は調査書」に、この結果を記入して提出することにより、選抜資料としても利用するようになっている。そして、昭和31年度からは進学希望の中3生徒は「ア・テスト」「指導要録又は調査書」「学力検査」が高校入学の選抜資料となったのである。「ア・テスト」の問題は「問題作成専門委員会」に属する20名以上の専門委員が学習指導要領や現行使用教科書などの内容を詳細に分析した。予備テストを実施した後に、問題内容、問題数、発問形式などが再検討され、テスト実施への正式な手順を踏み、テストの信頼性・妥当性の検証も行なわれた。また、昭和30年度には各教科と総合成績の相関にも重点が置かれ、総合学力の算出も試みている。

　次に、「ア・テスト」においては標準学力テストとして客観性・科学性を持ち得るかという学力テストとしての正当性を確立するための努力もなされた。例えば、昭和27年度の4回目の「ア・テスト」の実施後には「優れた標準検査」であるか否かが追及され、「正しく測定しているか」(妥当性)、「安定性・恒常性があるか」(信頼性)、「実施の方法が容易であるか、採点が容易であり且つ客観的であるか、経済的であるか」(実用性)が検証された(神奈川県教育委員会,1953：1)。そして、テストの妥当性・信頼性・実用性を検証することと、テスト問題それ自体の検討を行なうことを目的に、横浜市を除く県下の中学校から30校をランダム抽出し、中1～3の4教科を対象に延べ18,000人のテスト結果の集計が行なわれた。また、テストの当該学年との比較を目的として、小学校5校、中学校20校、高校5校における社会科と理科の結果も分析された[5]。

　さらには、昭和29年3月実施の「ア・テスト」の国語と算数の2教科において、東京都(千代田区・中央区・台東区・大田区から5校)と埼玉県(浦和市から5校)でも実施し、県内の3市(横浜市・川崎市・横須賀市)と3市外(県下の市町村)の10校で得られた合計4地域における比較検討を行ない、テストの妥当性・信頼性が検証された(神奈川県立教育研究所,1955：2-3)。結果は、2教科の得点を地域別に度数分布表を作成し、4地域の得点傾向が分析された。そして、数学においては中2では4地域の変動に大差がないものの、中3数学では「神

奈川と浦和における格段の差がみられる」こと、各学年別・各地域別の平均値及び標準偏差値では「国語・数学ともに、東京・浦和・３市・３市外の順序で下降している」（同上，1955：7）など、神奈川県の学力低下が指摘された。一方、昭和29年度の「ア・テスト」それ自体は「テスト本来の妥当性を十分満たしている」（同上，1955：10）と結論づけられた。

　昭和34年度の11回目の「ア・テスト」も同様に検証され、「11年間に亘って実施されてきた本県のア・テストは、相当に充実した研究を積み重ねてきた」（同上，1960：序文）と総括され、「ア・テスト」が日常の学習指導に活用されただけでなく、学力の水準を維持し、中学校教育に多大な貢献を果たしてきたことも評価された。ただし、「ア・テスト」が中３における高校選抜の重要な資料となっていることに関しては、「いろいろと批判の声も出ている」（同上，1960：序文）との指摘もなされている。本章でも、こうした神奈川県の「ア・テスト」への評価を行なうことが目的である。「ア・テスト」については、第４節で再び取り上げる。

## 3　「神奈川教研式」学力テストの開発・実施

　前節でも述べたように、昭和23年11月に県教育研究所が設立され、県教委とともに「ア・テスト」の実質的な開発・実施を担った。この「ア・テスト」は、昭和24年度から開始され、高校入学者選抜資料としての学力検査だけでなく、学習指導改善を目的とした県下の全公立中学校を対象とする標準学力テストの性格も兼ね備えたものであった。昭和20・30年代の「ア・テスト」においては、その学力テストとしての妥当性・信頼性・実用性を検証し、その精度を高めることに努力が傾けられたが、そうした「ア・テスト」の開発・実施の経験が小学校における標準学力テストの開発・作成にも向けられていった。

　昭和30年〜33年度にかけて、神奈川県では小４〜小６を対象とした「神奈川教研式標準学力診断テスト」が国・算・社・理の４教科で開発・作成されていた。〈表—3〉は、その開発・実施の概要を示したものである。

　県教育研究所は、昭和30年に実施された「神奈川教研式—算数標準学力診断テスト—」が「神奈川県としての"標準化されたテスト"としては最初のもの

142    第1部　北海道・東北・関東地方

〈表—3〉「神奈川教研式標準学力診断テスト」開発の概要

| 年度 | 教科 | 対象学年 | 初回の実施年 | 実施規模 | 問題構成 |
|---|---|---|---|---|---|
| 30 | 算数 | 小4～6 | 30. 4.26～28. | 抽出19校 | 3形式・11分野、合計135問（各50分） |
| 31 | 国語 | 小4～6 | 31. 5. 7～9. | 抽出37校 | 3形式・9分野、合計129問（各40分） |
| 32 | 社会 | 小4～6 | 32. 5. 9～11. | 抽出39校 | 3形式・8分野、合計126問（各40分） |
| 33 | 理科 | 小4～6 | 33. 5.12～14. | 抽出32校 | 3形式・8分野、合計124問（各40分） |

である」としている。そして、県教委によって編集された「小学校学習指導の
目標と方針」（昭和28年度）に準拠して作成され、「小学校4・5・6年児童の
学力の実態と問題点を明らかにし、『目標と方針』改訂のために必要な基礎資
料を得ること」（神奈川県立教育研究所, 1956：1）を目的とした。予備調査も2
回実施され、「信頼性と妥当性をもつ客観テストである」（同上, 1956：1）とさ
れた。問題構成は3形式にわけられ、第1形式は「計算・測定・小数」の3分
野45問で構成された。解答時間は50分であり、結果は各問題の分野別正答率、
誤答の分析、問題領域ごとの分析が丁寧に行われた[6]。

　2年目の昭和31年度には「国語科」が開発・作成され、自校の学力と県下の
標準学力、及び校区の地域性格別（工業型・住宅型・農村型など8層に分類）に比
較ができること、客観テストでは困難とされた「聞き取り」「速読」「書写」の
3分野が出題されるなど、「全国初のテスト形式」（同上, 1958：1）であるとさ
れた。以後、「社会科」と「理科」の「神奈川教研式—標準学力診断テスト」
も作成された。また、テスト問題も昭和33年2月には小1～6の全学年で4教
科の標準学力テストが完成している（神奈川県教育委員会, 1958：101）。

　「神奈川教研式標準学力診断テスト」の最大の特徴は、標準学力テストであ
ると同時に「診断テスト」であったという点である。テスト問題は小4～6ま
で同一問題を課し、学年間の比較や学力の推移なども比較可能となった。また、
結果は個人・学級・学校の診断にも利用でき、かつ各学校が児童生徒の学習上
の優位や欠陥の原因を究明することを促すものでもあった。例えば、国語科の
場合には「国語学力診断プロフィル」（同上, 1958：103）なるものが作成され、
各個人が分野別に正答数（得点）に印をつけ、線で結ぶと自らのプロフィルを

第7章 「神奈川教研式」学力テストの開発〜神奈川県〜　143

描くことができるようになっている。同じく、学級全体の平均得点を算出すれ
ば、学級のプロフィルも描くことができる。その他の特徴としては、社会科で
は標準学力テストに加え、「態度測定テスト」も実施され、「態度の特性を知能
あるいは知的学習成果と関係があるか、ないか」（神奈川県立教育研究所, 1959a：
91）の相関分析が行われ、両者の間に「一元的な関係はない」（同上, 1959a：94）
などと指摘された。理科ではペーパーテストによる「実験観察テスト」（30分）
が導入され、教師が簡単な理科実験を5種類行い、児童がそれを観察して2〜
3分程度で解答する形式となっている。児童の「観察力」の評価を試みたもの
である（同上, 1959b：7）。

　この「神奈川教研式標準学力診断テスト」は、昭和30年代後半になると学力
調査には利用されていない。例えば、昭和37年1月から昭和40年3月まで実施
された県教育研究所による「知能と学力の不一致の要因とその解決に関する研
究」（小5・6・中1・2）において利用されている標準学力テストは、全国的
に標準化された「教研式　全国標準診断的学力テスト」（日本図書文化協会）で
あった（同上, 1964b：3）。つまりは、神奈川県における標準学力テストの開発
は、同県における学力テスト政策の基礎を形成したものであり、発展的に解消
されたものであったと言える。一方、「ア・テスト」の歴史は、次節で述べる
ように約半世紀にも及んでいる。

## 4　「ア・テスト」の廃止

　昭和25年度から開始された県教委による「ア・テスト」は、昭和43年度から
は中1・2を対象に中学校の9教科で実施された。この「ア・テスト」の成績
は、県の公立高校受験の際に合否判定に大きなウエイトを占めるものであった。
この時の神奈川県の高校入試は、合否判定の資料は「入学試験の成績」「中学
1・2年のア・テストの成績」「調査書」の3つが同等に扱われていた。言い
換えれば、「ア・テスト」で良い成績をとっておくことが高校入試の合格には
絶対条件でもあったことになる。

　さて、この県教委が行う「ア・テスト」は業者テストではないものの、文部
省の業者テスト廃止政策の中で、同様に廃止に追い込まれていく。なぜなのか。

144　第1部　北海道・東北・関東地方

神奈川の「ア・テスト」のどこに問題があったのか。まずは、昭和50年代以降における「ア・テスト」の実施状況の変遷を県教委が刊行する『神奈川教育年報』によって確認しておこう。昭和50年度までは中1・2対象であったが、51年度には中2となる。その後の対象学年や制度変更は、〈表―4〉でも示したように推移した。

〈表―4〉昭和50年代以降の「ア・テスト」実施の変遷

| 年度 | 教科 | 実施年月日 | 対象学年 | 選抜制度との関連 |
|---|---|---|---|---|
| 昭和51 | 5教科＋音・美・保体・技・家庭の9教科 | 52. 3. 16/17. | 中2 | 「ア・テスト」の受験者は77,429人。 |
| 53 | | 54. 3. 15/16. | | 職業科高校の推薦入試の導入など。 |
| 54 | | 55. 3. 13/14. | | 知的学力偏重是正、中3の学習記録重視。 |
| 56 | | 56. 4. 9/10.<br>57. 3. 18/19. | 中3<br>中2 | 高校入学者選抜制度の改正。高校通学区域の一部改正。 |
| 57 | | 58. 3. 17/18. | 中2 | 海外帰国生徒特別募集の開始など。入試選抜では「ア・テスト」と「入試」が各25％、「内申書」（2・3年）が50％の比重。 |
| 58 | | 59. 3. 14/15. | | 「ア・テスト」を県教委と中学校長会で共催。受験者は114,183人。 |
| 平成5 | | 5. 3. 11/12. | | 「ア・テスト」の受験者は89,809人。 |
| 6 | | 7. 3. 14/15. | | 「学習検査」（ア・テスト）の最後 |

＊5教科とは国・数・理・社・外国語。　＊空欄は前年度と同じ。

とりわけ、「内申書」「ア・テスト」「入試」の比率が注目されるが、昭和57年度以降は「内申書」50％、「ア・テスト」25％、「入試」25％であった。平成6年度の最後は50％、20％、30％であった。また、高校の通学区域、海外帰国生徒に合わせた制度改革、そして県教委と校長会の共催となったことなどが注目される。

次に、全国で蔓延する業者テストに対する文部省側の対応を見てみよう。昭和51年9月7日の文部省初等中等教育局長通達「学校における業者テストの取

扱い等について」では、「安易に業者テストに依存することがあってはならない」（文部省通達, 1976：59）として、業者テストを授業時間中に実施すること、教師が金品等の報酬を得ることなどは教師と業者の癒着といった社会疑念を招く行為となり、自粛することを求めている[7]。また、合わせて全国の業者テストの実態も報告され、「業者の数は全国で80程度」、「（業者テストが）行われてないという都道府県はない」、中3の生徒は「年間平均6～10回参加」（都道府県の約半数）、「学校又教職員に対して業者から謝金等（会場の使用料等を除く）」（「一部」「多くの場合」支払われている都道府県は3～4割）、「各高等学校別に偏差値による合否の水準の予想」（約2割の都道府県）などの実態が挙げられている（同上, 1976：61-62）。確かに、この文部省通達によって業者テスト廃止や削減の動きは全国に広がったと言える。同年10月末時点での文部省調査によれば、全国の36都道府県で「業者テスト依存の現状を改める何らかの通達」（『朝日新聞』1976.11.14.）を出していたことが確認されている。

しかしながら、この文部省の指導に従った36都道府県の中には神奈川県の名前は見当たらない。それどころか、昭和57年には神奈川県の「ア・テスト」と業者テストの国語科の問題の一部が全文同じ問題であったことが露見している。この年度の「ア・テスト」は、県内公立中学校の2年生（約10万7千人）を対象に3月8日に国語の試験が行われるが、その現代文が2月に発行された業者テスト（神奈川県大手のテスト業者「神奈川新教育研究協会」）の問題と全文同じであったというものである（『読売新聞』1982.3.9.朝刊）。さらには、8つの設問のうち、半数はほぼ同一の内容を問うものであった。実は、「ア・テスト」を受験した約半数の生徒が業者テストも受けていた。「公平性」の問題だけでなく、「ア・テスト」の問題が漏洩した可能性もあった。

全国的に蔓延する業者テストの問題は、極めて深刻であった。その後も文部省は、昭和58年の文部省事務次官通知「学校における適正な進路指導について」を出し、各都道府県教委もおおむね従っている。朝日新聞社が同年5月21日に行った全国の都道府県教委へのアンケート調査では、禁止通知を即時・全面実施すると回答した都道府県は41に達している（『朝日新聞』1993.5.22.）。そして、文部省は昭和58年12月に「高等学校入学者選抜方法の改善に関する検討

会議」を発足させ、高等学校の特色に応じた多様な選抜方法のあり方などを検討している。だが、実際には業者テストへの依存体質は一向に改善されない。業者テストの実施自体は、違法であったわけではない。職務命令による教員への強要や金品の授受などが問題であった。

　そして、業者テストが明確に禁止・追放されるのは、平成4年11月、当時の鳩山邦夫文相が「公教育の場で、業者テストがまかり通り、高校の青田買いともいえる事態に利用されていることは、基本的にあってはならないことだ」（『朝日新聞』1992.11.14.）と述べたことによる。その方針に従って、平成5年2月22日に文部省事務次官通知「高等学校入学者選抜について（通知）」が、以下のように出され、その中で「3　業者テストの偏差値を用いない入学者選抜の改善について」において、「業者テストの結果を資料として用いた入学者の選抜が行われることがあってはならない」（文部省事務次官通知, 1993：5）とされ、中学校における業者テストの実施が禁止されることになる[8]。

　この平成5年の通知が出された後に、朝日新聞社は全国の都道府県教委の責任者にアンケート調査を実施しているが、文部省事務次官による禁止通知を即時・全面実施と回答した都道府県はほぼ全県に達している（『朝日新聞』1993.5.22.朝刊）。文部省の神奈川県に対するスタンスは、「ア・テスト」の「実施時期が早く、生徒の十分な実力評価ができないこと」などを理由に、業者テストでなくとも、志望校の振り分けに使われるテストは見直すことを要請している（『神奈川新聞』1993.5.26.朝刊）[9]。こうした文部省の要請を受けて、神奈川県では平成7年度を最後に、「ア・テスト」は廃止されている。

　しかしながら、神奈川県では同年11月14日には県内80の塾を会場に、約5,000人の中3生徒が参加する「第1回神奈川オープン模試」が県内中小の塾が結成した「私塾振興会」によって実施された。「ア・テストは業者テストの防波堤であると同時に、生徒が数万人いるような超大手塾の進出も防いできた」（『朝日新聞（横浜版）』1993.11.17.朝刊）と評価された。つまりは、「ア・テスト」の歴史は「業者テスト」を排除してきた歴史でもあったが、「ア・テスト」が廃止されれば、「ア・テスト後」に主導権を握ろうとする「私塾振興会」のような塾業者が出現したわけである。それだけ、受験生や学校・教員にとっても合否

基準の目安となる学力テストの結果は受験対策上においては必要性が高いということではあるが、同時に日本の入試制度の根の深い問題を象徴している。

特に、「業者テストの偏差値による輪切り」（坂本, 1984：71）は、生徒の進路選択にも大きな影響を及ぼす。進路選択は受験生が自主判断し、決定するわけではなく、現実には学校ぐるみで参加する業者テストへの依存体質が問題であった。千葉大学の坂本は、中学校生徒の学力情報は「学校単位で参加させられる業者テストからうるという生徒が約60％」（同上, 1984：72）と指摘している。学校・教師と業者テストの癒着構造を「悪」と捉えることもできるが、その実態は「中学浪人を出さない」という学校・教師側の止むにやまれぬ受験事情も大きい。いわゆる「必要悪」である。

## 5　現代の学力テスト

「ア・テスト」の開始当初の役割は、生徒の学習内容の定着度の確認と教師の学習指導改善に生かすことであった。平成6年度を最後に、県教委はようやく「ア・テスト」を高校入試の選抜資料から外す決定を下した。代わって、新たに県教委による学力の実態把握のみを目的とした学力テストがリ・スタートした。平成8年3月12・13日には県教委による「公立中学校学習状況調査」（中2：5教科）が、平成16年2月には「県公立小学校及び中学校学習状況調査」（小5：4教科、中2：5教科）が実施された。

「ア・テスト」から「学習状況調査」へと移行する経緯に関しては、県議会議事録（『文教常任委員会』2008.12.11.）から確認できる。「ア・テスト」を高校入試の入学者選抜に利用しない理由として、県教育庁の子ども教育支援課長は学習指導要領が知識・理解の習得に加え、「思考力・判断力・表現力の育成、さらには学習に対する興味・関心」も重視されたことを受けて、「ア・テストのような統一テストにつきましては、どうしても知識・理解を中心とした出題になりまして、今の学習指導要領が求める学力とは異なる」ことを説明すると同時に、「ア・テスト」で見られた「点数による序列化等による輪切り」の弊害も挙げている。そして、「ア・テスト」に代わる「学習状況調査」については、子ども教育支援課長は「日ごろの学習状況を把握して、今後の指導改善に役立

てることを目的として点数化はしておりません」(『文教常任委員会』2008. 12. 11.)
と述べている。

　子ども教育支援課長が明言するように、平成16年度の「県公立小学校及び中
学校学習状況調査」においては小69校・中60校(各2,000人)を対象に「県内の
公立小学校及び中学校における日ごろの学習状況や成果を調査し、その結果を
教科指導における指導方法の工夫・改善及び児童・生徒の学習に役立てる目
的」(神奈川県, 2008:82)を掲げている。そして、学習指導要領の目標と内容
を基に基礎的・基本的な問題が出題され、観点別・領域別の小問ごとの正答率
や誤答内容を分析したものになっている。例えば、中学校の結果分析は県下
416校の中から任意抽出で60校(各1学級)を選び、「調査結果の特色」と「指
導上の改善点」が指摘された。特に、評価方法としては「観点別評価」が導入
され、「観点ごとの正答率」「領域ごとの正答率」「内容のまとまりごとの正答
率」に該当する問題の正答率(「おおむね満足できる」「十分満足できる」状況の合
計正答率)を単純平均して示すものとなっている(神奈川県教育庁, 2005:1)。

　各教科の結果を踏まえて、例えば国語における「調査結果の特色」では、
「漢字の読み書きについては、十分とは言えない結果」「説明的文章においては
課題が残る」などと指摘された。また「指導上の改善点」では「書く習慣を身
に付けさせ、一字ずつの理解と同時に、熟語としての理解を図り、文や文章の
中で使えるようにする」(同上, 2005:2)といった指摘もなされた。神奈川県
で導入された「観点別評価」とは、全国の都道府県で用いられていた「相対評
価」とは異なり、昭和50・60年代に入って新たな評価方法として登場した「観
点別達成状況の評価」「学習到達度評価」「形成的評価」「自己評価」「『完全習
得学習』の評価」など一連の新たな評価制度の一つに数えられるものであった。

　平成元年以降では、文部省が平成元年の学習指導要領において各教科では
「学習状況を分析的に捉える観点別学習状況の評価と、総括的に捉える評定」
を、学習指導要領に定める目標に準拠した評価として実施することを掲げてい
る。平成3年の学習指導要録改訂、ならびに平成13年の改訂でも、「観点別学
習状況の評価」が基本とされたが、新たに各教科の評定においては「目標に準
拠した評価」も求められた。それは、学習指導要領に示された目標に照らして、

その実現状況を評価するというもので、到達度評価と類似した考え方であった。各学校現場では、この後に教育目標や評価規準を明確にする動きが広まり、平成22年の指導要録改訂では、評価の観点が「関心・意欲・態度」「思考・判断・表現」「技能」「知識・理解」に改められ、とくに思考力・判断力・表現力の評価への取り組みが問題となっている。

　いずれにせよ、神奈川県では「ア・テスト」による「知識」の多寡を問う「相対評価」から、より児童生徒の学習改善と指導に合致するような「観点別評価」への転換が図られたことになる。言い換えると、それは全国的な「学力観」や「学習評価」の変換という大きな「うねり」であったと言える。

## おわりに

　本章では、第一には、神奈川県における昭和25年2月から開始され、平成8年度に廃止された約半世紀の歴史を持つ「ア・テスト」の導入経緯とその後の歴史的展開を検証した。神奈川県の学力向上は、まさに「ア・テスト」が象徴するように、受験学力の向上を目指したものであった。確かに「ア・テスト」は、単なる高校入試の選抜資料として活用されただけでなく、学習指導改善を目的とした全公立中学校生徒を対象にするものであった。しかしながら、「ア・テスト」が中3生徒を対象とした高校選抜の重要な資料となっていることに関しては、開始当初から異議が出された。また、平成4年2月29日の『読売新聞』(地域ニュース)には「ア・テスト」の特集記事が組まれ、賛否両論が紹介されたが、反対意見は「学校生活が受験にしばられる」「受験とは切り離すべきだ」などであった。賛成意見は、「ふだんの努力が報われる公平な制度」といった意見であった(『読売新聞(横浜版)』1992.2.29.朝刊)。神奈川県内でも賛否を問う議論が沸騰し、各方面から意見が出された(中野渡.2002)。その議論は、「受験競争」の是非を問うものであった。

　また、「ア・テスト」は公立中学校の生徒を対象にした学力テストであったが、同じく小学校の全学年を対象にした県育研究所が開発・作成した「神奈川教研式標準学力診断テスト」と呼ばれる標準学力テストの開発・実施も神奈川県の特色として挙げることができる。この標準学力テストの開発・実施は、昭

和30年代に限定されたものではあったが、科学的・客観的な学力テストを求めた神奈川県の努力の象徴でもあった。

　言い換えると、神奈川県の「学力テストのイノベーション（革新性・先駆性）」とは「ア・テスト」と「神奈川教研式標準学力診断テスト」の開発・実施にみるように、他県とは異なる方式を採用したことであった。本文でも述べたように、戦後の「アチーブメント・テスト」を開発した県は、神奈川・東京・山梨・愛知・大阪・山口・高知・福岡・大分などを挙げることができる。また、「教研式標準学力テスト」の開発としては、山形県が「山教研式県標準学力検査」、千葉県が「千教研式県小中学校児童生徒学力調査」、愛媛県が「愛研式標準學力檢査」を開発・実施している。

　神奈川県の学力テスト政策の象徴は、入試用の「ア・テスト」であるが、様々な問題や課題を抱えるものでもあった。しかしながら、他方では「神奈川教研式標準学力診断テスト」は、学力テストとしての信頼性と妥当性を追求したものであった。神奈川の学力向上政策は、前者による「受験学力」と後者による「児童生徒の日頃の学習上の学力」の相反する学力を追求したことになる。


〈注〉

〈1〉国語・算数ともに、教育センターの第二研究部教育実験室が中心となって実施したものである。算数は、「算数の能力の構造およびその要因等について考察」（神奈川県立教育センター, 1974：1）したものであり、約1,200人の小6児童を対象にしている。

〈2〉昭和20年代における4件の「学習指導改善テスト」の実施は、昭和28年1月20日の「算数科の学習における障害点の研究」、昭和28年10月下旬～11月上旬の「中学校の数学における代数的表現の理解度の調査」、昭和28年9月～11月の「理科学習における技術的能力の研究」、昭和28年度の「作文の欠陥の類型と予想される原因」である。

〈3〉長崎県は、昭和23年4月7日に「学力検査」を実施し、新制高等学校入学者選抜学力検査を実施している（長崎県教育会, 1976：825）。山口県は、学力検査は「アチーブメント・テストとは異なり、高等学校における入学者選抜の資料とするためのもの」（山口県教育委員会, 1957：30）とし、高校入学者選抜は暫時高校側の手による入試となった。従来のアチーブ（学力検査）は、昭和31年度からは「中学校卒業者等学力検査」と名称変更された。要するに、アチーブが明確に入試選抜の資料となったわけである。京都府は昭和26年に中3を対象に「綜合学力検査」を実施している。

〈4〉横浜市も「ア・テスト」を市の教員、小学校長会、教育研究所によって昭和25年度に開発しているが、横浜市の場合は「標準学力検査」として児童の学力の実態把握に利用している。昭和25年7月12日に、小5（17,273人）の国・算で学力テストを実施（横浜市立教育研究所, 1951：76-77）。

〈5〉例えば、社会科の中1用のテストを小6と中2でも実施し、テストの成績と学年との相関を見るために「$\chi^2$－検定」による分析がなされている。そして、「このテストは前後学年の成績との間に大きな関係が見られる」（神奈川県教育委員会, 1953：10）と指摘された。

〈6〉この昭和30年度の「算数標準学力診断テスト」の結果においては、「問題解決」の分野における正答率が最も低いことが問題視され、昭和29年度の日教組の「学力調査」、同年の国研の「全国小・中学校児童生徒学力水準調査」などの結果も参考に、昭和33年度には「問題解決能力」の実態や指導法が調査研究された（竹内, 1959：4-6）。

〈7〉この時、文部省が通達で定義した「業者テスト」とは、①「業者テスト」（業者が作成し、採点し、その結果を中学校や生徒に送付するもの。「テストブック」「ドリルブック」、教育委員会や教育センターなどの公的機関によるテストは除外される。）、②「校内テスト」（中学校の正規の授業中に行なわれるテスト）、③「自校会場テスト」（中学校を会場とし、正規の授業時間外に受けるテスト）、④「校外会場テスト」（校内・自校会場テスト以外のテスト）であった（文部省通達, 1976：59）。

〈8〉この時の通知内容は、「入学者選抜に関し一切、中学校にあっては、業者テストの結果を高等学校に提供しないよう、また、高等学校にあっては、業者テストや学習塾の実施するテストの偏差値の提供を中学校に求めないよう、平成6年度入学者選抜から直ちに改善すること（以下、省略）」。「中学校は業者テストの実施に関与することは厳に慎むべきであり、授業時間中及び教職員の勤務時間中に業者テストを実施してはならないし、また、教職員は業者テストの費用の徴収や監督、問題作成や採点に携わることがあってはならないこと（以下、省略）」（文部省事務次官通知, 1993）であった。

〈9〉神奈川県における「ア・テスト」廃止への詳しい経緯は、高校教員で「県高等学校教育課題研究協議会」（1991年11月21日発足）の運営委員でもあった中野渡（2002）が詳しい。


〈引用・参考文献一覧〉

神奈川県　2008「確かな学力と社会の変化に対応する力の育成」https://www.pref.kanagawa.jp/…/12668.pdf［2020.7.3.取得］82-84頁

神奈川県教育委員会（事務局調査課）　1952「教員生活調査・学力調査について」『かながわ教育』第42号、61頁

神奈川県教育委員会　1953『神奈川52年式　アチーブメント・テスト報告書』1-41頁

152　第1部　北海道・東北・関東地方

神奈川県教育委員会　1958『昭和32年度　神奈川県教育年報』1-219頁

神奈川県教育委員会　1965『神奈川の教育十五年』1-823頁

神奈川県教育庁（教育部義務教育課）　2005『平成16年度　神奈川県公立小学校及び中学校学習状況調査　結果のまとめ（中学校）』1-66頁

神奈川県立教育研究所　1952「数理概念の発達段階の研究」『研究叢書』第2巻、1-186頁

神奈川県立教育研究所　1955「神奈川53年式　アチーブメント・テストの比較研究」『研究紀要』第3集、1-56頁

神奈川県立教育研究所　1956「神奈川県の算数学力－神奈川教研式―算数標準学力診断テスト作成について」『研究報告』第8集、1-142頁

神奈川県立教育研究所　1958「神奈川県の国語学力－神奈川教研式―国語標準学力診断テスト作成について」『研究報告』第11集、1-147頁

神奈川県立教育研究所　1959a「神奈川県の社会科学力－神奈川教研式―社会科標準学力診断テスト作成について」『研究報告』第12集、1-106頁

神奈川県立教育研究所　1959b「神奈川県の理科学力－神奈川教研式―理科標準学力診断テスト作成について」『研究報告』第15集、1-106頁

神奈川県立教育研究所　1960『神奈川59年式　アチーブメント・テスト報告書』1-65頁

神奈川県立教育研究所　1962a「説明的文章の読解指導に関する研究―効果的な指導法を求めて―」『研究報告』第26集、1-51頁

神奈川県立教育研究所　1962b「算数・数学科の学習における思考力の形成とその指導に関する研究―数と計算における児童の思考過程の究明―」『研究報告』第28集、1-82頁

神奈川県立教育研究所　1964a「読みの機能に即した説明的文章の読解指導に関する研究」『研究報告』第37集、1-51頁

神奈川県立教育研究所　1964b『知能と学力の不一致の要因とその解決に関する研究―第2次報告―』第38集、1-62頁

神奈川県立教育センター　1972「国語の能力に関する調査研究」『研究報告　実験研究』第9号、1-83頁

神奈川県立教育センター　1974「算数の能力に関する調査」『研究報告　実験研究』第12号、1-66頁

教育委員会制度発足30周年記念誌編集委員会　1979『神奈川の教育―戦後30年のあゆみ―』神奈川県教育委員会

坂本昇一　1984「偏差値依存からどう抜け出すか」『季刊教育法』No.51、70-77頁

竹内　寛　1959「算数・数学科における問題解決指導の研究―文章題における図解・作問指導に関する実験的研究を中心として―」神奈川県立教育研究所『研究報告』第14

集、1-106頁

長崎県教育会　1976『長崎県教育史』長崎県教育委員会

中野渡強志　1997『新神奈川方式へのシナリオ』神奈川県高等学校教育会館・教育研究所、1997年4月

中野渡強志　2002「神奈川のア・テストはこうしてなくなった」神奈川県高等学校教育会館教育研究所『ねざす』第30号、1-9頁 http://www.edu-kana.com/…30/kiko.htm ［2018.8.12.取得］

松本和寿　2016「戦後教育改革期の社会科における道徳的「学力」の測定・評価に関する研究～新制高等学校入学者選抜に係る学力検査問題を中心に～」『筑紫女学園大学人間文化研究所年報』第27号、251-262頁

文部省編　1997『文部行政資料　第4集（終戦教育事務処理提要）』国書刊行会

文部省事務次官通知　1993「高等学校入学者選抜について」https://www.mext.go.jp/…/0412C702/001.htm ［2020.4.1.取得］

文部省通達　1976「学校における業者テストの取扱い等について（通達）」文部省初等中等教育局『教育委員会月報』No.312、59-64頁

山口県教育委員会　1957「学力検査問題改善への努力」『教育広報』（3月号）30-31頁

横浜市立教育研究所　1951「特集　カリキュラム　ア・テスト（1）―1951―」『研究紀要』74-83頁

# 第8章　「学力向上」は小1から〜新潟県〜

〈新潟県立教育センター『創立二十周年記念誌』回顧〉

　終戦後十五年を迎えようとしていた当時、戦後教育のもたらした児童の学力低下が問題になり、学力向上は国家的課題になっていた。そのため、三一年から文部省も学力調査を全国的に開始して実態のは握につとめようとしていたし、学力水準向上をめざして、学習指導要領の改訂を準備していた。本県でも、全国平均より全般的に学力がかなり低くなっているという現実に直面して、一日もゆるがせにしておけない状態であった（新潟県立教育センター, 1971：52）。

---

## はじめに

　本章の目的は、新潟県の戦後から今日までの「学力向上」を目指す学力テストの実施状況を解明することである。新潟県では、「教育政策テスト」と「学習指導改善テスト」のどちらも14件ずつ実施され、バランスのとれた学力政策が展開された。しかしながら、こうした学力テストは「小1」から開始されているものが多く、全28件の中で7件が該当する。また、小1〜小3の低学年を対象としたものも10件確認できた。

　つまりは、新潟県の他県と異なる特色は、小1から始まる小学校低学年用の学力テストを頻繁に行っている点である。なぜ、新潟県では小学校入学と同時に学力テストを受けさせるのか。「鉄は熱いうちに打て」「善は急げ」といった教訓でもあるのであろうか。その理由を探ることが本章の第一課題であり、新潟県における「学力テストの利活用によるイノベーション（革新性・先駆性）」を明らかにすることである。次に、新潟県における学力テストは国語と算数・数学の2教科を対象とすることが多く、社会・英語・音楽・体育・美術・家庭などの教科は皆無であった。国語と算数・数学の2教科に特化している点も新潟県の特色である。では、なぜ、この2教科が重点的に調査研究され、何が目

指されたのか。本章の第二課題である。

　この二つの課題を解明するためのヒントとなるものが、新潟県における「学力低下」に対する危機意識である。例えば、新潟県教育委員会（以下、「県教委」）が刊行する『新潟県教育百年史（昭和後期編）』(1976)では、戦後直後に導入された新教育が小・中学校における「読み書きの力」（基礎学力）を失わせたと述べ、基礎学力の回復が優先課題となっていた（新潟県教育百年史編さん委員会, 1975：120・180)[1]。同じく、昭和36年の文部省「全国中学校一斉学力調査」（以下、「学テ」）の中３の結果でも、新潟県は沖縄を除く46県の中で国語28位、数学33位、英語20位、社会34位、理科31位であった（時事通信社, 1962：7）。こうした学テ順位が全国の「平均以下」であったという結果は、新潟県にとっては相当にショックなものとなり、昭和37年の早い段階から県を挙げての「学力向上」に向けた取り組みが開始された。こうした新潟県における危機意識の高揚が、文部省「全国学力調査」が終了した後でも、結果の検証が何度も行われた要因にもなっている。冒頭に掲げた県教育センターの「回顧録」は、学力低下への対応が県の喫緊の課題であったことを伺わせる。

　本章においては、戦後直後からの「学力低下」という危機的状況に対して新潟県が、どのような「学力向上策」を取ったかを検証することである。まずは戦後の学力テストの実施状況から確認する。

## 1　戦後の学力テスト開発の歴史

　戦後から今日まで、新潟県の「県教委」「県教育研究所」（後の「県教育センター」）が実施した学力テストの実施状況を時期区分すると〈表―１〉のようになる。「教育政策テスト」が14件、「学習指導改善テスト」が14件となり、新潟県ではバランスのとれた調査研究が行われていたと言える。また、それらが昭和20～40年代に集中していたことも特徴的であった。

　戦後から昭和40年代までの学力テストの実施主体は、昭和25年４月に設立された「県教育研究所」と昭和41年８月に新たに設置された「県教育センター」であった。昭和22年３月17日、文部省学校教育局長名で地方教官及び師範学校長あてに『教育研究所開設に関する件』と題する通牒が出され、教育の目的・

156 　第1部　北海道・東北・関東地方

〈表—1〉 新潟県の戦後学力テストの実施状況

|  | 昭和<br>20年代 | 30年代 | 40年代 | 50年代 | 60年代〜<br>平成18年度 | 19年度〜<br>令和2年度 | 合計 |
|---|---|---|---|---|---|---|---|
| 教育政策テスト | 6 | 5 | 0 | 0 | 3 | 0 | 14 |
| 学習指導改善<br>テスト | 0 | 7 | 7 | 0 | 0 | 0 | 14 |
| 合計 | 6 | 12 | 7 | 0 | 3 | 0 | 28 |

＊数値は新規に開発・実施された学力テストを用いた調査研究であり、2年以上継続されたものでも「1」としてカウントしている。

内容・方法、及び教育調査・教育測定等について、その原理と実践とにわたって研究することなどが示された。戦後は、各都道府県教育委員会を中心に地方独自の教育政策を樹立し、各地の事情に適応した教育を行なう地方分権体制へと移行したが、新潟県教育研究所においても、そうした県教委の運営活用を支援することが求められた。また、県教育研究所が「進んで全県の各程度各種類の学校の教育並に一般社会教育の発展のため、重要な問題の基礎的調査及び研究を行い、その成果を以て、各学校並びに一般県民に奉仕する一つのサービス機関」（新潟縣教育研究所，1950a：14）であることも指摘された。

　そして、県教育研究所の事業内容として「学校調査等」「評価測定等」の研究が挙げられ、特に昭和25年度は「標準テスト問題作成に関する研究」「小学校、性格行動評価のための記述尺度の設定に関する研究」「国語能力調査に関する研究」（同上，1950a：17）などが重点項目とされた。県教育研究所は、「標準学力テスト」を開発する理由として次のように述べている。「本県独自の教育計画を樹立するためにも、やがて学習指導要領を作成するためにも、いろいろの角度から県の実態を把握することが大切である。…（中略）…現在全国的に標準化された学力検査は数種あるが、これらの中には、標準化が不明確であつたり、あるいは普遍的一般的であるために、地域の実状から離れており、これらを用いて実際指導に活用するには、幾多の不便が感じられるものが多い。ここにおいても、地域の実状に適応した本県としての標準学力検査が必要とされる」（新潟県教育研究所，1951c：2）。「標準学力テスト」の開発は、戦後直後

の教育研究所における主要課題の一つであった。

　こうして新潟県では、昭和26年度から29年度の４年間の間に５件の「教育政策テスト」の開発・実施が行われるが、その内容は次節に譲るとして、ここでは県で開発された「標準学力テスト」の特色を紹介しておく。この「標準学力テスト」とは、昭和25年12月までに開発された「算数学力検査」（小４〜小６、中３）であり、「本県における小・中学校算数数学の学力水準を把握し、併せて実際指導上の基礎資料を得るため」（同上, 1951b：47）に作成されたものである[2]。そして、県教育研究所は即座に「学力検査問題作成についての標本調査法」（『研究紀要』第１集）を公表し、「標本調査法」を教育調査の参考にすることを表明した。

　昭和26年１月22日〜27日（小学校）、２月20日〜27日（中学校）に実施された「算数数学学力検査」は、標準学力テスト作成に関する方法の研究と試作を試みたものであった。算数の学習指導要領と検定教科書に準拠して妥当性ある各種テストを参考とし、「計算力」「理解応用」の面で標準問題を作成している（同上, 1950bc）。なお、昭和27年２月には算数・数学科の改訂と新たに国語科についても標準化作業が完了し、昭和27年度には「小学校算数学力検査」（小３〜小６用）、「中学校数学学力検査」（中１〜中３用）、「小学校共通算数学力検査」（小４〜小６共通）、「国語文章読解力検査」（小２〜中３用）が野島書店から販売された（同上, 1953b：54）。県教育研究所は、この２教科の検査を「生徒指導要録」の標準検査欄の「その他の検査」に記入し、指導上の参考にするために、このテストの実施を促している。

## 2　「標準学力テスト」の開発

　新潟県の「教育政策テスト」は、戦後から昭和30年代までに〈表—２〉の11件が実施されたが、それ以降はゼロであり、ようやく平成以後になって３件が行われただけである。平成以後の３件は、第５節の現代の学力テスト政策で扱うこととする。ところで、この昭和30年代までの11件の内訳は国語が５件、算数・数学が５件、不明が１件である。

　昭和20年代の最初の学力テストは、児童生徒の国語能力の実態を解明し、標

〈表—2〉 新潟県の「教育政策テスト」の実施状況

| 調査研究の名称 | 対象学年・教科 | 初回のテスト実施年（度） |
|---|---|---|
| 国語能力実態調査 | 小3〜中3：国 | 昭和26年1月 |
| 算数数学学力検査 | 小4〜6：算、中3：数 | 昭和26年1月・2月 |
| 複式教育調査 | 小・中：学年・教科は不明 | 昭和26年11月 |
| 文章読解力検査 | 小2〜中3：国 | 昭和27年1月15日〜25日 |
| 小中学校算数・数学学力調査 | 小1〜3：算、中1・2：数 | 昭和29年2月 |
| 分数診断テスト | 中1〜3：数 | 昭和29年7月 |
| 算数・数学診断テスト作成についての実験的研究 | 小3〜5：算、中1〜3：数 | 昭和30年3月 |
| 読解力検査と国語科学力 | 小1〜中3：国 | 昭和31年2月・3月 |
| 知能と数学学力の相関に関する研究 | 中1・2：数 | 昭和31年9月・10月 |
| 低学年用読解力検査 | 小1〜3：国 | 昭和32年4月 |
| 教育漢字の語い別習得状況調査 | 中1：国 | 昭和32年度 |

準学力テスト作成のための資料を得るために行われた「国語能力実態調査」（小3〜中3）であった。国や京都府などの国語能力調査などを参考とし、県教育研究所は国語の標準学力検査の開発に着手した。「算数数学学力検査」（小4〜6、中3）では、標準学力検査を知能検査（新制田中B式：小6のみ）とともに実施し、学力と知能の相関関係を解明した。「複式教育調査」（学年・教科は不明）では、県の複式教育の実態を究明することを目的として、県下383校の複式学校を調査した上で、抽出した学校に対して知能・学力テストを実施したものであった。「文章読解力検査」（小2〜中3）は、児童生徒の学力を調査し、その実態を把握することと児童生徒の学力を測定するための検査問題を標準化し、学習指導のための具体的な資料を得ることを目的とした。特に、小1を除外した理由としては、「この種のテストに適応できるかどうかについては、多くの疑問がある」（同上, 1953a：3）と指摘した。

第8章　「学力向上」は小1から～新潟県～　　159

　「小中学校算数・数学学力調査」（小1～3、中1・2）は、昭和26年度の「算数数学学力検査」（小4～6、中3）と同一の標準化を行ない、小1～3、中1・2の標準検査問題を作成し、昭和29年度までには小・中学校の全学年を対象とした算数・数学の「学力検査」の完成を目指したものであった。この学年別検査問題は、各学年末の学習効果を概括的に把握する「概観テスト」と欠陥や長所を明らかにする「診断テスト」の性格を同時に持つように工夫された（同上，1955a：2）。最後の「分数診断テスト」（中1～3）は、分数計算に関する診断テスト（誤算累計設定、計算力テスト、理解テストなど）を実施し、治療指導や欠陥予防などのあり方を提言したものであった。

　昭和30年代には5件の学力テストが実施されているが、この中では小1を含めた低学年児童を対象にした昭和31年2月28日～3月20日の「読解力検査と国語科学力」（小1～中3）と昭和32年4月の「低学年用読解力検査」（小1～3）を取り上げる。前者の「読解力検査と国語科学力」は、国語科の「読解力学力検査」の新たなバージョン作成を目指したものであり、層化副次無作為抽出法によって各学年を対象とし、（1）小1～中3まで「文章読解力を客観的に評価し、結果を学習指導の効率化に役立てる」、（2）「国語科教育課程の構成や、改善のための客観的基礎資料を提供する」、（3）「本県児童生徒の国語学力を調査し、その実体や要因を推定すること」（新潟県立教育研究所，1958：2）を目的に掲げている。3学年共通問題とし、小1～3は200問程度で文字や語彙を含めた基礎的な読解力を、小4～6、中1～3は各100問程度で、文章読解力の内部構造に関連する問題が出題された。読解力と諸条件（性的・地域的・保護者の職業と学歴）、学力と知能の相関関係なども分析された。

　後者の「低学年用読解力検査」は、小学校高学年・中学校用の「読解力学力検査」の続編として作成されたものであり、小1～3共通の総合版的性格であること、低学年用の読解力の基礎的なものをみるための測定能力の拡充が求められた。検査問題には絵を多く取り入れるなどの創意工夫も見られた（同上，1957a：16）。低学年用の読解力の発達状況を考慮して、より基底的な読みの力も対象とされ、漢字読字力70題、語彙力74題、文章読解力46題が出題され、正答・誤答が分析された。

160　第1部　北海道・東北・関東地方

　新潟県の特徴の一つに、他県と比べても低学年用の学力テストが頻繁に行なわれた点が挙げられる。これは、小1から中3までの算数・国語における「学力検査」の開発の一環として行われ、同時に基礎学力の定着状況も分析された。前節でも述べたように、県教育研究所は、そのスタート時点から県独自の標準学力テストの開発・実施を目指す意欲的・積極的な姿勢と努力を継続したと言える[3]。

## 3　「学習指導改善テスト」の開発

　新潟県の「学習指導改善テスト」は、戦後から平成以前までは〈表—3〉の14件であるが、この14件の内訳は国語が7件、算数・数学が5件、理科が2件である。また、その実施機関は全て「県教育研究所」と「県教育センター」であった。

　新潟県における学習指導の改善は国語と算数・数学が中心ではあるが、それ以上に目を引くのが学習上の「つまづき」が見られる「学習不振児」や「学習遅滞児」への対応・対策であった。その視点は、児童生徒の「学力の底上げ」「学力向上」を求めたものであったが、同時に子どもの思考の働きや理解の仕方には個人差があること、個人の情緒的・意志的な面と言ったパーソナリティへの配慮も重要であることが認識された。具体的な事例を示しておこう。

　昭和31年2月・3月の「読みにおける学習不振児の障害と原因に関する臨床的研究」（小1〜6：国）は、国語学習指導の方法上の問題を追及した。新潟市上所小の各学年1学級を研究協力校とし、読みの能力に障害を持つ児童を、正常に引き戻すことを意図したものであった。昭和28年度からの5年間の継続研究であり、日本治療教育研究会の協力も得ている。その具体的な研究目的は、「（1）言語能力に障害をもつ学業不振児の診断と治療の方法を明らかにする。（2）言語指導の方法を組織づける。（3）言語能力の発達の様相およびそれに影響を及ぼすと考えられる要因との関係を明らかにする」（同上, 1957b：1）ことが掲げられた。研究対象の学業不振児童は、「読書能力検査」（坂本「標準読書テスト（SRT）A号B号C号・牧書店）を実施して読書能力偏差値の低い者（45以下）、下位文節面に欠陥の著しい者を選び、かつ知能検査（田中B式知能検査）

第8章 「学力向上」は小1から～新潟県～　　161

〈表―3〉 新潟県の「学習指導改善テスト」の実施状況

| 調査研究の名称 | 対象学年・教科 | 初回のテスト<br>実施年（度） |
|---|---|---|
| 読みにおける学習不振児の障害と原因に関する臨床的研究 | 小1～6：国 | 昭和31年2月・3月 |
| 国語科学習指導の実態と改善点 | 小1～中3：国 | 昭和31年7月 |
| 作文力の調査研究 | 小1～中3：国 | 昭和33年度 |
| 数学・算数科の問題解決における思考過程とその指導 | 小5：算、中2：数 | 昭和36年7月～8月 |
| 文字式をつかって解く文章題の困難度の検証 | 中3：数 | 昭和36年度 |
| 読解力の形成とその指導 | 小1・2：国 | 昭和36年3月 |
| 理科学習における理解過程とその指導 | 小5～中2：理 | 昭和36年6月 |
| 算数・数学科における学業成績の劣る子どもの思考とその指導 | 小6：算 | 昭和40年7月7日・8日 |
| 理科学習における理解の実態と指導過程 | 小4～6：理 | 昭和40年10月～12月 |
| 読みの経時性に即する読解指導 | 小4～6：国 | 昭和40年11月 |
| 関数概念の形成に関する調査研究 | 小6：算<br>中1～3：数 | 昭和42年10月・43年2月 |
| 説明的文章の意味構造のはあくの実態とその指導 | 小4～中2：国 | 昭和42年11月14～16日 |
| 中学校生徒の漢字を書く力と問題点 | 中2：国 | 昭和43年1月9日～26日 |
| 算数・数学科における一般化の能力形成 | 小5～小6：算<br>中1～3：数 | 昭和49年10月・12月 |

　の結果も用いて決定された。昭和29年度は学業不振児の診断、30・31年度は治療教室を開設し、読みにおける学業不振児の診断と治療指導も実施された。

　昭和40年7月7日・8日の「算数・数学科における学業成績の劣る子どもの思考とその指導」（小6）は、学業成績の劣る子どもの思考の特徴をとらえ、学習指導の要点を解明することを意図したものであった。新潟市内のA小・3学級132人を対象に、算数の学業成績の劣る子どもと普通の子どもに対して、文章題の指導を個別に行い、その過程や結果が比較考察された。つまりは、算数

の学業成績の劣る子どもにおける「文章題を解くにあたっての思考の特徴」と「文章題の解き方を指導するときの指導の要点」（同上，1966：1）を調べるというものであった。具体的には、学業成績の劣る子どもと普通の学業成績の子どもの正答率の違い、解き方の違い、つまづきやすい点などが比較分析された[4]。

　しかしながら、県教育研究所はこうした「学業不振児」に対する学習指導のあり方を調査研究すると同時に、他方では昭和34年度から「学力向上のための学習指導の改善」に関する5年間の継続研究も行われ、「どのような学力を形成するのか」が重要なテーマとして掲げられた。また昭和36年度からは、次節でも述べる全教連の共同研究事業でもある学力と学習指導にも参加し、「学力向上」を目指した調査研究も行われた。研究成果としては、昭和40年10月～12月の「理科学習における理解の実態と指導過程」（小4～6）、同年10月の「読みの継時性に即する読解指導」（小4～6）などであり、学力向上に向けた学習指導のあり方がメインとされた。

　実は、この学力向上に向けた学習指導のあり方を追求する姿勢は、昭和31年度から開始された文部省「全国学力調査」の結果が「全国平均より低い」という実態に対する危機感を反映するものであった。例えば、昭和36年の学テ結果における新潟県の中3の結果は、国語28位、数学33位であり、「学力が全国平均以下」という実態を受け、以後は学力低下を何としても挽回することを目指した調査研究が行われた。昭和43年1月の「中学校生徒の漢字を書く力と問題点」は、昭和41年度の「全国中学校学力調査」の結果を基に、国語の「語句・漢字の読み・書きの分野は格段に低い」（新潟県立教育センター，1968a：1）との危機意識から、中2を対象に県下11校で「漢字を書く力、特に熟語を書く力」の検証が行われた。昭和50年度の「県小・中学校における児童・生徒の計算力の実態」は「計算力の低下」という実態を解明するために、昭和36年度から41年度の学テ問題の中から、「数と計算」「数・式」領域に含まれるものを抽出し、小5・6、中2・3を対象に実施したものであった（新潟県立教育センター，1976：1-2）。いずれにせよ、「基礎学力の向上」が新潟県における喫緊の課題であったことになる。

第 8 章　「学力向上」は小 1 から〜新潟県〜　　163

## 4　全教連の「共同研究事業」への参加

　新潟県が県の方針として、学力と学習指導の研究を本格化させたのは、昭和35年以降であり、「学力と教育条件ならびに学習指導に関する第 1 次 5 カ年計画」（新潟県立教育センター，1971：52）が策定されたことを契機とした。その背景には、昭和31年から開始された「全国学力調査」の結果が全国平均よりも「相当に低い」ことへの危機感があった。そこで、県教育研究所では全所員による共同研究体制を構築し、各教科で専門の教師や指導主事らの協力も得ながら、学力と学習指導の改善に取り組むこととなった。その際に、全国教育研究所連盟（以下、「全教連」）の共同研究への参加が提唱され、昭和36年度から全教連共同研究「学習指導改善のための実証的総合研究」に加わり、昭和38年度までに 3 年間の研究活動が展開された。共同研究成果報告書は〈表— 4 〉の 4 件であるが、その中の算数・数学の 2 件の内容を確認する。

〈表— 4 〉 新潟県における全教連との共同研究による調査研究の一覧

| 全教連との共同研究による調査研究 | 対象学年・教科 | 初回のテスト実施年（度） |
|---|---|---|
| 読解力の形成とその指導 | 小 1 ・ 2 ：国 | 昭和36年 3 月 |
| 理科学習における読解過程とその指導 | 小 5 〜中 2 ：理 | 昭和36年 6 月 |
| 数学・算数科の問題解決における思考過程とその指導 | 小 5 ：算<br>中 2 ：数 | 昭和36年度 |
| 文字式をつかって解く文章題の困難度の検証 | 中 3 ：数 | 昭和37年度 |

　昭和36年度の「数学・算数科の問題解決における思考過程とその指導」（小5 ・中2 ）は、全教連の共同研究「算数数学科の学習における思考力の形成とその指導に関する研究」に参加し、昭和36〜38年度の 3 年連続で刊行したものであった。昭和36年度の第 1 次研究では、児童生徒が算数・数学の問題に立ち向かった場合に、どのように思考するものなのか、特に児童生徒がどのような場合につまづき、どのような契機でそれを打開するのかを具体的に究明したものである。特に「田研式項目別標準学力検査」と県教育研究所が作成した「学力調査」の結果を基に面接調査も実施し、各児童の「ひとりごと、動作・表

164　第1部　北海道・東北・関東地方

情・示唆」（新潟県立教育研究所，1962：20）に対する反応、質問と応答などを観察・記録・録音し、丁寧に分析に利用している点が特筆され、他県では見られない調査研究が行われた[5]。第2・第3年次研究では、授業の実践と観察分析が継続研究として実施された。

　昭和37年度の「文字式をつかって解く文章題の困難度の検証」（中3）は、全教連の共同研究の第2次研究の中で行われたものである。研究目的は、「（1）文字文章題が数字文章題よりも難しいという実証、（2）どのように難しいかの調査、（3）この調査結果を本研究、ならびに学習指導の参考とする」（同上，1963：4）というものであった。数学に関する「文字文章題」20題、「数字文章題」20問が作成され、児童生徒における「文章題」の学力実態を調査するものであった。この予備調査後に中2を対象に実験群と統制群を編成した「比較群法による実験的研究法」（同上，1963：12）により実験的学習指導が実施された。その前後においては指導前・指導後・把持テストが実施され、学習の効果も測定された。

　算数・数学科以外では、昭和36年度からの3年間にわたって国語科が「読解力の形成とその指導に関する研究［1］［2］［3］」を、理科が「理科学習における理解の実態と指導過程［1］［2］［3］」の研究成果が刊行された。確かに、新潟県の場合には全教連との共同研究数は4件と必ずしも多くはないものの、前節で述べた県独自の学習指導改善に関する調査研究も考慮すると、全国的には学習指導改善には積極的な県であったことがわかる。学力向上の主なる柱となったものは、国語と算数・数学の「基礎学力」の回復であった。

## 5　現代の学力テスト政策

　新潟県の現代の学力テストは、〈表―5〉の3件である。最初の1件目の実施機関は「県教育センター」であるが、後の2件は「県教委」である。最初の1件は、県教育センターの「プロジェクト1研究」（平成4〜7年度）によって実施された「新しい学力観に立つ学力調査」である。

　平成3（1991）年3月、県教委は「いきいき新潟教育プラン―新潟県第六次総合教育計画―」を策定し、その中で「学力の向上を図り、個性を生かす教育

第8章 「学力向上」は小1から〜新潟県〜　　165

〈表—5〉 新潟県の「現代の学力テスト」の実施状況

| 学力テストの名称 | 対象学年・教科 | 初回のテスト<br>実施年（度） |
|---|---|---|
| 新しい学力観に立つ学力調査 | 小6：2教科、中3：3教科 | 平成5年10月〜12月 |
| 全国標準学力検査（NRT） | 小5：2教科、中2：2教科＋英 | 平成11年5月 |
| 全県学力調査 | 小4〜6：4教科<br>中1〜2：5教科 | 平成17年1月12・13日 |

の推進」（新潟県教育委員会，1991：33）をターゲットの一つに掲げ、小・中・高
での一貫した取り組みを求めている。こうした県の教育施策に基づいて、県教
育センターでは学力の向上と学習指導の改善・工夫を求め、平成4年度から4
か年計画で「プロジェクト1研究」が開始され、翌5年度には「新しい学力観
に立つ学力調査」（小6：2教科、中3：3教科）が実施された。

　同調査の目的は、「新潟県の小・中・高等学校における児童・生徒の国語、
算数・数学、英語の学力が新指導要領に基づく学力観からみたときに、どのよ
うな実態であるかを把握する。新潟県第六次総合教育計画における『学力向上
の推進』に資するために、問題作成に対する考え方やその結果を明らかにする
ことにより、授業改善の方策を実践的に探る」（新潟県立教育センター，1994：3）
ことであった。県教育センターは、梶田叡一の「氷山」にたとえた学力論を引
用し、「知識・理解」の到達を重視する従来の学力観ではなく、「関心・意欲・
態度」「思考・判断」「技能・表現」などの新しい学力観に立った調査問題の試
案作りに挑戦している。国語は児童生徒の学力形成に関わる授業過程（指導過
程）に着目し、興味・関心や思考過程を大切にした問題を作成している。算
数・数学は児童生徒の主体的な学習活動が期待できるもの、すなわち問題解決
的な学習に適しているものを題材に選んでいる。

　平成15年の「県学力向上検討会議」では、全県的な学力調査の実施が提案さ
れ、それを受けて県教委が平成16年度から開始した学力調査が「全県学力調
査」（小4〜6：4教科、中1〜2：5教科）であった。県下の小学校（585校）・中
学校（244校、中等教育学校2校を含む）の全てを対象に、「本県児童生徒の基礎・

166 第1部 北海道・東北・関東地方

基本の定着状況を把握し、県及び市町村ごとの学力実態を明らかにし、その上で、問題点や改善策等を示す」（新潟県教育委員会，2005a：1）としている。そして、各市町村教委及び各学校においては、学習内容の定着度を把握し、特徴的な傾向や問題点等を分析するなどして、児童生徒にとって「分かる授業」を展開するための改善計画を策定することが可能となった。

　学習指導要領に定める内容のうち、ペーパー・テストで調査を行うことが適当な内容について定着状況を調査し、各学年・各教科の「目標正答率を70％」（同上，2005a：2）に設定している。「学年・教科別正答率」「目標正答率に達した児童の割合」「教科ごとの概要」「改善に向けた指導例」などの結果分析も行っている。平成19年1月にも実施されたが、文科省「全国学力・学習状況調査」（以下、「全国学テ」）の開始を受けて、3回の実施で終了している。

## おわりに

　戦後の新潟県における学力テストの実施目的は、国語、算数・数学における基礎学力を中心とした「学力向上」であり、その対策は小学校入学時から開始された。実は、新潟県と類似した県が第2章でも紹介した青森県であった。ただし、青森県は昭和36年の学テにおいて中2・3ともに全教科で最下位グループに属しており、その影響は深刻であった。一方、新潟県は「全国平均以下」ではあったものの、青森県のように全国最下位グループであったわけではない。にもかかわらず、新潟県が「学力向上」に邁進したことは学テの影響力の大きさを物語るものではある。「並以下」。これは、新潟県にとって大きな屈辱であったと言える。

　「鉄は熱いうちに打て」「善は急げ」の言葉もあるように、新潟県では学力向上は早い段階から実施すべきと考えられた。この点が新潟県の「学力テストを利活用したイノベーション（革新性・先駆性）」として注目される。県の方針として、学力と学習指導の研究を本格化させたのは、昭和35年以降であり、「学力と教育条件ならびに学習指導に関する第1次5カ年計画」（新潟県立教育センター，1971：52）を契機とした。その背景には、昭和31年から開始された文部省「全国学力調査」の結果が全国平均よりも「相当に低い」ことへの危機感が

あった⟨6⟩。そうした学力低下に対する対策として、いくつかの調査研究が実施されたことは、本文でも指摘した通りである。

一方、県では昭和37年4月に県知事の諮問を受け、「県総合開発審議会」が県総合開発計画の策定をスタートさせ、教育においても「県民の力の発揚」を計画し、総合開発計画の一翼を担うこととなった。そして、同年7月には県教育庁内に「長期総合教育計画委員会」が設けられ、「県長期総合教育計画」の立案作成が開始された。その際に指摘されたことが新潟県の学力低下に対する危機意識であった。「新潟県の教育が、いろいろな資料や事実からみて、全国的水準との格差の甚しい部面が多く、これらをこのまま推移させると、産業構造の変革、社会情勢の変化の激しい今日、ますます差が大きくなり、やがては取り残された状態に追い込まれるのではないか」（新潟県教育委員会, 1963：序）と危惧され、新潟県の学力の実態面などに関する調査結果が指摘された。例えば、昭和37年度の文部省「全国学力調査」（小・中・高）の算数・数学と理科の学力が「全国平均よりもかなり低い」（同上, 1963：124）と指摘された上で、学力と理科設備充足率や教員免許状所有状況などの相関も調査された。中学・高校で臨時免許状の所有率が高く、「教員の指導力低下は免れず、これが学力の低い一因となっている」（同上, 1963：125）とまで指摘された。

教員免許状と学力の関係の真偽のほどはさておき、新潟県では以後「総合教育計画」が「第8次」（平成13〜17年度）まで立案・実施され、現在は「県教育振興基本計画」（平成30年度より）が進行中である。「総合教育計画」の中では、絶えず全国的な学力調査と新潟県の比較を行い、学力の高低を論じている。平成19年度から開始された「全国学力・学習状況調査」（以下、「全国学テ」）開始前の平成12年度には「全国標準学力検査」の結果と比較され、新潟県の学力低下が指摘された（同上, 2001：38）。全国学テ開始後は、全国学テの結果を基に「本県児童生徒の学力は年々向上し、概ね全国水準を確保できているものの、まだ、良好な状況にあるとはいえません」（同上, 2010：11）といった指摘がなされた⟨7⟩。

新潟県が一定の指標に基づいて学力の実態を把握し、目標を立てること自体には問題はなかろうが、テスト結果だけを教育の良し悪しとすることには疑問

168　第1部　北海道・東北・関東地方

も残る。また、小学校の入学と同時に「学力向上」へと導くことは、児童の
「学ぶ楽しさ」を奪うことになりはしまいか。「学力向上」の意味と中身を問う
ことが重要である。


〈注〉
〈1〉『新潟県教育百年史』では、戦後直後の昭和23年の新制中学校における学力が
「中学三年の実力は一年生並」と地元紙の『新潟日報』が報じたことを紹介している。
その後も、度々学力低下は問題となっている（新潟県教育百年史編さん委員会，1976：
180）。
〈2〉この時の「小学校算数学力検査」（小4～6）の「検査用紙」の定価は5円、「検
査の手引き」は10円で野島書店から販売されている。「中学校数学学力検査」（中3）の
「検査用紙」「検査の手引き」も同じ値段であった（新潟県教育研究所，1951b：47）。
〈3〉本書の中でも紹介しているが、類似の状況は他県でも見られ、千葉県では昭和30
年には小1～中3までの4教科36冊の標準学力テストを完成している。静岡県は、昭和
25（1950）年2月に「小・中学校学力標準検査」（小2・4・6、中3：2教科）を、
昭和33年4月に「中学校学力検査」（中1：4教科）を実施している。
〈4〉具体的には、小6にペーパー・テストを課し、学業成績の劣る子どもと普通の学
業成績の子どもの正答率の違い、解き方の違い、つまづきやすい点などを比較する。ま
た標準学力テストと知能偏差値で下位群と中位群の36人の児童に個人面接調査も行って
いる（新潟県立教育研究所，1966：2・5）。
〈5〉この第一次研究の成果としては、「思考は既有経験を前提として、それによって制
約される」、「思考活動は、一応の、または部分的な見とおし―予想の成立から始まる」、
「思考は目標に導かれて発展する」（新潟県立教育研究所，1963：1-2）など8項目が挙
げられる。
〈6〉昭和40年には新潟県の大学進学率も全国最下位グループに位置していた。詳しく
は、藤村正司1996「新潟県の大学進学率はなぜ低いのか―学力・所得・供給構造―」
『新潟大学教育学部紀要』第38巻第1号、1-13頁を参照されたい。
〈7〉例えば、平成21年度の全国学テの結果が小・中の国語と算数・数学で公表されて
いる。その際には、新潟県と全国の平均正答率が比較され、新潟県は小・中学校「国語
A」、中学校「国語B」が全国平均を上回るが、他は全国平均を下回っている（新潟県
教育委員会，2010：11）。


〈引用・参考文献一覧〉
時事通信社　1962「特集　学力の開き、実体はどうか」『内外教育』第1352号、2-8頁

第8章　「学力向上」は小1から～新潟県～　　169

新潟県教育委員会　1963『新潟県長期総合教育計画』1-214頁

新潟県教育委員会　1991『いきいき新潟教育プラン―新潟県第6次総合教育計画―』1-208頁

新潟県教育委員会　2001『新潟県第8次総合教育計画―21世紀の社会を担う、個性と創造性豊かで活力に満ちたにいがたひとづくり』1-168頁

新潟県教育委員会　2005a『平成16年度　「全県学力調査」報告書』1-391頁

新潟県教育委員会　2005b『平成16年度　「全県学力調査」の集計結果』1-49頁

新潟県教育委員会　2010『教育施策ビジョン―「個」を伸ばすひとづくりに向けて―』1-84頁

新潟縣教育研究所　1950a「教育研究所の任務と政策」『所報』創刊號、14-18頁

新潟縣教育研究所　1950b「算数学力テスト作成について」『所報』創刊號、20-21頁

新潟縣教育研究所　1950c「算数学力テストにおける標本調査票について」『所報』創刊號、22-23頁

新潟県教育研究所　1950d「国語標準学力テストの作成と国語能力実態調査について」『所報』創刊號、24-25頁

新潟県教育研究所　1951a「学力検査問題作成についての標本調査法」『研究紀要』第一集、1-108頁

新潟県教育研究所　1951b「複式教育調査―経過と今後の方向―」『所報』第3号、41-47頁

新潟県教育研究所　1951c「算数数学学力検査」『研究紀要』第二集、1-262頁

新潟県教育研究所　1952「複式教育調査」『所報』第4号、21頁

新潟県教育研究所　1953a「小学校児童生徒の文章読解検査」『研究紀要』第五集、1-190頁

新潟県教育研究所　1953b「標準学力検査」『所報』第5号、54頁

新潟県教育研究所　1955a「算数・数学学力検査―小学校1年、2年、3年用および中学校1年、2年用―」『研究紀要』第9集、1-174頁

新潟県教育研究所　1955b「分数診断テストの作成と治療の問題点」『所報』第7号、19-23頁

新潟県教育百年史編さん委員会　1976『新潟県教育百年史（昭和後期編）』新潟県教育委員会

新潟県立教育研究所　1957a「低学年用読解力検査について」『所報』第9号、16-18頁

新潟県立教育研究所　1957b「読みにおける学習不振児の障害と原因に関する臨床的研究」『研究紀要』第14集、1-95頁

新潟県立教育研究所　1958「読解力検査と国語科学力」『研究紀要』第17集、1-212頁

新潟県立教育研究所　1962「算数・数学科の問題解決における思考過程とその指導」

『研究紀要』第29集、1-158頁

新潟県立教育研究所 1963「算数・数学科の問題解決における思考過程とその指導〔2〕」『研究紀要』第36集、1-82頁

新潟県立教育研究所 1964「算数・数学科の問題解決における思考過程とその指導〔3〕」『研究紀要』第43集、1-123頁

新潟県立教育研究所 1966「算数・数学科における学業成績の劣る子どもの思考とその指導〔2〕―小学校高学年の文章題の解決について―」『研究紀要』第55集、1-59頁

新潟県立教育センター 1968a「中学校生徒の漢字を書く力と問題点」『研究集録（教育研究編）』第1集、1-26頁

新潟県立教育センター 1968b「説明的文章の意味構造のはあくの実態とその指導」『研究集録（教育研究編）』第1集、1-43頁

新潟県立教育センター 1968c「関数概念の形成に関する調査研究」『研究集録（教育研究編）』第1集、1-34頁

新潟県立教育センター 1971『創立二十周年記念誌』新潟県立教育センター

新潟県立教育センター 1976「新潟県小・中学校における児童・生徒の計算力の実態」『研究報告』第4号、1-48頁

新潟県立教育センター 1994『学力の向上を目指す授業改善に関する実践的研究（第2年次）―新しい学力観に立つ第一次学力調査報告書―』1-164頁

# 第2部　北陸・東海・関西地方

第9章　「小中教研学力テスト」：教員力の結集〜富山県〜 ……………175

第10章　SASA：「戦後最長」の学力テスト〜福井県〜……………195

第11章　「信濃教育会教育研究所」の功績〜長野県〜……………………215

第12章　「テスト王国」の実態〜静岡県〜 ………………………………232

第13章　全県的「学校テスト」の実態〜愛知県〜 ………………………248

第14章　「機能的学力観」の受容と継承〜岐阜県〜 ……………………267

第15章　「学力の実態」に関する独自の調査研究〜滋賀県〜 …………285

第13章　「目標準拠評価」としての「到達度評価」〜京都府〜…………305

第17章　学力保障を求めて！　「府教育センター」の活動〜大阪府〜…326

〈第２部を読む前に〉

　戦後の学力テストは、本書では「教育政策テスト」と「学習指導改善テスト」に区分して論じているが、下記の〈表─Ｂ〉は北陸・東海・関西地方の15県の実施状況を年代別に一覧にしたものである。学力テストの実施数が最も多い県が滋賀県の56件、最も少ない県が和歌山県の４件であった。第２部は、これら15県の中から富山・福井・長野・静岡・岐阜・滋賀・京都・大阪の８県を各章で取り上げた。

〈表─Ｂ〉北陸・東海・関西地方の戦後学力テストの実施状況

|  | 昭和20年代 | 30年代 | 40年代 | 50年代 | 60年代〜平成18年度 | 19年度〜令和２年度 | 合計 |
|---|---|---|---|---|---|---|---|
| 富山 | 5 | 9 | 5 | 0 | 1 | 0 | 20 |
| 石川 | 1 | 0 | 10 | 0 | 1 | 1 | 13 |
| 福井 | 1 | 6 | 3 | 7 | 0 | 1 | 18 |
| 山梨 | 1 | 2 | 2 | 0 | 0 | 3 | 8 |
| 長野 | 9 | 4 | 1 | 0 | 8 | 1 | 23 |
| 静岡 | 4 | 6 | 3 | 0 | 1 | 0 | 14 |
| 愛知 | 7 | 5 | 6 | 1 | 0 | 0 | 19 |
| 岐阜 | 4 | 10 | 9 | 2 | 1 | 0 | 26 |
| 滋賀 | 1 | 10 | 19 | 14 | 12 | 0 | 56 |
| 三重 | 3 | 1 | 5 | 5 | 0 | 0 | 14 |
| 京都 | 5 | 6 | 2 | 0 | 3 | 1 | 17 |
| 奈良 | 5 | 4 | 1 | 1 | 1 | 1 | 13 |
| 大阪 | 16 | 13 | 17 | 19 | 9 | 3 | 77 |
| 和歌山 | 0 | 1 | 0 | 0 | 2 | 1 | 4 |
| 兵庫 | 6 | 7 | 2 | 0 | 1 | 0 | 16 |

＊数値は新規に開発・作成された学力テストを用いた調査研究であり、２年以上継続されたものでも「１」としてカウント。（表は北野秋男2022『地方学力テストの歴史─47都道府県の戦後史─』風間書房より作成。）

第2部では取り上げなかった各県の特徴を簡単に述べておくと、北陸の石川県は戦後の学力は全国的には高い位置にあるが、県教育研究所が中心となって昭和40年代に集中的に「学習指導改善テスト」を実施している。平成28（2016）年度における「全国学力・学習状況調査」（以下、「全国学テ」）の小6の3教科（国語A・算数A・B）では秋田県を抜いて平均正答率で「全国1位」となっている。しかしながら、石川県教職員組合などが県内の事前対策の実態を報告し、全国学テや県学力テストの廃止を提言している。山梨県は、戦後の学力テストの実施回数は少ないものの、近年の平成19年度以降は学力調査を繰り返し実施している。三重県は、昭和40・50年代に「学習指導改善」を目的としたテストの実施に積極的に取り組んでおり、学力の定着を図ることを目指している。

関西では、奈良県が全ての学力テストを「教育政策テスト」として実施し、児童生徒の学習指導の改善や各学校の指導計画に役立てている。和歌山県は、学力テストに関する資料がほとんどなく、わずか4件の学力テストしか確認できなかった。平成23年度からは「県学習到達度調査」を小・中学校で全県的に実施し、その結果を市町村別・学校別に公表している。兵庫県は、昭和20・30年代に「教育政策テスト」を中心に学力テストを実施し、児童・生徒の学力の実態把握が繰り返し行われている。

# 第9章 「小中教研学力テスト」：教員力の結集〜富山県〜

〈杜甫与三郎（小教研第三代会長）〉

　特に最近になって、「富山参り」、「香川詣で」というようなことばが全国的に流れて、わが富山県教育の高い水準が話題になり、その事情を視察に全国各地から来県されている。その富山県教育をつくり上げた功績の一端は、わが小教研もになっていることを思うと、自画自賛ではあるが、わが小教研のすぐれた組織と機構と運営をあらためて認識したのである（富山県小学校教育研究会，1989：43）。

---

## はじめに

　今日の学力上位県の実態や要因分析を行なった研究は多いが、福井大学の岸は平成21年の文科省「全国学力・学習状況調査」（以下、「全国学テ」）の平均正答数の分布を各都道府県別に分析した結果として、「秋田県、福井県でほとんどの学校が全国平均値よりも上回っていること」、「秋田、福井、石川、富山など良好な結果を示した県ほど得点分布のばらつきが少ない」（岸，2012：14）ことを指摘している。学力上位県は、個人でも学校単位でも得点のばらつきが少ない点が特徴だが、北海道・東京・愛知・京都・大阪・福岡などの大都市を有する都道府県の場合は、「上位から下位への分布のばらつきが大きい」（同上，2012：14）とされた。このことが意味することは、学力上位県は県全体で学力下位校が少ないこと、言い換えれば学力格差があまりなく、平均的に学力が高いということであった。そして、この富山県の「学力が高い」という実態は昔も今も変わっていない。

　第2章でも述べたように、岩手県における学力低下の要因としては、昭和39年に社会的・経済的・文化的諸力としての「教育的民力」の低さが指摘された（岩手県教育委員会，1964）。その際に、岩手県と比較された県が富山・香川・福

井などの県であった。これらの県は、産業構造や所得水準などの「間接的な教育的民力」は後進地域であるものの、「所得格差をこえた父兄の教育に対する理解関心」と「教育条件のなかでも教員の学習指導力」（同上, 1964：3）が高いと評価された。

　もう一つの事実も示しておこう。昭和36年度の「全国中学校一斉学力調査」（以下、「学テ」）の結果は、第一には、5教科全体の学力上位県は大阪・香川・長野・富山・愛知・岐阜・福井などであった。こうした結果については、「都道府県の地域に大いに関係がある」（時事通信社, 1962：5）とされ、市街地が多い都道府県の成績は良好で、農山魚村が多い都道府県の成績が低いと推論されている。いわゆる地域間格差（「都鄙格差」）である。とりわけ、富山・香川の両県は「交通文化が発達して、都市と地方との交流が活発」（同上, 1962：6）とされた。一方、学力下位県の北海道・高知・岩手においては「教員の政治活動が盛んなあまり、学校運営や生徒の学習にも支障があった」（同上, 1962：6）と指摘された。つまりは、富山県では教員の政治活動は余り盛んでなく、児童生徒への学習支援が積極的に行われていたことになる。

　さて、こうした歴史的な評価において一貫していることは、富山県が戦後から今日まで常に学力上位県であったことであり、その背景には県全体で学力向上に取り組む施策が見られたことである。本章では、この富山県における戦後から今日まで学力上位県を維持してきた基盤として、全県的な教員組織に基づく学力向上への努力と実践があったという点に鑑み、富山県独自の教員組織のあり方と学力向上への取り組みを歴史的に検証することを課題とする。具体的には、学力上位県としての富山県を支える教員組織「県小学校教育研究会」（以下、「小教研」）と「県中学校教育研究会」（以下、「中教研」）による学力テストの実施状況に焦点化して、その学力向上策を検証することである。いわば、本書の課題となっている「学力テストの実施主体におけるダイバーシティ（多様性・多元性）」を問うことでもある。実は、今日においても県内教員のほぼ100％が参加する「小教研」と「中教研」の活動は、富山県内では高く評価されている。冒頭でも指摘した「全国学テ」において、絶えず上位の成績を収めている要因として、教員の授業研究への熱意など、その質の高さや姿勢が優れ

ているとされ、「小中学校の教育研究会活動が非常にさかんです」（松本, 2012：16）と評価されている。富山県の「小教研」「中教研」とは、どのような歴史をもち、どのような学力向上策を行なってきたのか。こうした点を歴史的に解明することを本章の課題とする。

## 1　戦後の学力テスト開発の歴史

　戦後から今日までの富山県の「県教育委員会」（以下、「県教委」）「県教育研究所」（後の「県教育センター」）「小・中学校長会」「小教研」「中教研」などの公的機関が実施した学力テストの実施状況を時期区分して示すと、〈表―1〉のようになる。「教育政策テスト」は13件、「学習指導改善テスト」は7件となり、富山県では児童生徒の学力の実態を把握して、教育政策の改善に生かすテストが多く実施されている。また、昭和20・30年代に集中していることも特徴的である。

〈表―1〉　富山県の戦後学力テストの実施状況

| | 昭和20年代 | 30年代 | 40年代 | 50年代 | 60年代〜平成18年度 | 19年度〜令和2年度 | 合計 |
|---|---|---|---|---|---|---|---|
| 教育政策テスト | 5 | 7 | 0 | 0 | 1 | 0 | 13 |
| 学習指導改善テスト | 0 | 2 | 5 | 0 | 0 | 0 | 7 |
| 合計 | 5 | 9 | 5 | 0 | 0 | 0 | 20 |

＊数値は新規に開発・実施された学力テストを用いた調査研究であり、2年以上継続されたものでも「1」としてカウントしている。

　戦後の富山県においては、新教育運動による学力低下批判よりも、「新制中学校」の発足による「学力低下」が問題視された。それは、旧制中等学校と比較して学力が劣ることを問題視したものであった。こうして富山県では「（昭和）25年度ごろから急速に基礎学力の充実に対処する学校が増加した」（富山県教育史編さん委員会, 1972：650）と指摘された。県教育研究所（昭和24年5月設立）による最初の学力テストは、昭和25年9月に行われた「算数検査問題の誤謬調査」（小1〜6：算数）であり、この結果に基づいて翌26年11月に「標準学力検

178　第 2 部　北陸・東海・関西地方

定テスト」（算数）が実施された。後者の「検定テスト」は、実験学校の呉羽
小学校の全児童（小 1 ～ 6 ）を対象に行われたものであった。その目的は、児
童の学習上の困難、障害や抵抗を解消し、学習の能率を高め教授方法の改善に
資することであり、学習の障害点や誤りの類型を解明するためであった（富山
縣教育委員会, 1952：131）。

　全県的な規模で行われた最初の学力テストは、昭和30年11月に行われた「小
中学校学力調査」であり、小 3 ～ 6 （ 4 教科）と中 3 （ 5 教科）を対象に、小学
校の85％、中学校の69％が参加した。翌年は90％近い参加を得ている（富山県教
育研究所, 1968：15）。実施主体は、初回の昭和30年度は「県教委」「県小・中学
校教育研究会」「冨大付属教官」「県教育研究所員」が一致協力して実施し、昭
和38年度以降は「県中教研学力調査」が行われるようになり、小学校と中学校
では別々に学力テストが実施された。

　「小教研」の学力テストの初回を昭和30年度とすると、平成30年度は「第64
回」を数え、次章でも述べる「福井県学力調査」に次いで、日本では最も長い
歴史を持つ学力テストとなっている。県教育研究所は、昭和30年代においては
昭和38年10月～12月に中 3 （ 5 教科）を対象に「基礎学力調査研究」を抽出方
法によって実施し、文部省「全国学力調査」では把握しがたい学力内容を調査
研究している。その目的は、「各教科の中でとくに構造的な見方や考え方が
育っているか」（同上, 1964：はしがき）を視点に据え、各教科で教育内容や方法
の近代化についての具体的な資料を得ることであった。県教育研究所の「基礎
学力調査部」が主導し、全教科で中・高教員に加え、教育研究所員が担当して
問題作成を行ない、平均正答率の分析に加え、応答状況から思考の働きを分析
し、その後に面接調査なども実施している。

　富山県の県教委や県教育研究所が行った戦後の学力テストは、上記の 3 件の
みであり、他は全て「小教研」「中教研」が主体となった学力テストが実施さ
れた。また県教委が主導した学力テストは、昭和30年度の「小中学校学力調
査」の 1 件のみであり、現在も県教委が主導する学力テストは行われていない。
県教委ではなく、教員組織である「小教研」「中教研」が学力テストを実施し
ていることが富山県の最大の特徴であった。このことは、他県とは異なって学

校現場の全教員が「ボトムアップ」的に学力向上に自主的に取り組み、県教委からの「トップダウン」的な強制力が働いていないことを意味する。もちろん、「県教委」と「小教研」「中教研」の密接な連携があったとしても、民間団体による自主的な活動が長く継続されていることは特筆に値する。

　一方、7件行われた「学習指導改善テスト」の概要を簡単に紹介しておくと、昭和35年度には「説明的文章読解に関する調査」（小6・中3：読解）、昭和39年度には「教科の本質に即した能力の形成に関する調査研究」（小4～6：4教科）が行われた。昭和40年には「問題構造をとらえる論理的思考の児童の発達過程に関する調査研究」（小1～6：算数）が、昭和43年度には「学力の伸長をはばむ要因分析研究」（中1：5教科）が行われた。特に他県とは異なる目新しい調査研究は行われてはいない。従って、富山県の学力テストの最大の特徴は、以下に述べる「小教研」「中教研」によって実施された学力テストであった。

## 2　「小教研」による学力テスト

　富山県では、もともとは戦前の大正4（1915）年に県師範学校付属小学校が中心となり、県下小学校に呼びかけて小学校教育の様々な問題を研究する「県初等教育連合研究会」が結成された。大正12（1923）年には「県初等教育研究会」に、昭和16年には「県教育翼賛会国民学校研究部」に名称変更し、昭和18年まで活動した。

　終戦後は、敗戦を契機に教育の民主化が浸透し、富山県においても新学制の発足により、「全国に類例のない研究機関」（富山県小学校教育研究会, 1959：13）として県内の区域郡市の小学校教員組織を統合した「小教研」が昭和24年4月15日に設立された[1]。創設準備委員の一人であり、当時の出町小学校長であった大島信一は「小教研」発足の思い出として、「誰しもが強く考えていたことは、この会はあくまで会員のもりあがる総意によって結成し、その運営を民主的にしようということであった」（同上, 1959：12）と回顧している。また、『北陸夕刊』（政経部長）の佐藤敏典は「全国に類例のない研究機関ができ、富山県内では、別に不思議ともみられなかったが、他府県にはないから感心され、参考にもなったらしい」（同上, 1959：12）と述べ、他県には見られない独自性を

強調している。

この「小教研」結成には約4千人の会員が参加したが、県教職員組合からも数名の理事を出すことになり、組合とも深い関係を持った活動を行なうことが了承された。設立当時の「小教研会則」に規定された事業内容は7項目が定められた（同上，1959：20）。

1　各郡市区域における研究組織の民主化研究活動の促進援助に関すること、

2　現職教育に関すること、

3　小学校教育の調査・研究に関すること、

4　研究の集録・発表に関すること、

5　各種研究集会に関すること、

6　他団体との連携提携に関すること、

7　其の他小学校教育を推進するために必要なこと。

設立当初の重点的な研究活動は「カリキュラム」と「教育評価」の2部門であり、研究部門として「カリキュラム部」（社・理・家庭科）と「教育評価部」（国・算・体育・行動部）が設置された。「カリキュラム部」は、昭和24年には社会科カリキュラムを作成し、各小学校に提示している。「教育評価部」は、同年に県下各小学校177校（52,220人）で知能検査を実施し、翌25年2月には小学校全学年を対象にした「算数テスト1」（計算の部）「算数テスト2」（問題解決の部）、及び小2～6を対象にした「小学校国語能力調査」を実施している[2]。「算数テスト」は、計算力と問題解決の学力実態を、「国語能力調査」は「識字力」「書字力」「読む力」「作る力」の4項目の国語能力の実態を調査した。また、昭和25年度には教科部門制に改められ、「教育測定」「指導記録」「複式教育」を加え、「小教研」の研究部門は全11部門となった。〈表―2〉は、「小教研」による学力テストの初回の実施状況を一覧にしたものである。

「小教研」が参加した全県的な学力テストは、前節でも述べた昭和30年11月の「小中学校学力調査」（小3～6、中3）であった。同調査は、前年度までの国研による3年間の「全国学力水準調査」を終えた後も、引き続き県内の児童

第9章 「小中教研学力テスト」：教員力の結集～富山県～    181

〈表―2〉 「小教研」による学力テストの初回の実施状況

| 調査研究の名称 | 対象学年・教科 | 初回のテスト実施年（度） |
|---|---|---|
| 算数テスト1・2 | 小1～6：算 | 昭和25年2月 |
| 小学校国語能力調査 | 小2～6：国 | 昭和25年2月 |
| 小中学校学力調査（＊1） | 小3～6：4教科<br>中3：5教科 | 昭和30年11月29・30日 |
| 小学校における学力調査の結果と教育条件の分析（＊2） | 小3～6：4教科 | 昭和39年5月12日 |

（＊1）「中教研・県教委などと共同実施」　（＊2）「県教育研究所と共同実施」

生徒の学力実態と各教科における学習指導改善のために必要な基礎資料を得るという目的によって実施されたものであった（富山県教育研究所，1968：47）。この昭和30年度から実施された「小中学校学力調査」は、翌年から開始された文部省「全国学力調査」において、同県が成績上位を保つ上で「その素地を培った」（富山県小学校教育研究会，1989：37）と評価された。同じく、当時において呉羽小学校校長であった今川重蔵も昭和31年度の「全国学力調査」の結果が「全国最優秀の部に位置する好成績をあげた」（同上，1959：235）とした上で、その原因として「小教研の組織的研究による教師の指導力の向上と、小教研が過去数年間にわたって実施した学力調査のたまものである」（同上，1959：235）と述べた。

「小中学校学力調査」は、昭和34年4月21・22日には県下小・中学校の全ての学校が参加し、結果分析は抽出によって行われた。また、昭和38年度から開始された「県中教研学力調査」以後は、小学校と中学校で別々に実施された。「小教研」による学力テストは現在まで継続されている[3]。「学力調査」の結果報告である『学力調査報告書』は、昭和30年度から「小教研」は独自に刊行し、各学校に配布している（同上，1959：38）。

本章の冒頭で紹介した「小教研」第三代会長（昭和38～39年度）の杜甫与三郎（博労小学校長）の言葉は、「小教研」発足の15年目に発せられたものであるが、発足以来の「小教研」の研究活動が小学校教育の現場実践に直結した問題を取り上げ、優れた成果を生み出したことを「自画自賛」したものであった。また、

182　第2部　北陸・東海・関西地方

文部省「全国学力調査」の結果においても絶えず学力上位県であったことも証明され、その結果、昭和37年度には県外からの教育視察が相次いだことも述べられている。

## 3　「中教研」による学力テスト

　「小教研」と比べると、「中教研」の組織化は遅かった。昭和24年に「中教研」の組織化の気運が高まるも組織化には至らず、昭和28年には県校長会で「中教研」の設立は否決された。しかしながら、昭和30年までには都市部での「中教研」の組織化が整い、昭和31年12月に「中教研連絡委員会」が設立され、翌32年6月に中学校長会総会においても「中教研」の設立決議がなされた。当時においては、「中教研」よりも県校長会の力の方が強かったことが指摘され、昭和38年9月の「県中教研学力調査」は中学校長会の主導の下、「中教研」が協力するという形を取っている（富山県中学校長会・富山県中学校教育研究会，1963：まえがき）。〈表―3〉は、「中教研」による2件の学力テストの初回の実施状況を述べたものである。

〈表―3〉「中教研」による学力テストの初回の実施状況

| 調査研究の名称 | 対象学年・教科 | 初回のテスト<br>実施年（度） |
|---|---|---|
| 県中教研学力調査 | 中3：国・理・英の聞き取り | 昭和38年9月25日 |
| 学力調査結果の反応集計表 | 中1〜3：5教科 | 昭和51年4月13・14日 |

　昭和38年度の「県中教研学力調査」は、中3を対象に悉皆調査の形で実施された。このテストは、後に中1〜3までを対象に実施され、この結果に基づいて進学・進路指導が行われた。第1回の「県中教研学力調査」は、国語と理科を対象にした「記述式」のテストが実施された。その理由は、記述式が児童生徒の「弱点」（同上，1963：まえがき）として認識されたからであった。同テストの概要を示すと、以下のようになる。

## 第9章 「小中教研学力テスト」：教員力の結集〜富山県〜　183

### 第1回「中教研学力調査」の実施概要

① （対象）中3（国・理・英の聞き取り）年3回。悉皆：101校

② （目的）学テ（昭和36〜41年）の追跡調査の結果は必ずしも満足すべき状態ではない。学習指導改善の資料とする。「客観テストでは評価しにくい学力の実態を明らかにして学習方法を改善するのに役立てる」とし、記述式テスト実施。国・理の2教科において、その調査問題の解答を記述式で求め、生徒の思考力、表現力の実態を確かめ、その結果から今後の学習指導に役立つ視点をさぐる。

③ （問題構成）国語の能力（聞く力・漢字の力・読解力）を多面的に把握する。理科は基本的な要素を重視し、筋道を立てて考える能力、表を読む力・観察力、原理や法則を応用する力を見る問題。英語は聞き取り。

④ （結果分析）問題別・学校規模別・地域類型別得点を分析。誤答分析など応答の結果の詳細分析。

⑤ （実施主体）県中学校教育研究会（中教研）。校長会が中教研教育指導委員会に依頼し、県教育研究所の協力を得て実施。

　福井県の「県標準学力検査」は昭和24年度から開始され、現在も実施されているが、同じく富山県の「県中教研学力調査」も昭和38年から開始され、現在まで継続されている息の長い学力テストである。両県ともに、こうした学力テストの実施が、学力の向上をもたらしたという評価がなされている。

　対象学年や教科は、実施年度によって変更されており、例えば昭和41年度には中1〜3（5教科）、中2・3（英語聞き取り：希望者）が実施された。同じく、学力調査の「ねらい」も現在まで度々変更された。昭和50年度には「既習の学習内容について、生徒のつまずきや困難点等の実態をとらえ、指導の改善に役立てあわせて研究活動の参考に資する」とされていたが、平成23年度には「（1）県中教研の研究主題及び研究内容との関連性（トライアングル）を考慮した調査を実施し、研究を推進する資料とする。（2）教科の学習内容について、生徒一人一人の学習の実現状況を各評価の観点からとらえるとともに、調査結果をS−P表等の活用で分析し、指導計画や指導方法の改善に資する」（富山県中学校教育研究会，2017）とされた。

184　第2部　北陸・東海・関西地方

　「中教研」が県校長会から離れ、単独で学力テストを実施するのは昭和39年度以降であり、テスト科目も昭和40年度以降は5教科となり、その後は変更なく、現在に至っている。「中教研学力調査」は、ほぼ今日まで「中教研・研究部」の研究内容と関連させ、教科の各領域の基礎的・基本的事項に関する生徒の学力の実態を把握し、今後の指導及び研究活動の参考に資することが目指されている。その基本方針は現代でも変わりなく、一貫して調査研究による教科の指導改善を行うものであった[4]。

　最後に、「県中教研学力調査」の問題構成と分析内容を紹介しておきたい。特に、昭和40年度からは『学力調査報告書』が5教科で別々にまとめられ、刊行された。5教科全体の出題方針としては、学習指導要領で示す義務教育内容に加えて、「4月当初から専門委員会を設置して基本的なものの把握の程度や、思考や、創造がどのようになされているのか」といった点と「回答の方法も多様性を生かし、頭脳の回転の遅速もみるように努力した」（富山県中学校教育研究会, 1965：学力調査について）ことが挙げられている。

　中2を対象とした国語科の場合は、「読むこと」「書くこと」「聞くこと」を含め、国語能力を多面的にとらえることが示され、問題としては「説明的文章の読解」「漢字の読み書き」「文学的文章の読解」などが出題された。結果の分析においては、「問題の構成とねらい」が示された後に、「全体の考察」として正答率の悪かったものから順に考察がなされた。次に、「小問別考察」がなされ、「正答率」「誤答率」「無答率」といった応答の分布と「応答に対する考察と指導上の留意点」が示された。最後に、「実施上の問題点と反省」が挙げられ、「文章の論理的な構成を読みとる力に欠ける」「説明的文章に比べ、文学的文章の読解力に劣っている」（同上, 1965：36-37）などの的確な指摘がなされた。

　以上のように、昭和40年度の学力調査の結果分析は他の4教科でも同様なパターンで行われており、その内容自体に目新しさがあるというわけではない。「中教研」の学力テストを富山県における特色ある学力テストとして取り上げた理由は、「小教研」とともに中学校の現場教員が問題作成や実施を全面的に担当している独自性、及び半世紀以上もたった現代も実施されている継続性である。この点が富山県の学力テストにおけるイノベーション（革新性・先駆性）

第9章 「小中教研学力テスト」：教員力の結集〜富山県〜　　185

と呼ぶべきものである。

## 4　学力テスト批判

　しかしながら、「中教研」の学力テストの実施に関しては、昭和38年度の第
1回の『県中教研学力調査報告書』において「声なき声」として「反省の弁」
が紹介されている。この『学力調査報告書』の記述者は、当時の県中学校長会
の教育指導委員長で魚津市立桜井中学校長であった浦田三郎によるものである
が、その内容は冒頭から反省の弁が述べられている。浦田は、「学力実態調査
というからには、学問的にこれを論究すべきであろう。しかし、その気力もゆ
とりもないので、たんに、中学校教師の常識的考察をいくらか述べることでお
許し願いたい」（富山県中学校長会・富山県中学校教育研究会, 1963：1）と断った
上で、学力調査への自らの批判的見解を述べている。

　また、「県中教研学力調査」の実施においては、ドイツの世界的に著名な教
育思想家ペスタロッチ（Pestalozzi, Johann Heinrich 1746-1827）の教育理念が示
され、「人つくり」の現時点的な命題、「能力開発」の世界的思潮的要請の中で
は、現状の日本の義務教育最終段階である中学校教育が「果たして現状のまま
でいいのだろうか」という疑問を投げかけている。その理由は、新制中学校の
発足17年目を迎えて、人間形成的な側面に加えて、学力面では「中学生の印象
的知見と、考える力との均衡に問題が残るようである」（同上, 1963：2）といっ
た課題を指摘している。

　第1回学力調査に対しては、学校現場からも協調的・積極的な支持の声が寄
せられたとしながらも、他方では「中学校の現場的営みに役立てるようにする
ため」には、テスト批判を行なう「声なき声」も無視すべきではないとしてい
る。その「声なき声」とは、「テスト・テストで中学校教育本来の姿がゆがめ
られようとしているのに、中学校長会までがテスト、とは何ごとだ」「文部省
の学力テストに○○テスト、テストで現場教師が忙殺されているのに、中学校
長会のテストでは屋上屋」「テストは、いわゆる試験で切り捨て御免の順位づ
け。評価は、いわゆる新教育が叫ばれだしたための、テストの別名。調査とは、
統計資料をつくるための、こうるさい雑務」（同上, 1963：3-4）といった学力テ

スト批判であった。

さらには、この『学力調査報告書』の「あとがき」においても、県中学校教育研究会長の塚田長夫が戦後からの学力テスト批判を行ない、「教育における一大欠陥」（同上，1963：77）となっていると断言する。塚田は、評価を受ける側の生徒が安直な学習態度に甘んじているだけでなく、「評価する側の教師達が、評価を評価として扱っていないのではないか。評価をすれば、生徒がそれに尻をたたかれて学習するようになる。つまり、評価を指導の鞭に使うということになるのだ。…（中略）…点数というような極めて抽象的な、不確実なものによって、能力や技能や理解度を測定しただけでは、真の評価にはなり得ないと考えられるのである」（同上，1963：77）と指摘した。

一般的には、どこの県でも自らの県が行った『学力調査報告書』には、こうした批判的な見解は掲載されていない。では、なぜ学力上位県であった富山県で、こうした学力テスト批判が堂々と表に出てきたのであろうか。そこには、根強い学力テスト批判があったことが伺える。当時の富山県は、高等学校における「七・三教育」と呼ばれる「職業科7割」、「普通科3割」とする高校教育の配分方針が決定され、様々なテスト結果で事実上の受験指導や受験校の振り分けが行われていた。この富山県の「七・三教育」を批判した先行研究は多い[5]。その詳細は他の先行研究に譲るとするが、新産業都市を中心とした地域開発に必要な人材を供給することを意図し、昭和36年の「富山県教育計画書」では「七・三教育」を目指すことが具体的に提示された（富山県教育委員会，1961：9）[6]。しかしながら、普通科への進学機会が減少したことから、生徒や保護者などから反発・批判の声が沸き起こり、昭和45年には県知事が見直しを表明することになる。その後、職業科の割合は次第に減少していき、「七・三教育」は終了した。この「七・三教育」への批判は、以下のようなテスト偏重のあり方を問題視する一人の教師の疑念の声からも伺い知ることができる。

　　「狭い普通科の門と極端な学校格差に対応した中学での差別、選別、テスト万能主義の教育─この悪循環を断ち切らなければ小学校教育もテスト主義におちいり、子供たちの持つ伸び伸びとした明るさがなくなってしま

第 9 章　「小中教研学力テスト」：教員力の結集〜富山県〜　　187

う恐れがある―とこの先生（引用者注：小学校教諭）は心配する」（富山新聞
社，1970：59）。

　悪名高き「七・三教育」は、昭和45年に終わりを迎えたものの、富山県にお
ける高校進学対策としての学力テスト偏重の動向は、以後も継続された。実は、
富山県では「小教研」「中教研」のテスト以外に、「統計会テスト」と呼ばれる
業者テストも行われていた[7]。例えば、昭和50年頃の中学生は中間・期末考
査（5回）、中教研テスト（2回）、統計会テスト（最大9回）に加え、一斉テス
ト、校内実力テストなど、年間15回から20回のテストを受けていた（北日本新
聞社，1984：34）。しかも、民間の業者テストであっても、ほとんどは正規の授
業時間内に行われていた。

　建前上は、この「統計会テスト」が中学生の進路指導用であり、「中教研テ
スト」は学力の実態把握を目的とした調査研究とされ、その基本的な性格は異
なるものの、中3の「中教研テスト」は進路指導用にも利用された。県内の中
学校では高校受験の際には、この「中教研テスト」などを基に、生徒本人や父
母への説明会で利用された（北日本新聞地方自治取材班編，1970：142）。富山県教
職員組合は、「中教研」を「官製研究団体」と呼び、その県下統一テストを
「統計会テスト」よりも、「より悪質」だと批判している（毎日新聞富山支局編，
1974：124）[8]。そして、その影響は小学校教育にも及び、「県内の小学校のほ
とんどが一年生から中学校と同じ「朝学習」をおこない、テスト万能主義にお
ちいっている」（北日本新聞地方自治取材班編，1970：174）とされ、小学校教育が
テスト偏重の歪みの渦中にあることを指摘した。

　一人の女子中学生の声に耳を傾けてみよう。「テスト、テスト、そしてまた
テスト。中学校へはいって、ずいぶんテストをうけた。…（中略）…冬休みの
登校日にもテストをやって、始業式の日にもテストをやるというように、テス
ト、テストでテストに追いまわされているように感じることもあります」（富
山新聞社，1970：135）。テストへの過重な依存体質が富山県の特徴として位置づ
けられても致し方ないのではなかろうか。そして、「統計会テスト」は、現在
も「富山全県模試」として中3で年7回も行われている。加えて、「小教研」

188　第 2 部　北陸・東海・関西地方

は年に 2 回（前期・後期）、「中教研」は年 1 回（各学年）以上のテストが今も変わりなく行われている。富山県は「テスト王国」と呼べるのではなかろうか。

## 5　現代の学力テストの動向

平成16（2004）年、県教委は置県120年を迎えた県の教育を支える教育関係諸団体を紹介している。その際には、他県の追随を許さない「とやま教育の特色」として、「教育熱心な県民性」「資質の高い教員」「恵まれた自然環境」の 3 つを挙げている（富山県教育委員会，2004：47）。こうした富山県の教育を支える代表的な組織としても、「小教研」「中教研」は紹介されている。

「小教研」は、平成16年においては県内の国公立小学校教職員（通年講師を含む）約3,500人が参加（組織率ほぼ100%）し、県内 9 ブロックに分かれて、それぞれにおいて自主研修団体として活動している。「小教研」の主なる支援活動としては、「教育課程研究推進研修会」「教育課程夏季研修会」「研究紀要の発行」「学力調査」などの 9 項目が挙げられている。とりわけ、「学力調査」においては小 3 〜 6 までを対象とした「県小教研学力調査」が毎年 4 月上旬に年 1 回実施され、平成30年度で64回目を数えている。同学力テストは、クラス担任が自らの学級の学力実態を把握し、今後の学習指導に生かすだけでなく、その結果は『学力調査報告書』として刊行され、各学校・教育機関にも配布されている。今後の方針としては、授業研究を中心として「自ら考えともに高め合う子どもの育成」を目指して、さらなる研究活動を推進することが掲げられている（同上，2004：50）。

同じく「中教研」も約2,000人（加入率ほぼ100%）の会員を擁し、10の教科部会と 4 の教科外部会（道徳・特別活動・特殊教育・保健）に分かれ、毎年、部会ごとに研究課題を定めて調査研究や研修会を実施している。「中教研」の主なる活動内容としては、「部会だよりの発行」（研究部）、「学力調査」（学力調査部）、「広報紙『会報』の発行」（資料作成委員会）の 3 項目が挙げられている。とりわけ、「県中教研学力調査」は現在も中 1 が年 1 回（11月）、中 2・3 が年 2 回（4 月・11月）実施されている。この学力調査は、昭和38年の第 1 回調査以来、半世紀以上も継続されている。今後の方針としては、授業研究を中心として

「よりきめ細かな学習指導の在り方を開発・研究して、基礎学力の向上をめざす。また、研究活動を通して、一人一人の教員の指導力向上をめざしている」（同上，2004：51）ことが掲げられている。

逆に、県教委の学力向上施策や具体的な活動内容としては、独自の学力テストに基づくプランは何も掲げられていない。平成29年4月に公表された、「新富山県教育振興基本計画」（5年計画）では、「確かな学力の育成」においては「全国学力・学習状況調査結果より、学力向上に向けた対策の強化」として、「結果等を分析、活用し、学力向上に向けた対策の推進」や「中学校における2時間以上の家庭学習」などが挙げられているものの、県独自の学力テストへの言及は何もない（富山県教育委員会，2017）。

同じく、令和3年度の「県教育委員会重点施策」においても、「とやま型学力向上総合支援事業（小・中学校）」として、学力テスト関係では「全国学テ」の結果分析と、それを「学校改善、授業改善に有効に活用するための体制の充実を図る」ことや「基礎的な学力の定着」を目指して「県内全ての小学生が共通の問題に取り組む「漢字・計算チャレンジテスト」や、個に応じたきめ細かな指導の充実、朝学習や夏休み中の学習相談の実施等の取組みを行うことが挙げられているに過ぎない（富山県教育委員会，2021）。むしろ、事業内容としては「とやま科学オリンピックの開催」（第10回）や「ふるさととやまの自然・科学探究推進事業」などの児童生徒の科学的能力の育成事業が重視されている。

全国的な傾向を挙げれば、近年ではテスト結果に対する数値目標を掲げている県が多い。平成20年7月の文部省による『教育振興基本計画』では、目標の明示と達成を図ることの重要性が指摘され、「これまで教育政策においては、目標を明確に設定し、成果を客観的に検証し、そこで明らかになった課題等をフィードバックし、新たな取組に反映させるPDCA（Plan-Do-Check-Action）サイクルの実践が必ずしも十分でなかった。今後は施策によって達成する成果（アウトカム）を指標とした評価方法へと改善を図っていく必要がある」（文科省，2008：9）と提言された。こうした『教育振興基本計画』以後において、各都道府県では学力向上の目標値として全国学テなどを基準にした数値による目標管理を行うケースが多い[9]。各都道府県が掲げる数値目標は、学校・教員には

「達成しなければならない目標」になっている。富山県において、こうした「数値目標」がない理由は、すでに学力上位県としての自負があるからであろう。

富山県の教育政策の特徴は、次の言葉にも集約されている。「今後とも、『教育県』富山の良き伝統を引き継ぎながら、ふるさと富山に誇りと愛着を持ち、未来を切り拓く人材の育成に積極的に取り組み、『とやまの新しい教育』を創造し、『真の人間力』を育む本県ならではの質の高い教育を創りあげていきます」と宣言されている（富山県教育委員会, 2021：2）。学力テストの結果に一喜一憂しない、真の「人間形成」を目指した県の教育理念が伺える。少なくとも、県教委が学力テストに関与していない点は児童生徒にとっては救いではなかろうか。

## おわりに

富山県の戦後の学力テスト体制は、県教委ではなく教員組織である「小教研」「中教研」、そして民間のテスト業者である「教育統計会」が支える構造になっていたと言える。とりわけ、「小教研」「中教研」による学力テスト体制や研究活動は他県と比べても活発な歴史を刻み、富山県の「学力テスト偏重」の体質を表すものであり、富山県の「学力テストの実施主体におけるダイバーシティ（多様性・多元性）」を象徴するものでもあった。

平成19年度から実施された文科省「全国学テ」の結果は、富山県は全国的に見ても学力上位県であることが証明されている[10]。昭和36年度の学テ結果においても、同様の結果を示しており、富山県が戦後から今日まで一貫して学力上位県を維持してきたことを示すものであった。富山国際大学の仲井は、富山県が学力上位県である理由として、戦後直後から継続されている「小教研」の活動を挙げている。仲井は、特に国語科に注目し、「小教研」の活動が「富山県の小学校児童の国語学力の向上に果たした役割が極めて大きい」とした上で、「目の前の子どもの実態を捉え、どうすればよいか指導法を考え、実践しその成果を共有する」（仲井, 2015：122）といった「小教研」の姿勢、言い換えれば、絶え間ない創意工夫、努力の賜物であったことを挙げている。また、富山県教職員組合の室生・新田（2006）も、「富山県"ならでは"の小・中教研学力調査

第9章 「小中教研学力テスト」：教員力の結集〜富山県〜 191

は、長い歴史の上にゆるぎない地位を占め、高い信頼を得てきた」（室生・新田，2006：34）と評価した。

　本文中でも述べたように、富山県の学力テスト体制は他県のような県教委が主導するようなものではなく、民間の研究団体であった「小教研」「中教研」が支えてきた歴史的構造を持っていた。また全国的に見ると、こうした小・中学校の「教育研究会」の組織化は特に珍しいものではないものの、富山県の場合には「小教研」「中教研」が県の学力テストを主導し、半世紀以上も継続されてきたことが特筆される。他県には例を見ない、まさに富山県の学力テストにおけるイノベーション（革新性・先駆性）として評価できるものでもあった。ただし、そこには次のような問題点もあった。

　「小教研」「中教研」、ならびに「教育統計会」が行ってきた「学力テスト体制」は、決して手放しで賞賛されたものではなかった。富山県の高校進学において職業科7割、普通科3割という悪名高い「七・三教育」は、「中教研」や「統計会テスト」の結果を基に受験校を決定し、県内各地区で受験者数の調整までも行われた。つまりは、中3の生徒にとっては「受験したい高校」ではなく、「合格できる高校」への選別手段となるものであった。こうした富山県の進路指導体制は、歴史的には各方面から多くの批判を受け続けたものであった。富山県の学力テスト体制の背後にあるのは、知識・理解や技能の系統、つまり科学や学問の成果を重視する系統主義と呼ばれる学力観の重視であり、テストの点数が重視された。「差別と選別」に基づく強固な能力主義体制が構築されていたことであった。「テストの点数が高い」ことは評価されるべきだが、それが教育の質を決めることにはならない。社会に有意な人材育成のあり方が問われるべきであろう。


〈注〉
〈1〉 他県においても、県内全ての教員が参加する「教育研究会」が組織され、学力テストの実施主体となったケースが見られた。このケースには、北海道・茨城・静岡・滋賀・三重・和歌山・奈良・鳥取・徳島・香川・愛媛などが該当する。例えば、「奈良県国語教育研究会」の学力テストは昭和33年の「国語読解力テスト」を初回とし、名称変更しながらも現在まで継続されている。

〈2〉「小学校国語能力調査」は昭和26年度も実施されている。「算数テスト」も26・27年度にも実施されたが、特に27年2月には25年2月との結果比較を目的に、基礎的な算数能力を調査するために実施されている（富山県小学校教育研究会，1959：97）。

〈3〉その間の学力テストの主なる実施方法の推移を確認しておくと、昭和41年度には計算センターで学力テストの集計を実施、昭和60年度には「観点別評価」を実施、平成4（1992）年度には「個性的な育ちを見る問題」を出題、平成17年度は「経年変化ができる問題」を全数調査で実施、平成21年度は全国学テ実施に伴い「重点問題」を「活用する力を見る問題」に一本化したことなどが挙げられる（富山県小学校教育研究会，1989）。つまりは、学力観や学力評価の時代的推移に合わせ、その実施内容も絶えず改訂されてきたということである。

〈4〉「中教研」が単独で行った学力調査としては、昭和51年4月と平成3年11月の「学力調査結果の反応集計表」も挙げることができる。同調査は、「生徒の学力の実態を把握し、今後の研究活動と指導改善に資する」（富山県中学校教育研究会，1976）ことを目的とし、得点分布表と反応集計表（正答率・誤答率）が示された。

〈5〉「七・三教育」の実態や問題点を指摘した研究としては北日本新聞社地方自治取材班1970『よみがえれ地方自治』（北日本新聞社）、塚崎幹夫・塚崎昌子1975『教育の機会均等とは』（三一書房）、天野隆夫1997『高校教育の形成—富山県における高校三原則と七・三教育—』（成文堂）、越川　求2014『戦後日本における地域教育計画論の研究—矢口　新の構想と実践—』（すずさわ書店）などが挙げられる。

〈6〉戦後初の県における教育計画と評される「県総合教育計画」（第1次・第2次）における「七・三教育」の提言は、「産業重視の富山県の独自の政策」（越川，2012：11）と評価された。

〈7〉「統計会テスト」は、有限会社「教育統計会」（富山市）が昭和33年からテストを実施し、昭和50年頃には県内中学校の全てで実施されている。年間で中1・2が2回、中3が5回受験し、毎回学区別、学校別の成績分布表などを各中学校で発表する。また生徒の進学先の追跡調査も行う（北日本新聞社，1984：33）。

〈8〉「官製教育団体」という意味は、例えば昭和48年度には文部省から123万円、県からは50万円の補助金を受けていたことを意味する（毎日新聞富山支局，1974：126）。

〈9〉例えば、いくつかの事例を各県の教育委員会などの資料に基づき紹介する。秋田県は2013年度に『あきたの教育振興に関する基本計画』において、「推進指標」として「県学習状況調査」で設定通過率を超えた設問数の割合を「74.4%（平成21年度）から75%以上（平成26年度）」としている。岡山県は平成28年度の中期計画で、全国学テ（平均正答率）の全国順位を小・中ともに平成28年から32年まで目標値「全国順位10位」を掲げている（北野・上野，2020：149）。

〈10〉たとえば、平成30年度の全国学テでは、小6・中3の全教科において全国の平均

正答率を上回っている。一例を挙げると、中3の数学「A」「B」、理科で各4点上回る（富山市教育委員会, 2018：1）。

〈引用・参考文献一覧〉

岩手県教育委員会　1964『教育基本計画』岩手県教育庁、1-500頁（付録：16頁）

岸　俊行　2012「データ分析から見えてくる学力上位県の共通点と相違点」小学館『総合技術教育』No. 67(13)、14-15頁

北日本新聞社　1984『幻の繁栄—差別と選別教育の二十年《富山県の場合》』勁草書房

北日本新聞社地方自治取材班編　1970『よみがえれ 地方自治』勁草書房

北野秋男・上野昌之編著　2020『ニッポン、クライシス！—マイノリティを排除しない社会へ—』学事出版

越川　求　2012「富山県総合教育計画の歴史的意義—第1次計画の意義と第2次計画における変容—」『立教大学大学院教育学研究集録』第9号、1-15頁

時事通信社（本社支局社）　1962「学力の開き、実体はどうか。教科別成績と、その分布をみる」『内外教育』(1962.6.5.) 2-7頁

富山縣教育委員会　1952「教育調査研究」『富山縣教育要覧　1951』117-139頁

富山県教育委員会　1961『富山県教育計画書』1-52頁

富山県教育委員会　2004『とやま教育のすがた』富山県教育記念館、1-91頁

富山県教育委員会　2017「新富山県教育振興基本計画の骨子について」1-9頁 https://www.pref.toyama.jp › documents ［2021.11.10. 取得］

富山県教育委員会　2021「令和3年度富山県教育委員会重点施策」1-66頁 https://www.pref.toyama.jp/documents…pdf. ［2021.11.10. 取得］

富山県教育研究所　1964「基礎学力調査研究（国・社・数・理・英）—中学校—」『研究紀要』第120集、国1-44頁、社1-40頁、数1-39頁、理1-34頁、英1-40頁

富山県教育研究所　1968『富山県教育研究所20年のあゆみ』富山県教育研究所

富山県教育史編さん委員会　1972『富山県教育史（下巻）』富山県教育委員会

富山県小学校教育研究会　1959『小教研十年史』富山県小学校教育研究会

富山県小学校教育研究会　1989『小教研四十年史』富山県小学校教育研究会

富山県中学校教育研究会　1965『国語に関する学力調査報告書—1965—』1-38頁

富山県中学校教育研究会　1976『昭和51年度4月実施　学力調査結果の反応集計表』1-15頁

富山県中学校教育研究会　1992『平成3年度11月実施　学力調査結果の反応集計表』1-41頁

富山県中学校教育研究会　2009「県小教研学力調査の歩み」1-2頁 http://www.kskk.ico.bz/product1.html ［2018.4.7. 取得］

194　第2部　北陸・東海・関西地方

富山県中学校教育研究会　2017「中教研学力調査の歴史と概要」1-2頁 http://www.ktkk.ico.bz/tyousa.html［2018.4.8.取得］

富山県中学校長会・富山県中学校教育研究会　1963『国語・理科に関する学力調査報告書—1963—』1-78頁

富山県中学校長会編　1997『富山県中学校教育五十年の歩み』富山県中学校長会

富山市教育委員会　2018『「平成30年度全国学力・学習状況調査」の結果概要について』1-66頁

富山新聞社　1970『七・三教育のひずみ—富山県からのレポート—』北国出版社

仲井文之　2015「国語力の向上と富山県小学校研究会の役割—創立後10年の歩みから—」『富山国際大学子ども育成学部紀要』第6巻、115-122頁

毎日新聞富山支局編　1974『富山の人づくり—教育の実情とその問題点—』北日本出版社

松本謙一　2012「富山県　高学力の秘密分析＆授業レポート」小学館『総合技術教育』No.67(13)、16-17頁

室生敏光・新田昌司　2006「富山県"ならでは"の学力調査について」日本教職員組合『教育評論』Vol.713、32-35頁

文部科学省　2008『教育振興基本計画』1-44頁

# 第10章　SASA：「戦後最長」の学力テスト～福井県～

〈【平成28年第393回定例会（第3号 一般質問）】清水委員〉

　ことし5月には、学力トップの陰で山積みの宿題により疲弊する子供と家庭、全国テストに一喜一憂し、結果で変わる授業内容、次から次への上意下達でこなせない教員、高校教育は不十分であるとして現場の反対を押し切った入試対策、中高一貫校のみ優先で他校とのバランスが崩れているのではないかとの内容で、県の教育現場での問題点が報道されました[1]。このような報道を受け、私は心配になりました。学力日本一が重くのしかかっているのではないか。本当に子供たちのための教育になっているのか（『福井県議会会議録』（2016年9月20日）より）。

---

## はじめに

　福井県の学力が全国トップ・クラスであることは、現在の文部科学省「全国学力・学習状況調査」（以下、「全国学テ」）でも実証ずみだが、その要因を詳細に紹介した本が志水・前馬編著2014『福井県の学力・体力がトップ・クラスの秘密』（中央公論新社）であった[2]。福井県と秋田県が全国学テにおいて「ツートップ」であるという結果に基づいて、同書は福井県の学力がなぜ全国的に見て最上位であるかを徹底検証したものである。

　その要因としては、家庭・学校・地域における人間関係の豊かさ（「つながり格差」）などに加えて、戦後から「60年以上続いている県独自の学力調査の実施」（志水・前馬，2014：40）も要因の一つとして挙げられている。福井県は、戦後から現在まで、毎年、学力テストを実施した全国でも唯一無二の県である。志水・前馬編著以外には、県の学力向上を生み出す要因として、学校の管理運営や教員の授業実践のあり方を紹介した「福井らしさを探る会」（2015）の著作もあるが、同書には学力テストへの言及はない。

196　第2部　北陸・東海・関西地方

　福井県が学力上位県であるという状況は、今に始まったことではない。昭和36年の文部省「全国一斉中学校学力調査」（以下、「学テ」）の結果においても、東京・大阪・香川・富山ほどではないにせよ、福井県も学力上位県の位置を占めていた。〈表―1〉が示すように、昭和36年における学テ結果は福井県においては中3で国語12位、数学5位、理科7位、社会8位、英語1位といった結果であった。

〈表―1〉昭和36年度の都道府県別の教科別成績一覧（中学校・第3学年）

| 順位 | 国語 | | 社会 | | 数学 | | 理科 | | 英語 | |
|---|---|---|---|---|---|---|---|---|---|---|
| 1 | 東京 | 68.0 | 香川 | 60.3 | 富山 | 65.5 | 香川 | 59.9 | **福井** | **71.0** |
| 2 | 大阪 | 66.7 | 大阪 | 59.2 | 香川 | 64.4 | 東京 | 58.8 | 富山 | 70.5 |
| 3 | 香川 | 64.6 | 東京 | 58.5 | 大阪 | 63.5 | 富山 | 58.2 | 滋賀 | 70.3 |
| 4 | 神奈川 | 63.7 | 富山 | 58.2 | 東京 | 63.2 | 長野 | 57.9 | 長野 | 69.7 |
| 5 | 長野 | 63.4 | 長野 | 57.5 | **福井** | **63.0** | 大阪 | 57.7 | 愛知 | 69.7 |
| | | | | | | | | | | |
| 41 | 宮崎 | 53.8 | 秋田 | 48.1 | 茨城 | 49.5 | 福島 | 47.1 | 茨城 | 59.8 |
| 42 | 山形 | 53.6 | 福島 | 47.5 | 福島 | 48.7 | 長崎 | 46.9 | 福島 | 56.7 |
| 43 | 福島 | 53.5 | 青森 | 46.3 | 青森 | 46.9 | 青森 | 46.1 | 青森 | 55.7 |
| 44 | 北海道 | 53.4 | 高知 | 45.8 | 北海道 | 45.9 | 北海道 | 45.9 | 岩手 | 52.4 |
| 45 | 青森 | 52.3 | 北海道 | 45.0 | 高知 | 44.4 | 高知 | 43.0 | 北海道 | 52.0 |
| 46 | 岩手 | 47.6 | 岩手 | 43.2 | 岩手 | 43.9 | 岩手 | 42.6 | 高知 | 51.6 |

＊数値は平均点。　時事通信社『内外教育』（1962.6.5.）2-7頁.

　福井県内でも他県同様に県教職員組合を中心に、日教組の学テ闘争の路線に沿って学テ反対運動が展開された。だが、学校現場においては学テの事前対策が徹底され、「各中学校においては、この学力調査に対処するため、既習事項の復習を強化した。復習は主としてテストの回数を増やすことによって反復された」（福井県教育史研究室, 1979：919）と指摘された。この結果、福井県における学テと学テ対策の影響は色濃く残り、「中学校の学校現場に残したものは、学校平均点への関心、テスト主義によるドリル方式、補習授業の強化であっ

た」（同上，1979：919）と総括された。このことは、学テの実施が本来の学力調査の意図から逸脱し、福井県では学校現場をテスト主義に巻き込む悪影響が顕著であった。また、学テの実施はその調査時期、実施科目、対象生徒が高校入試の準備等と重なり合うため、「高校入試の結果にも大きく影響することを予想して、真剣に取り組んだ」（同上，1979：919）との記述もあり、学テや高校入試対策への事前対策の強化が同県を学力上位県へと押し上げたと思われる。

今から約半世紀前の学テ結果、そして今日の全国学テの結果だけを見れば、福井県の学力の歴史は昭和30年代から学力上位県の地位を保ち、現代に至っていることは疑いない。そして、県内には並々ならぬテスト主義の風潮が浸透していたことも伺える。本章は、こうした福井県の学力向上を目指した学力テストの実態を歴史的に検証することを目的とする。とりわけ、昭和26年から開始され今日まで継続している「県標準学力検査」（小1～6：4教科、中1・2：5教科）を取り上げる。この「県標準学力検査」こそが「日本最長の学力テスト」であり、全国学力トップ・クラスと言われる福井県の学力向上に貢献したものでもある。まさに、福井県における「学力テストそれ自体のイノベーション（革新性・先駆性）」と「学力テストの利活用によるイノベーション」の双方を象徴するものでもある。まずは、戦後の学力テストの歴史から確認しておこう。

## 1 戦後の学力テスト開発の歴史

福井県では、昭和23年6月28日に福井大地震が起こり、翌年の9月3日にはジェーン台風の来襲により、県内の多くの小・中学校が全焼・全壊・半壊するという災害に見舞われた。しかしながら、昭和25年4月には県教育研究所が設置され、県下の児童生徒の基礎学力低下の兆候を受けて、研究所が中心となって翌年には最初の「県標準学力検査」を実施した。福井県の「県教育委員会」（以下、「県教委」）や「県教育研究所」が実施した戦後の学力テストの初回の実施状況を時期区分して示すと、〈表—2〉のようになる。「教育政策テスト」は6件、「学習指導改善テスト」は12件となり、「教育政策テスト」の実施は数的には少ない。しかしながら、昭和26年に開始された福井県の「県標準学力検査」は今日までも継続され、毎年実施される「日本最長の学力テスト」となっ

ている。本章は、この「県標準学力検査」の開発・実施の軌跡を辿りたいと考
える。

〈表—2〉 福井県の戦後学力テストの実施状況

|  | 昭和20年代 | 30年代 | 40年代 | 50年代 | 60年代〜平成18年度 | 19年度〜令和2年度 | 合計 |
|---|---|---|---|---|---|---|---|
| 教育政策テスト | 1 | 1 | 2 | 1 | 0 | 1 | 6 |
| 学習指導改善テスト | 0 | 5 | 1 | 6 | 0 | 0 | 12 |
| 合計 | 1 | 6 | 3 | 7 | 0 | 1 | 18 |

＊数値は新規に開発・実施された学力テストを用いた調査研究であり、2年以上継続されたものでも
「1」としてカウントしている。

　この「県標準学力検査」は、昭和37年には「県学力検査」、昭和58年には「県
学力調査」、平成23年には「SASA＝Student Academic Skills Assessment」と
名称変更しているものの、一貫して県教育研究所（後の「総合教育研究所」）が
実施主体となって実施された学力テストであった。平成30年のSASAは、昭和
26年から数えて「第67次県学力調査」となっている。〈表—3〉は、福井県の
「教育政策テスト」（標準学力テスト）の初回の実施年を示したものであるが、
県教育研究所が戦後から今日まで一貫して、毎年、学力テストを実施した日本
で唯一の県である。

　県教育研究所が「標準学力検査」の開発に着手した理由は、学力向上をさせ
るためには児童生徒の学力の実態を科学的な測定法に基づいて行い、学力の欠
陥を把握して、学習指導の方法や教育計画の改善を図るためであった。この標
準学力検査の実施方法は、表向きは抽出調査による限定的なものであり、「基
礎的な学力」「教育改善」「学習指導の改善」を目的としていたものの、「本検
査の対象母集団として本県児童生徒の全員を考えた」（福井県教育研究所, 1954：
7）との記述もあり、全県的に実施されたものであった[3]。また、利用法とし
ては単なる学力の実態把握だけでなく「指導要録の学力検査記入欄への記入も
一方法である」（同上, 1954：13）との提言もあり、児童・生徒の学習記録とし

第10章　SASA：「戦後最長」の学力テスト〜福井県〜　　199

〈表―3〉福井県の「教育政策テスト」の実施状況

| 調査研究の名称 | 対象学年・教科 | 初回のテスト<br>実施年（度） |
|---|---|---|
| 県標準学力検査 | 小1〜6：4教科<br>中1・2：5教科 | 昭和26年4月23日 |
| 県学力検査結果からみた中学校数学における分析調査 | 中1〜3：数 | 昭和38年11月下旬 |
| 算数教育の現代化にともなう学習指導の改善に関する基礎的研究 | 小2〜5：算 | 昭和45年10月下旬 |
| 学力検査（中学校第3学年数学）の追跡調査 | 中3：数 | 昭和48年11月下旬 |
| 県学力調査 | 小6：4教科<br>中3：5教科 | 昭和58年4月26・27日 |
| SASA | 小5：4教科<br>中2：5教科 | 平成23年1月31日〜2月4日 |

ての役割も検討されていた[4]。

　この「標準学力検査」を開発・実施した県教育研究所は、昭和25年4月20日に県立図書館の一室に開設された。この県教育研究所による学力テスト実施内容の特徴を挙げれば、第一には「標準学力検査」が日本国内における「戦後最長」の学力テストとなったことである。それは、昭和26年に始まる「標準学力検査」から、現在のSASAに至るまで半世紀以上にわたって実施されたものであった。第二には単に標準学力テストを実施するだけでなく、その結果は繰り返し検証・分析され、問題点・改善点の指摘がなされたことである。例えば、昭和38年の「県学力検査結果からみた中学校数学における分析調査」（中1〜3）、昭和45年の「算数教育の現代化にともなう学習指導の改善に関する基礎的研究」（小2〜5）、昭和48年の「学力検査（中学校第3学年数学）の追跡調査」（中3）である。現在においても、SASAの利活用の方策や全国学テとの比較分析が繰り返しなされている。第三には、国語と算数・数学の教科を中心に、学習指導要領の改訂などにも合わせながら、学力とは何かを問いつつ、とりわけ学力的に低い分野や誤答傾向の高い分野を徹底的に調査分析し、その改善を図ってい

200 第2部 北陸・東海・関西地方

る点である。この三つの事柄が福井県の学力テストの特徴であり、福井県にお
ける学力テストのイノベーションを評価する根拠ともなるものである。

　県教育研究所は、昭和30年代になると標準学力テストの実施だけでなく、
「学習指導改善」にも取り組み、昭和30年代には5件、40年代には1件、50年
代には6件の学力テストを用いた調査研究を行っている。とりわけ、昭和30年
代には「県標準学力検査」や文部省「全国学力調査」の結果を基に、国語・算
数・数学・理科などの科目における「つまずき」や「困難点」などを洗い出し、
その学習指導上の具体的な対策を立てている。昭和50年代には昭和55年度から
昭和60年度までの「全国教育研究所連盟」（以下、「全教連」）の共同研究「学習
到達度・進路選択に関する基礎的研究」の影響もあり、児童生徒一人ひとりが
学習目標にどの程度到達したかを見極め、個別指導や指導方法の改善を行おう
とすることが試みられている（同上，2000：41-42）。

　つまりは、福井県の学力テストの特徴は学力向上を目指す戦後最長の学力テ
ストであったことだけでなく、詳細な結果分析がなされたことであった。この
ことが福井県を全国トップレベルの学力へと導く要因の一つとなったものであ
る。


## 2　「戦後最長」の学力テストの実施

　福井県は、昭和26年の「標準学力検査」の開発から、現在の名称である
SASA（＝県学力調査）に至るまで半世紀以上にわたって、一貫して標準学力テ
ストを実施している。こうした事例は、富山県・福島県・茨城県などでも見ら
れるが、日本では福井県が「戦後最長」となった学力テストを今日も継続して
実施している。この学力検査は、昭和25年2月に予備調査を経て、翌26年4月
23日に本調査としての「第1次県標準学力検査」（小1～6：4教科、中1・2：
5教科）が実施されたものであった。「県標準学力検査」は、戦後直後の学力低
下批判に応える形で小1から中2までの全学年を対象に、児童生徒の学力の実
態を科学的・客観的に把握し、学力向上を目的とするものであった（同上，
1954）。全ての小・中学校を対象に、全県的に実施されるものの、結果分析は
抽出調査となり、小学校18校（各学年800人）、中学校17校（各学年800人）が対象

第10章　SASA：「戦後最長」の学力テスト～福井県～　201

とされた<sup>(5)</sup>。

　出題された問題は、学習指導要領や県内教科書、県基底教育課程を利用し、基礎学力を中心とするものであった。県教育研究所内に問題作成委員会が組織され、現場教員が教科ごとに委員として委嘱された。「県標準学力検査」は、「教師で作成した主観テストの短所を補って、客観的に科学的に評価して、真実の子供を見ることができる」（同上，1957：1）ように意図されたものであるが、客観的ペーパーテスト方式であるために普通教科を対象とした。また「知識、理解を主とするものであって、技能、態度、習慣、社会行動力等を含む一部の学力に過ぎないものである」（同上，1957：1）との認識も示され、学力を限定した調査であったことも確認された。

　昭和26年から開始された「県標準学力検査」の名称は、10年後の昭和36年度からは「県学力検査」と名称変更されているものの、「学力の実態把握」「学習指導の反省と改善」「個別指導の参考資料」（同上，2000：40）といった調査目的の変更はなく、その実施内容にも大きな変化は見られない。ただし、昭和47年度の「第21次県学力検査」以降には電子計算機が導入され、「正答率一覧表」「得点の分布状況」「領域別の正答率」「偏差値」などの集計処理に使われている。そして、新たに各学年・教科ごとの「学校平均ヒストグラム」「問題構成別正答率表」「観点別ダイヤグラムとその正答率表」「個人総合得点度数比率表」なども作成された（同上，2000：41）。

　また、福井県では平均正答率の分析に加え、新たな評価法として「学年別・観点別調査」を実施している。昭和33年11月上旬の「算数科における図形指導上の問題点とその一考察」（小1～6）においては、「県標準学力検査」の近年の実施結果から正答率の低い図形問題の分野を対象に、新たなペーパー・テスト（各学年20分）を実施し、その学年別・観点別正答率を分析している。調査の観点は「認知」（形の特徴を全体的に直観的にとらえる）、「構成」（形の全体・部分の関係的判断）、「性質」（平面・立体図形の基本的性質の理解：小3以上）「機能」（事物の機能や美しさの理解度：小5以上）の4つの項目における正答率を分析し、「全般的には識知・構成に関する問題の成績は良いが、用語や性質に関する問題の成績は悪い」と評価された（川上，1959：102）。

さらには、昭和58年度の「第33次県学力調査」より、テスト結果の分析も「相対評価」から「到達度評価」へと大きく転換しているが、その契機となったものは昭和52年度の国研の「小・中・高校生の学習到達度と学習意識」の調査結果と昭和55年からの全教連の共同研究「学習到達度・進路選択に関する基礎研究」（昭和55〜60年度）への参加であった（福井県教育研究所，2000：41-42）。福井県でも、こうした「到達度評価」の影響を受け、一人ひとりの児童生徒の学力の到達度を見極め、個別指導や指導法の改善を目指して、昭和59年度には京都府の到達度評価研究グループらの影響を受けて、「英語科における到達度評価—CRTの作成と事後指導例—」（中2・3）の共同研究を行っている[6]。

「英語科における到達度評価」では、冒頭において「現実的には相対評価の必要性は否定できない」としながらも、絶対評価である到達度評価には「到達基準の設定には一定の方法がなく、非科学的であるとの批判もある」（竹内他，1985：11）として、到達度評価に関する問題点を考察し、学校現場に生かすことをねらいとした[7]。具体的には、「県学力検査問題」にも利用すべく、英語科における到達度評価問題の作成にも利用可能とすることを意図して、英語学力を知識・理解・技能等ではなく、学習指導要領で示された3領域（「聞くこと・話すこと」「読むこと」「書くこと」）での言語活動の習得を目指す内容となっている（竹内他，1985：11）。問題作成は、問題作成委員であった研究所員（1名）と中学校英語科教師（3名）が担当している。

昭和26年度から開始された「県標準学力検査」は、昭和36年度からは「県学力検査」へ、昭和58年には「県学力調査」と名称変更しているが、この約30年間の学力テストの特徴としては、以下の三点を挙げることができる。

第一の特徴は、その実施規模である。昭和26年の第1回から県内の全ての公立学校を対象とした全県的な学力テストであった。戦後に学力の実態把握を目的とした全県的規模の学力テストを実施した県は、山形・栃木・東京・奈良・大阪・広島・香川・佐賀などが挙げられるものの、福井県のみが今日まで継続している唯一例外的な県である。福井県におけるテスト結果の分析は小・中学校ともに抽出で行われ、第1回は県内の小・中学校を「学校規模」「家庭環境・文化普及率等」「地域別」に区分して抽出された。また、テスト問題や結果の

第10章　SASA：「戦後最長」の学力テスト～福井県～　203

分析は順次改訂されたが、その意図は「標準学力検査の本質的な研究を深めるとともに、個々の「児童生徒の学力を能力一ぱいに出させる」ことを念頭において、現場の指導にあたられる教師各位が最も利用し易くありたいと考えて年々改善」（福井県教育研究所，1957：はじめに）したとされた。

　第二の特徴は、結果分析の方法である。昭和26年4月の「県標準学力検査」（小1～6：4教科、中1・2：5教科）は、県内の小学校18校と中学校17校を「学校規模」（児童生徒数）「家庭環境・文化普及率等による教育環境としての地域差」（都市部・町部・農村部・農山村部・山村部・漁村部・農漁村部・農工部）に区分して抽出した上で、個人や学校、問題別・領域別の平均点や偏差値などを分析した（福井県教育委員会，1965：16-18）。しかしながら、昭和31年になるとテスト結果の分析は、テスト結果とIQ又は知能偏差値の相関によって、「総得点」（得点上の比較）「正答率」「学力偏差値」「成就指数又は成就値」（個別に能力一杯の学習をしているか否かを判定）「組成成就指数又は成就値」（組全体として能力相応の学力をつけているかを判定し、教授方法などの反省資料にする）などが分析された（福井県教育研究所，1957：4-5）。そして、昭和56年度以降は「相対評価」の現実的な影響を認めながらも、第33次（昭和58年）以降の結果分析は「到達度評価」へと転換している。

## 3　学力テストによる追跡調査

　第三の特徴は、単に標準学力テストを実施するだけでなく、その結果は繰り返し検証・分析され、問題点・改善点の指摘がなされたことである。その際には、「県標準学力検査」における学力の推移や誤答分析などの追跡調査が行われ、結果の分析・活用に対する継続的なスタンスが保持された。

　こうした追跡調査を目的とした調査分析は、昭和30年代以降に数年に一度の割合で行われている。また、「県標準学力検査」実施後は毎年必ず報告書が刊行され、詳細な調査結果の分析も行われている。本節では、昭和34年度の「中学校数学科における図形指導上の問題点とその一考察」（中1～3）、昭和38年度の「県学力検査結果からみた中学校数学における分析調査」（中1～3）、昭和45年度の「算数教育の現代化にともなう学習指導の改善に関する基礎的研

究」（小5・中2）、昭和48年度の「学力検査（中学校第3学年数学）の追跡調査」
（中3）などを取り上げ、それらの追跡調査の内容を確認する。

　昭和34年度の「中学校数学科における図形指導上の問題点とその一考察」
（中1〜3）は、昭和33年度の「県標準学力検査」の結果から図形の問題を中心
に再調査が行われたものであり、昭和34年11月上旬に中学校全学年を対象に、
研究協力校8校（男子491人、女子472人）で実施されたものであった。その目的
は、県下中学校における数学教科書を基にテスト問題を作成し、「図形教材に
ついて生徒の実態の一部を調べる」（川上, 1960：93）ことであった。また、昭和
38年11月下旬には中学校数学（中1〜3：各学年20校）を対象に、問題ごとの誤
答事例、及び誤答の形と原因を調べ、数学科における授業実践に役立つ具体的
な基礎資料を得ることを目的とした（水上, 1963：25-62）。

　昭和45年10月の「算数教育の現代化にともなう学習指導の改善に関する基礎
的研究」（小5・中2）では、昭和46年4月からの新学習指導要領施行に伴い、
県学力検査で成績の振るわなかった「量と測定」における成績不振の原因を解
明し、「現代化の視点からみた量と測定の指導のあり方」（山副, 1971：23）を考
えようとしたものであった。「県学力検査」の過去3年間（昭和43〜45年度）の
問題を利用し、領域別正答率を分析考察して、量と測定における問題点を解明
することを試みている。

　昭和48年11月の「学力検査（中学校第3学年数学）の追跡調査」（中3）におい
ては、同年度の4月実施の第22次学力検査を11月に再度実施して、小問別の応
答分析や各学校の伸びが比較検証された。結果は、4月と比較して11月には大
幅に平均点が上がり、「素晴らしい伸び」（本田, 1974：52）と評価された。また、
「11月と1月の福井新聞社の模擬試験」とも比較し、「4月の学力検査の平均点
38.8、標準偏差21.8」、「福井新聞社模試の平均点50.1、標準偏差26.3」（同上,
1974：56）と分析した。同じく、昭和50年度にも第24次学力検査の結果分析を
行った1976「第24次県学力検査（中学校数学・英語）の追跡調査」（『研究紀要』
No. 69）もある。

　その他の追跡調査としては、昭和54〜58年度までの5年間の県学力検査の漢
字領域における低い正答率の習得状況を調査した1984「教育漢字の習得に関す

る調査とその分析─小学校中学年を対象にして─」(『研究紀要』No. 85)、昭和59〜61年度までの3年間の小6算数・中3数学における県学力調査の誤答傾向を分析した1987「算数・数学科における誤答傾向の分析と指導上の留意点について」(『研究紀要』No. 91)、平成6〜12年度までの6年間の中学校理科の学力分析を行なった2001「県学力調査からみた中学校理科の学力の推移」『研究紀要』(No 106) なども挙げることができる。

　以上の事実から判断できることは、福井県の特色は学力テストを実施するだけでなく、その結果分析や追跡調査を徹底的に行ったことであり、そうした自己点検や反省が福井県に学力向上をもたらした要因として挙げることができる。合わせて、そうした結果を利用して県全体の教員の指導力のレベルアップ、ならびに授業改善に向けた取り組みもなされている。福井県の学力が全国最上位であり続ける原動力となっているものである。

## 4　現代の学力テストの動向

　既に述べたように、「県学力検査」は昭和58年度に「県学力調査」に名称変更され、評価方法も「相対評価」から「到達度評価」へと大きく転換している。例えば、平成6 (第43次県学力調査)〜12年度 (第49次県学力調査) までの6年間の中学校理科の学力分析を行なった2001「県学力調査からみた中学校理科の学力の推移」を見てみると、「到達度評価法を用いて、県内の児童生徒の学習達成状況を把握することにより、個別指導や学習指導の改善に役立てる資料を得ること」(前田, 2001：101) と明記され、生徒の到達度が「十分満足」(得点率80%以上)「おおむね満足」(60%以上)「努力を要する」(60%未満) の3段階で集計されている。さらには、「経年比較」をするために、観点ごとの分割得点 (到達基準) の中間値と得点率との差もグラフ化されている。

　実は、平成6年度の「第43次県学力調査」からは基礎学力だけでなく思考力、判断力、表現力や問題解決に至る思考過程を重視した問題作成もなされ、調査結果は県内各小・中学校の教務主任等を対象とした説明会を開催する徹底ぶりである。福井県は、平成6年度に文部省「教育課程実施状況に関する総合的調査研究」(昭和57年〜59年、平成6年〜8年) の実施に合わせて、児童生徒の学習

の理解度・定着度を調査することを試みている[8]。それは、平成6年度の「第43次県学力調査」の内容や方法を一部変更し、従来の「基礎・基本」を重視した問題構成だけでなく、「思考力」「判断力」「表現力」や「問題解決」に至る思考過程も検証する問題を加味するものとなっている。この県学力調査の実施内容は、平成6年度を境に、それ以前と以後では〈表—4〉のような明確な違いが生じている（福井県教育研究所，2000：43）。

〈表—4〉平成6年度「第43次福井県学力調査」の実施内容の違い

|  | 平成5年度以前 | 平成6年度以降（平成9年度まで） |
|---|---|---|
| 調査方法 | 到達度評価 | 到達度評価 |
| 観点の比重 | 「思考力」「判断力」「表現力」に重点 | 「思考力」「判断力」「表現力」を均等に |
| 調査時期 | 4月中旬 | 10月中旬 |
| 問題形式 | 選択肢方式 | 選択肢方式＋記述式、総合問題の導入 |
| 問題の程度 | 基礎・基本 | 基礎・基本＋応用・発展 |

　福井県における平成6年度の「第43次県学力調査」において特に注目すべきは、テスト問題の構成が平成5年度までの「基礎・基本」から「基礎・基本＋応用・発展」へと問題の幅が広がり、「選択肢方式＋記述式、総合問題の導入」という出題方法に変わったことである。こうした事例は他県でも見られ、岩手・山形・宮城・栃木・埼玉・東京などでも「思考力」「判断力」「表現力」や「問題解決」に至る思考過程を重視し、「基礎・基本＋応用・発展」で構成されたテスト問題を出題している。

　平成10年、小渕内閣の下で新学力観と呼ばれる「生きる力」「考える力」を重視し、完全学校週5日制、学習内容や授業時間の3割削減が行われた。しかしながら、授業時間数・必修科目単位数の削減の結果として起こった学力低下批判が、「ゆとり教育」開始直後から始まった。平成10年度の「第47次県学力調査」の問題構成の変化が、まさに象徴的であった。〈表—5〉は、平成10年度のテスト問題の内容的な配分率を示したものである（同上，2000：44）。

〈表―5〉 平成10年度「第47次福井県学力調査」の問題構成の配分率

|  | 平成9年度以前 | 平成10年度以降 |
|---|---|---|
| 思考 | 4 | 3 |
| 技能 | 4 | 3 |
| 知識 | 2 | 4 |
| 基礎 | 6 | 7 |
| 応用 | 4 | 3 |

　〈表―4〉でも示したように、平成6年度以降の県学力調査における問題構成は、「基礎・基本」から「基礎・基本＋応用・発展」へと改訂された。にもかかわらず、平成10年度には「知識」と「基礎」への比重が再び高まり、あたかも「先祖帰り」のような状況となっている。また、平成10年度からパソコンによる「採点処理プログラム」を開発し、各小・中学校に配布し、自校での採点処理が短時間で容易になったことも大きな変化であった。

　平成23年1月から開始されたSASA（第59次県学力調査）については、次節において詳しく紹介するが、SASAにおいては全国学テやPISAテストを強く意識したテスト問題が出題されている。平成26年1月に、県教育研究所は「従来のA問題・B問題を更に精選し、加えてPISA型学力、また21世紀型スキルを意識した問題設定、他者、集団としての協働の意義に迫る意識を図る必要がある」（調査研究部，2015a：48）と述べている。特に「SASA 2014」の問題構成の特徴は、小学校社会では「OECDが提唱するキーコンピテンシーに関わる力、国際バカロレアが目指す論理思考や表現力、探求心などの育成を重視することも問題作成の大きな柱」（同上，2015a：51）となっている。中学校国語では、「PISA型読解力の強化が叫ばれて以来、複数の資料を読み取り、総合的に思考・判断して自分の考えを記述することは、経年の課題である」（同上，2015a：52）と述べられた。PISA型学力が地方学テにも強い影響を与えたことが理解される。

## 5　「SASA」による「全国学テ」対策

　現在の福井県における学力テストは、平成23年から名称が「SASA」（Student

Academic Skills Assessment）と改められ、翌年の学習指導要領の改訂、ならびに全国学テの実施に合わせて、調査対象科目の問題を「基礎学力問題」と「活用力問題」に分けて出題している。福井県が全国学テで全国トップ・クラスの成績を保つ理由や背景としては、この県独自の学力調査（SASA）を実施し、児童・生徒の実態を把握して、課題克服のために有効な指導法を示唆し続けてきたことが挙げられる。特に、平成22年度からは全国学テの問題等も参考とされ、継続的に調査問題の改良がおこなわれている（調査研究部, 2015b：69）。

　福井県は、平成24年５月１日に「県学力向上センター」を開設し、小・中高一貫教育や学力向上の推移に関する施策を総合的・計画的に企画・展開することを目指している。県教育研究所の目標においても、「学力向上」「ICT活用等による授業改善」「教員の生涯にわたる力量形成」「教育相談の充実」などに積極的に取り組むことを掲げている（福井県教育研究所, 2012：はじめに）。SASAに関しては、調査科目で「活用する力」を適切に調査問題に盛り込み、「基礎力問題」と「活用力問題」を「より詳細に分析を行ない、授業改善のための提案を行っています」（同上, 2012：はじめに）としている。

　平成24年の「SASA 2012」は「第60次県学力調査」であり、小５（４教科）・中２（５教科）が同年１月30日〜２月３日に全県的に実施された。集計対象者数は全児童生徒であり、全教科の平均正答率が出された上で、予め設定されている到達基準に従って、児童生徒の到達状況を個別に把握している。また、学級・学校の結果も分析し、指導法の改善に役立てるとしている。「教科別調査結果」と「指導例集」が各教科で「基礎力問題」と「活用力問題」に区分して、的確にピンポイント的に示されている。さらには県教育研究所のホームページの「教材研究支援システム」ともリンクし、授業計画に役立つ指導例が紹介された（同上, 2012）。平成26年の「SASA 2014」（第63次県学力調査）では、新たな試みとして、マトリクスの作成に基づく問題出題設計と「Ｃチャレンジ問題」の新設、学級集団の状況と学力との関係を捉えるための質問紙内容の改訂も行っている。「Ｃチャレンジ問題」とは、領域や観点を融合した総合的な学力を測るために設定されたものである（調査研究部, 2016：51）[9]。

　全国学テ対策を担う「県教育研究所調査研究部」（学力調査分析ユニット）は、

第10章　SASA：「戦後最長」の学力テスト～福井県～　209

全国学テ及びSASAを「一括して管理し、詳細な分析を行うことで、学力向上に向けた検証・改善サイクルの構築を目指した」（調査研究部, 2015b：69）ことが明言された。この全国学テとSASAを一括で管轄・分析し、最新の教育方法の研究開発を担う部署が「学力調査分析ユニット」であった。このユニットの全国学テとSASAに対する素早い分析処理は特筆される。以下、「学力調査分析ユニット」が担うSASAの結果分析と全国学テに向けた学力向上対策の内容を確認する。

　全国学テを念頭においた学力テストの実施例としては、平成25年度の「SASA（県学力調査）の活用方策—「活用力問題」を中心に—」と題して、SASAで出題される活用力問題を県内各学校の「平素の授業の質の向上」「家庭学習課題の改善」「各教員が作成する試験問題の改善」（佐々木・福嶋, 2014：35）につなげ、児童生徒の一層の学力向上が目指された。その際には、過去の全国学テの問題からも出題された。毎年継続されるSASAの結果分析は、SASA実施の約2か月後には、学級ごと、個人ごとの正答率データが各学校に配布されるだけでなく、誤答率が高かった問題に関しては課題克服教材集も配布され、復習・定着を図る努力がなされた。また、3月に公表されるSASAの結果報告書は教育委員会のWEB上で公表されるだけでなく、具体的な指導例も示され、授業改善に役立つように工夫された（同上, 2014：37-38）。

　平成26年度には「学力調査分析ユニット」は、「『平成26年度全国学力・学習状況調査』の分析と分析方法の研究—学力調査分析ユニットの役割—」を公表した。これは同年4月22日に行われた全国学テを、県教育研究所がサンプル抽出し、分析を行ない、5月2日の「指導主事等研究協議会」において分析結果を公表したものであった。この約10日間という短期間で分析結果を公表する意図は、「少しでも早く本県の児童・生徒の課題を知り、課題を克服すべく学習を進める」（調査研究部, 2015b：69-70）ためでもあった。全国学テの結果は、8月下旬の文科省公表でなされるわけであるから、福井県の試みは、まさに「鉄は熱いうちに打て」ということであろう。また、調査結果についても全国学テにおける児童生徒の学力実態を正確に捉えるために「課題が見られた設問」と「良好な正答率を上げた設問」も分析された。

その他、SASAを用いた研修講座の内容を紹介した2013「研修講座とSASAの取り組み」(『研究紀要』No. 118)、学力調査の活用プランを提示した2017「学校現場における学力調査の活用推進に向けて（Ⅰ）（Ⅱ）（Ⅲ）―学力調査の活用に関する現状と課題―」(『研究紀要』No. 122、No. 123、No. 124) なども挙げられる。平成29年度には全国学テ・SASA・教科書などを参考にした小学校用の「教材・評価問題集」(小3〜6)、中学校用の「評価問題集」(英語以外の4教科) が県教育委員会によって作成され、学校現場での活用を促している。

## おわりに

本章においては、戦後直後に県独自の標準学力テストを開発し、結果分析を丁寧に行うという福井県の学力向上に向けた努力の軌跡を検証することを意図したものである。それは、実施方法や結果分析を工夫する「学力テストそれ自体のイノベーション（革新性・先駆性）」、ならびに常に結果の追跡調査を怠らない「学力テストの利活用によるイノベーション」を内包するものであった。「継続は力なり」。一貫した姿勢を保つ福井県の取り組みは評価すべきものである。加えて、県教委や学校以外にも県民や家庭の努力、地域の支援など、県を挙げての学力向上への取り組みもなされている。だが、こうした県における「学力テスト重視」の基本的スタンスはどこから来るものであろうか。

本章の冒頭でも紹介した志水・前馬編著2014『福井県の学力・体力がトップ・クラスの秘密』(中央公論新社) は、福井県が全国的に見て学力最上位県であることを徹底検証したものであった。しかしながら、同書で紹介された学校では「朝学習」が毎日朝の8時から8時25分まで行われ、夏は下校時間が18時半、冬は17時半となり、生徒は1日の11時間を学校で過ごすことが日常的となっていた。こうした学校での学習や生活を、同書では「学力と体力が高い秘密がわかる」(志水・前馬, 2014：88) とまで評価している。また、同じ中学における学力テストの実態も紹介され、「定期テスト」の他に、実力を試す「確認テスト」が中3で7回あり、中3は合計で年11回もテストが行われていることになる。これ以外にも、「ドリルコンテスト」（略して「ドリコン」）なる学習の定着度を図る小テストが5教科で行われ、年間で17・18回も実施されている

第10章　SASA:「戦後最長」の学力テスト～福井県～　211

（同上，2014：92）。

　さて、福井県の学力テストの歴史の中で思い出されることは、昭和30年代の文部省「全国学力調査」の影響であった。その影響は、「中学校の学校現場に残したものは、学校平均点への関心、テスト主義によるドリル方式、補習授業の強化であった」（福井県教育史研究室，1979：919）と総括され、当時においては福井県では学校現場をテスト主義に巻き込む悪影響をもたらしたと指摘された。また、昭和33年12月21日には県下の11会場で約8千人の中3が受験（5教科）した福井新聞社主催の「第1回高校入試模擬テスト」が実施され、県内唯一の全県テストとして進路指導の参考資料となっている（『福井新聞』1958.12.21・22.）[10]。こうした業者テストは、平成5年2月22日の文部事務次官通知「高等学校入学者選抜について（通知）」による廃止・禁止まで継続されるが、代わって県中学校長会主催の「公的統一テスト」（11月と1月）が行われることになる。県中学校長会の竹沢信剛会長は、この新しい「公的統一テスト」は「学力を診断し生徒と教師の反省材料にする」（『福井新聞』1993.6.9.）との方針を表明している。

　つまりは、昔も今も同じように学力テスト重視の姿勢は県全体を覆っているということである。「学力テストの点数が高い」＝「優れた教育が行われている」と即断することはできない。本章では、戦後から県教育研究所が主導して真摯に学力向上策に取り組み、現在まで継続・実施されてきた福井県の標準学力テストの実施、ならびに追跡調査の継続的実施を高く評価するものである。ただし、そのことがイコール「優れた教育であった」とすることには疑念が伴う。例えば、本章の冒頭で紹介した県議会での清水智信委員（自民党）の発言には、続きがある。

【平成28年第393回定例会（第3号 一般質問）】（平成28年9月20日）清水委員
　特に県立学校を対象に県が始めた独自テストに対する教員の不満は大きく、反対署名は正規の教員の6割にも上るとのことであり、このテストを実施する意義はどこにあるのかを明らかにすべきではないか。詰め込み教育になっていないか。教育基本計画の基本理念、ふるさと福井への誇りと

愛着を持ち、みずから学び、考え、行動する力を育むという文言に逆行しているのではないかと（『福井県議会会議録』より）[11]。

　つまりは、「学力テストの結果が最上位」＝「優れた教育が行われている」とは単純にはイコールとならない。福井県でも学力テストで成績上位をめざし、それを保つことに疑念を持つ良識ある人々が多数存在するということであろう。


〈注〉
〈1〉6月の報道とは、2016年6月7日の地元新聞『県民福井』に連載された高橋雅人「学力トップの陰で―教育の現場から―」であった。6月7日には「疲弊する子どもと家庭」と題して、「テストのための宿題」、「宿題の量が日本一」とする県の問題点が指摘された（『日刊県民福井』2016.6.7.）
〈2〉前章の富山県同様に、福井大学の岸は平成21年の全国学テの平均正答数の分布を各都道府県別に分析した結果として、「秋田県、福井県でほとんどの学校が全国平均値よりも上回っていること」、「秋田、福井、石川、富山など良好な結果を示した県ほど得点分布のばらつきが少ない」（岸，2012：14）ことを指摘している。
〈3〉「全県的に実施されていた」とした根拠は、県教育研究所の指摘として、福井県以外の都道府県単位の大規模な学力調査は、「昭和の時代には1県が昭和47（1972）年に開始しているのみで、他は平成に入ってからである」（佐々木・福嶋，2014：35）との指摘がなされているためである。ただし、この1県は特定されていない。
〈4〉調査目的や調査対象の学年は年度によって異なる。例えば、昭和26年度は小学校全学年（4教科）、中1・2（5教科）であり、昭和27〜38年度までは小学校全学年（4教科）・中学校全学年（5教科）であった。その後も度々変化するものの、昭和47年度からは小6・中3に固定された（福井県教育研究所，2000：41）。
〈5〉具体的な実施目的は、「（1）児童生徒の基礎的な学力を科学的・客観的に評価。（2）児童生徒が各自の能力に応じて充分に学習しているかを検討。（3）学習指導上の問題点を把握して、教育改善に必要な基礎資料を得る。（4）児童生徒及び学級・学校の学力を県の標準と比較し、その位置を確認し、教育の参考資料とする」（福井県教育研究所，1954：7）であった。
〈6〉学力テストは行わないものの、到達度評価については昭和58年に吉田春樹が「到達度評価を取り入れた国語科指導」を『研究紀要』第83号に掲載している（吉田，1983）。
〈7〉到達度評価における基準設定は合理的・現実的であると判断された「橋本・エー

ベル法」を採用している。また、対照群法を用いて到達度を出し、「橋本・エーベル法」による到達基準との比較・検証を行うだけでなく、教授群・非教授群を用いて到達・未到達の分割点を出し、「橋本・エーベル法」との比較・検証も行っている（竹内他，1985：13）。

〈8〉平成12年12月の教育課程審議会「児童生徒の学習と教育課程の実施状況の評価の在り方について」においても、「学習指導要領に示す目標に照らして、児童生徒の学習の到達度を客観的に評価するための評価規準、評価方法等を、関係機関において研究開発」することなどが求められており、福井県教育研究所でも今後における学力調査の改訂を明言している（前田，2001：106）。

〈9〉「Cチャレンジ問題」のサンプル問題に関しては、京都大学の石井英真から「教科特集の探究プロセスを踏まえた問題構成を」（調査研究部，2016：53）などといった助言を、「質問紙」に関しては慶應大学の中室牧子の助言を受けている。

〈10〉昭和20・30年代には、福井県の他には青森・岩手・山形・秋田・福島・栃木・岐阜の各県でも新聞社主催による学力テストが始まっている（『朝日新聞』1993.6.9.）。

〈11〉この答弁は、2017年3月福井県池田中学校で起きた中2男子生徒が校舎3階から飛び降り自殺するという痛ましい事件との関連もあった。つまりは、池田中学校の事件においては、学校が学力を求めるあまり業務多忙にあること、もしくは教育目的を取り違えることにより、教員が子どもたちに適切に対応する精神的なゆとりを失っている状況があったのではないかと懸念するものである（『福井県議会会議録』2017.12.11.）

〈引用・参考文献一覧〉

川上清治　1959「算数科における図形指導上の問題点とその一考察（算数図形教材についての観点別調査）」福井県教育研究所『研究紀要』No. 35、99-121頁

川上清治　1960「中学校数学科における図形指導上の問題点とその一考察」福井県教育研究所『研究紀要』No. 38、93-115頁

岸　俊行　2012「データ分析から見えてくる学力上位県の共通点と相違点」小学館『総合技術教育』No. 67(13)、14-15頁

佐々木克己・福嶋洋之　2014「SASA（福井県学力調査）の活用方策―「活用力問題」を中心に―」福井県教育研究所『研究紀要』第119号、35-38頁

志水宏吉・前馬優策　2014『福井県の学力・体力がトップ・クラスの秘密』（中公新書ラクレ）中央公論新社

竹内輝昭他　1985「英語科における到達度評価―CRTの作成と事後指導例―」福井県教育研究所『研究紀要』第87号、11-20頁

調査研究部（学力調査分析ユニット）　2015a「『SASA 2014（第63次福井県学力調査）での新たな試みについて―これから必要とされる学力測定の在り方を探る―」福井県

214　第 2 部　北陸・東海・関西地方

教育研究所『研究紀要』第120号、47-57頁

調査研究部（学力調査分析ユニット）　2015b「『平成26年度全国学力・学習状況調査』の分析と分析方法の研究—学力調査分析ユニットの役割—」福井県教育研究所『研究紀要』第120号、69-77頁

調査研究部（学力調査分析ユニット）　2016「総合的な学力を育む学力調査の研究開発—SASA 2015（第64次福井県学力調査）の試み—」福井県教育研究所『研究紀要』第121号、51-62頁

福井県教育委員会　1965『福井県教育研究所十五年史』1-182頁

福井県教育研究所　1954「福井県標準学力検査（第 3 次報告）」『研究紀要』No. 7 、1-180頁

福井県教育研究所　1957「福井県標準学力検査（第 6 次報告）」『研究紀要』No. 26、1-172頁

福井県教育研究所　1965『福井県教育研究所十五年史』福井県教育研究所十五年史編集員会

福井県教育研究所　2000『福井県教育研究所五十年史』福井県教育研究所五十年史編集員会

福井県教育研究所　2012『SASA 2012（第60次福井県学力調査）報告書（教科別指導例集）』1-181頁

福井県教育史研究室　1979『福井県教育百年史（第二巻通史編（二））』福井県教育委員会

「福井らしさを探る会」編著　2015『福井県の教育力の秘密』Gakken

本田周作　1974「学力検査（中学校第 3 学年数学）の追跡調査」福井県教育研究所『研究紀要』No. 65、49-56頁

前田洋一　2001「福井県学力調査からみた中学校理科の学力の推移」福井県教育研究所『研究紀要』第106号、101-108頁

水上淑信　1963「福井県学力検査結果からみた中学校数学における分析調査」福井県教育研究所『研究紀要』No. 46、25-62頁

山副貞夫　1970「算数教育の現代化にともなう学習指導の実証的研究—集合の考えの形成に関する基礎的研究—」福井県教育研究所『研究紀要』No. 58、33-53頁

山副貞夫　1971「算数教育の現代化にともなう学習指導の改善に関する基礎的研究—「量と測定」の問題点と改善のための基本的視点—」福井県教育研究所『研究紀要』No. 60、23-40頁

吉田春樹　1983「到達度評価を取り入れた国語科指導—小学校一年民話を教材にして—」福井県教育研究所『研究紀要』第83号、137-148頁

# 第11章 「信濃教育会教育研究所」の功績〜長野県〜

〈長野県2018「第3次長野県教育振興基本計画」(21頁)〉

　これまで、信州人は厳しく過酷な自然環境の中、「学び」の力で未来を切り拓いてきました。その先人たちに倣い、現在、これからの信州人も「学び」の力で未来を切り拓いて欲しいという願いを込めています。信州人が培ってきた「学び」とは、課題解決に向け、子どもから大人までが自ら行動し、影響し合い、自然環境や地域に働きかける実践的・協働的な「学び」だと考えられます。

　その「学び」こそが、変化の激しいこれからの時代に対応し、新しい価値を生み出すことを可能とする今の時代が求める「学び」になり得、また、夢を見つけ、夢を実現する手段とも言えます。そしてこの「学び」は、長野県民の誇りとして、県歌「信濃の国」6番の歌詞に込められていると考えています。

《県歌 信濃の国 6番抜粋》

みち一筋に学びなば　昔の人にや劣るべき　古来山河の秀でたる　国は偉人のある習い

---

## はじめに

　「教育長野」という表現は、長野県の教育が優れていたことを表す歴史的な評価を含んだ言葉である。本章は「教育長野」の一翼を担い、その活動を支えてきた「信濃教育会」(明治19年7月設立)における「信濃教育会教育研究所」の調査研究活動を主として取り上げる。この信濃教育会教育研究所は、長野県教育委員会(以下、「県教委」)とのパートナーシップによって、昭和22年4月に民間の教育職能団体として設立された現職教員の教育と教育実践研究を目的とするものである。

　同研究所の公式サイトには、昭和25年に発表された「教育研究所の性格と任

務」において、「教育の刷新並びに充実」を活動目標として掲げている。「教育の刷新」とは、戦後教育改革における教育の刷新を意味し、戦時において国策にしたがい皇国教育にあたった過去への反省が込められていると同時に、教師の広い視野、見識も求めている。「充実」とは、教育実践の充実・深化である。戦時下であった昭和18年に始まった県独自の内地留学制度は、留学生の学問・教養の修得を目的とした。加えて、戦後は教育研究が教育現場の実際に即した「具体的実践的性格」を持つと同時に、研究成果を教育現場に返していくことも期待された。信濃教育会教育研究所の目指すところは、テストの点数による学力向上ではなく、学習指導の改善による教育実践指導の向上であった。

　もちろん、長野県においても他県同様に昭和24年4月に「県教育研修所」が組織されている。だが、この県教育研修所による独自の学力テストは昭和20・30年代に3件あるのみで、それ以降は現在まで学力テストは行われていない。同じく県教委による学力テストも、戦後直後は昭和29（1954）年12月の「県小学校学力調査」（小6：2教科）、昭和31年12月の「小学校児童学力実態調査」（小6：4教科）、昭和33年12月の「県学力調査」（小6・中3：2教科）のみであった。県教委が再び学力テストを開始したのは、平成3年度の「小中学校学力実態調査」と平成20年度の「PDCAサイクルづくり支援事業　P調査、C調査」（小4・5：2教科、中1・2：2教科＋英）であった。つまりは、長野県では「県教委」「県教育研修所」（後の「県教育センター」）による県独自の学力テストの実施は少なくとも30年間ほどは空白期間であったことになるが、こうした状況は茨城県や富山県とも類似するケースである。長野県が他県と異なる点は、県教委や県教育研修所に代わって民間の教育職能団体である信濃教育会教育研究所が戦後から今日まで、一貫して同県における学力テストの実施において主導的な役割を担った点である。本章は、茨城県や富山県と同様に、長野県における「学力テストの実施主体のダイバーシティ（多様性・多元性）」に着目したものである。

　この信濃教育会の戦後直後の改組・存続過程を詳細に研究した先行研究としては、越川論文（2020）が挙げられるが、越川は「信濃教育会存続の歴史的な意味は、戦後新教育を推進する体制を戦前からの教育研究の伝統をもとに、自

らの改革過程で実現していったことである」（越川，2020：87）と評価している。また、越川は信濃教育会が戦前・戦後から今日まで教育会として存続し、かつ「大きな役割を果たしている全国的に唯一の存在である」（同上，2020：88）とも評価した。戦後の信濃教育会教育研究所の活動内容を紹介した先行研究は数多いが、とりわけ教師教育に関するものが多かった[1]。本章の目的は、これまでの先行研究では取り上げられてこなかった信濃教育会教育研究所による「学力向上」を目指した学力テストの実施状況を解明することである。その際の課題は、以下の三つの事柄である。

　第一の課題は、昭和20・30年代に「教育政策テスト」として県教育研修所によって行われた３件の調査研究、ならびに信濃教育会教育研究所によって行われた４件の調査研究を取り上げ、その実施内容や特徴を確認することである。第二の課題は、戦後から今日まで信濃教育会教育研究所によって行われた「学習指導改善テスト」を目的とした調査研究13件を取り上げ、その全体概要を確認したうえで、その中でも多数を占める国語と算数・数学における学習指導改善の意図や内容を確認することである。まさに「教育長野」にふさわしい学習指導改善の実態が浮き彫りになると思われる。第三の課題は、平成以降の県教委による学力テスト政策と学力向上策の特徴を考察し、今日の「教育長野」のあり様と方向性を検討することである。なお、長野県では小・中学校と同時に高等学校に対する学力テストも多く実施されているが、本章では小・中学校に限定した内容になっている。

## 1　戦後の学力テストの歴史

　戦後から今日までの長野県の「県教委」「県教育研修所」（後の「県教育センター」）、そして民間の「信濃教育会教育研究所」などが実施した戦後の学力テストの実施状況を時期区分して示すと〈表―１〉のようになる。「教育政策テスト」は10件、「学習指導改善テスト」は13件となり、後者の「学習指導改善テスト」が多く実施されている。

　〈表―１〉の中の10件の「教育政策テスト」の内訳は、〈表―２〉に示した８件と平成に入ってからの県教委による２件である。この８件の中には「長野県

218　　第 2 部　北陸・東海・関西地方

〈表— 1 〉 長野県の戦後学力テストの実施状況

|  | 昭和20年代 | 30年代 | 40年代 | 50年代 | 60年代〜平成18年度 | 19年度〜令和 2 年度 | 合計 |
|---|---|---|---|---|---|---|---|
| 教育政策テスト | 5 | 2 | 1 | 0 | 1 | 1 | 10 |
| 学習指導改善テスト | 4 | 2 | 0 | 0 | 7 | 0 | 13 |
| 合計 | 9 | 4 | 1 | 0 | 8 | 1 | 23 |

＊数値は新規に開発・作成された学力テストを用いた調査研究であり、 2 年以上継続されたものでも「 1 」としてカウント。

同和教育推進協議会」による「部落の児童生徒の学力調査」（小 2 〜中 3 ： 2 教科）も含まれている〈2〉。また、県教委による 2 件については、第 5 節の「現代の学力テスト」において取り上げる。

〈表— 2 〉 長野県の昭和20〜40年代の「教育政策テスト」の実施状況

|  | 調査研究の名称 | 対象学年・教科 | 初回のテスト実施年（度） |
|---|---|---|---|
| 信 | 算数数学科学力標準検査の試作的研究 | 小 1 〜中 3 ：算・数 | 昭和26年 3 月10日 |
| 信 | 教育漢字を読む能力の調査 | 小 1 〜 6 ：国 | 昭和26年10月下旬 |
| 信 | 教育漢字を書く能力の調査 | 小 1 〜 6 ：国 | 昭和27年 3 月 |
| 信 | 漢字の習得に関する実態調査 | 小 3 〜 6 ：国 | 昭和28年度 |
| 県 | 県小学校学力水準調査 | 小 6 ： 2 教科 | 昭和29年12月 1 日〜11日 |
| 県 | 県小中学校児童学力実態調査 | 小 6 ： 4 教科 | 昭和31年12月 3 日〜 8 日 |
| 県 | 県学力調査 | 小 6 ・中 3 ： 2 教科 | 昭和33年12月10・11日 |
| 同 | 部落の児童生徒の学力調査 | 小 2 〜中 3 ： 2 教科 | 昭和49年 8 月中旬 |

＊「信」は信濃教育会教育研究所。「県」は県教育研修所、「同」は県同和教育推進協議会。

　終戦直後の信濃教育会では、国語科における「児童生徒の発達に主眼」（信濃教育会, 1950： 1 ）を置いた一連の調査研究を実施している。昭和23年度の『紀要』（第 4 集）では「言語活動の発達」において言語心理学的観点から能力

の発達を、言語社会学的立場から言語生活経験の発達を、『紀要』（第5集）では「国語カリキュラム編成の手順」において児童の国語学力の実態を、『紀要』（第9集）では「京大−Ａ式團体知能検査」（小6〜中2）によって県下3郡の児童生徒の能力実態を調査している。

　昭和26年からは漢字の習得状況が調査の中心となり、同年10月に「教育漢字を読む能力の調査」（小1〜6）、翌27年3月に「教育漢字を書く能力の調査」（小1〜6）を実施している。これらの調査は、漢字習得の難しさを克服するためには漢字の読み書きの合理的・能率的な指導法の工夫を検討したものである。前者の「教育漢字を読む能力の調査」においては、「教育漢字の読み成績を中心として調査し、これに書き能力の調査を付随的に加え、その難易順を求めることを直接のねらいとし、それに関連する教育指導上の諸問題について分析」（信濃教育会教育研究所, 1953：2）を試みたものである。教育漢字に認められた音訓に関する調査がなされている。後者の「教育漢字を書く能力の調査」は、「教育漢字を書く場合の難易順を求めることを目的とし、合わせて読み書きの能力の対比」（同上, 1953：85）を試みたものである。

　漢字の『読み書き能力』に関する昭和20年代の実態調査の最後となったものが、昭和27年度の「漢語の習得に関する実態調査」（小3〜6）であり、研究協力校の4校（計1,600人）を対象に実施されている。同調査は、「小学校の児童における漢語の理解度と使用度」（同上, 1954：2）に関する2年間の継続研究として、漢語の習得に関する問題全般にわたって探索を続けたものである。調査対象語は国語辞典、児童の使用語彙や日常談話語、新聞に用いられている漢語を「言語機能」「語の持つ概念内容」「言語構造」などの観点から5,365語を選び、その中から分類層化した100語における理解度をテストしたものである。第2次調査は、二文字によって構成される漢語について理解度と使用度が調査されている。そして、「漢語の理解は、漢字の視覚表象によって、その表意的機能を想起する過程の多いこと」（同上, 1954：96）などが解明され、漢字指導のあり方が指摘された。

　信濃教育会教育研究所が実施した最初の「教育政策テスト」は、昭和26年3月の「算数数学科学力標準検査の試作的研究」（小1〜中3）であり、予備テス

220　第2部　北陸・東海・関西地方

トを経て本テストが実施されている。被験者は、学年ごとに県内で約300人、埼玉・東京で40人、群馬県で150人（総計は4,500人）という民間の研究所としては大規模なものとなっている。このテストの特徴は「診断的概観テスト」であり、「学校学級にどんな指導の強弱が現れるか」を確認し、「指導に役立たせる」（和田，1951：42）ことを目指すものであった。知能検査によって学力と知能の相関も調査対象となっている。

　一方、県教委は昭和24年度に信濃教育会教育研究所の所員を「教育委員会教育研究所」（教育研修所）の所員の兼任とし、共同企画による「県カリキュラム実験試案」を作成している（長野県教育委員会，1980：330）。つまりは、戦後直後からカリキュラム作成や学力テスト実施においては「県教委」「県教育研修所」と「信濃教育会教育研究所」の関係は密接であり、互いに協力関係を構築していたことになる。また、県教育研修所は昭和27年度から教育問題の基礎調査の一つとしての「標準学力検査の研究」も開始し、高等学校入学者選抜における「学力検査」の開発に向けて、指導主事全員が参加して研究作業に着手している（長野県教育研修所，1953：3）[3]。

　県教育研修所が実施した最初の学力テストは、昭和29年12月1日～11日の「県小学校学力水準調査」（小6：2教科）であり、調査校35校（分校11校を含む）と1学級を県下全域から抽出している。「本県児童生徒の学力の実態をとらえ、学習指導上の問題点を明らかにする」ことを目的としたが、県独自で問題を作成している（長野県教育委員会，1956：112）[4]。昭和31年12月3日～8日には「県小学校児童学力実態調査」（小6：4教科）を県下40校で1回のみ実施している。代わって、昭和33年12月10日～13日には「県学力調査」（小6・中3：2教科）を行ない、昭和36年度までの4年間継続している。県下小・中学校の25校において「学力の実態を調査し、教育計画、学習指導改善のための基礎資料をうる」（同上，1959：126）ことを目的としたものである。高校でも4年間実施されている。また、昭和36年度には文部省「全国一斉中学校学力調査」（以下、「学テ」）が行われており、「県学力調査」における中学校の実施はないが、この年は県教育研修所による最後の学力テストの実施となった年でもある。

## 2　信濃教育会教育研究所による「学習指導改善テスト」の開発

　昭和36年度の「県学力調査」を最後とした県教育研修所は、「地方教育行政の組織及び運営に関する法律」により、昭和40年4月に「県教育センター」となり、27名の職員で活動を開始している。主なる業務内容は、教員を対象にした各教科・管理・教育相談・進路指導などの研修会の企画・実施であり、平成8年4月には「県総合教育センター」に改組され、現在に至っている。しかしながら、県教育センター発足以降にセンターが企画・主導した学力テストは皆無である。

　一方、〈表―3〉に示したように信濃教育会教育研究所が実施した学力テストを用いた調査研究は13件にも達する。この13件の中では、単独では国語が1件、算数・数学が3件であり、理科と英語が各1件、国語と算数・数学の2教科実施が7件であった。つまりは、学力テストを用いた調査研究は国語と算数・数学に集中していたことになる。同時に、県に代わって民間の教育職能団体であった信濃教育会教育研究所が主導した点も長野県の特徴であった。

　信濃教育会教育研究所が行った特色ある調査研究とは、学力向上を目的として、教育現場における学習指導過程の実践方法や改善方法の探求を行なうものであった。同研究所で用いられた学力テストは、そうした学習指導の効果や問題点の「検証」と「反省」に用いられたものである。とりわけ、国語（作文・漢字）と算数・数学が重点的に学習指導の改善や検証が行われている点に特徴があったが、これらについては第3節・第4節で述べることとし、本節では理科の1件、英語の1件の実施内容を確認する。

　理科は、昭和28年度からの2年間の継続研究であった「理科学習能力に関する研究」（小3）が上伊那郡辰野小（47人）において実施された。目的は、「知識の獲得の方法と知識の質との関係」（長坂, 1956：68）を調べるものであり、「教師の説明による学習」（説明的方法）と「問題解決的学習」（問題解決学習法）といった異なる学習形態のクラスを対象とし、知識の獲得に関しては「電池の性質」「電池の流れ方」「電池のつなぎ方」などに関する知識をテストするものであった。2つの学習クラスのテスト結果を比較し、「紙上テストの結果では両者に大差がない」（同上, 1956：71）ことなどを確認している。さらには、獲

222　第 2 部　北陸・東海・関西地方

〈表— 3 〉「信濃教育会研究所」による「学習指導改善テスト」の実施状況

| 調査研究の名称 | 対象学年・教科 | 初回のテスト<br>実施年（度） |
|---|---|---|
| かなづかい指導の基礎調査 | 小 2 〜中 2 ：国 | 昭和22年 4 月〜 5 月 |
| 整数四則における誤算の実験的研究 | 小 4 ・ 5 ・ 6 ：算 | 昭和26年10月 |
| 小中学校における分数・小数四則の誤算の実験的研究 | 小 6 ：算<br>中 1 ・ 2 ：数 | 昭和27年度 |
| 理科学習能力に関する研究 | 小 3 ：理 | 昭和28年12月 7 日 |
| 英語入門期の指導 | 中 1 ：英 | 昭和30年 7 月〜31年 2 月 |
| 図形の指導法とその指導体系 | 小 1 ・ 3 ：算<br>中 2 ・ 3 ：数 | 昭和32年度 |
| 漢字の習得と分数計算の向上に関する調査研究＊ | 小 1 〜 6 ：国<br>小 6 ：算、中 2 ：数 | 平成元年11月15日〜28日 |
| 「漢字使用と漢字の語句・語いの拡充」「小数計算の向上に関する調査研究」＊ | 小 6 ：国・算<br>中 2 ：国・数 | 平成 2 年12月 5 日〜19日 |
| 漢字の語句・語いの拡充と計算のつまずきとその指導＊ | 小 3 ・ 5 ・中 2 ：国<br>小 6 ・中 2 ：算・数 | 平成 4 年 5 月 6 日〜12日 |
| 文章表現による言語力の向上と文章題つまずきの研究＊ | 小 4 ・ 6 ・中 2 ：国<br>小 6 ・中 2 ：算・数 | 平成 5 年 5 月10日〜20日 |
| 文章表現の基礎づくりと文章題の段階的指導＊ | 小 4 ・ 6 ・中 2 ：国<br>小 4 ・ 6 ・中 2 ：算・数 | 平成 6 年 5 月10日〜20日 |
| 文章表現の基礎づくりと文章題の多面的指導＊ | 小 4 ・ 6 ・中 2 ：国<br>小 4 ・ 6 ・中 2 ：算・数 | 平成 7 年 5 月10日〜20日 |
| 文章表現を豊かにする手だてと図形・量に関する調査研究＊ | 小 4 ・ 6 ・中 2 ：国<br>小 4 ・ 6 ・中 2 ：算・数 | 平成 8 年 5 月10日〜20日 |

＊は「国語」（作文）と「算数・数学」の調査

　得された知識が実際に活用されるか否かの実験も行われ、この 2 クラスから知能程度とテスト成績の同程度の生徒を選び、懐中電灯の故障個所を発見させ、修理させる実験的な調査も行う。「問題解決的学習」のクラスが「圧倒的に優勢である」（同上, 1956：74）ことが判明し、ペーパー・テストの限界などが示唆された。

　英語は、昭和30年度からの 4 年間の継続研究として「英語入門期の指導」

（中１）が行われている。母国語としての日本語を既に体得し、使用している子どもたちの英語学習過程において、「個々の生徒が不適応を起こす原因となっている障害点はなんであるかを追求する準備段階として、文構造を中心とした、基本的英語の表現が、いかに個々の生徒に理解され、運用されているかの実態について一般的調査を行い、それの詳細な調査を行なう」（松峯他, 1959：19）ことを目的としたものである。４期に区分されたペーパー・テストによる実態調査が繰り返され、結果は正答・誤答・無答に区分した上で、誤答分析が行われている。

## 3　信濃教育会教育研究所による「国語科指導」の改善

　本節では、信濃教育会教育研究所による学習指導改善を目的とした国語における３件の調査研究を取り上げる。「漢字習得」と「作文」による教育指導が非常に積極的に行われていたことを確認できる。

　第一の調査として、国語科学力テストの中では早期に実施された昭和22年４月〜５月の「かなづかい指導の基礎調査」（小２〜中２）を取り上げる。同調査の目的は、「現代かなづかい指導の適確を期するために、指導の対象となる児童生徒のかなづかい習得の実態を明らかにし」、その結果によって「指導上の手がかりを求める」（信濃教育會, 1947：53）ことであった。文部省の「現代かなづかい表」に基づき、文章の形で出題し、その中に調査すべき代表的かなづかいを含めるというものであった。個別調査でなく、学級別に１問ずつ口頭で行い、それを聴書させるという一斉調査の方式を採用している。結果は、各問題の解答の類型を調査し、学年別・地域別・学校別の正答誤答の様相と指導上の注意すべき点の分析を行なう。低学年においては、「拗音の正しき表記ができない」（同上, 1947：64）ことなどが指摘され、指導の留意が促された。

　第二の調査として、平成元（1989）年度の「漢字の習得と分数計算の向上に関する調査研究」（小１〜小６）を取り上げる。「信濃教育会あり方審議会」の答申において「応急に処理する必要のある問題の調査研究を一層推進されたい」（信濃教育会教育研究所第二部門, 1990：まえがき）との指摘を受け、平成元年９月に教育研究所内に「第二部門」が設置されたことにより、この平成元年度

224　第 2 部　北陸・東海・関西地方

の調査研究は「第二部門」が担当したものである。「第二部門」は、国語科と
算数・数学科の基礎学力の調査研究を目的としたものだが、国語科に関しては
漢字の習得における児童生徒の「読み書き」の実情を調査し、基礎・基本の立
場から漢字指導ならびに学習指導の改善に役立てることを目的としている（同
上，1990：2）。漢字習得の調査後には習得指導の実験的研究（16校・全学年）、
小・中・高における教育漢字習得の定着度調査（小 6・8 校、中 2：8 校）と対
応策、児童生徒の意識調査と習得率を高めるための対応策、習得向上を図るた
めに問題点・指導法・改善点などの究明が行われている。この調査結果は、国
立国語教育研究所（昭和57年～ 59年実施）によるデータ結果とも比較されている。
国語科における「漢字の習得」をテーマとした調査研究は、平成 2 年度の「漢
字使用と漢字の語句・語いの拡充」（小 6・中 2）、平成 4 年度の「漢字の語句・
語いの拡充」（小 3・5・中 2）でも行われている。

　第三の調査として、平成 5 年度の「文章表現による言語力の向上と文章題つ
まずきの研究」（小 4・6・中 2：作文）を取り上げる。国語は「子ども自らが
言語生活を高めるための指導」をテーマとし、実態調査は「児童生徒が、文章
表現（作文）において、習得した漢字及び漢字の語句・語いをどのように使用
して自分の考えを的確に表現しようとしているかについて、課題作文の分析・
研究を通して明らかにする」（同上，1994：23）ことであり、学年間の差異や問
題点、指導のあり方などの基礎的資料を得ることが目指されている。800字以
内の児童生徒の作文を基に、二度の「実態調査」と「再実験的研究調査」に加
え、指導事例の実践的研究が行われる[5]。この国語における「文章表現」（作
文）をテーマとした調査研究は、小 4・6・中 2 を対象に平成 6・7 年度には
「文章表現の基礎づくり」、平成 8 年度には「文章表現を豊かにする手だて」と
題する研究が行われている。

## 4　信濃教育会教育研究所による「算数・数学科指導」の改善

　次に、信濃教育会教育研究所による学習指導改善を目的とした算数・数学に
おける 3 件の調査研究を取り上げる。その特徴は、算数・数学における「つま
ずき」を発見し、うまく治療するための指導のあり方を追求したものである。

第11章　「信濃教育会教育研究所」の功績〜長野県〜　225

　第一の調査として、昭和26年度の「整数四則における誤算の実験的研究」
（小4〜6）を取り上げる。この研究は、県下21校（2,463人）を対象に、「誤算は
児童の算数概念獲得の欠如によって陥る誤りのケース（case）を対象とし、そ
のケースの分析から理解事項を探索し、これを児童の生長発達の指導段階に刻
み、実証を通して日常指導の方法の確立を期そうとする実験的研究である」
（村田他, 1952：1）。誤算を媒介とした、子どもに対する算数の理解事項の指導
段階に客観性のあるものを樹立しようと意図したものである。研究計画を7段
階に区分して、四則全分野にわたり計算テストと理解テストを実施した後、児
童の誤算を浮き彫りにし、指導を通して誤算を解消する。誤算原因を突き止め、
治療を行う実験的研究である。翌27年度に行われた「小中学校における分数・
小数四則の誤算の実験的研究」（小6・中1・2）も、分数・少数における誤算
指導の実験的研究であり、10段階の研究計画が樹立されている（村田他, 1953）。
　第二の調査として、昭和32・33年度の2年間の継続研究「図形の指導法とそ
の指導体系」（小1・3、中2・3）を取り上げる。同調査は、ペーパー・テスト
による調査問題を作成した上で、その結果を分析し、小・中学校における図形
指導の問題点を詳細に究明したものである。その背景には、図形学習の難しさ、
面白味のなさなどあり、学習が図形的知識の形式的記憶に止まり、真の理解に
つながっていないという問題点があった。そこで、第1年次においては小学校
児童が「㋑場面に応じて的確に図形理解を用いることができるか、㋺場面に応
じて図形問題を解決できるような解決原理を身に付けているか」（五味他, 1961：
6）を目的としてペーパー・テストによる9つの調査問題が設定され、その結
果に基づいて原因と望ましい解決策が検討されている。中学校でも同様な調査
がなされ、第2年次では小・中一貫の図形指導の体系化と指導法のあり方が追
及されている。まさに「教育県長野」を象徴する教育指導のあり方を探求した
調査・研究であった。
　第三の調査として、平成元年度の「漢字の習得と分数計算の向上に関する調
査研究」（小6・中2・高1）を取り上げる。先にも述べたように、同研究は国
語でも行われたが、算数・数学は「児童生徒の'分数四則計算能力'の実情を
調査し、その実情を明らかにすることを通して、基礎・基本の立場から学習指

導の改善に資する」（信濃教育研究所第二部門, 1990：9）ことを目的としている。分数の四則計算と分数・小数混合計算の実態調査を行い、誤答状況が丁寧に分析されている。調査研究の結果は速やかに学校現場に返し、その活用をはかることも目指している。また実態調査の後には、計算力を向上させるための実験的指導と対応策の考察・究明もなされている。この後も、長野県では小6・中2・高1を対象とした調査研究として、平成元年以降には「計算問題」「文章題」に関するものが6件、「図形・量」に関するものが1件行われている。地味ながら、丁寧な調査と分析が繰り返されている。

## 5　現代の学力テスト

現代の学力テストとしては、〈表―4〉で示したように、県教委が2件の学力調査を行なっている。平成以前の長野県では現役高校生の4年制大学への進学率の全国順位が低位であることから、学力向上論議が沸き起こり、平成2年度には「学力向上推進事業」がスタートしている。とりわけ「学力向上調査研究委員会」においては「小・中・高等学校の学力実態調査」を平成3年7月に実施している。高校については割愛する。

**〈表―4〉県教委による「現代の学力テスト」の実施状況**

| 調査研究の名称 | 対象学年・教科 | 初回のテスト実施年（度） |
|---|---|---|
| 小・中学校学力実態調査 | 小4〜中1（2教科）<br>中2・3（2教科＋英） | 平成3年7月17日〜20日 |
| PDCAサイクルづくり支援事業<br>P調査、C調査 | 小4・5（2教科）<br>中1・2（2教科＋英） | 平成20年4月・11月 |

平成3年7月17日〜20日に実施された「小・中学校学力実態調査」（小4〜中1：2教科、中2・3：2教科＋英）は、悉皆調査によって「児童の基礎学力の定着の状況を調査し、学力向上のための学習指導に資する」（長野県教育委員会, 1991：1）ことを目的としたものである。学習指導要領に沿った基礎的・基本的な内容が知識・技能面を中心に出題されている。「学年別・教科別」「学年

別・履修内容別」の正答率の平均、ならびに主な誤答例も示されている。余り特色のない学力調査と言えるが、平成18年度以降は小５（４教科）・中２（５教科）を対象に、平成19年度まで実施されている。

平成16年度までは県内のみの小・中学校が調査対象であり、結果の分析も県内の地域別正答率の比較などであった。しかしながら、平成16年度からは長野県と全国との比較も行われている。例えば、平成18年度の小５の国語の「得点率」は長野県が55.6%、全国が58.3%といった具合である（同上，2007a：2）。全国平均を上回った教科は、中２の国語（長野55.3%、全国55.0%）のみであり、学力低下の実態が明確に浮き彫りにされている。こうした全国比較は、テスト問題として東京書籍の「集団準拠評価方式」（NRT）を導入して可能となったと思われる。

県教委は、平成17年度から「県学力向上推進事業」の一貫として、小・中の15校を対象とした「学力向上フロンティア拠点校事業」を展開し、「学力向上は、どの学校においても中心的課題です」（同上，2007b：まえがき）と述べ、確かな学力の伸長に本腰を入れている。例えば、県内の各学校でも学力向上に向けた取り組みが開始され、県を挙げての学力向上政策が展開されている。続いて、県教委は平成20年４月・11月に「PDCAサイクルづくり支援事業　Ｐ調査、Ｃ調査」（小４・５：２教科、中１・２：２教科＋英）を「学校全体の学力向上・個別教員の授業改善」を目的に実施している（長野県教育委員会，2010）[6]。

県教委による現代の学力向上政策の特徴は、学力テストの結果による目標値の設定がなされたことであるが、こうしたやり方は長野県の教育の歴史から鑑みても、残念なことである。平成30年度の「第３次県教育振興基本計画」では、県の教育は「県の歴史の中で培われてきた優れた特徴も持っている」（長野県，2018：5）とし、教育を大切にする風土と県民性が具体的に挙げられている。しかしながら、他方では「未来を切り拓く学力の育成」として、「測定指標」「目標値」「実績値」が数値化されている。例えば、「全国学力・学習状況調査」（以下、「全国学テ」）を意識したと思われる「基礎的・基本的な内容の定着度が全国平均よりも高い児童生徒（小６・中３）の割合」では「目標値」は小６で65.0%、中３で60.0%、「平成28年度の実績値」は小６で64.4%、中３で54.2%が

示されている（同上，2018：6）。

　数値目標を掲げること自体は悪いことではないが、全てを数値化して、達成目標とすることは、同時に様々な問題を派生させる土壌ともなる。長野県の教育と児童生徒を大切にする歴史と風土に期待したい。

## おわりに

　本章は、戦後に民間の教育職能団体として設立された「信濃教育会教育研究所」の教育活動として、「学力向上」を目指す学力テスト政策の歴史的展開と特徴を解明することを意図した。こうした信濃教育会教育研究所による学力テストを用いた調査研究は、たんに県教委や県教育センターなどの公的機関に代わって実施されてきたということではなく、国語科と算数・数学科の2教科を中心に学習指導の改善を中心とした詳細な学力実態の分析が行われてきたことを意味する。それは、読み書きを中心とした児童生徒の一人ひとりの学力保障を求める努力の軌跡であり、学習指導の改善、教師の力量形成を目指すものでもあった。そこには、授業を通して児童生徒自身による自己変革の可能性を追求する姿勢も垣間見える。まさに信濃教育会教育研究所は、「長野県の教育をリードしてきた」と言っても過言ではない。

　だが、池田（1978）・菅原（1980）・馬島（1991）などは、信濃教育会の権力的な体質を問題視する[7]。また、長野県の学力低下の要因を探った教育問題研究会（1991）・小林（1987）・山口（2014）などの文献もある。批判の内容は他書に譲るとして、要は、立場や見方を変えれば異なった評価もあるということである。本章の冒頭で示した「県歌　信濃の国」の一節にもあるように、長野県において「優れた人材が続々と誕生する」ことに期待したい。

### 〈注〉
〈1〉教育研究所の活動については、信濃教育会教育研究所五十年誌編集委員会2000『信濃教育会教育研究所　五十年誌』研友会、稲垣忠彦2006『教師教育の創造―信濃教育会教育研究所五年間の歩み』（評論社の教育選書32）などが研究所の活動軌跡を知る上で参考になる。また、「教育県」となった歴史的背景については戸田（2014）が参考

になる。

〈2〉「部落の児童生徒の学力調査」は、同和地区の人たちの基本的人権が著しく侵害されていることに鑑みて、「学力を阻害している要因を明らかにし、これからの同和地区の推進に役立てていくことを目的」（長野県同和教育推進協議会, 1975：2）としている。各学年で知能と学力の相関関係を分析している。

〈3〉小・中学校の各学年で用いられる「標準学力検査」の開発は、次年度以降は行われていない。ただし、高校入学者選抜のための「学力検査」は検査法の当否を判定するために県教育研修所によって行われている（長野県教育委員会, 1955：135）。

〈4〉国研「全国小・中学校児童生徒学力水準調査」（以下、「全国学力水準調査」）は昭和27年度から3年間実施されるが、長野県でも3年間は同一問題を用いて県内小・中学校で調査が実施されている。昭和29年度は、国研「全国学力水準調査」（小6・中3：4教科）が11月18・19日に、「県小学校学力水準調査」（小6：2教科）が12月1日－11日に行われている（長野県教育委員会, 1956：112）。

〈5〉「再実験的研究調査」とは、2度の実態調査の分析結果で明らかとなった問題点の解決のために行われた調査である。第1には、前回テスト実施校に1か月後に予告なしにテストを実施し、結果を比較するものである。第2には、前回テストと無関係な学校に依頼して、まずはテストを行い、担任による指導をした後の1週間後に再テストを実施し、その結果を比較検討して問題点の解明に当たろうとする試みである（信濃教育会教育研究所第二部門, 1994：43）。

〈6〉「P調査」は指導改善の取組を具体化するための実態把握調査であり、小5の2教科、中2の2教科＋英を対象とする。調査問題は基礎的・基本的な知識・技能の定着をみる問題、思考力・判断力・表現力等を問う問題。「C調査」は指導改善の取組を修正するための成果検証調査であり、小5と中2で同じ教科を対象とする。P調査で課題が見られた問題に当該学年の学習内容を加えたもの（長野県教育委員会, 2010）。

〈7〉例えば、戦後の長野県における中・高教員であった池田（1978）は、「信濃教育会」を「戦前、戦後を問わず、肝心なところで体制に順応し、教育への権力介入に寛大であった」（池田, 1978：2）とし、今でも差別と偏見がまかり通っている現状を批判的に検証している。馬島（1991）も「信濃教育会を中心とする体制順応の体質」（馬島, 1991：11）を指摘している。


〈引用・参考文献一覧〉

池田賢三 1950「懸下児童生徒の智能の測定（一）」信濃教育会教育研究所『紀要』第9集、1-42頁

池田錬二 1978『長野県の教育に夜明けを』信州白樺

馬島直樹 1991「長野県における小中学生の学力低下の背景：信濃教育会の体質と学力

観・馬島直樹氏に聞く」「まほろば10号（別刷）」信州の教育と自治研究所、1-37頁
沿革誌編集委員会編　1974『長野県同和教育10年の歩み』長野県同和教育推進協議会、1-85頁
教育問題研究会編　1991『しっかりしてくださいよ信州教育—状況からの長野県教育論—』銀河書房
越川　求　2020「戦後改革期における信濃教育会存続の歴史的意味—教育文化活動を中心とした職能団体としての改革過程—」『立教大学教育学科年報』第64号、87-104頁
小林洋文　1987「広岡亮蔵氏と信濃教育会の学力論：問題点の所在」『長野県短期大学』第42号、55-71頁
五味美一他4名　1961「子どもの発達に即し生きた理解となるための図形の指導法とその指導体系—小中一貫の図形指導—」信濃教育会教育研究所『紀要』第31集、1-244頁
信濃教育會　1947『現代かなづかいの性格とその指導』1-76頁
信濃教育会　1950「国語カリキュラム編成の手順」信濃教育会教育研究所『紀要』第4集、1-44頁
信濃教育会教育研究所　1953「教育漢字の読み書きに関する実態調査—特に読み成績を中心として」『紀要』第22集、1-210頁
信濃教育会教育研究所　1954「漢字の習得に関する実態調査—小学校児童における漢語の理解と使用度—（第一報）」『紀要』第23集、1-97頁
信濃教育会教育研究所第二部門　1990『漢字の習得と分数計算の向上に関する調査研究—小学校・中学校・高等学校—』1-47頁
信濃教育会教育研究所第二部門　1994『文章表現による言語力の向上と文章題つまずきの調査研究—小学校・中学校・高等学校—』1-99頁
菅原憲義　1980『ルポルタージュ　教育支配の構図—教育長野県の実際—』労働旬報社
戸田忠雄編著　2014『学校を変えれば社会が変わる—信州からの教育再生—』東京書籍
長坂端午他　1956「理科学習能力に関する研究」信濃教育会教育研究所『紀要』第27集、1-120頁
長野県　2018『第3次長野県教育振興基本計画』長野県教育委員会事務局教育政策課、1-123頁
長野県教育委員会　1954『昭和27年度　長野県教育委員会年報』1-355頁
長野県教育委員会　1955『昭和28年度　長野県教育委員会年報』1-310頁
長野県教育委員会　1956『昭和30年版（昭和29年度）　長野県教育委員会年報』1-226頁
長野県教育委員会　1959『教育年報　昭和34年版（昭和33年度）』長野県教育委員会事務局、1-255頁
長野県教育委員会　1980『長野県教育委員会発足三十周年記念　長野県教育委員会三十

年史』長野県教育委員会

長野県教育委員会　1991『平成三年度　小・中学校学力実態調査報告書』長野県教育委員会事務局、1-178頁

長野県教育委員会　2001『平成12年度　小・中学校学力実態調査報告書』長野県教育委員会事務局、1-128頁

長野県教育委員会　2007a『平成18年度　小・中学校学力実態調査報告書—調査結果・指導のポイント—』長野県教育委員会事務局、1-34頁

長野県教育委員会　2007b『平成18年度　長野県学力向上フロンティア拠点校事業中間報告書「確かな学力」向上のための教育課程づくり（第二集）』1-212頁

長野県教育委員会　2010「平成22年度　学力向上のためのPDCAサイクルづくり支援事業に関する実施要領」1-2頁

長野県教育研修所　1953『昭和27年度　標準学力検査に関する資料』1-224頁

長野県同和教育推進協議会　1975『部落の児童・生徒の学力を調査して』1-47頁

松峯隆三他　1959「英語入門期の指導（第一分冊）—誤びゅうと矯正の実験的研究—」信濃教育会教育研究所『研究所紀要』第30集、1-192頁

村田好道他　1952「整数四則における誤算の実験的研究」信濃教育会教育研究所『紀要』第16集、1-118頁

村田好道他　1953「小学校・中学校における分数・小数四則の誤算の実験的研究」信濃教育会教育研究所『紀要』第20集、1-89頁

山口利幸　2014『信州教育に未来はあるか』しなのき書房

和田重民　1951「算数数学科学力標準検査の試作的研究」信濃教育会教育研究所『昭和25年度研究概報』41-46頁

# 第12章 「テスト王国」の実態～静岡県～

〈生きて働く学力〉

　ほんものの学力は、強いていえば「生きて働く学力」ということになるであ
ろう。それがきわだって対比されるのは、受験のための断片的知識の習得であ
る。受験体制のなかの学力は、第一に構造化されていない学力である。それは
重点や本質とは無関係に、並列的にならべられた知識であって、記銘と再生の
みにたよっている（吉田　昇・静岡大学附属静岡中学校, 1965：17）。

## はじめに

　静岡県における戦後の「学力向上」を目指す学力テストの実施主体は多種多
様であった。それは、県教育委員会（以下、「県教委」）による「小・中学校標
準学力検査」（昭和25年度）、県教育研究所による「国語学習能力（文章理解）調
査」（昭和24年度）、県校長会による「小学校国語・算数学力検査」（昭和32年度）、
県英語教育研究会による「英語学力検査」（昭和34年度）などであるが、加えて
県校長会が出資する財団法人の「静岡県出版文化会」による「進路指導学力調
査」（昭和42年度）も実施されている。この「進路指導学力調査」は「出文テス
ト」とも呼ばれ、各教科の「出文ドリル」の編集・刊行等とともに、静岡県に
おける学力形成の一翼を担うものであった。この「進路指導学力調査」は、俗
にいう業者テストであるが、静岡県では業者テストが県全体に深く浸透してい
たことを指摘できる。

　戦後の静岡県は、上記で述べた各種のテストが繰り返し実施され、学力テス
トが蔓延する「テスト王国」とでも呼べる状態であった。昭和34年、榛原郡相
良小学校長であった河村寿計雄は、小6の国語科の学力テスト問題を作成して
いたが、その苦労話とともに、次のような反省の弁を昭和34年に述べている。

「ワーク・ブックをはじめ各種のテストのはんらんで、先生も子どもも「テスト屋」になっているのではないかと恐れる…（中略）…先生も「テスト屋」になる。教えずしてテストするのが商売になる。人の作ったワーク・ブックで、人の作ったテストで、ただテストをしている。すばらしい便利さ、高能率。だが、そこから失われていくものは何だろうか。自分の教えたことを、自分の作成した問題でテストしてみる。このことを忘れてはならない。テスト問題を自分で作る。そこから得られる数多くのプラスを、私は重く見たいと思う」（河村, 1959：55-56）。

　河村は、分厚い誤答分析をした「学力検査報告書」を読んでも、「私の前に、子どもの姿が浮かんで来ない」（同上, 1959：56）として、テストだけでは本当の「指導」、本当の「人間教育」は不可能とし、テストの限界や問題点を自覚することも訴えている。

　本章の目的は、こうした静岡県における「学力テストの実施主体におけるダイバーシティ（多様性・多元性）」の特色を確認するとともに、学力テストの実施内容の特徴や問題点を検討することである。現在、静岡県では「校長会」による「県中学校学力調査」が実施されているものの、それ以外の学力テストは皆無の状態である。いわば戦後の学力テストにおける「栄枯盛衰」の歴史を象徴する県であった。そこには、静岡県の様々な教育機関や団体の学力向上に向けた取り組みがあり、学力テストが利活用される一方で、他方では学力テストそれ自体への強い疑念や批判も繰り返し見られた。それは学力テストへの依存と葛藤の歴史でもあった。まずは、静岡県の戦後の学力テストの実施状況から確認しよう。

## 1　戦後の学力テスト開発の歴史

　戦後から今日までの静岡県の「県教委」「県教育研究所」（後の「県教育研修所」）「県校長会」「県教育研究会」などが実施した学力テストの初回の実施状況を時期区分して示すと、〈表―1〉のようになる。「教育政策テスト」は10件、「学習指導改善テスト」は4件となり、静岡県では児童生徒の学力の実態を把握

234　第2部　北陸・東海・関西地方

して、教育政策の改善に利用する学力テストが圧倒的に多かったことがわかる。

〈表―1〉静岡県の戦後学力テストの実施状況

|  | 昭和20年代 | 30年代 | 40年代 | 50年代 | 60年代～平成18年度 | 19年度～令和2年度 | 合計 |
|---|---|---|---|---|---|---|---|
| 教育政策テスト | 4 | 4 | 1 | 0 | 1 | 0 | 10 |
| 学習指導改善テスト | 0 | 2 | 2 | 0 | 0 | 0 | 4 |
| 合計 | 4 | 6 | 3 | 0 | 1 | 0 | 14 |

＊数値は新規に開発・実施された学力テストを用いた調査研究であり、2年以上継続されたものでも「1」としてカウントしている。

　静岡県における学力テストの実施状況を実施主体別に見てみると、まずは県教委が昭和25年2月3日に「小・中学校学力標準検査」（小2・4・6、中3：2教科）を、昭和33年4月18・19日には「中学校学力検査」（中1：4教科）を実施している。

　前者の「小・中学校学力標準検査」は、県内の実験校22校と希望校に問題配布し、実施したものである。小学校国語科の実施目的は「標準的な学力テストに関する原則的な理論を研究し、小学校の国語カリキュラム作成や、能力別指導、児童の国語学力の実態把握等、現場で当面している諸問題に一つの示唆を与える目的で、厳密な意味でなしに、本懸小学校国語の標準的な学力テスト問題を作成すること」（静岡県教育委員会, 1951：1）とし、標準学力テストの開発・作成を目指すものであった。各教科の得点結果は県の平均点と偏差値が算出され、学力の相対的位置を知ることができた。後者の「中学校学力検査」は、県下の中1のほぼ全員（46,400人）が受験し、その中の36校分の結果が公表された[1]。

　一方、県教育研究所が実施主体となった学力テストは戦後から現代までは8件を数えるが、その中の4件は「教育政策テスト」、4件は「学習指導改善テスト」であった。静岡県は、昭和23年4月に「県立教育研究所」を設置し、昭和31年4月には「県立教育研修所」（三島市）に、平成7年8月には「県総合教育センター」（掛川市）に改組している。県教育研究所における戦後初の学力テ

ストは、昭和24年度の「国語学習能力（文章理解）調査」（小1～6）と「計算理解診断テスト」（小1～6）であった。

前者の「国語能力（文章理解）調査」は、特に「文章理解力を調査し、子供達の現在もっている力の状態を把握する。更に子供達の能力を地域別、性別、学校別、問題別に調査考察し、その結果を一資料として、カリキュラムの構成、運営、読物の選択及び指導、国語の授業の実際指導等に役立たせる」（太田，1950：57）ことを目的とし、研究協力校12校を都市・農村・山村・漁村の地域別に抽出し、「文字言語調査」を行なったものである。結果は、全体的・地域的・性別・学校別・問題別の正誤の割合を比較検討し、都市部・山村の正答率が高く、漁村が低いといった地域差を指摘し、「地域社会の上に立ったカリキュラムが要請されている」（同上，1950：67）との提言を行なう。

後者の「計算理解診断テスト」は、「算数遅進児の病状診断、教師の計算系統の再認識、算数指導の反省等」（山田，1950：76）のために作製されたものであり、一定の数系統と計算方法の発展とに従って選択された問題を出題し、その中の誤答箇所によって、計算方法や理解状態を判断することを意図している。速度は一応度外視し、理解度を診断しつつ、一定程度の計算能力の実態も調査し、教師による指導の着眼を把握することを可能とするものであった。テスト問題は、「Ａテスト」（同種類のものが二種類ずつ、発展的に配列）と「Ｂテスト」（同種類のものが5題ずつ）に区分されているが、それは「診断が簡単である」「診断が判然とできる」「利用価値が大きい」（同上，1950：76-77）ことが理由であった。そして、この「診断テスト」作製の最大の「ねらい」は学校現場での学力の診断に活用し、学力の治療を行なうことであった。

以上のような県教育研究所による国語・算数の学力検査結果は、余り良好なものとは言えなかった。というのも、昭和24年と昭和28年に県教委、静大教授、県内小・中・高の教員らによる座談会が開かれ、学力低下が繰り返し議論されているためである[2]。昭和28年の座談会には8名が参加し、国語・算数の「基礎学力の低下をどうするか」というテーマで実態把握と今後の対策が議論になっている。基礎学力回復には「師厳にして道遠し（ママ）」（「道尊し」）といった格言まで登場し、教師による厳しい基礎学力の反復練習の重要性が再認識さ

236　第2部　北陸・東海・関西地方

れている（岩崎他7名, 1953：37）。

　昭和31年、県教育研究所は「県立教育研修所」に名称変更しているが、「教育政策テスト」は昭和32年4月18・19日の「中学校学力検査」（中1：4教科）と昭和42年9月15日〜12月25日の「精神薄弱児の数的能力に関する研究」（小1〜中3：算数）を実施しているのみである。その他、昭和30年代には3件の「教育政策テスト」が実施されているが、それは次節で述べる「県校長協会（校長会）」と「県英語教育研究会」によって行われたものである。また、昭和31年以降の県教育研修所の主たる業務は「学習指導改善」に向けられるものの、その背景には「学力低下」問題に対する危機意識が見て取れる。昭和36年度の「能力差に応じた学習指導の研究」（小6：2教科）は、昭和37年度の文部省「全国学力調査」の結果を基に、学業不振児の問題を究明したものである。昭和41年度の「子どもの科学的理解力を育てるために」（小5：理科）は、昭和32年度以来の理科の文部省「全国学力調査」の結果（4回分）を基に、レディネス調査（質問紙・作文面接）、事前・事後（同一問題）・把持テスト（学テ問題を利用）によって学習効果を判定し、子どもの理解過程を基盤とした望ましい指導のあり方を究明したものである（静岡県立教育研修所, 1967）。

## 2　「県校長会」主催の学力テスト

　全国の都道府県では小・中学校の校長会が昭和30年頃から組織されているが、学力テストの実施主体となった県としては、静岡県以外では岩手・宮城・山形・神奈川・富山・石川・愛知・岐阜・大阪・山口・徳島などを挙げることができる。〈表―2〉は、県校長会による学力テストの実施状況を示したものである。

〈表―2〉「県小・中学校校長会」による学力テストの実施状況

| 学力テストの名称 | 対象学年・教科 | 初回の実施年（度） |
|---|---|---|
| 小学校国語・算数学力検査（＊） | 小1〜6：2教科 | 昭和33年2月26日 |
| 中学校国語・数学学力検査 | 中1〜3：2教科 | 昭和35年度 |
| 県中学校学力調査 | 中3：5教科 | 平成5年10月20日・12月20日 |

＊「県校長協会」主催

第12章 「テスト王国」の実態〜静岡県〜　237

　昭和25年2月に県教委は「小学校国語・算数学力検査」を実施しているが、昭和33年2月に「小学校国語・算数学力検査」（小1〜6：2教科）と名称変更し、実施主体も県教委から「県校長協会」へとシフトしている。各学年の児童が学期末において、どの程度の学力に到達しているかを調査し、「指導の反省資料」「今後の指導方針」「個人指導」（大場, 1958：19）のための参考資料とするものであった。昭和32年度は、小1〜5の問題は県校長協会が、小6は県教委が作成したが、翌33年度以降は県校長協会で全学年実施するようになる。以後は、この「小学校国語・算数学力検査」は「校長会国算テスト」とも呼ばれ、昭和49年度まで継続されている。

　昭和33年度には全学年の問題作成、実施後の誤答分析、報告書などの作成を行う「学力検査専門委員会」も組織されている。この時の実施目的も学力の実態把握だけでなく、「自校の指導効果を反省するとともに、今後の学習指導計画を立てるうえでの資料とする」（静岡県出版文化会, 1997：133）とされた。県校長協会は、学力テストの実施5回目を終えた時点で5年間の反省と展望を国語と算数の2教科で行っている。

　国語は、「聞き書き」「語法の中でも特に、助詞や陳述副詞」「手紙の形式」への力や理解が深まったことを評価している（静岡県校長協会, 1962：33）。しかしながら、テスト結果の誤答分析から「練習問題を出してやりドリルさせることがたいせつ」「（教師による）徹底した指導」（同上, 1962：22）などが指摘された。算数は、国語と同様にテスト結果の誤答分析が行われている。例えば、正答率が50%台であった小1の「位どりと数」に対しては、「この問題に相当するような学習形態の指導が貧弱ではなかろうか」（高橋他, 1962：34）、小6では「計算方法の理解の問題」が最も悪く、「計算方法をはっきり理解させていない」（同上, 1962：40）といった指導上の課題が指摘された。

　県校長会による学力テストの実施により、昭和35年度において実施された学力テストは、この県校長協会による「小学校国語・算数学力検査」（全学年）に加え、市教育研究会の「数学テスト」（学年・教科は不明）、県教委による「中学校学力検査」（中1：4教科）、県英語教育研究会による「中学校英語聴取力検査」（全学年）と「中学校英語標準テスト」（全学年）、高校入試用の「選抜学力

238　第2部　北陸・東海・関西地方

検査」などとなった。まさに、「（学校）現場は全くテスト慢性化という状態」
（座談会, 1961：24）に陥り、テスト漬けの1年間となっていた。本章の「はじ
めに」でも紹介した小学校長河村寿計雄が指摘した「テストの氾濫」状態が生
まれている。

　県校長会による学力テストの実施は昭和50・60年代にはなかったが、平成5
年10月20日・12月20日には「県中学校学力調査」（中3：5教科）を実施してい
る。この「学力調査」は県下の公立中学校生徒を対象にした県下統一テストで
あり、「公立中学校生徒の進路指導のために実施」し、「志望校別成績分布の集
計は取り止める。記憶力や暗記力ではなく、思考力や判断力を見る。新学力観
を反映させる」（静岡県出版文化会, 1997：350）ことを意図したものである。生
徒の進路指導に役立つ資料として、「正答と解説」「学習相談票」を、教師の事
後指導資料として『県中学校学力調査：結果とその考察』も刊行している。こ
の学力調査は、文部省「高等学校入学者の選抜について（通知）」を契機とし
て、テスト名称も「進路指導学力調査」から「県中学校学力調査」に改称した
ものである。

　この「進路指導学力調査」（中3：5教科）は昭和42年度から静岡出版文化会
が主催していたもので、平成5（1993）年5月に県校長会側（校長会長・中学校
部長・進路対策委員長）と検討会をもち、「静岡県中学校学力調査」に名称変更し、
年2回の実施に切り替えている。中1・2は2学期に1度実施するものの、直
接進路には関わらないものとなった[3]。そして、「志望校別成績分布の集計は
廃止」「10月と12月の2回実施」「公立中学校生徒の教育指導のために実施」
（同上, 1997：350）などの方針も掲げられた。現在は、県校長会の主催で「静岡
県中学校学力診断調査」と呼ばれる調査が、中3を対象に9月と11月の2回実
施され、中1・2は年明けの1月に県下の公立中学校で全県一斉に実施されて
いる。

## 3　「県英語教育研究会」による学力テスト

　全国の都道府県では小・中学校長による校長会が組織されるが、それとは別
に県内のほぼ全ての教員が参加する教育研究会も組織され、学力テストの実施

第12章　「テスト王国」の実態〜静岡県〜　239

主体となったケースが見られる。こうしたケースは、静岡県の他には北海道・茨城・富山・滋賀・三重・和歌山・奈良・鳥取・徳島・香川・愛媛などでも確認できる。

　戦後の静岡県においては「県英語研究会」が西部（昭和23年）・中部（昭和24年）・東部（昭和30年）の３地区に設立され、その連合体として「県英語研究会」の名称が仮に用いられていた。静岡県の「県英語教育研究会」とは、もともとは自主的な研究会組織であり、役員等の組織はなかった。言い換えると、県全体の「県英語研究会」という実態はなく、東部・中部・西部における自主的な研究会活動を展開していたことになる（静岡県教育研究会英語教育研究部，1978：31）。その後、昭和37年に研究会の一本化が検討され、新たな「県英語研究会」が発足している。会長には静岡高校長の鈴木誠志氏が就任し、中・高一本の研究会組織が出来上がっている。昭和40年度には「県教育研究会」が、昭和43年度には「県教育研究会英語研究部」が正式発足している。

　静岡県における最初の英語学力テストは、昭和26年12月５日に実施された「中学校英語標準テスト」（中１〜３）であり、県下の公立中学校184校（計49,976人）を対象に、英語科の「学力の実態を把握」（鳥居，1974：39）するものであった。テスト問題は、recognition formによる純客観テストであり、学年ごとに平均点と標準偏差値を出している。翌27年には「中学校英語学力テスト」に、28年には「中学校英語学力検査」に名称変更し、昭和35年12月には「県下一斉テスト」として実施されている。当時としては、この学力テストは「わが国で最も進歩的なもの」（同上，1974：40）と高く評価され、昭和27年度にはrecall form（記憶形式）テストも採り入れられている。

　この学力テストは、もともとは静岡市教委が市内の英語テストを行なう計画であったものを県全体に呼びかけ、県教委と各教育事務所の後援を得て実施されたものである。その際には「県中学校英語標準テスト実施委員会」が組織され、委員会メンバーには顧問として「静岡大学」「県教育研究所」「県教委」「静岡市教委」の４名が就任し、委員として15名の「現職教員」が参加している（静岡県教育研究会英語教育研究部，1978：29）。この15名の中には、当時としてはまだ「自主的研究会」であった「県英語研究会」のメンバーも含まれていたと

240　第2部　北陸・東海・関西地方

推測される。この学力テストは、新制中学校における英語教育がスタートし、将来にわたる影響を検討するためにも、県下の英語学力の実態把握をしようとしたものである。第10回の昭和35年12月には参加校289校（149,977人）となり、「県下一斉テスト」となっている。

　昭和34年6月16日～18日に行われた「中学校英語聴取力検査」（中1～3）は、「県英語教育研究会」が静岡大学の協力を得て問題作成し、年度内に合計3回実施され、県下の公立中学校202校（計85,502人）を対象に、全国的にも珍しいNHK静岡放送局による英語聴取力テストを実施したものである。昭和53年度まで継続されていたことを確認した[4]。

## 4　「静岡出版文化会」の活動

　静岡県における戦後の学力テストの展開において、もう一つ忘れてはならない民間団体によるテストがある。県教委や県校長会との関係も深く、互いの活動を通じた緊密な関係が保たれていたものでもある。昭和23年12月13日、任意団体「静岡県出版文化会」（以下、「県出版文化会」）は駿府城跡・横内御門の城郭に事務所を設置し、元県教委、県内小・中高教員、校長、静岡県教職員組合（以下、「静教組」）などの13名の出席者で創立総会を開催している。この創立総会の宣言書の一文は、以下のように記されている（静岡県出版文化会, 1997：35）。

> 　その目的とするところは、教科書・参考書の劃一独善を排除し、教育の地方分権の原則に遵い、生徒児童の心理と環境に応じた文化財を豊かに供給し、以て教育の民主化を促進完成せんとするにあり。

　要するに、国・文部省による教育の中央集権化を排除し、教科書・参考書などを教職員と民間人との共同の力で作っていくことを目指したものであった。以後、県出版文化会は教科書・参考書などの編集主体となるが、出版・発行を担当する機関として、昭和23年3月3日には「県教育図書出版株式会社」も創立された。そもそも、こうした活動を目的にした組織の設立は他県では例がなく、静岡県独自の特色あるものとして注目される。〈表―3〉は、「県出版文化

第12章 「テスト王国」の実態〜静岡県〜　　241

会」の戦後の主なる活動である（同上，1997）。


〈表—3〉「静岡県出版文化会」の主なる活動内容

| 年度 | 主なる活動内容 |
|---|---|
| 昭和26年度 | 教育雑誌・月刊『教育静岡』2,000部発行 |
| 30年度 | 「国算ワークブック」（88種類）・「学力検査問題」刊行 |
| 38年度 | 「社会科」テスト |
| 39年度 | 「社会科ワーク」刊行（1年間のみ） |
| 40年度 | 小学校4教科の「ワークブック」を「国算」「理科」「社会科」の各テストに改称 |
| 42年度 | 第1回「進路指導学力調査」 |
| 49年度 | 「力シリーズ」（概観問題と診断問題）刊行 |
| 55年度 | 中学校「実力評価シリーズ」刊行 |
| 59年度 | 「出文ドリル　中学数学」（60年度は中学国語・英語、61年度は中学理科） |
| 平成5年度 | 「進路指導学力調査」を「県中学校学力調査」に改称 |


　昭和26年4月からは教育雑誌・月刊『教育静岡』も刊行され、2,000部が発行された。昭和30年代に入ると活動は本格化し、県出版文化会は全県的に浸透した『国算ワークブック』（88種類）や高校受験用の学力検査問題集『学力検査問題』（9教科）なども編集・刊行した。例えば、昭和30年における『国算ワークブック』の『小学校国語ワークブック』は上・中・下に分かれ、当時の値段で73円であった。『学力検査問題』は基礎編が156円、応用編が180円であった（同上，1997：19）。昭和41年に従来のワークブックを「テスト」と名称変更し、4教科（国・算・理・社）のテストが小1〜6まで完成している。

　昭和49（1974）年には従来のワークブックに代わって「力シリーズ」として4教科が刊行された。各教科が「診断問題」と「概観問題」に区別され、問題が作成された。昭和55年には中学校の5教科のテストが「実力評価シリーズ」となり、「実力評価　中学校国語」という名称に変更されている。それまでにおいては、「ワークブック」「検査問題」「テスト問題」などを編集発行してき

242　第2部　北陸・東海・関西地方

た県出版文化会が主催したテストが「進路指導学力調査」であった。この学力調査の実施の原則として、以下の点が確認された（同上，1997：207-208）。

---

＊教え子の進路決定に大きな影響をもつこの調査は、教師自身が主体的に取り組む。

＊教育の現場にあった調査（権威ある問題作成）をすることによって、生徒のテスト漬けの現状を整理する。（回数を減らす）

＊問題は学校で教えている現状に即した出題をすること。問題のための問題とか、選別のための難問題は出さない。

---

　要するに、この原則の意図は教育現場から選ばれた教師の手によって問題作成を行い、進路指導用のテストを教師の手に取り戻すことであった。初回は、昭和42年12月26日に中3（5教科＋音・美・保体・技家の9教科）を対象に実施されたが、県出版文化会は、この時においては教育現場から選出された教師自身の手で問題作成されたものを出題し、実施原則として「教育の現場にあった調査」「生徒のテスト漬けの現状を整理する」「選別のための難問題は出題しない」（同上，1997：208）などの方針を打ち出し、問題点の改善に努めている。

　しかしながら、この「進路指導学力調査」の集計結果は「静岡教育出版社」（昭和33年創設）が担当し、「志望校別成績順位表」「志望校順位」「校内順位」等を各学校に配布している。「志望校別成績順位表」は「輪切り選抜」の標本とも呼ばれ、事後処理が問題視された。これに対して、昭和47年には日教組が市販テスト不使用運動を展開し、静教組も高校全入、総合選抜、補習全廃運動を主導し、いわゆる業者テストではない適切な進路指導を検討している。だが、業者テストの影響を排除することはなかなか至難の業であった。

　例えば、静教組の組合立教育研究所（高校入試制度専門委員会）は、昭和60年に県における高校入試選抜における業者テストの強い影響を指摘し、依然として変わらないテストの成績による「輪切りと選別」を問題視し、テストの点数だけで学校選択を余儀なくされている状況を詳しく述べている。「多くの中学校においては、2年生の後半から3年生にかけて、5教科の市販のワークブックを持たされ家庭学習を強いられている。そして3年生になると、定例テスト

（5～10回）、対外テスト・復習テストなどで追いまくられるようになる。そして、10・12月の県下統一一斉テスト（出版文化会統一テスト）によって、自分の入学できる高校がほぼ決まってしまうのである」（静岡県教職員組合立教育研究所，1985：13-14）。それは、テストの成績で大学合格率の高い普通科高校に優先的に振り分けられ、それ以下の者は職業高校・私立高校などへと振り分けられることを意味した。

　こうした事態が改善されるのは、平成5年2月22日の文部省通知「高等学校入学者の選抜について」を契機とする「業者テスト廃止」以後の事であった[5]。この時、「進路指導学力調査」は「県中学校学力調査」へと名称変更し、校長会長・中学校部長・進路対策委員長と検討会をもち、「志望校別成績分布の集計は廃止」「10月と12月の2回実施」「公立中学校生徒の教育指導のために実施」（静岡出版文化会，1997：350）などの方針を掲げた。そして、「県中学校学力調査」は県校長会主催となり、以後に県出版文化会による学力テストは行われていない。県出版文化会は、一般社団法人として、現在も小・中学校向け教材、様々な教育文化事業などを行ない、県の教育発展に貢献している。

## 5　現代の学力テスト

　平成30年、県知事の川勝平太知事が掲げる県の教育目標は、「富国有徳の『美しい "ふじのくに"』づくり」である。「富士の字形を地域の形にする、即ち、豊かな富を創出する「有徳の人」を育成する、それが "ふじのくに" の教育理念です」（静岡県教育委員会，2018）と宣言している。そして、知性、感性、身体能力など子どもの才能に応じた教育、国際的視野を身に付け、新しい価値を創造して社会に貢献し、未来を切り拓く人材を育成することが大切であると言った教育の理想論を高らかに掲げている。

　この「有徳の人」づくりアクション・プランは平成26年3月に策定された「県教育振興基本計画・第2期計画」に基づき、知事部局と県教委が連携して推進したものであり、学校教育だけでなく社会総がかり、地域総ぐるみで「有徳の人」づくりを推進している。詳しい「有徳の人」の中身は県教育振興基本計画に譲ることとするが、「『文・武・芸』三道の鼎立」によって「有徳の人」

づくりを実現するといったロードマップには違和感を持たざるを得ない。特に「文」にある「学力」については「全国学力・学習状況調査」（以下、「全国学テ」）において確かな学力の向上を目指して、以下のように「目標値」を掲げている（同上，2018：12）。

| 指標名 | 現状値 | 目標値 |
|---|---|---|
| 全国規模の学力調査で全国平均を上回る科目の割合 | 小　50%<br>中　100% | 100% |
| 学校の授業以外で1日当たり1時間以上勉強している児童生徒の割合 | 小 68.0%<br>中 73.2% | 小　75%<br>中　80% |

　「目標値」を掲げ、様々な教育施策によって目標実現に努力することは日本の全国の都道府県が行うことであり、特に目新しいわけではない。川勝知事の名前が全国的に知られるようになったのは、「有徳の人」という崇高な人づくり政策ではなく、それに反するような学校・教員バッシングであった。その経緯を簡単に紹介しておこう。

　平成25年9月、全国学テの結果において静岡県の小6「国語A」の正答率が全国最下位となったことを受けて、川勝知事は「国語Aの下位100校の小学校長名を公表する」と断言する（『朝日新聞』2013.9.10.朝刊）。そして、「読解力の低下は先生の責任」とも述べ、『全国学力・学習状況調査』における結果責任の所在を明確化しようとした。だが、当時の文科大臣は「知事にはそもそも（公表の）権限はない」（『朝日新聞』2014.11.18.朝刊）と応じている。静岡県内からも各方面から反対や異議が噴出している。結局、川勝知事は「下位の校長」の公表を見送り、全国平均を上回った86の小学校の校長名を公表した。

　確かに、現在、静岡県は他県のような県独自の学力テストは実施していない。しかし、それは県教委が実施しなくとも県校長会が学力テストを実施しているからである。「有徳の人」といった高い目標を掲げているならば、学力テストの点数結果や順位に目くじらを立てるような小さな人間ではなく、「悠然と構える大きな人」づくりを目指すべきではなかろうか。

第12章 「テスト王国」の実態〜静岡県〜 245

## おわりに

　静岡県における戦後の学力テストの氾濫は、多種多様な実施主体によるテストが行われ、「テスト王国」と呼べるような状態であった。そして、冒頭でも述べたように、先生も子どもも「テスト屋」に成り下っている状態を危惧する声が上がったほどであった。加えて、昭和26年度に設立された「県出版文化会」の設立メンバーには元県教委、県内小・中・高教員、校長、静教組などの13名が名を連ね、県教委や学校などとも関係を深めつつ、県内で利用された「ワークブック」「検査問題」「テスト問題」などを編集発行した。そして、昭和42年度からは「進路指導学力調査」も実施していたが、平成５年に「県中学校学力調査」に名称変更し、ようやく「県出版文化会」から「県校長会」に実施主体が移った。いずれにせよ、「県出版文化会」が静岡県の戦後の教育や学力テストのあり方を半世紀近くもリードしてきたことは間違いない。民間のテスト業者が県下の教育・進路・学力などに深い影響を及ぼした全国的に見ても稀有な事例と言える。

　しかしながら、本章の冒頭で紹介した一節は、当時お茶の水女子大学教授であった吉田　昇が静岡大学附属静岡中学校の教員らとともに「真に生きて働く学力とは何か」を追求した研究成果として刊行した書物から抜粋したものである。同書では受験学力は「感情も情操もふくまれていない灰色の知識」「領域を区切られたワクのなかでの学力」とも指摘し、試験が終われば「無意味な学力」とまで言い切る。昭和40年前後の静岡の教育事情を端的に示す一節でもあり、記憶に留めておくべき一文である[6]。


〈注〉

〈１〉この「中学校学力検査」は、学力調査を行い、「その実態の上に指導を積み上げる」（佐藤．1958：48）ことを目的とし、各教科の男女別平均点に加え、成績の悪かった問題の指導上の留意点などを分析している。

〈２〉昭和24年の座談会には長坂端午文部次官も参加し、合計９名で行われている。学力低下の原因に関しては、「新教育をわきまえない古い顔の人々が、昔ながらの古い考え」を持っていることを指摘している（静岡県教育委員会，1949：34）。そして、学力に関する科学的な大規模調査の必要性も指摘される。

246　第2部　北陸・東海・関西地方

〈3〉通称「学調」とも呼ばれる。旧称「出文テスト」。「県中学校学力診断調査」という名称もある。令和元年度にも実施されている。県校長会主催「県中学校学力診断調査」（中3）は、令和元年9月3日と11月29日の2回であり、中1・2は令和2年1月9日（木）に静岡県下の公立中学校で全県一斉に実施されている。

〈4〉昭和40年度からは「県教育研究会」が発足し、「英語学力検査」「聴取力検査」が校長会から静教研に移り、「中学校学力検査」は英語・国語・数学の3教科実施となる。昭和43年度には「県教育研究会英語研究部」が発足し、それを契機に静岡県出版文化会が実施を担当し、問題作成は県教育研究会英語研究部に委託された。英語による放送テストは毎年11月、学力検査は1月に実施され、昭和53年度は「英語聴取力調査」は27回目の実施となった（静岡県教育研究会英語教育研究部，1978：30）。

〈5〉この平成5年の文部省通知によって県内の最大手であった「東海図書」は同年3月20日をもって廃業を決定している。「東海図書」は昭和38年創業開始。当時、「東海図書」は県内の275校のうちの76％の中学校で偏差値や志望校内順位を出す「東海テスト」を実施していた。テストは中1・2で各3回、中3で5回実施。問題作成と採点は同社が行い、テストは各中学校で教師の監督の下で実施されていた（『朝日新聞』1993.3.12.朝刊）。

〈6〉昭和40年前後の静岡県の教育問題を挙げると、少年非行が昭和37年にピークを迎え、中学生の1万人当り44.6人に達していた。また、昭和50年度の長期欠席児童・生徒に関する調査が行われたが、その中でも中学生の「学校ぎらい」は33％弱に達している（静岡県，1997：797-798）。

## 〈引用・参考文献一覧〉

岩崎敏雄他7名　1953「基礎学力の低下をどうする―漢字書字力・計算力などについて―」静岡図書『教育静岡』8月号、28-37頁

太田静夫　1950「國語学習能力（文章理解）調査」静岡縣立教育研究所『教育研究所紀要』第一集、57-73頁

大場謙太郎　1958「小学校国語算数テストについて」静岡図書『教育静岡』3月号、19頁

河村寿計雄　1959「テスト屋にはなりたくない―国語学力テストめも―」静岡教育出版社他編『静岡の教育』6月号、54-56頁

座談会　1961「一斉学力テスト・その功罪―文部省一斉テストをめぐるいろいろな問題―」静岡教育出版社他編『静岡の教育』14-29頁

佐藤正夫　1958「県教委主催　中学一年の学力テスト結果からみた問題」静岡図書『教育静岡』6月号、48-49頁、69頁

静岡県　1997『静岡県史　通史6　近現代二』静岡県

静岡県教育委員会　1949「新しい教育と学力—学力低下の問題をめぐって—」『静岡縣教育委員會月報』34-39頁

静岡県教育委員会　1951「小学校標準学力檢査問題　國語班　算数班」静岡県教育委員会指導課編『昭和二十五年度夏期研究集会　研究集録　小学校編』1(169)-52(220)頁

静岡県教育委員会　2018『静岡県教育振興基本計画（2018年度〜2021年度）』1-89頁

静岡県教育研究会英語教育研究部　1978『静岡県中学校英語教育　30年の歩み』1-39頁

静岡県教職員組合立教育研究所（高校入試制度専門委員会）　1985『望ましい教育の実現のために—高校入試制度第3次改革案—』静岡県教職員組合立教育研究所、1-86頁

静岡県校長協会　1962「小学校学力テスト報告書　テストの結果をどう指導にいかすか—誤答の分析と反省—」静岡教育出版社他編『静岡の教育』7号、21-33頁

静岡県出版文化会　1997『(社)静岡県出版文化会　(株)静岡教育出版社　五十年史』静岡教育出版社、1-499頁

静岡県立教育研修所　1967「子どもの科学的理解力を育てるために　小学校理科」『学習指導改善の手引書』5、1-76頁

高橋時夫他6名　1962「算数テストの結果と問題点」静岡教育出版社他編『静岡の教育』7号、34-49頁

鳥居次好　1974「戦後における静岡県の英語教育」静岡教育出版社他編『教師の広場』19号、30-45頁

山田作太郎　1950「計算理解診斷テストについて」静岡縣立教育研究所『教育研究所紀要』第一集、74-105頁

吉田　昇・靜岡大学附属静岡中学校　1965『生きて働く学力』明治図書

## 第13章　全県的「学校テスト」の実態〜愛知県〜

〈『学力調査についての検証結果報告書』〉

　本検証委員会では、県内の小・中学校が実施している学力調査問題を収集し、その内容が、知識や技能の習得のみならず、思考力・判断力・表現力等の育成を重視しているものであるかについて、分析を進めてまいりました。…（中略）…検証の結果、愛知県内全ての小・中学校の学力把握について、妥当性が認められました。また、検証を進めていく中で、学力調査の実施面、調査結果の活用の面で、本県における課題も見つかりました（学力調査についての検証委員会, 2013：はじめに）。

---

### はじめに

　本章は、愛知県内全ての公立小・中学校で行われている「学校テスト」の実態を明らかにするものである。愛知県教育委員会「学力調査についての検証委員会」（以下、「検証委員会」）は、平成25年に『学力調査についての検証結果報告書』（以下、『検証結果報告書』）を刊行している。愛知県の「学校テスト」は、県内の各市町村教育委員会によって一斉に行われる場合と各学校単位で行われる場合があるが、いずれにせよ県内全ての公立小・中学校で「学校テスト」が行われていることに変わりはない[1]。愛知県の「学校テスト」は、「学力テストの実施主体におけるダイバーシティ（多様性・多元性）」を象徴するものでもある。

　この愛知県で実施されている学力テストの実態調査に関しては「児童生徒の学力の実態を的確にとらえ、児童生徒の学力向上に資するためのものであることを再確認したい」（学力調査についての検証委員会, 2013：12）とされた上で、「幅広い教科で、児童生徒の学力を詳細に把握したり、調査結果を短時間で児童生徒や保護者に詳細な説明を付して伝えられたりする長所が認められた」（同上, 2013：12）として、肯定的な見解が表明されている。しかしながら、こ

第13章　全県的「学校テスト」の実態～愛知県～　　249

うした学力テストが県内の中学校の高校入試に向けた事前対策となっており、授業改善には生かされていないといった問題点も指摘された。愛知県の学力テストの実態と問題点を知る上で、『検証結果報告書』の分析は不可欠なものである。

　本章の課題は、こうした愛知県の「学校テスト」の実態と特徴を解明することではあるが、その際に三つの課題を設定する。第一の課題は、愛知県の戦後の学力テストの歴史的展開を概観しつつ、その特徴を確認することである。とりわけ、戦後直後の昭和20年代には「教育政策テスト」である標準学力テストの開発・実施が行われたが、昭和30年代以降から現代まで「教育政策テスト」は未実施のままである。愛知県では、なぜ戦後直後の「教育政策テスト」の開発・実施が継続されなかったのか、また、現代においても、なぜ他県のように愛知県教育委員会（以下、「県教委」）による「教育政策テスト」が実施されていないのか。愛知県の学力テストの歴史的特徴を確認する。

　第二の課題は、知能検査を用いて学力テストとの相関関係を調査した事例を取り上げ、愛知県における知能検査の利用状況の特徴を解明することである。「知能」と「学力」の相関関係を調査した事例自体は４件と少ないものの、愛知県では小１から中３までの全学年で知能検査が実施されている。全国的には特定の学年で知能検査を実施するケースが一般的であるが、愛知県では小・中学校の全学年で知能検査が積極的に利用されたという歴史がある。戦後の知能検査の実施状況と意図を確認する。

　第三の課題は、戦後直後の昭和20年代を除いて、「教育政策テスト」である標準学力テストの開発・実施は未実施のままの状態が継続している。だが、代わって愛知県では全県的に「学校テスト」が行われている。この「学校テスト」を愛知県における学力テストの特色として位置づけ、その実態と特徴を解明することを試みる。まずは、愛知県の学力テストの歴史から概観してみよう。

## 1　戦後の学力テスト開発の歴史

　戦後から今日まで、愛知県の「県教委」「県教育文化研究所」「県科学教育センター」（後の「県教育センター」）が実施した戦後の学力テストの実施状況を時

期区分して示すと、〈表―1〉のようになる[2]。県教委による学力テストの実施はない。「教育政策テスト」は3件、「学習指導改善テスト」は16件となり、「学習指導改善」に重点が置かれていたことが理解できる。逆を言えば、標準学力テストによる「教育政策テスト」が開発・実施されなかったとすれば、何か特別な理由があったのか。この点を確認することも必要となる。

〈表―1〉 愛知県の戦後学力テストの実施状況

| | 昭和20年代 | 30年代 | 40年代 | 50年代 | 60年代〜平成18年度 | 19年度〜令和2年度 | 合計 |
|---|---|---|---|---|---|---|---|
| 教育政策テスト | 3 | 0 | 0 | 0 | 0 | 0 | 3 |
| 学習指導改善テスト | 4 | 5 | 6 | 1 | 0 | 0 | 16 |
| 合計 | 7 | 5 | 6 | 1 | 0 | 0 | 19 |

＊数値は新規に開発・作成された学力テストを用いた調査研究であり、2年以上継続されたものでも「1」としてカウント。

　ただし、「教育政策テスト」は戦後直後の昭和20年代には開発・実施されている。愛知県は、昭和24年度後半から名古屋大学の塩田助教授の指導の下に、中学校の国・数・英の標準学力テストの研究に着手し、翌25年2月には「新制中学校学力検査」が行われている。また、昭和26年3月に実施された「小中高校学力検査」（小1〜6：4教科、中1〜3：5教科、高校は省略）は「県教育計画樹立」「県下の学力状況を明らかにする」「学校教育の改善と反省」「標準学力検査作成」（愛知県教育文化研究所，1952：116）のための資料を得ることを目的とした。県教育文化研究所が実施主体となり、研究所員・指導主事に加え、各教科の教員86名が参加している。

　しかしながら、テスト問題の作問や分析は、ほとんどの場合が各教科の学校教員が中心であり、「小中高校学力検査」においては、テスト問題が異なるにもかかわらず、学年相互間の成績比較など、殆ど意味のない結果分析が行われている。また、テスト問題の構成と形式についても、予備テストも実施されておらず、その妥当性や科学性には疑問が残る（同上，1952：127）。学力テストの

開発・作成が教員主導でおこなわれることは全国的には珍しいことではなく、テストの専門家が不在な状況であり、致し方ないことではあった[3]。

　昭和31年から開始された文部省「全国学力調査」と昭和36年から3年間行われた「全国一斉中学生学力調査」（以下、「学テ」）に対しては、日本教職員組合（以下、「日教組」）を中心に学テ反対闘争が全国的に展開されたが、愛知県の場合は、学テの県への影響力をなるべく限定し、減少させる努力を行なっている。いわば県独自の方式で学テを実施した県であった。昭和36年の学テにおいては、県教委、県小・中学校長会、愛知県教職員組合（以下、「愛教組」）の三者の代表による「学力調査協議会」が4回開催され、「愛知方式」の実施が決定されている（愛知県科学教育センター編，1965：353）。「愛知方式」とは、学テ結果の①機密保持、②調査結果を学習指導以外に使わない、③指導要領の記入は県教委、県小・中学校長会、愛教組の三者で今後話し合う、④学校名・児童名のかわりに番号を記入することを求める、というものであった。

　学テは、全国のブロック別学力の高低、各都道府県の得点ランキング化、各都道府県内の地域別・学校別の学力の高低などを公表したが、愛知県では「愛知方式」の採用により、全国的な学力競争に巻き込まれることを避けることが可能となった。昭和40年に吉田　昇は学テが「テスト体制を助長したものとして批判の対象」となっただけでなく、「その実施はむしろ受験体制を強めるという悪効果をもたらした」（吉田，1965：11）とし、学テが受験学力の強化となった点を指摘した。こうした当時の学力競争を煽るような学テ実施に対して、愛教組に昭和37年に県教委に学テの中止要求を行うが、県教委は昭和41年まで「全国学力調査」の実施を遂行した。

　昭和39年1月に「県教育文化研究所」は「県科学教育センター」に名称変更している。県科学教育センターが取り組んだ学力テスト関係の最初の事業は、「一斉学力調査に関する研究」と「低学年児童の能力に関する調査」であった（愛知県科学教育センター，1973：5）。とりわけ、前者の「一斉学力調査に関する研究」としては、昭和37年度から昭和40年度まで県教委によって詳細な結果分析が行われた。例えば、昭和37年度の学テ結果は、得点分布や正答率などを集録した「統計資料」と「誤答分析資料」が作成され、各市町村教委や学校に配

252　第2部　北陸・東海・関西地方

布された（愛知県教育委員会，1963：まえがき）。そして、全国との比較も行われ、愛知県は全教科において平均点が高く、全国的な順位も中3の「英語」が全国3位、「国語」が4位、「数学」が5位など、上位県にあったことも公表された。また、学力の地域間格差としては市街地域の平均点が高いものの、山村が低く、地域間格差があることなども分析された（同上，1963：2）。

　文部省「全国学力調査」が終了した後の昭和40年代以降における県科学教育センターの取り組みは、「学習指導改善」を目的としたものだけであり、英語、算数・数学、社会科に関する調査研究が7件行われている。英語は、昭和41年7月末の「英語学習における音声指導に関する研究」（中1～3）において、「オーラル・アプローチ」という新しい指導法の開発を試みている。社会科は、昭和42年度に「学習成立のための前提条件」（小5）において、児童の学習意欲を低下させている社会科指導の原因が追究されている、昭和47年9月の「社会科における生徒の思考」（中2）では、歴史学習における認識と思考の関係が取り上げられた。算数・数学は4件あり、最も多い。他には、昭和47年度の「中学校数学学習指導法の改善に関する研究」（中1～3）と「数学プログラム教材の作成」（中2）、昭和48年7月～9月の「小学校算数科指導内容の精選」（小2～6）、昭和59年2月の「算数・数学における基礎学力の定着に関する研究」（小1～中3）もあり、いずれも学習指導の改善を目指して行われたものであった。

　先にも指摘したように、愛知県では戦後直後を除いては、県による標準学力テストの開発・実施は行われていない。学テに対する「学力テスト・アレルギー」が愛知県では強かったと思われる。

## 2　「学力」と「知能」の相関調査

　本節は、本章の第二課題である知能検査を用いて学力テストとの相関関係を調査した事例を取り上げ、愛知県における知能検査の利用状況を確認する。戦後の知能検査を用いた学力テストの全国的な歴史は昭和20年代から始まるが、その主要な目的は「知能」と「学力」の相関関係を解明することであった。すなわち、学力の高低を決定する教育条件の一つとして、児童生徒の生まれなが

らの知能や能力との相関が調査研究されたわけである。

　戦後直後の愛知県でも、昭和24年９月から翌年７月にかけて中・高生徒の知能テストの実態調査が県教育文化研究所によって行われた。その意図は、「科学的に生徒児童の知能の発達程度を正しく測定し、その結果を学校、ホーム・ルーム、個人にそれぞれ有効適切に生かすこと」（愛知教育文化研究所, 1950：152）であった。県下の高校９校（7,298人）と中学校２校（1,564人）において、「京都大学心理学教室編Ａ式団体知能テスト」を利用して、知能の実態が調査された。結果分析は高校を中心に行われるが、戦後直後に早々と知能検査による実態把握がなされ、教育効果を高めることを目指すものであった。

　戦後の愛知県の知能検査を利用する際の最大の特徴は、他県では一定の学年に特化して使う場合が多いものの、愛知県は秋田県とともに小１～中３までの全学年でほぼ万遍なく実施されたことであった。この点を確認するために、秋田県教育研究所指導主事の向山が昭和41年度に、秋田県内の「学力」と「知能」に関する標準検査の実施状況を学年別に集計した調査結果を確認する。向山は、愛知県の東刈谷中学校長であった石川　勤が同じく昭和40年に実施した同様の調査報告を基に、両県の知能検査の利用状況を確認している（向山, 1967：20）。

　〈表―２〉の学力検査の実施状況では、秋田・愛知の両県とも類似の傾向を示し、小４～中１までが特に高く、その他の学年は低い。一方、知能検査に関しては、両県ともに小２と中１での実施率が最も高く約60％以上となっている。しかしながら、全般的な知能検査の実施率は愛知県の方が高く、小１・３・６、中３などは特に愛知県は高い。言い換えると、愛知県は秋田県よりもはるかに「学力検査」と「知能検査」が高い割合で実施されていたことになる。

　一体、愛知県は「なぜ、何のため」に、こうした学力検査と知能検査を併用していたのか。前節で述べたように、戦後の「学習指導改善テスト」は16件であったが、その中で知能検査を用いた調査研究は、〈表―３〉のわずか４件のみであった。〈表―２〉の結果と合わせて考えれば、愛知県では知能検査の実施はわずかであったが、そのほとんどが市町村、ないしは学校単位で実施されていたことになる。

　さて、愛知県の知能検査の利用状況の特徴を挙げれば、第一には「学力と知

254　第2部　北陸・東海・関西地方

**〈表―2〉秋田県と愛知県の「学力」と「知能」に関する標準検査実施状況**

| | | 学力検査 | | 知能検査 | |
| | | 秋田県 | 愛知県 | 秋田県 | 愛知県 |
|---|---|---|---|---|---|
| 小学校 | 1 | 58 | 189 | 69 | 158 |
| | 2 | 91 | 266 | 149（　59%） | 389（64.5%） |
| | 3 | 86 | 280 | 62 | 149 |
| | 4 | 106（41.7%） | 287（47.6%） | 107（42.1%） | 380（63.0%） |
| | 5 | 93（36.6%） | 285（47.3%） | 100 | 160 |
| | 6 | 98（38.6%） | 292（48.4%） | 76 | 369（61.2%） |
| | 計 | 537 | 1,599 | 563 | 1,601 |
| 1校平均 | | 2.1 | 2.7 | 2.2 | 2.7 |
| 中学校 | 1 | 72（44.7%） | 119（44.2%） | 134（83.2%） | 213（79.2%） |
| | 2 | 55 | 91 | 50 | 69 |
| | 3 | 40 | 69 | 44 | 162 |
| | 計 | 167 | 279 | 228 | 444 |
| 1校平均 | | 1.0 | 1.0 | 1.4 | 1.7 |

〈調査期間〉秋田県（S. 41. 4～S. 42. 3）　　愛知県（S. 40. 4.～41. 3.）
〈調査校〉小学校254校（64.2%）　　小学校603校（84.5%）
　　　　　中学校161校（76.3%）　　中学校269校（90.3%）　　（　）内は比率

**〈表―3〉愛知県における「知能検査」を用いた「学力テスト」の実施状況**

| 実施目的 | 研究題目 | 初回のテスト実施年（度） |
|---|---|---|
| 学力との相関 | 単語の読みとその後の発達 | 昭和27年4月 |
| 学力との相関 | 一元一次方程式指導の計画・方法 | 昭和37年6月 |
| 英語履修者の能力判別 | 英語学習における音声指導に関する研究 | 昭和41年7月末 |
| 学力との相関 | 学習成立のための前提条件 | 昭和42年10月～11月 |

能の相関」を調査研究したことであった。〈表―3〉が示すように、3件の調
査研究が行われたが、昭和27年4月～28年3月の「単語の読みとその後の発
達」（小1：国）においては、西春日井郡西枇杷島小（80人）において、「新入学

児童の国語能力の発達」に関する研究の一環として、能力差の有無や適正指導のあるべき姿の研究が行われた。国語入門書5種から提出頻度の高い単語20を選定し、1語ずつカードに墨書したものを個人的に読ませ、前年度の「リーディング・レディネス・テスト（R・R・T）」との結果と比較検証されている。その後、「アチーブメント・テスト（A・T）」も実施され、「単語の読み」と「A・T」「R・R・T」に加え、「（竹政式）知能テスト」（昭和28年11月25日実施）との相関係数が算出された（愛知県教育文化研究所, 1954：197）。各種テストと知能指数との間の相関では、「R・R・T」が0.53で最も高く、「単語の読み」が0.48で最も低かった。この原因としては、テスト実施の時期が異なっていたことが挙げられたが、結果分析からは知能指数とテストの相関が高いとされ、「能力別のグループ学習や徹底した個人指導の必要性」（同上, 1954：207）が指摘された[4]。

　また、最後となった昭和42年度の「学習成立のための前提条件」（小5：社）では、研究協力校（2校）において、社会科指導のあり方が追及された。実験授業（同年10〜11月）を「実験群」（1校1学級：28人）と「統制群」（2校2学級：56人）で実施し、「教研式知能・学力診断テスト」を利用して、知能偏差値を基に「上位群」（60以上）、「中位群」（50〜59）、「下位群」（49以下）に区分し、知能と学力の相関関係を考察した。特に知能と学力の不均衡者の実態把握に努めることが試みられてはいるが、その原因の追究までは行われていない（安藤, 1968：70）。

　第二の特徴は、「英語履修者の判別」に知能検査（I.Q.）を利用したことであった。昭和41年7月末の「英語学習における音声指導に関する研究」（中1〜3）では研究協力校（5校）で、新たな指導法「オーラル・アプローチ」のあり方を追求している。その際には、「普通学級」と「実験学級」の中から学力検査や知能検査を参考に、上位・中位・下位の者を各10名抽出し、学力の「向上群」「平行群」「下降群」に分類し、学習効果を判定することを行なっている（平井, 1967：34）。知能検査の結果とテストの相関分析は行われてはいないが、知能検査の結果を基に行った能力別グループの学習効果の判定が試みられた。

256　第2部　北陸・東海・関西地方

　昭和40年代は、愛知県も含めて日本全体で学力テストと知能検査の利用の
ピークとなった時代であったが、逆に標準学力テストの実施は昭和41年度で終
了した文部省「全国学力調査」に対する「学力テスト・アレルギー」もあって
実施数自体は減少していった。代わって激増したものが、実験・研究・実証授
業を行い、学習指導改善に結びつけるような学校・学級単位の小規模な学力テ
ストを実施するケースであった。愛知県も例外ではなかったことになる。

　全国的に中学校における学力検査の実施が減少した理由としては、学力の実
態把握から「受験学力」への移行が挙げられる。秋田県指導主事の向山は、中
学校では学力検査を軽視しているわけではなく、「標準検査で測定しうる学力
とは別な学力に焦点が移されていく状態を如実に示している」（向山, 1967：21）
と指摘した。つまりは、中学校では「ワーク」「ドリル」「模試」といった受験
学力を念頭に置いた授業が行われ、標準学力検査の利用が減少していると説明
した。向山は、こうした状況を「実に好ましくない傾向」（同上, 1967：21）と
述べ、標準学力検査の存続を訴えているが、愛知県でも次第に「教育政策テス
ト」も「学習指導改善テスト」も実施されなくなる。

## 3　全県的な「学校テスト」の実施

　本章の第三課題は、今日の愛知県における全県的な「学校テスト」の実態と
特色を解明することである。こうした市町村、ないしは学校単位による全県的
な「学校テスト」の事例は他県には例がなく、愛知県独自のものである。

　ただし、県内の全ての市町村単位で学力テストを行なう県は複数ある。筆者
自身が各県教委において実施したインタビュー調査の結果では、青森県（40市
町村）、山形県（35市町村）、高知県（34市町村）、大分県（18市町村）、沖縄県（41
市町村）などでは、全ての市町村単位で学力テストが実施されている。つまり
は、こうした県でも全ての学校で学力テストは行われているが、それは県全体
の統一されたテストの実施であった。この中の一つの県では、各市町村が行う
学力テストに対して県が半額補助を行っていたが、平成25年度で半額補助が打
ち切られたものの、その後は各市町村で独自の学力テストを実施している。一
方、愛知県は「学校単位」での学力テストの実施が特徴的であるが、市町村単

位でまとまって同じ学力テストを実施している学校もある。

　愛知県における「学校テスト」の実態を調査した資料は、冒頭で述べた平成25年3月に刊行された「検証委員会」による『検証結果報告書』（全19頁）によって確認できる〈5〉。この調査の趣旨は、本章の冒頭で紹介した一節でも確認できるが、その直接的な目的は「県内の小・中学校（名古屋市を除く）において実施されている学力調査の実態を把握し、その客観性及び妥当性等を検証し、今後の県・市町村の教育政策及び各学校の授業改善に資する」（学力調査についての検証委員会, 2013：1）というものであった。

　〈表―4〉は、愛知県内の各小・中学校に対して学力テストに関する実態把握を目的とした調査内容の結果である〈6〉。なお、検証委員会の調査では「学力調査」という言葉が統一的に使用されており、以下では「学力テスト」ではなく「学力調査」を使用した。

〈表―4〉平成24年の「全県調査」の概要

| | 調査期間 | 学校数 | 回収数（回収率） | 主なる質問項目 |
|---|---|---|---|---|
| 公立小学校 | 2012. 4. 10.～ 4. 16.<br>2012. 5. 29.～ 6. 18. | 713 | 713校（100%） | ①実施の有無<br>②学力調査の種類<br>③実施学年<br>④実施教科<br>⑤課題<br>⑥課題解決のための対策 |
| 公立中学校 | 同上 | 302 | 302校（100%） | |

　本節においては、この「検証委員会」による資料に加え、県教委が刊行した資料、及び県内各学校の「ホームページ」上の記事などから、県内ほぼ全ての公立小・中学校で学力調査が実施されていることを確認した。

　「検証委員会」の調査方法は、各学校へのアンケート調査によるものであるが、同時に「学力調査（問題）」の収集も行われ、その「妥当性」「客観性」「結果の活用」なども検証対象となっている。また、学力調査の実態に関しては各学校の教務主任・校長で組織した専門部会で協議を実施し、必要に応じて学校訪問や電話での「聞き取り調査」も行われている。検討対象とされた学力

258　第 2 部　北陸・東海・関西地方

調査の内容と検証結果の概要は、〈表— 5 〉の通りである（同上, 2013：3 ）。

〈表— 5 〉「学力調査」の内容と検証結果

| 学力調査の種類 | 実施状況 | | 検証結果 |
|---|---|---|---|
| | 小学校 | 中学校 | |
| （ア）全国学力・学習状況調査（平成23年度は希望利用のみ） | 188校（26.4%） | 79校（26.2%） | 高い妥当性・客観性が認められた。思考力・判断力・表現力を問う問題が充実。「結果の活用」に課題あり。 |
| （イ）業者に分析を依頼する全国的に標準化された学力調査 | 650校（91.2%） | 292校（96.7%） | 高い妥当性・客観性が認められた。調査問題は多数のデータに基づいて作成され、個人の結果の情報も充実し、活用もしやすい。関心・意欲・態度を問う問題が少ない。 |
| （ウ）評価基準が示された市販の学年まとめテストや実力テスト | 72校（ 8.6%） | 31校（ 3.3%） | 単元テストや基礎基本の確認テストであり、日々の学力の定着確認に適している。巻末の学年まとめテストや実力テストの妥当性や客観性は認められた。結果活用は、帳票を利用者が作成する必要があり、教師側の時間的な負担が懸念される。 |
| （エ）学校独自に作成している学力調査 | 回答なし（　　0%） | | |

＊（エ）は未記入であり、「回答なし」と判断。「検証結果」は、可能な限り簡略化した。

　〈表— 5 〉でも示したように、「学力調査の種類」では、（ア）（イ）（ウ）に分類された全ての学力調査において、新学習指導要領に準拠するように工夫され、その「妥当性」が認められただけでなく、問題作成と評価尺度に「客観性」が認められたと指摘された。しかしながら、（ア）と比較すると（イ）（ウ）は知識や技能を活用する問題や関心・意欲・態度を問う問題の比重は低いとされた。

　続いて、学力調査の「実施学年」は〈表— 6 〉〈表— 7 〉のような結果となる（同上, 2013：14・15）。小学校では90%以上が 3 年生以上で、中学校は全学年で実施されている。複数学年で実施しているケースは、少なくとも 2 学年以上のケースが小学校99.7%、中学校97.4%であった。

　この中で特筆すべきは、学校訪問や電話での聞き取り調査において「学年を

第13章　全県的「学校テスト」の実態～愛知県～　　259

〈表―6〉「学力テスト」の実施学年

| 学年 | 小1 | 小2 | 小3 | 小4 | 小5 | 小6 |
|---|---|---|---|---|---|---|
| 校数（割合） | 481<br>（67.5%） | 631<br>（88.5%） | 672<br>（94.2%） | 670<br>（94.0%） | 697<br>（97.8%） | 651<br>（91.3%） |
| 学年 | 中1 | 中2 | 中3 | | | |
| 校数（割合） | 288<br>（95.4%） | 295<br>（97.7%） | 297<br>（98.3%） | | | |

〈表―7〉複数学年で実施している学校

| | 全学年で実施 | 複数学年で実施 | 1学年で実施 |
|---|---|---|---|
| 小学校 | 474校（66.5%） | 236校（33.1%） | 2校（0.3%） |
| 中学校 | 284校（94.0%） | 10校（3.3%） | 8校（2.6%） |
| 全体 | 759校（74.8%） | 246校（24.2%） | 10校（1.0%） |

決めて，市の補助を受けて実施している」（同上，2013：14）地域があったことである。この地域は特定されていないが、学力調査に向けて補助金を支給しているケースである。

　実施教科は、小学校ではほぼ全ての学校で国・算が行われ、理・社は約4分の1程度にとどまっている。中学校は国・数・理・社・英の5教科が全ての学校で実施されている。県では、「（イ）業者に分析を依頼する全国的に標準化された学力調査」を小・中学校ともに90%以上の高い割合で実施していることも指摘されている。

　〈表―8〉は、調査結果の分析がどのような視点で分析されているかを示したものである。「評価規準に合わせた観点別の到達度」「全国・地域・学級ごとの過去の同学年」の平均点等の比較、「学年進行を追跡した平均点等の移り変わり」などの一般的な分析がなされ、小・中学校ともに「評価規準に合わせた観点別の到達度」と「全国の平均点等との比較」が最も高い割合で実施されていた（同上，2013：16）。

　この調査結果に基づく課題としては、小・中学校ともに「思考力・判断力の

260　　第2部　北陸・東海・関西地方

〈表―8〉　調査結果の分析

| 分析内容 | 小学校数（割合） | 中学校数（割合） |
|---|---|---|
| 評価規準に照らし合わせた観点別の到達度 | 619（86.6%） | 222（73.5%） |
| 全国の平均点等との比較 | 590（82.7%） | 199（65.9%） |
| 地域の平均点等との比較 | 124（17.4%） | 196（64.9%） |
| 学年の進行を追跡した平均点等の移り変わり | 357（50.1%） | 186（61.6%） |
| 学級ごとの平均点等との比較 | 263（36.9%） | 175（57.9%） |
| 過去の同学年の平均点等との比較 | 311（43.6%） | 170（56.3%） |

育成」（小33.9%、中31.5%）が最も高く、次いで「下位層への指導」（小14.0%、中20.2%）であった。また、小学校では「読解力育成」（小19.4%）が、中学校では「知識・技能の習得」（中13.2%）が高かった。課題解決のための取り組みとしては、小・中学校ともに「授業内容の工夫と改善」（小92.1%、中91.4%）が最も高く、次いで「TTによる授業の実施」（小53.2%、中58.3%）、「その他の少人数指導による授業の実施」（小48.2%、中36.4%）となり、教師による授業改善と実施が全体的に高い割合を占めている（同上, 2013：17）。

## 4　現代の「学校テスト」の普及状況

　「検証委員会」は、県内で全ての公立小・中学校で何らかの学力調査が実施されていることを白日の下に晒したが、筆者自身も2022年に愛知県内の38市、16町村、ならびに公立小・中学校を対象に「学力調査」の実施状況の確認作業を行った。その結果は、〈表―9〉の通りである。

　〈表―9〉は、左欄に県内の各自治体で学力調査に取り組んでいる学力調査の名称を、右欄には各学校のHP上から検索した学力調査の名称を記した。愛知県内の54自治体の全てを検索したものの、学力調査の実施に関する公立学校などの実態に関する情報は完全には取得できなかったが、『検証結果報告書』の内容を裏づけていると言える。

　さて、こうした県内の学力調査の実態に関しては、『検証結果報告書』においては学力調査の利活用として授業改善の工夫が行われていることが記述され

第13章 全県的「学校テスト」の実態〜愛知県〜 261

〈表—9〉「学力テスト」の実施状況

| 自治体による学力調査 | 学校ごとの学力調査 |
| --- | --- |
| 瀬戸市（H.28）「標準学力検査」 | 常滑市（H.26）「学力検査」 |
| 名古屋市（H.28）「子どもの学力実態把握」 | 大府市（H.29）「学力検査」 |
| 豊橋市（H.18）「標準学力検査CRT（小）・NRT（中）」（H.27）「英語力調査」 | 知多市・豊明市（H.29）「学力・実力テスト」 |
| 岡崎市（H.28）「学力検査」 | 岩倉市・小牧市・犬山市（H.28）「実力テスト」 |
| | みよし市（H.29）「学力テスト」 |
| | 扶桑町・大口町（H.28）「実力テスト」 |

＊年度は各自治体や学校のHP上の記事の年度で「H」は「平成」である。

ていた。こうした記述内容から判断すれば、愛知県は非常に学力向上と学習指導改善に前向きに取り組んでいる県として評価されるべきであろうが、実は、いささか問題点も指摘されている。

　では、愛知県における全県的な「学校テスト」の問題点とは何であろうか。第一の問題点は、学力調査の結果に基づく課題解決のための各学校の対策として「授業内容の工夫と改善」（小92.1%、中91.4%）が最も高い割合を占め、その具体的な内容としては小・中学校ともに「基礎基本の習得」（小49.8%、中58.6%）、「思考力・判断力・表現力の育成」（小21.9%、中13.9%）、「読書指導・読解指導」（小12.3%、中6.0%）が上位を占めていることである（同上, 2013：18）。つまりは、依然として「知識重視型」の学力調査が大半を占めているという点である。また、『検証結果報告書』では「地域・学級ごとの平均点等の比較」が行われ、自治体別や学級別の平均点比較（ランキング化）が可能となっているようだが、その点に関する言及は全くない。

　第二の問題点は、「（イ）業者に分析を依頼する全国的に標準化された学力調査」を小・中学校ともに90%以上の高い割合で実施しており、業者委託の割合が非常に高いことである。もちろん、この傾向は愛知県のみならず全国的なものであり、筆者自身が実施したアンケート調査でも「外部委託」「外部機関から購入」が83市（79.8%）、86町村（90.5%）となった（北野・下司・小笠原, 2018：34）[7]。言い換えれば、愛知県も全国と同様にテスト業者との密接な関係が指

摘され、テスト業者に依存する自治体や学校の実態が明白なものとなった。さらには、学校訪問や電話での聞き取り調査によって「学年を決めて、市の補助を受けて実施している」ことも指摘されており、半ば強制的に実施されていることも伺わせる[8]。

第三の問題点は、平成24年～平成28年までの5年間の文科省「全国学力・学習状況調査」（以下、「全国学テ」）の結果を見る限り、愛知県の順位は小学校では32位→31位→43位→43位→40位と下位を低迷し、中学校は9位→10位→13位→5位→8位と比較的上位をキープしている。愛知県は、小学校の第3学年以上で約90%の高い割合で学力調査が実施されているが、こうした効果は小学校では低く、中学校では高いとみるべきであろう。この点、報告書では県内全ての中学校302校で5教科の学力調査が実施されている理由として、高等学校入試との関連も指摘されている。学力調査が高校入試の事前対策となっている実態が浮かび上がる。

また、中学校では〈表―5〉の（イ）の学力調査が複数回行われるだけでなく、（イ）と（ウ）が併用され、「教師や生徒の負担感が増すこと」「家庭への経済的負担の増加も予想される」との問題点も指摘され、「（中学校の）3年間を見通した実施内容や方法の精選を望む声も聞かれた」（学力調査についての検証委員会，2013：6）という現場の声も掲載されている。愛知県では小学校と比較して、中学校入学時から繰り返し高校入試を見据えた受験学力の向上が主要課題となり、教師・生徒・家庭への負担が増していることが伺われる。

以上の点から、愛知県の中学校における学力調査は「入試対策用の学力調査を行っている学校も少なくなく」、結果の活用については「生徒の学力の伸長や学習意欲の向上には効果的であるが、授業改善には生かされにくい」（同上，2013：8）とされ、学力調査ではなく明らかに入試に向けた「学力テスト」となっている側面も指摘できる[9]。

## おわりに

愛知県の検証委員会調査では「学力調査」という用語が使用されていたが、その実態は「学力テスト」に近いものであった。以後は、再び「学力テスト」

という用語を用いることとする。本章は、全国的にも珍しい愛知県内全ての「学校」で学力テストが実施されている点に焦点を当て、その実態と内容を取り上げた。逆を言えば、愛知県では他県のように県教委や県教育研究所（教育センター）が実施主体となる「教育政策テスト」の実施は、戦後直後の昭和20年代を除いては確認できなかった。また、現代においても、他県では一般的に見られる文部科学省「全国学テ」の結果に対する数値目標も掲げられてはいない（愛知県・愛知県教育委員会, 2021）。

　学力の実態把握が、全県的な標準学力テストではなく、児童生徒の学力の実態をよく知る学校・教員が自前の問題を作成して、児童の学力的な「つまずき」や「問題点」を調査するという意図であれば、本来の学力テストの趣旨からしても適切なものであろう。しかしながら、県内の各学校が利用するテスト問題は「業者に分析を依頼する全国的に標準化された学力調査」であり、小学校で650校（91.2%）、中学校で292校（96.7%）にも達している。教師や学校による自前の学力調査の実施への回答は「0」であり、愛知県内の「学校テスト」の実態は業者テストへの依存を明確にするものであった。

　『検証結果報告書』でも指摘されているように、確かに標準化された業者テストのテスト問題は、「高い妥当性・客観性」が認められるし、個人の結果の情報も「充実し、活用もしやすい」ことは確かである。また、学校・教師の負担も大いに軽減されることにはなる。そうした負担軽減は望ましいものの、その利用目的が「授業改善」ではなく「入試対策用の学力調査」であったとすれば、せっかくの「学校テスト」も単なる入試対策用の業者テストが各学校単位で行われているだけとなり、本来の「学力テスト」の趣旨を逸脱するものとなる。学力テストが自治体単位や学校単位で行われることは、学力テストの「集権性」を弱めるという点では望ましいが、学力テスト実施の「中身の改善」も必要となる。


〈注〉
〈1〉『朝日新聞』（2005. 5. 1. 朝刊）の記事では、愛知県では約40年前から高1の希望者に対して、小・中学校の内容の学力テスト（2教科＋英）を実施。小・中学生に対して

264　　第 2 部　北陸・東海・関西地方

は、 9 割近い市町村や学校が独自に学力調査を実施しているとの指摘がある。

〈 2 〉「県教育文化研究所」は、昭和23年 6 月15日に創設されるが、その目的は「教育文化全般の科学的中枢機関として文教の向上に資する」（愛知県教育文化研究所, 1958：18）とされた。「教育文化研究所」という名称は他県にはない。また、「科学教育センター」という名称も大阪府との 2 例のみである。

〈 3 〉この後も県教育文化研究所による学力テストの実施は続き、昭和26年 4 月には小学校入学当初の「読み」の程度を測る「リーディング・レディネス・テスト」（小 1 ・国）、昭和27年 4 月の「新入学児童の国語能力の発達」（小 1 ・国）、ならびに中学生の地理・歴史の基礎的知識・技能・理解を測る昭和28年10月の「中学校生徒の地理的基礎学力の実態」（中 1 ～ 3 ）、同年11月の「中学生の歴史学力とその実態」（中 1 ～ 3 ）が行われている。

〈 4 〉県教育文化研究所による昭和37年 6 月の「一元一次方程式指導の計画・方法」（中 2 ）の内容を確認しておく。稲沢市稲沢中 4 学級（計120人）において、「一元一次方程式に関する指導の効果的・能率的な計画・方法の考究とその実験的実証的な検討」（津田, 1962： 2 ）を行なうことを目的に「生活年令」「性別」「知能」「数学学力」「方程式に関する既習事項の学力」「家庭における学習状況」の 6 因子により等質な統制群と実験群を設定し、指導のあり方を検証するものである。「知能」は小 6 時の「教研式学年別知能検査」が利用されている。

〈 5 〉検証委員会の会長は、昭和58年に愛知教育大学助手から助教授に昇進し、その後の昭和59（1984）年に文部省初等中等教育局小学校教育課、教科調査官に転任し、現在は帝京大学文学部教育学科に所属する清水静海氏である。

〈 6 〉名古屋市内の公立小・中学校の児童生徒に対しては、「子どもの学力の実態把握（学習状況調査の実施）」と題して、平成17年度から小 5 ・中 2 を対象に国・算（数）について、標準学力調査問題を使って実施されている。平成27年度からは、小 4 ・ 5 を対象に「国語科標準学力調査」を、中 2 を対象にして国・数を実施。悉皆調査。平成27年10月30日に小学校の267校、中学校の127校で実施されている（名古屋市教育委員会事務局, 2016）。

〈 7 〉「外部委託」「外部機関から購入」の内容は、一部の例外を除いて、全国的には「ベネッセ」「東京書籍」「図書文化社」といったテスト業者にテスト問題の作成や分析などが委託されている（北野・下司・小笠原, 2018：36）。

〈 8 〉同様の指摘は他にもある。学力テストの選定については協議する場が少なく、長年にわたって同一の調査が実施されている。専門部会の協議の中でも、「市町村単位で実施するために、校内で学力調査の選定について話し合う機会が少ない」（学力調査についての検証委員会, 2013：10）との意見も出されている。

〈 9 〉愛知県では「業者テスト」への依存問題も問題視されていた。県公立中学校教員

であった中川は、昭和57年に県内のほとんどすべての中学生が中２から受検する「中統テスト」（中統教育図書会社）を校長や教員が積極的に推進し、「試験監督料」などの名目でリベートを受け取っていることを指摘している。特に、「中統テスト」の結果は絶対部外秘として得点分布表、地区別・科目別平均点順位一覧表などの他に「推定合格者氏名発表」まであることも暴露している（中川, 1982：90）。

〈引用・参考文献一覧〉

愛知県・愛知県教育委員会　2021『あいちの教育ビジョン2025—第４次愛知県教育振興基本計画—』愛知県・愛知県教育委員会

愛知県科学教育センター編　1965『愛知県戦後教育史年表』1-486頁

愛知県科学教育センター　1973『十年史』1-178頁

愛知県教育委員会　1963『学力調査の結果と学習指導　中学校編（国語・社会・数学・理科・英語）』1-174頁

愛知県教育文化研究所　1950「愛知県における中学校高等学校生徒の知能テストの実態調査」『研究紀要』第１集、152-173頁

愛知県教育文化研究所　1952「愛知県小中高校学力検査」『研究紀要』第３集、1-130頁

愛知県教育文化研究所　1954「新入学児童の国語能力の発達」『研究紀要』第５集、185-210頁

愛知県教育文化研究所　1958『愛知県教育文化研究所　十年史』1-385頁

安藤千寿夫　1968「学習成立のための前提条件を探る—社会科の学習過程を求めて—」愛知県科学教育センター『研究紀要』第36集、57-88頁

石川　勤　1957「標準学力検査で学力は評価できるか」金子書房『児童心理』第11巻第７号、41-45頁

学力調査についての検証委員会　2013『学力調査についての検証結果報告書』愛知県教育委員会、1-19頁

北野秋男・下司　晶・小笠原喜康　2018『現代学力テスト批判』東信堂

酒向　健　1952「各教科知能テスト間の相関と男女学力差に就いての問題」愛知県教育委員会事務局編『愛知縣　教育委員會報』第９号、14-15頁

津田恭二　1962「一元一次方程式指導の計画・方法について」愛知県教育文化研究所『研究紀要』第20集、1-40頁

中川統子　1982「学校はなぜ"業者テスト"を押し付ける」朝日新聞社『月刊　教育の森』第70号、90-95頁

名古屋市教育委員会事務局（学校教育部・指導室）　2016「子どもの学力の実態把握（学習状況調査の実施）」http://www.city.nagoya.jp/…html［2017. 11. 15. 取得］

平井秀和　1967「英語学習における音声指導に関する研究」愛知県科学教育センター

266　第 2 部　北陸・東海・関西地方

『研究紀要』第33集、31-101頁

向山　清　1967「標準検査の利用と問題点」秋田県教育委員会『教育秋田』No. 218、20-22頁

吉田　昇　1965『生きて働く学力』明治図書

# 第14章 「機能的学力観」の受容と継承〜岐阜県〜

〈効果的思考能力の調査〉

*われわれが、学力をもし、"習え修めた学問の力"として、習得された知識の量だけを指すものであるならば、（主知主義の学力観）教授法は、知識を如何に能率的に教え込むかということだけを考えればよい。しかし、学力を"獲得された行動する能力、才能、傾向"として、機能的な人間の"はたらき"を意味させるならば、（機能的学力観）教授法は、知識を有効に教え込ませるばかりでなく、問題解決能力を始め、実証的態度、批判的精神等の近代的教養を身につけさせるように努力されなければならない（岐阜懸教育研究所, 1952b：112）。*

## はじめに

　戦後の新制学校制度がスタートする中で、全国各地においてはアメリカから導入された新教育による児童中心主義、経験主義的な学力観が支配的となり、教師自らの教育実践において創意工夫が求められる生活単元学習が主流となった。これらは、戦前の知識中心の学力観への反省と民主的国家となった日本の未来を担う人間像の探求がなされたものであった。全国的には「川口プラン」や「明石プラン」がコア・カリキュラムとしては有名になるが、岐阜県内でも昭和24年には岐阜市長良小が「教育課程表（試案）」（長良プラン）を、岐阜市加納小が「わが校のカリキュラム研究」（加納プラン）を発表している（岐阜県教育委員会編, 2004b：123）。

　しかしながら、経験主義教育やコア・カリキュラム運動などの教育内容や方法に批判的な人々からは、「読み書き計算」といった基礎学力低下が問題視された。そこには「基礎学力低下に対する国民の漠然とした不安」（碓井, 1979：239）があった。同じく、県内でも学力低下の原因と対策などが検討され、「新教育、特にコア・カリキュラムによる教育の欠陥」よりも「戦中戦後の教育ブ

268 第2部 北陸・東海・関西地方

ランク」(岐阜県教育委員会編，2004b：131) がより大きな原因であったとの分析もなされた。全国及び岐阜県内でも新教育に対する批判は強まるものの、県自体は戦後直後の新教育運動による思考能力や問題解決能力の育成（機能的学力観）を積極的に評価し、そうした能力を身に付けるべく学力テストを開発することを試みている。とりわけ、県教育研究所は昭和24年に『新教育運動の意義と社會科時事問題に就て（ママ）』を、翌年には『アメリカにおける8年研究の評價プログラム』を刊行し、米国の新たなカリキュラム研究に高い関心を示しただけでなく、昭和26年には「科学原理應用能力診断テスト」（中3：科学）と「効果的思考能力の調査」（小4〜中3：社会）を実施している。

　全国的に見ると、戦後直後の新教育運動の影響を「学力低下」の犯人として、学力の実態把握や学力回復を目指した標準学力テストの開発・作成に着手した県が圧倒的に多い中で、岐阜県は新教育運動の理念に基づく機能的学力観を重視したカリキュラムや学力テストの開発・作成に向かう希少な県であった。この場合の学力テストとは、全国的に見られた知識の多寡を問う「標準学力テスト」ではなく、思考力の質を問う「問題解決能力テスト」が開発・実施されている。本章は、こうした戦後の岐阜県の試みを機能的学力観に基づく学力向上を目指す「学力テストのイノベーション（革新性・先駆性）」と位置づける。

　本章の課題は、第一には、昭和20年代における岐阜県の新教育運動の理念に影響を受けた学力テストの実施内容を解明し、そのあり方や特色を確認することである。同時に、岐阜県では国立教育研究所（以下、「国研」）の「全国小・中学校児童生徒学力水準調査」（以下、「全国学力水準調査」）の問題を利用して、昭和28年度から「県学力調査」も開始している。一方は新教育運動による問題解決能力の重視、他方は「学力水準テスト」による基礎学力の重視という、相異なる学力観に基づく学力テストではあるが、それが岐阜県の絶妙なバランス感覚でもあった。第二には、昭和30年代から開始される「学習指導改善」を目的とした学力テストの実施内容、ならびに昭和50年前後における「到達度評価」といった新しい評価方法の導入の実態と特色を解明することである。「到達度評価」とは「集団準拠評価」ではなく、「目標準拠評価」を特徴とし、個人間競争・排他的競争を特徴とする「相対評価」の考え方とは異なるもので

あった。この「到達度評価」の導入も、岐阜県における機能的学力観の受容と継承を示す一事例でもあった。

岐阜県における戦後の学力テストの歴史は、機能的学力観に基づく新たな問題解決型学力テストの開発、到達度評価に基づく学習評価のあり方の先駆的導入など、その試みは挑戦的・独創的なものであった。まずは、戦後の学力テスト開発の歴史から確認する。

## 1　戦後の学力テスト開発の歴史

戦後から今日までの岐阜県の「県教育委員会」（以下、「県教委」）「県教育研究所」（後の「県教育センター」）が実施した学力テストの初回の実施状況を時期区分して示すと、〈表―１〉のようになる。「教育政策テスト」は11件、「学習指導改善テスト」は15件となり、岐阜県では児童生徒の学習指導改善を目指した学力テストが多く実施されていると同時に、教育政策テストにおいては学習の評価方法を改善するための調査研究が多かったことも特徴的である。

〈表―１〉岐阜県の戦後学力テストの実施状況

|  | 昭和20年代 | 30年代 | 40年代 | 50年代 | 60年代〜平成18年度 | 19年度〜令和２年度 | 合計 |
|---|---|---|---|---|---|---|---|
| 教育政策テスト | 4 | 5 | 1 | 0 | 1 | 0 | 11 |
| 学習指導改善テスト | 0 | 5 | 8 | 2 | 0 | 0 | 15 |
| 合計 | 4 | 10 | 9 | 2 | 1 | 0 | 26 |

＊数値は新規に開発・実施された学力テストを用いた調査研究であり、２年以上継続されたものでも「１」としてカウントしている。

昭和24年８月に設立された「県教育研究所」は、新教育理念に基づく３件の学力テストによる調査研究を行なうが、この３件については次節で取り上げる。まずは、昭和28年度から県教育研究所によって開始された「県学力調査」（小６：４教科、中３：４教科）を取り上げ、標準学力テストの開発・実施状況を確認する。ただし、昭和28年度から開始された「県学力調査」は県独自のものでは

270　第2部　北陸・東海・関西地方

なく、昭和30年度までは国研「全国学力水準調査」の問題を利用するもので
あった。また、昭和31年度から文部省「全国学力調査」が開始されると県では
別な日時、別な学年・教科で「県学力調査」を実施している。例えば、昭和35
年度は文部省「全国学力調査」は10月5日に小6・中3（理・社）、全日制と定
時制の高3・4（日本史・人文地理・化学）で実施されたが、「県学力調査」は6
月20・21日に小6（4教科）を、11月16・17日に中3・高3（国・数・英）で実
施された。

　その際における調査目的は、「これは国の行なうものとは異なって、県独自の
構想によって、特定の教科を継続的にテストすることにより、学習指導上の問
題点を明らかにし、本県の教育計画ならびに学習指導の改善のための基礎資料
としてきたのである」（岐阜県教育研究所, 1961：まえがき）と明言された。確かに
実施学年や教科は県と国では異なるが、そのテスト内容は類似し、相互補完的
なものであった。「全国学力調査」は、昭和41年度で終了するが、それに合わ
せて「県学力調査」も中学校は43年度に、小学校は44年度で終了している[1]。

　岐阜県の特徴の一つに、「学力調査」の結果を独自に追跡調査し、学力低下
やつまずきがみられる領域を重点的に調査研究している点を挙げることができ
る。〈表―2〉は「学力調査」の追跡調査を一覧にしたものである。

〈表―2〉「学力調査」の追跡調査

| 調査研究の名称 | 対象学年・教科 | 初回のテスト実施年（度） |
|---|---|---|
| 学力水準調査 | 小4・中2：2教科 | 昭和31年11月13・14日 |
| 学力の実態と問題点の指導 | 小4・中2：算・数 | 昭和31・32年度 |
| 学力の伸びと指導上の問題点 | 小6・中3：2教科 | 昭和33年度 |
| 国語の学力をどう育てるか | 小6・中3：国語 | 昭和34年度 |

　昭和31年11月の「学力水準調査」（小4・中2：2教科）は、国研の過去3年
間の問題から正答率の低かった問題や教科教育で必要と思われるものが出題さ
れた。結果については、地域差・男女差・学級差・学習領域間の差などがコメ
ントされた（岐阜県教育委員会学校指導課・教育研究所, 1957：2）。「学力の実態と

第14章　「機能的学力観」の受容と継承～岐阜県～　271

問題点の指導」（小4・中2：算・数）は、昭和31年度が中2を対象とし、翌32年度は追跡調査として中3を対象とし、代数的表現、物の形と図形、比・比例の3領域と分数の計算問題をテストするものであった（同上, 1958b）[2]。

　昭和33年度の「学力の伸びと指導上の問題点」は、昭和28年～30年度の県独自の学力調査の結果を比較して、平均得点による男女差・学級差、個人得点の度数分布表などで、学力の推移を分析したものである（同上, 1958e）。昭和34年度の「国語の学力をどう育てるか」は、「国語の学力の実態を明らかにし、それを診断することによって、学習指導上の問題点をつかみ、その対策を考えようとした」（同上, 1959a：1）ものであった。それまで実施されてきた「県学力調査」のまとめを行なうという方針の下、小学校は「文章読解」「作文推考」「文法」「漢字の読み書き」の4領域、中学校は「文章読解」「鑑賞」「文法」「表現」「漢字の読み書き」の5領域が対象となっている。

　また、岐阜県は昭和31年度から文部省「全国学力調査」が開始されると、他県とに異なる「全国学力調査」への批判的なスタンスも表明している。県教育研究所は「全国学力調査」を総合的・概観的テストと位置づけた上で、その「弱点」として、児童生徒が「なぜこのような誤りをしたか、誤りをおかした経緯をたどり、誤りの核心をつきとめることができないことである」（都道府県五大市教育研究所長協議会, 1966：136）と指摘した。そこで、昭和37年度から40年度まで、児童生徒におけるつまずきの原因を可能とする分析・診断テストを独自に実施し、指導対策を立てるための的確な資料を得るための追跡調査を実施した。例えば、昭和37年度においては、小5の国語・算数の2教科について「全国学力調査」の結果において正答率が低く、誤答傾向に問題があるものを対象に段階的に問題を構成し、県下の小学校140校で実施した（岐阜県教育研究所, 1963：2）。国語は「読字力・語い力」「読解力」「構文力」、算数は「数と計算」「量と測定」「数量関係」の各3領域が対象となった。

　次に、昭和30・40年代に行われた他の「教育政策テスト」としては、昭和35年度の「国語学力診断調査」（小2～中3）と昭和40年11月の「県中学校英語放送テスト」（中1～3）を挙げることができる。前者の「国語学力診断調査」は、研究協力校9校において「小中学校における読解能力とその学習指導の分析的

272　第2部　北陸・東海・関西地方

研究」をテーマとして行ったものであった。国語の読解力指導を改善するために、「小中全学年を一貫してその能力の実態を把握することが必要である」（同上，1961：1）とし、学力診断調査を手掛かりとして、児童生徒の読解能力の実態を明らかにした。学習指導との関係を分析的に研究することによって、国語学習指導の方途を見出し、県の教育向上に資することを意図したものである。国語科の説明的文書を取り上げ、「要旨の読み取り」「段落や文の組み立ての読み取り」「細部の読み取り」「語いの理解」に絞った調査研究が実施された。

　後者の「県中学校英語放送テスト」は、ラジオ岐阜を使って、悉皆調査として県下132校（約6万人）を対象に行った大規模調査であった。「発音指導の問題点をつかみ、今後のSpeaking, Hearing指導の改善と向上の視点をうる」（同上，1966：126）ことを目的とし、結果は学年別・領域別の平均点と標準偏差が分析された。昭和41・42年度も実施された。

## 2　新教育運動理念の導入と定着

　岐阜県は、他県とは異なり、戦後直後の新教育運動（機能的学力観）による思考能力の育成を積極的に評価し、そうした学力を身に付けるべく学力テストを開発・作成した県であった[3]。そこには、前節で述べた標準学力テストの実施とは異なる新教育運動の理念や意義を紹介することが県教育研究所によって行われている。それが昭和24年の「新教育運動の意義と社会科時事問題に就て(ママ)」『紀要』（No. 1）であり、日本は教育先進国アメリカにならうことが強調されている。「アメリカの教育には一貫した教育計画が一つの理念の下に厳然と整えられている」として、『紀要』（No. 1）には「アメリカに於ける新教育の理念教育上の課題、懸命な努力等が原文に当つて纏められている」（同上，1949：序）と指摘した。具体的な内容としては、新教育の意義に加えて、社会科の領域としての人間の社会生活の理解と目標などが論じられた[4]。新教育の理念や方法の影響を受けた学力テストは、昭和26年度に行われた「県下における能力調査」（中1：2教科）、「社会生活能力資料解釈診断テスト」（小4～中3：社会）「科学原理應用能力診断テスト」（中3：科学）の3件を挙げることができる。

　「県下における能力調査」（中1：2教科）は、正式名称は「県下における能

力調査の実態―読み・書き・計算及び効果的思考―」と題するものであり、第1部が「読み・書き・計算能力調査」、第2部が「効果的思考能力調査」に区分された。第1部の「読み・書き・計算能力調査」は、昭和26年7月「県下における地域別の実態を捉えること」を目的とし、「資料解釈診断テスト」（同上，1952a：2）の一環として実施されたものであった。また、新教育における漢字教育、計算指導など基礎的学力の指導上の参考資料とし、「各漢字の頻度数と習得率との比較研究」「整数・小数・分数の計算についての相関的な理解度の検討」なども行われた。この調査は、国語・算数の標準学力テストの作成を意図するものではなく、実態把握や能力調査であることも明言された。

　第2部の「効果的思考能力調査」（小4～中3）は、昭和26年5月に県教育研究所によって行われた「－社會生活能力－解釋診断テストの概要と實施の方法」『紀要』No. 4（1-77頁）の要点を再掲載したものである。小・中・高用の3種類の診断テストは、「社会生活能力資料解釋診断テスト」とも表記され、従来のような知識の記憶的な学習ではなく、新教育によって推進された「自ら創造的に思考する能力、原理の適用力、資料の解釋力等を養う」（同上，1951：序文）ことを目的としていると、当時のお茶の水女子大学教授牛島義友がコメントした。また、テスト作成は新教育理念に基づき「統合された人間の教育を意圖し、自分を困らせている周圍の問題をぐんぐん解し環境を創造していくことの出来る力をつけてやること」であり、本テストが「この目に見えない高い精神的過程である明晰な思考力を新教育の立場から客観的に評價しようとして試みて作成された」（同上，1951：2）と紹介している。

　第1部と第2部の調査研究は、新教育運動の理念を受容していることは明らかであり、学力に関する新たな概念提示も行われている。すなわち、冒頭でも示したように、学力を「主知主義の学力」ではなく、「獲得された行動する能力・才能・傾向」として、機能的な人間の「はたらき」を意味するならば、「問題解決能力を始め、実証的態度、批判的精神等の近代的教養を身につけさせる」（同上，1952b：112）ことに努力すべきであるとした。そして、学力テストも標準学力テストのような知識を問うような問題ではなく、機能的学力観に基づく問題解決能力テストを必要とした。最後の「科学原理應用能力診断テス

ト」（中３：科学）は、機能的学力観に基づく「思考における効果的な方法」を評価するために、「科学の原理を応用する能力」に加えて「資料を解釈する能力」「論理的推理の能力」「証明の性質を理解し批判する能力」（同上，1952c：2）を調査するものであった。

　新教育運動の理念が明示されているわけではないが、昭和44年の「生徒の学力構造の実態に関する調査研究—中学校社会科—」（中１：社会）においても、社会科の能力育成において資料活用力の重要性を認め、「資料活用の実態と、それを育てる学習システムの設計」（岐阜県教育センター，1970a：69）を意図するものとなっている。そこで、知識・能力を分析的・関連的にとらえるために、「カードによるステップ方式」が用いられると同時に、記述法を多くして、思考操作の実態や反応の内面にある思考体制の傾向をとらえることが目指された[5]。問題解決過程における資料活用にかかわりのある能力要因として、「問題発見の力」「仮説の設定（原因の予測）」「仮説検証のための資料の探索ならびに収集選択力」「資料の解釈力」（同上，1970a：69）の傾向と問題点が追及された。いわば、機能的学力観の理念が継承されている事例と言える。

## 3　「学習指導改善テスト」の開発

　岐阜県における「学習指導改善テスト」は、〈表—３〉で示した15件である。この15件の内訳は、国語が２件、算（数）が７件、理科が２件、算・社及び社会・英語・音楽が各１件の合計15件であった。

　岐阜県における「学習指導改善」を意図した最初の調査研究は、昭和32年度の「学級人数と教育効果」（小３・５：算）であった。研究協力校（揖斐川町立揖斐川小）において「教育的見地から学習をより効果的に進めるための理想的な学級人数は、どれほどが妥当であるかを実験学校を通じて明らかにし、教育行政・学習指導上の参考資料とする」（岐阜県教育委員会学校指導課・教育研究所，1958d：5）ことを目的とした。クラス編制を等質にするために、各学年で知能検査を実施し、加えて全教科の５段階評価、身体状況と性格の３段階評価、家庭環境、友人関係も調査している。学習内容及び学習内容に直結する基礎的内容をペーパー・テストで実施し、大・中・小の学級における学習効果を比較分

第14章　「機能的学力観」の受容と継承〜岐阜県〜　　275

〈表―3〉岐阜県の「学習指導改善テスト」の実施状況

| 調査研究の名称 | 対象学年・教科 | 初回のテストの実施年（度） |
|---|---|---|
| 学級人数と教育効果 | 小3・5：算 | 昭和32年度 |
| 割合概念の発達とその指導 | 小2〜6：算 | 昭和35年6月20日 |
| 関数関係の指導 | 小2〜中3：算・数 | 昭和35年6月21日 |
| 関数概念形成と指導法の研究 | 中1〜3：数 | 昭和36年10月 |
| プログラム学習の実証的研究 | 小5：社・算 | 昭和38年度 |
| 数学的思考の具体的研究 | 小4・中1：算・数 | 昭和40年9月8日・11日 |
| 学習指導の近代化に関する研究 | 小6：算 | 昭和43年度 |
| 生徒の学力構造の実態に関する調査研究 | 中1：社 | 昭和45年12月16日 |
| 科学の方法を用いる能力の分析 | 中3：理 | 昭和45年12月16日 |
| 児童・生徒の音楽能力の実態把握とその促進に関する研究 | 小5・6：音 | 昭和47年2月9日 |
| 小学校理科における科学の方法に関する研究 | 小2・4・6：理 | 昭和47年10月25日 |
| 古典の学習事項の理解度調査 | 中3：国 | 昭和49年11月〜12月 |
| 算数・数学科の学習到達度を評価するための観点および評価問題に関する研究 | 小2・5・中1・3：算・数 | 昭和49年1月 |
| 教材開発と系列化についての研究 | 中2：英 | 昭和50年11月 |
| 児童生徒の実態に即した学習指導の改善に関する研究 | 小2・4・6：国 | 昭和56年5月 |

析したものの「学力差は大きな差がない」と結論づけている。

　岐阜県の「学習指導改善」の調査研究として最も注視したいものは、生徒自身が科学的な探求方法を身に付け。生徒自身が問題解決にあたることを追求したことであった。まさに前節で指摘した新教育運動による学力観を具現化するものでもあった。こうした科学的な「学習指導改善」を目指した研究として、昭和45年度の「科学の方法を用いる能力の分析」（中3：理）と昭和47年度の「小学校理科における科学の方法に関する研究」（小2・4・6：理）が挙げられる。前者の調査研究は、「生徒みずからに探求の過程を歩ませ、基本的概念を

理解させるとともに、科学の方法の習得を図ることが重要なねらいである」（岐阜県教育センター，1970b：91）ことを目的とし、実際に生徒自らが測定・観察・分類したり、観察事項・解答を記述したりして、生徒の傾向を診断的に把握できるような工夫をしている。

後者の研究は、「具体的な問題解決の場面で、児童が用いる科学の方法についての能力の実態は明らかではなく現場実践での究明にゆだねられている」（同上，1972：69）ことを問題視し、従来の現場任せの対応を批判した上で、「児童の科学の方法を用いる能力（の一部）」を調査し、「従来経験的に解釈してきた能力の傾向と、それらの能力が、低・中・高の学年の学年発達に応じてどのような変容を示すかについて究明したい」（同上，1972：69）との目標を掲げている。この課題は、小学校理科における問題解決学習による学習指導の改善を意図したものであり、児童の観察・測定・分類・推論を可能な限り具体物を用い、面接に近い方法で調査するというものであった。

「学習指導改善」に関する調査研究の第二の特徴は、新しい教育内容や教育方法における学習指導改善に取り組んでいるという点である。昭和38年度の「プログラム学習の実証的研究」（小5：社会・算数）は、2年間の継続研究としてプログラム学習の効果と問題点を解明したものである。第1年次にはプログラムによる学習の原理とシート作成の手順や方法を研究し、第2年次にはプログラム・シート作成とシートによる学習の長所を解明している（岐阜県教育研究所，1964・1965）。昭和43年度の「学習指導の近代化に関する研究」（小6：算数）では、全国教育研究所連盟（以下、「全教連」）との共同研究「学習指導の近代化」の中の「教授組織の近代化に関する研究」に関する研究を行い、複数教師（ティーム・ティーチング）の協力と分担による組織的・計画的・継続的な体制で指導に当るのが学習の成立に効果的であるとの仮説を検証している（同上，1970a）。

以上のような岐阜県における学習指導改善の取り組みの特徴を挙げれば、第一には、児童生徒の主体的・科学的な学習探求を保障する問題解決型の学習指導のあり方を探求したことであった。第二には、新しい学習原理や方法を開発するための調査研究を行ったことである。こうした取り組みは、岐阜県の戦後

第14章　「機能的学力観」の受容と継承〜岐阜県〜　277

からの機能的学力観に基づく問題解決型の能力の育成と児童中心の教育のあり
方を追究する姿勢を反映したものであった。

## 4　「到達度評価」の開発

　岐阜県の「学習指導改善」に関する調査研究の第三の特徴は、「到達度評価」
と呼ばれる新たな学習評価のあり方を全国に先駆けて検討したことであった。
これまでの先行研究では、この「到達度評価」という用語は昭和50年2月に京
都府教育委員会作成の「到達度評価への改善を進めるために―研究討議のため
の資料―」において「初めて登場した」と評価されたものであった（天野,
1993：301）。こうした京都府における全県的な革新的・先駆的な評価研究は高く
評価されるものの、「学習到達度」を測定評価した調査研究自体は京都府の約
1年前の昭和49年1月下旬、岐阜県教育センターが「算数・数学科の学習到達
度を評価するための観点および評価問題に関する研究」と題して実施している。

　同研究は、小2・5（算数）中1・3（数学）を対象とし、ペーパー・テス
トによる評価が生徒の学力を科学的に把握できる方法であるとした上で、「学
習の成果をみる望ましい評価をするためには、教師の設定した評価基準によっ
て学習過程、学習の成果の到達の度合いを考慮した教師自作のテスト問題に
よって評価されることが必要である」（岐阜県教育センター, 1974：70）と述べて
いる。第1年次では「関数指導における学習到達度を診断するための評価問題
の作成に取り組み、評価問題の結果に基づき、問題ごとの「正答率・誤答率・
無答率」の割合が示されると同時に、「スケーログラム」（問題の小問を正答率の
高いものから順に左から右へと並べた表）と「標準学力テスト」で問題の難易度や
テスト問題の妥当性が検証される一方で、「応答状況」「誤答分析」から問題の
修正を試みている。第2年次の昭和50年度は、小4・中2で確率・統計の領域
で指導と評価の一体化をはかるべく、指導前の診断（事前調査・テスト）、指導
過程における評価、及び指導後における評価（最終評価・テストE）を行い、適
切な評価の場と評価問題に関する研究を実施している[6]。

　この岐阜県の研究は、到達度評価をおこなうための問題作成に重点が置かれ
ている。京都府のような府全域で「到達度評価への改善」が試みを行なったわ

278 　第2部　北陸・東海・関西地方

けではないものの、岐阜県の挑戦的姿勢は京都府同様に評価されるべきものである。また、「学力の伸び」を測定評価の対象とした調査研究は、現在、埼玉県と福島県で実施されている児童生徒の学力達成状況の「成長度（student growth）」を評価するという試みが行われ、注目を集めている。もちろん、今の埼玉県と福島県の「学力の伸び」と昔の岐阜県の「学力の伸び」に関する考え方は、完全に異なるものである。

　岐阜県の場合は、昭和32年度の「学級人数と教育効果」において、実験前と実験後の学力の伸びを知能段階とともに比較するというものであった（岐阜県教育委員会学校指導課・教育研究所, 1958d）[7]。昭和33年には「学力の伸びと指導上の問題点」（小6・中3：2教科）と題して、昭和28年〜30年度の県独自の学力調査の結果を比較して、平均得点による男女差・学級差、個人得点の度数分布表などで、学力の推移を分析している（同上, 1958e）。岐阜県以外にも、複数年度の学力テストの結果を比較したケースや実験授業の事前・事後テストの結果によって「学力の伸び」を検証した地方学テの実施事例は多い[8]。

　以上の事から判断すると、岐阜県は学習評価・学力評価という面では全国的にみても先駆的・先導的な役割を果たし、新しいことに挑戦するイノベーションの姿勢があったことが理解できる。最後に、現代の学力テストの動向を確認しておきたい。

## 5　現代の学力テスト政策

　岐阜県における現代の学力テストは、県教委が実施主体となった平成15年1月から開始された「県における児童生徒の学習状況調査」であった。同調査は、小4・5（4教科）と中2（5教科）を対象に、希望調査の形で実施され、翌年は平成16年2月に小5・6（4教科）と中1・2（5教科）で実施された。目的は、「児童生徒一人一人の学習状況を把握し、一人一人の学力が確実に向上するよう指導の改善を図る。学力向上を図る県教育委員会の施策等の改善に生かす」（岐阜県教育委員会, 2004a：1）とされ、実施後は「学習状況診断票」「個人カルテ」を個々の児童生徒に配布し、自己診断と今後の学修改善に活用することになっている。問題構成は、県独自の問題を作成するものの、国研の「平成

13年度教育課程実施状況調査」の問題を一部活用したものである。また、平成19（2007）年度から文科省「全国学力・学習状況調査」（以下、「全国学テ」）が開始されると、その実施時期と学年から見て、事前対策的な様相も帯びている。

　というのも、県教委が掲げる平成20年度の「県教育ビジョン」、並びに翌21年度の『確かな学力の育成』を目的とする学力向上推進事業には「県学習状況調査」と「全国学テ」を有効活用することが示されると同時に、全国学テの正答率と順位（小6「国語A」31位、小6「算数A」40位）も明示された（同上, 2010：45）。こうした学力テストの結果を踏まえ、県では平成22年度には学力向上の重点的な対策として基礎的・基本的な知識・技能の定着を一層図るように授業改善を進めることが提言された。この基礎的・基本的な知識・技能を重視した「確かな学力の育成」という基本方針は、その後の「第二次県教育ビジョン」（平成26〜30年度）、「第三次県教育ビジョン」（平成31〜令和5年度）でも基本的には変わりない[9]。「基礎学力」が重視されるべき点は同意するが、「基礎学力」だけでは「先祖帰り」になる。未来に向けた人材育成を望みたいところである。

　最後に、県教委や県教育センター等の公的機関が実施する学力テストではないが、岐阜県における岐阜新聞社が主催する業者テストの実態も述べておきたい。岐阜新聞社は、昭和28年頃から「中学3年学力テスト」（5教科）と命名された学力テストを8・10・11・1月の年4回実施していたが、平成5年2月22日に文部事務次官通知「高等学校入学者選抜について（通知）」が出され、中学校における業者テストの実施は禁止されることになった。平成5年度は、岐阜新聞社は「岐阜新聞社情報センター」が中3を対象に「岐阜新聞学力テスト」を実施している[10]。岐阜新聞社は、文部省通知を受けて、中学校を会場としないとしながらも継続を表明したが、新たに「岐阜県志望高校選抜テスト」（岐阜新聞社・岐阜放送事業局主催）を12月5日に5千人規模で実施することを公表した（『朝日新聞』1993.10.23.）。岐阜市中学校長会は、平成5年度から学校での「手引」のあっせんを中止した（『朝日新聞』1993.5.29.）。当時においては、岐阜県では塾の生徒を対象にした3つの新しい業者テスト（「岐阜県統一学力テスト」「Jukuリーグ21・ぎふ」「岐阜県志望高校選抜テスト」）が新たにスタートしている。

　現代の岐阜県における学力テストの実施状況は、国や県による公的なテスト

280　第2部　北陸・東海・関西地方

に加え、業者テストも盛んであり、いわば受験のための学力テストは受験生・教師にとっては必要不可欠なものであった。まさに日本の教育のリアルな現実を映し出す典型的な事例となっている。

## おわりに

　戦後から始まる岐阜県の教育の歴史は、新教育運動の機能主義的学力観の受容と継承という側面が指摘される。例えば、戦後の新教育運動の影響については昭和54年に、県小・中学校長会による「岐阜県教育三十年を語る」（座談会）が開催され、戦後のカリキュラム運動が「学習する側の子どもに力点」を置く問題解決学習であり、「岐阜県教育を手堅いものにしていく足場になっていった」（岐阜県小・中学校長会編, 1979：180）とか、「新教育の考え方が、岐阜県という土壌の中で、曲がったり、根が切れたり、深く根をおろしたりして、幾多の問題を残している」（同上, 1979：190）といった見解が示されている。岐阜県においても新教育運動に対する批判や懐疑的な見解はあったが、一方では新教育運動による機能主義的学力観の継続的な影響があったことも事実である。

　本章においては、岐阜県における戦後の機能主義的学力観の影響、並びに機能主義的学力観の影響を受けた学力テストの開発、「学習評価」における「到達度評価」に着目した「学力テストそれ自体のイノベーション（革新性・先駆性）」を取り上げた。特に、「到達度評価」の理念は「目標準拠評価」であり、「形成的評価」「自己評価」でもあり、新教育運動による機能主義的学力観を受容し継承した岐阜県だからこそ可能となった評価理論である。全国的な地方学テの歴史においては、岐阜県以外の各都道府県では「相対評価」とは異なる「観点別達成状況の評価」「到達度評価」「形成的評価」「自己評価」「『完全習得学習』の評価」などの様々な学習評価の方法が導入されたが、こうした試みは、地方学テが国の政策に先んじて行ったものであった。

　この地方学テにおける先駆的な実験・実践こそ、国の学力・学習評価に影響を与えたとも言える。その典型的な事例として、本章では昭和49年1月下旬に岐阜県教育センターによって試みられた「学習到達度」を診断するための評価問題の作成を取り上げた。まさに岐阜県における戦後直後の新教育運動による

機能主義的学力観の理念の継承と言えるものである。


〈注〉

〈1〉昭和43年6月18日には小6・中3（2教科）を対象に、無作為に35校（小）・30校（中）を抽出。カード方式によるステップ方式を用い、問題解決場面における児童生徒の学習の構え、思考過程におけるつまずきなどを解明している（岐阜県教育研究所，1969ab：1）。翌44年5月28日には小6（2教科）のみで実施。

〈2〉『紀要』（No. 18）は「学力の実態と問題点の指導」と題して追跡調査の結果が報告されている。岐阜県教育委員会学校指導課・教育研究所1958a「学力の実態と問題点」『紀要』No. 17、1-42頁は、昭和32年9月27日（金）に実施された文部省「全国学力調査」の小う・中3（理・社）の調査概要と結果分析である。

〈3〉同じく、千葉県でも新教育による学力低下批判はあったものの、岐阜県同様に熱心に新教育のカリキュラム理論を紹介している。特に「社会科を中心とした新カリキュラム構成に関する『理論』と『実際』の資料の蒐集を試みた」（千葉縣教育研究所編、1948：序）とし、米国の「新教育とカリキュラム」「カリキュラムの発展」「地域社会学校とカリテュラム」「カリキュラム構成の立案」「カリキュラム構成の実際」などのタイトルで詳細を紹介している。千葉縣教育研究所1950「実験課題の研究」『教育研究』第8集では「カリキュラム構成と運営の資料—小学校を中心として—」（1-76頁）、「中学校カリキュラム編成—中心課程の単元設定について—」（92-129頁）といったカリキュラム研究の理論と実態の研究がなされている。

〈4〉その他にも、アメリカの教育評価研究者であったスミスとタイラーの著書の一部「社会的感受性の評価」（Evaluation of Social Sensitivity）を全訳したものが刊行されている。この全訳は、社会科による実生活への応用、社会的態度や技能の涵養に重きを置き、児童生徒の成長と発達の科学的評価方法の発展に大きな貢献をなすものとして紹介されている。また、訳者が岐阜大学の教育心理学講座のノートとして作成したが、「県下の教育実践家の同志の協同研究会のテキスト」（岐阜縣教育研究所，1950：1）としてもプリントされたものである。

〈5〉この「カード方式によるステップ方式」を用いた問題解決場面における児童生徒の学習の構えなどを調査する方法は、昭和43年度（小6・中3：2教科）・44年度（小6：2教科）の「県学力調査」でも掲げられている（岐阜県教育研究所，1970b：2）。

〈6〉小・中学校ともに、指導前の診断を行った上で、実験授業を実施し、「指導の過程における評価を計画して、学習の到達度を確かめ、つまづきを診断して治療を加え、一人一人の児童に学習が成立する」（岐阜県教育センター，1975：66）ことを目標としている。また、最終評価と事前調査の関連から「学習効果率」を求め、評価・指導の改善も意図されている。

282 第2部 北陸・東海・関西地方

〈7〉埼玉県の「県学力学習状況調査」の制度設計は、IRT（項目反応理論）を用いた調査であり、PISAと同様に継続調査を行なうことが可能であった。まず年度や学年で異なる問題の難しさを比較可能となるようにした上で、初年度が小4であれば、第2年次には小5の結果を比較し、「1年後の同じ子供の伸びがわかる」（埼玉県教育委員会，2015：11）というものである。「学力の伸び」とはテストの点数結果の比較ではなく、①学年が上がることで新たな知識を身に付けたこと、②以前と比較して、より難易度の高い問題に正答できる力を身に付けることであった（同上，2016：12）。

〈8〉学力の「伸び」を分析・評価した地方学テの事例としては、兵庫県の「児童・生徒の学力の発達に関する研究」（昭和33年度）、石川県の「国語科学習指導に関する研究」（昭和41年度）、島根県の「学習指導の近代化に関する研究」（昭和43年度）、鳥取県の「能力差に応ずる指導法の研究」（昭和46年度）、福井県の「学力検査（中学校第3学年数学）の追跡調査」（昭和48年度）、滋賀県の「教育工学に関する研究」（昭和48年度）、佐賀県の「「一次関数」の学習到達度に関する研究」（昭和52年度）、大阪府の「小学校児童における「学力」の重複的学年比較調査の分析」（平成2年度）などが挙げられる。

〈9〉もちろん基礎学力に加えて、小学校高学年における外国語の教科化、プログラミング教育の必修化などに伴い、言語能力、情報活用能力、問題発見・解決能力等の学習の基礎となる資質や能力などの推進も掲げている（岐阜県，2019：43）。

〈10〉受験料は平成4年が1,000円で、平成5年が2,000円であった（『朝日新聞』1993.5.22.）。平成5年4月に発行した問題集「94年春入試受験用　岐阜新聞高校入試の手引」が県内の中学校約40校で、1冊1,400円で販売していたことも報じられた（『朝日新聞』1993.5.29.）。「手引」には、平成4年度に実施された「岐阜新聞学力テスト」4回分の問題と解答、ならびに過去5年間の公立高校と平成5年の私立高校の入試問題・解答などが記載されていた。令和2年度は「岐阜新聞学力テスト」を年4回実施するも、コロナ感染症防止対策として自宅受験の形を取っている（『岐阜新聞』2020.11.5.）。

### 〈引用・参考文献一覧〉

天野正輝　1993『教育評価史研究―教育実践における評価論の系譜―』東信堂

碓井岑夫　1979「戦後日本の学力問題」中野　光『講座　日本の学力（第1巻）教育の現代史』日本標準、225-278頁

岐阜県　2008『岐阜県教育ビジョン』岐阜県教育委員会教育総務課、1-124頁

岐阜県　2014『第二次岐阜県教育ビジョン』岐阜県教育委員会教育総務課、1-107頁

岐阜県　2019『岐阜県教育振興基本計画：第3次岐阜県教育ビジョン』岐阜県教育委員会教育総務課、1-108頁

岐阜県教育委員会　2004a『平成15年度　岐阜県における児童生徒の学習状況調査　調査結果の分析と指導方法の改善』岐阜県教育委員会学校支援課、1-85頁

岐阜県教育委員会編　2004b『岐阜県教育史　通史編　現代二』1-851頁

岐阜県教育委員会　2010『平成21年度　事務事業の点検評価結果報告書』1-79頁

岐阜県教育委員会学校指導課・教育研究所　1957「児童生徒の学力をたかめるために─特集─」『所報』No. 34、1-40頁

岐阜県教育委員会学校指導課・教育研究所　1958a「学力の実態と問題点」『紀要』No. 17、1-42頁

岐阜県教育委員会学校指導課・教育研究所　1958b「学力の実態と問題点の指導─学力調査の結果より─」『紀要』No. 18、1-30頁

岐阜県教育委員会学校指導課・教育研究所　1958c「算数数学の学力とその問題点」『所報』第36号、12-19頁

岐阜県教育委員会学校指導課・教育研究所　1958d「学級人数はどれほどが教育的だろうか」『所報』第37号、1-23頁

岐阜県教育委員会学校指導課・教育研究所　1958e「学力はどうのびたか─指導上の問題点をさぐる─」『所報』第39号、1-36頁

岐阜県教育委員会学校指導課・教育研究所　1959a「国語の学力をどう育てるか─学力調査の結果より─」『紀要』No. 21、1-60頁

岐阜県教育委員会学校指導課・教育研究所　1959b「算数・数学における学力の問題点とその指導（小・中学校）」『紀要』No. 22、1-70頁

岐阜県教育委員会学校指導課・教育研究所　1961a『昭和35年度　岐阜県　中学校高等学校学力調査報告書（国・数・英）』1-54頁

岐阜県教育委員会学校指導課・教育研究所　1961b『小学校学力調査報告書　国・社・算・理　昭和35年度』1-32頁

岐阜県教育委員会学校指導課・教育研究所　1961c『中学校・高等学校　学力調査報告書（国・数・英）─1961─』1-54頁

岐阜縣教育研究所　1949「新教育運動の意義と社会科時事問題に就て」『紀要』No. 1、1-57頁

岐阜縣教育研究所　1950「アメリカにおける8年研究の評價プログラム（スミス及びタイラーの著書の紹介）」『紀要』No. 2、1-65頁

岐阜縣教育研究所　1951「─社會生活能力─解釋診断テストの概要と實施の方法（小・中・高校テストFrom 1について）」『紀要』No. 4、1-77頁

岐阜県教育研究所　1952a「岐阜県下における能力調査の実態─読み・書き・計算及び効果的思考─」『紀要』No. 6、1-98頁

岐阜県教育研究所　1952b「効果的思考能力の調査」『紀要』No. 6、99-112頁

岐阜県教育研究所　1952c「─社會生活能力─科学原理應用能力診断テストの概要」『紀要』No. 7、1-56頁

岐阜県教育研究所　1961「学力の診断と問題点の指導（読解力とその学習指導の分析的研究）」『研究紀要』No. 33、1-27頁

岐阜県教育研究所　1963「昭和37年度全国学力調査結果の追跡調査報告書（小学校 5 年　国語・算数）」1-58頁

岐阜県教育研究所　1964「プログラム学習の実証的研究（社会・算数）」『研究紀要』第36集、26-59頁

岐阜県教育研究所　1965「プログラム学習の実証的研究（算数）」『研究紀要』第37集、35-71頁

岐阜県教育研究所　1966「岐阜県中学校英語放送テストの結果と考察」『研究紀要』第38集、126-152頁

岐阜県教育研究所　1969a『昭和43年度　岐阜県小学校　学力調査報告書（国語・算数）』1-64頁

岐阜県教育研究所　1969b『昭和43年度　岐阜県中学校　学力調査報告書（国語・数学）』1-76頁

岐阜県教育研究所　1970a「学習指導の近代化に関する研究：教授組織の近代化に関する研究」『研究紀要』第42集、87-110頁

岐阜県教育研究所　1970b『昭和44年度　岐阜県小学校　学力調査報告書（国語・算数）』1-78頁

岐阜県教育センター　1970a「生徒の学力構造の実態に関する調査研究―中学校社会科―」『研究紀要』第 1 集、69-89頁

岐阜県教育センター　1970b「科学の方法を用いる能力の分析」『研究紀要』第 1 集、91-121頁

岐阜県教育センター　1972「小学校理科における科学の方法に関する研究―能力の実態についての一考察―」『研究紀要』第 3 集、69-88頁

岐阜県教育センター　1974「算数・数学科の学習到達度を評価するための観点および評価問題に関する研究」『研究紀要』第 5 集、69-84頁

岐阜県教育センター　1975「算数・数学科の学習到達度を評価するための観点および評価問題に関する研究（第 2 年次）」『研究紀要』第 6 集、65-82頁

岐阜県小・中学校長会編　1979『岐阜県教育三十年誌』岐阜県小・中学校長会

埼玉県教育委員会　2015『平成27年度　埼玉県学力・学習状況調査報告書』1-100頁

埼玉県教育委員会　2016『平成28年度　埼玉県学力・学習状況調査報告書』1-117頁

千葉縣教育研究所編　1948「カリキュラム構成の手引―（社会科を中心として）―」『教育研究』第 1 集、1-62頁

都道府県五大市教育研究所長協議会　1966『昭和40年度学力の実態とその要因分析』東京都立教育研究所内、1-457頁

# 第15章 「学力の実態」に関する独自の調査研究
## ～滋賀県～

〈滋賀県教育研究所の沿革と展望〉

*由来本県の教育は進歩的であり、不断に新たなものを受容せんとする態度が*
*あると評されてきたが、その反面に徒に新奇を好み、新しい思潮に流されて、*
*根のある教育をうちたてるための組織的継続的な研究への努力に欠ける憾みも*
*あった。したがって教育の現場における各種の資料を蒐集し、各分野の問題点*
*に即して一貫的に専門的に調査研究し、教職員の教育活動とその研究に関する*
*援助と相談の掌に当り、本県教育の具体的なあり方に方向を指示し、実際的な*
*方法を提供するための研究機関が是非とも設置されなければならぬと信じる*
*(滋賀県教育研究所, 1963：36)。*

## はじめに

　滋賀県は、戦後の学力テストによる調査研究の数は大阪府に次いで二番目で
あり、その多種多様な内容は評価されるべきものである。全国的に見た場合、
学力テストによる調査件数のもっとも多い県（ビッグスリー）は、大阪府77件、
滋賀県56件、佐賀県51件である。この学力テストの実施主体となった県教育研
究所は、昭和28年3月に「県教育研究所設置規定」（県教育委員会規則第1号）
が制定され、同年4月に大津市に開設された。冒頭で示したように、県教育研
究所が設置された際には、真摯な反省的態度と未来に向けた研究所の「使命」
が力強く宣言された。滋賀県における学力テストの実施は、この県教育研究所
がリードしてきたものと言える。

　しかしながら、滋賀県における学力テストの実施主体としては「県教育委員
会」（以下、「県教委」）以外には「県小・中学校教育研究会」や「県中学校長
会」なども挙げられる。県小・中学校教育研究会が実施主体となったケースは

1件、県教育研究所（後の「県総合教育センター」）の実施に協力したケースも8件あった。とりわけ、県小・中学校教育研究会（算数・数学部会）が行う「学力診断テスト」（中1：数学）は、昭和38年度から平成27年度までの半世紀以上も継続されたものである[1]。現在も「県小・中学校教育研究会」は「小・中学校教育に関する諸般の研究調査等を行い、会員相互の研修を深め、本県小・中学校教育の正常な振興発展をはかることを目的」（公式HPより）として、研究発表大会などの活動を継続中である。

　また、県中学校長会は昭和44年度に県中学校教育研究会（進路指導部）と共同で「進路テスト」（中3：9教科）を実施している。この学力テストは全県規模で実施され、中学校教育に有意義に活用することを目的としたものである（滋賀県教育研究所，1969a）[2]。つまりは、滋賀県の学力テストの実施には現場教員の多大な協力の歴史があったことになり、滋賀県の「学力テストの実施主体におけるダイバーシティ（多様性・多元性）」を示すものではあるものの、その数や影響は少ない。そこで、本章では滋賀県の学力テストのほとんどを主導した県教育研究所に焦点化して、その実施内容の実態や特色を解明することとする。

　では、滋賀県の学力テストの特色、言い換えるとイノベーション（革新性・先駆性）とは何であったのか。何といっても注目されるのは、児童生徒の「学力の実態把握」を行ない教育政策の改善に役立てる「教育政策テスト」が32件、「学習指導改善テスト」が24件も行われたことである。そこで、本章の第一の課題は、県教育研究所によって昭和44年度からスタートし、平成12年度までの約30年間継続した「学力の実態に関する研究」を取り上げ、その実施内容を解明することである。言い換えると、学力の実態把握による滋賀県の学力向上政策の特徴を解明することである。加えて、学力の実態把握に知能検査を用いた調査研究の実態を確認し、「学力と知能」の相関関係をどのように分析していたかを確認する。第二には、県教育研究所による24件の「学習指導改善テスト」の中で、国語と算数・数学が14件も占められている。そこで、国語と算数・数学における「学習指導の改善」では何が問題とされ、何が検討されたかを解明することとする。まずは、戦後の学力テストの歴史から確認しよう。

## 1　戦後の学力テスト開発の歴史

　滋賀県では、「県教委」「県教育研究所」（後の「県総合教育センター」）に「県小・中学校教育研究会」や「県中学校長会」による学力テストも含めると、県全体での「教育政策テスト」は32件、「学習指導改善テスト」は24件となり、児童生徒の学力の実態を把握して、教育政策の改善に生かすテストが数多く実施されている。しかしながら、「教育政策テスト」の最終目的として「学習指導の改善に生かす」ことを掲げているケースも多く、両者を厳密に区別することは難しい。〈表―1〉は、戦後の学力テストの実施状況を示したものであるが、「教育政策テスト」か「学習指導改善テスト」であるかは筆者自身がテストの実施内容から判断したものである。

〈表―1〉滋賀県の戦後学力テストの実施状況

|  | 昭和20年代 | 30年代 | 40年代 | 50年代 | 60年代～平成18年度 | 19年度～令和2年度 | 合計 |
|---|---|---|---|---|---|---|---|
| 教育政策テスト | 0 | 4 | 7 | 10 | 11 | 0 | 32 |
| 学習指導改善テスト | 0 | 7 | 12 | 4 | 1 | 0 | 24 |
| 合計 | 0 | 11 | 19 | 14 | 12 | 0 | 56 |

＊数値は新規に開発・実施された学力テストを用いた調査研究であり、2年以上継続されたものでも「1」としてカウントしている。

　県教育研究所の設立は昭和28年4月であり、それまでは県教委学校教育課が諸問題に対応しているが、滋賀県で昭和20年代に学力テストが行われなかった理由の一つに、この県教育研究所の設置の遅れが挙げられる。しかも、教育研究所の基本規則が定められ、運用管理の基礎がようやく固まったのは昭和33年のことであり、そこから『研究紀要』の刊行や学力調査の実施が本格的に行われることになる。また、県教育研究所に専任の所長と職員が配置されたのも昭和32年4月のことであった（滋賀県史編さん委員会，1985：483）。滋賀県の最初の学力テストは昭和30年度の「小・中学力水準調査」（学年・教科は不明）ではあるが、その詳細は不明である（滋賀県教育研究所，1963：45）。

288 　第2部　北陸・東海・関西地方

　こうして、滋賀県の学力に関する調査研究は昭和33年以降に本格化し、「教育政策テスト」が数多く行われ、最後には他県を圧倒することになる。その内訳は国語が17件、算数・数学が4件、英語が6件、音楽が2件、小・中学校の国・算（数）の2教科が1件、中学校の全教科（9科目）が1件である。社会科と理科に関する調査研究は行われていない。そこで、本節では学力調査には余り馴染まないと思われる2件の音楽の学力の実態把握を行ったケースを取り上げ、その国語や算数・数学の主要教科については次節以降で論じるものとする。

　音楽の最初の1件は、県教委が昭和36年6月19日に実施した「放送利用による県中学校音楽科学力テスト」（中1～3）であった。この学力テストは、中学校76校（約94％）約47,000人（全中学生の約80％）を対象に希望制で実施されたものである（滋賀県教育委員会学校教育課，1961：39）。その目的は、音楽科の学力評価方法の改善、音楽能力の全県的な実態把握、学習指導上の反省資料を得ることであり、音楽の拍子感・リズム感・調性感・読譜力・聴音記憶力・音色感（曲名）・和音感・演奏形態などが調査された。

　音楽の2件目は、昭和44年度の「小学校・中学校児童生徒の学力の実態に関する研究（音楽）」（小4～中3）であるが、小学校78校（約16,000人）、中学校54校（約28,000人）で実施された大規模調査であった。小4以上は、放送利用による実音テストも実施し、「県下児童生徒の音楽的諸能力をはかるとともに、小学校の音楽教育で、こういった基礎的能力がどれほど向上してきているか、またどこに問題をはらんでいるかをあきらかにし、今後の学習指導上の指針や努力点をさぐろうとした」（滋賀県教育研究所，1970b：1）ものであり、「リズム」「旋律」「和声」などの問題が出題された[3]。

　次に、昭和30年代以降から始まる県教育研究所による「学習指導改善テスト」は今日までに24件実施されたが、昭和36年度から昭和39年度までの間に各教科で共通テーマによる調査研究が開始された。国語「読みの機能に即した読解力」（4件）、算数・数学「論理的思考力」（4件）、理科「科学的思考力」（3件）であった[4]。これらの3教科とも、「全国教育研究所連盟」（以下、「全教連」）の3年間の共同研究事業に参加した成果の一端を公表したものであるが、いずれも学習指導改善のための基礎資料となることを意図したものであった。こうし

第15章 「学力の実態」に関する独自の調査研究〜滋賀県〜　289

た「学習指導改善テスト」の全体像は、改めて第3節で論じることとする。

## 2　「学力の実態」に関する研究

　滋賀県における戦後最大・最長の共通研究テーマとなったものが「小・中学校（児童・生徒）の学力の実態に関する研究」である。県教育研究所によって昭和44年度にスタートした「学力の実態に関する研究」は、昭和46年には県総合教育センターに継承され、平成12年度までの約30年間継続されたものである。まずは、県教育研究所が開始した4件の「学力の実態に関する研究」の実施内容を挙げておきたい〈表—2〉。この4件は「教育政策テスト」に分類されるものである。

〈表—2〉県教育研究所による「学力の実態に関する研究」

| 調査研究の名称 | 対象学年・教科 | 初回のテスト実施年（度） |
|---|---|---|
| 小・中学校の学力の実態に関する研究 | 小5・中3：算・数 | 昭和44年度 |
| 小学校・中学校児童生徒の学力の実態に関する研究 | 小4〜中3：音 | 昭和44年11月下旬〜12月 |
| 中学校児童生徒の学力の実態に関する研究 | 中1〜3：国 | 昭和45年度 |
| 中学校英語学力テスト | 中1〜3：英 | 昭和45年1月下旬 |

　初回となった昭和44年度の「小学校・中学校の学力の実態に関する研究（算・数）」（小5・中3）は、小5（2,923人）と中3（3,111人）を対象に「算・数の学力の実態を把握するため、学力テストの結果を分析し、その考察を行ったもの」（滋賀県教育研究所, 1969b：序）である。各学校では、この資料を参考として、カリキュラム編成や指導上の改善に役立て、県の算・数教育の向上に資することを意図した。算数は、通過率60％を目安に問題作成がなされ、「数と計算」「量と測定」「図形」「数量関係」の4領域から出題され、数学は基本的な計算技能や事項の理解度・応用力・思考力を調査した。

　昭和45年1月下旬に実施された「中学校英語学力テスト」（中1〜3）は、

「小・中学校児童・生徒の学力の実態に関する研究」の一環として、県教育研究所が「県中学校教育研究会」（英語部会）の協力を得て実施したものである。同調査は、国公私立中学80校（県内中学校100%）の中1（13,179人）・中2（13,685人）・中3（12,383人）を対象に行われた悉皆調査であった（同上，1970a：36）。この調査の実施の背景は、昭和40年度の文部省「全国学力調査」の結果が全国平均を下回り、英語の学力向上への要望に対処する方向性を見定めるために実施したものであった[5]。英語の「聞くこと・話すこと」に関する放送テストも含め、滋賀県で使用されている3種類の教科書を比較検討し、学力の実態を調査したものである。学力テストは、3学期当初に実施し、重要かつ基本的である英語科の内容の理解度の調査を主眼とした。中1の結果は全体の傾向を、中2は500人を無作為抽出して分析している。昭和46年度以降も実施され、平成5（1987）年度まで継続された。

昭和46年4月、県教育研究所は「県総合教育センター設置および管理に関する条例制定」（滋賀県条例第25号）により、「県総合教育センター」に改組され、現在に至っている。この県総合教育センターは、県教育研究所が昭和44年度から開始した「学力の実態に関する研究」を継承し、平成12年度まで継続したものである。特に、算数・数学は昭和46年度から県総合教育センターが県小学校教育研究会及び県中学校教育研究会（数学部会）の協力を得て、学習指導上の「つまずき傾向」と「指導の対策」（滋賀県総合教育センター，1981：序）を得るために行っている。

〈表—3〉は、県総合教育センターによる21件の調査研究の実施内容である。「教育政策テスト」か「学習指導改善テスト」かの判別が難しいケースもあるが、この21件の学力テストによる調査研究は、「教育政策テスト」に分類したものである。

国語は21件の中の14件を占め、最も積極的に検討されたが、その検討方法は、「読解力」「表現力」「読む力」「書く力」「聞く力」「話す力」「語彙力」「文法力」など、項目別に多角的に調査することが行われた。昭和47年度の「説明的文章の読解力調査」（小6〜中3）は、3年間の継続研究として実施されたが、「読むこと」の領域に重点がおかれ、説明的文書の読解力の調査が行われた。

〈表—3〉県総合教育センターによる「学力の実態に関する研究」

| 調査研究の名称 | 対象学年・教科 | 初回のテスト<br>実施年（度） |
|---|---|---|
| 説明的文章の読解力調査 | 小6〜中3：国 | 昭和47年10月20日 |
| 国語科（聞く力）の調査 | 小5〜中3：国 | 昭和49年11月14日〜12月3日 |
| 国語科（読む力）の調査 | 小5〜中3：国 | 昭和51年度 |
| 算数・数学の学力調査 | 小4〜中3：算 | 昭和53年度 |
| 国語科漢字の読み・書きについての調査〔Ⅰ〕 | 小5・中1：国 | 昭和53年度 |
| 英語科読解力について | 中1〜3：英 | 昭和54年11月中旬 |
| 算数・数学の学力調査 | 小4〜中3：算 | 昭和55年度 |
| 国語科表現（作文）の言語事項についての調査〔Ⅰ〕 | 小5〜中3：国 | 昭和55年10月20日〜31日 |
| 英語科書く能力について | 中1〜3：英 | 昭和55年11月中旬 |
| 英語科聞く能力について | 中1〜3：英 | 昭和56年7月・11月 |
| 英語科読む能力について | 中1〜3：英 | 昭和57年11月中旬 |
| 国語科言語事項（語句・語彙）についての調査〔Ⅰ〕 | 小5〜中1：国 | 昭和57年11月4日〜25日 |
| 国語科説明的文章の読む力についての調査〔Ⅰ〕 | 小5〜中3：国 | 昭和60年10月1日〜15日 |
| 国語科表現力（作文）についての調査〔Ⅰ〕 | 小1〜中3：国 | 昭和62年9月〜10月 |
| 国語科漢字の読み・書き、送り仮名についての調査〔Ⅰ〕 | 小5〜中3：国 | 平成2年10月 |
| 英語科聞く・読む・書く能力について | 中1〜3：英 | 平成2年11月中旬 |
| 国語科聞く力の調査 | 小5〜中1：国 | 平成5年9月27日〜10月8日 |
| 国語科話すこと（Ⅰ）の調査 | 小1〜中3：国 | 平成7年9月4日〜16日 |
| 国語科語彙力（Ⅰ）の調査 | 小1・3・5・<br>中1・3：国 | 平成9年9月〜10月20日 |
| 漢字・作文に関する学力実態調査 | 小6・中2：作文 | 平成9年9月〜10月20日 |
| 国語科文法に関する力（Ⅰ）の調査 | 小1・3・5・<br>中1〜3：国 | 平成11年11月 |

292　第2部　北陸・東海・関西地方

農村部・都市部の配分を考慮し、各400〜500人を対象（小が8校、中が6校）に抽出調査として実施されている。

　この調査研究の目的は、昭和41年度の「全国学力調査」において、説明的文章の基礎的読み取りが全国平均を下回っていたことを受け、「説明的な文章の読解力の実態を明らかにし、教育現場における学習指導の改善に資す」（滋賀県総合教育センター，1973：1）ことを意図したものであった。「基礎調査」と「予備調査」を経て、「本調査」が10月20日に実施された。結果は、各学年の平均正答率の比較による観点別の「伸び率」と「落ちこみ」を調べている[6]。「落ちこみ」では、「要旨を把握する力」（正答率36.0%）、「事実と意見を区別する力」（正答率40.5%）などが顕著であった。誤答傾向としては、「語句の抵抗があった」「印象の強い語にひかれて文章全体が読みとれていない」（同上，1973：10）などといった指摘がなされている。

　国語科に次いで多かった調査研究は、英語の5件であり、「読解力」「書く力」「聞く力」「読む力」の各領域が調査された。例えば、昭和62年度の「聞く能力」に関しては、県内国公私立74校が参加し、30分間のヒアリング問題が出題された（同上，1988：1）。算数・数学については「学力調査」が昭和53年度と55年度に行われた。

## 3　「学習指導改善テスト」の開発

　〈表―4〉は、昭和36年以降における「学習指導改善テスト」による24件の調査・研究の一覧である。滋賀県は大阪府に次いで学習指導改善に積極的な県であったと評価できる。これらの調査の特徴を指摘すると、全教連による共同研究事業に参加した6件の調査研究が含まれていることが目を引く[7]。

　24件の調査研究の教科別の分類は、国語8件、算数・数学6件、英語4件、理科・社会が各2件、音楽・技術家庭科が各1件実施されたが、国語の学習指導改善が最も多かったことになる。以下、国語、算数・数学、英語の事例を紹介する。

　国語は、昭和36年6月の「読みの機能に即した読解力の様態と指導に関する研究」（小5・6：国）が「児童の読解力がどのように形成されつつあるかにつ

第15章 「学力の実態」に関する独自の調査研究〜滋賀県〜　293

〈表─4〉滋賀県の「学習指導改善テスト」の実施状況

| 調査研究の名称 | 対象学年・教科 | 初回のテスト<br>実施年（度） |
|---|---|---|
| 読みの機能に即した読解力の様態と指導に関する研究＊ | 小5・6：国 | 昭和36年6月28日〜30日 |
| 算数科図形における論理的思考の一考察＊ | 小5・6：算 | 昭和36年9月13日〜15日 |
| 文章要約における意味把握の読解課程について | 小5：国 | 昭和37年6月〜9月 |
| 理科科における科学的思考の研究＊ | 小6：理 | 昭和37年6月25日〜27日 |
| 学習態度形成に関する基礎的研究＊ | 小6・中1：国 | 昭和39年度 |
| 学習態度形成に関する基礎的研究＊ | 小6・中1：算・数 | 昭和39年度 |
| 学習態度形成に関する基礎的研究＊ | 小6・中1：理 | 昭和39年度 |
| 小学校算数科における「図形」の学習に関する研究 | 小5・6：算 | 昭和41年7月下旬 |
| 中学英語における「書くこと」の学習指導に関する研究 | 中2：英 | 昭和41年7月下旬 |
| 国語科における「書く技能」を伸ばす研究 | 中2：国 | 昭和41年9月上旬 |
| 年表の構図式 | 中2：社 | 昭和44年度 |
| 集合の考えをもとにした関数指導 | 中1・2：数 | 昭和44年度 |
| 文章構成能力をつけるための構想指導 | 中2：国 | 昭和44年度 |
| 視覚的方法を取り入れた学習指導 | 中1・3：技・家 | 昭和44年度 |
| けん盤楽器指導と基礎能力との関連 | 小2・3：音 | 昭和44年度 |
| 英語Writtenテストのあり方 | 中1：英 | 昭和44年度 |
| 作文評価の基準 | 小4・6：国 | 昭和45年5月下旬 |
| 教育工学に関する研究 | 中2：英 | 昭和48年6月中旬 |
| 特殊教育に関する研究 | 小1〜中3：国 | 昭和48年9月25日 |
| 教育工学に関する研究 | 中2・3：英 | 昭和53年度 |
| 能力開発に関する研究 | 小5・中1：算・数 | 昭和53年度 |
| 授業と評価の改善に関する研究 | 小5・中2：社 | 昭和54年度 |
| 授業の質的改善に関する研究 | 小6・中2：算・数 | 昭和56年度 |
| 障害児教育に関する研究 | 小1・6・中1・3：国 | 平成5年5月 |

「＊」は全教連との共同研究成果である。

294 第2部 北陸・東海・関西地方

いて、読解の様態を探り、指導法改善に資する問題点を把握する」（滋賀県教育研究所, 1962a：1）ことを目的に実施された。3年目の昭和38年度には19校の研究協力校において「プログラム方式による読解過程の検討」も実施された。

　昭和39年になると県教育研究所は、「学力を向上させるための分析的研究」を共通テーマとし、国語、算数・数学、理科の3件において「学習態度形成に関する基礎的研究」を行なう。また昭和41年度には「学力を高めるための分析的・実証的研究」として、算数・英語・国語の3件の調査研究を行なっている。3年間の継続研究「学力を向上させるための分析的研究」の最初の成果となったものが、昭和39年度の国語における「学習態度形成に関する基礎的研究（国語）」（小6・中1）である。本研究は、学力養成の問題を学習態度形成の面から考察し、児童生徒の「学ぶ力」「学ほうとするかまえ」を問題にしたものである。全教連の共同研究「学力に関する共同研究」の成果でもある。研究協力校の児童生徒（1,118人）を対象に、「聞くこと、読むこと、書くことなどの「言語活動における児童・生徒の学習態度をは握し、その問題点を究明することによって、望ましい学習態度形成に資する」（同上, 1965a：24）ことを試みている。調査問題は、3領域5場面から構成され、言語活動の過程に即して、その反応をチェックできるように配慮された。そして、その反応は類型的に考察され、態度形成上の問題を把握することも試みている。

　「学力を高めるための分析的・実証的研究」の最後となった昭和41年度の「国語科における書くことの技能を伸ばす研究」（中2）は、研究協力校10校（508人）を対象に当用漢字別表の表記力と、当て字の傾向をみるために、「（1）同じ漢字を音・訓別にみた傾向、（2）文脈の中における生活的用語・非生活的用語の表記力とあて字の傾向、（3）語い構成のしくみによる傾向」（同上, 1967a：4）を調査研究したものである。この調査は、文部省「全国学力調査」における国語学力の基礎的領域である「書くこと」の創造的・技能的分野が劣っているとの指摘がなされたためであった。

　同じく、小学校の「図形」領域の学力低下が全国水準を下回るという認識の下で開始されたのが、昭和41年7月下旬の「小学校算数科における『図形』の学習に関する研究」（小5・6）である。地域・学校規模を考慮して研究協力校

第15章 「学力の実態」に関する独自の調査研究〜滋賀県〜　　295

10校に依頼し、小5（511人）小6（525人）を対象に調査研究を実施している。「児童が図形をは握する実態を明らかにし、それを基盤として望ましい学習指導法のあり方を究明する」（同上，1967b：3）ことを目的とし、小5が「角の大きさに対するは握」、小6が「基本的な平面図形の理解」などを問題構成としている。大問・小問別の正答率、誤答内容が分析された。

　英語でも「全国学力調査」の結果において、書く能力が他の2領域の能力よりも低く、特に「文を書くこと」の学習指導が他の領域や分野に比して遅れているといった実態が指摘された（同上，1967c：3）。そこで、昭和41年度の「中学英語における『書くこと』の学習指導に関する研究」（中2）においては、現在進行形の「文を書くこと」の分野についての学力及び学習の実態を明らかにし、効果的な学習指導を行うための基礎資料を得ることを目的に調査研究を実施している。研究調査協力校10校（528人）に対する「現在進行形の文」を作ることを中心とする極めて一般的な研究であり、各問題の正答率・誤答率などが分析された。

　各教科の学習指導改善ではないが、昭和40年代になると新たな教育機器の導入に伴う視聴覚教材や授業内容・方法のあり方を検討する調査研究が行われた。滋賀県でも昭和46年度以降から県総合教育センターが主体となって「LL学習の効果に関する研究」「LL教材、特に音声教材のプログラミングに関する研究」が、同じく昭和49年度以降から「MAI（Machines Assisted Instruction）システムのプログラミングに関する実験的研究」が実施され、昭和54年度には双方の調査研究において「授業と評価の改善に関する研究」（小5・中2：社会）が試みられた。こうした滋賀県の動向は、「LL教材の作成やLLの効果的な利用についての研究」（滋賀県総合教育センター，1980b：2）であり、LL設置校や県中学校教育研究会英語部会でも行われた。ただし、評価自体は従前のような学力検査による評価を継続しており、この点の変更は余りなかったと言える。

　以上のように、滋賀県においては毎年のように学力テストを用いた調査・研究が行われたが、そうした意欲や熱意のエネルギーは、どこから湧き出てくるのであろうか。県立教育研究所の創設10周年を記念した文書には、本章の冒頭でも掲げた一節が目を引く。「由来本県の教育は進歩的であり、不断に新たな

296　第2部　北陸・東海・関西地方

ものを受容せんとする態度があると評されてきた」(滋賀県教育研究所, 1963：36)とする教育に対する滋賀県の風土や姿勢が影響しているのではなかろうか。

## 4　「学力」と「知能」の相関関係

　滋賀県における「学力向上」「学力実態」「学習指導改善」をテーマとした調査研究の手段として用いられたものに、知能検査がある。「学力と知能」の相関関係を調査研究した個別事例としては、昭和30年代には6件、昭和40年代には4件あり、合計10件の調査研究が確認される(〈表—5〉)。

〈表—5〉滋賀県の「学力と知能」に関する調査研究

| 調査研究の名称 | 対象学年・教科 | 初回のテスト実施年（度） |
|---|---|---|
| 読みの機能に即した読解力の様態と指導に関する研究 | 小5・6：国 | 昭和36年6月 |
| 算数科図形における論理的思考の一考察 | 小5・6：算 | 昭和36年9月 |
| 理科における科学的思考の研究 | 小6：理 | 昭和37年6月 |
| 学習態度形成に関する基礎的研究 | 小6・中1：国 | 昭和39年度 |
| 学習態度形成に関する基礎的研究 | 小6・中1：算・数 | 昭和39年度 |
| 理科的学習態度の形成に関する基礎研究 | 小6・中1：理 | 昭和39年度 |
| 年表の構図式 | 中2：社 | 昭和44年度 |
| 英語科Writtenテストのあり方 | 中1：英 | 昭和44年5月～11月 |
| 教育工学に関する研究 | 中2：英 | 昭和48年6月中旬 |
| 特殊教育に関する研究 | 小1～中3：国 | 昭和48年9月 |

　昭和33年4月に「学校保健法」が制定され、就学時健康診断が開始されると同時に、「学校保健法施行規則」(第1条第14号)において就学時検診で精神薄弱児の発見を目的として標準化された知能検査を実施し、小学校ないしは養護学校就学の際の判断材料とされることになる。翌34年6月11日付文部省体育局学校保健課長名による通牒「就学時の健康診断における知能検査について」でも、知能検査によって精神薄弱の疑いのある者を選別し、さらに精神薄弱の疑

いのある者については適切な事後措置や指導を行なうことも求めている（滋賀県教育研究所, 1959b：33）。

　例えば、滋賀県では昭和34年の小１の在学児童に対する「就学時における知能検査」の実施状況は実施校151校、未実施校20校であったこと、使用された知能検査が「田中寛一　新制田中Ｂ式知能検査」など７種類であったことが報告された（同上, 1959b：33-34）[8]。そして、成育歴や生活経験の差異の著しい子どもたちを一堂に集め検査を実施するためには「周到な準備と緻密な配慮が払われるべきこと」（同上, 1959b：35）も留意事項とされた。滋賀県で行われた「学力と知能」の相関関係を調査研究した11件の中から、３件の事例を取り上げ、その実施内容を確認する。

　最初の事例は、県教育研究所によって昭和36年度に実施された「読みの機能に即した読解力の様態と指導に関する研究」（小５・６：国）であり、全教連の共同研究「読みの機能に即した読解力の様態と指導に関する研究」（３年間の継続研究）としても実施されたものである。研究協力校の児童（1,401人）における国語の学習成績と知能指数との相関を調査し、「学習成績との方が相関が高く、知能との相関はやや低くなっている」（同上, 1962a：９）と分析した。昭和36年度には「算数科図形における論理的思考の一考察」（小５・６）を全教連の共同研究「算数科図形における論理的思考の一考察」（３年間の継続研究）として実施している。研究協力校の18校（675人）を対象に、論理的思考のつまずきを、児童と教師の両面から追及したものである。各学校で実施されている知能検査を利用し、IQ別の男女正答率、誤答率などを分析し、「知能と学力が深い関係にある」（同上, 1962b：39）ことを指摘した。第２年次には実験群と統制群に区分し、第３年次には児童生徒の論理的思考の様相に基づき、その個性を尊重した学習形態のあり方を追求した。

　「学力と知能」の相関関係の調査において、最後となったものが県総合教育センターによる「特殊教育に関する研究」（小１〜中３：国語）であった。この研究は、昭和45年度からの精神薄弱特殊学級経営に関する研究の一環であり、「第１次調査」（昭和48年９月25日）「第２次調査」（11月１日〜12月７日）において実施している。具体的には、「社会的自立のための言語指導のあり方について

298 　第 2 部　北陸・東海・関西地方

の基本問題について明らかにする」（滋賀県総合教育センター，1974：1）ことを目的とし、第 1 次調査では「ウィスク知能検査」を行ない、学習経験や社会生活能力検査などを実施している。第 2 次調査では、74人の児童を抽出し、「ITPA言語学習能力診断検査」を実施し、知能指数の分布状況、言語学習年令と生活年令、言語学習指数と知能指数の相関関係などを分析している。しかしながら、こうした精神薄弱児の学力や知能の実態調査を試みたケースは 1 件のみであり、他は全て各教科における「学力と知能」の相関を調べることを目的としている。

## 5　現代の学力テスト政策

　第 3 節の県総合教育センターによって実施されていた「学力の実態に関する研究」は、平成に入ってからも継続し、平成 2 年度の「国語科漢字の読み・書き、送り仮名についての調査〔 I 〕」（小 5 ～中 3 ：国語）から平成11年度の「国語科文法に関する力（ I ）の調査」（小 1 ・ 3 ・ 5 ・中 1 ～ 3 ：国語）まで 6 件の調査研究が行われた。

　この 6 件の中で、異色とも言える調査研究が県総合教育センターによる平成 5 年度に行われた「障害児教育に関する研究 II ―自閉児の言葉の指導―」（小 1 ・ 6 ・中 1 ・ 3 ：国語）であり、自閉児の在籍する学校から 4 校 4 名を抽出し、「表出言語のある自閉児のことばの指導において、コミュニケーションの手段として、日常生活の中で生きたことばが使えるようにするためには、話しことば、聞きことばに関して、どのような指導法を工夫すればよいかを、実証授業を通して究明する」（同上，1994：61）ことを意図したものである。対象児の実態を把握するために、「精研式CLAC-II」「ITPA言語学習能力診断」「LDT-R（言語解読能力テスト改訂版）」「太田のSTAGE評価」を実施し、その後に実証授業を展開している。「ITPA言語学習能力診断」で言語学習能力の実態を把握し、「LDT-R」で発達課題を設定している。同研究は 3 年間の継続研究として、研究成果が公表された。

　滋賀県において県全体を対象にした学力テストは、平成13年 9 月の「基礎学力定着リサーチ」（小 5 ～中 3 ： 2 教科）と平成18年度の「英語基礎学力診断調

第15章　「学力の実態」に関する独自の調査研究〜滋賀県〜　　299

査」（中2）を挙げることができる。前者は平成13年度から平成17年度までの
5年間実施され、後者は平成18年度から平成20年度までの3年間実施されたも
のである。現在、滋賀県では県の学力テストを実施していない。

　前者の「基礎学力定着リサーチ」は、各学年で約20％（各学年で約3,000人）を
抽出し、「基礎的・基本的な内容の定着状況を調査・分析することによって、
児童生徒の学力の現状等について把握し、今後の指導に生かす」（同上，2002：
1）ことを意図したものである。国語は各学年とも、語句・漢字に焦点を当て
た問題を出題し、全県的な定着状況を把握するものである。語句については、
平成13年6月に刊行された国立国語教育研究所の「教育基本語彙の基本研究—
教育基本語彙データベースの作成—」を参考に、教育上基本的とみなされる語
句を抽出して出題している。算数・数学は、「数と計算（小学校）」と「数と式
（中学校）」の領域の問題が出題されている。

　後者の「英語基礎学力診断調査」は県下の中学校100校（12,656人）を対象に
悉皆調査として、「英語科に於ける基礎学力の定着状況の調査」（同上，2007：1）
を行ったものである。調査結果を各中学校に返却し、日々の授業改善により英
語科における基礎学力定着の向上を目指している。実践的コミュニケーション
能力を育成するという学習指導要領の観点に沿って、リスニング・テストも含
んでいる。また、分析された調査結果は県総合センターのHP上でも公表され
るだけでなく、児童に生かすために翌平成19年2月と5月に「英語基礎学力向
上講座」（同上，2007：3）としても実施された。

　平成21年、滋賀県では「県教育振興基本計画」によって今後10年間の県の教
育方針や目標を示している。この「県教育振興基本計画」における県の「学
力」に関する認識は、国際学力調査（PISAテスト）の順位低下、平成14年度の
学習指導要領改訂による授業時数の削減や学校5日制の導入などにより、学力
低下の不安が拡大しているという認識を示した。滋賀県においても、文科省
「全国学力・学習状況調査」（以下、「全国学テ」）の「主として『活用』に関する
問題（B）」についての平均正答率が低く、「知識・技能を活用する力に課題が
ある」（滋賀県，2009：5）と指摘した。しかしながら、滋賀県では今後「確か
な学力を育む」とはしながらも、他県のような全国学テにおける数値目標は示

していない[9]。数値目標を示して、学校現場に目標を達成することよりも、全国学テの結果を活用することは、平成31年度の「県教育振興基本計画」でも変化はなく、「確かな学力」を継続して育成することが堅持されている。

## おわりに

滋賀県における戦後の学力テストの特徴は、「教育政策テスト」が32件、「学習指導改善テスト」が24件を数え、大阪に次いで全国二番目に多かったことである。そして、他県とは異なり文部省「全国学力調査」の影響も全く見られないと言うことである。本章の課題は、こうした滋賀県における学力テストの実施内容のイノベーション（革新性・先駆性）を解明することであった。その内容的特徴として、以下の三点を指摘する。

第一には、「教育政策テスト」の特徴としては何といっても戦後最大・最長の研究テーマとなった「児童生徒の学力の実態に関する研究」を挙げることができる。同研究は、昭和44年度の「小学校・中学校　児童生徒の学力の実態に関する研究（算・数）」から開始され、平成12年度の「国語科文法に関する力（I）」を終えるまで、約30年間継続されたものである。この間の学力テストを用いた調査研究は21件に達するが、国語が圧倒的に多く、滋賀県が国語教育に積極的であった実態も確認できる。

第二には、「学習指導改善テスト」が昭和36年以降に開始され、国語8件、算数・数学6件と両教科が特に多かったことである。国語の学習改善の特徴は、「読むこと」「聞くこと」「書くこと」などの言語活動の基本の習得が重視されたことであり、算数・数学では「図形」に関する指導改善が重視されていた。つまりは、滋賀県では各教科の基礎・基本にかかわる領域・分野の学力向上や学習指導改善が目指され、その点に努力が傾けられていたことが挙げられる。

第三には、「学力と知能」の相関を調べることを目的とした調査研究では、例外的に精神薄弱児の特殊学級経営に関する研究の一環で行われた学力と知能の実態調査を試みたケースを確認できたが、その他は全て各教科における「学力と知能」の相関を調べることを目的としたものであった。ここでも国語と算数・数学が10件中4件行われ、全体的に国語と算数・数学の主要教科に対する

調査研究が多かったと言える。

　滋賀県の学力テスト全体を総括すれば、特色ある調査研究が多かっただけでなく、その実施数自体は他県を圧倒するものであった。では、その熱意と努力は、どこから生まれたのか。それこそが県教育研究所が設置された際にも示された、真摯な反省的態度と未来に向けた教育改善の「使命観」ではなかろうか。


〈注〉

〈1〉昭和38年度から開始された「学力診断テスト」（中1：数学）は、「県小・中学校教育研究会（算数部会）」が実施主体となり、学力の実態、学習上のつまずきの傾向をさぐり今後の学習指導に資することを目的としている（滋賀県小・中学校教育研究会（算数・数学部会），1977：序）。各学校では希望制で実施されたが、対象学年は次第に拡大し、昭和44年度より小4～中3までを対象にし、平成27年度まで継続して行われている。

〈2〉昭和25年に「県中学校長会」の初代会長に松島一雄が就任し、昭和57年には創立35周年を迎えている（滋賀県中学校長会，1982）。

〈3〉昭和44年度の「けん盤楽器指導と基礎能力との関連」（小2・3）には実験学級（147人）と普通学級（210人）を対象に、「鍵盤楽器の視奏指導が、基礎能力の育成にもたらす効果の様相を明らかにする。あわせて、鍵盤楽器による系統的な指導のあり方を究明する」（滋賀県教育研究所，1970c：2）ことを目的に行われているが、これを「学習指導改善」を目的としたものとして分類した。

〈4〉国語科の4件は、1962「読みの機能に即した読解力の様態と指導に関する研究」『研究紀要』第4集（1-35頁）、1963「文章要約における意味把握の読解課程について―読みの機能に則した読解力の様態とその指導―」『（研究所報）志賀』第18号（24-29頁）、1963「文章要約における意味把握の読解課程について―読みの機能に則した読解力の様態とその指導―」『（研究所報）志賀』第18号（24-29頁）、1963「読みの機能に則した読解力の様態と指導に関する研究（3）」『（研究所報）志賀』第19号（49-52頁）である。算数・数学科は1962「算数科図形教材における論理的思考の一考察」『研究紀要』第4集（36-73頁）、1963「論理的思考を高めるための学習指導法」『（研究所報）志賀』第18号（29-32頁）、1963「算数における論理的思考をたかめる学習指導」『（研究所報）志賀』第19号（52-55頁）、1964「算数科における論理的思考をたかめる学習指導法の研究（3）」『研究紀要』第6集（第2分冊）（1-25頁）の4件である。理科は1963「理科学習における科学的思考の研究―先行経験と指導過程―」『研究紀要』第5集（第3分冊）（1-32頁）、1963「理科における科学的思考の研究―子どものもつ先行経験と指導過程―」『（研究所報）志賀』第18号（32-36頁）、1963「理科における科学的思考の研究」

302 第2部 北陸・東海・関西地方

『(研究所報)志賀』第19号(55-59頁)の3件である。

〈5〉滋賀県では文部省「全国学力調査」の結果を基に様々な観点からの調査研究を行なっている。昭和36年度以降の学テ結果を利用し、「教育条件と学力との関係」を昭和38・39年度に行っている。具体的には、昭和37年度と38年度、及び38年度と39年度の学校平均点の相関係数により「学力の浮動の傾向をつかむ」ことが試みられている(滋賀県教育研究所, 1965b:3)。

〈6〉「学力の伸び」をテーマとした地方学テの実施事例としては、兵庫県の「児童・生徒の学力の発達に関する研究」(昭和33年度)、石川県の「国語科学習指導に関する研究」(昭和41年度)、島根県の「学習指導の近代化に関する研究」(昭和43年度)、鳥取県の「能力差に応ずる指導法の研究」(昭和46年度)、福井県の「学力検査(中学校第3学年数学)の追跡調査」(昭和48年度)、佐賀県の「「一次関数」の学習到達度に関する研究」(昭和52年度)、大阪府の「小学校児童における「学力」の重複的学年比較調査の分析」(平成2年度)などが挙げられる。

〈7〉全教連による「共同研究」は、連盟事業として昭和31年の秋の総会で決まり、翌32年度から実施されたものである。学習指導関係の共同研究は昭和36年度の「学習指導改善のための実証的総合研究」がスタートする(全国教育研究所連盟, 2021)。滋賀県が参加した4件の共同研究とは、昭和36年度の「読みの機能に即した読解力の様態と指導に関する研究」と「算数科図形における論理的思考の一考察」、昭和37年度の「理科における科学的思考の研究」、昭和38年度の「学習態度形成に関する基礎的研究」であった。

〈8〉県教育研究所は、昭和33年6月〜7月に「問題児童生徒実態調査」と題する調査を実施し、精薄関係の調査においては「県下における精薄児童生徒の概数を得、当該児の取扱いの実情をつかみ、学校における知能検査実施状況を知り、特殊学級設置等の基礎資料の一部とし、今後の研究課題への手がかりを得る」(滋賀県教育研究所, 1959a:74)ことを目的として、県内の全小学校207校(提出校202校:回収率98%)、全中学校83校(提出校78校:回収率94%)における知能検査の実施状況調査が報告された。結果は、「小学校では28種類、中学校では16種類」の検査が実施されていたことと、昭和32年度の学年別実施状況では小4が65校(32.2%)、小2・6が59校(29.2%)、中1が36校(46.2%)で最も高かった(同上, 1959a:81・85)。

〈9〉数値目標を達成することよりも、全国学テの結果を活用する「スクールコンパス」と呼ばれる分析支援システムの開発が行われている。「スクールコンパス」は3つのS(Support・Spot・Simple)による指導改善の手だてである(滋賀県総合教育センター, 2010:2)。

第15章 「学力の実態」に関する独自の調査研究〜滋賀県〜 303

〈引用・参考文献一覧〉

滋賀県 2009『滋賀県教育振興基本計画』1-71頁

滋賀県教育委員会学校教育課 1961「本県中学生の音楽能力—放送利用による学力テストの実施結果—」『教育時報』第13巻第2号、38-43頁

滋賀県教育研究所 1959a「問題児童生徒実態調査」『研究紀要』第1号、73-102頁

滋賀県教育研究所 1959b「就学時の知能検査・試問について」『(研究所報)志賀』No.11、33-35頁

滋賀県教育研究所 1962a「読みの機能に即した読解力の様態と指導に関する研究」『研究紀要』第4集、1-35頁

滋賀県教育研究所 1962b「算数科図形教材における論理的思考の一考察」『研究紀要』第4集、36-73頁

滋賀県教育研究所 1963「滋賀県教育研究所の沿革と展望」『(研究所報)志賀』第19号、34-48頁

滋賀県教育研究所 1965a「学習態度形成に関する基礎的研究」『研究紀要』第7集(第1分冊)、1-91頁

滋賀県教育研究所 1965b「学力要因に関する調査研究」『研究紀要』第7集、1-61頁

滋賀県教育研究所 1967a「学力を高めるための分析的・実証的研究(1) 国語科における書くことの技能を伸ばす研究」『研究紀要』第9集(第1分冊)1-35頁

滋賀県教育研究所 1967b「学力を高めるための分析的・実証的研究 小学校算数科における「図形」の学習指導に関する研究(1)」『研究紀要』第9集(第2分冊)1-33頁

滋賀県教育研究所 1967c「学力を高めるための分析的・実証的研究 中学校英語における「書くこと」の学習指導に関する研究(1)」『研究紀要』第9集(第3分冊)1-37頁

滋賀県教育研究所 1969a『中学校における学力の研究—報告書—』1-108頁

滋賀県教育研究所 1969b『小学校・中学校 児童生徒の学力実態に関する研究(算数・数学)』1-29頁

滋賀県教育研究所 1970a『小学校・中学校 児童・生徒の学力実態に関する研究 外国語(英語)昭和45年3月』1-36頁

滋賀県教育研究所 1970b『小学校・中学校 児童生徒の学力実態に関する研究(音楽)』1-31頁

滋賀県教育研究所 1970c「能力・学力の形成に関する研究—けん盤楽器指導と基礎能力の関連(小学校音楽科)—」『研究紀要』第12集(第6分冊)1-24頁

滋賀県史編さん委員会 1985『滋賀県史 昭和編』第6巻、滋賀県

滋賀県小・中学校教育研究会(算数・数学部会) 1977『昭和51年度 滋賀県算数・数

学　学力診断テストの結果』第14集、1-89頁

滋賀県小・中学校教育研究会（算数・数学部会）　2015『学力診断テストの結果と考察（算数・数学部会）』第52集、1-53頁

滋賀県総合教育センター　1973『小学校・中学校　児童生徒の学力の実態に関する研究　国語（説明的な文章の読解力について）』1-44頁

滋賀県総合教育センター　1974「特殊教育に関する研究—精神薄弱特殊学級児童・生徒の言語能力の発達について—」『研究紀要』第16集（第94分冊）1-26頁

滋賀県総合教育センター　1980a「授業と評価の改善に関する研究　教育機器による資料提示の研究（Ⅵ）〜社会科における資料提示の違いと学習効果（4）〜」『研究紀要』第22集（第4分冊）1-30頁

滋賀県総合教育センター　1980b「授業と評価の改善に関する研究　LL教材のプログラミングに関する実験的研究（Ⅵ）〜聴解練習における視聴教材の併用〜」『研究紀要』第22集（第5分冊）1-30頁

滋賀県総合教育センター　1981『小学校・中学校　学力の実態に関する研究　算数・数学　昭和56年8月』1-95頁

滋賀県総合教育センター　1988『昭和62年度　中学校　学力の実態に関する研究　英語科—聞く能力について—』1-28頁

滋賀県総合教育センター　1994「平成5年度　障害児教育に関する研究Ⅱ—自閉児のことばの指導—」『研究紀要』第36集、61-80頁

滋賀県総合教育センター　2000『小学校・中学校　学力の実態に関する研究　国語科　第30集　文法に関する力（1）』1-28頁

滋賀県総合教育センター　2002『平成13年度　基礎学力定着リサーチ調査報告書—算数・数学編—』1-61頁

滋賀県総合教育センター　2007『平成18年度　英語基礎学力診断調査報告書』1-55頁

滋賀県総合教育センター　2010「全国学力・学習状況調査の分析支援システムに関する研究—指導改善に有効なシステムの在り方について—」『研究紀要』第52集、1-12頁

滋賀県中学校長会　1982『中学校創設35周年史』1-137頁

全国教育研究所連盟　2021「全教連共同研究一覧」https:// www.nier.go….html ［2021.2.24.取得］

# 第16章 「目標準拠評価」としての「到達度評価」
## ～京都府～

〈文部省「全国学力調査」について〉

　文部省調査は、肌眼の粗いペーパーテスト、客観テスト、短答形式の概観テストであって、教科やその分野領域別の学習指導をこれだけでうんぬんすることは危険であり、他に診断テスト、学習指導法研究などと併用すべき一資料にすぎない。また、教育条件の整備という点については、詳しくは教育条件の部分で考察するはずであるが、ここでは文部時報などに報告されている程度の改善施策では学力差を解消するような根本的な改善になっていない（京都府教育研究所，1966：2）。

---

## はじめに

　教育評価史研究を専門とする天野正輝（1993）は、「到達度評価」なる用語は昭和50年2月に作成された京都府教育委員会「到達度評価への改善を進めるために―研究討議のための資料―」において「初めて登場した」と指摘した（天野，1993：301）。そして、この京都府の到達度評価の試みは、遠藤光男・天野正輝編『到達度評価の理論と実践』（2002）においても、詳細な分析がなされると同時に高く評価された。平岡は、同書の中で「官民総ぐるみで到達度評価の実践研究を展開するという壮大な実験がなされた」（遠藤・天野，2002：49）と評価し、遠藤貴宏（2017）も別の著書で「日本の教育実践史上まれに見る官民挙げての「壮大な実験」」（遠藤，2017：154）といった同様の評価を行なう。この「官民挙げて」「官民総ぐるみ」という言葉は、「京都府教育委員会」（以下、「府教委」）、全ての学校・教師に加え、父母や各種研究団体などあらゆる立場の総意と協力に基づく「到達度評価体制」とでもいうべき教育体制の構築を意味したものであった。小林他（2016）は、京都府における到達度評価の成立

と全国的な広がりを述べ、その影響力の大きさを指摘している。まさに、京都府における「学力テストのイノベーション（革新性・先駆性）」を象徴するものであった。

さて、「到達度評価」の考え方は本来の教育評価の役割を実現すべく「学力保障」を目指して提唱されたものであり、個人間競争・排他的競争を特徴とする「相対評価」の考え方への批判を内包するものであった。遠藤・天野らは、1970年代に展開された到達度目標・到達度評価の理論と実践の背景として、「単に通信簿の改善や指導要録の記入法の改善にとどまらず、基礎学力・学力を保障すること、そのために『どの子にも分かる授業を創造する』という課題があった」（遠藤・天野, 2002：21）と指摘した。こうした「到達度評価」は「集団準拠評価」ではなく、「目標準拠評価」を特徴とし、「評価機能の分化」として診断的評価・形成的評価・総括的評価を提起した。特に、形成的評価は授業の途中で行われる評価であり、指導に生かすためのものであった。

以上のような、京都府の先駆的で革新的な試みは昭和52年10月の「東京到達度評価研究会」を、昭和54年5月の「京都到達度評価研究会」を、昭和58年8月には「全国到達度評価研究会」を結成・発足させる源流ともなった[1]。府教委の影響は、明らかに全国にも及ぶものとなった。また、「到達度評価」は教育評価論だけでなく、教育目標論、教育内容論、教育方法論の改善や革新を含む体系的なシステム論を形成するものでもあった。この京都府における「到達度評価」の詳細な内容は、冒頭で述べた遠藤・天野（2002）の研究成果に譲るとして、本章では京都府の「学力テスト」と「到達度評価」（ないしは「診断的評価」）の関係性を問いたいと考える。というのも、遠藤・天野（2002）の研究成果においては、京都における「到達度評価」が導入された背景として、「京都においてもテスト中心的な評価が多くの学校で慣行化していた状況」（遠藤・天野, 2002：176）を指摘してはいるものの、肝心な京都府の学力テストの実施状況や実態への言及はほとんどなされていないためである。まずは、京都府の戦後の学力テストの歴史から確認しよう。

## 1　戦後の学力テスト開発の歴史

　戦後から今日までの京都府の「府教委」「府教育研究所」（後の「府総合教育センター」）が実施した学力テストの実施状況を時期区分して示すと、〈表―1〉のようになる。「教育政策テスト」は15件、「学習指導改善テスト」は2件となり、前者に京都府の施策の重点が置かれていたことは明白である〈2〉。また、こうした京都府の様々な学力テストはほぼ全てが府教育研究所が実施主体となっていることも京都府の特徴である。

〈表―1〉　京都府の戦後学力テストの実施状況

|  | 昭和20年代 | 30年代 | 40年代 | 50年代 | 60年代～平成18年度 | 19年度～令和2年度 | 合計 |
|---|---|---|---|---|---|---|---|
| 教育政策テスト | 5 | 4 | 2 | 0 | 3 | 1 | 15 |
| 学習指導改善テスト | 0 | 2 | 0 | 0 | 0 | 0 | 2 |
| 合計 | 5 | 6 | 2 | 0 | 3 | 1 | 17 |

＊数値は新規に開発・作成された学力テストを用いた調査研究であり、2年以上継続されたものでも「1」としてカウント。

　府教育研究所は、昭和22年8月に府教委所属の教育研究機関として全国都道府県の中でも最初に設置された。昭和24年4月には専任所員20名余が配置され、調査研究の専門機関として再出発している（京都府教育研究所，1978：8）。

　府教育研究所の最初の仕事は「標準学力テスト」（Standardized Achievement Test）の開発であった。というのも、当時においては「客観的に學習効果を評價するために、納得の出来るデータを持ち度い（ママ）」（林，1949：82）という状況であり、教育効果の綜合判定の一環である標準学力テストについては、「不幸我国は、未だ信用あり、実用化されたものをもたない」（同上，1949：83）といった現状認識に端を発するものであった。府教育研究所の林　新之助は、準学力テストとは教師作成テストの客観性を欠く弱点を補うものであり、「（1）妥当性、（2）信頼度、（3）実施上の安易（實用性）、（4）比較の基準をもち且つ結果の解釋が容易である等」（同上，1949：84）の条件を備えたものであった。

308 第2部 北陸・東海・関西地方

林は、標準学力テスト作成手順の具体的構想も示し、「學科の選定」「基礎研究」（アメリカの学力テスト研究）、「テスト原案作製手續の試案」（委員会の組織化や問題作成）「作成の豫定日程」といったプランを提示している[3]。

　こうした府教育研究所の林の提案は、昭和24年10月には府初の学力調査となる「小學校國語能力調査」（小5・6、中1：国語）に影響を及ぼすことになる。というのも、同調査の意図は「讀み書きの標準テストを作成するための正確な資料を得るために、又それと同時に現下の實態も把握し讀み書き能力の将来の向上に資するための信用し得る資料も得たい」（嵯峨根・中川, 1949：167）というものであった。このテストは「読み」と「書取」のための標準テスト作成を目的とした予備調査と位置づけられ、学年別の正答率や頻度数による分布、各字の正答率と頻度数の符号度の検定、学年差・男女差・地域差の研究などが実施された。合わせて、読書力・書字力といった基礎学力の低下の実態調査が中規模程度の郡（郡部7校・市部6校）で実施された。こうした府教育研究所による一連の「教育政策テスト」の実施状況を示すと〈表—2〉のようになる。

〈表—2〉京都府教育研究所による「教育政策テスト」の実施状況

| 調査研究の名称 | 対象学年・教科 | 初回のテスト実施年（度） |
|---|---|---|
| 小學校國語能力調査 | 小5〜中1：国 | 昭和24年10月 |
| 国語書取標準テスト | 小4〜6：国 | 昭和24年10月 |
| 兒童の歴史的興味の實態調査 | 小5・6：社 | 昭和24年度 |
| 綜合学力検査 | 中3：8教科 | 昭和26年2月11日 |
| 算数数学科能力診断テスト | 小2〜中3：算・数 | 昭和29年2月1日・2日 |
| 国語能力調査 | 小2〜中3：国 | 昭和31年4月25日or26日 |
| 算数学力領域診断テスト | 小1〜6：算 | 昭和32年3月上旬 |
| 小学校文章読解力調査 | 小1〜6：国 | 昭和32年10月 |
| 中学校における学力および学力差に関する要因の分析研究 | 中2：5教科 | 昭和35年4月 |
| 学力調査・学習状況調査 | 中2：2教科 | 昭和41年9月 |
| 全校一斉英語学力調査 | 中1〜3：英 | 昭和46年7月 |

＊8教科＝4教科＋保体、職業家庭・図工・音楽

第16章　「目標準拠評価」としての「到達度評価」〜京都府〜　　309

　実は、京都府の標準学力テストの開発・作成は国語・算数・数学・社会科などを中心に行われたが、とりわけ国語科は先駆的に取り組まれたものであった。「小學校國語能力調査」と同時期に実施された「国語書取標準テスト」（小4〜6：国）は、「書取」の標準テスト作成を意図したものであった。同テストでは、小学校6年間で習得すべき義務教育漢字642字を対象に男女差・地域差・学年差の検定が行われ、それらの差のない漢字（100字）が標準テストの対象とされた（嵯峨根・中川, 1950：35）。テストは、層化無作為抽出法により小4〜6までの3,600人に実施された。

　次に、府教育研究所は昭和26年に中3を対象に「綜合学力検査」（中3：8教科）を実施し、高校進学希望者に対する入学選抜の一資料とするだけでなく、学力の実態、中学教育の望ましい改善と進歩を図る資料とした。その際には、標準学力テストの開発・作成を継続的に行うことも明言し、「標準学力検査問題作成上の諸問題、テスト問題の妥当性、信頼性、テスト問題の構成、学力と知能との関係、学力と学校施設面、管理面等との関係等についても有効な参考資料を得る」（中西, 1951：106）ことも明記した。

　その後、府教育研究所は昭和27年度から小・中学校の各教科における「能力基準表」（その学年について到達すべき具体的目標や能力の基準）を作成し、その基準表に基づく標準学力テストの開発・作成を順次行っている[4]。国語科の場合は、「国語能力基準表」を作成する実証的根拠を得るために、「国語能力調査」（昭和31年）と「小学校文章読解力調査」（昭和32年）が実施された。「国語能力調査」は、「国語能力基準表を作るための、実証的根拠となるための資料を得る」ことと同時に、副次的なねらいとして「語法指導上の問題点を明らかにする」（吉岡・谷口, 1956：13-14）ことが明言された。

　京都府では昭和20・30年代に各教科における「能力基準表」と「標準学力テスト」の開発・作成に着手したわけであるが、そもそも「能力基準表」の作成自体が「目標準拠評価」の特徴を備え、「評価機能の分化」としての診断的評価を提起することであった。そして、府教育研究所は「標準学力テスト」の開発・作成と同時に、学力の実態把握、もしくは学力の高低に影響を及ぼす諸条件の解明を目的とした学力テストの実施にも着手している。次節では、昭和20年代

310　第2部　北陸・東海・関西地方

から始まる知能検査による学力と知能の相関を調査研究した実態を考察する。

## 2　「学力と知能」の相関

　昭和25年、所員の鈴木は京都府における知能検査の実施計画を公表したが、同計画に基づいて同年11月には小5と中2を対象として各地区別に「新制田中B式第1形式知能検査」が実施された（鈴木, 1951：128）。京都府を小都市・大都市・周辺部・郡部・僻遠地の5地域に区分し、学力検査との相関を分析したものであった。昭和26年2月の「綜合学力検査」では、学力と知能の関係を調査項目としてはいたが、実際には知能検査は行われていない。

　府教育研究所が学力と知能の相関を調査した最初の研究は、昭和29年2月の「算数数学科能力診断テスト」（小2〜中3：算・数）であり、小・中の「算数・数学科能力基準表作成」の実証的根拠を得るために実施されたものであった。保護者の職業と得点、保護者の職業と知能指数（附帯調査として知能検査を実施）との関係などが分析されたが、「知能テストの成績と本テスト問題の得点との相関は学力差の大きい高学年ほど高くなっている」（羽室, 1955：153）と指摘された。さらには、テスト結果は保護者の職業とも相当に高い相関を示すものの、「指導方法如何、学習方法如何によっては、知能や職業と関係なく、相当にいい成績をあげ得ること」（同上, 1955：161）も研究事例は示しているとも述べられた。

　次に、府教育研究所は「中学校における学力および学力差に関する要因の分析研究」（中2：5教科）において、昭和35年4月〜昭和38年3月に府下農村地域A校（160人）・B校（144人）を対象に、学力と知能の相関関係を調査した〈表—3〉。調査の主要目的は、「知能」「地域環境」「学校の外的条件」などの諸条件において何が学力を決定する要因かを究明するためであり、「標準学力検査」によって測定された5教科の平均偏差値と個人的要因としての「知能」「父の学歴」「父の職業」「収入」「不安傾向」などの要因との相関関係を分析した。そして、調査結果においては「知能と相関が高いのは決定的で、単相関ではあるが、この表の結果に関する限り、学力の大部分は知能によって規定されているといえそうである」（大上, 1964c：4）と指摘された。

第16章　「目標準拠評価」としての「到達度評価」～京都府～　311

〈表―3〉 学力と諸要因との相互相関係数表

| 要因 | A校（160人） | B校（144人） |
|---|---|---|
| 知能 | 0.797 | 0.789 |
| 父の学歴 | 0.215 | 0.401 |
| 父の職業 | 0.200 | 0.026 |
| 収入 | 0.262 | 0.164 |
| 不安傾向 | 0.270 | 0.265 |

　この調査研究では、学力検査は「田研式項目別標準学力検査」（中2用）を5
教科、知能検査は東京児童青年研究所案「中学・高校用診断性知能テスト」
（団体用）を利用した。他にも「性格検査」「環境調査」「質問紙」による調査
（教師・生徒・保護者対象）、「面接調査」（各地域類型に属する代表部落を抽出し、一週
間泊まり込みの調査）も実施された（同上，1964a：33）。調査は、学力に影響を与
えると予想された要因を、「教科別比較」「教科内領域別比較」「郡別教科別偏
差値」「郡別各教科領域別偏差値」として数値化し、2校の比較によって検討
された。同研究の結論は、学力に影響する要因としては「知能要因が決定的で
知能以外の要因は相対的に微々たるものであった」こと、学力差は「記憶的要
素の強いドリル・マスター学習の効率が高いような内容領域において形成」
（同上，1964a：45）されるというものであった。
　しかしながら、この調査結果に対する問題点として、ペーパーテストで測定
された「学力」がドリル・マスターによる学習の反復によって効果的であるが、
府教育研究所員の大上は「果たして学力をこのように規定していっていいのだ
ろか」としている。学力とは「受験戦線に都合のいい学力を欲するだけではな
く、たとえばもっと創造性に富んだ思考力、あるいは発見を重視する力等を重
視したような学力」（同上，1964a：45）も世界的傾向であることを指摘した。つ
まりは、大上は学力と知能の強い相関は認めるものの、そもそも「学力」を受
験に役立つ基礎知識とみなすことには反対していたことになる。
　その後も府教育研究所による学力と知能の相関関係の解明は、研究テーマと
して継続され、昭和35年6月～7月（小6）、昭和36年5月～6月（中3）にも

312　第2部　北陸・東海・関西地方

「理科基礎技術の定着度に関する実験的研究」（小6・中3：理科）が行われ、「知能検査」（1958年改訂　新制田中B式）、「学力テスト」（田研式項目別標準学力検査）、「意識テスト」（府教育研究所作成）などの各種テストが実施された（内藤，1963）。昭和37年度には「算数・数学科の学習における思考力の形成とその指導に関する実証的研究」（中1：数学）において、「知能テスト」（田研式田中B式第2テスト）、「学力テスト」（教師判定による1学期の数学成績）、「生徒の性格テスト」（田研式不安傾向テスト）、「環境調査」、「指導前テスト」（研究所作成）等が実施された（大上，1964b）。いずれも、知能と学力、知能と理科の実験用具の操作などで高い相関を示している。

　しかしながら、昭和40年代になると京都府では学力と知能の相関を取り上げた調査研究は見当たらない。その理由としては、次節で述べる文部省「全国学力調査」に代表されるペーパーテストで測る学力それ自体への疑念、教育条件という言葉の「あいまいさ」に加え、学力形成に影響する要因や条件の構造や関連など、「容易に把握できない」（京都府教育研究所，1966：2）といった問題認識や困難さへの自覚があったものと思われる。

## 3　「全国学力調査」批判

　次に、昭和31年度から開始された文部省「全国学力調査」の実施に対する京都府のスタンスを取り上げ、昭和30・40年代における京都府の学力テストの実施状況を確認しておきたい。「全国学力調査」に対しては、日本教職員組合を中心に全国的な抵抗運動が繰り広げられるが、京都府の特徴は学力テスト反対運動に教師・生徒が団結して立ち向かったことである。また、京都府教職員組合（以下、「府教組」）も昭和33年には学力テスト拒否を表明し、ボイコット指令を発している。特に、昭和36年度の「全国中学校一斉学力調査」（以下、「学テ」）に対しては、調査中止・不能、無記名・白紙、中・高生のボイコットなどを展開している（同上，1978：95）。その後も、京都府では府知事、京都国民教育会義、京都の大学教授有志、京都市中学校長会なども反対声明を出し、府全体で「全国学力調査」に対する異議申し立てを行っている。

　とりわけ、昭和41年度に府教育研究所が表明した「全国学力調査」に対する

問題点の指摘は、徹底的であり、学問的なものでもあった。全国的に見ても、県の教育研究所が真正面から「全国学力調査」を徹底的に批判した例は稀有である。府教育研究所による厳しい批判の内容は、以下の通りである（同上，1966：2-6）。

* 文部省調査における学力とは、「**指導要領を基準にするとしてもその要求している学力の一部にすぎない**」。限定的な教科の限定的な学力計測であっても、全国的規模で繰り返される調査に於いては、その成績が学力の全てとなり、その教科は教育課程の最重要部分であるという錯覚を起こす。

* 「**調査自体が技術的方法的に不備である**」。実施不能校の記載はあるが、調査不能者の記載がない。悉皆調査と本調査の比較、信頼性・妥当性の検討、教育条件の検討などに関してほとんど言及がない。

* 「**府県や学校の順位に拘泥するのは愚かである**」。すでに予備テストや模擬テストなど事前準備的な対策を行なう県があり、学力検査の条件統制に決定的な影響を与えている。学力の低い子どもを休ませたり、正答を示唆することは学力検査以前の問題である。

* 「**文部省調査報告書の不当な拡大解釈さえ行われる**」。例えば、教師の指導力が学力形成に最も重要であると言ったような検証もされていない推量が行われ、教師を委縮させる。

* 「**テストあって授業なく、授業あって教育なし**」。高校・大学への入試選抜が客観テストによる合否決定を行なうが、文部省の学力調査も、こうした趨勢を促進している。

* 「**学力の評価は、本来教師が自主的に行なうべきものである**」。文部省調査は、学習指導を改善するための一つの参考資料であり、全国的規模の**概観テスト**にすぎない。

　上記で述べられている文章から判断して、府教育研究所のスタンスは自らの県の学力向上を目ざすことではなく、文部省調査を批判的に検証することで

あった⟨5⟩。そこで、京都府は昭和41年9月には文部省学力調査の信頼性の検討も含めたより綿密詳細な検証として「学力調査・学習状況調査」（中2：2教科）を、独自調査によって実施した。この「学力調査・学習状況調査」における国語科は、府教育研究所によって文部省「全国学力調査」（昭和37〜40年度）、「教研式標準学力テスト」（中1〜3）、「日本人の読み書き能力」（昭和26年）などの問題を参考に作成されたものであった。結果分析は、平均正答率による府県別、男女別、問題別などの比較が行われ、「文部省学力調査の結果は一応信頼できる」（同上，1967：24）と評価された。他方、数学科においては京都府が近畿各県間でも学力が最低グループに属している実態に対しては、文部省「全国学力調査」における「調査結果の信頼性が何ら保障されていない」（同上，1967：32）ことから、懸念がもたれるとした。

　つまりは、文部省「全国学力調査」に代表される学力テストに対する実施の仕方や評価に関しては、府教育研究所内でも様々な疑念や不信があったということになる。このことが、昭和50年における「到達度評価」の展開に対する土壌を形成したと思われる。とはいえ、全国規模の学力調査においては文部省調査に勝るものはなく、京都府もこれを受け入れている。また、学力テストの評価方法自体も京都府においては平均正答率や偏差値などの比較も受け入れている。京都府独自の政策として、京都府が教育・学習評価の面で歴史的に評価されるのは、学力テストにおける「診断テスト」の導入であった。また、「到達度評価」は「通信簿」などの学校教育での5段階相対評価への批判を意味するものであった。

　府教組は、昭和47（1972）年3月の第27回定期大会で「学力方針」と題する活動報告書を発表し、通信簿における5段階相対評価をやめることが提言され、実態としても翌48年には「5段階相対評価がほぼなくなる」（遠藤・天野，2002：155）ことになる。そして、昭和49年には府教委内に「評価検討委員会」が設置され、80数名の学識経験者や教員が名を連ねている。同じく、同年には府教育研究所内にも「学力評価部門」が開設され、5段階相対評価に代わる「到達度評価」推進の体制が構築された。次節で、京都府における「到達度評価」へのアプローチの軌跡を確認しておこう。

第16章 「目標準拠評価」としての「到達度評価」～京都府～  315

## 4 「学習到達度評価」の開発

　戦後の学校教育における学力・学習評価は、ほぼ相対評価によってなされていたと言っても過言ではない。その理由の一つとして、戦後の教育評価研究の第一人者であった橋本重治の「相対評価」への理論的支持を確認しておきたい。橋本が昭和29年に刊行した『教育評価法概説』では、「相対評価」と「絶対評価」のメリット／デメリットを示しつつ、「相対評価の基準を立てることは比較的容易であるが、絶対評価は容易でないことがわかる」（橋本, 2003：46）と指摘した。そして、絶対評価が「教育目標に準拠した解釈法」であるが、相対評価は「平均点を中心とした集団基準に準拠した解釈法」と位置づけた上で、「相対評価のほうが、解釈において教師の主観や独善を排して、客観的であると言えよう」（同上, 2003：46）とも述べた。

　さらには、昭和35年にも「相対評価」が教育学的には多くの欠点があるものの、教育測定学的には「客観性」と「信頼性」を持っている点で有効であり、「絶対評価」は主観的で信頼性に乏しいことも指摘した（同上, 1961：358-359）。つまりは、橋本は「相対評価」と「絶対評価」には一長一短があり、評価目標の違いなどによって使い分ける必要があるものの、学力テストの実施においては「相対評価」が客観的・科学的な比較を可能としたものであるとした。橋本が述べるように、戦後の学力テストを用いた学力・学習評価においても、平均点や偏差値などの相対評価で行われるケースがほとんどであった。

　一方、「到達度評価」という用語は昭和50年2月の府教委作成の「到達度評価への改善を進めるために―研究討議のための資料―」において用いられ、到達目標・到達度評価の理論的研究と実践の「契機」となったものであった（天野, 1993　301）。府教委は、この資料を「わかる授業」の創造をとおして子ども一人ひとりの基礎学力の充実を図るための「糸口」とし、「学習到達目標」に改善していくためには全教職員と教育関係者の英知を結集する必要があるとした（京都府教育委員会, 1975：60）。この「到達度評価」の考え方は、本来の教育評価の役割を実現すべく「学力保障」を目指して提唱され、個人間競争・排他的競争を特徴とする「相対評価」への批判を内包するものであった。こうした「到達度評価」は「集団準拠評価」ではなく、「目標準拠評価」を特徴とし、

316 第2部 北陸・東海・関西地方

「評価機能の分化」として診断的評価・形成的評価・総括的評価を提起した。特に、形成的評価は授業の途中で行われる評価であり、指導に生かすためのものであった。注意すべきは、この府教委が提示する「到達度評価」は「評価の規準」ではなく、研究と討議の際に利用する参考資料だった点である。言い換えると、「評価の規準」は「地域・地方を基本のエリアとして制定」され、「各学校において実践主体的に設定されるべきもの」とされた（遠藤・天野, 2002：214）。

　この府教委の提案は、府教組も積極的に支持しただけでなく、府教育研究所も協力している。府教育研究所は、到達度評価の実践に重要な理論的基盤を与えた『教育研究資料・到達度評価研究シリーズ』（①英語科、②算数・数学科、③図画工作・美術科、④理科、⑤国語科）を昭和50年11月に刊行した[6]。こうして京都府下の市町村教委や各学校では、1970年代後半から80年代にかけて、教科ごとに到達目標を具体化し、評価規準を設定するといった「到達度評価への改善」が試みられた。しかも、この「学習到達度」「到達度評価」の実践は府立教育研究所、府小教研・中教研、府教組を初めとして、府内の様々なボランタリーなサークルや教育団体においても試みられ、あたかも「京都府全体」で着手された評価方法の改善への試みとなり、そうした全県的取り組みは全国初のものであった。そうした影響は、東京都にも及んでいく[7]。

　しかしながら、学力テストにおいて「到達度評価」といった分析規準を提示したケースとしては山形・鳥取・岐阜の各県でも行われたものであった。例えば、昭和49年1月下旬に岐阜県教育センターは「算数・数学科の学習到達度を評価するための観点および評価問題に関する研究」と題して実施している。同研究は、小2・5（算数）中1・3（数学）を対象とし、ペーパー・テストによる評価が生徒の学力を科学的に把握できる方法であるとした上で、「学習の成果をみる望ましい評価をするためには、教師の設定した評価基準によって学習過程、学習の成果の到達の度合いを考慮した教師自作のテスト問題によって評価されることが必要である」（岐阜県教育センター, 1974：70）と述べている。つまりは、学力テストにおける「到達度評価」へのアプローチは「学力保障」を求める新しい学力論に基づく新たな学力評価システム開発の一つの潮流を形

成してゝくことになる。

## 5 「学力診断テスト」の復活

　昭和56年4月、府教育研究所は「府総合教育センター」へと衣替えするが、府総合教育センターが実施した「教育政策テスト」は、〈表―4〉の4件である。

〈表―4〉京都府総合教育センターによる「教育政策テスト」の実施状況

| 調査研究の名称 | 対象学年・教科 | 初回のテスト実施年（度） |
|---|---|---|
| 学習の達成状況に関する調査 | 小6：国・算 | 平成元年6月～7月 |
| 府小学校基礎学力診断テスト | 小4・6：国・算 | 平成3年度 |
| 府中学校学力診断テスト | 中2：国・算・英 | 平成15年度 |
| 府学力診断テスト | 小4・中1：国・算（数）<br>中2：国・数・英 | 平成25年度 |

　京都府における「到達度評価」という用語は、先にも述べたように、昭和50年2月の府教委作成の「到達度評価への改善を進めるために」において「初めて登場した」と指摘されたが、実は京都府が府として行なう学力テストや学力調査において、到達度評価を導入しているケースは確認できていない。その理由は何だろうか。

　遠藤・天野（2002）の研究によると、京都府内の各地域では「到達度評価」の研究実践は積極的に進められたが、「政治の論理で絶たれる」とされた。昭和53年4月、「府政転換にともない、京都府の行政管理層のレベルにおける『到達度評価』推進層の人事異動が行われたほか、府教育研究所の改組、府教委による『到達度評価』の取り下げ、府教委と府教組との合意の崩壊が続く。こうして『到達度評価』行政システムの確立は、表面的には未完に終わった」（遠藤・天野, 2002：159）とされた。

　昭和53年における「府政転換」とは、昭和25年に日本社会党公認・全京都民主戦線統一会議（民統）推薦で府知事選挙に立候補し当選した蜷川虎三が、7

期28年間の知事を辞任したことによるものである。この年の府知事選では、自民推薦の林田悠紀夫が勝利し、ここに28年間にわたる革新府政は終了することになるが、要するに革新政党から保守政党への転換が京都府の教育行政のあり方をも転換させ、ここに「到達度評価」の府レベルでの試みは露と消えたのであった。もちろん、到達度評価それ自体を「柔軟性を欠く結果重視の教育評価である」（小林他，2016：20）とする見方もあった。いずれにせよ、その後の京都府における保守政党政権下における学力テスト政策の展開は「到達度評価」による教育実践の変革から「学力診断テスト」による学力向上へと大きく舵を切ることになる。それは、昭和29年２月の「算数数学科能力診断テスト」や昭和32年３月の「算数学力領域診断テスト」における「学力診断テスト」の復活とも言えるものである。繰り返しになるが、京都府における「到達度評価」は「学力テスト」では直接的には利用されておらず、「目標準拠評価」を特徴とする「診断的評価」であったことになる。

　平成元年、学習指導要領告示により「ゆとりある教育課程」と「新しい学力観」が改訂の柱となり、「個に応じた指導」が重視された。また、生涯学習の視点からも小学校段階での基礎的・基本的な学力の定着を図ることが求められた。そこで、同年６月〜７月に府総合教育センターは、「学習の達成状況に関する調査」（小６：２教科）を府内の教育実践推進校14校で実施し、「個を重視した指導方法」の研究、及び基礎学力の充実を図る指導法の方策を模索する試みを行なう（京都府総合教育センター，1990：刊行にあたって）。テストは100点満点であり、筆記テスト（45分間）の得点分布状況や問題別・応答形式別・領域別・観点別の正答率と「誤答分析」が詳細に行われた。また、「学習の達成状況」（同上，1990：107-108）という観点から指導のあり方も提言された。

　平成３年度、府総合教育センターは新たに「府小学校基礎学力診断テスト」（小４・６：２教科）を開始し、児童の基礎学力習得状況を客観的に把握するために、さらには児童の学習上の「つまずき」を把握して個別指導に役立てることを目指している（同上，2015：137）。結果の分析は、各教科の領域別・観点別正答率を出し、「成績一覧表」からは各生徒の成績、「Ｓ−Ｐ表」からは学級全体の理解度なども確認できる。全児童の個票を作成し、担任のコメントを付けて

返却することにより、児童一人ひとりの学力向上も図っている。京都府が導入した「学力診断テスト」は、学習内容を縦断的に測定し、どの段階に障害点があるかをみるものであり、学力不振の生徒に対する救済治療の対策を立てることを目的としたものであった。京都府では、実施２年目の平成４年度には府内の全小学校が参加する受検率100％のテストとなり、以後は現代まで府の学力テストの主流となるものであった。次節で述べるように、平成19年度以降には、しばしば過年度のテスト結果との正答率の経年比較も実施され、授業改善の成果が検証されている（京都府教育委員会, 2007：１）。

## 6　現代の学力テスト政策の動向

　府総合教育センターは、平成15年度からは「府中学校学力診断テスト」（中２：２教科＋英）を悉皆調査によって行なう。「学力の充実・向上を図るため、生徒の学力を把握・分析し、指導上の課題を解明し、学校における個に応じたきめ細かな指導方法の工夫や改善の充実に役立てる（平成18年度）」（同上, 2006：１）ことを目的とし、個々の生徒の回答状況から学習課題を診断的に分析できる問題が出題されている。そして、「各教科」の正答率、「領域」ごとの正答率が分析された。

　平成25年度からは「府学力診断テスト」が実施され、平成25年４月９日〜16日には小４・中１（２教科）が、10月23日には中２（２教科＋英）を対象に、各教科１万人以上が受検している。府教育委員会の学校教育課のHPでも明記されているように、実施目的は「児童・生徒の学力を把握・分析し、指導上の課題を明らかにするとともに、学校における個に応じたきめ細かな指導方法の工夫や改善の充実に役立てる」（同上, 2013）ものであり、基礎20問、活用５問、質問紙調査33問が出題された。府全体で「予想正答率」が予想を超えたか否か、「教育局別」「問題別」「教科別」の正答率が公表された。

　以上のような京都府における教育・学習評価に対する一連の試みは、全ての児童生徒の「学習保障」を求めた「到達度評価」の導入とは異なるものの、「学力分布の経年比較」（例えば、平成21年度と24年度の比較）として丁寧な分析が行われた（同上, 2013）。とりわけ、学力下位の学校・児童生徒を重点的に支援

する目的で学力テストを実施した京都府の取り組みは注視したい。これまでも全国的には、「へき地校」「学習遅滞児」「知的障がい児」「部落問題」などの個別・特定ケースに基づく支援は行われたものの、京都府のように県全体を対象に学力下位校への支援を明示した事例は稀有である。京都府の学力テストは、「基礎学力を身につける」だけではなく、「学力下位校の支援」（全体をＡ・Ｂ・Ｃの３層に分類）を明確に示すものであった。困難を抱えている地域について、校長以下教員が協力して学力を保証しようとする方針を立て、学力の違いに基づく指導、学力下位校の底上げなど、より丁寧な分析と指導が行われた。

　また、府総合教育センターは平成３年度から20年以上の長期間にわたり府独自の学力診断テストを行ってきたが、平成23年度において蓄積された過去のデータとテスト問題を活用して「学力の経年比較」を行なっている。「20年間の学力テスト実績を持つ京都府が、国に先駆けて経年比較を試みることは意義深いと考える」（京都府総合教育センター，2011：３）と自画自賛もしている。この経年比較を行なうために、京都府では小学校と中学校で行われてきた「学力診断テスト」を利用しているが、その方法は、協力校の児童生徒に過去のテスト問題を受けてもらい、その解答データをモノサシとして「項目反応理論」（Item Response Theory, IRT）を用いて、「過去の問題難易度等の特性と過去のテストの受検者学力を推定する」（同上，2011：４）というものである[8]。この「項目反応理論」によって「分析対象とした全問題について、固有の特性値（難易度・識別力・下方斬近）」と「比較対象年度全受検者の学力値」を推定し、解釈を容易にするために２桁の「尺度得点」に換算される。結果の分析は、各年度における学力分布に基づく学力層の比率の変化であるが、大きな変化はなく、小学校算数では「いわゆる二極化が進んでいるとは言えない」（同上，2011：８）、中学校の国語・英語は「平成21年度は低い」（同上，2011：13）などといった結論が述べられた。また、学力の推移と京都府における「授業時数」「京都式少人数教育」などとの関連も検討された。

　ところで、平成19年度からスタートした「全国学力・学習状況調査」（以下、「全国学テ」）における京都府の結果分析は、平成20年１月に刊行された京の学力検討委員会『提言─質の高い学力を求めて─』（全49頁）によって詳細に知る

ことができる。そこには、京都府の学力評価への独自性はなく、全国学テの結果分析に基づく「効果的な学力向上への取組」や「各学校での今後の取組・授業改善の一例」（京の学力検討委員会，2010：16）が示されているに過ぎない。しかしながら、児童生徒の学力実態（テスト結果）から授業のあり方を改善しようとする結果重視の考え方ではあるものの、学力下位層や経済的に貧困な家庭の子どもへの配慮も維持された[9]。京都府の教育政策の特徴である。

## おわりに

　戦後直後の京都府におけるテスト開発の目標は、妥当性、信頼性・実用性を原理とした「標準学力テスト」の開発・作成であった。標準学力テストとは、簡略化して言えば、一定の標準的な問題をテスト問題の専門家が作成し、一人ひとりの児童生徒の学力の実態を一定の規準（norm）に基づいて評価するものである。こうした「標準学力テスト」は、教師の立てた目標や重点に適合するものの、児童生徒の学力の状態に応じて指導した目標には対応しない。これに対して「到達度型テスト」は目標に照らしてテストの結果を評価し、指導の改善を目的とする。また、「教えないものは、テストに出さない」（遠藤・天野，2002：122）ことも原則である。つまりは「標準学力テスト」の特徴は、教育実践とは切り離し、子どもの能力・学力を測定しようとするが、「到達度型のテスト」は子どもの「学び」に焦点化し、教育活動自体を評価する試みである。教育評価の目的やねらいが違えば、テストも全く異なるものとなる。ただし、「到達度評価」は「テスト」のあり方を重視するものではない。それは、児童生徒の「学びの保障」を目標とし、教師による「わかる授業」の創造的実践を展開するものであり、指導に役立つ評価のあり方の模索である。従って、「テスト」は到達した学力の実態を測定し、指導に生かすことが求められる。

　本章では、京都府が昭和50（1975）年に「相対評価」から「到達度評価」への転換を図った原因や背景として、戦後から昭和50年までに京都府が行っていた学力テスト政策の実態解明を課題とした。戦後から府教育研究所が培ってきたものは、標準学力テストにおける妥当性、信頼性・実用性を原理とする科学的な学力テストの構築であった。一方、昭和31年から11年間実施された文部省

「全国学力調査」に代表される学力テストに対する京都府のスタンスは、強い疑念や不信を持つものであった。とはいえ、全国規模の学力調査においては文部省調査に勝るものはなく、京都府もこれを受け入れているし、学力テストの評価方法自体も平均正答率や偏差値などの比較であり、「相対評価」の考え方に基づくものであった。本章の結論は、京都府が教育・学習評価の面で歴史的に評価されるのは、学力テストにおける評価方法ではなく、「通信簿」などの学校教育での5段階相対評価への批判であったということである。

　しかしながら、本章では京都府における学力テストに対する期待と反省といった矛盾や葛藤などの歴史的苦悩も見出すことができたと同時に、全ての児童生徒の「学力保障」を実現するための京都府の新たな決意や方向性も確認できた。確かに、当時における現実の教育・学習評価への要求や期待は、昭和30年代以降に次第に強まる「受験学力」（＝テスト学力）であり、「競争」と「選別」の教育であった。この「ズレ」を解消し、児童生徒の「学力保障」という側面から教育のあり方・体制を再構築した点が京都府の「学力評価におけるイノベーション（革新性・先駆性）」であったと言える。


〈注〉
〈1〉ただし「京都到達度評価研究会」の組織化は、到達度評価に関する府教委と小・中学校等における実践研究の一体的な研究推進体制に、「別途の異質な推進体制を並存させようとするかのような印象を抱かせる結果となる」（遠藤・天野，2002：291-292）とも指摘された。甲村（1987）も「子どもを励ます教育評価」として京都府の到達度評価を紹介している（甲村，1987：87-97）。
〈2〉たしかに「教育政策テスト」と比べれば、「学習指導改善テスト」は数少ない。たとえば、昭和37年度「算数・数学科の学習における思考力の形成とその指導に関する実証的研究」（中1：数学）では「算数・数学の学習における思考力の形成と、その要因を実証的に研究し、学習指導の改善に資する」（大上，1964b：46）ことを目的としている。
〈3〉京都府の標準学力テストの作成手順は、府教育研究所員で府立山城高校教員でもあった林の個人的提案ではあったが、府教育研究所が発行する第1号の『教育研究』（昭和24年）に掲載された文書であったことを鑑みれば、府教育研究所にとって標準学力テストの開発は重要な案件であったことになる（林，1949）。
〈4〉昭和29年1月に「算数数学科能力診断テスト」（小2〜中3：算・数）と昭和32年

３月に「算数学力領域診断テスト」（小１〜６：算数）を実施している。「能力基準表」における算数・数学科の能力とは「数・量・形等に関する知識や技能、これを適用して問題を解決し、生活の向上をはかるところの能力や態度」（能力基準表研究班，1955：15）とされた。７領域に分類された上で、領域毎に目標を示し、各学年において身につけるべき能力を系統発展的に示している。

〈５〉ただし、文部省「全国学力調査」の「全国規模」という利点は認め、京都府では年度別府県間と地域類型間の比較、その各々における教科別・教科内分野・領域別・小問及び小問群別比較、同一対象の追跡比較などが行われている（京都府教育研究所，1966：７）。

〈６〉府教育研究所による「到達度研究シリーズ」は、昭和52年３月に「シリーズ⑥─目標分析の観点と方法」、翌53年３月に「シリーズ⑦─到達度評価研究の今日的課題」、54年３月に「シリーズ⑧─社会科の到達度評価」「シリーズ⑨─到達度評価の今日的課題②」が刊行されている。

〈７〉昭和52年10月に「東京到達度評価研究会」が組織化され、東京到達度評価研究会編1979『東京における到達度評価の研究と実践─子どもを励ます教育評価を求めて─』（地歴社）が刊行された。京都の到達度評価の実践と研究に学びながら発展した実践事例を紹介しており、到達度評価に関する初期の研究や実践として参考になる。

〈８〉小６は、平成４年度・13年度・22年度を、中２は平成15・18・21年度を比較する年度として設定し、比較対象年度の過去のテスト問題から約半数の問題を選び、その組み合わせでテスト冊子６種類を作成。小５の700人、中２の750人に調査テストを実施している（京都府総合教育センター，2011：４）。

〈９〉府教委は平成23年度から10年を見通した「府教育振興プラン」を策定しているが、全国学テの目標指数として「平均正答率が全国平均正答率の1/2以下の子どもの割合」を「小６　国：6.9％／算：9.3％、中３　国：5.2％／数：17.7％」を「減少させる」ことを掲げている（京都府教育委員会，2016：21）。ただし、同時に経済的に困難な家庭の子どもの全国学テにおける平均正答率の改善も提言している（同上，2016：48）。

### 〈引用・参考文献一覧〉

天野正輝　1993『教育評価史研究─教育実践における評価論の系譜─』東信堂

遠藤貴広　2017「教育実践を支える評価─民主主義の新たな基盤─」田中耕治編著『戦後日本教育方法論史（上）─カリキュラムと授業をめぐる理論的系譜─』ミネルヴァ書房、147-166頁

遠藤光男・天野正輝編　2002『到達度評価の理論と実践』昭和堂

大上利弘　1964a「中学校における学力及び学力差に関する要因の分析研究」京都府教育研究所『教育研究』第34号、30-54頁

大上利弘　1964b「算数・数学科における思考力の形成とその指導に関する実証的研究—中学校正・負導入教材におけるプログラム学習の有効性についての比較実験研究—」京都府教育研究所『教育研究』第35号、45-85頁

大上利弘　1964c「学力の地域差を規定する諸要因の研究」京都府教育研究所『研究所報』第21号、4-5頁

岐阜県教育センター　1974「算数・数学科の学習到達度を評価するための観点および評価問題に関する研究」『研究紀要』第5集、69-84頁

京都府教育委員会　1975『教育研究資料　教育実践と教育研究の今日的課題』1-70頁

京都府教育委員会　2006「府内中学生の基礎学力は全体としては概ね定着—数学科の「応用、総合的な問題」に課題—」京都府教育庁指導部学校教育課『平成18年度京都府学中学校学力診断テストの結果概要』1-4頁

京都府教育委員会　2007『平成19年度　京都府小学校基礎学力診断テストの結果について』京都府教育庁指導部学校教育課、1頁

京都府教育委員会　2013『平成25年度京都府学力診断テストの結果の概要について』京都府教育庁指導部学校教育課、1-4頁

京都府教育委員会　2016『京都府教育振興プラン—つながり、創る、京の知恵（平成28年度改訂版）—』1-80頁

京都府教育研究所　1966「京都府公立諸学校（小・中）における学力の実態と教育諸条件—（中間報告）—」『教育研究』第36号、1-127頁

京都府教育研究所　1967「京都府公立諸学校（小・中・高）における学力の実態とその向上について—第2回（最終）報告書—」『教育研究』第38号、1-139頁

京都府教育研究所　1978『教育研究資料　戦後京都教育小史』1-428頁

京都府総合教育センター　1990「学習の達成状況に関する調査」『教育資料』平成元年度・第1号、69-162頁

京都府総合教育センター　2011「京都府学力診断テストを活用した学力の経年比較に関する調査研究」『京都府学力レポート2011』1-27頁

京都府総合教育センター　2015『続・戦後京都教育小史』1-338頁

京の学力向上検討委員会（京都府検証改善委員会）　2010「一提言—質の高い学力を求めて—」http://www.mext.go.jp/…/08013006/003/028.htm［2018. 4. 18. 取得］

甲村隆一　1987『教育に未来をこめて』あけび書房

小林千枝子他　2016『到達度評価入門—子どもの思考を深める教育方法の開拓へ—』昭和堂

鈴木韶次郎　1950「京都府に於ける知能検査の実施計画」京都府教育研究所『教育研究』4、272-283頁

鈴木韶次郎　1951「京都府に於ける知能検査の結果について」京都府教育研究所『教育

研究』7、128-133頁

嵯峨根武雄・中川活朗　1949「小學校國語能力調査について」京都府教育研究所『教育研究』2、167-180頁

嵯峨根武雄・中川活朗　1950「國語書取標準テストの報告」京都府教育研究所『教育研究』3、30-54頁

内藤元晴　1963「理科基礎技術の定着度に関する実験的研究」京都府教育研究所『教育研究』32、1-120頁

中西清一郎　1951「綜合学力檢査の分析的考察」京都府教育研究所『教育研究』7、106-127頁

能力基準表研究班　1955「能力基準表解説」京都府教育研究所『教育研究』13、1-31頁

橋本重治　1961「相対評価法と絶対評価法―各教科の評定―」日本文化科学社『教育心理』第9巻（5）、356-362（20-26）頁

橋本重治　2003『2003年改訂版　教育評価法概説』応用教育研究所

羽室淳之助　1955「算数数学科能力診断テストについて」京都府教育研究所『教育研究』13、33-161頁

林　新之助　1949「學力テスト（Achievement Test）の標準化についての一考察」京都府教育研究所『教育研究』1、82-91頁

吉岡順二・谷口壮五　1956「国語能力調査の報告（一）―文法および文章に関する語法能力―」京都府教育研究所『教育研究』15、13-41頁

# 第17章　学力保障を求めて！
## 「府教育センター」の活動～大阪府～

〈小学校教育研究プロジェクト・チーム〉

　長年の差別によって劣悪な教育環境の下で育った同和地区においては、子ども
の「低学力」の問題は切実であり、それを克服する課題は、確かに一面では
いま緊急な対策の必要を含みながらも、現在の小学校教育をひとりひとりの子
どもに学力を保障するという観点からの、民主的教育を実現する運動の展望と
のかかわりにおいて、究明されなければならない。このことはわれわれにとっ
て緊急の課題である（大阪府科学教育センター, 1975：2）。

---

## はじめに

　平成5年4月、「大阪府科学教育センター」（昭和37年4月1日創設）は「大阪
府教育センター」として改組・拡充され、今日に至っている。現在の組織は、
総務課・教育企画部（企画室・学校経営研究室・人権教育研究室・教育相談室）、カ
リキュラム開発部（高等学校教育推進室・小中学校教育推進室・新教育推進室）で構
成されている。平成24年に刊行された『創立50周年記念誌』では、「センター
は創設以来、全国のこの種の機関の中で最高水準の研究・研修を行い、大阪府
の教育の充実発展に寄与した」（大阪府教育センター, 2012：22）といった最大級
の賛辞が述べられている。

　確かに、「府科学教育センター」（後の「府教育センター」）の「学力向上」を
目指した学力テストによる調査研究の取り組みは、その質量ともに全国一であ
り、賞賛に値する。現在、府の学力向上に向けた調査・研究及び研修はカリ
キュラム開発部の「小中学校教育推進室」が担当しているが、平成27年1月か
ら開始された「府中学生チャレンジ・テスト」（到達度テスト）は、「大阪府教
育委員会」（以下、「府教委」）が「市町村教育委員会」（以下、「市町村教委」）の

協力を得て実施しているものである。また府教育センターの取り組みは、それ以前の平成20年1月27日の「府知事選挙」で当選した橋下　徹知事が先導した「大阪の教育改革」のすさまじいまでの嵐にも巻き込まれていた。

　ところで、かつての大阪は、昭和36年の「全国学力調査」では東京・香川・長野・富山などとともに、学力上位県であった。一方、平成19年度から開始された文科省「全国学力・学習状況調査」（以下、「全国学テ」）においては最下位グループに低迷し、学力低下が浮き彫りになっている。橋下知事は、平成20年度の全国学テの結果が小学校41位、中学校45位であったことに激怒し、同年8月に「このざまはなんだ」（『朝日新聞』2008.9.6.朝刊）と府教委や学校現場を激しく批判している。そして、学力向上を最優先課題として、同年9月には「教育非常事態宣言」を発令して教育改革に乗り出す。詳しくは、教育科学研究会編2012『大阪「教育改革」が問う教育と民主主義』などの著作に譲ることとし、本章では割愛する。

　さらには、平成30年8月2日には、当時の大阪市長であった吉村洋文も全国学テの成績が政令指定都市で最下位だった結果を受け、「市として学テの数値目標を設定し、達成状況に応じて教員の手当を増減させる人事評価の導入を検討する」（『毎日新聞』2018.8.2.）と公表した。吉村市長の提案は、まさに全国学テ、もしくは府独自の学力テストの結果による「教員評価」にもなりうることが危惧されるものであった。

　しかしながら、戦後の大阪府の歴史を知れば、そこには他県とは異なる「在日朝鮮人問題」や「同和問題」といった様々な社会問題があったことがわかる。また、近年では所得が300万円未満の世帯が、平成4年の「25.4％」から平成19年には「37.2％」に増大し、「全国に比べて低所得者層の増加が著しい」（大阪府教育委員会, 2013a：7）と指摘され、経済格差が「進学機会の格差」や「学力格差」になっていることが危惧されている。つまりは、大阪府は簡単には解決できない歴史的に根深い社会構造的な問題をいくつも抱えていることになる。大阪大学の志水宏吉は、序章でも紹介したように「大阪では、『同和教育』をはじめとする『在日外国人教育』『障害児教育』という人権教育のなかで、マイノリティの教育権をしっかりと保障しようという取り組み・実践が数十年にわ

328 第2部 北陸・東海・関西地方

たって蓄積されてきた」（志水, 2012：51）と評価した。こうした大阪府の人権教育の歴史的な取り組みは、志水の研究成果に委ねるとして、本章では「学力向上」を目指した学力テストの実施状況から大阪府の特色ある取り組みを考察したいと考える。

　本章の課題は大きく二つある。第一には、府科学教育センターが行った数々の学力テストを用いた調査研究の中で、「学力保障」を課題として掲げ、「学力低下」問題に正面から取り組んできた「学習指導改善テスト」の実施状況を確認し、大阪府の努力の軌跡を辿ることである。とりわけ、昭和50年代に集中的に行われた児童生徒の「つまずき」「落ちこぼれ」「学習遅滞」の原因究明と改善に向けた一連の調査研究を取り上げる。

　第二には、先に志水が指摘した大阪府における「同和教育」における学力向上の取り組みを、「学力保障」や「マイノリティに配慮した人権教育」の観点から検討するために、平成元年11月に実施された「同和地区児童・生徒の学習理解度及び家庭学習状況等について」の調査研究を取り上げる。

　こうした大阪府の試みは、学力テストの点数を上げることに邁進してきた他県とは異なる「マイノリティに配慮した人権教育」の取り組みの内容を考察することになる。この大阪府の学力向上への取り組みこそが、今の日本、ないしは今後の日本の教育のあり方の先駆けとなるものであると同時に、大阪府の「学力テストのイノベーション（革新性・先駆性）」を解明することになる。まずは、戦後の学力テストの実施状況から確認する。

## 1　戦後の学力テスト開発の歴史

　戦後から今日までの大阪府の「府教委」「府教育研究所」（後の「府科学教育センター」「府教育センター」）などによる学力テストの実施状況は〈表―1〉のようになる。「教育政策テスト」は23件、「学習指導改善テスト」は54件であり、圧倒的に「学習指導改善」を目的とした学力テストによる調査研究が行われてきたことが理解できる。そして、その数は全国一である。また、昭和40・50年代に集中的に行われていることも特徴的である。

　一方、大阪府の「教育政策テスト」は昭和20年代に集中している。まずは、

〈表―1〉 大阪府の戦後学力テストの実施状況

| | 昭和20年代 | 30年代 | 40年代 | 50年代 | 60年代～平成18年度 | 19年度～令和2年度 | 合計 |
|---|---|---|---|---|---|---|---|
| 教育政策テスト | 14 | 3 | 0 | 0 | 3 | 3 | 23 |
| 学習指導改善テスト | 2 | 10 | 17 | 19 | 6 | 0 | 54 |
| 合計 | 16 | 13 | 17 | 19 | 9 | 3 | 77 |

＊数値は新規に開発・作成された学力テストを用いた調査研究であり、2年以上継続されたものでも「1」としてカウント。

　昭和20・30年代の「教育政策テスト」の実施状況を概観し、現代の「教育政策テスト」に関しては最終節において述べることとする。

　大阪府における戦後初の学力調査は、府教育研究所が昭和25年2月下旬に実施した「府学力検査（アチーブメント・テスト）」（中3：4教科＋保体・職業家庭・図工）であった。この検査は、高等学校進学者の「入学調整のための一資料」となるが、最も重要な目的は「学力の実態とその原因の究明」（大阪府教育研究所，1950　まえがき）であった。対象は、公立中学校の全員と国立私立の希望者（計46,000人）であり、中学卒業者が当然知っているべき基本的な内容を中心に、各教科の基礎学力の実態調査を行なうものであった。翌26年2月・27年1月には中3に加えて小6（4教科）でも実施され、「学力と教育諸条件との関係を研究することによって教育計画、教育行政上の参考資料を得ることを目的」（同上，1952：2）とし、教師の指導能力と学力の関係を調査対象とするものであった[1]。

　この「府学力検査」は、その後は「府学力調査」（小6：4教科、中3：5教科）と名称変更され、昭和28年1月に行われた。この際には、「学力調査により測定される能力について」と題して、抽象的・概念的な「基礎学力」を実験的に究明することを目指して、同年1月に実施された小6用の「府学力調査」の結果を基に、学力を「いくつかの独立な因子に還元して、児童の学力というものを、（未知の領域の）因子的地図で表現」（同上，1954c：44）するものであった。それは、テスト結果の1次的因子、2次的因子から「基礎学力」の新たな定義

を導き出そうとするものでもあった。その方法は、4教科の得点度数分布、平均点、標準偏差を一覧表にした上で、「教科間」と「テスト項目間」の相関行列を作成し、各教科のテスト項目の枠組みが等質集団を形成しているか否かを「二項係数」（B-coefficient）によって分析した。換言すれば、「我々が想定している形式（教科の枠）がその内容（テスト項目）に関してどのようなpatternを画くかを試行錯誤的に分析」（同上，1954c：49）し、「基礎学力」の定義に関する一定の結論を得ようとするものであった。ただし、テスト内容の構成、選定及び内容の吟味など幾多の問題が残存しているといった次への課題も明示された。「府学力調査」は、昭和47年度まで毎年実施されたものの、高校入試などで選別の道具として利用されたとの指摘を受け、昭和48年度以降には中止となっている。

　この「府学力検査」や「府学力調査」の結果に対しては、詳細な結果分析や追跡調査が教育研究所によって繰り返し行なわれた。昭和28年の「理科学習における経験の場について」においては、27年度の「府学力検査」の問題を使って「経験の場」との関係が分析された（同上，1954a：65）。同じく「小学校における各種の教育条件とその成績との関係について」においても、27年度の「府学力検査」の結果を基に、小6（1,000人）を対象に、教育条件と成績の関係性が検証された（同上，1954b：95）。さらに、昭和29年1月には詳細な結果分析も行われ、「大阪府小・中学校における学力の実状」「追跡調査からみた学力を左右する要因について」「学力調査により測定される能力について」「府における中学校数学科の学力推移」などの調査結果が刊行されたが、いずれも昭和25年度から実施された「府学力検査」「府学力調査」の結果に基づく年度間の学力比較や学力推移に関する追跡調査を行ったものであった。

　追跡調査の最後となったものが、昭和35年1月の「過去十年間の学力調査からみた学力推移について」（小6：4教科、中3：5教科）であった。同調査では、府学力調査の標本学級から小・中で各150人を抽出し、「過去10年間実施してきた学力調査の結果をふまえ、この間における児童生徒の学力推移の相を明らかにし、学習指導上の参考にする」（同上，1960：概要）ことを目的としたが、その結果は「児童生徒の学力は年を追って向上している」（同上，1960：小－社12）

と評価された。大阪府は、昭和36年度の中3の5教科全体の「学テ」結果では、東京や北陸各県などとともに学力上位県の一角を占めていた。従って、昭和30年代には学力向上を求めるような学力テストは「府学力調査」以外は実施されず、代わって「学習指導改善テスト」が実施された。そして、唯一の「教育政策テスト」であった「府学力調査」も、昭和48年に同和教育関係諸団体によって、本来の目的を逸脱して「高校入試などの選別の道具として利用されている」（大阪府教育センター, 2012：23）と指摘され、「府学力調査」は中止となった。

「府学力調査」中止後の大阪府の「教育政策テスト」の復活は、府教育委員会による「平成8年度学力生活総合実態調査」（小2・6：2教科、中3：2教科＋英）であった。昭和48年度からの約20年間は、「学習指導改善テスト」が集中的に行われ、その数も全国一であった。大阪府の「学習指導改善テスト」の実施を主導したのが、次節で述べる「大阪府科学教育センター」であった。

## 2 「大阪府科学教育センター」の活動

大阪府は昭和20年9月に「府立科学教育設立準備委員会」を設け、翌21年4月に理科教育の研究・研修機関として「府立科学教育研究所」を、22年12月には幅広く教育問題の研究を行なう「府新教育研究所」を設置した。そして昭和25年4月にはこの両研究所が発展的に解消・統合され、「府教育研究所」が新たにスタートし、「庶務部・研修部・研究調査部」の3部構成となり、所長以下53名の職員が勤務した。

「研究調査部」は、理科教育・生活指導・教育の3研究室からなり、教育の改善のために必要な調査研究を担当した。当時の研究調査部での調査研究の目的は、「教育行政上不可欠な教育全般にわたって地方に即した諸課題について研究し、科学的資料を提供することを使命」（同上, 2012：22）とするものであった。「教育政策テスト」は、昭和25年2月に「府学力検査」を実施し、「研究調査部」が問題作成から結果の処理までの実務的業務を担った。一方、昭和20年代の「学習指導改善テスト」は、昭和29年9月の「視聴覚教材の綜合利用による学習効果の実験的研究」（小4～6：理科・社会）と同年10月の「小学校理科における観察実験についての問題点」（小6：理科）が挙げられる。いずれも、

小学校理科における学習指導改善を目指したものであった。以後、府教育研究所は昭和35年1月上旬の「児童生徒の図形概念の把握について」（小6〜中3：算・数）を含めて、昭和30年代には5件の「学習指導改善テスト」を実施している。

「府教育研究所」に代わって「府科学教育センター」が創設されたのは昭和37年4月1日であった。30年後の平成5年4月には「府教育センター」に改組された。「府科学教育センター」が初回に実施した「学習指導改善テスト」は、昭和37年7月中旬の「国語科学習における読解力の形成とその指導に関する研究」（小5・中2：読解力）であり、昭和37年〜平成5年までの約30年間に「学習指導改善テスト」は40件以上も実施された。その質と量は、まさに「全国一」と評価された[2]。

昭和40年代になると、府科学教育センターでは「学習指導改善に関する研究」と題する一連の調査研究が10年以上も継続され、学習内容の理解の向上を目指した調査研究が集中的に行われた。また、継続研究として「中学校における確率・統計の指導についての実践的研究」「統計的基礎能力調査の分析」なども実施され、多くの研究成果が報告された。注目すべき調査研究として、府科学教育センターの「社会科研究プロジェクト・チーム」が、昭和60年度に行った小学校教師と中・高校の社会科教師（874人）へのアンケート調査を挙げておきたい。それは、児童生徒の「学力評価」や「学習保障」にとって重要な「教師作成テスト」の実施状況を調査したものであった。

「社会科研究プロジェクト・チーム」は、アンケート調査の質問項目として「テスト問題の出題」に当って、「市販の問題を精選して出題しているか」、それとも「主として創作問題を出題しているか」を、次に「授業担当者間で協議し、共通の問題を出題しているか」、それとも「授業担当者が各自で出題しているか」への回答を求めている。回答結果は、次の〈表—2〉のように集計された（大阪府科学教育センター, 1986：33）。

比率的には、小学校教員の約4割が「市販問題」（業者テスト）を利用している実態が明らかとなったが、他方では中・高教員はほとんどが「市販問題」を利用していなかった点も注目される。府科学教育センターは、「小・中・高を

〈表—2〉 大阪府の社会科教師のテスト問題の出題状況

|  | 市販問題 | 創作問題 | 共通問題 | 個別問題 |
|---|---|---|---|---|
| 小学校 | 39.9% | 47.6% | 79.9% | 12.8% |
| 中学校 | 8.3% | 77.4% | 84.7% | 11.6% |
| 高　校 | 3.2% | 89.5% | 33.0% | 61.6% |

問わず、学習指導に当たる教師自身の手で適切な創作問題が望まれる」（同上，1986：33）とし、「市販問題」に依存し、教育評価をテストの点数だけに重きを置くのではなく、「学習指導に生かす評価」を重視する姿勢を打ち出したものと考えられる。すなわち、テストは児童・生徒の学習意欲に大きな影響・刺激となるものであり、かつ教師の授業の進め方の反省材料となるべきものである。府教員においては「教師作成テスト」によって「学習指導改善」を行なうべきとする、府科学教育センターの確たる姿勢を確認できる。

　府科学教育センターの「学習指導改善」における積極的な取り組みとして、もう1点挙げておきたい事柄は、「学習・教育評価」への着目と改善である。大阪府における最初の学力評価の研究は、府教育研究所による昭和29年10月と11月上旬の「国語科評価の基礎的研究」（小6・中3）であり、「学力に影響を及ぼす要因を究明し学力を測定する正しい尺度—問題—を設定する」（大阪府教育研究所　1955：1）ことであった。この研究の特色は、国語科における語法指導のあり方と評価方法などを検討したものであった。

　そして、府科学教育センターにおいては、昭和37年度に客観的評価方法の取りにくい技能評価の分野（技術科・木材加工）における科学的な資料を得るために実験研究を試みている。その発想は、「学力テスト（ペーパー・テスト）」では学力の全貌をとらえ得ない、というものであり、「ペーパー・テストにはのせにくいような側面の評価をどのようにすればよいか」（大阪府科学教育センター，1963a：2）を課題とした。具体的には、技術科における「技能評価」に絞って、「評価基準」や「観察評価の方法」、そしてペーパー・テストによる技能評価がどこまで可能かを調査研究したものであった。ペーパー・テストは、①「木箱の作製」について、②「のこぎり」に関する知識など、教員が実際に指導した

単元の内容と指導の過程から問題を作成している。技能の意識化を測るためのペーパー・テストによる技能評価の有効性は認めつつ、「補助的手段として用うべきである」（同上，1963a：28）と結論づけている。

　昭和42年5月には「音楽的才能の発見と育成の研究」と題して、小5〜中3を対象に、教師の主観に左右されない客観的・合理的な音楽科における評価のあり方として、「シーショア・テスト」（米国心理学者シーショア（Seashore, Carl Emil）による音楽能力テスト）の有効性が検証された（同上，1968）。また、昭和46年10月には「学力テスト処理システムの設定に関する研究」において、コンピュータを用いたテスト処理システムの開発も進められ、新しい評価方法の試みも実施された（同上，1972）。

　府科学教育センター内に新たに設置された「教育評価研究プロジェクト・チーム」は、昭和57・58年度には「教授・学習過程における評価システムの開発に関する研究（1）」と題して、小5（家庭科）を対象に、評価の内的条件として認知・技能・情意の3つの評価領域において評価視点を設け、評価機会の観点から「授業成果の評価」と「授業過程の評価」の2つに大別し、評価方法を検討する枠組みを作成した。実験授業も実施し、評価結果から評価方法との相互関係を明らかにすることにより、「教授・学習過程における評価システムの構造を明らかにする」（同上，1984：101）ことも試みた。

　その他には、昭和58年9月〜10月には「映像視聴能力の育成と評価に関する研究」（小2〜6：視聴能力）、昭和60年度の「教科指導における形成的評価に関する研究」と題した調査研究も行われ、大阪府が戦後から一貫して学力評価の問題に取り組み、絶えず新たな評価方法の改善に取り組んできた継続的な姿勢を確認できる。

## 3　学力保障と「つまずき」の改善

　本節では、戦後の「学習指導改善テスト」の中でも、児童生徒一人ひとりの学力保障を目指した学習上の「つまずき」や「学習遅滞」を改善・解消する取り組みを考察する。

　昭和30年から40年代にかけての府教育研究所による調査研究の多くは、〈表

—1〉でも示したように、全国教育研究所連盟との共同研究事業の一環として行われた「学習指導改善」をテーマとしたものであった〈3〉。昭和37年4月に創設された「府科学教育センター」は「学力保障」の観点から低学力児童（おちこぼれ）の実態を解明することに取り組み、昭和48年には正面からその改善を掲げている。その際には、「おちこぼれの子ども」の低学力問題だけでなく、劣悪な教育環境下に置かれた同和地区の子どもの低学力問題も優先課題とされた（大阪府科学教育センター, 1975）。同和地区の問題は、次節で述べることとし、本節では昭和48年以降に「学力保障」の観点から実施された「基礎学力研究」「つまずきの改善・解消」「学習遅滞児（スローラーナー）」の調査研究に注目する。

　第一の「基礎学力研究」は、大阪府における「おちこぼれの子ども」の低学力問題を受けて、第1年次研究（昭和49年度）においては各教科の担当教員に対するアンケート調査が行われ、その結果によって問題点の究明がなされた。同研究は、昭和48年度に府科学教育センター内に組織された「基礎学力研究・国語科プロジェクト・チーム」が担当し、第2年次研究（昭和50年度）では「入門期ひらがな実態調査」（小1：国語）を行なった上で、学力保障を目指した「国語科学習指導案」が示された（同上, 1977a）。また、昭和52年1月には「低・高学年におけることばに関する実態調査」（小1～3・5・6：国語）が継続され、低学年では国語科の文法指導事項の習得度が、高学年では言語能力の問題点の一端が追及された〈4〉。さらには、高等学校でも低学力問題に焦点を当てた同様の調査が行われた。

　第二の「つまずきの改善・解消」は、昭和50年度の「中学校数学科における学習指導過程改善に関する研究」（中1・2）が最初であり、その目的は「生徒のつまずきの要因を明確にすることにより、これらの分野の学習における『質的な変化』について調べ、それに基づいて、数学科の学習指導過程の改善を目指す」（同上, 1977b：7）ことであった。中1の教科書を基に、生徒のつまずきの箇所を発見する際に役立つ調査問題を作成し、その問題別正答率と問題別誤答表、学年別正答率・正誤相関表などを分析した〈5〉。同じく、昭和52・53年度には「教育方法プロジェクト・チーム」と「基礎学力研究・数学科プロジェ

336　第2部　北陸・東海・関西地方

クト・チーム」が「学習のつまずきをつくらない診断と治療」を掲げて、学力
保障の観点に立った低学力を克服する具体的な方策を追及した。

　前者の「教育方法プロジェクト・チーム」は、「学習後における診断問題
（正の数・負の数）」（中1・中2：数学）を用いて、第1次調査（昭和52年10月）と
第2次調査（昭和53年12月）を実施した。目的は、「長期にわたる学習のつまず
きの変化を究明し治療することを目的とした実践的研究」（同上，1980a：89）で
あり、テスト結果を正答率で比較・考察し、個別に学習診断を可能とする
「S−P事例表」「二値パターン分類表」「ネット・ワーク」といった3つの方法
を採用した⟨6⟩。後者の「基礎学力研究・数学科プロジェクト・チーム」は、
昭和52年1月・2月に「中学校卒業時における数学科診断問題」（中3：数学）
を用いて、「学力の実態の把握とつまずきの原因究明」（同上，1979：138）を行っ
た。過去10年間の「府学力調査」の結果とも比較し、「つまずき」の実態解明
に専心したものであった。さらには、「情報工学プロジェクト・チーム」も昭
和53年10月に「つまずきの診断方法に関する研究」（中1～3：数学）を3年間
の継続研究によって診断テストを用いた「つまずきの発見」を試みた。第2年
次研究では、つまずきを解消するための学習のシステム化を検討すると同時に、
新しい診断テストを実施し、第3年次研究ではつまずきの診断方法などの検討
を行った（同上，1980a：89）。

　第三は、「学力遅滞児（スローラーナー）」に焦点化した調査研究である。府
科学教育センターでは、昭和54年度から小・中・高の三校種でプロジェクト・
チームを組織化し、小学校では翌55年3月に「小学校算数科におけるスロー
ラーナーの指導に関する研究」（小1・2：算数）を、中学校では昭和55年12月
に「中学校数学科におけるスローラーナーの指導に関する研究」（中3：数学）
を刊行した。後者の中学校の生徒に対しては、「中学校数学科プロジェクト・
チーム」が研究協力校6校（計236人）において、基礎・基本として重要な「文
字式とその計算」の学習過程における「スローラーナーのつまずきの原因を探
り、その道筋を明らかにすることによって、スローラーナーのための『診断と
治療』に役だつ教材の開発を行なう」（同上，1982b：61）ものであった。

　「S−P表」を作成し、正答率によってA（69％以下）・B（70～90％）・C（91％

以上）の３段階に区分した上で、各問題の正誤反応率、各問題間の相関行列表、各問題の平均正答率とその線分グラフを作成し、つまずきの因子と考えられる問題を取り出すことを試みた。次に、学習過程などを考慮して、調査問題にみるつまずきの系統図を作成し、「文字式とその計算」におけるつまずきの系統図を作成した。つまりは、スローラーナーの特徴を誤答反応率から探ったものであった。結果の総括としては、「つまずきの因子は１年の内容が過半数を占めている」（同上，1982b：66）と述べ、中１における学習指導の重要性を指摘するものとなっている[7]。

　以上のような、児童生徒一人ひとりの「学力保障」を目指した「学習指導改善テスト」を用いて「学力低下」や「つまずき」を改善・解消するための多角的な調査研究は特筆されるべきものである。府科学教育センターの真摯な取り組みは賞賛に値すると同時に、大阪府の抱えていた問題の根深さも再認識される。

## 4　「府同和教育基本方針」と学力保障

　大阪府における「学力保障」を目的とした「学力テストのイノベーション」として、同和地区の児童生徒の学力低下問題に切り込んだ功績にも注目しておきたい。大阪府は、昭和42年の「府同和教育基本方針」に基づき、府教委は同和地区児童・生徒の就学を促進し、かつ学力を向上させ、その可能性を最大限に伸長させるため同和地区の学校に対して、「同和加配教職員」を配置した。そして、昭和47年には府科学教育センター内の研究調査部が改組され、「同和教育研究室」が新たに設けられた。同和地区の児童・生徒の学力保障に重点を置きつつ同和教育の研究を推進するとともに、同和教育についての所内学習会などを担当するものであった（大阪府教育センター，2012：23）。

　本章の冒頭に掲げた一文は、昭和48年度に組織化された「小学校教育研究プロジェクト・チーム」の課題として提示されたものであり、研究協力委員には同和教育推進校を含む小学校教員36名が委嘱された。当面の課題としては、同和教育の問題ではなく、前節でも示した小学校低学年における「国・算・理」の３教科における「おちこぼれの子ども」の問題に焦点を合わせ、学習指導要

領や教科書の点検を通じて、教育内容上の問題点を具体的にとらえることを目指したものであった（大阪府科学教育センター，1975：2）。また、〈表—1〉には示していないが、昭和50〜60年代における府科学教育センターによる学習指導改善を目的とした調査研究も8件確認した。とりわけ、低学力児童・生徒の「学習上のつまずき」の実態や対策に関する調査研究が集中的になされ、同和地区も含めた学習保障を目的とした活動が特徴的であった。

　大阪府の同和地区における教育実態調査は昭和60年代から開始されたが、その背景には同和地区の基礎学力や高校進学率が低いといった問題が存在していた。そこで、同和地区の学習理解度及び家庭学習状況についての事態を把握し、学力向上の方策等のあり方に資することが目指された。学識経験者や府科学教育センター研究員など10名で構成された「学力・生活総合研究委員会」は、昭和62年度には課題研究として同和地区児童生徒を中心とした学力の実態解明に関する研究に着手し、平成元年11月に「同和地区児童・生徒の学習理解度及び家庭学習状況等について」と題する調査を実施した。同調査は、小5・中2を対象として同和地区を有する小・中学校30校、隣接校の小学校9校の合計39校（5,248人）を対象にした大規模調査であった（学力・生活総合研究委員会，1991：2-3）〈8〉。

　昭和42年の「府同和教育基本方針」制定以降の大阪府の同和地区における学力向上対策は、先行研究ではどのように評価されているのだろうか。大阪府の同和地区における学力低下に関する実態調査を分析した池田（1987）は、大阪府の同和地区と府全体の高校進学率を比較して、昭和42年には60.7％と82.3％であったが、昭和50年には89.9％と94.5％となり、高校進学率の格差は縮小したものの、それ以降の格差は縮小していないことを指摘した（池田，1987：54）。同じことは学力格差にも表れ、昭和60年度の「学力総合実態調査実行委員会」が実施した小5・中2などを対象とした学力テストの結果においても、「同和地区と地区外の学力差は十数年前に比べると明らかに縮小している」（同上，1987：61）と述べつつ、今なお格差が残っていることも指摘した。こうした格差の縮小をもたらした要因としては、同和地区における「経済面での生活の向上」「地区の文化面での近代化」「学校の取り組み」の三つが挙げられた。言い換え

ると、昭和42年の「府同和教育基本方針」などによる同和地区の学力向上策は一定の成果を挙げるものの、そこには構造的な差別が存在し、依然として「不平等な機会構造」「同和地区の下位文化」などが子どもの低い教育達成の要因となっていた。

　また、今日の同和地区の学力低下や地区内外の学力格差拡大を指摘したのが高田（2008）であった。高田は、1980年代以降において近畿以西の各地区で子どもの学力保障を目指して学力や生活状況の実態調査が行われてきたものの、平成13年の大阪を舞台とした関西調査では平成元年と比較して、明らかに「同和地区内外の学力格差は拡大する傾向にある」（高田，2008：182）との結論を導き出した。そうした学力格差をもたらす要因として、高田は同和地区における裕福な生活安定層の地区外への転出などを挙げながら、「同和地区の子どもの低学力状況は、今後、さらに深刻化していくだろう」（同上，2008：185）との予測も打ち出した[9]。

## 5　現代の学力テスト政策

　平成に入ると、府教育センターに代わって府教委が「教育政策テスト」の実施主体となった。その学力政策の特徴は、同和問題の解決に向けた実態等調査が継続されたものの、同時に府全体の学力の定着状況の確認も行い、その後の学習指導に生かすことであった。例えば、府教委と市町教委などで構成される「学力生活総合実態調査実施市町村教育委員会（ふれ愛教育総合推進委員会）」は、同和地区に居住する児童生徒を含めた22市町の118小・中学校（16,379人）を対象に、平成8年5月～9月に「平成8年度学力生活総合実態調査」（小2・6：2教科、中3：2教科＋英）を行っている。同調査の目的は、「児童・生徒の生活の実態及び学習理解度を把握分析することによって、児童生徒に対する学校や家庭での指導・援助のあり方等を明らかにし、「ふれ愛教育推進事業」の効果的な推進に資する」（学力総合実態調査実施市町村教育委員会，1997：1）ことであった。その具体的な方策は、小2・6、中3を対象に、平均正答率によって「学習理解度上位」「学習理解度中位」「学習理解度下位」の3群に区分して分析し、まずは学力下位の児童生徒の実態解明を生活調査結果との関連で調査すること

であった。

　その後、府教委は平成15年4月・5月に「府学力等実態調査」（小6：2教科、中3：2教科＋英）を実施し、当該学年の児童生徒の10％を対象に、児童生徒の学力等の実態や指導上の課題などを調査した。小6の国語では、設定通過率が75％程度になるように問題を作成し、「通過率」による到達度評価の手法を導入した。平成18年度には、小6・中3で学力調査と生徒の生活意識調査が全ての学校で実施された。この調査結果の分析者の一人であった米川（2007）は、「府全体と同和地区対象児童・生徒の格差は顕著であった」（米川，2007：39）と結論づけているが、同時に中3における数学や英語における学力格差の拡大は府全体でも一層進行していることも指摘し、そうした学力分化の背景や要因などを分析した。

　同和地区の問題を離れ、府全体の学力の実態把握を目指したものが、平成20年11月（中3）、翌21年2月（小4〜6）に行われた「府学力テスト」（小4〜6：2教科、中3：2教科・英）であった。この調査は悉皆調査であり、その目的は「児童生徒一人ひとりが、当該学年での学習到達状況を把握することにより、自らの目標を持ち、学習意欲を高めるとともに、今後の学習の改善に励む。各校は自校の状況を分析し、指導の工夫改善を行い、一人ひとりの児童生徒の確かな学力の向上を図る」（大阪府教育センター，2008）ことであった。府教育センターは、「学習指導ツール開発・実践事業」の一環として「府学力テスト」「単元別テスト問題」「モデル授業」「ワークブック」も実施した。

　全国学テの問題構成を強く意識し、全国学テにおける結果改善を目指して実施されたものが、平成23年6月の「府学力・学習状況調査」（小6：2教科、中3：2教科＋英）であった。悉皆調査として行われたものであり、「府内における児童生徒の学力および学習状況を把握・分析することにより、教育及び教育政策の成果と課題を検証し、改善を図る」（大阪府教育庁，2012）ことなどを意図した。この「府学力・学習状況調査」においては、全国学テの問題構成が意識され、「知識」に関する問題（A問題）と主として「活用」に関する問題（B問題）が出題された。

　こうした「全国学テ」における達成目標は、「全国平均を上回ること」ではあ

るものの、大阪府では全国学テにおける「数値目標」は掲げられていない。平成25年度に策定された「府教育振興基本計画」（10年間）においては、全国学テに対しては「調査結果等を踏まえた検証改善サイクルの確立」（大阪府教育委員会，2013a：9）を掲げただけであり、「数値目標」は示されていない。代わって、具体的な目標としては「すべての子どもの学びの支援」「教育の最前線である学校現場の活性化」「社会総がかりでの大阪の教育力の向上」（同上，2013a：14）が示された。こうした教育政策の意図として、大阪府では学力テストによる競争主義といった結果重視の強圧的な政策ではなく、学力的に課題のある児童生徒や学校への重点的な支援が最優先とされたことが伺える。

**おわりに**

　本章では、現代の大阪府の「学力向上政策」「格差是正」「学力保障」「人権教育」などの諸施策を、大阪府における「学力テストのイノベーション（革新性・先駆性）」という観点から探ることを課題とした。その実施主体は、昭和37年4月から平成5年3月まで活動した「大阪府科学教育センター」であり、全国で最も多い「学習指導改善テスト」の実施主体となった機関であった。そうした取り組みにおけるイノベーションの特徴を挙げると、第一には児童生徒一人ひとりの学力保障を目指した学習上の「つまずき」や「学習遅滞」を改善・解消する取り組みが行われたことであり、第二には同和地区の児童生徒の学力低下問題に切り込み、学力向上を目指したことであった。いわば教育・社会問題の困難な壁に果敢に挑戦する姿勢を示すものであった。

　現在、府教育委員会は新たな学力テストとして平成27年1月を初回とする「府中学生チャレンジ・テスト（到達度テスト）」を実施している。中1（2教科・英）と中2（5教科）を対象とし、このテストにおける目標は「生徒の学力の把握・分析」「教育政策及び教育の成果と課題の検証と改善」「府公立高等学校入学者選抜における評定の公平性の担保」「各生徒における学力目標と意欲向上」（大阪府教育庁，2015：1）であった。とりわけ、個々の学校名の結果の公表に関しては市町村教委が「慎重に判断すること」を求めている。同テストは、現在も実施されている[10]。

342　第2部　北陸・東海・関西地方

　また、平成23年度から開始された「府学力・学習状況調査」においては、問題構成を「Ａ問題」「Ｂ問題」として出題し、全国学テに対する事前準備的な対策となっていることが指摘される。「全国学テ」において結果・成果を出したいという大阪府の「あせり」を感じなくもないが、その一方で、平成23年度から開始された年収610万円未満の世帯の生徒の授業料無償化など、格差是正に向けた意欲的な取り組みもなされていることは注視したい。大阪府における「格差是正」や「学力保障」の姿勢は今も生きているが、それは大阪府の戦後からの取り組みの継承でもある。


〈注〉

〈1〉教師の指導能力は、「教師の年令」「経験年数」「担任回数」「研究科目」など9項目が調査されたが、加えて予備的調査として「父母の学歴・職業」も対象とされた（大阪府教育研究所, 1952：2）。

〈2〉昭和36年度には「学習指導改善のための実証的総合研究」が全国教育研究所連盟との共同研究「学習指導改善のための実証的総合研究」の一環として3年間の継続研究として実施された。国語は「読解力の形成」、社会科は「認識力の形成」、算数・数学は「思考力の形成」、理科は「認識過程」であり、各教科における「指導に関する研究」を共通テーマとしている（大阪府科学教育センター, 1963b）。

〈3〉「全国教育研究所連盟」（以下、「全教連」）は、全国の国公私立の教育研究所に加え、これに準ずる機関を持って構成され、昭和23年12月2日に結成された（全国教育研究所連盟, 1964）。全教連は、昭和36年度から「共同研究」事業を開始するが、昭和30年代には大阪府では4件の全教連との共同研究成果が確認できる。

〈4〉昭和52年1月の実態調査では、小学校だけでなく、高等学校でも低学力問題に焦点を当てた同様の調査が行われている。また、昭和56年度にも「基礎学力研究・国語科プロジェクト・チーム」は「国語科における基礎学力研究」として小学校では「言語事項を中心とした第1学年の学習重点事項の指導計画案」を、高等学校では「漢字教材の開発」をテーマとした調査研究を行なう（大阪府科学教育センター, 1982a）。

〈5〉昭和50年10月と翌51年3月に、簡単な整数の四則混合計算が3中学校（各20人）、で実施され、「加法・減法」でつまずきが多いことが指摘された。また、51年10月にも8中学校（160人）で同様の調査などが実施された（大阪府科学教育センター, 1977b）。

〈6〉学習のつまずきの変化を分析するために、第1次・第2次調査の「正答率」の変化によって、診断問題に対する生徒の反応を考察する表（S-P事例表）、調査結果による生徒の反応変化の表（二値パターン分類表）、児童生徒の思考過程の分析法（ネッ

ト・ワークによる分析表）が利用された（大阪府科学教育センター，1980a：89）。

〈7〉「スローラーナー」の研究は、その後も継続され、昭和59年度には「数学教育における問題点の研究と新しい教材開発に関する研究」において、「治療用教材（学習カード）」（大阪府科学教育センター，1985：3）の開発が目指された。平成2年2月には「算数・数学におけるつまずきの解明と克服のための教材開発」において、「図形診断テスト」「数学診断テスト」を実施している（同上，1991：29）。

〈8〉高日（1998）は、1980〜90年代に行われた大阪府や大阪市で実施された同和教育に関する一連の調査研究の役割や問題点を指摘している。特に、「部落内の学力の分化」「学力の凶実」「調査の実施環境」（高田，1998：21）を課題として挙げている。

〈9〉平成12年度には府教委は「同和問題の解決に向けた実態等調査」と題して、対象地域に居住する小6（2教科：444人）・中3（2教科＋英：415人）を対象に、学力の実態調査と分析を行っている（大阪府教育委員会，2013b）。

〈10〉2017年度から「チャレンジ・テスト」の結果（学校平均点）は、各校の内申点の基準設定のために用いることが決められたが、この新たな内申点評定システムの問題点を詳細に検証した最新の研究成果が濱元伸彦2018「チャレンジテストに基づく評定システムは中学校現場に何をもたらしたか―教育制度および実践における公正性と応答性の揺らぎ―」濱元伸彦・原田琢也編著『新自由主義的な教育改革と学校文化―大阪の改革に関する批判的教育学研究―』明石書店、98-131頁である。大阪府・大阪市における新自由主義的な教育改革の進行による構造的な問題が浮き彫りにされる。

### 〈引用・参考文献一覧〉

池田　寛　1987「日本社会のマイノリティと教育の不平等」日本教育社会学会『教育社会学研究』第42集、51-69頁

大阪府科学教育センター　1963a「技能評価の研究―技術科・木材加工について―」『研究報告集』第7号、1-47頁

大阪府科学教育センター　1963b「学習指導改善のための実証的総合研究（2）（全国教育研究所連盟共同研究）」『研究報告集』第9号、1-44頁（国）・1-38頁（社）・1-44頁〔算・数〕・1-32頁（理）

大阪府科学教育センター　1968「音楽的才能の発見と育成の研究―音楽科学習評価の妥当性に関する研究―」『研究報告集』第36号、35-49頁

大阪府科学教育センター　1972「学力テスト処理システムの設定に関する研究（1）―誤りの評価と再学習指示システムの設計―」『研究報告集』第73号、49-57頁

大阪府科学教育センター　1975「小学校教育研究（1）―低学年の国・算・理における諸問題―」『研究報告集録』第90号、1-42頁

大阪府科学教育センター　1977a「小学校教育研究（2）―低学年の国語における諸問

題―」『研究報告集録』第92号、17-33頁

大阪府科学教育センター　1977b「中学校数学科における学習指導過程改善に関する研究（1）―正の数・負の数と文字式の取り扱いをめぐって―」『研究報告集録』第92号、5-18頁

大阪府科学教育センター　1978「国語科における基礎学力研究」『研究報告集録』第93号、61-72頁

大阪府科学教育センター　1979「学習のつまずきをつくらない診断と治療〔Ⅰ〕―中学入学時における「数と計算」の指導について―」『研究報告集録』第94号、135-155頁

大阪府科学教育センター　1980a「学習のつまずきをつくらない診断と治療〔Ⅱ〕―「正の数・負の数」について　学習のつまずきの変化―」『研究報告集録』第95号、87-120頁

大阪府科学教育センター　1980b「つまずきの診断方法に関する研究」『研究報告集録』第95号、223-252頁

大阪府科学教育センター　1982a「国語科における基礎学力研究」『研究報告集録』第97号、25-40頁

大阪府科学教育センター　1982b「算数・数学科におけるスローラーナーの指導に関する研究」『研究報告集録』第97号、59-76頁

大阪府科学教育センター　1984「教授・学習過程における評価システムの開発に関する研究（2）」『研究報告集録』第99号、99-112頁

大阪府科学教育センター　1985「数学教育における問題点の研究と新しい教材開発に関する研究―文字を使って式に表すこと―」『研究報告集録』第100号、1-14頁

大阪府科学教育センター　1986「社会科の授業改善に関する研究Ⅲ―学習指導に関する教師対象の調査と児童・生徒対象の調査の対比より―」『研究報告集録』第101号、19-34頁

大阪府科学教育センター　1991「算数・数学におけるつまずきの解明と克服のための教材開発―図形領域における具体的な操作活動の重要性（2）―」『研究報告集録』第106号、29-56頁

大阪府教育委員会　2013a『教育振興基本計画』1-64頁

大阪府教育委員会　2013b「『同和問題の解決に向けた実態等調査（平成12年度）』対象地域に居住する児童生徒の学力等の実態の分析」1-130頁

大阪府教育研究所　1950「國語・数学・理科　学力検査報告書」『研究報告』第2號、1-29頁

大阪府教育研究所　1951「昭和26年2月實施　中学校・小学校　学力検査報告書」『研究報告』第6号、1-133頁

大阪府教育研究所　1952「昭和27年1月実施　中学校・小学校　學力檢査報告書」『研

究報告』第10号、1-135頁

大阪府教育研究所　1954a「理科学習における経験の場について」『研究報告（昭和28年度研究報告集）』第13号、64-80頁

大阪府教育研究所　1954b「小学校における各種の教育条件とその成績との関係について」『研究報告（昭和28年度研究報告集）』第13号、95-119頁

大阪府教育研究所　1954c「学力調査報告書（昭和29年1月調査　小學校・中學校）」『研究報告』第14号、1-66頁

大阪府教育研究所　1954d「大阪府小・中学校における学力の実状（昭和29年1月調査）」『研究報告特集号』1-173頁

大阪府教育研究所　1955「国語科評価の基礎的研究」『昭和29年度　研究報告集』第15号、1-59頁

大阪府教育研究所　1960「過去十年間の学力調査からみた学力推移について（小学校編・中学校編）」『研究報告集』第46号、1-51頁

大阪府教育センター　2008「平成20年度　大阪府学力テストの結果」http://www.osaka-c.ed.jp/category/…/test-top_page.html〔2020. 5. 28. 取得〕

大阪府教育センター（50周年記念誌編集委員会）　2012『大阪府教育センター創立50周年記念誌』大阪府教育センター創立50周年記念事業委員会、1-151頁

大阪府教育庁　2012「平成23年度大阪府学力・学習状況調査について」http://www.pref.osaka.lg.jp/…/hugakucho/index.html〔2018. 8. 1. 取得〕

大阪府教育庁　2015「中学生及びチャレンジ事業費にかかる平成27年度中学生チャレンジテスト実施要領」1-12頁　H27jissiyouryou.pdf（osaka.lg.jp）〔2021. 12. 6. 取得〕

学力・生活総合研究委員会　1991『学力・生活総合研究委員会調査報告―同和地区児童・生徒等の学習理解度及び家庭学習状況等について―』1-158頁

学力総合実態調査実施市町村教育委員会（ふれ愛教育総合推進委員会）　1997『平成8年度学力生活総合実態調査　集計結果の分析と考察について』1-140頁

教育科学研究会編　2012『大阪「教育改革」が問う教育と民主主義』かもがわ出版

志水宏吉　2012『検証　大阪の教育改革―いま、何が起こっているのか（岩波ブックレット）』岩波書店

全国教育研究所連盟　1964『全国教育研究所連盟十五年史』東洋館出版社

高田一宏　1998「教育調査と教育改革―大阪の学力・生活実態調査をふりかえって―」解放教育研究所編『解放教育』No. 369、17-29頁

高田一宏　2008「同和地区における低学力問題」日本教育学会『教育学研究』第75集、第2巻、180-191頁

米川英樹　2007「同和地区の学力実態を考える―2006年度大阪府学力調査結果から―」部落解放・人権研究所編『部落解放研究』第178号、39-58頁

# 第3部　中国・四国・九州・沖縄地方

第18章　「電気統計会計機」の導入〜岡山県〜……………………………351

第19章　「学力診断テスト」による「つまずき」発見〜鳥取県〜…………372

第20章　すべては「学習指導改善」へ〜島根県〜………………………………392

第21章　「学習評価」のイノベーション〜山口県〜……………………………408

第22章　「愛研式標準学力テスト」の開発〜愛媛県〜…………………………425

第23章　「学力と知能」の相関関係の解明〜佐賀県〜…………………………443

第24章　「熊本型教育」「熊本型授業」を目指して〜熊本県〜……………463

第25章　「本土なみの学力」への葛藤〜沖縄県〜………………………………482

〈第3部を読む前に〉

　戦後の学力テストは、本書では「教育政策テスト」と「学習指導改善テスト」に区分して論じているが、下記の〈表―C〉は中国・四国・九州・沖縄地方の17県の実施状況を年代別に一覧にしたものである。学力テストの実施数が最も多い県が佐賀県の51件、最も少ない県が香川・福岡県の9件であった。第3部は、これら17県の中から岡山・鳥取・島根・山口・愛媛・佐賀・熊本・沖縄の8県を各章で取り上げた。

〈表―C〉 中国・四国・九州・沖縄地方の戦後学力テストの実施状況

|  | 昭和20年代 | 30年代 | 40年代 | 50年代 | 60年代～平成18年度 | 19年度～令和2年度 | 合計 |
|---|---|---|---|---|---|---|---|
| 岡山 | 2 | 8 | 6 | 3 | 10 | 3 | 32 |
| 広島 | 3 | 7 | 1 | 0 | 1 | 0 | 12 |
| 鳥取 | 5 | 7 | 8 | 3 | 1 | 1 | 24 |
| 島根 | 1 | 10 | 12 | 1 | 2 | 0 | 26 |
| 山口 | 4 | 2 | 13 | 1 | 2 | 1 | 23 |
| 徳島 | 6 | 2 | 0 | 1 | 3 | 1 | 13 |
| 香川 | 4 | 1 | 3 | 0 | 1 | 0 | 9 |
| 高知 | 2 | 2 | 1 | 2 | 2 | 2 | 11 |
| 愛媛 | 20 | 5 | 0 | 0 | 1 | 2 | 28 |
| 福岡 | 1 | 0 | 1 | 1 | 3 | 3 | 9 |
| 佐賀 | 1 | 5 | 13 | 21 | 11 | 0 | 51 |
| 長崎 | 1 | 4 | 7 | 3 | 1 | 2 | 18 |
| 大分 | 5 | 4 | 4 | 2 | 2 | 1 | 18 |
| 宮崎 | 0 | 4 | 1 | 7 | 1 | 2 | 15 |
| 熊本 | 4 | 1 | 8 | 3 | 6 | 0 | 22 |
| 鹿児島 | 3 | 9 | 2 | 2 | 2 | 1 | 19 |
| 沖縄 | 1 | 5 | 4 | 5 | 4 | 1 | 20 |

＊数値に新規に開発・作成された学力テストを用いた調査研究であり、2年以上継続されたものでも「1」としてカウント。（表は北野秋男2022『地方学力テストの歴史―47都道府県の戦後史―』風間書房より作成。）

第3部　中国・四国・九州・沖縄地方

　第3部で取り上げなかった各県の特徴を簡単に述べておくと、中・四国地方の広島県は、昭和30年代に社会科を除く4教科の学力調査を実施している。徳島県は、昭和20年代に国・算（数）を中心に標準学力テストを実施している。香川県は、中3の「全国中学校一斉学力調査」（学テ）結果が昭和36年～昭和38年において「三年連続学力日本一」と称えられた県である。しかしながら、県全体で徹底した事前対策が行われていたことも指摘され、県教育委員会は学校や教師に「県の平均点を上げること」を求め、学校・教師は児童生徒を徹底して追い込む体制が取られた（「戦後日本教育史料集成」編集委員会1983『戦後日本教育史料集成』（第8巻）三一書房）。高知県は、学力向上策を目的とした「教育政策テスト」が多い。

　九州の福岡県は、県独自の学力テストの開発・実施の数は少なく、あまり積極的とはいえない。長崎県・大分県・宮崎県・鹿児島県は、「教育政策テスト」と「学習指導改善テスト」がバランスよく行われている。現代では県独自の学力テストの実施を推進している。

# 第18章　「電気統計会計機」の導入～岡山県～

〈算数学力調査とIBM〉

　調査結果については、分類、集計ともにすべて岡山県総務部統計課にある電気統計会計機IBMによる機械集計の方式をとったのである。この方法は縦32ミリ、横74ミリの特定紙質のカードに、横80行にわたる縦に並んだ0から9までの数字の位置にパンチ（穴をあけること）することによって調査の結果を記録し、このカードによって分類、集計やその結果の印刷などすべてを高速度処理にゆだねるものである。テスト結果の記録はIBMカードに、こどもひとりびとりの学校名・氏名・性別・知能段階から第Ⅰ部、第Ⅱ部のすべての設問に対する反応や、その学校の規模まで、すべての記録が数字の符ちょう（これをコードという。）にほん訳されてパンチされているのである（岡山県教育庁指導課, 1959b：ⅰ）。

## はじめに

　昭和32年度の文部省「全国学力調査」の結果については、岡山県の小・中学校の成績が全国及び中国地方の5県と比較され、〈表―1〉のように公表された。小学校の理・社の成績は「全国平均よりやや良く」、中学校では「全国平均および中国5県のいずれにも優れている」（岡山県教育委員会, 1959：73）とされた。

　こうした結果は、続いて各教科の教科別・内容別、地域別の分析も行われた。岡山県の社会科と理科の2教科における地域類型別においては、小学校では「商業地域が最もすぐれ、ついで工業、商工業、住宅の各地域の順」となり、中学校は「大中都市の住宅地が最もよく、ついで商業、工業、商工業の順」（同上, 1959：75）であった。だが、「全国学力調査」の結果に基づく地域類型の結果分析は岡山県に二つの疑問をもたらす。一つは「学力差がどのような原因から、どのような形で現れているか」であり、もう一つは「その差を解消する

〈表―1〉 昭和32年度の「全国学力調査」の平均点（100点満点）

|  | 社会（小） | 理科（小） | 社会（中） | 理科（中） |
|---|---|---|---|---|
| 全国平均 | 55.7 | 51.3 | 55.7 | 49.5 |
| 岡山 | **57.9** | **53.1** | **58.6** | **53.4** |
| 広島 | 58.0 | 54.8 | 53.4 | 49.1 |
| 山口 | 58.3 | 53.1 | 54.3 | 49.9 |
| 島根 | 56.5 | 50.2 | 56.5 | 51.0 |
| 鳥取 | 53.9 | 49.5 | 55.7 | 50.4 |

ためには、学習指導などをどのように改善していくか」（同上, 1962：2）ということであった。

　最初の学力差に関しては、しばしば地域類型の分析や平均点による全国と中国5県との比較がなされた。しかしながら、岡山県の学力は全国的にも中国地方の中でも高い方であり、学力低下に関する危機的な状況を指摘するような記述は見当たらない。学力上位県は学力上位の地位を守り、下位県は必死に汚名を挽回しようとするが、中位県に位置するといわば「一種の余裕」とも言えるような状況を生み出している。岡山県では、文部省「全国学力調査」の結果が比較的良好であり、その学力テスト政策は「学力向上」ではなく、「学習指導改善」に向かうことになる。ところが、現代において平成19年度から開始された「全国学力・学習状況調査」（以下、「全国学テ」）における岡山県の全国順位は、平成27年度は小学校28位、中学校41位と低迷した。岡山県が掲げる目標は、平成28年度には全国学テにおいて「10位以内」というものである。昭和30・40年代にあった岡山県の余裕は今日では失われ、学力向上の具体的な成果が求められている。国の実施するナショナル・テストの結果が地方自治体に甚大な影響を及ぼす典型的事例であるが、そうした岡山県の学力向上に向けた取り組みは高見（2022）でも紹介されている。

　本章の課題は、第一には岡山県における「学力向上」を目指した標準学力テストの作成・実施状況を明らかにすることであるが、とりわけ昭和32年7月に県総務部統計課に設置された「電気統計会計機IBM（International Business

Machine）」が、学力調査の結果処理の作業に貢献した点も確認しておきたい。このIBMの導入が「学力テストのイノベーション（革新性・先駆性）」といえるが、同時に多くの問題点も指摘された。第二には、文部省「全国学力調査」の結果が学力上位県となった岡山県の動向を探りつつ、学習指導改善へと積極的に向かう意図と学力テストによる調査研究の特徴を確認することである。第三には、現代における岡山県の「学力上位県」に向けた取り組み内容を検討することである。とりわけ、全国学テにおける「全国10位以内」の目標設置の動きを確認しておきたい。まずは戦後の学力テストの歴史から確認しておこう。

## 1　戦後の学力テストの歴史

　戦後から今日までの岡山県の「県教育委員会」（以下、「県教委」）「県教育研修所」（後の「県教育センター」「県総合教育センター」）が実施した学力テストの実施状況を時期区分して示すと、〈表—2〉のようになる。「教育政策テスト」は10件、「学習指導改善テスト」は22件となり、明らかに岡山県の施策の重点は後者に置かれていたことになる。もう一つの特徴は、平成15年以降から現在まで県教委主導の教育政策テストが5件実施されている点である。約40年ぶりの「教育政策テスト」の復活であるが、この点に関しては「第5節　現代の学力テスト政策」において取り上げる。

〈表—2〉岡山県の戦後学力テストの実施状況

| | 昭和20年代 | 30年代 | 40年代 | 50年代 | 60年代～平成18年度 | 19年度～令和2年度 | 合計 |
|---|---|---|---|---|---|---|---|
| 教育政策テスト | 2 | 3 | 0 | 0 | 2 | 3 | 10 |
| 学習指導改善テスト | 0 | 5 | 6 | 3 | 8 | 0 | 22 |
| 合計 | 2 | 8 | 6 | 3 | 10 | 3 | 32 |

＊数値は新規に開発・作成された学力テストを用いた調査研究であり、2年以上継続されたものでも「1」としてカウント。

　岡山県は、戦後直後には県教委主体による標準学力テストの開発に意欲的であった。その反面、「学習指導改善」を目指した学力テストの実施は昭和36年

354　第3部　中国・四国・九州・沖縄地方

以降と遅い。そこで、本節では、まずは「教育政策テスト」として開発・実施
された「県標準学力テスト」の作成経緯から確認しておこう。

　昭和23年11月に発足した県教委は、翌24年6月に改組され、総務課・学事
課・調査課・指導課・社会教育課の5課で組織された。県教委が戦後直後に標
準学力検査を必要とした理由は、「児童の理解と教育評価とに必要な客観的な
水準を明示する」（西崎，1950：22）ことが要求されたからであった。そこで、
県教委は「県標準学力検査問題作成委員会」を組織し、県教委の事務局内の調
査課・指導課、教育研修所の課長・主事・所員、小・中学校教員、岡山大学教
育学部心理学担当教授、同付属小・中学校教員の約50名を構成員とした。「県
標準学力検査問題作成委員会」は、数回の会合と予備的実験の結果などから昭
和25年6月に標準学力検査問題の基本構想を、以下のように公表した（同上，
1950：22）。

---

1　この標準学力検査は、高等学校進学適性検査とは関係のないもので、教師が平
　素の指導に、客観的水準として活用し教育を能率化し、評価を客観化するために
　使用することを目標として作製する。

2　この種の検査は最近多種多様なものが作製されつつあるので一応岡山県の客観
　的水準を明示しておく必要が生じた。

3　この標準学力検査の使用は各学校の自由とし、決してこれらの採用を強いるも
　のではない。

4　この度の作製対象は、小学校、中学校の算数・理科・社会・国語の四教科目と
　する。

5　内容は指導要領を基準にしてその教科の基本的な要項の教育効果を一般的に評
　価できるものにする。

6　資料は県下の小、中学校の中から取る。

7　標準化は各地域層の学校を代表するものを取つて十一月中に行う。

8　資料の収集は各学校の理解と協力を得て行なう。

9　完成は一応本年十二月末日とする。

第18章 「電気統計会計機」の導入〜岡山県〜　355

　こうした県独自の標準学力検査が求められた背景には「新教育についての父兄と社会の批判に応え、学力の低下と学校差に対する父兄の不安を解消」（同上，1951：35）することを意図したことが挙げられる。標準学力検査は、日常の生活に必要な最小限度の基礎的な知識・技能・態度といった基礎学力の実態把握を行なうためのものであった。標準学力検査の利点は、以下の９項目が示された（同上，1951：36）。

---

1　この検査の各問題の解答を吟味すれば、個々の教育内容がどの程度学習されているかがわかる。

2　個々の生徒の能力と個別指導の資料が得られる。

3　教師の指導法を改善する必要のある場面を明示する。

4　本県下に於ける学校の現在の学力水準の位置がわかる。

5　学級や児童の学力水準を比較することが出来る。

6　学校の教育計画や施設を改善する資料が得られる。

7　父兄に示せば評価に対する安堵感を与え、Ｐ・Ｔ・Ａの協力を得ることが出来る。

8　各教科の学力を同一水準の数位で示してあるから各教科間の調和の度合いが明確になる。

9　学力と知能との関係から学力習得の状況が正常か異常かを発見することが出来る。

---

　「県標準学力検査問題作成委員会」は、約半年間の調査研究の期間を経て、「小学校低学年用（２・３年）」（国・算）、「小学校高学年用（４・５・６年）」（国・算・理・社）、「中学校全学年用」（国・数・理・社）のテスト問題作成を完成させた。これは、あくまでも第１段階のものであり、その後も全県的標準化テストを各教科別・学年別に作成していくことが期された（岡山県教育委員会，1951：20）。そして、翌26年には中学校英語科の「県標準学力検査」（英語）も２回の予備テストを経て作成された[1]。

　昭和28（1953）年、県教委が刊行する『教育時報』において「学力とは何か」という題目の特集が組まれ、県教育長高畑浅次郎に加え岡山放送局長西田貞一、岡山大学教育学部講師齊藤伊都夫など６名が各自の見解を述べたが、一様に新

教育による学力低下を問題としつつも、そもそも「学力とは何か」という問題提起も行なっている。その中の著者の一人で県教委指導課長の内藤一人は、学力低下の基準が何であるかを問いかけ、「低下とか向上とかいうことは、相対的なものであるから、比較ができなければ立論せられない」(内藤, 1953：24)とし、学力基準を明確にした学力テスト導入の重要性を訴えた。そして、「学力とは一体何であるかを徹底的に究明して、教育内容ならびに教育方法の改善に資することが要請されよう」(同上, 1953：25)とも述べている。戦後直後の岡山県では、新教育運動による学力低下を問題としつつ、その実態解明の手段として「標準学力テスト」が導入されたと総括できる。

## 2　県教委による「標準学力検査」の実施

〈表―3〉は、前節で述べた県教委が開発し、実施した昭和20・30年代の5件の標準学力テストの一覧である。

〈表―3〉岡山県の「教育政策テスト」の実施状況

| 調査研究の名称 | 対象学年・教科 | 初回のテスト実施年（度） |
|---|---|---|
| 県標準学力検査 | 小2・3：2教科<br>小4〜中3：4教科 | 昭和25年12月 |
| 県標準学力検査〔中3・英〕 | 中3：英 | 昭和29年度 |
| 県標準学力検査 | 中3：4教科 | 昭和30年度 |
| へき地における学力差の要因分析 | 小4〜6：2教科 | 昭和31年1月上旬 |
| 算数学力調査 | 小6：算 | 昭和33年7月5日 |

「小学校低学年用（2・3年）」（2教科）、「小学校高学年用（4・5・6年）」（4教科）、「中学校全学年用」（5教科）の検査問題は日本文教出版によって刊行され、各学校は検査問題を購入し利用した[2]。そして、同年12月にこれらの実験用テスト問題を用いて、小学校20校（2,600人）、中学校21校（1,620人）において、知能分布の比率によって抽出された児童生徒を対象に「県標準学力検

査」が実施された。昭和30年度の「標準学力検査」（中3：4教科）は、実施主体が県教委から県教育研修所に移り、リニューアルされたものである。県下の中学校を10層に分け、それぞれの層から3校抽出、合計30校を標本校とし、各教科の対象者数は1,000人とされた。翌31年度には中2・3（5教科）を対象に40校で実施された。結果分析の一例を示すと、国語科だけは女子が男子より平均点が高く、「書取」が特に優れていた。数学では、100点満点に換算して5点以下が3割を超え、「学習指導内容を理解していない」と指摘された（岡山県教育委員会. 1957a：79）。

昭和33年になると、県教育庁（昭和26年に県教委を名称変更）の指導課と統計課は「算数学力調査」（小6：算）を企画し、「小学校算数科学力調査委員会」「小学校算数科学力調査問題作成委員会」を組織して、2回の予備テストを経て、小学校算数の学力テストを抽出校の30校（1,688人）で実施した。テスト問題は、1部が原問題の6題（30分）で、2部が分析問題の8題（40分）で構成された。この計画の意図は、小学校算数科の学力が科学技術の振興に直結しているにもかかわらず、戦後、計算力や問題解決能力が低下したとの批判を受けて、「文章題の解題力の実態をとらえ、さらにその構造を細部にまで分析して本質的なものに迫り、その上で文章題指導の改善を図ろうとしてこの調査を計画した」（岡山県教育庁指導課. 1959a：はじめに）とされた。

また、この計画の実施の際の最大の特徴は、調査の立案・設計・分類・集計などの複雑な作業に、昭和32年7月に県総務部統計課に設置された「電気統計会計機IBM（International Business Machine）」を活用したことであった[3]。IBM機の導入はテスト結果に対する処理の精度を高め、相当に手間を省いたが、同時にIBM機導入に伴う難しい課題も確認された。「IBM機から吐き出される結果は無限といってよい。それらのうちから、意味のあるものをつかまえて、それに正しい解釈を与えることは想像以上に困難なことであった。むしろ、独断に陥ることを絶対に避けようとするには、結果の数字をそのまま並べてすべてを見る人の判断に任せるほかはないと思うこともたびたびであった。しかし、無味乾燥な数字をギッシリ配列してこれが報告でありますというわけにもゆかない」（同上. 1959a：7）との指摘がなされた。電算機の早期導入は、岡山県の

358　第3部　中国・四国・九州・沖縄地方

特徴であった。そして、電算機の利用は栃木・福井・大阪などでも見られ、全国各地に拡大していく。

　この学力調査の結果については、「男女差の平均点の差が大きかった」ことや「学校規模が大きいほど好成績とはいえない」（同上, 1959a : 8・9）などと指摘されたが、それ以上に注目すべき指摘は児童生徒の「学習意欲の低下」を問題視したことであった。学力調査結果において正解者が1割にも満たなかった問題があったことなどから、報告書では「考える力が足らない」のではなく、児童の状態は「考える気がない」（同上, 1959b : 10）と結論づけた。こうしたことを受けて、県教育庁指導主事の古家吉正は児童の得点分布状況の結果から、「問題を解決しようとする積極的な意欲」を失った者が約半数もいるとし、「計算力は算数の基礎的な能力であることは当然のことであるが、問題解決の場においてそれがはたらかなければ、算数の能力とはいえない。計算は機械によってでもできる」（同上, 1959c : 14）と厳しく指摘した。

　だが、小6の算数の学力低下の実態を嘆いた指導主事の古家吉正の指摘は、次節で述べる文部省「全国学力調査」の良好な結果にかき消されたかのようである。この「全国学力調査」は昭和31年から11年間にわたって実施されたが、岡山県の結果はどのようなものであり、どのような分析が行われたかを次節において確認する[4]。県教委が行う結果分析は、その後の岡山県の学力テスト政策の方向性を決めるものとなったからである。ただし、「全国学力調査」における高等学校の結果分析は除外している。

## 3　「全国学力調査」の結果分析

　昭和31年9月、1回目の文部省「全国学力調査」（小6・中3 : 2教科）が実施されたが、県教育庁総務課が翌32年1月に簡単な中間結果報告を行なう[5]。学校種類間の成績については、国語は「中学校、小学校の順」となり、数学は「中学校の成績が最も高く」、小学校は低いことが指摘された（総務課, 1957 : 20）。国語科の問題の領域別考察では、小・中学校では「語い」「文章表現」に比して「読解」の成績が悪いことなどの問題点が列挙された。一方、数学は小・中学校ともに「数概念」「計算」「式」の成績が良いとされた上で、「計量」「図

形」の成績が良くないとされた。

　「教育条件と学力の関係」については、学校規模が大きくなるにつれ、「学力はよくなっている」こと、「大都市は、他の市町村よりも成績がよい」こと、大都市の住宅地域が最も良いが、「山村地域は特に悪い」ことなどが指摘された（同上　1957：21）。しかしながら、この中間報告の翌月の昭和32年2月において県教育研修所の仮谷太一は、中間報告の「学力と学校規模に関しては小学校と中学校では、「その傾向を異にしている」（仮谷, 1957：30）ことを指摘した。仮谷は、小学校と中学校の傾向の差異は「担任制の差異」が要因であると分析したが、とりわけ中学校においては「学区の産業構造」も分析に加えた結果を指摘した。結論は、中学校では「学力は学校規模が大きくなるにつれて単調に上昇している」ように見えるが、実は「学力は学区の産業構造には大いに関係があるが、学校規模には全く無関係である」（同上, 1957：31）という結論に至っている。

　さらに、県教委は昭和32年9月の『教育時報』（第9巻第9号）において「特集　岡山県の学力」と題して、昭和31年度の文部省「全国学力調査」における小・中学校の教科別の結果報告を行なっている。例えば、小学校国語の全般的傾向としては「本県の平均は四三・七％（調査校四〇校について）で全国平均の四四・四％よりいくぶん劣っている」（岡山県教育委員会, 1957b：2）とし、全国平均を下回った唯一の教科であったことを問題視した。そして国語の各領域別の結果が分析され、「読解が特に劣っている」「得点のちらばりが大きい」「学校間の差異もかなり大きく現れている」ことなどが挙げられ、今後の現場実践や教育行政の課題とした。国語における各問題領域における学力の実態についても良い面と悪い面が分析され、特に問題があるものとして「語い」の理解のあいまいさ、練習の足りない「漢字指導」、「読解技能」が劣るなどの問題点が指摘された。小学校算数と中学校数学は、全国平均を上回り、特に中学校は全国の10番目くらいに位置し、「まずは、めでたい限りである」（同上, 1957b：11）と評された。

　初回となった昭和31年度の「全国学力調査」における岡山県の結果は、中学校数学が特に良好であり、その他の科目は全国平均並みであった（〈表—4〉）。

360    第3部　中国・四国・九州・沖縄地方

そのため、余り危機感を持った表現も見当たらない。岡山県が全国的な順位、ならびに中国地方5県との比較を行なうのは、翌32年度の結果からであった。本章の冒頭でも述べたように小・中学校の成績が全国及び中国地方の5県と比較され、小学校の理・社の成績は「全国平均よりやや良く」、中学校では「全国平均および中国5県のいずれにも優れている」（岡山県教育委員会，1959：73）とするものであった。同じく、昭和34年度にも全国と中国地方5県との比較が行われ、結果が良好であることが示された（上田，1961a：3）。

〈表—4〉　昭和34年度の「全国学力調査」の平均点（100点満点）

|  | 国語（小） | 算数（小） | 国語（中） | 数学（中） |
|---|---|---|---|---|
| 全国平均 | 49.2 | 43.6 | 60.3 | 44.4 |
| 中国5県平均 | 50.1 | 44.7 | 62.2 | 48.6 |
| **岡山** | **50.4** | **44.7** | **63.1** | **51.6** |
| 鳥取 | 47.4 | 43.3 | 59.0 | 39.7 |
| 島根 | 47.9 | 40.3 | 60.0 | 42.5 |
| 山口 | 50.3 | 43.3 | 61.9 | 48.8 |
| 広島 | 51.5 | 46.9 | 62.3 | 48.8 |

　特に、岡山県では中学校数学の成績がかなり高く、「原因は何であろうか」と県教委指導課長の上田は問いを立てるが、「比較的にへきちが少ない」（同上，1961a：4）といった指摘が行われたぐらいで、その原因を特定することは出来ていない。こうして岡山県の学力が全国平均以上の結果であり、特に学力低下を問題視したり、危機感を持つことも無かった、県教育庁の西口秀俊（総務課調査統計係主事）は、昭和37年に「全国中学校一斉学力調査」（以下、「学テ」）の結果を基に、県全体と県内A中学校における生徒の得点の分布状況を比較分析し、「知能指数と学力」「地域差と学力差」（西口，1962：23）には強い相関があるとし、学校平均点にも大きな影響を与えていると指摘してはいるものの、学テ結果による「学校平均点に学校や教師が振り回されてはいけない」（同上，1962：20）と注意喚起をしている[6]。結局、「全国学力調査」の結果は昭和36

年度においても、最後となった昭和41年度においても余り変化なく、小学校（国語）・中学校（国語・数学）は全国平均より高く、小学校（算数）は全国平均と同じであった。「すぐれた方面はさらに伸ばし、劣る方面は鋭意上昇をめざして軌道修正をしていく」（戸川, 1967：25）といった程度の提言がなされただけである[7]。

　以上、本節では文部省「全国学力調査」における岡山県の結果が良好なものとなり、岡山県では学力低下や学力向上は余り意識されなかったことを指摘した。このことが、岡山県における昭和30年代以降から始まる学習指導改善に向けた本格的な取り組みを誘引するものと思われる。

## 4　戦後の「学習指導改善テスト」の実施状況

　岡山県における学習指導改善の取り組みにおける実施主体となった県教育研修所、及びその後の県教育センターの設置状況から確認しておこう。昭和23年8月、「県教育研修所設置条例」により岡山市に県教育研修所が開設されたが、設立当初は県教委事務局の指導課や調査課とは別なものとして運営され、次第に「所員の個人研究が主」（岡山県教育委員会, 1951：223）となり、県下の学校教育へ寄与することが少ない状況となった。そこで、県教委事務局の機構改革に合わせて教育研修所のあり方も検討され、昭和26年には「教育委員会規則」によって教育庁指導課と表裏一体となり、県下の学校教育の向上に貢献する事業内容の拡充が図られたのであった。

　昭和27年度の教育研修所による調査研究活動は、学校現場における教育振興に役立つ内容が中心になっているが、その内容として「指導要録」「学習指導法」「学校教育評価基準」「複式学級」「学力標準検査」「全国学力水準測定検査」「教育課程」「教科用図書」（同上, 1953：206）など11項目が掲げられた[8]。その中でも、県教育研修所の最初となった学習指導改善に関する調査研究が「児童の能力差に応じる学習指導法の研究」であり、児童によってそれぞれ推理過程が異なるところに学力差が生じるという立場から、算数科における推理過程の調査を10校の実験学校に依頼したものであった。学力テストを用いた調査研究ではなかったが、岡山県における学習指導改善に向けた取り組みのス

タートであったと位置づけることができる。

　また、昭和31年10月上旬には県教育研修所によって「へき地における学力差の要因分析」（小4〜6：2教科）が県北部のへき地（K・S村）を対象に行われた。へき地の学校間における学力格差が、どのような条件によって生じるかを実証的に明らかにすることを試みたものであり、小4・5は「診断式教科別綜合標準学力検査」、小6は9月の文部省「全国学力調査」の結果を利用した。学力差の要因を検討する目的で、知能検査（「高学年団体知能診断テスト」）・家庭環境・生活時程（1日の時間の使い方）も調査対象となっている。

　県教育研修所は、昭和38年4月に設置された「県理科教育センター」とともに、昭和48（1973）年4月に統合され、「県教育センター」に改組された。〈表─5〉にも示したように、岡山県における「学習指導改善テスト」は昭和36年度から平成9年度まで、22件の調査研究が行われた。岡山県は、全国的に見ると大阪府や佐賀県に次いで、学習指導改善に積極的な県であった評価できる。その実施主体が県教育研修所並びに県教育センターであった。ただし、全国教育研究所連盟（以下、「全教連」）の共同研究事業に参加した調査研究は2件しかなく、県独自の調査研究が多かったことも特徴的である。

　22件の調査研究の教科別の分類は、国語が5件、算数・数学が11件、英語が3件、理科と社会が各1件、理・社が同時に行われたものが1件であった。算数・数学の学習指導改善が最も多かったことになるが、音楽、技術家庭、体育などに関する調査研究は全く行われていない。本節では昭和49年度に算数（数学）指導における「形成的評価」に関する2件の調査研究を取り上げる。

　昭和48年に設立された県教育センターは、翌49年度に「算数（数学）指導における基本事項の精選と形成評価」（小1〜中3）と題する調査研究に着手し、研究協力校2校2クラスで実験授業を行なっている。「教育の現代化」が取りざたされて久しく、昭和46年から48年にかけて小・中・高の教育課程が改訂され、数学教育の内容も大幅に変革された。この調査研究は、県教育センターが足かけ5年にわたり算・数学教育のシステム化に取り組んだ成果をまとめたものである（岡山県教育センター，1975a：はしがき）。とりわけ、「形成的評価」（formative evaluation）の重要性として「目標をどのように分析するか、最終の

〈表—5〉岡山県の「学習指導改善テスト」の実施状況

| 調査研究の名称 | 対象学年・教科 | 初回のテスト実施年（度） |
|---|---|---|
| 社会科学習における認識力の形成とその指導に関する研究＊ | 小5：社 | 昭和36年10月・12月、37年2月 |
| プログラム学習実践のための研究 | 中2：数 | 昭和36年度 |
| 中学校国語科における読解指導法改善のための実践的研究 | 中1・2：国 | 昭和38年度 |
| 一次関数指導の助言 | 中2：数 | 昭和38年度 |
| 中学校英語科におけるイントネーションの誤りの傾向とその指導法 | 中3：英 | 昭和38年7月16日〜31日 |
| 中学校数学科図形教材のレディネス診断 | 中1〜3：数 | 昭和40年度 |
| 英語科における「読むこと」の指導 | 中3：英 | 昭和41年7月20日〜25日 |
| 中学校文学教材の指導に関する研究 | 中1〜3：国 | 昭和43年6月中旬 |
| 算数（数学）指導における基本事項の精選と形成評価 | 小1〜中3：算・数 | 昭和49年度 |
| 教育工学的手法による授業の分析 | 小3・5・6：算 | 昭和49年度 |
| 国語科における速読み指導に関する研究＊ | 小4〜中1：国 | 昭和49年度 |
| ビデオ教材を効果的に活用した授業のあり方に関する研究 | 中2：社<br>中3：理 | 昭和55年度 |
| 児童・生徒の個性を生かした問題解決能力を高めるための学習過程に関する研究 | 中2：数 | 昭和57年10月 |
| 中学校国語における文章表現における不正確さ・不明確さの要因分析とそれに基づく文章表現の訓練 | 中1〜3：国 | 昭和57年度 |
| 算数・数学における教材開発とその指導に関する研究 | 中2：数 | 昭和60年度 |
| 中学校国語における言語事項の指導に関する研究 | 中1：国 | 昭和60年7月3日 |
| 小学校算数における個に応じる指導に関する研究 | 小5：算 | 昭和60年10月〜11月 |
| 英語指導の個別化と効率化に関する研究 | 中1：英 | 昭和61年4月12日〜18日 |
| 小学校理科における水溶液の指導に関する研究 | 小6：理 | 昭和60年5月1日〜5月31日 |
| 中学校数学図形領域における個人差に応じる指導法の研究 | 中1・3：数 | 昭和62年10月上旬 |
| 基礎基本を重視した図形の論証指導に関する研究 | 中2：数 | 平成3年1月上旬 |
| 新しい学力観に立つ算数科の授業の在り方 | 小6：算 | 平成9年1月〜3月 |

「＊」は全教連との共同研究成果である。

364　第3部　中国・四国・九州・沖縄地方

到達目標に関する小目的をどのように決定し、構成するか」（同上, 1975a：5）
という課題が認識された。

　そこで、まずは児童生徒の算・数に対する意識調査が小1〜6（2,124人）中
1〜3（780人）で同年7月に実施された。次に、小4の「計算教材」を利用し
た実験授業を行うが、その際には「教師指導型」（比較学級）と「発見学習型」
（実験学級）のクラスに区分し、さらに能力のどの段層で効果があったかを確認
した。1学期の成績で上位・中位・下位の群に区分した上で、実験授業では
「形成テスト」を作成し、授業前・授業後に学習効果の確認が行われた。事前・
事後共に同一問題での評価がなされ、事前・事後の問題ごとの「SP分析」
（Student Program Analysis）、正答率の「伸び率」の比較などが行われた。研究
の総括では、「形成的評価なくしては授業は前に進むことができない」（同上,
1975a：48）との結論が得られている。

　昭和49年度に行われたもう一つの調査研究が「教育工学的手法による授業の
分析」（小3・5・6：算数）であり岡山市立石井小、岡山大学教育学部付属小
の研究協力校で実施されたものであった。教育工学を研究していく上で、教育
機器（VTR・OHP・RA・SF）を最大限に生かし、授業のシステム化を行なうこ
とは重要な課題とされた。研究内容は、（1）「アナライザーを使った授業」、
（2）「指導法のちがいを比較するための授業評価」、（3）「教育機器を利用した
形成的評価」が行われた（同上, 1975b）。

　岡山県における「形成的評価」をテーマとした調査研究は、当時の学習評価
に関する新たな一石を投じたものであった。当時においては、昭和20年代から
の「基礎学力」を重視する「相対評価」の考え方が支配的であり、「1970年代
までの学力調査が内容のバランスのみ考慮して作成され、知識、技能を問う問
題が多い」（同上, 1998：1）とされた[9]。この「知識、技能を問う問題が多い」
という実態は、1980年代以降の学力テストを用いた調査研究において「内容と
目標の2面から作成される」（同上, 1998：2）といったことが指摘された。しか
しながら、各教科の知識や技能が学力テストによって測定・評価されることが
一般的になった中でも、相対評価への懐疑や批判の芽は確実に育ち始めていた。
一つは、相対評価のあり方を疑うものの、それ自体を批判することはせず、相

対評価のあり方を再検討しようとする取り組みである。もう一つは、相対評価に代わる「観点別達成状況評価」「学習到達度評価」「形成評価」「ショートサイクル評価」などの新たな評価方法に着目して、先駆的な取り組みを開始するものであった。

　岡山県の「形成的評価」への着目は、日本の学習評価への先駆的な試みとなるものであった。また、「学力の伸長度」に関しても、岡山県は平成3年度の「基礎基本を重視した図形の論証指導に関する研究」において、新たな評価法を導入した[10]。その評価法とは、「知識・理解」「技能」「問題解決能力」の3分野において、学力の上位・中位・下位群のそれぞれにおける実験授業の前後の「学力の伸び」や「各設問ごとの分析」（同上，1991：20）を考察することであった。

## 5　現代の学力テスト政策

　前節で述べた「学習指導改善テスト」への積極的な取り組みと比較すれば、岡山県では児童生徒の学力実態を把握して、教育政策に生かすという「教育政策テスト」は約40年以上の長きにわたって未実施状態であった。昭和41年に「全国学力調査」が終了した後、県教委による学力テストが再開されたのは、平成15・16年度の「小・中学校学習到達状況の調査・学習実態調査」（小5：4教科）であった。〈表―6〉は、平成15年以降の学力テストの実施状況である。

〈表―6〉岡山県教委による「現代の学力テスト」の実施状況

| 調査研究の名称 | 対象学年・教科 | 初回のテスト<br>実施年（度） |
|---|---|---|
| 小学校学習到達状況の調査・学習実態調査 | 小5：4教科 | 平成15年1月20日〜24日 |
| 中学校学習到達状況調査・学習実態調査 | 中2：5教科 | 平成16年1月13日〜16日 |
| 学習到達変確認テスト | 小1〜中3：4教科 | 平成20年度 |
| 県学力・学習状況調査 | 中1：4教科 | 平成23年4月14日 |
| 学力定着状況たしかめテスト | 小5・中2：2教科 | 平成25年11月〜12月 |

平成15年1月20日～24日に「小学校学習到達状況の調査・学習実態調査」が行われた背景・理由としては、平成14年度から全面実施された学習指導要領が「生きる力」を育成することをねらいとしたことを踏まえ、岡山県でも少人数指導、ティーム・ティーチングのための教員加配などによる個に応じたきめ細かな指導の充実、学力向上フロンティア・スクールにおける指導方法や指導体制などの工夫改善が実施されたことを受け、その施策の着実な推進の検証を行なうためであった。

「小学校学習到達状況の調査・学習実態調査」は無作為抽出による156校（3,786人）を対象に、「県下の小学生の学習状況及び学習実態について調査・分析し、調査結果を行政施策に反映させるとともに、各学校での指導の改善に活用し、学力の向上を図る」（岡山県教育委員会, 2003：1）ことが目的とされた。学習指導要領に基づき小5の2学期までに学習した内容が出題され、児童の「知識・理解」「技能・表現」「思考・判断」を調査するものであった。結果は、各教科の平均通過率（正答または準正答を合わせた受検者の割合）、通過設問率（受検者ごとの通過した設問の割合）が算出され、学力観点別状況の分析・考察・指導のポイントが指摘された。「中学校学習到達状況調査・学習実態調査」（中2：5教科）は、平成16年1月13日～16日に無作為抽出で128校（約3,526人）を対象に行われた。平成18年度まで実施されたが、平成19年度は未実施であった。

平成19年度から開始された「全国学テ」の結果が下位に低迷したことを受けて、平成20年度からは「学習到達度確認テスト」（小1～中3：算・数）が県教委のHP上に掲載され、各学校が問題をダウンロードし実施する方式を採用した。テスト結果のデータ処理システムが作成され、WEB上から学校がテスト結果を入力し、全県的な状況と自校の結果を比較分析することが可能となっている（同上, 2009：211）。算・数に加え「読解力テスト」（国・理・社）も行われ、基礎的な知識・技能の定着度や表現できる力を測ることを目的に、平成27年度まで実施された。

平成23（2011）年4月14日には「岡山県学力・学習状況調査」（中1：4教科）が悉皆調査（17,665人）によって実施され、「全生徒の学力や学習状況を把握・分析し、教育指導の成果と課題を検証・改善するとともに、生徒に学習状況を

知らせ、自らの学習等の改善に資することが目指された。また、この調査結果を踏まえ、小・中学校が連携した授業改善を推進することにより、児童生徒の学力向上を図る」（同上, 2011：3）ことも目的とした。平成25年11月〜12月、及び平成26年2月に「学力定着状況たしかめテスト」（小5・中2：2教科）が新たに行われ、「学力の定着状況を把握・分析し、教育指導の成果と課題を検証・改善するとともに、学校における児童生徒への教育指導の充実や学習状況の改善を図った」（同上, 2014：198）とされた。しかしながら、全国学テ問題と県教委作成問題を混合した全国学テ対策を意図したテストにもなっている。

　以上、岡山県における平成15年度からの10年間の学力テスト政策は目まぐるしく変わるが、最後は全国学テ対策を重視したものになっている。平成24年2月に石井正弘県知事は全国学テにおける順位低下を受けて、小・中学校において「全国10位以内」を目標に掲げた（『山陽新聞』2012. 2. 19. 朝刊）。同じく、岡山県の「第2次教育振興基本計画」（平成28〜32年度）でも、「全国10位以内」とする目標を掲げている（岡山県教育委員会, 2016：14）。しかしながら、令和3年度の結果は過去最高の小6が15位、中3は16位となったものの、目標達成には至っていない（『山陽新聞』2021. 9. 1. 朝刊）。岡山県の学力向上とは、数値目標の達成を悲願とするものであった[11]。

## おわりに

　岡山県の「学力テストのイノベーション（革新性・先駆性）」は、他県に先駆けて昭和32年に県総務部統計課に設置された「電気統計会計機IBM」であり、学力調査の結果処理の効率アップに貢献するものであった。このIBM機以外の戦後の学力テスト政策の特徴は、児童生徒の学力の実態把握を目的とした「教育政策テスト」は少なく、学習指導改善を目的とした「学習指導改善テスト」が多かったことであった。その原因は何だろうか。一つには、昭和27〜29年度の国研「全国小・中学校児童生徒学力水準調査」、昭和31〜41年度の文部省「全国学力調査」において、全国比較した場合の岡山県の相対的な位置が良かったことが挙げられる。すなわち、岡山県の学力は全国平均以上の結果であり特に学力低下を問題視することはなかった。そこで、児童生徒の学力の実態

368 第3部 中国・四国・九州・沖縄地方

を把握して、学力向上に結び付けていくような「教育政策テスト」よりも、児童生徒の学力を規定する諸条件や学習指導の改善に目が向けられていくことになる。

　この岡山県の「学習指導改善テスト」の特徴としては、算数・数学における重点的な調査研究が行われると同時に「形成的評価」「学力の伸び」に関する新たな方法が導入されたことが特筆される。とりわけ、「形成的評価」は総括的テストとは異なり学習指導の過程で導入する評価方法であり、その意図は全ての児童生徒の学習理解の伸展を目指したものであった。これは「学力・学習評価」に関する先駆的取り組みとして高く評価されるべき取り組みであった。

　だが、現代の岡山県の学力向上策は平成28年度には全国学テにおける順位を「10位以内」にするという数値目標を掲げるものとなった。確かに全国学テの結果は平成24年度には小学校45位、中学校42位であったが、令和3年度には小学校15位、中学校16位に躍進し、「大きな成果」として評価された（高見, 2022：69）。まさに「教育県岡山」の復活を象徴することではあるが、順位競争に固執し、結果が全てという意識が定着したことを意味するものでもある。教育の結果以上に教育の中身の改善こそが重要であろう。自治体の長である県知事が県の学力向上を推進する典型的な事例であるが、順位にこだわる姿勢は静岡県や大阪府などと共に全国共通と言えるものである。「教育県岡山」の今後の動向に注視したい。


〈注〉

〈1〉 昭和24年8月、県教育委員会規則により「県教育課程審議会」が告示され、県の教育課程を審議している。翌25年度には各教科の教育課程基準の作成も7分科会に分かれて5〜8回の討議を重ねている。昭和25年度における小学校の目標は「学力の充実」と「道徳教育」が掲げられ、国・算における技能面の指導を「能力別編成」によって効果を高める研究、「遅滞児の特別指導」に取り組む研究などが実施された。中学校の目標としては、「基礎学力の向上」が掲げられ、各教科の「基礎調査」と「指導法の研究」が行われた（岡山県教育委員会, 1952a：206-207）。

〈2〉 昭和25年の「県標準学力検査用紙」には値段も付く。「小学校低学年用」（2・3年用）は国語8頁（6円）、算数6頁（5円）、「小学校高学年用」（4・5・6年用）は、

第18章　「電気統計会計機」の導入〜岡山県〜　　369

国語 8 頁（ 6 円）、算数 8 頁（ 6 円）、社会 6 頁（ 5 円）、理科 6 頁（ 5 円）、「全手引き」（20円）、「中学校用」（全学年）は国語 8 頁（ 6 円）、算数 6 頁（ 5 円）、社会 6 頁（ 5 円）、理科 8 頁（ 6 円）、「全手引き」（17円）である（西崎, 1951：36）。

〈 3 〉同調査では、縦32ミリ、横74ミリのカードに10名以上のパンチャーがカードにパンチし、毎分600枚の速度でカードを分類・集計した。特に第Ⅱ部の処理では延べ60人のアルバイトを動員してコード化し、IBMカードにパンチされた（岡山県教育庁指導課, 1959a： 3 ・ 6 ）。

〈 4 〉昭和27年度の国研「全国小・中学校児童生徒学力水準調査」における岡山県の結果は、「理科をのぞき、国語・社会・算数（数学）は、いずれも全国の平均成績よりすぐれており、算数（数学）は殊によい」（教育研修所, 1953：33）であった。例えば、中学校数学は全国平均の44.3、よりも7.4も上回り、全体的に「平素の充実した学習ぶりが思われて喜ばしいことである」（同上, 1953：36）と評価された。各教科における問題点の指摘は、反省材料として各教科で丁寧に行われている。

〈 5 〉県教育庁総務課及び県教委は昭和32年から『全国学力調査報告書』を毎年刊行し、詳しく結果分析している。本章は、この『全国学力調査報告書』も参照しながら、結果分析の特徴を指摘する『教育時報』を資料として活用した。

〈 6 〉同じく、総務課調査統計係長の片山年朗も昭和36年度の学テ結果に基づき、学力に影響を与える諸要因として「地域社会的要因」「個人的要因」「学校の教育的条件」「設備・教育の充実と学力の関連」「教員の数および資質と学力との関連」を分析している（片山, 1964）。

〈 7 〉昭和36年度の学テについては、結果分析よりも全数調査であることが「近年発達してきている推測統計学の立場から言えば誤った考え方に過ぎない」（上田, 1961b：23）といった批判的なコメントが目につく。

〈 8 〉「複式学級の研究」ではへき地教育の実態を分析するために、小学校の 4 教科の学力実態を調査している。「学力標準検査の研究」では、中学校英語科学力検査問題の作成とその標準化を行なっている（岡山県教育委員会, 1953：206）。

〈 9 〉ただし、「基礎学力」という用語は、学習指導要領では昭和33年以降は使われていない。代わって、「基礎的・基本的な内容」、もしくは「基礎・基本」という用語が使用された（岡山県教育センター, 1998： 2 ）。

〈10〉平成元年 3 月の中学校学習指導要領の改訂を受けて、図形の計量は軽減され、論証が重視された。そこで、中 2 の平行四辺形の単元における図形の論証指導のあり方が追及された（岡山県教育センター, 1991： 1 ）。

〈11〉この結果、県教委は目標値の見直しを行ない「平均正答率を全国平均より 1 ポイント上回る」に設定しているが、これも達成できていない（『山陽新聞』2021.9.1. 朝刊）。

〈引用・参考文献一覧〉

上田芳郎　1961a「岡山県の学力を診察する」岡山県教育委員会『教育時報』第13巻第5号、2-10頁

上田芳郎　1961b「目の色を変える必要はない―中学校一せい学力調査の意義と特色―」岡山県教育庁『教育時報』第13巻第8号、22-27頁

岡山県教育委員会　1951『教育要覧―1950―』1-255頁

岡山県教育委員会　1952a『教育要覧―1951―』1-275頁

岡山県教育委員会　1952b「教育研修所の活動状況」『教育時報』第3巻第1号、205-207頁

岡山県教育委員会　1953『教育要覧―1952―』1-252頁

岡山県教育委員会　1957a『教育要覧―1955―』1-222頁

岡山県教育委員会　1957b「特集　岡山県の学力―昭和三十一年度全国学力調査の結果から―」『教育時報』第9巻第9号、2-13頁

岡山県教育委員会　1959『教育要覧―1957―』1-212頁

岡山県教育委員会　1962「〈討議・中学校における学校差の現実と解消の方向〉"コンマ七"の幻惑と克服」『教育時報』第14巻第5号、2-13頁

岡山県教育委員会　2003『平成14年度　小学校学習到達度状況調査・学習実態調査報告書』1-101頁

岡山県教育委員会　2004『平成15年度　中学校学習到達度状況調査・学習実態調査報告書』1-117頁

岡山県教育委員会　2009『教育要覧　2010（平成22年度）』1-262頁

岡山県教育委員会　2011『平成23年度　岡山県学力・学習状況調査報告書』1-160頁

岡山県教育委員会　2014『教育要覧　2013（平成25年度）』1-244頁

岡山県教育委員会　2016『第2次岡山県教育振興基本計画』1-65頁

岡山県教育センター　1975a「算数（数学）指導における基本事項の精選と形成評価」『研究紀要』第12号、1-51頁

岡山県教育センター　1975b「教育工学的手法による授業の分析」『研究紀要』第13号、1-46頁

岡山県教育センター　1991「基礎基本を重視した図形の論証指導に関する研究」『研究紀要』第157号、1-25頁

岡山県教育センター　1998「新しい学力観に立つ算数科の授業の在り方」『研究紀要』第203号、1-29頁

岡山県教育庁指導課　1959a『算数学力調査報告　昭和33年度　岡山県小学校算数学力調査（文章題の分析）』第1分冊、1-19頁

岡山県教育庁指導課　1959b『算数学力調査報告　昭和33年度　岡山県小学校算数学力

調査（文章題の分析）』第2分冊、1-10頁

岡山県教育庁指導課　1959c『算数学力調査報告　昭和33年度　岡山県小学校算数学力調査（文章題の分析）』第6分冊、1-14頁

片山年朗　1964「学力向上と教育条件―全国学力調査結果より―」岡山県教育委員会『教育時報』第16巻第2号、34-40頁

仮谷太一　1957「文部省学力調査結果からみた学力と学校規模」岡山県教育委員会『教育時報』第9巻第2号、30-31頁

教育研修所　1953「小・中學校學力検査が示唆するもの」岡山県教育委員会『教育時報』第5巻第10号、33-36頁

佐賀県学力向上対策検討委員会　1999『本県における児童・生徒の学力向上対策について（最終答申）』1-71頁

総務課　1957「全国学力調査の結果について」岡山県教育委員会『教育時報』第9巻第1号、20-22頁

高見英樹　2022『教育県岡山の復活に向けて』悠光堂

内藤一人　1953「学力の問題について」岡山県教育委員会『教育時報』第5巻第3号、24-25頁

西口秀俊　1962「学力テスト　学校平均点の意味―学力テストの結果を比較し利用するために―」岡山県教育委員会『教育時報』第159号、20-23頁

西崎　清　1950「本縣標準学力検査の構案」岡山県教育委員会『教育時報』第2巻第11号、22頁

西崎　清　1951「岡山県標準学力検査の完成」岡山県教育委員会『教育時報』第3巻第2号、35-36頁

戸川大六　1967「学力調査の結果をみる」岡山県教育委員会『教育時報』第209号、16-25頁

# 第19章　「学力診断テスト」による「つまずき」発見
## ～鳥取県～

〈鳥取県教育委員会指導課　沢田光蔵〉

　県下の小・中学校を訪問させていただきながら最近特に感ずることの一つとして、指導計画に対応するところの教育評価の影が鮮明でないということを思う。ただ中学校においては高校入試という一つの入学選抜があるため、それなりの評価が累積されて進路の決定をする重要な資料とはなっているが、指導計画、指導法の関連より、結果そのもののみが重視され、ひとりひとりの児童、生徒を生かしていく指導の成果や、学習効果を高めることについては問題が残されているようである。一方小学校においての教育評価は、一見はなやいでみえる授業や発表の研究会に反比例しているように思われてならない。一人一人のものであるはずの教育評価が、学習結果のみをみることに終わって「学習が終わったあとの死亡診断書」ということになっていわしないか<sup>(ママ)</sup>ということを反省してみる必要がないであろうか（鳥取県小学校教育研究会国語部会, 1970：2）。

## はじめに

　鳥取県における戦後の学力テストの特色は、「県教育委員会」（以下、「県教委」）「県教育研究所」（後の「県教育研修センター」）などに加えて、小・中学校の教員で組織される「県教育研究会」「県小・中学校長会」によっても学力テストが実施されたことである。実施主体のダイバーシティ（多様性・多元性）が鳥取県の特徴であると同時に、それ以上に注目すべき点が児童生徒の学習上の「つまずき」「問題点」「欠陥」を発見し、それを手がかりに原因を究明し効果的な治療を行なう「診断テスト」を実施していたことである。

　冒頭で示した一文は、県教育委員会指導課（指導主事）の沢田光蔵が昭和45年に「鳥取県小学校教育研究会国語部会」の「国語学力診断テスト」の結果報

告書に寄せたものである[1]。沢田は、国語学力の向上のためには「教育評価」の研究が重要であるとし、高校入試で用いるような「管理目的の評価」から「指導目的・学習目的の評価」へとシフトすることを訴えている。教育評価が「死亡診断書」になりかねないという沢田の手厳しい指摘は、逆を言えば、学力診断テストが生徒一人ひとりの、各学校の「国語学力の欠陥を発見すると同時に、治療の対策としての指導計画」（同上，1970：2）を樹立する際には重要な役割を持つことを指摘したものであった。

　沢田の指摘は、教育評価の意味と役割からすれば、至極当然のものではあるが、当時においては、それだけ高校入試という入学選抜に必要な「管理目的の評価」が幅を利かせていたことを意味する。指導主事の沢田が特別に「県小学校教育研究会国語部会」の報告書に文書を掲載していることから鑑みて、両者の関係性は親密で良好であったことが読み取れる。しかも、沢田は昭和45年度から県小学校教育研究会国語部会と県教委の共催で「国語教育基礎講座」を開講し、関係者への研修機会を提供することも明らかにしている。

　本章は、戦後の鳥取県の学力テストの実施内容を解明することであるが、その際には二つの事柄を取り上げる。第一には、鳥取県内では学力テストの実施とともに科学的評価に基づく児童生徒の理解と教育指導への利用を意図した「知能検査」が広く利活用されていたことである。鳥取県内でも知能検査の科学性・妥当性を疑問視する批判的な見解はあったものの、他方では知能検査が学力テストとともに広く利用されていた実態も指摘される。第二には、鳥取県における学習指導改善への取り組みを直接的な目的としたものが「学力診断テスト」による児童生徒の学習上の「つまずき」「問題点」「欠陥」を発見することであった。この「学力診断テスト」の実施内容などを確認する。この点が鳥取県における「学力テストのイノベーション（革新性・先駆性）」であった。まずは、戦後の学力テストの歴史を確認する。

## 1　戦後の学力テストの歴史

　戦後から今日までの鳥取県の「県教委」「県教育研究所」（後の「県教育研修センター」）「県教育研究会」「県小・中学校長会」が実施した学力テストの実施

状況を時期区分して示すと、〈表—1〉のようになる。「教育政策テスト」は15件、「学習指導改善テスト」は10件となり、前者に鳥取県の施策の重点が置かれていたことになる。また、こうした鳥取県の様々な学力テストの多くは県教育研究所（後の「教育研修センター」）が実施主体となってはいるものの、県教育研究所は県の教員・校長で構成される県教育研究会や県小・中学校長会とも協力関係を保ちながら実施している点も特徴的である。

〈表—1〉 鳥取県の戦後学力テストの実施状況

| | 昭和20年代 | 30年代 | 40年代 | 50年代 | 60年代～平成18年度 | 19年度～令和2年度 | 合計 |
|---|---|---|---|---|---|---|---|
| 教育政策テスト | 4 | 5 | 3 | 1 | 1 | 1 | 15 |
| 学習指導改善テスト | 1 | 2 | 5 | 2 | 0 | 0 | 10 |
| 合計 | 5 | 7 | 8 | 3 | 1 | 1 | 25 |

＊数値は新規に開発・作成された学力テストを用いた調査研究であり、2年以上継続されたものでも「1」としてカウント。


　戦後直後の鳥取県の学力テストの実施主体は県教委である。県教委調査課は、昭和25年頃からの新教育導入による学力低下批判を受けて、同年7月に児童生徒2,833人を対象とした「漢字の『よみ』『かき』能力調査」（小5～中1）を行なっている。教育漢字881字中の871字について、「よみ」「かき」能力調査を実施したものであるが、「よみ」の正答率が「かき」の正答率よりも低い結果となり、この疑問解明のために行われた調査研究であった。「一」から「十」などを除く「よみ」「かき」の問題が出題され、「よみ」「かき」の正答率の比較がなされた。昭和24年10月に行われた京都府教育研究所と同様の結果になり、14字が鳥取県と京都府で「よみ」が低いことが判明した。

　県教委による最後の学力テストとなったものは、昭和26年7月初旬の「能力調査」（小3～中3：2教科）であった。小学校19校（3,912人）、中学校10校（2,487人）で「国語、算数の基礎能力について調査」（鳥取県教育委員会, 1957：41）が行われた[2]。国語は教育漢字881字の読み書き能力について、算・数は主とし

て計算問題が出題された。国語では小学校卒業程度で平均して「六百字読めて四百字書ける」が基準とされたが、各学年で読み書きの学力差が著しいことを指摘した。算・数では中学校よりも小学校で「統計的な学力差の存在」(同上, 1957：45) が見られた。

　一方、県教委とともに学力テストの実施主体となった機関が県教育研究所であった。県教育研究所は昭和25年4月1日に開設され、その目的または任務は「教育の原理と実践に関する調査研究を行なうとともに、教育関係職員に現職教育を施してその資質向上と能力充実を期し、以て本県教育の振興をはかる」(鳥取県教育研究所, 1971：2) とされた。特に県教育研究所の中心的業務は、県内教育上の諸問題の基礎的実証的な調査研究であり、現場の教育に役立つことを旨とした。昭和25年7月6日～17日に県教育研究所が最初に行った「標準学力テスト」(中1～3：数) は、数学における標準テストを作成し、各学校での利用を促すものであった[3]。その意図は、「教師の主観的な成績評価では、異なつた學校や學級の正しい比較検討は出来ない。また自分の學校の全縣下に於けるレベルを知ることは其の後の教育計画や學習指導法の改善に好都合である」(鳥取縣立教育研究所, 1950：發刊のことば) とし、生徒の学習成果の客観的評価と新しい指導要録における成績評価の客観化の為に標準検査を実施したものであった。テスト問題は指導要領の要項を標準とし、これに準拠して選択されたが、主として知識を理解して応用する能力、技能などを測るものであった。中1～中3まで、延べ4,369人の生徒の各テスト結果を10点段階の素点による成績分布状況に区分した上で、学年ごとの平均と標準偏差値、男女差、地域差、学校差の分析などが行われている。

　昭和28年10月26日～11月13日に実施された「県中学校3年生の讀み書き能力調査」(中3：国) は、層化無作為抽出によって24校24学級 (計943人) が抽出され、「国民として現代生活を営むうえに必要な文字言語能力を、どれだけ身に付けて卒業していくかを調べる」(佐々木, 1955：45) ことなどを意図し、かつ昭和23年の全国調査との比較によって、県の中3の能力の実態を明らかにするものであった。結果は、鳥取県では「正常な社会生活を営むのに必要にして、望ましい限界の能力」を身に付けている者が、日本全体の6.2％と比較して、

376　第3部　中国・四国・九州・沖縄地方

0.2％しかいないといった衝撃的な事実が指摘された（同上，1955：57）。

　県では、こうした一連の学力調査を実施した背景には「基礎的学力の低下について、その論議は必ずしも科学的な資料に基づいているわけではなかった」（鳥取県教育史編さん委員会，1979：454-455）との反省がなされた。つまりは、新教育による学力低下批判それ自体が科学的根拠に欠けるものであり、この点は鳥取県では明確に自覚された。県教育研究所は、教育評価における科学性を重視し、「今や新教育にたずさわる教師に對して、強く要請されていることの一つは、教育測定や學力テストに關する統計學及び推計學の基本的な理論や処理方法についての知識をある程度もつていて、少なくとも教育評價に科學性を有らしめるということである」（鳥取縣立教育研究所，1950：發刊のことば）と指摘した。

　なお、県教育研究所は昭和48年4月に現職教育の充実と教職員の資質の向上を目指した「県教育研修センター」となり、平成14年4月に「県教育センター」へと衣替えし、今日に至っている。

## 2　学力と知能

　戦後における科学的評価に基づく児童生徒の理解と教育指導への利用を意図したものに、「知能検査」の利用が挙げられる。そこで、本節では昭和30・40年代において鳥取県で頻繁に行われた「学力」と「知能」の相関関係を調査研究した事例を取り上げる。つまりは、これらの調査研究は学力の高低を決定する教育条件の一つとして、生まれながらの知能が影響しているか否かを調査するものであり、それによって学習指導のあり方を検討するというものであった。こうした学力と知能の相関関係の調査研究は、全国的に行われたものであり、「小中学校の現場では、それぞれの子どもについて測定されたIQや知能偏差値が、主として学業不振の診断と進路指導に利用される」（滝沢，1987：10）と同時に、小・中学校では知能検査を実施して指導要録に記入することも求められた[4]。

　鳥取県では知能検査の利用は、昭和30年代には全県的なものであった。それを証明するものとして、県では県下の小・中・高を対象に昭和31年度に利用された各種教育検査（知能・学力・性格・適性など）の実態をアンケート調査している。その結果は〈表—2〉のように公表された（鳥取県教育研究所，1959：107）。

〈表―2〉昭和31年度の鳥取県の「各種教育検査」の実施状況

| 調査内容 | 小学校 | 中学校 | 高等学校 |
|---|---|---|---|
| 調査対象校 | 209 | 93 | 24 |
| 教育検査実施校（率） | 151 （ 72%） | 80 （ 86%） | 13 （ 54%） |
| ①知能検査 | 123 （58.9%） | 75 （80.6%） | 10 （41.7%） |
| ②標準学力検査 | 92 （ 44%） | 35 （37.6%） | 5 （20.8%） |
| ③性格検査 | 3 | 15 | 2 |
| ④適性検査 | 1 | 42 | 2 |
| ⑤その他の検査 | 3 | 19 | 0 |
| 備考 | ①のみが57<br>②の併用が63 | ①のみが17<br>①②の併用が11<br>①②④の併用が14 | ①のみが6<br>①②の併用が3 |

＊備考欄は比較的多い種類の組み合わせ。

　この調査は、昭和31年度に実施された教育検査に限定されており、それ以前のものは含まれていない。この表から明白なことは、①小・中・高ともに知能検査の実施率が最も高く、②標準学力検査との併用も多いことである。また、その使用目的も「学習指導」と「公簿記入」が圧倒的に多く、学校現場における一定程度の浸透が確認できる。例えば、中学校における知能検査は「新制田中Ｂ式」（35校）、「教研式学年別知能検査」（13校）、「田中Ｂ式」（11校）が、学力検査は文部省「全国学力調査」（12校）、「田研式標準学力テスト新入生」（7校）、「教研式診断学力テスト」（5校）が利用の上位を占めた（同上, 1959：108）。

　次に、県教育研究所が行った「学力テスト」と「知能検査」を併用して、その相関関係を調査研究したものとしては、〈表―3〉の7件を確認できる。

　昭和31年11月に行われた「中学校における英語履修者能力的背景および平易なる和文英訳テスト結果の考察」（中3）が知能検査を使った最初の調査研究であった。県全体の中3の英語履修者8,500人（中3の在籍者は13,900人）における英語能力を知るために、英語の選択率が高く規模の大きな研究協力校4校（計1,030人）を選び、「県下中学生の英語選択の実状と、その能力的背景を知り、さらに平易な和文英訳を課した結果を考察」（鳥取県立教育研究所, 1957：57）す

378 第3部 中国・四国・九州・沖縄地方

〈表—3〉鳥取県の「学力テスト」と「知能検査」を併用した調査研究の実施状況

| 調査研究の名称 | 対象学年・教科 | 初回のテスト実施年（度） |
|---|---|---|
| 中学校における英語履修者の能力的背景および平易なる和文英訳テスト結果の考察 | 中3：英 | 昭和31年11月8日〜12日 |
| へき地児童の学力調査 | 小1〜6：4教科 | 昭和34年12月22日 |
| 幾何学習に必要な男女の能力の分析 | 中3：数 | 昭和35年7月20日 |
| 国語学習における一斉読み（自由読み）と順ぐり読み（指名読み）の効果の比較 | 小3：国 | 昭和36年3月上旬 |
| プログラム学習と一斉学習との比較実験 | 中2：数 | 昭和38年1月21日 |
| 学習についての実態調査 | 中1・3：数 | 昭和45年5月 |
| 能力差に応ずる指導法の研究 | 中1〜2：数 中3：英 | 昭和46年度 |

るものであった。その際には、各中学校が共通に自主的に実施していた知能テスト（新制田中B式テスト）も利用された。この調査研究では、「知能の品等分類」として知能偏差値75以上を「最優」とし、24以下を「最劣」とする7段階に区分し、中3の在籍者と英語選択者の知能、知能段階ごとにみたテスト結果などを考察するものであった。英語テストは、県下で最も利用されている教科書の中の和文英訳練習問題に修正を加え、簡単な中1程度の和文英訳問題15問を課している。知能段階からみたテスト結果は、平均得点が51点から5点までの幅があり、「落差はきわめてはげしい」（同上，1957：62）ことなどが指摘された。

　しかしながら、昭和38年には、たった一度の学力テストや知能検査で、児童生徒の優劣に関する固定的なイメージを定着させることは誤りであり、「発達の指標」（＝環境説）とすべきであるという主張がなされた。県では小・中学校の団体知能検査に種々の問題があること、教育行政上・教育指導上でも団体知能検査が余り活用できないなどの問題も指摘され、昭和36年には鳥取・倉吉・境港市の小2・4を対象に団体知能検査の結果に関する共同研究が実施された（鳥取県教育研究所，1963a：67）。結論は、異なる知能検査を用いれば、その結果も異なるというものであり、知能検査の客観性自体にも疑念が持たれた[5]。

第19章　「学力診断テスト」による「つまずき」発見〜鳥取県〜　379

　知能検査に対する疑念はあったものの、その後も知能検査の利用は継続され
た。「学力」と「知能」の相関関係を調査した最後の研究となったものが昭和46
年度の「能力差に応ずる指導法の研究」（中1〜2：数、中3：英）であった。
同研究は、数学が研究協力校の鳥取市立湖東中において、英語は同市立北中で
行われたものであり、いずれも調査研究の開始前に対象となる生徒の学力と知
能の相関を調査したものであった。数学の場合には、実験学級と対象学級にお
いて「教研式標準学力検査」（昭和46年5月）と「新制田中A式」（同年4月）に
よって能力群の等質性が検証され、その後に能力差を考慮した指導が開始され
た（鳥取県教育研究所, 1972a：74）。同じく、英語では「知能テスト」として中1
には「田研式中学校用　田中B式（E1）」（昭和44年4月）が、中3には「田研
式中学校用　田中A式」（昭和46年4月）が実施され、知能の段階区分による生
徒の実態が示された。なお、この数学と英語の「学習指導改善」を意図した調
査研究の内容は、次節において改めて述べることとする。

　本節では、鳥取県の知能テストの利用が昭和30・40年代には県内の各小・中
学校で定着していたこと、そして知能テストの科学性・妥当性を疑問視する声
はあったものの、教育研究所が行なった調査研究においては積極的に利用され、
学習指導改善に生かされていたことが指摘できる。

## 3　「学習指導改善テスト」の実施

　昭和31年から開始された文部省「全国学力調査」に対する鳥取県の対応は、
「学力調査の結果を、どう利用したらよいか」であり、都道府県別の順位に対
する過剰な反応は見られない。というのも、昭和31〜35年度の5年間の「全国
学力調査」の小・中学校の平均点は、以下のような結果となり、特に学力低下
を問題視してはいないからである（山崎, 1961：3）。

　〈表—4〉〈表—5〉の結果を基に、義務教育課指導係長の山崎は「本県の学
力水準は全国平均に近いところにある」（同上, 1961：5）と評価し、かつ「本県
の客観的条件（地域的性格・経済力・文化程度等）からするとよくがんばってい
ると思う」（同上, 1961：6）といった、やや自虐的な自画自賛もしている。

　従って、鳥取県において重視された「全国学力調査」に対する取り組みは、

380　第3部　中国・四国・九州・沖縄地方

〈表―4〉 最近5年間の鳥取県の小学校の学力（昭和31～35年度）

| 実施年度 | （昭和）31 | | | | 32 | | 34 | |
|---|---|---|---|---|---|---|---|---|
| 区分 | 国 | 算 | 社 | 理 | 国 | 算 | 社 | 理 |
| 鳥取県平均 | 45.2 | 30.6 | 53.9 | 49.5 | 47.4 | 40.3 | 42.1 | 51.1 |
| 全国平均 | 44.8 | 30.5 | 55.7 | 51.3 | 49.2 | 43.6 | 44.5 | 51.7 |
| 全国都道府県のうちでしめる順位 | 10～15 | 22～25 | 28～34 | 30～36 | 21～25 | 25～30 | 不明 | 不明 |

＊昭和33年度の「音」「図工」「家庭」は省略。

〈表―5〉 最近5年間の鳥取県の中学校の学力（昭和31～35年度）

| 実施年度 | （昭和）31 | | 32 | | 33 | 34 | | 35 | |
|---|---|---|---|---|---|---|---|---|---|
| 区分 | 国 | 数 | 社 | 理 | 英 | 国 | 数 | 社 | 理 |
| 鳥取県平均 | 49.9 | 43.6 | 55.7 | 50.4 | 44.3 | 59.0 | 39.7 | 40.2 | 48.2 |
| 全国平均 | 48.3 | 40.8 | 55.7 | 49.5 | 40.5 | 60.3 | 44.4 | 41.2 | 47.7 |
| 全国都道府県のうちでしめる順位 | 13～20 | 12～16 | 20～24 | 15～19 | 7～15 | 25～29 | 31～36 | 不明 | 不明 |

＊昭和33年度の「職業」は省略。

児童生徒の学力を正確に把握して、その実態に即して着実に、効果的に学力向上を図ることであった。そのためには、学力調査の結果を自分のものと受け止め、結果の分析や活用が大切であるとした。とりわけ、学習指導上の問題点の発見のための分析としては、領域別・小問別の正答率の検討、誤答の傾向、及び原因の究明を行ない、児童生徒の「学力のひずみ、欠陥をとらえる必要がある」（鳥取県教育研究所, 1965：43）と指摘した。

　具体的な方法としては、「応答分析」と「スケーログラムによる分析診断」が具体例として提示された。スケーログラムとは、生徒一人ひとりが各小問において正解か不正解かを一覧表にして、学級や個人がどのような学力構造を持っているかを明らかにするための一次的資料となるものであり、それによって指導の反省や改善の手がかりを得ようとするものであった。つまりは「スケーログラムは、テストの妥当性、学級にとっての難易度等、推察の手がかり

第19章 「学力診断テスト」による「つまずき」発見～鳥取県～　381

をも与える」（同上，1965：47）だけでなく、指導法の工夫、改善、指導計画の樹立など、実用価値の高い資料ともなりうるものであった。

　こうした文部省「全国学力調査」に対する県教育研究所のスタンスが物語るように、鳥取県の姿勢は学力テストでの順位競争ではなく、学習指導の改善に重点を置いたことであった。〈表―6〉は、鳥取県における学習指導改善を目的とした調査研究の一覧であるが、「全国学力調査」終了後の昭和40年代がピークとなっていることがわかる。

〈表―6〉鳥取県の「学習指導改善テスト」の実施状況

| 調査研究の名称 | 対象学年・教科 | 初回のテスト<br>実施年（度） |
|---|---|---|
| 算数的思考形式の考察と指導について | 小3～5：算 | 昭和27年2月 |
| 国語学習における一斉読み（自由読み）と順ぐり読み（指名読み）の効果の比較 | 小3：国 | 昭和36年3月上旬 |
| プログラム学習と一斉学習との比較実験 | 中2：数 | 昭和38年1月21日 |
| 学習指導法改善に関する研究 | 小6：算 | 昭和40年7月 |
| 学習についての実態調査 | 中1・3：数 | 昭和45年5月 |
| 能力差に応ずる指導法の研究 | 中1～2：数<br>中3：英 | 昭和46年度 |
| 小学校児童の自然認識の実態に関する調査研究 | 小3～6：理 | 昭和47年1月～2月 |
| 算数科「数と計算」領域における誤答の調査および分析 | 小2～6：算 | 昭和49年10月 |
| 情報処理能力を育て生かす指導のあり方 | 小4：理 | 昭和51年6月 |
| 小学校理科教材・教具の開発と指導法の改善 | 小2：理 | 昭和56年度 |

　鳥取県における「学習指導改善」を意図した調査研究の中から、学習形態や学習スタイルの問題点を発見し、その学習指導法の改善を行なうことを意図したものが目に付く。昭和38年1月に行われた「プログラム学習と一斉学習との比較実験」（中2：数）は、鳥取南中の中1（142人）において、「プログラム学習法」「一斉学習法」「自主学習法」の3つの長短を比較検証したものである（鳥

取県教育研究所, 1963b：20）。教科は数学科であり、学習方法や学習内容を比較するために、「事前テスト」（12月7日）、「事後評価テスト」（12月20日）、「定着テスト」（1月21日）を「プログラム学習実施実験群」と「一斉学習実施対象群」で行い、その結果が比較されるが、「数的平均点に有意の差があるとはいえない」と結論づけられた（同上, 1963b：41）。同じく、昭和40年7月にも「学習指導法改善に関する研究」（小6：算）においても、子どもの思考の傾向性の類型化を調査している（鳥取県教育研究所, 1966）。

　昭和46年度には「能力差に応ずる指導法の研究　数学科（第2年次）」（中2）において数学指導におけるシンクロファックス・シートの効果的な使用法が究明された。同じく、「能力差に応ずる指導法の研究　英語科（第2年次）」においては、「学業不振生徒に焦点をあて、能力別学級編成における一斉指導のあり方をさぐり、指導法改善の一助とする」（同上, 1972b：92）ことが行われた。この調査研究は、まずは鳥取市立北中の2年生の3学期末に「標準学力検査」（教研式）と「教師作成テスト」を実施し、その結果によって能力別学級編成（上位・中位・下位）を行ない、能力に応じた「学習到達基準」を設定し1年間の指導を行なうものであった。そして、1年後の中3の3学期末に再び「標準学力検査」（教研式）「観点別総仕上げテスト」を実施し、「学力偏差値と学力の伸び」「学習の到達度」を分析した（同上, 1972a：104-105）。「学力の伸び」は、昭和45年度と46年度のテスト結果の年度別・学年別段階分布によって学力の上位と下位の比較を行なっている。

　この調査研究の特徴は、同一生徒の1年間の「学力の伸び」と「学習の到達度」を測定し、能力別指導の問題点や学習の定着度を検証したものであった。学習評価の手法としては新しいものであり、積極的な学習指導改善の姿勢を物語るものであった。その他には、昭和51年6月には「情報処理能力を育て生かす指導のあり方」（小4：理）において情報処理能力の育成をめざす効果的な指導法が、昭和56年度には「小学校理科教材・教具の開発と指導法の改善」（小2：理）において低学年理科の教材・教具を開発するとともに、子ども自らが自然の事象に働きかける学習指導のあり方について究明された。

## 4 「診断テスト」の実施

鳥取県における児童生徒の学力を正確に把握して、その実態に即して着実に、効果的に学力向上を図るといった施策は、学力テストの実施においても絶えず配慮されたことであった。その象徴が〈表―7〉で示した5件の「学力診断テスト」の実施であった。

〈表―7〉 鳥取県の「学力診断テスト」の実施状況

| 調査研究の名称 | 対象学年・教科 | 初回のテスト<br>実施年（度） |
|---|---|---|
| 東伯郡における算数診断性学力テストの分析 | 小2〜6：算 | 昭和31年10月下旬 |
| 数学診断テスト | 中1〜3：数 | 昭和34年度 |
| 小学校算数診断テスト | 小2〜6：算 | 昭和34年度 |
| 小学校国語診断テスト | 小2〜6：国 | 昭和44年4月上旬 |
| 中学校国語学力診断調査 | 中3：国 | 昭和44年10月下旬 |

「標準学力テスト」は、児童生徒の学力の実態を一定の規準（norm）に基づいて評価し、受検者全体の得点結果を集計した上で、児童生徒の学力の実態を教科別・得点別・地域別・男女別などの観点から平均点や標準点などを比較・分析するものであった。いわゆる相対評価に基づくテストであり、個人を集団内の順位で比較するものである。一方、実施目的が児童生徒の学力の進歩や遅滞の欠陥を解明するテストは「学力診断テスト」と呼ばれた。学力診断テストは、児童生徒の学習上の「つまずき」「問題点」「欠陥」を発見し、それを手がかりに原因を究明して効果的な治療を行なうものである。

県教育研究所の研究員であった木下明美が東伯郡算数教育研究会の協力を得て行ったものが、昭和31年10月下旬「東伯郡における算数診断性学力テストの分析」（小2〜6）であった。東伯郡内の研究協力校31校（計9,994人）を対象に、「農村地帯を中心とする鳥取県の中部地区東伯郡において、算数の学習結果の調査と診断をして、児童の学習結果の実態を把握し、その結果に基づいて学習結果の欠陥と思われる点の原因を究明し、適切なる治療方法を研究するととも

に、更に進んで日常の指導上の有効な予防法を打立てたい」（木下，1957：12）
とした。全県的な「小学校算数診断テスト」（小2～6）の開始は昭和34年度で
ある[6]。昭和34年度には算数の5領域（数と計算・量と測定・数量関係・図形・文
章題）が出題され、46年度からは学習指導要領の改訂で4領域（数と計算・量と
測定・図形・数量関係）となっている（鳥取県小学校教育研究会算数部会，1979：2・
3）。平成9年度が40回目の実施であった（同上，2002）。

　一方、「小学校国語診断テスト」（小2～6）は昭和44年4月上旬に県小学校
教育研究会国語部会の「国語診断テスト作問委員会」が作問し、県下の小学校
（46,519人）で実施され、県教育研究所が結果分析を担当した。目的は、国語能
力の実態把握によって、「その向上に資する」ことと「国語指導法の改善に資
すること」（鳥取県小学校教育研究会国語部会，1970：6）などであった。昭和46年
度は、「小学校基礎教科学力診断調査（国語診断テスト）」（小4～6：国）という
名称で実施された。この小学校国語診断テストは平成7年度には第28回を数え、
結果は『国語の診断』（第28集）として刊行され、テストの「診断と治療の手だ
て」が丁寧に分析され、指導上の留意点が指摘された（倉光，1996：54）。

　同じく、中学校の「数学診断テスト」（中1～3）は「県中学校教育研究会数
学部会」が昭和34年度に希望校59校で実施している[7]。その目的は、「（1）本
県生徒の数学の学力を診断的に把握し、その結果の考察を今後の指導の参考と
して、数学の学力向上に資する。（2）必要に応じ、純粋な教育上のいろいろな
研究のための資料を提供する」（鳥取県中学校教育研究会数学部会，1978：3）こと
とし、学年別の平均点と得点、領域別正答率、問題ごとの正答率と誤答率など
が集計された。昭和53年度には20回目の「数学診断テスト」が3月下旬及び4
月上旬に実施された（同上，1978）。それ以降の実施については資料的な確認は
出来ていない。

　県教育研究所が行った診断調査としては、昭和44年10月下旬の「中学校国語
学力診断調査」（中3）がある。規模別に6校抽出（計930人）され、「国語学力
の全県的傾向や問題点をは握」（鳥取県教育研究所，1970：2）し、指導行政上の
一助とするとともに、学習指導の反省と改善の参考資料とするものであった。
問題は、前学年までの指導事項について出題することを原則とし、程度は難・

普通・易に渡るよう配慮された。出題の範囲は読むことの領域を中心とし、説明的文章、文学的文章の読解、鑑賞を柱に、語句、熟語の構成、漢字の読み書きの能力を加えている。問題の一部は、昭和41年度の文部省「全国学力調査」、及び昭和43年度の「香川県学力調査」の一部からも引用された。学校規模別・男女別・問題別の平均正答率が結果分析され、全体の平均正答率は女子が男子より4％高いことが明らかとなった（同上, 1970：7）。漢字の読み書き、書き取りが低く、漢字力が貧困などと分析された。

　最後には、診断テストとして県小・中学校長会が県教委の委託を受け、合同事業として「県小・中学校学習状況調査」（小4・6、中1・2：2教科）を昭和58年1月19日（小学校）、2月16日（中学校）に実施し、以後の3年間継続された。「各学校において個々の児童生徒のつまずき、学習達成状況等の把握に資し、日常の指導計画・指導方法の改善に資する」（鳥取県中学校長会編, 1987：17）ことを目指している。同時に、国・算（数）の「基礎的基本的事項」の学習状況調査を行い、全県的規模で「学習の到達度」も確認している。診断テストであるので、誤答分析が中心であり正答・誤答・無答率が領域別に分析された[8]。しかしながら、県中学校長会の第21代会長であった谷川峰男は、この「学習状況調査」が「差別・選別につながる能力主義だの、教師の主体性を阻害する管理主義だのと騒ぎ立て、時ならぬ騒動となったのである」（同上, 1987：13）と回顧した。

　以上、鳥取県では児童生徒の学力の進歩や遅滞の欠陥を解明する学力診断テストが重視され、県教育研究所、県小・中学校教育研究会、県小・中学校長会などの組織・機関が総がかりで実施したと評価することができる。こうした県の調査研究機関と県下の教員・校長の組織が一体となって実施している点が鳥取県の特徴であった。

## 5　現代の学力テスト政策

　最後に、鳥取県の現代の学力テスト政策も検証しておこう。県教委は、平成15年1月14日（小6のみ1月15日も実施）に悉皆調査によって「基礎学力調査」（小3：2教科、小6：4教科、中2・3：5教科）を行なう。「児童生徒の基礎学力

の事態を把握し、結果の分析・考察をとおして、児童生徒のよりよい学習を実現するための指導上の工夫改善に資するとともに、さらには、基礎学力の定着・向上に向けた施策に反映させ、学校・家庭・地域の教育力の総和を高める」（鳥取県教育委員会, 2003：1）ことを掲げ、「基礎学力」を知識・技能だけでなく、学ぶ意欲、思考力、判断力及び表現力等の諸能力をも含むこととした学力調査であった。特徴としては（1）問題群は、基礎学力全般にわたって「内容領域」及び「評価観点」のバランスを図ったこと、（2）ペーパー・テストでは測りにくい「関心・意欲・態度」「思考力・判断力」等の評価を試みたことである。実施目的にはいくつもの目的を掲げ、テスト評価も挑戦的なものではあったが、平成16年1月の調査では中3は対象ではなくなり、平成19年度から文科省「全国学力・学習状況調査」（以下、「全国学テ」）が開始されたことを受け、その後は中止された。

　実は、この「基礎学力調査」における「結果の公表」は全国的に注目されたものであった。鳥取県は、平成15年に「県情報公開条例」を改正し、「児童生徒の数が10人以下の学級」は非開示とするものの、それ以外は開示義務を課している（戸澤, 2010：58）。当時においては、全国学テの結果はマスコミ・国民一般が強い関心を抱き、都道府県・市区町村でもランキング結果に一喜一憂するものとなり、結果の公表に関する開示請求が全国各地で行われた[9]。鳥取県の事例は、大阪府・秋田県・静岡県などと同じように、実施主体（文部科学省）でもなければ、参加主体（市町村教委）でもない都道府県知事がテスト結果の市町村別・学校別公表に踏み切っている。

　同じく、平成19・20年度の全国学テの市町村別・学校別の調査結果については、平成20年8月には鳥取県教委は非開示としたものの、同年12月には「県情報公開条例」を一部改正して、平成21年度以降には市町村別・学校別の結果を開示し、全国初の学校別結果の開示を行うケースとなった（『朝日新聞』2009.9.8.朝刊）。そして、県内19市町村全部とテストを実施した小・中学校、特別支援学校のうち児童生徒が10人以下の学校を除いた計166校における国語と算数・数学の平均正答数と平均正答率が開示された。鳥取県の事例は、国と県の学力テストの結果公表をおこなったものではあるが、その逆に「非開示」

とした自治体もあった。結果開示に関する裁判でも「開示」「非開示」の相異なる判決が出された。結局、鳥取県の先駆的な試みは文科省における政策変更をもたらす。文科省は、平成26年度から学力調査の結果公表に関する取り扱いを変更し、それまで容認されていなかった市町村教委による個々の学校名を明らかにした調査結果の公表を可能とするものとなった。

　最後に、令和2年度になって開始された「とっとり学力・学習状況調査」（小4～中2：2教科）にも言及しておきたい。この調査は、従来の児童生徒の学習内容の定着度を測ると同時に、「一人一人の学力がどれだけ伸びているのか」（鳥取県教育委員会，2021：1）という新たな視点を加え、子どもたちの学力の成長を促すものである。同様の調査を平成27年度からすでに開始している埼玉県教委と締結し、調査問題の相互利用等をしながら実施するものであった。児童の学力の経年変化を見とるために、項目反応理論（IRT）を利用した。令和3年度は小4～中1（義務教育学校7年生まで）、令和4年度は小4～中2（義務教育学校8年生まで）を予定している。鳥取県の新たな試みに注目したい。

## おわりに

　平成31年に制定された「県教育振興基本計画」（5ヶ年計画）において鳥取県が強調する学力向上政策は、「全国学力・学習状況調査等で明らかになった課題等を踏まえた学力向上対策を実施」と表現され、具体的な数値目標を掲げるものとなっている。一つ目は、「全国学力・学習状況調査結果の各教科の全国平均に対する県平均」として小・中学校の各教科で「全国平均を上回る」ことである。二つ目は、「全国学力・学習状況調査で各教科の最下位層（A～Dの4段階のD層）の割合が「全国平均を下回る」（鳥取県，2019：36）ことである。この二つの数値目標は、鳥取県にとっては達成困難な目標ではなく、現状を認識した緩めの目標設定であると思われる。そして、児童生徒の基礎的・基本的な知識、技能の定着、身に付けた知識や技能を活用する力など、「学力の底上げ」を課題に掲げている。

　鳥取県は、平成21年度以降には全国学テの結果公表を市町村別・学校別に開示し、全国初の学校別結果の開示を行うケースとなったが、もともとの同県の

学力は全国平均並みであった。平成31年の「県教育振興基本計画」でも「確かな学力・学びに向かう力の育成」が掲げられ、主体的で自律的な学びが強調された。教育の基本は、結果を求めるトップ・ダウン的な教育の強制ではなく、一人ひとりの児童生徒の学びを保障し、学校・教師の困難に立ち向かう様々な努力を支援することであろう。鳥取県の教育成果に期待したい。

　特に、本章でも指摘したように鳥取県の「学力向上」を目指す学力テストの歴史を振り返れば、日々の学習を「管理目的の評価」から「指導目的・学習目的の評価」へとシフトさせ、児童生徒の学習上の「つまずき」「問題点」「欠陥」を発見し、それを手がかりに原因を究明して効果的な治療を行なう診断テストが多く実施されたことであった。しかも、県教委や県教育研究所のみならず、県小・中学校の県教育研究会や県校長会などの学校現場の教員なども診断テストを実施し、学習指導の改善に努力した歴史も確認できた。こうした鳥取県の「学力テストそれ自体のイノベーション（革新性・先駆性）」と「実施主体のダイバーシティ（多様性・多元性）」の歴史が現代にも継承されているものとして評価する。


〈注〉
〈１〉「鳥取県国語教育研究会」は、昭和27年10月に小・中学校教員約150名が集まり、研究発表会などを行っている。「鳥取県小学校教育研究会国語部会」の会長大島哲夫によれば、「鳥取県の国語教育界は先に全国に名声を博した、生活詩、生活行動詩、生活綴方などの諸業績をあげた黄金時代」（鳥取県小学校教育研究会国語部会，1970：5）があったとし、全国的にも著名な大先達の峰地光重、稲村謙一、佐々井秀男など10名以上の名を挙げている。戦後二十数年を経て、国語教育の重要性が再認識され、「県国語研究会」が稲村謙一、伊沢庸正の両氏を中心に活動が再開されたと指摘されている。「県小学校教育研究会国語部会」もこの時発足している。
〈２〉鳥取県教育委員会1959『鳥取県教育史　戦後編』では、「能力調査」は昭和25年7月5日実施となっている（鳥取県教育委員会，1959：285）。
〈３〉県教育研究所は、昭和34年に共同研究「鳥取県に於ける知能の低い子どもの実態とその検査識別に関する研究」を実施したが、県内の精薄児の出現率が集団式知能検査の「田研式」では9.92%、「教研式」では12.92%などとなり、客観性に疑念が抱かれている（鳥取県教育研究所，1960：13）。

〈4〉 当時の学習指導要領（昭和22年）では科学的評価に基づく児童生徒の理解と教育指導への利用を旨として、「小中高の１年次と３年次の終わりに実施されることが、のぞましい」（日比野，1950：168）と位置づけられた。昭和24年には「標準検査の記録欄」として「小学校学籍簿」「中学校・高等学校累加記録摘要」が設けられ、学力検査とともに知能検査も記入が求められた。

〈5〉 県は、昭和34年７月10日に公立小・中学校の児童生徒を対象に「知能の低い子どもの実態」を調査している。この調査の実施理由は、同年度の小学校新入学児童の知能検査の結果において、精薄児の出現率に最高32.2%、平均10.5％という異常値が出て、「知能検査自体に欠かんがあるのではないか」といった疑念が出されたためである（鳥取県教育研究所，1960：2）。

〈6〉「小学校算数診断テスト」の初回実施は昭和34年度であり、「日々の学習指導の実践に役立てること」（鳥取県小学校教育研究会算数部会，1979：2）を目的とした。前著2022『地方学力テストの歴史—47都道府県の戦後史—』（風間書房）では、この開始を昭和45年４月上旬としたが、これは昭和34年度の誤りである。ただし、昭和34年度からの10年間の実施内容は資料的な確認ができておらず、詳細は不明である。小学校の国・算の診断テストの結果は、県教育研修センターでも分析結果を公表している。国語は昭和44年〜52年までの９年間を対象とし、算数は昭和47年から51年の５年間を対象とし、基礎学力の実態と動向を把握している（鳥取県教育研修センター，1978）。

〈7〉「県算数数学研究会」は昭和25年６月に結成され、小・中・高・大学の数学担当教員約400名が参加している（鳥取県教育委員会，1959：504）。

〈8〉「学習状況調査」の３年間の結果報告書が昭和59年に刊行されている（鳥取県小・中学校長会，1984）。県小学校長会と県中学校長会は昭和23年に創設され、平成９（1997）年に50周年を迎え、それぞれ鳥取県小学校長会五十年史編集委員会1997『鳥取県小学校長会五十年史』（鳥取県小学校長会）、鳥取県中学校長会創立50周年記念誌編集委員会1997『鳥取県中学校創立50周年記念誌』（鳥取県中学校長会）を刊行している。

〈9〉 テスト結果の開示請求に対して結果を公表するとした答申は、秋田県・埼玉県・愛知県春日井市・相模原市・藤沢市・横浜市などで出されているが、逆に鎌倉市・大阪府枚方市は非公開とする答申を出している（戸澤，2010：57-61）。


〈引用・参考文献一覧〉

伊澤庸正　1952「漢字の『讀み』能力調査の方法に對する一考察」鳥取縣立教育研究所『研究紀要』第３集、161-175頁

木下明美　1957「東伯郡における算数診断性学力テストの分析」鳥取県立教育研究所『研究紀要』第９集、11-32頁

倉光浄晃編著　1996『鳥取県小学校国語教育史研究』米子プリント社

390　第 3 部　中国・四国・九州・沖縄地方

佐々木誠　1955「鳥取県中学 3 年生の讀み書き能力調査」鳥取県立教育研究所『研究紀要』第 7 集、43-74頁

滝沢武久　1987『知能指数―発達心理学からみたIQ―』中公新書

戸澤幾子　2010「全国学力調査の見直し」国立国会図書館調査及び立法考査局『レファレンス』49-72頁

鳥取県　2019『鳥取県教育振興基本計画～未来を拓く教育プラン～』1-80頁

鳥取県教育委員会　1957『教育時報―戦後十年の歩み―』No. 57、1-87頁

鳥取県教育委員会　1959『鳥取県教育史　戦後編』鳥取県教育委員会

鳥取県教育委員会　2003『平成14年度　基礎学力調査の結果について（概要）』1-13頁

鳥取県教育委員会　2021『令和 2 年度　とっとり学力・学習状況調査報告書』1-69頁　R2kengakucho1~3.pdf（tottori.lg.jp）[2022. 8. 13. 取得]

鳥取県教育委員会・調査企画係　1951a『能力調査（国語・算数）』1-95頁（算数・数学）

鳥取県教育委員会・調査企画係　1951b「教育漢字讀み書き能力調査について」『能力調査（国語・算数）』1-192頁

鳥取縣立教育研究所　1950『標準學力テスト』1-189頁

鳥取県立教育研究所　1957「中学校における英語履修者の能力的背景および平易なる和文英訳テスト結果の考察」『研究紀要』第 9 集、56-64頁

鳥取県教育研究所　1959「－共同研究 3 －教育検査実施状況調査」『研究紀要』第11集、105-114頁

鳥取県教育研究所　1960「－共同研究Ⅰ－鳥取県における知能の低い子どもの実態とその検査識別に関する研究」『研究紀要』第12集、1-64頁

鳥取県教育研究所　1963a「共同研究　鳥取・倉吉・境港市に於ける団体知能検査の結果に関する研究」『研究紀要』第14集、67-76頁

鳥取県教育研究所　1963b「学習指導法の研究（その一）（プログラム学習と一斉学習との比較実験）」『研究紀要』第14集、20-42頁

鳥取県教育研究所　1965「学力調査の結果を、どう利用したらよいか」鳥取県教育委員会『教育時報』102号、42-47頁

鳥取県教育研究所　1966「学習指導法改善に関する研究―学習態度形成に関する基礎的研究―（第二年次）」『研究紀要』第17集、1-19頁

鳥取県教育研究所　1970「中学校国語学力診断調査」『研究紀要』第21集、1-22頁

鳥取県教育研究所　1971『20年の歩み』鳥取県教育研究所、1-52頁

鳥取県教育研究所　1972a「能力差に応ずる指導法の研究　数学科（ 2 年次）―中学校数学指導におけるシンクロファックスの利用について―」『研究紀要』第23集、50-90頁

鳥取県教育研究所　1972b「能力差に応ずる指導法の研究　英語科（2年次）—その実践と効果測定—」『研究紀要』第23集、91-111頁

鳥取県教育研修センター　1978「鳥取県小学校基礎学力の実態に関する研究」『研究紀要』第30集、1-95頁

鳥取県教育史編さん委員会　1979『鳥取県教育史』鳥取県教育委員会

鳥取県小学校教育研究会国語部会　1970『国語の診断　鳥取県小学校国語診断テスト結果のまとめ』第2集、1-83頁

鳥取県小学校教育研究会算数部会　1979『算数診断テスト20年のまとめ』第2集、1-153頁

鳥取県小学校教育研究会算数部会　2002『算数診断テスト・40年のまとめ』1-204頁

鳥取県小・中学校長会　1984『鳥取県小・中学校学習習得状況調査研究報告書—3年間のまとめ—』1-109頁

鳥取県中学校教育研究会数学部会　1978『昭和53年度　数学診断テストまとめ』1-19頁

鳥取県中学校長会編　1987『鳥取県中学校　創立四十周年記念誌』鳥取県中学校長会創立40周年記念誌編集委員会

日比野文一　1950「愛知県における中学高等学校生徒の知能テストの実態調査」愛知県教育研究所『研究紀要』第1集、152-173頁

山崎藤三　1961「鳥取県の学力について—全国学力調査結果からみた—」鳥取県教育委員会『教育時報—中学校学力調査特集—』1-9頁

# 第20章　すべては「学習指導改善」へ～島根県～

〈調査研究のねらい〉

　学力を決定づける個人の条件では、学習意欲・努力性に富むものほど学力が高いと考えられ、この意欲・努力性は、生徒自身のもつ興味・性格・知能・態度・関心・習慣・価値観・適応等とこれらを裏づける家庭環境により影響されると思われる。この仮説にもとづいて、これらの条件を調査分析し、これと学力がどのような関係を持つかを調べ、学力と個々の要因、各要因間、要因のからみ合せについて検討し、学習指導の改善を図る手がかりとする（高橋・石倉, 1963：78）。

---

## はじめに

　冒頭の一節は、昭和36年度に「島根県立教育研究所」（以下、「県教育研究所」）の高橋　清・石倉哲雄が「学力を規制する要因の分析―個人の条件が学力をどのように規制するか―」『研究紀要』（第30集）と題する研究論文から抜粋したものである。この調査研究は、昭和38年度の文部省「全国中学校一斉学力調査」（以下、「学テ」）から県下の5校201人（中3）を抽出し、学力を左右する「学習意欲」「努力性」について、これらに影響を及ぼす生徒自身や環境に関する諸条件を調査したものである。また、調査結果を分析して学習指導改善の手がかりを得ようとしたものでもある。島根県では、こうした学力調査の結果を基に「学力を規制する要因」をたびたび調査研究し、「学習指導改善」に生かすことを試みている。本章は、これを島根県における「学力向上」を目指す「学力テストのイノベーション（革新性・先駆性）」と位置づけ、戦後の学力テスト政策のあり様を解明することを目的とする。こうした島根県の学力調査への基本的なスタンスは、県教育研究所の設立当初から始まったものであった。

　昭和23年5月、「島根縣立教育研修所」（以下、「県教育研修所」）が設立され、

記念すべき広報紙『教育月報』の第1号が同年8月1日に発行された。この第
1号の巻頭の言葉は、当時の島根軍政部のボーン（Bone, Elmer E.）によるもの
であり、県教育研修所の役割として「教育の所部面に關する幾多の研究調査を
行ひ、教育の實態を把握してその解決の途を明かにし、本縣の教育体制に實際
的な新しいアイデイアを導入することは研究所第一の目標である」（島根縣立教
育研修所, 1948：1）と述べている。戦後直後における島根県の教育がアメリカ
軍政部の管轄下にあったことを示すものであると同時に、戦後の民主的な教育
体制の新しいスタートとして教育実態に関する調査研究を重視していたことが
理解できる。そして、昭和26年には県教育研修所は全国的な研修所の廃止に伴
い、「県立教育研究所」に名称変更された。

　山陰地方に位置する島根県は、日本教育史上では特に目立った特徴があるわ
けではないが、本章では学習指導改善に積極的に取り組む島根県の県教育研究
所を中心とする真摯な取り組みに着目し、同県の学力テストの軌跡を辿りつつ、
日本における学習指導改善の意味と役割を再確認したいと考える。

## 1　戦後の学力テストの歴史

　戦後から今日までの島根県の「県教育委員会」（以下、「県教委」）「県教育研
修所」（後の「県教育研究所」・「県教育センター」）が実施した学力テストの実施状
況を時期区分して示すと、〈表—1〉のようになる。「教育政策テスト」は7件、
「学習指導改善テスト」は19件となり、圧倒的に学習指導改善に重点が置かれ
ていたことがわかる。また、こうした学力テストは県教育研修所（県教育研究
所・県教育センター）が実施主体となっていたことも特徴的である。

　県教育研修所は、昭和23年5月の「縣立教育研修所条例及び規則」の制定に
より県立図書館内に設立された。即座に開始した事業の一つに「標準学力検
査」の開発があった。昭和25年、県教職員組合（以下、「県教組」）の求めにより、
第一次案を作成するとともに参考資料を蒐集し、翌26年には学力検査を「新学
年学習計画樹立の手がかりの一つ」として実施することが提案され、県教育研
究所試案の国・数の検査テストが開発された。「国語テスト」（小3〜中3）、
「算数・数学テスト」（小3〜中3）が主として各学校で販売され、小学校国語

394　第3部　中国・四国・九州・沖縄地方

〈表―1〉 島根県の戦後学力テストの実施状況

| | 昭和20年代 | 30年代 | 40年代 | 50年代 | 60年代～平成18年度 | 19年度～令和2年度 | 合計 |
|---|---|---|---|---|---|---|---|
| 教育政策テスト | 1 | 3 | 1 | 0 | 2 | 0 | 7 |
| 学習指導改善テスト | 0 | 7 | 11 | 1 | 0 | 0 | 19 |
| 合計 | 1 | 10 | 12 | 1 | 2 | 0 | 26 |

＊数値は新規に開発・作成された学力テストを用いた調査研究であり、2年以上継続されたものでも「1」としてカウント。

のみ3円で、残りは全て2円であった（島根縣教育委員会，1951a：30）。その他には、昭和27年度の研究調査として「中学校新入生学力調査」を県教組と協力して実施した調査、国立教育研究所「全国小・中学校児童生徒学力水準調査」（以下、「全国学力水準調査」）を昭和27・28・29年度の3年間にわたって実施した取り組みが挙げられる[1]。

　昭和20年代に唯一県内で実施された学力テストは、昭和27年4月に県教組中学校部が行った「中学校新入生学力調査」（中1：4教科）であり、県教育研究所が問題作成と結果の分析を担当した。同調査は、県下の中学校新入生を対象に4教科で実施されており、県教組・学校・研究所が三位一体となって実施したものであった（永田，1954：26-27）。県教組による学力テストの実施事例は、島根県以外では愛媛県・徳島県で確認することができる。愛媛県では昭和27年10月上旬～11月上旬に「基礎学力実態調査」（小2～6：算、中1～3：数）が、徳島県でも昭和51年12月中旬に「基礎学力実態調査」（小5・6、中1・2：2教科）が実施された。特に、徳島県の場合は日教組とは異なる県独自の教員組合である「県教職員団体連合会」が実施したケースであった[2]。

　県教育研究所が初めて実施した「教育政策テスト」は、昭和30年代の3件と40年代の1件のみである。その4件は、いずれも文部省「全国学力調査」の結果を基に学力の実態を把握し、学力向上を目指すものであった。詳しくは次節でも述べるが、その概要を示すと次のようになる。

　昭和32年4月と翌33年5月に行われた「理科学力と教育条件に関する研究」

（中1～2）、ならびに昭和37年度の「学力を規制する要因の分析的研究」（中3）は「全国学力調査」の結果について島根県が独自に分析したものである。昭和37年10月26日～11月14日に行われた「学力診断テスト」（中2・3：社・理）は、無作為抽出によって中2（244人）・中3（237人）を対象に、「生徒のひとりひとりをみきわめ、これを学習指導に生かす」（島根県立教育研究所, 1963a：143）ことを目的とした。「学テ」で正答率の低かった社・理の2教科を選び、さらに正答率が低く、問題点を含む領域の小問を抽出している。この設問を診断的・分析的な設問にかえて再調査し、生徒の思考や理解のつまずきの概略を調査したものである。そして、このような領域や内容の学習指導の一般的な欠陥を応答分析によってとらえ、学習指導改善への資料としたものである。

　一方、県教委は戦後の学力テストにおいて実施主体となったケースは一度もなく、平成16年の「県教育課程実施状況調査」（小6：4教科、中3：5教科）と平成18年度の「県学力調査」（小3・4：2教科、小5・6・中1：4教科、中2・3：5教科）の2件しかない。この2件については、第5節の現代の学力テスト政策において改めて論じることとする。

## 2　文部省「全国学力調査」の結果分析と対策

　文部省（調査局調査課）は、昭和31年から昭和41年までの11年間に「全国学力調査」と呼ばれるナショナル・テストを実施した。とりわけ、昭和36年から4年間にわたって実施された学テは、日教組を中心に激しい反対運動がおこった。また学テは悉皆調査となり、都道府県別のランキングまでもが公表され、一気に学力競争の気運が全国的に高まることとなった。

　島根県では昭和36年度の学テ実施に際しては県教組が反対を打ち出し、中止を迫ったものの、特別な混乱もなく平穏理に終了した。そして、翌37年度から40年度までは支障なく県内小・中学校が100％参加した。島根県における昭和36年度の学テ結果は、中2の国語が全国18位、数学が17位、中3の国語が24位、数学が21位、英語が15位であり、全国的には中位の位置をキープしている状況であった。島根県の学テに対するスタンスは、全国的な順位を競う学力競争には巻き込まれることなく、結果を冷静に受け止め、有効活用することであった。

396 　第3部　中国・四国・九州・沖縄地方

　県教委は、昭和37年から「教育広報」「手引き」などを通じて、この「全国学力調査」の目的と有効な利用法の徹底理解を図っている。同じく、県教育研究所も昭和37年から41年まで「学力調査結果利用の手引き」を作成し、県内各学校に配布すると共に、その講習会を県下5教育事務所管内の会場で開催した（島根県立教育センター，1975：42）。県教育研究所の文部省「全国学力調査」に対するスタンスは、昭和34年度に開催された研究所員10名による「学力調査の結果を検討する」という座談会でも確認できる。この座談会の最後の「学力調査をどう使うか」においては、「機械的に平均点を比較して順位をつけたり、それをもとにして単純に教授力の点数をつけるようなことは、きびしく戒めなければなるまい」（島根県教育委員会，1959：15）とした上で、学力調査の利用には「教育行政面からの検討」と「学習指導法を改善するための分析」が挙げられた。同じく、昭和38年の学テ結果に対しても「学力調査はコンクール」ではないとした上で、「平均点などはたいして役に立たないものである」（島根県立教育研究所，1963c：12）として、毎日の学習指導に生かすことの重要性を訴えた[3]。日々の学習指導に生かす具体策としては、テスト問題に対する児童生徒の「応答反応表」の作成と「診断テスト」によるより詳細な調査の実施を指摘した。

　本節では、こうした島根県における文部省「全国学力調査」の有効活用を意図した結果分析と対応の仕方を、とりわけ「学習指導の改善」といった側面から解明することである。島根県では県教育研究所が『学力調査の分析と考察―昭和31～41年度文部省全国学力調査による―』を11年間にわたって報告しているものの、これは「全国学力調査」における県の結果分析を詳細に行ったものであった。この結果分析に基づき、県独自の「全国学力調査」への対応・対策となったものとして県教育研究所から5点の研究成果報告書が刊行された。この5点とは、昭和33年から昭和41年まで刊行されたものであり、①昭和33年「指導のための学力研究　教科書研究」、②昭和34年「島根における学力の問題点―全国学力調査にもとづいて―」、③昭和37年「学力診断テスト」、④昭和38年「学力を規制する要因の分析的研究―個人の条件が学力をどのように規制するか―」、⑤昭和41年「昭和40年度学力調査の一考察」であった[4]。

　同じく理科・社会科における教科の分析としては、昭和32年度に実施された

「全国学力調査」の結果を受け、昭和34年度に「理科学力と教育条件に関する研究―中学校理科の実験観察と学力について―」を公表し、理科における「教育条件が学力にどのように影響するものであるかを今一層掘り下げて実証的に検討し、現場における学習指導および教育条件の整備改善に役立つ資料を得」（梅原，1959：69）るために、具体的な教育条件（カリキュラム、私版ワークブックの利用、実験観察の取り扱い方、学習評価テスト、年間授業時数、理科室使用時数、指導担当者）と平均点の関係を調査し、考察した。また、同じく社会科でも「中学校における社会指導の問題点」と題して、「全国学力調査」の結果分析と社会科担当教員への「中学校における社会科指導に関する調査」（島根県立教育研究所，196C：101）も行っている。さらには昭和37年10～11月には、同年度の学テ結果で正答率の低かった社会科、理科の2教科の診断テストも中2・3で実施した。その目的は、「正答率が低く、問題点をふくまれるような領域の小問を抽出し、この設問を診断的、分析的な設問にかえて再調査し、生徒の思考や理解のつまづきがどのようなところにあるか、概略を知り、このような領域や内容の学習指導の一般的な欠陥をとらえ、学習指導方法改善への資料とする」（同上，1963a：143）とされた。

　『県立教育センター二十五年史』によれば、昭和41年の『研究紀要』第40集には文部省「全国学力調査」に対する総括が述べられ、かつ学習指導改善の重要性が指摘された。「全般的に言えることは、小・中学校を通じて児童・生徒の基本的事項の知識や理解は向上しているが、総合的な思考力や判断力、原理を応用して問題を解明していく応用力等については不充分であるということである。…（中略）…児童・生徒ひとりひとりの能力を充分に伸ばすためにその学力の実態を正しくとらえ、学習指導を改善していくことは本県教育の向上発展に最も重要なことである」（島根県立教育センター，1975：42）。

## 3　「学習指導改善テスト」の実施

　本章において島根県に注目した最大の理由は、同県が昭和30年代以降において児童生徒の学習指導改善、教師による授業改善を目指した学力テストを繰り返し実施したことであった。それが〈表―2〉であり、昭和30年代から昭和50

年まで19件の取り組みを確認できる。島根県の調査・研究は、国語が7件、算数（数学）が2件、理科が6件、英語・社会が各1件、英・数が2件であった。国語の学習指導改善が最も熱心であったことが伺える。なお、昭和46年4月には「県条例第9号」により、県教育研究所は「県立教育センター」に改組され、今日に至っている。

〈表―2〉島根県の「学習指導改善テスト」の実施状況

| 調査研究の名称 | 対象学年・教科 | 初回のテスト実施年（度） |
|---|---|---|
| 理科学習における科学的概念形成の実態と問題点 | 小2～中3：理 | 昭和34年7月 |
| 理科指導における科学的思考力に関する研究 | 小6：理 | 昭和36年度 |
| 理科の学力の基底要因に関する研究 | 小2・4・6：理 | 昭和37年4月20日～5月20日 |
| 国語科における説明的文章の読解力を伸ばすための研究 | 中1：国 | 昭和37年度 |
| 児童の数学的概念形成に関する研究 | 小3・4：算 | 昭和38年6月中旬 |
| 学習態度形成に関する基礎的研究 | 中2：理 | 昭和39年10月17日・12月21日 |
| 小学校第1学年における言語表現の指導についての一考察 | 小1：国 | 昭和39年10月6・7日 |
| 学習態度形成に関する基礎的研究 | 中2：社 | 昭和40年12月1日～10日 |
| 学習態度形成に関する基礎的研究 | 中2：理 | 昭和40年11月22日～12月14日 |
| 国語科における学習指導法の改善に関する研究 | 小2・4：国 | 昭和40年4月～8月 |
| 能力別学習指導 | 中3：英・数 | 昭和41年7月・12月 |
| 能力差に応じる学習指導法の研究 | 中3：英・数 | 昭和41年9・12月 |
| 文章読解におけるつまずきとその考察 | 小5：国 | 昭和41年12月6～10日 |
| 複式学級における学習指導の基礎的研究 | 小5・6：国 | 昭和43年10月～11月 |
| 学習指導の近代化に関する研究 | 小6・中1：理 | 昭和43年9月・11月 |
| 英語教育における視聴覚的方法の研究 | 中2：英 | 昭和45年4月 |
| 関数指導に関する研究 | 小6：算 | 昭和45年8月27日 |
| 中学校における漢字指導に関する研究 | 中1～3：国 | 昭和45年9月 |
| 小学校における漢字指導に関する研究 | 小5：国 | 昭和50年6月17日 |

第20章　すべては「学習指導改善」へ〜島根県〜　　399

　島根県の特色は、戦後直後においては「標準学力テスト」の開発・実施が行われたが、昭和30年代になると「学習指導改善」へとシフトしたことである。昭和29年、当時の指導主事であった菅原正三は新教育による「学力低下」への批判に対して、学習指導という教育実践の重要性を訴えている。菅原は、新教育への見方を「誤った児童中心主義」（菅原, 1954：4）であるとし、教師の適切な指導と助力が必要であるとしている。菅原は、新しい学力観に基づく学力向上のための学習指導のあり方として、「評価の改善」「個人差に応ずる指導」「学習指導の類型化の打破」「理解と練習の指導」（同上, 1954：4）の4つを挙げ、学習指導法の改善と刷新を求めている。菅原に続いて、県教育研究所の石原政雄も教師の学習指導のあり方については、「学習指導の原理にしたがうというプロフェッショナル・アートをもつべきであろう」（石原, 1954：14）との提言を行なっている。石原の主張は、「興味本位の、あちこち持つてまわる学習（チューインガム学習）」（同上, 1954：14）ではなく、自己の力に生きる学習であり、内面的な豊かさを伴う、「考える」ことを習慣づけるための学習指導であった。

　菅原や石原の主張は、新教育運動の理念に基づく学習指導のあり方を主張したものではあったが、その後も島根県では繰り返し「学力とは何か」「学習指導はどうあるべきか」が問われている。一例を挙げると、県教育研究所学力研究班は昭和30年に「学力研究の方向」として、重要な課題が「何を学ばせるべきか」といった学習内容の問題と「どのようにして学ばせるか」といった学習指導法の問題であると指摘した。特に後者の学習指導法については、「学力の現状を診断してその形成要因を追求する」（島根県立教育研究所学力研究班, 1955：26）ことが重要であるとし、そのためには「子ども個々について教育実践上の問題点を発見すること」（同上, 1955：27）の必要性を指摘した。それは言い換えると、テスト結果によって集団の平均点や偏差値を出す「標準学力テスト」ではなく、「個人の学力を調査する」（同上, 1955：27）ことを意図した学力テストの実施であった。

　次に、〈表—2〉に掲載した19件の児童生徒の学習指導改善、教師による授業改善を目指した学力テストの特徴として、子どもの「学力の伸び」を育てる学習指導の重要性が提言されたことに着目する。この「学力の伸び」という言

葉は、島根県における昭和27年度と29年度の国研「全国小学校学力水準調査」の結果を比較した際に「学力の伸び方」として表記されたものであった。県教育研究所の島田啓幸は、島根県の学力は昭和29年度には「明らかに向上した」（島田，1956：32）ものの、「問題は学力が高いとか低いとかいう数的な処理の結果を形式的に考えるのではなく、その地域における学力のしくみを機能的にはあくして、学力を規定、形成する条件を明らかにすること」（同上，1956：32）が重要であるとした。つまりは、学力形成の要因を解明し、その仕組みを分析し、改善するという教育研究のあり方を指摘したものであった[5]。

　適切な学習指導による「学力の伸び」を実現する学力研究のあり方は、その後も継続されている。昭和43年の「学習指導の近代化に関する研究」は、昭和42年度からの全国教育研究所連盟（以下、「全教連」）の共同研究「学習指導の近代化」の一環ではあるものの、島根県においては、より効果的な学習指導のあり方を求めて行われたものであった。特に、理科の標準学力テスト（事前・事後）を用いて、「学力の伸び・学習効果の伸び」（田仲・加藤，1969：6）を調査することが意図され、「高い伸び」を示したことが標準学力テスト（事前・事後）の結果から判定された。

　また、昭和41年度から3年間の継続研究として行われた「能力差に応ずる学習指導法の研究―その学習指導上の問題点」においても、「より高い学力の定着」（新宮・中村，1967：1）を求める「能力差に応じる学習指導」のあり方が追及された。具体的には、能力別学級編成による学習指導の効果の測定と学習指導上の問題点が考察された。県教育研究所は、他方では児童生徒の学習上の「つまずき」の実態把握と改善、能力別学級編成による学習指導上の効果や問題点の検証、全教連との共同研究であった「学習態度の形成」「漢字指導の徹底」などといった多彩な調査・研究も展開された。いずれも、島根県の学習指導の改善を目指した意欲的な調査・研究であった[6]。

## 4　「全教連」共同研究事業への参加

　昭和23年12月2日、全教連が発足した。この全教連の活動は「研究発表大会」の開催、『年報研究報告集』の刊行、「課題研究」や「共同研究」の実施、

第20章　すべては「学習指導改善」へ～島根県～　　401

国の「学力調査」への協力などが挙げられるが、とりわけ昭和36年度から開始
された全国の国公私立の教育研究所・研修所が参加した「共同研究」事業の内
容は注目すべきものである。というのも、児童生徒の学力の実態や各教科の学
習指導過程に焦点化した全国的な「共同研究」事業の展開が、各都道府県にお
ける地方学テの実施を活性化するものとなったからである。

　この全教連の共同研究事業への参加については、「絶えず島根県は積極的に
参加し、研究を分担、すぐれた報告をして注目を浴びてきている」（島根県立教
育センター，1975：39）と評価されたが、この共同研究事業へ参加し、独自の学
力テストを実施した調査研究は〈表―3〉で示した4件であった[7]。

〈表―3〉　昭和30年代における全教連との共同研究による調査研究の一覧

| 全教連との共同研究による調査研究 | 対象学年・教科 | 初回のテスト実施年（度） |
|---|---|---|
| 学習態度形成に関する基礎的研究 | 中2：理 | 昭和39年10月 |
| 学習態度形成に関する基礎的研究 | 中2：社 | 昭和40年12月 |
| 学習態度形成に関する基礎的研究 | 中2：理 | 昭和40年11月～12月 |
| 学習指導の近代化に関する研究 | 小6・中1：理 | 昭和43年9月・11月 |

　全教連は、昭和39年度から3年間の継続研究として「学習態度形成の研究」
を設定したが、県教育研究所もこの共同研究事業に参加した。その第1年次の
研究成果である「学習態度形成に関する基礎的研究（理科）」は、昭和39年10
月17日と12月21日に、中2の理科を対象に研究協力校の三刀屋中（1クラス）
で理科標準学力テストを実施したものである。この調査研究は、「実験観察と
学習の結びつきの中で、『科学的態度』がどのような類型で現われ、変容して
いくか。またその学習を支えている学習態度は、一般的にどのような傾向にあ
り、それがどのような型で科学的態度の形成と関連し、態度形成の促進または
阻害要因となっているか」（出口・江角・葛尾，1965：3）といった独自の研究仮説
を設定・追及したものである。この調査研究では、「理科標準学力テスト」（教
研式・学期別学力診断テストの中2・2学期用）を授業観察の前後（10月17日・12月
21日）で実施しただけでなく、「学習興味診断テスト」（田研式）・「学習法診断検

査」（田研式）も行われた。さらには、事前調査としてレディネス調査、事後調査として同一問題による知識・理解の変容、ならびに学力（学テの5教科偏差値平均）と知能（田中B式知能検査）の相関も分析し、学習態度の実態や形成要因を解明することを意図したものであった。

　共同研究「学習態度形成の研究」の第2年次研究は、社会科と理科における思考様式を類型化し、学習態度の実態から評価方法の手がかりを得ることを目的としたものであった。社会は、中2の5校500人の研究協力校において「判断場面、問題解決場面における思考の形式的傾向性をとらえることができるような問題」（出口・池田, 1966：5）が出題され、自由記述による応答が4つの作業仮説の概念枠によって分類・分析された。昭和41年度の第3年次（最終年度）においても社会と理科の研究は継続され、ともに子どもの「思考態度」の傾向を把握し、学習指導改善の手がかりを得ようとするものであった。

　最後の昭和43年度の「学習指導の近代化に関する研究」は、全教連の共同研究「学習指導の近代化」における「教授組織の改善に関する研究」の3年間の継続研究の第2年次となったものである。特に理科については、隣接小・中学校で協力教授をすることで教員不足を補い、かつ共同研究校における実験授業を試みたものであり、その目的は「（1）「学習指導上の効果」（2）「小中協力教授実施による問題点」」（田仲・加藤, 1969：3）を明らかにすることであった。

　昭和30・40年代における全教連による共同研究事業の取り組みは、島根県をはじめとする全国の都道府県における「学習指導の改善」に関する調査研究の展開に大きな刺激となり、必然的に様々な授業改善の試みを誘引したと言える。島根県は、全教連の共同研究に積極的な参加を果たした県の一つであったが、そもそも戦後から島根県における学習指導改善は、主要な教育政策の一つであった。

## 5　現代の学力テストの動向

　島根県の現代の学力テストは、県教委が平成16年1月13日〜16日に実施した「県教育課程実施状況調査」（小6：4教科、中3：5教科）が最初であった[8]。県内の小・中学校を対象に抽出調査（20%）によって行われ、小6の79校（1,500

第20章　すべては「学習指導改善」へ〜島根県〜　　403

人）と中３の36校（1,500人）が対象となった。その目的は、「学習指導要領のめ
ざす力が、児童生徒にどの程度身に付いているか、その状況を把握する。結果
を指導の改善に生かす」（島根県教育委員会, 2003：4）ことであった。また、児
童生徒の学習に対する意識や教員の指導の状況を質問紙により把握することも
行われた。学習指導要領に基づく各教科の基礎的内容などが出題され、正答・
準正答率が比較された。そして、平成18年度から「県学力調査」（小３〜中３）
に名称変更された。

　平成18年５月９・10日に実施された「県学力調査」（小３・４：２教科、小５・
６・中１：４教科、中２・３：５教科）は、悉皆調査（各学年約7,000人前後）であっ
た。「学習指導要領における各教科の目標や内容に照らした学習の実現状況、
及び学習や生活に関する意識や実態を客観的に把握することをとおして、島根
県市町村立小・中学校の学習指導上の課題を明らかにし，今後の教育施策の充
実及び学校における指導の改善に資する」（同上, 2006：1）ことを目的とし、委
託業者の標準問題を使用した。平成27年度の調査より県独自のオリジナル問題
を作成、各教科の調査結果を達成率で評価した上で、課題と指導のポイントを
指摘した。また、島根県と全国の平均到達度・達成率の比較も行われた（同上,
2006：37）。島根県の全国的な位置の確認と学力向上が目指されていることが明
らかである。

　平成19年度から開始された文科省「全国学力・学習状況調査」（以下、「全国
学テ」）においては、島根県の平成24年度の全国的順位は小学校35位、中学校
31位と低迷した。平成28年度の結果は小学校25位、中学校33位と小学校では上
昇した。県の学力向上策は、「しまね学力向上プロジェクト」と命名され、多
角的な授業の改善・充実の方策を模索するものとなっている。平成25年度の全
国学テの結果を受けて、県教育センターは授業の質の向上を目指した授業改善
のための支援策を打ち出した。それは、具体的には「各校の学力と学習状況の
調査結果等を生かした授業改善のためのPDCAサイクルを確立し、児童生徒の
学力育成を図っていく取組」（島根県立教育センター, 2014：1）とされた。この
取り組みの内容は、小・中学校学力育成リーダー研修の実施、「学校分析用補
助シート」の作成、全国学テの結果分析及び「授業充実ガイド」の作成などが

404　第3部　中国・四国・九州・沖縄地方

挙げられ、よりよい授業の充実に向けた様々な努力が行われている[9]。

　そして、県教委では全国学テの結果を基に、平成19年度と23年度における「全国を100とした時の県の値」を公表し、数値目標項目（平成19年度の小6は99.6、中3は101、23年度は小6・中3ともに103）を示した（島根県教育委員会，2008：28）。この目標値は現状を示した数値に過ぎず、達成値を目標にしたものではない。だが、こうした目標値の提示が県内の各学校に対するプレッシャーにもなっている。平成28年度の全国学テにおいて県内の小中学校の2割が全国学テ直前の4月の授業で、過去に出題された問題を「事前対策」として使っていたことが判明した。県教委は、全市町村教委を通じて調査を行い、その結果、県内の小学校202校中49校、中学校97校中8校の約2割にあたる57校で4月の授業中で過去問を解かせていた、というものである。県教委は、平成29年3月に各市町村教委に対して、「新年度のスタートを切る4月の大切な時期にあえて授業時間を使って過去の問題に取り組ませるようなことは、学校教育本来の姿とは言えない」（『朝日新聞（島根地方版）』2017.4.12.朝刊）とする文書を出した。学力テストの結果を上げたいという各学校の勇み足とも言えるが、それだけ全国学テのプレッシャーが強かったとも言えよう。

## おわりに

　本章では、島根県が昭和31年から始まる文部省「全国学力調査」における結果分析を丁寧に行い、学力向上対策として「学習指導改善」に積極的に取り組んだ歴史を概観した。そして、この取り組みを「学力テストのイノベーション（革新性・先駆性）」と位置づけた。島根県の「学習指導改善」の特徴は、子どもの「学力の伸び」を育てる学習指導の重要性が提言されたこと、ならびに国語・理科教育の重要性が指摘され、学習指導、教育諸条件の整備改善に役立つ基礎資料を得るための調査研究がなされたことであった。そこには「全国学力調査」における全国順位の結果に左右されず、島根県の教育環境や学習指導を改善するという、より地道で冷静な対応が見られた。

　島根県は、鳥取県とともに日本海側の山陰地方に位置し、教育の歴史上においては特に目立った動きはなかったものの、その地道な学習指導改善への取り

組みは賞賛すべきものである。それは日本の学力テストや学習指導のあり方の原点、ないしは本質とも言えるものであった。すなわち、学力テストの実施は結果が重視され、順位競争に目を奪われがちではあるが、より重要なことは児童生徒の学力の実態把握であり、学習指導の改善である。現在、全国学テにおける順位競争がヒートアップしているが、何のための学力テストかを忘れるべきではないことを島根県の事例が物語っている。

〈注〉

〈1〉 県教育研究所は、昭和28年度の国研「全国学力水準調査」に加え同年12月に「縣中学校生徒学力実態調査」を実施している。県教育研究所は県下23校の中学校（中3）を抽出して、4教科で実施している（島根県立教育研究所，1954：22）。

〈2〉 愛媛県教組の場合は、小学校教諭の大川唉一郎が県指導主事、郡教育事務所補導主事、県教育研究所員らの指導と助言を受けて実施したものである。徳島県の「県教職員団体連合会」には特別な歴史がある。昭和34年11月15日に政治的に偏向する日教組と袂を分かつ、徳島市など県内7郡市によって結成された「県教職員連盟」を母体とし、昭和36年1月5日には別な4郡市とも対等合併し、名称を「県教職員団体連合会」と改称した。現在は「徳教団」とも呼ばれている（徳島県教職員団体連合会2020「徳教団とは」https//tkd.ict-tokushima.jp/徳教団とは-1/［2020.9.22.取得］）。

〈3〉 昭和31年から実施された文部省「全国学力調査」に対しては、島根県では冷静な学問的対応がなされた。例えば、昭和34年に県教育研究所は「問題を詳細に分析して、そこから学習指導改善の途を求めること」と「教育条件を分析して、そこから教育行政施策の手がかりを得たい」（島根県立教育研究所，1959：5）としている。

〈4〉 同じく、県教委からも文部省「全国学力調査」の結果分析を行なった資料が刊行されている。昭和38年『学力調査分析の手引き』、昭和41年『学力調査結果利用の手引（昭和40年度）』である。

〈5〉 同じく、3年間の国研「全国学力水準調査」の結果を分析した県教育研究所の資料でも、「現在テストに示され測定される学力とは検査作成書側の一応の便宜に過ぎない」（島根県立教育研究所，1956：4）と指摘された。

〈6〉 国語7件と理科6件の学習指導に関する研究も行われた。とりわけ、理科では学習指導のあり方、教育条件の整備改善に役立つ基礎資料を得るための調査研究がなされた。例えば、昭和34年4月の「理科学力と教育条件に関する研究」は、昭和32年度の文部省「全国学力調査」の結果に基づく同県の教育条件との相関を調査するものであった。その目的は「科学的にものをみたり、処理することの態度を養うこと」（梅原，1959：69）であった。

406　第3部　中国・四国・九州・沖縄地方

〈7〉島根県は、学力テストを用いていない共同研究事業への参加も行っているが、それが「勤労青少年教育の研究」（昭和32〜35年度）、「道徳教育の研究」（昭和32〜33年度）、「学習指導改善のための基礎的研究」（昭和36〜38年度）であった（島根県立教育センター，1975：39-40）。

〈8〉平成15年度に学力テストを実施している県は35都道府県に達し、中国5県で実施していない県は島根県だけであった。県教委は学力テストの導入にあたり、学習到達度を調査することを目的に掲げている（『山陰中央新報』2003. 3. 17. 朝刊）。

〈9〉同じく県教委も「教育課程説明会」「学校訪問指導」「教科リーダー養成研修」「教科指導力向上セミナー」「幼保小中連携、中高連携ステップアップ事業」などに取り組んでいる（島根県教育委員会，2010：はじめに）。

〈引用・参考文献一覧〉

石原政雄　1954「学習指導の重点」島根県教育委員会『教育月報』第63号、14-15頁

梅原　雄　1959「理科学力と教育条件に関する研究—中学校理科の実験観察と学力について—」島根県立教育研究所『紀要』第17号、67-74頁

島田啓幸　1956「学力の問題点—学力の伸び方について　小学校算数科の場合—」島根県教育委員会『教育月報』第88号、32頁

島根縣教育委員会　1951a「学力検査を!!—新学年の学習計画に—」『教育月報』第31号、30頁

島根縣教育委員会　1951b『昭和25年度　教育要覧』1-85頁

島根県教育委員会　1953「教育研究所の任務と事業概要」『昭和27年度　教育要覧』107-110頁

島根県教育委員会　1959「学力調査の結果を検討する—島根のへき地性に問題—」『教育広報』168号（2，上）、4-16頁

島根県教育委員会　2003「子どもたちが「確かな学力」を身に付けるために」『教育しまね』No. 31、4-5頁

島根県教育委員会　2006『島根県学力調査　報告書』1-167頁

島根県教育委員会　2008『しまね教育ビジョン21』1-40頁

島根県教育委員会　2010『平成22年度　島根県学力調査　報告書』1-141頁

島根縣立教育研修所　1948『教育月報』Vol. 1，No. 1、1-16頁

島根県立教育研究所　1954「島根縣中学校生徒学力実態調査」『教育月報』第65号、22-25頁

島根県立教育研究所　1956「学力と指導—学力水準調査における問題点—」『研究紀要』第12集、1-95頁

島根県立教育研究所　1959「島根における学力の問題—全国学力調査にもとづいて—」

『研究紀要』第16集、1-170頁

島根県立教育研究所　1960「中学校における社会科指導の問題点」『研究紀要』第19号、101-111頁

島根県立教育研究所　1963a「学力診断テスト」島根県立教育研究所『研究紀要』第29集、143-176頁

島根県立教育研究所　1963b『学力調査分析の手引』島根県教育委員会

島根県立教育研究所　1963c「学力調査の活用法―学力の診断・学力を規制する要因の分析について―」島根県教育委員会『教育広報』第329号、12-16頁

島根県立教育研究所　1969「学習指導の近代化に関する研究」『研究紀要』第43集-5、1-36頁

島根県立教育研究所学力研究班　1955「学力研究の方向―現場の学力研究について―」島根県教育委員会『教育月報』第65号、26-27頁

島根県立教育センター　1975『島根県立教育センター二十五年史』1-164頁

島根県立教育センター（研究・情報スタッフ研究セクション共同研究）　2014「全国学力・学習状況調査を活用した授業の改善・充実方法（1年次）～授業充実ガイドの作成～」『研究紀要（H26-2）』1-30頁

新宮　啓・中村古明　1967「能力差に応じる学習指導法の研究―その学習効果と指導上の問題点―」島根県立教育研究所『研究紀要』第41集、1-32頁

菅原正三　1954「基礎学力の指導と現状」島根県教育委員会『教育月報』第63号、3-4頁

永田滋史　1954「学力のカルテ―中学校新入生学力調査の分析―」島根県教育委員会『教育月報』第65号、26-27頁

高橋　清・石倉哲雄　1963「学力を規制する要因の分析―個人の条件が学力をどのように規制するか―」島根県立教育研究所『研究紀要』第30集、75-118頁

田仲幹規・加藤忍三　1969「学習指導の近代化に関する研究（小中学校教師の交換による、理科の協力授業についての研究）」島根県立教育センター『研究紀要』43集-5、1-36頁

出口　穣・江角健二郎・葛尾明子　1965「学習態度に関する基礎的研究（理科）」島根県立教育研究所『研究紀要』第33集、理1-47頁

出口　穣・池田敏雄　1966「学習態度に関する基礎的研究（社会科）」島根県立教育研究所『研究紀要』第36集、社1-30頁

三代正邦　1949「知能指数と知能偏差値―標準検査の記録欄の検討―」島根縣立教育研修所『教育月報』（4・5月合併号）、12頁

# 第21章 「学習評価」のイノベーション〜山口県〜

〈授業過程における評価に関する比較研究の意図〉

　われわれが従来実施していた授業は、大部分が一斉授業であって、その学習効果については最後にテストの結果をみて判断するのが通常であったように思う。

　しかし、生徒の学力は授業に応じて日進月歩の変化が生じ、学習に対する評価は結果をみて評価するのでは、もはや授業過程における適切な指導は望めないはずである。授業過程において態度や技能・思考面で多くの反応が現れるはずであるが、これらの反応が当初の目標に対してどのくらいの「ずれ」が生ずるかを意図的にとらえ、授業過程における効果の程度を即刻知り、教師の指導法反省の資料にしようとするものである（山口県教育研修所, 1971：57）。

## はじめに

　戦後の日本には、米国から「カリキュラム」(curriculum)、「ガイダンス」(guidance) に加え「教育評価」(evaluation) といった考え方も移入された。そして、昭和22年と26年の『学習指導要領一般編（試案）』においては、「学習結果の考査」「学習成果の評価」のあり方が初めて提示された（戦後教育改革資料研究会, 1980）。また、明治33（1900）年から全国統一的な様式で継続されていた「学籍簿」は、昭和24年以降には「指導要録」に名称変更されたが、それは「評価の科学性と客観性を確保するための評定法として、正規分布曲線に依拠した5段階相対評価法が一九四八年の学籍簿から導入された」（遠藤・天野, 2002：9）ことを意味した。

　この5段階評価の導入に加え、各都道府県においては「指導要録」における「標準検査欄」に「学力検査」や「知能検査」の結果を記載することが求められた。さらには「学力検査」が高等学校入学者選抜の資料としても位置づけられることにもなった。戦後の各都道府県における「学力検査」や「標準学力テ

スト」の開発は、「指導要録」への記入や「学力検査」の実施によって、一斉に開始されることになった。従って、昭和20年代の各都道府県における学力テストを用いた「評価」や「測定」に関する調査研究は、「学力テストの標準化」を行なうために「テスト結果の正答率や分布状況」などを分析したものが多い。

　教育評価史研究に詳しい田中（2015）によれば、昭和23年には「学籍簿」においては評価の客観性が重視される「相対評価法」が設定され、昭和30年には「5・4・3・2・1」の5段階での記入が求められた。私たちが慣れ親しんだ5段階評価の始まりである。そして、昭和46年には「絶対評価を加味した相対評価」の「評定欄」が設けられたものの、相対評価自体は平成2（1990）年まで継続した。

　こうした戦後から約半世紀余り継続された「相対評価」は、絶えず評価のあり方への疑問と「絶対評価」「形成的評価」「到達度評価」などの他の評価方法の模索が試みられ、ようやく平成3年には学習の記録に関しては「観点別学習状況」欄を継承し、目標の実現を観点ごとに評価するために「A：十分満足できる」「B：おおむね満足できる」「C：努力を要する」といった「絶対評価」に移行した。もちろん、このことによって相対評価が日本の学校現場から消え去ったわけではないが、新たな評価法として注目されるべきものであった[1]。

　こうした戦後の「教育評価」「学習評価」の歴史的変遷の中で、山口県は戦後直後には国の方針に従った「学力検査（アチーブメント・テスト）」を実施している。しかしながら、このアチーブメント・テストをめぐる解釈の違いが県内における対立・論争をもたらし、「学力検査」の検証を余儀なくさせ、他の「教育政策テスト」や「学習指導改善テスト」は昭和30年代までは、ほぼ実施されなくなる。ようやく山口県が「学習指導改善テスト」への取り組みを開始したのは、昭和40年代に入ってからである。そして、山口県が昭和40年代に集中的に取り組んだ「学習指導改善テスト」は「学習指導の改善」だけでなく、「形成的評価」「到達度評価」「絶対評価」といった新たな評価法の開発であった。山口県は、岐阜県や京都府などとともに、全国的に見ても評価のあり方に関する「学力テストのイノベーション（革新性・先駆性）」に挑んだ県であった。そこで、本章の課題は、この山口県における学習評価方法の新たな開発への取

410　第3部　中国・四国・九州・沖縄地方

り組みを検証し、どのような評価方法が模索されたかを解明する。まずは、戦後の学力テストの歴史から確認しておこう。

## 1　戦後の学力テスト政策の歴史

　戦後から今日までの山口県の「県教育委員会」(以下、「県教委」)「県教育研究所」(後の「県教育研修所」)が実施した学力テストの実施状況を時期区分して示すと、〈表─1〉のようになる。「教育政策テスト」は10件、「学習指導改善テスト」は13件となり、両者のバランスは保たれている。しかしながら、学習指導改善テストは昭和40年代に集中的に行われ、昭和50年代に1件行われているのみである。なぜ、昭和40年代に集中し、何が行われたのであろうか。

〈表─1〉山口県の戦後学力テストの実施状況

| | 昭和20年代 | 30年代 | 40年代 | 50年代 | 60年代～平成18年度 | 19年度～令和2年度 | 合計 |
|---|---|---|---|---|---|---|---|
| 教育政策テスト | 4 | 2 | 1 | 0 | 2 | 1 | 10 |
| 学習指導改善テスト | 0 | 0 | 12 | 1 | 0 | 0 | 13 |
| 合計 | 4 | 2 | 13 | 1 | 2 | 1 | 23 |

＊数値は新規に開発・作成された学力テストを用いた調査研究であり、2年以上継続されたものでも「1」としてカウント。

　山口県の昭和20年代における教育政策テストの実施には二つの特徴がある。第一には、高校入学者選抜における県独自の方式の実施である。文部省は、昭和22年制定の「学校教育法施行規則第24条第1項」による「指導要録」の作成、翌23年2月4日の文部省通達「新制高等学校入学者選抜について」(学校教育局長通達)における中学校側での「学力検査」を高等学校入学選抜の資料とするといった教育方針を示している。これを受けて、県では昭和24年3月に1回目の「学力検査(アチーブメント・テスト)」(中3：4教科＋職業家庭・図工・音・保体)を実施したが、高校では選抜のための学力検査は行わず、「中学校よりの報告書に基づいて行う」(山口県教育委員会, 1953：10)との方針を示した。しか

しながら、アチーブには「中学校教育の反省資料」とする位置づけもあり、アチーブが選別試験と混同されていること、アチーブが生徒の全員には課されていないことなどが混乱を招き、県内では論争となった（同上, 1952b：13）。事実、昭和26年度には県内約3万人の中3生の中で約2万人がアチーブを受験したに過ぎなかった。また、県内223校に対する昭和27年度のアンケート調査では、アチーブを「中学校教育の反省材料」とすることよりも「入学試験」の性格が強い、と回答した学校は62%にも達していた[2]。

　そして、昭和29年8月2日付の文部省初等中等教育局長通達「公立高等学校の入学者選抜について」では、昭和30年度以降に「学力検査は選抜のための検査」と位置づけられた。また、昭和31年10月の次官通達で「高等学校長が入学者選抜を行うにあたっては、中学校長から送付される調査書、その他必要な書類と選抜のための学力検査の成績とを資料としなければならない」とされ、選抜のための学力検査は「中学校において行われるアチーブメント・テストとは異なり、高等学校における入学者選抜の資料とするためのもの」（同上, 1957：30）とされた。こうして高校入学者選抜は暫時高校側の手による入試となり、山口県では従来のアチーブ（学力検査）も昭和31年度からは「中学校卒業者等学力検査」と名称変更された。要するに、アチーブが明確に入学者選抜の資料となり、混同が解消されたわけである。県教育研究所は、その後もアチーブの最も望ましいあり方を追求しつつ、テスト結果の分析を問題作成上の反省材料にした。

　山口県では、「中学校卒業者等学力検査」の結果の検証は昭和30年代に入っても継続された。昭和31年度の「学校規模別にみた県小・中学校の実態」（中3：5教科＋職業家庭・図工・音・保体）においては、昭和30年度の「県中学校学力検査」の結果を、昭和31年度の文部省「全国学力調査」や昭和27年度の日本教育学会の「学力調査」結果とも比較検証したものとなっている（山口県教育研究所, 1957）。翌年度には「学力検査にあらわれた男女の学力の実態」（中3：5教科＋職業家庭・図工・音楽・保体）と題して、昭和31年度と32年度の「中学校卒業者等学力検査」の結果を基に、男女の学力差の実態を比較考察した（同上, 1958）。山口県における高校入試選抜を兼ねた「中学校卒業者等学力検査」の結果を用

412    第3部　中国・四国・九州・沖縄地方

いて、学力の実態把握を試みる方策は、この昭和32年度をもって終了した。

　第二の特徴は、県独自の標準学力テストが昭和25年9月に発足した県教育研究所によって開発されたことであり、アチーブメント・テストとの相関関係を調査するために昭和26年5月31日に「県中学校標準学力検査」(中3：2教科)を行ない、「アチーブメント・テストと標準検査の相関は高い」(天野, 1952：28)ことが証明された。山口県では、その後も標準学力テストの開発は継続され、昭和29年度には「小中学校学力標準検査」の改訂を完了した[3]。アチーブメント・テストに英語も加えられたことによって、昭和27年10月2日〜4日には「中学校英語科学力検査」(中3)が層別抽出された30校(計1,533人)で行われた。「生徒の英語学力を把握」するためであり、平均点と正答率、総点度数・男女別総点度数・市町村別総点度数分布表などが作成された(入江, 1952：55)。

　昭和20年代に行われたもう一つの学力テストは、昭和26年1学期初め・2学期末の「不適応児童実態調査」(小6：2教科)であった。この調査は、ヒューマニズムを基低とする新教育理念の下、「一人一人の能力の限界まで伸ばすことを自らの使命と考え」(山口県教育研究所, 1952：序にかえて)、層化無作為抽出により285学級を抽出し、学業不振児は除外し、精神遅滞児及び社会的不適応児のみ調査したものであった。用いられたテストは、広島文理科大学大心会教育研究所編の国語と算数の「標準学習検査」に加え、「古賀式知能検査」「社会的生活能力検査」「内田クレペリン精神作業検査」「適応性診断テスト」などであり、多角的な調査が行われた。知能検査の結果と比較し、算数及び国語の学力との相関が検証された。この研究成果は、昭和27年に『問題児の教育—その診断と指導の手引き—』(研究紀要第四輯)として刊行された。

## 2　昭和40・50年代の「学習指導改善テスト」の実施

　山口県における「学習指導改善テスト」は昭和40年代に集中し、50年代には1件のみであり、合計13件が行われた。その中の「学習評価」に関する調査研究は次節で考察するとして、これを除外すると〈表—2〉の7件となる。教科別の内訳は、理科が2件、社会1件、数学1件、算数・理科1件、4教科2件であった。なお、昭和42年4月に県教育研究所は「県教育研修所」に名称変更

しており、本格的に「学習指導改善」への取り組みが開始された。

〈表―2〉山口県の昭和40・50年代の「学習指導改善テスト」（学習評価は除く）の実施状況

| 調査研究の名称 | 対象学年・教科 | 初回のテスト実施年（度） |
|---|---|---|
| 学習指導改善のための実験的試み | 小5：社 | 昭和42年10月26日・31日、11月30日 |
| 理科実験方法のくふう・改善による授業の実践 | 小5：理 | 昭和42年11月18日～昭和43年2月28日 |
| 学習指導の近代化に関する研究 | 小1～6：算・理 | 昭和43年度 |
| 教授＝学習過程の相違が教授効果に及ぼす影響 | 小6：理 | 昭和43年10月16日～11月30日 |
| 学業不振児の診断と指導に関する研究 | 小2～6：4教科 | 昭和43年度 |
| 教育機器導入による授業の最適化に関する研究 | 中3：数 | 昭和48年度 |
| 学業不振児の実態調査 | 中1：4教科 | 昭和55年4月 |

　昭和42年度の「学習指導改善のための実験的試み」（小5：社）は、「学力の実態とその要因分析に関する研究」をテーマとし、「子どもの学習意欲を高め、学習計画帳や学習の手引きを利用し、家庭学習と一体化した学習指導をすることによって、学力形成にどのような効果をおよぼすであろうか」（山口県教育研修所，1968：37）といった点を研究主題とするものであった。研究方法は、「実験学級」（改善を目指す意欲的指導）と「統制学級」（知識中心の通常の指導法）を各1組抽出し、結果を考察する対象児童として両学級から男女合わせて10名ずつを選んでいる。児童の抽出の方法は、学業成績、学力検査、知能検査、学習態度の傾向などを考慮した。教師中心・教科書中心、テスト主義の教育から児童自ら学びとらせ、考えさせるような広い学力形成を目指す学習指導の改善を意図するものであった。実際に授業研究も行いつつ、事前（10月26日）・事後（10月31日）テストに加え、30日後にも「把持テスト」を「実験学級」と「統制学級」の両方で実施し、その効果を検証した。同一の研究テーマで「理科実験方法のくふう・改善による授業の実践」（小5：理）も行われた。

414　第3部　中国・四国・九州・沖縄地方

　さらには、同一ではないが類似の研究テーマ「学力の要因分析に関する実験的研究」によって行われたものが、昭和43年10月16日〜11月30日の「教授＝学習過程の相違が教授効果に及ぼす影響—テレビ学習・系統学習・発見学習—」（小6：理）であった、研究協力校の和木村立和木小学校において、教授＝学習過程の相違が教授効果に及ぼす影響を調査したものであり「発見学習、系統学習、そしてテレビ学習の質のちがった三つの教授学習の方法が、学力を形成していく上で、どのような役割を果たしているか、授業を素材として、授業研究の手法により、実験的に比較してみようとするもの」（同上, 1969a：1）であった。「教研式学年別知能検査」、「理科全国標準学力検査（教研式F形式）」の双方の結果を資料とすると同時に、実験授業を行なうとともに、事前・事後・再テストを実施し、3クラス間の有意差、各テストの有意差を比較検証するものであった。

　昭和43年度の「学業不振児の診断と指導に関する研究—学習意慾と人格特性を中心として—」（小2〜6：4教科）は、「学校における教育相談に関する研究」の一環として行われた。学業不振児と統制児が各58人ずつ抽出され、学習意欲の心理的側面と、学習意欲を規定する人格特性について明らかにするとともに、両者の関係を把握し、「学業不振児指導の徹底をはかり、小学校における教育相談の推進に寄与しようとするもの」（同上, 1969b：2）であった。知能検査と教師自作テストの結果から学業不振児童と統制群児童（成績優秀児童群）を決定し、学習意欲を高めるための思想上の視点や問題点について考察した。学年ごとに異なる「標準学力テスト」と「知能検査」も実施された[4]。知能と学力の平均の有意差を検証し、学力の平均は両群に大きな差があることを指摘しただけでなく、学業不振児の成就値を教科別に比較し、学業不振児の特性も分析した。

　同じく「学校における教育相談に関する研究」の一環として行われたものが、昭和43年6月の「能力開発をめざす教育相談に関する研究」（中1：4教科、中2・3：5教科）であった。同研究の特徴は、「教育政策テスト」として行われたものであり、学力差の要因を分析・考察し、能力伸長の方法を探求したものであった。「学校で行う教育相談において、能力の開発や創造性の育成を思考するための基礎的資料とする」（同上, 1969c：45）ことを目的とし、中1は「東大新A—A学力検査」、中2は「中学校学年別新標準綜合学力検査」、中3は

「教研式中学診断的学力検査」を実施した。学力検査と同時に学習適応検査、知能検査も実施し、その相関を調査研究するものであった。

昭和50年代は、昭和55年4月の「学業不振児の実態調査」（中1：4教科）の1件のみであり、「学業不振児の指導に関する研究」（2年間の継続研究）として知能検査や学力検査などの各種検査により、「学習不振児を抽出し、それぞれの不振の要因を探り、その類型化を試みた」（同上，1982：2）ものであった。

## 3 「教育評価」方法の開発

昭和33年以降の文部省学習指導要領は、昭和20年代からの「基礎学力」という考え方をベースにして作成され、相対評価の考え方が支配的であった。昭和30年代は、「相対評価」が深く全国的に浸透した時代であった[5]。冒頭でも述べたように、戦後の昭和20年代から平成2年までは、文部省が求める評価方法に関しては、おおむね「相対評価」が半世紀余り継続し、テスト結果に基づく評価が支配的であった。

特に、昭和30年改訂の「指導要録」において「5段階評価」が「総合評定」として採用された点について、田中（2014）は「いわば相対評価があたかも教育評価を独占しはじめた」状況であり、かつ「戦後半世紀にわたる公的な教育評価の構造は相対評価を基軸とする多層構造であった」（田中，2014：183）と指摘した。この「多層構造」とは、当時においては「相対評価」が客観性・信頼性を持つ相対評価が有効であるものの、その教育学的な欠点を補うために「個人内評価」も必要とされたことを意味し、こうした考え方で昭和36年の指導要録改訂が行われたと指摘された（同上，2014：183）。

しかしながら、昭和40年代になると県によってはペーパー・テストの結果による「相対評価」のあり方を批判して、「観点別評価」「分析的評価」「形成的評価」「絶対評価」などの新たな試み、そして客観的評価が難しい「技能評価」への拡大も見せた。言い換えると、各教科の知識や技能が学力テストによって測定・評価されることが一般的になった中でも、相対評価への懐疑や批判の芽は確実に育ち始めていた。例えば、山口県は相対評価に代わる「観点別達成状況評価」「学習到達度評価」「形成的評価」「ショートサイクル評価」などの新

416　第3部　中国・四国・九州・沖縄地方

たな評価方法に着目して、先駆的な取り組みを開始した。山口県は昭和40年代に、〈表―3〉のような教育・学習評価に関する調査研究を行っている。

〈表―3〉昭和40年代の「学習評価法」に関する調査研究

| 調査研究の名称 | 評価の特徴 | 学力テストの初回実施年（度） |
|---|---|---|
| 学習態度に関する基礎的研究―態度の評価とその形成について | 学習態度評価の妥当性・信頼性の検証 | 昭和40年度 |
| 学力の形成要因に関する研究―授業評価の試み | 評価法の検証（テスト・会話記録・観察法など） | 昭和44年度 |
| 単位時間の評価に関する試行的研究 | 「指導と評価」の一体化 | 昭和45年11月 |
| 授業過程における評価に関する研究 | 形成的評価 | 昭和45年11月16日 |
| 集団反応分析装置を用いての数学科の授業評価 | 形成的評価 | 昭和46年10月22日 |
| 単位時間における評価の展開 | 形成的評価、絶対評価 | 昭和47年10月26日 |

　山口県は、全国的に見ても評価のあり方を究明する先駆的で挑戦的な県であったと言える。その意図は、学校教育での「授業」を教師の相互協力により学力向上を行なうこと、授業の科学化の下に「評価」に対する技術方法上の改善を行なうことであった（山口県教育研修所, 1970：まえがき）。すなわち、従来の客観形式のテスト結果に重点を置く評価から、学習態度評価の妥当性や信頼性、ならびに授業過程における形成的評価のあり方を検証することを試みている。

　昭和50・60年代の全国的な動向としては、「観点別達成状況の評価」「学習到達度評価」「形成的評価」などに加え、「自己評価」「『完全習得学習』の評価」などへのアプローチも試みた。例えば、坂元忠芳は教育目標を方向として設定する「方向目標」と到達点として設定する「到達目標」に区分した上で、「到達目標」を「主として到達すべき知識や理解や技能や習熟にたいして評価するときの目標」（坂元, 1975：8）と位置づけた。そして、ブルーム（Bloom, B. S.）の理論も用いながら、到達目標を子どもの「つまずき」などの具体的な実践経験や子どもの能力の側面から具体化すること等を課題として挙げた。しかしながら、こうした先駆的な評価方法とは別に、平成2年度までは多くの都道府県

では依然として学力テストを用いた「相対評価」が継続された。

## 4 「形成的評価」「到達度評価」「絶対評価」への取り組み

　昭和39年度から開始された全国教育研究所連盟（以下、「全教連」）の共同研究「学習態度の形成に関する基礎的研究」に参加した研究成果が、昭和40年度の「学習態度に関する基礎的研究—態度の評価とその形成について」（小６・中２：社）であった。同研究は、小・中学校の学習指導要領において「指導目標」として「態度の形成」が掲げられたことを受けて、「態度評価」のあり方に取り組んだものであった。３年間の継続研究であり、質問紙による学習態度の類型化、学習態度の変容に関する授業研究、「テストの形式が学習態度の形成に及ぼす影響」（山口県教育研究所，1967：64）が取り上げられた。具体的な研究方法は、論文体形式と再生形式の一種である単純再生法の相異が児童生徒の学習態度にいかなる影響を及ぼすかが検証された。小６と中２の各２学級が「実験群」（論文体テスト連続実施）と「統制群」（単純再生テスト連続実施）に区分され、テストを小学校は昭和40年９月15日〜10月５日まで３回、中学校は昭和40年９月６日〜10月４日まで５回も実施された。そして、実験・統制の両群で知能偏差値、社会科学力偏差値の能力が近似している児童を検証した結果、「論文体テストを連続実施したクラスの方が、論文体テストは勿論のこと、単純再生テストもよい成績をとっている」（同上，1967：71）と指摘された。

　教育評価の側面から指導法や指導計画の改善を検討したものが、昭和44年度の「学力の形成要因に関する研究—授業評価の試み」（小３：算、中１：理、中３：体）であった。同研究では、指導計画−授業過程−発達の評価の三領域から成る「授業評価テーブル」（山口県教育研修所，1970：5）が作成され、授業効果（率）の向上が目指された。特筆すべき点は、昭和45年の「単位時間の評価に関する試行的研究」（中２：数）以降において、県教育研修所の指導で実験学校内に「簡易集団反応測定装置」が設置され、生徒の反応を「即時確認」するショートサイクル評価の開発が行われた点であった（山口県教育研修所，1971：31）[6]。この新しい評価法の模索は、本章の冒頭で述べた旧来型の「総括的評価法」に対する新たな「形成的評価法」へのシフトを意図するものであった。

418　第3部　中国・四国・九州・沖縄地方

「形成的評価」のあり方は、昭和46年度「授業過程における評価に関する研究」（中2：2教科＋理）において、中学校の数学・理科で「集団反応分析装置を用いての授業評価」が、国語では装置を用いない評価のあり方が追及された。数学は、昭和46年10月22日、10月30日に「前提テスト」が実施され、まずは学力の実態把握が行われた。授業の実施前後には「事前・事後テスト」も行われ、目標に対する達成度の比較において授業の効果をみることを意図するものであった。特に、授業内では「集団反応装置を用い、即時確認が行える教材を用いた」（同上，1972：3）と記された。他に理科（中学校）では「集団反応分析装置を用いての理科の授業評価」が、国語（小学校）では装置を用いない評価のあり方が追及された。

　評価研究の最後となったものが、昭和47年度「授業過程における評価に関する研究（2）」であり、「単位時間における評価の展開」（中1：社）、「読解指導における評価の試み」「授業過程における評価に関する二つの課題」の3つのテーマが挙げられた。「単位時間における評価の展開」は、授業前・授業内・授業後における各種テストによる評価のあり方の検証がなされた。また、合わせて「到達度評価」「絶対評価」による評価のあり方に関する提言もされた（同上，1973：30）。「単位時間における評価の展開」では、調査研究校の宇部市立桃山中学校（44人）を対象に、「歴史教材を用いて、授業過程における評価の中で、社会的知識・理解および社会的思考・判断に関する評価を取り扱う」（同上，1973：2）ことを意図し、授業参加における効果を検証した。前提条件・事前・事後・把持テストなどの各テストを行い、授業過程における評価の問題点を分析したものであった。「授業過程における評価に関する二つの課題」では、「学習評価における絶対相対評価に関する問題」と「授業内即時確認問題と授業後テスト問題の等価性に関する問題」（同上，1973：29）が検証され、教師作成テストの意義が強調された。

## 5　現代の学力テスト

　さて、平成元年になると学習指導要領は各教科において、「学習状況を分析的に捉える観点別学習状況の評価と、総括的に捉える評定」を、学習指導要領

に定める目標に準拠した評価として実施することとした。平成3年の「学習指導要録」の改訂、ならびに平成13年の改訂でも、「観点別学習状況の評価」が基本とされたが、新たに各教科の評定においては「目標に準拠した評価」も求められた。それは、学習指導要領に示された目標に照らして、その実現状況を評価するというもので、到達度評価と類似した考え方であった。学校現場では、この後に教育目標や評価規準を明確にする動きが広まっていった。

　一方、文部省は「業者テストの偏差値を用いない入学者選抜の改善について」と題する文部省事務次官通知を平成5（1993）年2月22日に出し、業者テスト廃止を各都道府県に通達した。山口県では業者テストの廃止には応じたものの、現場の混乱を避けるという名目で「県中学校長会」による「学力診断テスト」（中3）を年2回実施する予定であった（『朝日新聞』1993.5.22.朝刊）。県内の中学校での事例では、この「学力診断テスト」が定期的テストと同様に実施され、教科担任が採点して成績を集計し、校内順位を付けている。そして、学年の平均点や成績順位などを本人と保護者に通知した。結果、同テストは生徒の進路選択（進学先選択）には役立ったようである。しかしながら、事務次官通知には公益法人や校長会が行うテストについても「進路指導の一参考資料を得るために行うものであり、選抜の資料として用いられるべきものではなく」（山口県中学校長会, 1996：32）と記され、文部省は校長会テストには否定的な見解を示したことになる。

　県教委は、平成14年11月に「県学力調査」（小5：2教科＋理、中2：2教科＋理・英）を無作為抽出によって小5の109校（約6,000人）、中2の59校（約6,000人）で実施している（山口県教育委員会, 2003：6）。「児童生徒の学力状況の把握」を目的とし、知識や技能だけでなく、学ぶ意欲、思考力、判断力、表現力などを把握する問題が出題された。評価は、「内容・領域」「評価の観点」等からの分析が行なわれた。平成15年度には学力調査の結果に基づく「指導事例集」が作成され、平成16年度から活用された。平成17・18年度には再び「県学力調査」（小5：4教科、中2：5教科）が実施され、各教科の設定通過率が示され、「おおむね良好」（同上, 2006：30）であるとの結果が示された[7]。平成19年度からの「全国学力・学習状況調査」（以下、「全国学テ」）の実施により、「県学力調査」

420 第3部 中国・四国・九州・沖縄地方

は中断された。

　平成22（2010）年の指導要録の改訂では、評価の観点が「関心・意欲・態度」「思考・判断・表現」「技能」「知識・理解」に改められ、とくに思考力・判断力・表現力の評価への取り組みが問題となった。しかしながら、山口県で実施された平成25年10月28日〜11月1日の「学力定着状況確認問題」（小3・4：2教科、小5：4教科、小6：2教科、中1：2教科、中2：5教科）は、各教科の平均正答率を示した上で、「評価の観点」も明示している。小学校国語科では「話す」「聞く」「書く」「読む」の4技能に加え、「言語についての知識・理解・技能」に区分された。同調査は悉皆調査として全県的に行われ、「児童生徒の客観的な学力状況の経年的な把握と分析を通して、課題解決に向けた指導の工夫改善等の取組の充実を図る全県的な検証改善サイクルを確立し、県内すべての児童生徒の学力の確実な定着と向上を図る」（山口県教育庁義務教育課, 2014：1）ことを目的とし、全国学テにならって「基礎基本」（選択・短答）と「活用」（記述中心）の問題構成とされた。県教委が「教科研究委員会」（指導主事・教頭・学力推進教員）で原案を作成し、義務教育課・高等教育課で最終作成したものである。現在も実施されている。

　以上のような県独自の学力調査を行なう山口県の目標は、「評価のあり方」に配慮するというよりも、全国学テにおいて「小・中学校の全区分で全国平均を上回る」（山口県教育委員会, 2015：29）ことであった。平成25年度には小・中学校ともに、国語と算数／数学のA・B区分において全国平均を上回ったが、さらなる知識や技能の定着、家庭学習の一層の充実を目指して県全体での取り組みを掲げている。「教育評価」「学習評価」への先進的な取り組みを行なってきた山口県が、現状では全国学テで「全国平均を上回る」から「全国トップクラスの学力」を目指して「全国平均を3ポイント上回る」（同上, 2017：11）といった学力競争で勝利する目標を掲げている。

## おわりに

　本章で取り上げた山口県の「学力テストの教育評価におけるイノベーション（革新性・先駆性）」の取り組みは、旧来型の一斉授業を終えた後にテストを実

施する「総括的評価」の考え方から、授業過程における態度や技能・思考面で多くの反応をいち早くとらえる「形成的評価」へとシフトすることを試みるものであった。とりわけ、「簡易集団反応測定装置」と呼ばれる授業における生徒の反応を即時確認するショートサイクル評価の開発が行われている点が注目に値する。この簡易集団反応測定装置を用いながら、県教育研修所は実験授業・実証授業を行いつつ、前提テスト、事前・事後テスト、把持テストなどによって効果を比較検証する研究に取り組んでいる。

　そして、「相対評価」から「絶対評価」「到達度評価」への取り組みも見られた。昭和40年代における山口県で行われた教育評価への取り組みは、日本におけるテスト結果に基づく５段階評価による相対評価とは異なるものであった。そこには、ペーパー・テストの結果による相対評価のあり方を疑問視する一貫した姿勢が見られた。しかしながら、平成元年度以降の山口県の学力テスト政策の特徴は、学力向上を目指す学力調査が展開され、教育評価への取り組みは国の政策にならった「観点別評価」が行われているに過ぎなかった。

　山口県のみならず、全国的な傾向としては、文部省・国研が実施する学力調査に合わせる形で都道府県でも学力調査を実施し、次第に地方学テの独自性は失われていく。山口県でも全国学テで「全国トップクラスの学力」を目指した数値目標が掲げられた。それは、テスト結果に基づく評価のあり方への「先祖帰り」といった状況といえるものである。しかしながら、昭和40年代における山口県における独自の教育評価の新たな試みは、日本の学校現場における多様性や革新性を生み出す原動力となったものであると評価する。

　昭和48年に刊行された「授業過程における評価に関する研究（２）」では、目標、計画、実践、評価の４つの関係は「直線的な関係でなく、相互依存の関係にある」（山口県教育研修所, 1973：1）ことが指摘された。評価は授業の成果を評価するだけではなく、目標の修正や指導計画の修正にも貢献するものであった。逆に、目標、計画、実践から評価法自体、テスト法自体についての検討も迫るものでもあった。「無上の授業あり、道環して断絶せず、目標・計画・実践・評価　しばらくの間隙あらず、授業道環なり。」（同上, 1973：1）。「道環」とは途切れることなく、連続して行なわれていくことを意味する。しばし、

422 第3部 中国・四国・九州・沖縄地方

この言葉の意味を噛みしめてみたい。そして、教師作成テストの意味と価値を改めて確認したい。


〈注〉

〈1〉 天野（1993）が指摘したように京都府の「到達度評価」への取り組みは、これまでは高く評価されてきた。「到達度評価」という用語は、昭和50年2月の京都府教育委員会作成の「到達度評価への改善を進めるために─研究討議のための資料─」において「初めて登場した」と評価されたものであった（天野，1993：301）。この京都府の試みは「官民総ぐるみで到達度評価の実践研究を展開するという壮大な実験がなされた」（遠藤・天野，2002：49）、「日本の教育実践史上まれに見る官民挙げての『壮大な実験』」（遠藤，2017：154）としても高く評価された。

〈2〉 昭和27年度の山口県の公立高等学校の入学者選抜では、高校では入試は行わず、出身中学校から提出される報告書に基づいて選抜するとされたが、その報告書の記載事項は、イ.中学校における学習成績の発達記録、ロ.個人的公民的発達記録、ハ.職業的記録、ニ.身体的発達記録、ホ.出欠の記録、ヘ.標準検査の記録、ト.学力検査の記録、チ.家族関係の記録、リ.その他の9項目であった（山口県教育委員会，1952a：21）。

〈3〉 昭和30年には県標準学力検査として、小学校では「国語」（4・5・6年適用）、「算数」（4・5・6年適用）が、中学校では「国語」（1・2・3年適用）、「数学」（1・2・3年適用）が編集（県教育委員会）・発行（県教育研究所）されている（山口県教育委員会，1955：39）。

〈4〉 小2は「東大新Ａ─Ａ学力検査」「科研式小学校項目別学力診断検査L」、小3は「田研式小学校項目別診断学力検査」、小4は「教研式全国標準診断的学力検査」「学研式診断的学力検査」、小5は「教育診断式教科別総合標準学力検査」「教研式全国小学校診断的学力検査」、小6は「観点別診断式教科別総合標準学力検査」「教研式全国標準小学診断的学力検査」（小学E形式）が実施された（山口県教育研修所，1969b：2）。

〈5〉「基礎学力」という用語は学習指導要領では昭和33年以降は使われておらず、代わって「基礎的・基本的な内容」、もしくは「基礎・基本」という用語が使用されていく（岡山県教育センター，1998：2）。結果、「1970年代までの学力調査が内容のバランスのみ考慮して作成され、知識、技能を問う問題が多い」（同上，1998：1）という状況を招く。この「知識、技能を問う問題が多い」という実態は、昭和55年代以降の学力テストを用いた調査研究において「内容と目標の2面から作成される」（同上，1998：2）といった理由が挙げられた。

〈6〉「簡易集団反応測定装置」は、授業内における挙手・筆頭法・口答法などに代わって生徒の反応を「即時確認」するものであり、信頼性の高い反応を得て、生徒教師間の

コミュニケーションを円滑化する。つまりは、「指導と評価」の一体化を可能とし、授業過程の改善に貢献するものであった（山口県教育研修所，1971：57）。

〈7〉平成17（2005）年11月に小5と中2の約2万6千人を対象に実施され、翌年3月に結果分析が公表されている。県教委は「応用や自分の考えを適切に表現すること」を課題として挙げている（『朝日新聞』2006.3.28.朝刊）。

## 〈引用・参考文献一覧〉

天野岩男　1952「昭和25年度　アチーブメント・テストの検討（その三）」山口県教育庁『教育広報』6月号、26-28頁

天野正輝　1993『教育評価史研究—教育実践における評価論の系譜—』東信堂

入江　覺　1952「中学校英語科学力検査について」山口県教育庁『教育広報』11月号、54-55頁

遠藤貴広　2017「教育実践を支える評価—民主主義の新たな基盤—」田中耕治編著『戦後日本教育方法論史（上）—カリキュラムと授業をめぐる理論的系譜—』ミネルヴァ書房、147-166頁

遠藤光男・天野正輝編　2002『到達度評価の理論と実践』昭和堂

岡山県教育センター　1998「新しい学力観に立つ算数科の授業の在り方」『研究紀要』第203号、1-29頁

坂元忠芳　1975「到達目標と教育評価について」国土社『教育』No. 314、6-29頁

戦後教育改革資料研究会（国立教育研究所内）　1980『文部省　学習指導要領』日本図書センター

田中耕治　2014「第2節　教育評価」日本教育方法学会編『教育方法学研究ハンドブック』学文社、182-185頁

田中耕治　2015「戦後教育評価史に関する覚書」京都大学『教育方法の探求』第14号、1-11頁

山口県教育委員会　1952a「山口県公立高等學校入學者選抜實施について」『教育広報』（1月号）20-25頁

山口県教育委員会　1952b「学力檢査と進学問題」『教育広報』（7月号）12-14頁

山口県教育委員会　1953「昭和29年度高校入学選抜実施大綱」『教育広報』（7月号）10頁

山口県教育委員会　1955「改訂山口標準学力検査の内容」『教育広報』（4月号）39頁

山口県教育委員会　1957「学力検査問題改善への努力」『教育広報』（3月号）30-31頁

山口県教育委員会　2003『平成15年度　山口県教育ビジョン推進の手引き　夢と知恵を育む』1-56頁

山口県教育委員会　2006『山口県教育ビジョン推進の手引き　夢と知恵を育む—平成18

年度—』1-54頁

山口県教育委員会　2015『山口県教育振興基本計画（2013～2017）』1-96頁

山口県教育委員会　2017『平成29年度　山口県教育推進の手引き—「未来を拓く　たくましい　やまぐちっ子」の育成に向けて—』1-182頁

山口県教育研究所　1952「問題児の教育—その診断と指導の手引き—」『研究紀要』第4輯、1-210頁

山口県教育研究所　1957「学校規模別にみた山口県小・中学校の実態」『研究紀要』第23集、1-46頁

山口県教育研究所　1958「学力検査にあらわれた男女の学力の実態」『所報』第6号、1-11頁

山口県教育研究所　1967「学習態度に関する基礎的研究—態度の評価とその形成について—」『研究紀要』第34集、1-71頁

山口県教育研修所　1968「学力の実態とその要因分析に関する研究」『昭和42年度研究紀要』（7-2）、1-66頁

山口県教育研修所　1969a「学力の要因分析に関する実験的研究—教授法間の比較・学力形成要因調査　学習指導における自作教具の効用—」『研究紀要』第44集、1-147頁

山口県教育研修所　1969b「学業不振児の診断と指導に関する研究—学習意欲と人格的特性を中心として—」『研究紀要「学校における教育相談に関する研究」』第48集、1-44頁

山口県教育研修所　1969c「能力開発をめざす教育相談に関する研究」『研究紀要「学校における教育相談に関する研究」』第48集、45-74頁

山口県教育研修所　1970「学力の要因分析に関する研究—授業評価の試み・付（授業評価簡易テーブル）理科の力学実験器具について」『研究紀要』第50集、1-42頁

山口県教育研修所　1971「単位時間の評価に関する試行的研究」『研究紀要』第57集、1-57頁

山口県教育研修所　1972「授業過程における評価に関する研究」『研究紀要』第60集、1-53頁

山口県教育研修所　1973「授業過程における評価に関する研究（2）」『研究紀要』第65集、1-37頁

山口県教育研修所　1982「学業不振児の指導に関する研究」『研究紀要』第104集、1-92頁

山口県教育庁義務教育課　2014『平成25年度学力定着状況確認問題の結果について［概要版］』https://www.pref.yamaguchi.…181970362b.pdf［2020.5.7.取得］1-6頁

山口県中学校長会　1996『平成7年度教育改革特別委員会報告書　生涯学習体系における中学校教育の課題～新しい学力観への教師の意識改革～』1-57頁

# 第22章 「愛研式標準学力テスト」の開発〜愛媛県〜

〈愛媛県教育研究所・所長村上芳夫〉

*まえまえから学力テストの新しいものをつくりたいと思っていたが、学習指導要領の改訂の実施もできたので、新しく改訂学習指導要領にもとづく標準学力テストをつくってみた。これは学力測定の尺度をつくるために標準化をこころみたものであるが、さらに詳細に学力の状態を問題別・領域別に知りたい人々のために問題別正答率を出し、さらに領域正答率も出しておいた。したがって子どもの学力や、先生方自身の指導の長短を診断することができるわけである。それで本テストを以前のテストと区別するために新訂愛研式診断的標準学力テストと名づけたのである（愛媛県教育研究所, 1962：まえがき）。*

## はじめに

　愛媛県では昭和25年7月3日〜8日に、1回目の「愛研式標準學力檢査」（小2〜中3：4教科）が県下の約半数に該当する小・中学校350校（約12万人）に対して希望制で実施された。これが「愛研式」と呼ばれる愛媛県によって開発された標準学力テストの最初のものであった。その目的は、「学習指導は評価と相まって行われなければならない」（愛媛縣教育研究所, 1950：39）という認識の下，各校教師による学力検査が「学級内での相対的評價にとどまつて、廣く他クラス、他校の兒童生徒と較べてみることができない」（同上, 1950：39）といった欠陥を克服するためであった。検査問題は、8人の所員によって構成され、数個の学年共通に実施可能であった。この「愛研式標準學力檢査」の開発・実施こそが、愛媛県における「学力テストのイノベーション（革新性・先駆性）」を象徴するものであった。

　この「愛研式」と呼ばれた標準学力検査の名称は、「愛媛県教育研究所」作成によるものであったことを簡略化したと考えられるが、こうした事例は宮城

県の「宮教研式」、山形県の「山教研式」、千葉県の「千教研式」、神奈川県の「神奈川教研式」などでも見られるものである。昭和27年、北海道立教育研究所は「愛研式標準學力檢査」の先駆性を高く評価し、学年始めの学級編成に役立つ学力検査を作成している県の中では、「愛媛県が相当手広く作つただけで、いまだ他府県では見られない」（北海道立教育研究所，1953：1）と述べている。こうした愛媛県も含めた各都道府県独自の標準学力テストの開発の歴史は、これまでの教育史研究や評価史研究では解明されていない。

　本章の課題は、第一には県が独自に開発した「愛研式標準學力檢査」の開発経緯と特徴を確認することである。昭和34年には愛研式標準學力檢査は「愛研式診断的標準学力テスト」に、昭和37年には「新訂愛研式診断的標準学力テスト」にリニューアルされ、小・中学校（小1〜中3）における学力テストが全県的に行われた。この間に、「愛研式」の標準学力テストを用いたテストは年9回も実施された。第二の課題は、昭和20・30年代に実施された「愛研式」の標準学力テストと文部省「全国学力調査」の関係性を確認することであるが、県独自の学力テストの実施が愛媛県を日本全国の中でもトップレベルの学力上位県に押し上げる効果があったと思われる。とりわけ、「学力の実態把握」と「学力向上」に向けた標準学力テストの開発・実施は昭和20年代には20件にも達し、全国的には例を見ない開発となったものであった。全国的に学力上位県として注目された愛媛県独自の「愛研式」標準学力テストの開発・実施、ならびに文部省「全国学力調査」への県の対策や結果分析は、どのようなものであったかを確認し、愛媛県の学力テストの実施状況を解明することが本章の課題である。

　なお、「愛研式標準學力檢査」は時代によって「愛研式診断的標準学力テスト」や「新訂愛研式診断的標準学力テスト」と呼ばれたが、固有名詞として使う以外の一般的表記は煩雑さを避けるために「愛研式標準学力テスト」に統一した。まずは、戦後の学力テストの実施状況から確認しよう。

# 1　戦後の学力テストの歴史

　戦後から今日までの愛媛県の学力テストの実施主体は、「県教育委員会」（以

下、「県教委」）「県教育研究所」に加え、「県教職員組合」「県教育研究会」など
も挙げられる。その実施状況を時期区分すると、〈表—１〉のようになり、「教
育政策テスト」は27件、「学習指導改善テスト」はわずか１件となる。明らか
に愛媛県のテスト政策の重点は「教育政策テスト」に置かれていたことになる。
こうした極端な事例は、全国的には愛媛県だけであるが、愛媛県のもう一つの
特徴は、「愛研式」と呼ばれる標準学力テストの開発・実施が昭和20・30年代
に集中し、その件数も24件に達し、全体の約９割を占めたことである。ところ
が、昭和41年の「全国学力調査」終了後には、愛媛県では約40年間もの間、学
力テストの実施は見送られた。なぜなのか。この点も解明すべき問題である。

〈表—１〉 愛媛県の戦後学力テストの実施状況

|  | 昭和20年代 | 30年代 | 40年代 | 50年代 | 60年代〜平成18年度 | 19年度〜令和２年度 | 合計 |
|---|---|---|---|---|---|---|---|
| 教育政策テスト | 20 | 4 | 0 | 0 | 1 | 2 | 27 |
| 学習指導改善テスト | 0 | 1 | 0 | 0 | 0 | 0 | 1 |
| 合計 | 20 | 5 | 0 | 0 | 1 | 2 | 28 |

＊数値は新規に開発・作成された学力テストを用いた調査研究であり、２年以上継続されたものでも
「１」としてカウント。

　昭和23年12月、「県教育研究所」が設立された。県教育研究所は「県教育研
究所規程」（全12条）によって、総務・研究調査・連絡編集の３部で構成され、
研究調査部は「教育に関する調査研究」「教育に関する相談並びに建言」（愛媛
縣教育委員會編, 1954：138）などを行ない、以後昭和41年の「県教育センター」
の設置まで、標準学力テストの開発、児童の学力の実態把握調査に取り組んだ。
とりわけ、戦後直後における標準学力テスト開発の意図は、「学童の学力低下
は新教育下に於ける大きな問題となって居る」（永野, 1949：19）という認識の下
で、まずは新教育による新しい学力観に基づく学力の実態把握を目指すもので
あった。
　愛媛県における戦後初の学力テストは、昭和24年４月〜５月に行われた小学

校の新入学児童に対する「新入學兒童の能力調査」（小1：2教科）であり、県内の小学校71校（約6,000人）で実施された。「兒童生徒の實態を知ることと、地域社會の實態を知ることが、教育経営の基盤である」（村上，1949：はしがき）との認識の下で、新教育推進の使命を担って、児童生徒地域社会の実態調査が行われた。調査目的は、「新入学児童の生活および能力調査によつて、教育計画・編成・指導および評価・教科書編纂の基礎資料としたい」（村上，1949：1）と明記され、国語と算数の基礎能力テストが実施された。中学校の新入生に対しては、昭和25年度に「縣中學一年入學當初學力檢査」（中1：4教科）において学力の実態把握が行われた。

　県教育研究所は、昭和24年11月には「算數計算テスト」（中3）、「数学テスト」（中1）、「社会科・理科的常識テスト」（中1）の3件を、同年12月には「縣小中學校兒童生徒の基礎學力檢査」（小1〜中3：2教科＋理）も実施した。最初の「算數計算テスト」は新教育による学力低下を問題視して、学習の達成および個人差を的確に把握し、日々の学習活動に活かす資料とするものであった。制限時間内に完了した者、時間一杯で完了した者の比率を出し、速度と正確度の相関を分析したものである（永野，1949）。昭和24年12月には「縣小中學校兒童生徒の基礎學力檢査」が「新教育と学力低下」の指摘を受けて、読み書き、計算の力、基礎的知識の実態把握を行っている（小川，1950a）。昭和25年になると「愛研式標準學力檢査」（小2〜中3：4教科）が県教育研究所によって開発実施された。

　県教育研究所以外には、県教職員組合（以下、「県教組」）の小学校教諭大川咳一郎が中心となって、昭和27年に「基礎学力実態調査」（小2〜中3：算・数）を実施した。この調査は、愛媛県喜多郡の学力傾向について各学年200人を抽出して調査したものである。昭和27年度の日教組の「第二回全國教育研究大會」で報告されたが、結果の分析については県指導主事、郡教育事務所補導主事、県教育研究所員の指導と助言も受けている（大川，1953：71）。結果の分析は、問題ごとに正答率を算出し、学年ごと内容ごとに平均値を算出したものになっている。誤答率の高いものに関しては、誤算の原因と類型を質的に考察し、治療対策も提言するものであった。

もう一点、愛媛県の学力テストの特徴は、学習指導改善を目的とした調査研究が昭和36年度の「説明的文章の読解力の実態」（小2・4・6）だけであったことである。全国教育研究所連盟（以下、「全教連」）の共同研究についての第1年次研究であり、説明的文書の読解力調査によって小学校各学年の領域別（文脈・細部・要点・要約・把握・速読など）の正答率と反応などを調査分析したものであった（愛媛県教育研究所, 1963：2）。愛媛県においては、学習指導改善を目的としたテストはほぼ実施されず、ひたすら「教育政策テスト」による学力向上が一貫して目指されている。

## 2　「愛研式」標準学力テストの開発経緯

　本節では、昭和25年から本格的に着手された「愛研式」と呼ばれる標準学力テストの開発経緯と学力テストの実施状況を考察する。この愛研式標準学力テストを用いた学力テストの実施は、〈表―2〉で示した11件を挙げることができる[1]。

　まずは、愛媛県における標準学力テストの開発経緯から確認する。昭和24年、県では新たな教育課程の策定が行われ、県の教育課程は他県とは異なり、県として1本化することなく、「地勢、業態の複雑な実態にかんがみ、類型地域別に数本の基底教育課程を編成すべきであると考える」（小川, 1950b：62）として、都市・半都市・都市近部農村・農村・山村・臨海村の6つの類型地域を想定した。次に、実験学校を中心に県下類型別地域学校で予備テストを実施し、4教科の標準能力テスト問題が学年ごとに作成された。その結果を基に、教育課程の編成を行なう努力がなされたわけである。昭和24年度に行われた学力調査は、前節でも述べた「新入學兒童の能力調査」であり、都市・農村・山村・漁村の各地域における新入学児童の「能力の差異」（村上, 1949：63）などが指摘された。翌25年には「縣中學一年入學當初學力檢査」が実施されたが、同年7月に実施予定の「愛研式標準學力檢査」の予備調査としても位置づけられた。

　以上のような経緯を経て、昭和25年7月、1回目の「愛研式標準學力檢査」（小2～中3：4教科）が県下の小・中学校350校（約12万人）に対して希望制で実施された（愛媛縣教育研究所, 1950：39）。結果については、平均点や学年差の

430　第3部　中国・四国・九州・沖縄地方

〈表—2〉愛媛県の「標準学力テスト」の実施状況

| 調査研究の名称 | 対象学年・教科 | 初回のテスト実施年（度） |
|---|---|---|
| 愛研式標準學力檢査 | 小2～中3：4教科 | 昭和25年7月3日～8日 |
| 職業家庭科標準學力檢査 | 中△：職業家庭 | 昭和25年度 |
| 標準学力検査の一検定 | 小4：4教科 | 昭和26年9月14・15日 |
| 県小学校算数科標準学力検査 | 小2～6：算 | 昭和26年12月3日 |
| 標準学力検査による学力実態の一考察 | 小3・6・中3：4教科 | 昭和27年2月27日 |
| 算数科学力診断テスト | 小2～6：算 | 昭和27年6月30日 |
| レディネス・テストによる学力調査 | 小2～中3：各学年で異なる | 昭和29年7月8日～10日 |
| レディネス・テスト | 小1～中2：各学年で異なる＊ | 昭和30年3月 |
| 主体学習の実践報告 | 小1～6：4教科 | 昭和30年5月 |
| 愛研式診断的標準学力テストによる学力調査 | 小1～中3：4教科 | 昭和34年2月～3月 |
| 新訂愛研式診断的標準学力テストによる学力調査 | 小1～6：4教科 | 昭和37年2月15日 |

「△」は不明。「＊」は、小1～中2（国）小1～中1（社）小4～中2（算・数）小3～中1（理）

算出に加え、児童生徒の教育年令（学習年齢）も知ることが可能であった。実施への評価としては、「標準學力檢査が兒童生徒の理解のために一役かつて出た事とは、當然であり、また喜ばしいことである」（同上，1951：27）といった賛辞の言葉が送られた。県教育研究所が作成した標準学力検査は、昭和25年度の時点では以下のように示された。

---

愛研式昭和25年度一学期末標準學力檢査

愛研式昭和25年度二学期末標準學力檢査

愛研式昭和25年度三学期末標準學力檢査

廣島文理科大學教授三好　稔監修　各科標準學力檢査

---

第22章 「愛研式標準学力テスト」の開発～愛媛県～　431

　昭和25年度は、県教育研究所が標準学力検査を4教科で「小学校1・2・3
年用」「小学校4・5・6年用」「中学校1・2・3年用」を作成し、各学期末
に検査を3回実施している。そしてこの3回の検査の中から適当な問題を採り、
いつでも使用できる検査問題も1回分作成された。それが「各科標準學力檢
査」であった。また、指導要録の標準学力検査欄にも結果が記入された。翌昭
和26年9月には「標準学力検査の一検定」（小4：4教科）によって、「愛媛縣
教育研究所愛媛教育研究会作成の下記標準学力検査の信頼性を吟味し、併せて、
教育指数の地域差を明らかにしたい」（篠原，1951：58）との意図の下、小4児童
（3,200人）を対象に小学校用の標準学力検査（4教科延8種類分）を実施し、教
育指数の相関係数を求め、併せて、教育指数の地域差が考察された[2]。言い換
えれば、検査によって得られた教育指数の相関係数によって検査の信頼性を吟
味すると同時に、各教科における地域ごとの学力差が考察されたわけである。
　その後の昭和20・30年代においても、愛媛県では標準学力検査の精度や信頼
性をより高めるために学力検査が繰り返し実施され、検査の改訂を継続してい
る[3]。昭和34年3月の「愛研式診断的標準学力テストによる学力調査」（小1
～中3：4教科）でも都市部・農村部・山漁村部の各学校を対象に調査が実施
された。また、昭和37年2月にも「新訂愛研式診断的標準学力テストによる学
力調査（小学校）」（小1～6：4教科）が「全県的な評価規準（スケール）を作成
して調査問題を診断的標準学力テストとし、学力の客観的、合理的な測定およ
び診断の参考資料とする」（愛媛県教育研究所，1962：まえがき）として行なわれて
いる。冒頭に掲げた一節は、当時の教育研究所長村上の言葉である。なお、中
学校（中1～中3：4教科）は翌38年2月15日に実施され、全県的な評価規準を
新たに開発し、テスト問題も「愛研式診断的標準学力テスト」として再編成さ
れたものが利用された。

## 3　「愛研式」標準学力テストの特徴

　愛媛県における標準学力テスト開発の特徴として、四つのことを指摘してお
きたい。第一の特徴は、統計的調査に基づいた規準が示され、広く県内の児童
生徒との比較対象によって自己の位置を知ることが可能なように工夫された

432　第3部　中国・四国・九州・沖縄地方

「愛研式」と呼ばれる県独自の方式を開発したことである。特に、成績評価法に特色が見られ、昭和26年9月実施の「標準学力検査」においては小4児童（3,200人）を対象に4教科延8種類分のテストを実施し、平均正答率に加え、極端な成績を取った者を除いた「教育指数」（知能指数と同一の求め方）を算出し、この「教育指数」によって「商工業」「中間」「農林水産業」の3地区における地域差などを比較分析した（篠原, 1951：62-63）。

　昭和25年の1回目の「愛研式標準學力檢査」においては、新教育が成長する児童生徒の理解に中心を置く以上、児童生徒への理解は科学的でなければならないとし、「愛研式テストは、いずれも統計的調査に基ずいた規準が示されている。故に廣く縣内の兒童生徒との比較對照において自己の位置を知ることができるわけである。…（中略）…標準學力檢査は、文部省の示した大まかな規準が手落ちなく達成されているかどうかをねらつて出題してあるので、學校教師側にとつては、反省の資料ともなるわけである」（愛媛縣教育研究所, 1951：27）との評価がなされた。しかしながら、同時にテストの限界と課題も指摘された。「テスト、測定がこのように科學的になつてくると、一應兒童生徒個人の數量的位置づけが出来上る。…（中略）…故に徒らに數にとらわれるということは、應用心理學の現在の發達状態では、結果を誤解に導くことになる。科學的方法は一つの標準的手段を供給するだけであることを銘記しなければならない」（同上, 1951：27-28）。

　第二の特徴は、昭和29年7月に実施された「レディネス・テストによる学力調査」（小2～中3：教科は各学年で異なる）であった。同テストは、昭和32年度まで5回実施され、香川・東京・岡山・広島の各県と大阪市における優秀校などとの比較検証も行われている。レディネス・テストとは、児童生徒におけるレディネス（学習準備）の状況を、ペーパーテストで診断することを意図したものである。このテストは、単に学力の量的評価による相対的な比較を行なうのではなく、児童生徒の学習上の困難点を知り学習指導によって、「学習不振の回復」や「困難点の克服」をしながら、「どの程度まで児童生徒の学力を伸ばせばよいか」（同上, 1958：1）などを診断するものであった。そして、児童生徒や学級の成績を全県的な規模で知るためのパーセンタイル（PR）順位表[4]

第22章 「愛研式標準学力テスト」の開発〜愛媛県〜　433

も作成され、愛媛県内や他県の学校での順位や位置も知ることが可能であった。愛媛県では、小学校から中学校までの4教科の全領域、全教科のレディネス・テストが昭和32年度内には完成されている。

　第三の特徴は、開発当初の「愛研式標準學力檢査」の意図は、新教育導入による新たな学力観の科学的な実態把握を目的としていたが、その後は新教育による学力低下批判を受け、県では昭和28年から5ヶ年計画で「県児童生徒の学力向上」を目標に掲げつつ、学力の実態把握による「学力向上」へと方針転換したことであった（村上, 1956：6）。そして、「学力低下」の要因としては「基礎的な概念の理解が貧弱であり、従つて問題解決力が乏しい傾向が強い」「テスト結果の成績に学級差がひどく、教師の指導力に相当に差がある傾向を示している」「児童の学習が依存的で自習学習の習慣が乏しい傾向がある」（同上, 1956：11・14）などと指摘された。そして、「学力向上」に向けた様々な学習改善プランが示されると同時に、県の学力水準を他県の優秀校とも比較しながら、より高いレベルに引き上げることを繰り返し試みている[5]。

　第四の特徴は、学力と知能の相関関係に関する調査研究は「愛研式」標準学力テストでは行われなかったことである[6]。というのも、愛媛県では知能検査それ自体に懐疑的であったためである。県教育研究所は、全国的には団体知能検査が20種類近くあるものの、県下で最も頻繁に利用されている団体知能検査は「田中B式」と「古賀式」としている（篠原, 1950：42）。ただし、「田中B式」が「知能偏差値の基準が高すぎること」、「検査や採点に時間がかかること」、「古賀式」にも3つの欠点があると指摘した。結論として「要は知能の遺傳性を十分理解の上、その取扱に今少し慎重な考慮を拂うことである。数の多少によって優劣判定の基準としたりすることは知能テストの現段階においては、先ずナンセンスといつてよい」（同上, 1950：45）と断言した。また、知能指数や知能偏差値を個人の通知表に記入することも控えるべきと提言した。その理由は、「不当な優越感、劣等感或いは宿命観などが招来され、『全体としての児童』Child as a wholeということにも逆行が生じるであろう」（同上, 1950：45）ことを危惧したためであった。

　数はそれほど多くはないが、昭和20年代において各都道府県で学力テストを

実施する際に知能検査も利用され、その相関関係が調査研究された。ただし、知能検査それ自体に関しては「もともと学業成績と高い相関を持つように設計されたテスト」（広田, 2001：138）であり、「科学的に児童生徒の知能の発達程度を正しく測定」するか否かを疑問視する教育研究も見られた。こうした知能検査に対する懐疑的な意見は、愛媛県においても確認できる。

## 4　文部省「全国学力調査」への対応

　さて、これまで論じてきたように愛媛県では「学力の実態把握」と「学力向上」に向けた標準学力テストの開発・実施が昭和24年度から早々と開始され、昭和20年代には20件もの学力テストが実施された。こうした事例は、全国的には唯一愛媛県のみである。しかしながら、愛媛県における昭和20年代の取り組みの効果と成果は、昭和31年度から開始された文部省「全国学力調査」では余り良い結果を示してはいない。

　昭和36年度の「全国中学校一斉学力調査」（以下、「学テ」）の結果分析は、文部省に加えて各都道府県でも詳細に行われた。そして、その結果分析が各都道府県における学力向上策の方向性を左右するものとなった。その方向性とは、テスト結果の優劣を左右する教育諸条件の改善、児童生徒の知能との相関関係の分析、学習指導の改善を目指すものなどであった。当時において最も学力が高いとされた県は東京や大阪といった都市部、富山や福井の北陸、香川・愛媛の四国などであった。逆に学力が低いとされたのは山間部やへき地を多く抱える東北・九州地方であった。つまりは、学テの実施によって日本全土を対象にした「学力が高い県」／「学力が低い県」、「学力が高い地域」／「学力が低い地域」、「学力が高い児童生徒」／「学力が低い児童生徒」といった全国的な区分けが始まったことを意味した。

　愛媛県では「全国学力調査」の結果は、昭和31年度の開始当初から詳細な分析が行われた。最後となった昭和41年度の結果分析では、昭和37・39・41年度の小5における全国平均との差が比較された。〈表―3〉でも示したように、愛媛県の平均点は昭和41年度には国語で12.8点、算数で21.5点、音楽16.7点も全国平均を上回る結果となった（愛媛県教育委員会, 1967：264・266）。

第22章 「愛研式標準学力テスト」の開発〜愛媛県〜　　435

〈表—3〉 小5・中3の教科別の県平均と全国平均との差の比較

|  | 昭和37年度 | 昭和39年度 | 昭和41年度 |
|---|---|---|---|
| 国語（小5） | +1.2 | +6.5 | +12.8 |
| 算数（小5） | +2.8 | +12.0 | +21.5 |
| 音楽（小5） | − | − | +16.7 |
| 国語（中3） | 0.0 | +3.4 | +6.6 |
| 数学（中3） | +0.5 | +6.4 | +10.4 |

　昭和41年度の小5の国・算・音はともに全国1位であった。そして、地域別の分析も行われ、市街地域が最も高く、順次小都市、都市近郊農村、鉱山、純農村、農山村、漁村、山村と低くなることが指摘された。だが、全国平均と比較すれば、3教科の地域類型別平均点はどの地域も全国平均を相当大きく上回り、とりわけへき地の学力向上が著しいものとなった。一方、中3の昭和36年度の学テ結果は国語−0.5、数学−1.6と全国平均を下回っていたが、昭和37年からは全国平均を上回る結果となった。昭和41年度には国語が全国1位、数学2位となり、小・中学校ともに全国1位という栄冠をつかんでいる。

　愛媛県は、昭和36年の学テ開始時には小・中学校ともに全国で20位台であった。それが、昭和39年には小6が全国1位、翌40年には小5・6と中3で全国1位となって結実した。とりわけ、愛媛県では「全国一斉学力テスト第一位獲得祝賀会」（浦岸, 2010：30）なるものが行われ、文部次官も祝辞を述べた。「全国学力調査」の結果公表に関しては、文部省側は「学習指導要領の改訂や教育諸条件を改善する資料」（文部省初等中等教育局地方課, 1962：16）としての側面を強調し、全国的な傾向、地域類型別の集計結果、教育条件による差異などは公表するものの、県別・市町村別・学校別・個人別などの結果については「無益な競争心をあおる」として公表しないことを明言していた。だが、愛媛県の「第一位獲得祝賀会」に出席し、祝辞を述べていることから文部省自らが「無益な競争心をあおった」と言えまいか。

　そして、あまりの急激な学力向上に地元紙の『愛媛新聞』でさえも、「教育現場での学テ不正」（『愛媛新聞』1962. 5. 31.）の問題を取り上げたほどである。

第3部　中国・四国・九州・沖縄地方

『愛媛新聞』によれば、県教組は機関紙『えひめの教育』（昭和39年6月）で学力テストの不正の実態を告発したものの、県教委は「学力テストに不正はなかった」として、両者の言い分は真反対なものとなった。この詳しい経緯は、県教育委員会『愛媛県教育史』第三巻にも掲載され、愛媛県における「全国学力調査」における不正問題の発生と経緯が詳しく紹介された。最終的には、県教委の調査では「不正の事実なし」（教育史編集室，1971：301）と結論づけられた。

　しかしながら、愛媛県の近代史文庫が刊行する昭和60年『愛媛近代史研究』（第51号）では、昭和39年に松山市内のある小学校で「全国学力調査」を受けた3人の小6と中学生のテープ証言が「真実はこうだ―学テ当時の小・中学生は語る―」と題して公表された。次の文は、その中の小6の生徒の証言である。

　　「同じ日だったと思うんですけれども、前の時間に算数の問題を先生がた
　　ぶん黒板に書いてやりました後、次の時間が『学力テスト』の時間だった
　　んです。そしたら、さっき先生と一緒に解いたのと同じ問題が、そのテス
　　トに書かれてあるので、あら、おかしいな、と思いながらも、一方、やは
　　り子供でしたから、これ百点だわ、なんて喜びながら全部やりあげたわけ
　　なんです」（テープ証言，1985：53）。

　信じられないような話の内容ではあるが、話はさらに続き、隣のクラスの先生も来て、黒板に全ての解答を書いたことまでも証言されている。同じような出来事は新居浜市でも報告された（田川，1963：126）。「学テ日本一」を競い合った愛媛県と隣県の香川両県は後に「学テ残酷物語」とも評され、「生徒と教師、そして教師相互の不信感をつのらせ、教育の内部から退廃をつくりだした」（碓井，1979：251）と酷評された。こうした学力テストでの不正・腐敗、事前準備などは、テスト学力の向上を目指した愛媛県の末路であったとも言える[7]。その後、愛媛県は次節で述べる平成16年度から開始される「学習状況調査」までの38年間においては学力テストは実施されていない。

## 5 現代の学力テスト政策

平成16年7月15・16日、県教委は新学習指導要領や学校5日制導入以降の児童生徒の学力実態を把握するために、「学習状況調査」を中2（5教科）の13,591人を対象に実施している。11月には小5（4教科）の13,840人を対象に実施している（『愛媛新聞』2004.7.16.朝刊）。昭和41年の文部省「全国学力調査」の中止から、実に38年ぶりの全県一斉の学力テストであった[8]。設問は、長文や資料の読み取り、「論理的思考力」や「総合的判断力」を問う設問が多かった（『愛媛新聞』2004.7.21.朝刊）。平成18年12月14・15日にも、小5・中2で実施され、平成16年の結果と比較がなされるが、県教委は平均正答率を「67.4%から72.4%に上げる目標」（『愛媛新聞』2006.5.30.朝刊）を掲げている。平成21年12月からは「学力診断調査」に名称変更され、一部地域や研究推進校で国語と算・数で実施された（『愛媛新聞』2012.2.23.朝刊）。児童生徒の学力状況に基づいて、「各市町村や各学校における課題を把握し、その改善を図る」（愛媛県教育委員会,2011：55）ことを意図し、学力向上を目指した実践研究が展開され、検証改善サイクルの確立が図られた。

平成24年12月18・19日には「県学力診断調査」（小5：4教科、中2：5教科）が、「定着度確認テスト」（小5・6：4教科）が7月と12月に実施された。この2つのテストは、ともに悉皆調査として行われ、全県一斉調査としては6年ぶりの復活となったものであるが、その背景には当時の中村時弘知事が平成24年度の全国学テにおいて「全国トップ10入りを目指す」（『愛媛新聞』2012.2.23.朝刊）との宣言があったためであった。県教委は、県全体の学力向上を目的として、「各教科の学習状況を確認し、効果的な検証改善サイクルを構築に資する県独自の学力調査を作成」（愛媛県教育委員会,2013a：50）するとしたが、この県独自の学力テストが「学力向上推進主任」、「同主任に対する研修会」などを通じて、各学校での学力向上に向けたPDCAサイクルの基盤整備となったことが成果として強調された。令和3年度も実施されている。

愛媛県では、平成24〜28年度までの「県学力向上5か年計画」の策定がなされている（同上,2013b）。その基本方針は、単なる知識の理解ではなく「確かな学力」として「基礎的・基本的な知識や技能の習得」「学ぶ意欲」「思考力・判

断力・表現力等の育成」など国の方針に従うものであり、特に目新しさや独自の特色があるわけではない。ただし、学力向上を達成するために「学校教育の質の保証・向上」（同上，2013b：4）が掲げられ、組織的・計画的に実行していく「組織力」、各教科の目標や内容を子ども達に確実に身に付けさせる「授業力」、授業のねらいが児童生徒に確実に身に付いているかを見取る「省察力」が重要事項として挙げられた。愛媛県の学力向上に対する強い決意が現れており、トップダウン的な姿勢も濃厚であった。特に学力テストの実施による「評価計画の作成」「学校評価の有効利用」（同上，2013b：5）は掲げられているが、テスト結果と学校運営や授業の改善を安易にリンクさせないことが大切である。

## おわりに

　昭和31年からスタートした文部省「全国学力調査」は、各都道府県の個別の自発的な学力向上政策への取り組みを国・文部省の下に集権化するものであった。それは、児童生徒、学校・教師、地方教育行政を評価・監視する集権性を持った統制的装置にもなったことを意味した。そして、各都道府県では学力の順位競争が始まるが、愛媛県が昭和39・40年度の「全国学力調査」において「学力日本一」となっているものの、それは県内で行われた「学校現場における不正」や事前準備の結果であったと指摘された。こうした学力テストの結果において成績上位を目指す学習指導のあり方は、逆を言えば、テスト偏重主義、競争主義を生み出しただけでなく、児童生徒が自ら思考し、調べ、探求するといったような自主・自律の学習機会を奪うものでもあった。学力テストに基づく競争主義、点数至上主義は日本の教育界の現代的な課題ともいえるが、そもそも日本の地方学力テストの歴史的展開の中で、こうした学力テスト体制の基盤構築がなされたと言えよう。

　本章では愛媛県を事例として戦後の同県の学力テスト政策を概観した上で、その特徴を確認した。愛媛県が独自に開発した「愛研式標準学力テスト」は愛媛県の学力向上には最も貢献したものであった。この点は、愛媛県における「学力テストのイノベーション（革新性・先駆性）」として認められるべきものである。しかしながら、昭和36年度の学テ実施以降は、愛媛県では「全国一

位」を獲得するために誤った対応がなされた[9]。それが事前対策の徹底やテストでの不正であった。特に学テがもたらした影響は甚大であり、愛媛県を含めた全国の地方自治体における多種多様な教育実践や学力政策を一元化し、集権化する役割を果たしたと言える。

　そして、38年ぶりの復活となった全県一斉テストである平成16年度の「学習状況調査」以降の愛媛県の学力テスト政策も、当初は新学習指導要領や学校5日制導入以降の児童生徒の学力実態を把握することであったが、平成19年度からの「全国学力・学習状況調査」開始以後は、「全国10位以内」を目指す順位競争が至上命題となった。平成24年度には県内の全小・中学校に「学力向上推進主任」なる管理職が新設され、学校現場では朝ドリルや昼休みの個別指導などに加え、市町村単位での業者テストの導入も拡大された。同年度に自治体単位で業者テストを導入しているのは、西条・松山・東温など7市町村であった（『愛媛新聞』2012.12.2.朝刊）。歴史の教訓から学び、再び同じ過ちを繰り返さないことが大切ではあるまいか。


〈注〉
〈1〉愛媛県以外の四国における標準学力テストの開発の特徴を概観すると、徳島県では昭和25年2月に小・中学校の国・算（数）の「標準学力テスト」が実施されている。香川県は、昭和25・26年2月に小中学校における「標準学力検査」を開発し、以後約20年間にわたって継続実施している。開発は、県教委・県教育研究所・現場教員の合同作業によるものであった。高知県は、昭和24年2月に「標準学力検査（アチーブメントテスト）」が実施されるが、合否判定に直結する入学選抜試験ではないものの、関係性は強かった。
〈2〉教育指数とは、児童の教育年令を生活年令で割って100をかけたものである。採点法で算出された得点は、教育年令算出表で教育年令が求められ、教育指数算出表で教育指数が求められた（愛媛縣教育研究所, 1951：29-30）。
〈3〉〈表―2〉でも示した「県小学校算数科標準学力検査」（小2～6：算）、「標準学力検査による学力実態の一考察」（小3・6・中3：4教科）と「算数科学力診断テスト」（小2～小6：算）、「レディネス・テストによる学力調査」（小2～中3：各学年で教科は異なる）、「レディネス・テスト（学年基準効果判定テスト）」（小1～中2：国、小1～中〓：社、小4～中2：算・数、小3～中1：理）と「主体学習の実践報告」（小1～6：4教科）、「愛研式診断的標準学力テストによる学力調査」（小1～中3：4

440 第3部 中国・四国・九州・沖縄地方

教科）が挙げられる。

〈4〉PRとは、学力検査の対象になった母集団に於いて、その子どもの成績以下の者の人数の、集団全員に対する割合を百分率で表したものである（愛媛県教育研究所，1957：6）。

〈5〉昭和27〜29年度の国研「全国小・中学校児童生徒学力水準調査」においても、愛媛県では全国との「問題別正答率の比較」「正答率の有意差検定」「診断領域別正答率プロフィール」（問題ごとの正答率グラフ）などの比較分析を行ない、「全体的に見て愛媛縣の学力水準は全国水準よりも明らかに高い（95%以上の確率において）」「全國水準との差を小学校と中学校で比較すると小学校の方が高い」（愛媛県教育研究所，1953（付録）：1）と評価している。

〈6〉標準学力テスト以外の昭和24年12月初旬の「縣小中學校兒童生徒の基礎學力檢査」（小1〜中3：2教科＋理）、昭和27年11月〜12月の「社会科・理科・算数数学における用語の讀みの調査」（小4〜中3：社、理、算、数）、昭和30年5月の「主体学習の実践報告」（小1〜6：4教科）において知能テストが利用され、学力との相関が分析された。

〈7〉その他にも愛媛県の学力テストにおける不正やテスト対策の実態などを指摘した研究には、田川（1963）や愛媛民主教育研究所1976『愛媛の民主教育―戦後30年の歩み―』愛媛民主教育研究所などが挙げられる。

〈8〉『愛媛新聞』（2004.7.16. 朝刊）によれば、平成16年2月に県教委が学力向上研究校の30小中学校で業者作成テストを実施したとあるが、詳細は不明である。

〈9〉香川県でも同様の事態が起きている。「三年連続学力日本一」と評された香川県では、「マル秘」扱いとされた学テ結果が県だけでなく市と学校の正答率まで記した文書が配布されていた（香川県教師集団，1965：71）。香川県内のある学校では昭和39年度の学テに関する目標は、「県の平均点を7点以上、上回ること」といった数値目標が示され、約10週間に及ぶ事前対策などの日程が示された（同上，1965：64）。香川県の学テ結果の祝賀会は、昭和39年1月7日に「三年連続学力日本一感謝報告大会」として開催され、祝賀会では紅白のまんじゅうが校長や教委関係者に配られた。特に第一位になった数学では現場教師の一人ひとりに、学力日本一という字を染めぬいた手ぬぐいが配られるなど、教育現場への「特別な配慮」（報償）があったことも報告されている（香教組四十年史編集委員会，1987：119）。

## 〈引用・参考文献一覧〉

碓井岑夫　1979「戦後日本の学力問題」『講座　日本の学力1』日本標準、223-278頁

浦岸秀雄　2010「全国学力テストはなぜ実施されたのか」『園田学園大学論文集』第44号、27-39頁

愛媛縣教育委員會編　1954『愛媛教育年鑑』1-364頁

愛媛県教育委員会編　1967『愛媛教育年鑑』No. 18、1-327頁

愛媛県教育委員会　2011「平成23年度（平成22年度対象）教育委員会の点検・評価」1-142頁

愛媛県教育委員会　2013a「平成25年度（平成24年度対象）教育委員会の点検・評価」1-72頁

愛媛県教育委員会　2013b『愛媛県学力向上５か年計画（案）』1-13頁

愛媛県教育委員会　2021「令和３年度（令和２年度対象）教育委員会の点検・評価」1-126頁

愛媛縣教育研究所　1950「愛研式昭和25年度１學期末標準學力檢査のスケール」『愛媛教育時報』第19號、愛媛縣教育資料普及會、39-41頁

愛媛縣教育研究所　1951「愛研式標準學力檢査作成の徑過」『愛媛縣教育研究所紀要』第六集、27-57頁

愛媛県教育研究所　1953「愛媛県小・中学校学力水準調査特集（附録）」『愛媛県教育研究所紀要』第十二集、1-13頁

愛媛県教育研究所　1957「レディネス・テスト（第三回）特集」『愛媛県教育研究所紀要』第二十一集、1-208頁

愛媛県教育研究所　1958「レディネス・テスト（第五回）特集」『愛媛県教育研究所紀要』第二十六集、1-83頁

愛媛県教育研究所　1959「愛研式診断的標準学力テストによる学力調査」1-64頁

愛媛県教育研究所　1962「特集　新訂愛研式診断的標準学力テストによる学力調査（小学校）」『愛媛県教育研究所紀要』第三十三集、1-44頁

愛媛県教育研究所　1963「特集　愛研式診断的標準学力テストによる学力調査（中学校）」『愛媛県教育研究所紀要』第三十六集、1-64頁

大川唉一郎　1953「数生活に必要な基礎的技能習得の実態とその対策」愛媛縣教員組合『愛媛教育』第39号、71-90頁

大原輝夫　1963「説明的文章の読解力の実態」愛媛県教育研究所『愛媛県教育研究所紀要』第四十集、1-30頁

小川太郎　1950a「縣小中學校兒童生徒の基礎學力檢査」愛媛縣教育研究所『愛媛縣教育研究所紀要』第二集、46-76頁

小川太郎　1950b「愛媛縣教育研究所當面の課題」愛媛縣教育委員会編『愛媛教育時報』87号、62-68頁

香川県教育委員会編　1999『香川県教育史　史料編（昭和20年―平成10年）』

香川県教師集団編　1965『学テ日本一物語』明治図書

香教組四十年史編集委員会　1987『香教組四十年史』香川県教職員組合、1-230頁

教育史編集室　1971『愛媛県教育史　第三巻』愛媛県教育委員会、1-998頁

442　　第 3 部　中国・四国・九州・沖縄地方

篠原　優　1950「團体知能検査の批判―二・三の視覚より―」愛媛県教育委員会編『愛
　　媛教育時報』（8 月）、42-45頁

篠原　優　1951「標準学力検査の一檢定」愛媛縣教育研究所『愛媛縣教育研究所紀要』
　　第六集、58-64頁

「戦後日本教育史料集成」編集委員会　1983『戦後日本教育史料集成』（第 8 巻）三一書
　　房

田川精三編　1963『愛媛教育残酷物語』明治図書

テープ証言　1985「真実はこうだ―学テ当時の小・中学生は語る―」近代史文庫『愛媛
　　近代史研究』第51号、53-54頁

永野　正　1949「學童能力管見　昭和24年11月調査」愛媛縣教育委員会編『愛媛教育時
　　報』第11号、19-25頁

村上芳夫　1949「新入學兒童の能力調査」愛媛縣教育研究所『愛媛縣教育研究所紀要』
　　第一集、1-75頁

村上芳夫　1956「愛媛の子どもの學力―学力向上に關する教育心理的考察―」愛媛縣教
　　育委員会編『愛媛教育時報』87号、6-21頁

広田照幸　2001『教育言説の歴史社会学』名古屋大学出版会

北海道立教育研究所　1953「標準学力検査問題」『研究紀要』第 5 號、1-205頁

文部省初等中等教育局地方課　1962「昭和37年度全国小・中学校学力調査について（通
　　達）」『教育委員会月報』No. 141、4-27頁

# 第23章 「学力と知能」の相関関係の解明～佐賀県～

〈本県児童・生徒の学力の実態 （1）学力検査等にみる状況〉

　学習状況に関する実態調査によれば、本県の児童・生徒の知能は、全国標準並みもしくは学年によってはそれを超えている。しかしながら、知能と学力（国語、算数・数学、英語）との関係をみると、52年と62年のいずれの調査でも中心化傾向が顕著に表れている。すなわち、「学力＞知能」の標準出現率16％に対し、本県は11～12％、「学力＜知能」の標準出現率16％に対し、本県は13～14％である。とくに、「学力＞知能」の標準出現率が低いことについては、児童・生徒の持っている能力を最大限に伸ばすべき教育の今後の在り方を示唆しているものと考えられる（佐賀県学力向上対策検討委員会, 1989：9）。

## はじめに

　冒頭に掲げた一節は、昭和62年8月31日に佐賀県教育長から「県学力向上対策検討委員会」（会長　竹下亮一）に諮問された「学力向上対策について」に対する平成元年12月16日の答申内容の一節である。この一節は、佐賀県では「学力が知能よりも低い」児童生徒の割合が高いとする状態（アンダーアチーバー）であり、「児童生徒の能力を最大限に伸ばす」という教育方針の根拠、ないしはベースとなったものである。検討委員会が示す具体的な学力向上政策において「学力と知能」の相関に関する特別な改善策があったわけではないが、本章が注目するのは平成元年になっても知能検査の結果を絶対視している検討委員会の答申内容である。

　佐賀県は、全国的に見ると大阪府に次いで、学習指導改善に積極的に取り組んだ県と評価できるが、本章では、とりわけ佐賀県における昭和50・60年代の「学力と知能」の相関関係の解明に取り組んだ調査研究に着目する。というのも、昭和50・60年代には「学力テスト」と「知能検査」の実施により、その相

444　第 3 部　中国・四国・九州・沖縄地方

関関係を調査研究することは佐賀県を除いて全国的には皆無の状態であった。いわば佐賀県は、沖縄を除く本土内では学力と知能の相関に最後までこだわった県、言い換えると知能検査の結果を重要視した県と位置づけることができる。では、なぜ、佐賀県は学力と知能の相関を重視することにこだわったのか。この点を、佐賀県の学力テストの歴史から探ることとする。本章は、佐賀県における「学力テストを利活用したイノベーション（革新性・先駆性）」のあり様を解明するものである。

　佐賀県における戦後の学力テストの開発・実施は主に県教育研究所が担うが、研究所は、その設立当初から学級経営に役立つ標準学力テストと知能検査の開発・作成に積極的に取り組んだという歴史を持つ。昭和30年、学力診断を目的とした県の学力テストのあり方を県教育研究所の所員であった植松が提言し、佐賀大学心理学教室教育研究所による「学力水準調査委員会」がテスト設計、実施計画、結果の統計処理などを行ない、「問題作成委員会」（小・中学校）が問題作成の基本計画や具体的計画を担当した。また、両者による「合同委員会」が学力の分析などを行なう分担体制も構築された（植松, 1955：46）。つまりは、この時における佐賀県の学力テスト体制は役割分担を明確化して実施されたものであった。

　県教育研究所は、昭和34年には『学級経営のための標準テスト利用』と題して「基礎編」と「実際編」を刊行している。その内容は、学級経営という観点から担任が持つ学級集団と児童の実態を正確に診断することに置かれていた。本章では、この県教育研究所の科学性と客観性をもった資料の提供を求めた姿勢が知能検査の持続的利用となった要因と考え、その後の約30年間における学力と知能の相関を調査研究する原動力となったと考える。佐賀県で最後となった知能検査を用いた学力テストは、昭和62年度に行われた「学習状況に関する実態調査」であった。この実態調査こそ、沖縄県による平成元年12月の「学力到達度テスト」を除いて、本土の46都道府県の中で最後に行われた学力テストと知能検査を用いた調査であったと位置づける。

　実は、昭和20年代以降から全国的に普及した知能検査の利用に関しては、各都道府県でも当初から批判的・懐疑的な見解が見られたが、知能検査それ自体

第23章　「学力と知能」の相関関係の解明～佐賀県～　445

に関しても「もともと学業成績と高い相関を持つように設計されたテスト」
（広田，2001：138）であり、科学的に児童生徒の知能の発達程度を正しく測定す
るか否かを疑問視する教育研究が一般的であった[1]。同じく、佐賀県でも昭和
41年にはIQが絶対的なものではなく、遺伝的なものでのみ規定されるものでは
ないことが提言された。後天的な環境や知能の発達の遅速が要因となって、児
童・生徒の知能の伸びに個人差が生まれることも指摘された（佐賀県立教育研究
所，1966a：3）。にもかかわらず、佐賀県では沖縄を除く46都道府県の中では最
後まで「知能検査」を活用した県でもあった。まずは、戦後の学力テストの実
施状況から確認しよう。

## 1　戦後の学力テスト開発の歴史

　戦後から今日までの佐賀県の「県教育委員会」（以下、「県教委」）「県教育研究
所」（後の「県教育センター」）が実施した学力テストの実施状況を時期区分して
示すと、〈表―1〉のようになる。「教育政策テスト」は10件、「学習指導改善
テスト」は41件であり、佐賀県は大阪府に次いで「学習指導改善テスト」が多
く実施されていたことになる。その内訳は、国語が6件、算数（数学）が15件、
理科が5件、英語が4件であり、その他には複数科目や教科外の科目が11件で
あった。小・中学校における算数・数学の学習指導改善に最も熱心であったこ
とが伺える。

〈表―1〉佐賀県の戦後学力テストの実施状況

| | 昭和20年代 | 30年代 | 40年代 | 50年代 | 60年代～平成18年度 | 19年度～令和2年度 | 合計 |
|---|---|---|---|---|---|---|---|
| 教育政策テスト | 1 | 4 | 1 | 1 | 3 | 0 | 10 |
| 学習指導改善テスト | 0 | 1 | 12 | 20 | 8 | 0 | 41 |
| 合計 | 1 | 5 | 13 | 21 | 11 | 0 | 51 |

＊数値は新規に開発・作成された学力テストを用いた調査研究であり、2年以上継続されたものでも
「1」としてカウント。

446　第3部　中国・四国・九州・沖縄地方

　佐賀県の学習指導改善の主体となった県教育研究所は、全国では34番目の都道府県立の教育研究所として、昭和27年4月に所員数4名でスタートした。設立当初からの研究所の事業は、実証主義的研究を目指した「研究事業」とされた。それは、「実践と理論の両面からその確信に迫ることを志向し、研究方法については、仮説を設けて、実験、観察、調査等の科学的な方法をとることであった」（佐賀県教育センター, 1999：28）。昭和30年代は、県内の児童生徒の学力分析を行ない、昭和40年代には知能検査の利用が急増し、佐賀県では学力と知能の相関関係を調べる調査研究が全国最多となった。加えて、教育機器活用による学習指導法の改善が主たる研究課題ともなった。昭和50・60年代においても学力と知能の相関関係を調べるための調査研究は継続され、沖縄を除く本土では最も調査研究の件数が多い。

　設立直後に行われた県教育研究所（植松繁三郎）による戦後初の学力テストは、昭和27年の夏休み中の登校日に行われた「小学一年の書字力調査」（小1：国）であった。この調査は、無作為抽出によって10学級から6歳児（165人）と7歳児（241人）を選び、平仮名の読み書き能力と教師の指導効果の検証を目的とするものであった。教師の観察による総合調査、児童のノート調査も実施されたが、テストによる書字能力も調査された（植松, 1953）。

　昭和30年代になると県教育研究所は、昭和30年2月に「学力実態調査」（小3〜6：算、中1〜3：数）を、昭和32年2月25日〜3月2日には「県小中学校国語学力調査」（小1〜中3）を行なっている。前者の「学力実態調査」は、「児童生徒の学力の実態把握」を目的とし、「整数の四則」「式の計算」「形と図形」など8項目を出題し、新潟・兵庫・大分の各教育研究所、及び国研「全国小・中学校児童生徒学力水準調査」との結果比較を行なった（千々岩, 1955（11月号）：40）。同じく中学校も大阪・新潟・北海道・大分・全国（国研）との正答率の比較を行う。後者の「県小中学校国語学力調査」は、希望制により小学校111校（県の62.4％）・中学校80校（60.6％）で行われたものであった。文部省「全国学力調査」が小6・中3であったため、この欠陥を補うために、小1〜中3までの義務教育全学年を調査したものである。その意図は、①「国語学力の実態を各学年毎に、全県的な規模において明らかにする」こと、②「学力という

観点から学習指導上の長所、欠陥を明らかにし、国語教育の改善の方途を見い出していく」こと、③「各学校（学級）は県の実態と比較し、検討して、指導の力点をみつけその反省材料とする」（佐賀県立教育研究所，1958ab：1）ことであった。国語学習上、最も問題点とされている読解力に焦点を絞り、文字力・語彙力・文章読解力などを分析・判断できるように出題され、各問題の正答率・領域別に見た正答率が分析されただけでなく、誤答傾向を標本校から100人抽出し、分析した。

　次に、41件も実施された「学習指導改善テスト」の特徴を挙げると、第一には算数・数学における学習指導改善を意図した調査研究が15件と多かったことである。その最初の調査研究が昭和40年度の「学習態度形成に関する基礎研究」（小5：算）であり、最後となったものが「県教育センター」（昭和54年4月設立）によって63年度からの2年間の継続研究として行われた「図形学習能力の発達と授業に関する研究」（小1～6：算）であった。後者の研究の目標は、「児童がどのような発達段階を経て三角形、四角形についての認知を深めていくか、実態を把握し、その上で指導法を考察したい」（佐賀県教育センター，1989：41）と掲げられ、2校の研究協力校（763人）を対象に、発達段階調査のための問題が作成された。小1～小6までを同一の問題によって実態調査しているが、学習能力の発達とその能力を促進させる学習指導法を追求したものであった。

　第二の特徴としては、農山村やへき地を対象とした調査研究として、昭和42年の「農山村小学校における学力向上方策の実証的研究（その1）」（小2～6：4教科）、昭和54年の「へき地少人数学級（複式）における学習意欲を高める指導の実践的研究」（小1～4：連鎖の自由連想法）、昭和55年度の「へき地少人数学級（複式）における論理的・客観的な考え方を促す指導の実践的研究」（小2・3・5・6：理）、昭和56年の「複式学級における効果的な読解指導法」（小1～6：国）などの一連の研究が挙げられる。昭和42年の「農山村小学校における学力向上方策の実証的研究（その1）」は、佐賀県における小学校の学力実態を地域類型別に見たものであり、都市住宅市街地の学力が高い実態に鑑み、農山村児童の学力に関連する様々な問題点を究明し、学力向上策を実証的に究明したものであった（佐賀県立教育研究所，1968：4）[2]。

448　第3部　中国・四国・九州・沖縄地方

　第三の特徴は、学習者側の主体的な人間形成の重要性が考慮された点である。昭和44年の「学習の主体化に関する研究」では「作問法」によって「学習の主体性の高揚と学力の向上」（同上, 1971：まえがき）に取り組み、児童の主体性を高めるための学習指導法改善の手がかりを得ようとしたものである。こうした学習者側に目を向けた調査・研究の姿勢が「個に応じた指導」「思考力の育成」といった学習者側に立った指導改善の工夫がなされたと考えられる。その他には、昭和45年の「学習指導の個別化に関する研究」、昭和55年の「個の学習状態に応じた授業システムの開発」なども挙げることができる。また、学習者側への配慮が「学業不振児」や「つまずき」への調査・研究にも目を向けさせ、昭和47年の「学業不振児童に関する研究」、昭和52年の「算数科における認識のつまずきと思考力の発達」、昭和53年の「一次関数」におけるつまずきの実態に関する一考察」などの研究が行われた。

## 2　昭和30年代の「学力テスト」と「知能検査」の実施状況

　昭和27年4月に設置された県教育研究所は、設立当初は他県のような県独自の標準学力テストの開発は行っておらず、代わって県内全域で市販テストが利用されていたという実態を指摘できる。また、知能検査の利用に関しては、昭和33年4月の「学校保健法」の制定が影響している。同法によって就学時健康診断が開始されると同時に、「学校保健法施行規則」（第1条第14号）において就学時検診で精神薄弱の発見を目的として標準化された知能検査を実施することとし、知能検査が小学校ないしは養護学校就学の際の判断材料となった。昭和34年6月11日付文部省体育局学校保健課長名による通牒「就学時の健康診断における知能検査について」でも、知能検査によって精神薄弱の疑いのある者を選別し、さらに精神薄弱の疑いのある者については適切な事後措置や指導を行なうことが求められた（滋賀県教育研究所, 1964：33）。

　こうした国の政策によって、知能検査の実施は全国的に拡大・普及していくと考えられるが、佐賀県の場合には独自の視点から知能検査を利用していくことが確認できる。県教育研究所は学級経営に役立つ標準学力テストの開発・作成に意図的に取り組み、昭和34年には『学級経営のための標準テスト利用』と

題して「基礎編」と「実際編」を刊行した。その意図は、学級経営という観点から担任する学級集団と児童の実態を正確に診断することであり、「教師の手による陥り易い教育診断の短所を補い、教育指導の上に、より科学性と客観性もつた資料の提供をはたしてくれものが必要」（佐賀県立教育研究所, 1959a：1）とした。そこで、県教育研究所では当時の標準学力テストと標準知能テストの実態と問題点を調査し、最も重要な問題点として「（1）ほんとうに知能（もしくは学力）を測つたか。（妥当性の問題）（2）知能（もしくは学力）を測つたとしても、それを正確には測つたか。（信頼性の問題）」（同上, 1959a：9）を挙げている。

　そして、実態面に関して県教育研究所は昭和31年度における県下の小学校181校、中学校130校の「標準学力テスト」と「知能検査」の実施利用状況をアンケート調査した。その結果、小6と中3の知能検査の実施に関しては、隔年1回が小6（117校）で79.4%、中3（86校）で48.5%となった。次いで毎年1回が小6で14.5%、中3で33.7%となり、実施していないのは中学校の1校のみであった（同上, 1959b：3）。また、何らかの知能検査の結果を指導要録の標準検査記録欄に記入している学校も小6では87校（74.4%）、中3では56校（65.1%）となり（同上, 1959b：10-11）、知能検査の普及が県下全域に及んでいる実態が理解される。

　次に、県教育研究所は昭和32年度における知能検査の実施利用状況のアンケート結果も公表し、小学校では19種類、中学校では14種類の市販用の知能検査が各学校で利用されていた状況を報告した[3]。〈表—2〉は、その中から上位5種類の知能検査の実施校数を示したものである（同上, 1959b：17-19）。なお、紙幅の関係で中学校の状況については省略した。知能検査の学年使用は、小2・4・6が多く、中学校では中1・3が多く、各学校では隔年実施された。昭和34年度からは、小学校新入児童に対しては「学校保健法」の規定に従って全員実施が義務づけられるものの、「現在の実施計画を大幅に変更する必要はあるまい」（同上, 1959b：17-19）と付言された。

　同じく、学力テストでは小学校では4教科で32種類、中学校では5教科で21種類の市販用の学力テストが各学校で利用されていた状況も報告された。〈表

450　第3部　中国・四国・九州・沖縄地方

〈表―2〉県内の小学校各学年における「知能検査」の実施校数（昭和32年度）

| | 検査の名称 | 1年 | 2年 | 3年 | 4年 | 5年 | 6年 | 校数 |
|---|---|---|---|---|---|---|---|---|
| 1 | 田中B式知能検査（全般） | 14 | 35 | 11 | 28 | 14 | 26 | 128校 |
| 2 | 教研式学年別知能検査 | 7 | 21 | 11 | 23 | 12 | 20 | 94校 |
| 3 | 新制　田中B式（全般） | 3 | 6 | 7 | 9 | 3 | 9 | 37校 |
| 4 | 小学校低学年用改訂版田中B式（第2形式） | 2 | 6 | 2 | 1 | 1 | 1 | 13校 |
| 5 | 改訂田中B式 | － | 4 | 2 | 3 | 1 | 3 | 13校 |
| 計 | 全体で19種類の知能検査 | 32 | 82 | 37 | 77 | 35 | 74 | 337校 |

―3〉は、その中から上位5種類の学力テストの実施校数を示したものである（同上，1959b：19–21）。

〈表―3〉県内の小学校各学年における「標準学力テスト」の実施校数（昭和32年度）

| | 検査の名称 | 教科 | 1年 | 2年 | 3年 | 4年 | 5年 | 6年 | 校数 |
|---|---|---|---|---|---|---|---|---|---|
| 1 | 田研式標準学力検査 | 国 | 5 | 7 | 7 | 8 | 7 | 7 | 41校 |
| 2 | 教研式算数 | 算 | 4 | 6 | 6 | 6 | 7 | 6 | 35校 |
| 3 | 教研式A形式全国標準学力テスト | 国 | 3 | 6 | 5 | 6 | 6 | 6 | 32校 |
| 4 | 田研式項目別標準学力検査 | 算 | 4 | 5 | 5 | 5 | 5 | 5 | 29校 |
| 5 | 教研式B形式全国標準学力テスト | 国 | 3 | 4 | 4 | 5 | 4 | 4 | 24校 |
| 計 | 全体で32種類の学力検査 | 4教科 | 45 | 61 | 62 | 65 | 62 | 64 | 359校 |

　県立教育研究所は、県内における標準学力テストについては「小学校では各学年だいたい半数程度が、中学校では3分の2程度が実施していないことになる」（同上，1959b：21）としているが、その理由として「学校の多忙さ」「テスト処理の効果的な方法が不明」「テストの妥当性に対する懐疑」などを挙げている。また実施しても「結果処理の不十分さのため」（同上，1959b：21）といった

理由から学校現場では「上手く利用されていない」といった問題点の指摘もなされた。

## 3　昭和40年代の「学力テスト」と「知能検査」の実施状況

　昭和20年代の学力テストは、昭和27年に県教育研究所の植松がおこなった「小学一年の書字力調査」のみであったが、30年になると学力診断を目的とした県の学力テストの実施が植松によって提言された。植松は、学力テストの設計をした上で、「学力水準調査委員会」の「調査委員会」（佐賀大学心理学教室教育研究所）が本テストの計画、結果の統計処理などを行ない、「問題作成委員会」（小・中学校）が問題作成の基本計画や具体的計画を担当し、「合同委員会」が学力の分析などを分担する体制を構築した（植松, 1955：46）。つまりは、佐賀県の学力テスト体制は役割分担を明確化して実施されていくことになる。

　県教育研究所による学力テストの実施は、すでに第１節でも述べたように、昭和30年２月に「学力実態調査」が、昭和32年２月～３月には「県小中学校国語学力調査」が行われた。そして、前節でも述べたように昭和33年の「学校保健法」の制定を契機として、県教育研究所は翌34年度には早速「学力と知能」の相関関係を調査することを開始した。３件の学力テストを行い、その結果や問題点を分析したが、その中の一つである「学力要因基礎調査」（小・中の全学年）は、学力の要因について客観的・実証的に検討することを意図したものである。翌35年７月における「学力に及ぼす諸要因の調査研究」においては、「学力要因基礎調査」と教職員にアンケート調査を実施し、その際に各学校が記録している知能検査の結果を用い、内的要因としての「地域類型別低知能者率」「性差」の分布などを考察した。しかしながら、低知能者率は同地区の小・中学校で甚だしい食い違いが見られ、知能検査の結果は「信頼し難い」（佐賀県立教育研究所, 1962：70）などと指摘された。さらには、文部省「全国学力調査」との結果比較も行なわれた（須古, 1961：27）。

　昭和34年度の「標準テストによる診断」（小４：２教科）は、研究協力校のＫ校（37人）で行い、学級経営のための標準学力テストの利用を検証した。標準学力テストを実施した場合、その結果をどのようにしてまとめたらよいか。ま

452　第3部　中国・四国・九州・沖縄地方

とめた資料を基にして、どのように診断するか。「教研式第三形式標準学力検査」と「新制田中B式知能検査」を実施し、男女別に知能偏差値の高い者順に配列し、学力との相関を分析したものであった。さらには全国標準及び他集団（他の学級）との比較分析も行なわれた（佐賀県立教育研究所，1959b：23）。

　佐賀県の特徴は、他県の標準学力テストが学習指導の改善や検証を主目的としたことと比べれば、学級経営という観点から担任教師にとって役立つ教育診断用の学力テストを開発したことである。そして、学習指導の改善を目的としたテストは教師作成テストであっても、標準学力テストであっても、適切な指導を行なうための「レデイネス・テスト」「プリ・テスト」「診断的テスト」「概括的テスト」（同上，1959a：73）が推奨された。佐賀県の学習指導改善を目的とした調査研究は、〈表―1〉でも示したように41件に上り、大阪府に次いで各教科や教師の学習指導法の改善に積極的な県であった。そして、こうした佐賀県の学習指導改善の特徴としては、学力テストと知能検査が併用され、児童生徒の学力と能力の相関関係を調べた調査研究が多かった。

　昭和30年代にはわずか2件であった知能検査を用いた学力テストによる調査研究は、昭和40年代になると12件に急増し、昭和40年代としては全国最多となった。〈表―4〉は、その実施状況の一覧である。その特徴は、「学力と知能」の相関関係を調べるものが多かった。

　学力テストが未実施なために〈表―4〉には掲載していないものの、昭和40年に入って最初に行われた調査研究が、県下の全小中学校の全児童生徒における「知能偏差値（知能指数）」の分布状況を調査したものであった。その目的は、「問題児の早期発見」「早期治療」「教育施策上の資料を得て」「教科、あるいは生活指導上の便とする」（同上，1966a：3）としている。知能偏差値75以上（指数141以上）と34以下（指数76以下）などに区分して、小学校（約70,500人）と中学校（約59,500人）の生徒数と割合も調べている。

　こうした学力テストと知能検査の基本的な利用枠組みの下で実施された最初の調査研究が、昭和40年度に実施された「学習態度形成に関する基礎研究」（小5：算）であった。同研究は、「よりよい学習態度は、如何にして形成されるのか」（同上，1966b：2）を解明し、学力向上の一助となすことであった。農

第23章 「学力と知能」の相関関係の解明〜佐賀県〜　453

〈表— 4 〉 昭和30・40年代の「学力と知能」の相関調査

| 調査研究の名称 | 対象学年・教科 | 初回のテスト<br>実施年（度） |
|---|---|---|
| 学習態変形成に関する基礎研究 | 小 5：算 | 昭和40年度 |
| 理科学習指導法の分析的研究 | 小 4：理 | 昭和41年度 |
| 農山村小学校における学力向上方策の実証的研究＊＊ | 小 2〜6：4教科 | 昭和42年 5 月・6 月 |
| 算数・数学科における学習指導法の改善に関する研究 | 中 1〜3：2教科 | 昭和44年 6 月 |
| 発見的学習に関する研究 | 小 4：理 | 昭和44年 6 月 |
| 学習の主体化に関する研究 | 中 2・3：国・英 | 昭和44年 7 月 |
| 中学校英語科における学力差の研究＊＊＊ | 中 1：英 | 昭和45年 8 月、翌年 1 月 |
| 学習指導の個別化に関する研究 | 小 5：算 | 昭和45年11月 |
| 教育機器活用による学習指導の改善に関する研究＊＊ | 小 4：理・算 | 昭和46年 7 月 |
| 学力の調査・分析に関する研究＊ | 小 5：理 | 昭和46年11月 |
| 学業不振児童に関する研究＊ | 小 6：2教科＋理 | 昭和47年 6 月 |
| 理科学習における教育機器活用の効果に関する研究 | 小 5：理 | 昭和47年 7 月 |

「＊」は障害児の学力、ないしは入学判別、「＊＊」は学力と教育諸条件（知能）との関連、「＊＊＊」は英語履修者の能力判別で、他は全て「学力と知能の相関関係」を主たる目的とした調査研究である。


漁村のＡ小学校の97人の児童を対象に、学力の上位群と下位群における問題の正答率を比較し、学力と知能の相関を調べたものである。また、算数科学習に対する積極性や消極性などの意識調査も行い、児童の思考傾向、柔軟性なども解明しつつ効果的な指導方法のあり方を検証した。

　佐賀県の学習指導改善の特徴としては、農山村やへき地を対象とした調査研究が挙げられるが、その最初となったものが昭和42年の「農山村小学校における学力向上方策の実証的研究（その 1 ）」（小 2〜6：4教科）、翌43年の「同研究（その 2 ）」（小 1〜6：2教科＋理）の 2 年間の継続研究であった。特に、第 1 年次においては農山村児童の学力、生活環境、意識などの実態を解明する一

助として、「知能検査」「学力検査」「学習適応性検査」「家庭環境調査」が行われた。特に知能検査（小2～6）は、「子どもの知的能力や知的構造を知り、それらをもとにして、個々の子どもの能力に応じた学習指導の手がかりを得て、適切なる指導計画を立てることが必要である」（同上，1968：5）との認識が示され、調査対象となった児童（309人）の5段階の偏差値段階が分析された。学力（小2～6：313人）は、「全国標準学力検査」（教研式）によって4教科の学年別・教科別学力偏差値が算出され、知能との相関が分析された。また、全国標準との比較も行われ、「学力が知能より優れている者」（26.1%）、「学力が知能より劣る者」（18.7%）などの割合が示された（同上，1968：15）。

　昭和40年代の最後に行われた調査研究が「学業不振児童に関する研究」（小6：2教科＋理）と「理科学習における教育機器活用の効果に関する研究」（小5：理）であった。「学業不振児童に関する研究」は、「学業不振の原因を学習意欲と家庭の環境（心理的な面）の両面から究明し、不振児に対する指導改善の基礎的資料を得る」（同上，1973：5）ことを目的とし、合わせて児童生徒を理解するための各種検査の利用状況を調査し、各種検査利用の問題点や傾向を知ることを意図したものであった。各種検査とは「教研式　新訂学年別知能検査（6年用）」「小学校H形式　小学診断的学力検査（国・算・理）」「教研式学習適応検査」「学習意欲調査」であり、知能と学力の相関が高いことを指摘したものであった。

## 4　最後の「学力と知能」の相関関係の調査研究

　昭和40年代に行われた知能検査を用いた12件の調査研究は、昭和50・60年代においても継続され、〈表─5〉で示したように5件を確認できた[4]。そして、佐賀県は全国的に見ると最後まで知能検査にこだわり、学力との相関を調査研究した県であった。

　昭和50年代における最初の県教育研究所による調査研究となったものが昭和50年9月29日～10月2日に行われた「算数科における学習能力の発達と授業に関する研究」（小4～6）であった。全国教育研究所連盟（以下、「全教連」）の共同研究「教科における学習能力の発達と授業に関する研究」に参加し、算数

第23章 「学力と知能」の相関関係の解明〜佐賀県〜　455

〈表—5〉 昭和50・60年代の「知能検査」の実施状況

| 調査研究の名称 | 対象学年・教科 | 初回のテスト実施年（度） |
|---|---|---|
| 算数科 における学習能力の発達と授業に関する研究 | 小4〜6：算 | 昭和50年9月 |
| 学習状況に関する実態調査 | 小6：（4教科）<br>中△：5教科 | 昭和52年度 |
| 教育評価 | 小6：算・社 | 昭和55年5月 |
| 個の学習状態に応じた授業システムの開発 | 中1：認知 | 昭和55年12月 |
| 学習状況に関する実態調査 | 小3・5：2教科<br>中2：2教科＋英 | 昭和62年度 |

＊調査目的は全て「学力と知能の相関関係」である。「△」は不明。

科における学習能力の発達を授業を通して究明したものである。3年間の継続研究の第2年次には、研究協力校の佐賀市立赤松小の各1学級において、「縦断法による調査」（同上，1976：6）によって複数学年を対象に、出来るだけ形成的に算数学習の能力を把握することが試みられた。その方法は、学習経験の度合いに応じて生じた知的変容を解明し、縦断的資料をそろえるものであった。

　実験授業では、教師の指導により発展させられる能力（A能力）と子どもの既習経験・前提学力（B能力）を直結させることが「わかる」（学習内容）ことを意味するとして、授業設計が工夫された。主にB能力の実態を解明するために、「基礎テスト」「予備テスト」として「小学校領域別診断学力検査B形式算数」を利用し、広い意味のB能力として「知能テスト」が行われ、教材に関する前提能力を事前調査した上で、実験授業を実施するものであった。同研究の理想は、算数の学習能力を育て「完全学習」を目指すことではあるが、実践的戦略を求めた模索でもあった。算数で「わかる」ということは、「A能力がB能力の射程距離内にあるということと、やる気とじかに関係のある、教材との相性がよい」（同上，1976：112）と総括された。

　昭和55年には二つの調査研究が行われたが、それらは「教育評価」（小6：算・社）と「個の学習状態に応じた授業システムの開発」（中1：認知）であった。前者は、昭和52年度の「学習状況に関する実態調査」（小学校：4教科、中

456 第3部　中国・四国・九州・沖縄地方

学校：5教科）の結果を受けて、基礎学力の向上を図ることが県の課題となった。そこで、この基礎学力の向上を図る方途について、教育評価の立場から考察することが行われた。県内小学校を事例として、学力テストと知能検査による学力と知能の相関を把握した上で、診断的・形成的・総括的評価のあり方を検討した（（佐賀県）教育センター，1981：17-18）。後者は全教連との共同研究「個の学習状態に応じた授業システムの開発」に参加したものであり、子どもの学習保障の観点から、「個の学習状態に応じた様々な方法の授業システムを実験的授業を通じて開発していくこと」（佐賀県教育センター，1983：122）を目標としたものである。個人差に応じた指導法を究明するために、筑波大学の杉原一昭助教授作成の「認知型テスト」を実施し、子どもの認知傾向と知能・数学学力の相関を検討している。

　佐賀県における知能検査を利用した最後の学力調査となったものが、昭和62年度の「学習状況に関する実態調査」（小3・5：2教科、中2：2教科＋英）であった。昭和62年度からの2年間の継続研究で、第1年次には学力テストと知能検査が実施され、学力と知能が段階的に区分され、学力と知能の相関が「全国標準」と「県平均」として比較検証されただけでなく、昭和52年度と62年度の調査結果の比較も行われた（佐賀県教育委員会，1990：20）。この比較分析の結果が、冒頭でも示した「県学力向上対策委員会」における、「学力＞知能」の出現率が低い結果を示すエビデンスとして利用された。

　佐賀県の昭和30年代から60年代までの学習指導改善の特徴を改めて確認すると、「学力テスト」と「知能検査」を併用し、児童生徒の学力と能力の相関を調べた調査研究が多かったことである。その数は全部で17件にも達し、全国的にみても最多の県であったと同時に、沖縄を除く本土においては最後まで学力と知能の相関を調査研究した県でもあった。

## 5　現代の学力テスト

　佐賀県では、新たな評価方法の検討として、シカゴ大学のブルーム（Bloom, B. S. 1913-1999）の「完全習得学習」を意識した調査研究も行われた[5]。県教育研究所は、昭和52年度に「評価を生かした授業の設計と実践に関する研

究」と題して小5（算）を対象に、「『完全習得学習』の基本的仮説、具体的方略など、その理論構造を研究し、実験指導を通じて、現在の学校教育の中に「完全習得学習」の理論や方略を導入した場合の実践上の問題点や解決策を考察することを試みた（佐賀県立教育研究所，1978）。また、昭和55年度の「教育評価」でも「完全習得学習」のあり方を検討し、形成的評価による深化学習や再学習による「確かな学力の習得」を狙う方法であると位置づけている（（佐賀県）教育センター，1981：19）。

　佐賀県は、児童・生徒の学習指導の改善に戦後から一貫して取り組む意欲的な県であったと位置づけることができ、学力と知能の相関や評価方法に関する意欲的な調査・研究が多かった。昭和62年8月31日、県教委の諮問機関である「県学力向上対策検討委員会」が発足し、児童・生徒の学力向上対策に関する検討が開始された。その意図は、「全国水準に比べて劣性が指摘される学力のアップを図る」（『佐賀新聞』1987.9.1.朝刊）ことを目指したものであり、佐賀県における学力政策のターニング・ポイントとなったものである。そして、平成元年12月16日の最終答申では「児童生徒の学力向上は喫緊の課題である」（佐賀県学力向上対策検討委員会，1989：8）との認識の下、学力向上のためには学習指導といった「プロセスの重視」から「結果の重視」へとシフトすることが求められた。言い換えれば、それは学習指導の改善と言った「学校現場重視型」の政策から、学力向上を求める「教育政策重視型」へとシフトしたことを意味し、教育内容や教育方法などの基本的な枠組みや多面的な学力向上策への検討が開始されたことを意味した。また、その際の主導権も県教育センターから県教委へと移行した。

　この最終答申は、佐賀県の学力を全国レベルに引き上げるために行政、学校、地域社会の三者が一体となって取り組む「県民運動」と位置づけられており、教育環境、学習意欲、指導方法などの観点から32項目の提言をまとめたものでもあった。最終答申を受け取った志岐常文県教育長は、「教育風土や児童・生徒の学習意欲に強く着目した答申は、全国でも珍しい画期的なもの」（『佐賀新聞』1989.12.17.朝刊）と評価した。佐賀県における新たな学力向上政策の始まりであるが、文部省「教育課程実施状況に関する総合的調査研究」（昭和57年～

458 第3部 中国・四国・九州・沖縄地方

昭和59年、平成6年〜平成8年）が実施されたためか、学力テスト自体は実施されなかった。佐賀県の学力向上を求めた学力テストの実施は平成11（1999）年以降となる。

　平成11年2月1日〜6日の「児童生徒の学力に関する実態調査（学習到達度調査）」（小5・中1：国、小6：算、中2：数）は、抽出調査として実施されたものであり、その目的は「学習指導方法改善に資する資料とするため、県内児童生徒の学習到達度調査及びその結果を参考にした教師の意識調査を実施する。それらの結果を総合的に分析することにより、学習指導方法の改善の方策を探る」（佐賀県教育センター，2000：1）とされた。児童生徒の学習到達度を見るために、小5の国語では「適切な表現力」「正確な理解力」に加え、「応用力や思考力」を調査した（同上，2000：3）。小6の算数では「問題を把握する力」「筋道を立てて考える力」「応用する力」を調査した（同上，2000：23）。新しい学力観に立って問題作成が行われ、記述式の出題が見られた。

　その後は、平成14年6月26日（小学校）と同年7月4日（中学校）の「学習定着度調査」（小6・中1：4教科、中2・3：5教科）を抽出調査によって行ない、「学習指導要領に示されている目標や内容の県内における実現状況を把握し、教科指導における指導方法の改善充実に資する」（佐賀県教育委員会，2003：1）ことを意図した。平成14年度に実施された国研「教育課程実施状況調査」の調査問題を利用し、全国との平均正答率との比較、ならびに前回調査（平成14年度）との県の平均正答率との比較も行っている。平成16年度には「県小・中学校学習状況調査」（小6・中1：4教科、中2・3：5教科・英）に名称変更し、平成18年度からは全数調査として実施されている[6]。

　平成19年度から開始された文科省「全国学力・学習状況調査」（以下、「全国学テ」）と県独自の「県小・中学校学習状況調査」の結果を合わせて分析した平成24年度の「学力の現状把握と分析」では、佐賀県の児童・生徒は「学ぶことには意欲的で前向きですが、確かな学力の定着、特に、知識・技能を活用して考え、判断・表現する力に課題のあることが明らかになっています」（佐賀県教育委員会，2012：4）との指摘がなされた。こうした分析や提言は毎年、繰り返されていると同時に、全国学テでは平成22年度までに「全国平均を上回る

こと」（佐賀県, 2007：165）が目指された。また、県独自の「県小・中学校学習状況調査」でも「おおむね達成」に達している児童生徒の割合の増加を目指す数値目標（平成18年度の小学校68.1%、中学校63.2%の増加）が掲げられた（同上, 2019：38）。こうした数値目標を掲げる点は、全国的な傾向であり、国の方針に従ったものでもある。

　そして、県独自の「県小・中学校学習状況調査」は令和３年12月１・２日に小４〜中２を対象に行われた。佐賀県の学力テストの積極的な実施と結果の検証は、全国の中でも際立つものである。現在、佐賀県では「学力向上対策検証・改善委員会」を設け、年２回の会合を開き、県独自の「県小・中学校学習状況調査」の結果に基づき、公立小・中学校の学力向上に向けた課題を明らかにし、改善を提言している（『佐賀新聞』2021.2.4.朝刊）。佐賀県独自の学力テスト政策の展開を期待したい。

## おわりに

　昭和60年代になると、佐賀県・沖縄県を除いては「学力テスト」と「知能検査」を併行して実施する都道府県は資料的には見出すことができなかった。この理由としては、これ以上の調査を繰り返しても新たな事実や視点が発掘できないこと、知能が「生得的」なもので、「量的」なものとする誤った見解に関する批判や指摘がなされたことが原因である。

　佐賀県の場合は、昭和62年の「学習状況に対する実態調査」が学力テストと知能検査を用いた最後の調査研究であるが、佐賀県における知能検査の実施は県内全域に広く深く浸透していたと考えられる。そこには、戦後から佐賀県においては学級経営における科学的・客観的な事実に基づく資料の提供が求められ、学力テストや知能検査は事実を示す資料として絶対視されたものとなっていたためである。そして、残念ながら、その判断は誤ったものであり、少なくとも科学的・客観的な資料としての限界を疑うべきものであった。佐賀県の「学力テストを利活用したイノベーション（革新性・先駆性）」のあり方は、学力テストと知能検査の相関にこだわる「誤った」状況にあったと言える。

　平成14年、「学校保健法施行規則」の一部改正に伴い、「就学時の健康診断の

460　第3部　中国・四国・九州・沖縄地方

方法及び技術的基準」については、「知能については、これまで、標準化された知能検査法によって知的障害の発見に努めることとしていたが、標準化された知能検査法以外の方法によることも可能であることから、検査法を限定せずに、適切な方法であればよいこととしたこと」と改正された。この後、知能検査の実施は「適切な検査」に改められ、以後は、都道府県レベルでは知能検査は姿を消すことになる。本章で取り上げた佐賀県の戦後の学力テストの実施状況の検証は、学力テストや知能検査を絶対視する危うさを示すものであった。批判的・懐疑的な視点は忘れるべきではない。

〈注〉

〈1〉　一例を挙げると、千葉縣教育研究所は昭和23年に知能検査の「目的」「使い方」「実施方法」などを詳しく紹介しつつも、「知能検査は、児童・生徒理解のための唯一の方法ではないが、有力な道具である。しかしその道具も使い方を知らないと有害になる」（千葉縣教育研究所編, 1948：1）と警告している。山口県では知能検査を盲信する者、冷淡な者の双方が間違いであるとし、「注意すべきは知能は人間性の全部ではありません。教育上極めて重要な地位にあるが、これだけで人間がわかるような錯覚をおこしてはなりません」（守田, 1949：10）と述べ、扱い方への慎重な対応を求めている。

〈2〉　第1年次は、小学校児童の学力と知能を調査・分析したが、第2年次の昭和43年には「思考力を伸ばす」ための学習指導のあり方を実証的に究明するとともに、実験的授業を展開し、シンクロファックス、アンサーチェッカー、TC反応器などの教育機器を導入して、学習指導法改善のための方策が検討された（佐賀県立教育研究所, 1969：5）。

〈3〉　昭和34年1月時点における知能テストの種類の一覧表も公開している。小学校では榊原・平沼著「教研式・小学校学年別知能検査」など53種類、中学校では東大医学部著「脳研式知能検査」など16種類を挙げている（佐賀県立教育研究所, 1959a：61-63）。

〈4〉　全国的な動向としては、「知能検査」の利用は沖縄（3件）、北海道・岡山・千葉（各2件）、宮城・福井・大阪・山口・大分・宮崎・熊本・鹿児島（各1件）の13都道府県で確認した。最後の学力テストと知能の相関を調査した県は沖縄県による平成元年12月の「学力到達度テスト」であった。

〈5〉　ブルーム（Bloom, B. S.）の「完全習得学習」における評価とは、「目標の明細化」に基づいて、「教授－学習プロセスの各々の段階で、到達如何に関するフィードバック（形成テスト）と修正手続きを行なう形成的評価論」（田中, 1982：175）である。

〈6〉　『佐賀新聞』（2019. 2. 6. 朝刊）によると、平成26（2014）年度から4月と12月に行

われてきた県独自の学力調査は、令和2（2020）年度からの文科省「全国学力・学習状況調査」の実施に合わせて4月分（小5・中1・2）の県独自の調査を廃止することを決定している。

〈引用・参考文献一覧〉

植松繁三郎　1953「小学一年生の書字力調査」『小学一年の書字力に関する報告（第一次）　昭和二十七年九月』佐賀県立教育研究所、1-17頁

植松繁三郎　1955「学力調査の設計（その一）—学力水準調査を中心として—」佐賀県立教育研究所『教育佐賀』4月号、44-46頁

学校教育課　1980「基礎学力の向上をめざして」佐賀県教育委員会『教育佐賀』（1月号）No. 68、1-9頁

佐賀県　2007『佐賀県総合計画2007』1-341頁

佐賀県　2019「第3章—1分野ごとの施策」『佐賀県総合計画2019』1-155頁

佐賀県学力向上対策検討委員会　1989『本県における児童・生徒の学力向上対策について（最終答申）』1-71頁

佐賀県教育委員会　1990「特集　本県における児童・生徒の学力向上対策について」『教育佐賀』No. 128、佐賀県教育庁総務課、1-62頁

佐賀県教育委員会　2003『平成14年度　小・中学校学習状況調査報告書—学習定着度調査—』1-150頁

佐賀県教育委員会　2005『平成16年度　小・中学校学習状況調査報告書—学習状況調査・学習意識調査—』1-291頁

佐賀県教育委員会　2012『平成24年度　佐賀県教育の基本方針』1-28頁

（佐賀県）教育センター　1981「教育評価—授業改善に生きる評価—」佐賀県教育委員会『教育佐賀』No. 75、16-19頁

佐賀県教育センター　1983「個の学習状態に応じた授業システムの開発—算数・中学校数学について—」『研究紀要』第7集、121-156頁

佐賀県教育センター　1989「図形学習能力の発達と授業に関する研究（小学校算数）」『研究紀要』第13集、41-62頁

佐賀県教育センター　1999『佐賀県教育センターの20年のあゆみ』佐賀県教育センター

佐賀県教育センター　2000「児童生徒の学力に関する実態調査研究（基礎調査）」佐賀県教育センター『研究紀要』第24集別冊、1-76頁

佐賀県立教育研究所　1958a「佐賀県小中学校国語学力調査実施結果の分析からみた国語学習指導の問題点—小学校編—」『研究紀要』第13号、1-122頁

佐賀県立教育研究所　1958b「佐賀県小中学校国語学力調査実施結果の分析からみた国語学習指導の問題点—中学校編—」『研究紀要』第14号、1-82頁

462　第3部　中国・四国・九州・沖縄地方

佐賀県立教育研究所　1959a「学級経営のための標準テスト利用―基礎編―」『研究紀要』17号、1-73頁

佐賀県立教育研究所　1959b「学級経営のための標準テスト利用―実際編―」『研究紀要』18号、1-52頁

佐賀県立教育研究所　1962「学力要因に関する調査研究」『研究紀要』第25号、1-227頁

佐賀県立教育研究所　1966a「佐賀県下における児童・生徒の知能偏差値（指数）分布の実態」『研究紀要』第35号、1-83頁

佐賀県立教育研究所　1966b「学習態度形成に関する基礎的研究」『研究紀要』第39号、1-69頁

佐賀県立教育研究所　1968「農山村小学校における学力向上方策の実証的研究（その1）」『研究紀要』第47号、1-152頁

佐賀県立教育研究所　1969「農山村小学校における学力向上方策の実証的研究（その2）〜思考力を伸ばす学習指導法の研究〜（国語・算数・理科)」『研究紀要』第50号、1-75頁

佐賀県立教育研究所　1971「学習の主体化に関する研究―中学校国語科「読解」について―」『研究紀要』第58号、1-75頁

佐賀県立教育研究所　1973「学業不振児に関する研究〜学習意慾・家庭の環境（心理的な面）を中心に〜」『研究紀要』第67号、1-103頁

佐賀県立教育研究所　1975「算数科における学習能力の発達と授業に関する研究」『研究紀要』第76号、1-98頁

佐賀県立教育研究所　1976「算数科における学習能力の発達と授業に関する研究」『研究紀要』第83号、3-113頁

佐賀県立教育研究所　1978「評価を生かした授業の設計と実践に関する研究」『研究紀要』第100号、1-111頁

滋賀県教育研究所　1964「就学時の知能検査・試問について」『（研究所報）志賀』No. 11、33-35頁

須古将宏　1961「学力と教育条件」佐賀県教育委員会『教育佐賀』No. 111、26-31頁

田中耕治　1982「研究資料紹介」京都到達度評価研究会編『到達度評価研究ジャーナル』4、170-175頁

千々岩辰男　1955「学力の問題に取り組む（その1）（その2）―算数・数学に例をとつて―」佐賀県教育委員会『教育佐賀』11月号、38-43頁、『教育佐賀』12月号、39-42頁

千葉縣教育研究所編　1948「知能検査活用の手引」『教育研究』第2集、1-53頁

広田照幸　2001『教育言説の歴史社会学』名古屋大学出版会

守田　保　1949「知能検査に就いて」『山口県教育委員会弘報』（9月）第8号、10頁

# 第24章 「熊本型教育」「熊本型授業」を目指して
## ～熊本県～

〈無理に受けさせないで下さい：中学3年男子〉

　学力テストは、なぜするのか。学力テストをしないで全国に学校を建てるほ
うが、全国の中学生・小学生、又父母達が、どんなによろこぶかわからない。
それなのに、全国の小、中学生に受けさせて未来のことを早く知って、人間の
区別をしてしまうのに使うのかもしれない。…（中略）…

　名前を書かないで出すと、通知表に書くと言っておどす…そして校長先生は
無理に学力テストを受けさせようとした。それでも受けたがらなかったので、
大声で「私の命令だ。早く受けなさい！」と言われた。今の世の中に命令する
と言うことは、いけないと思いませんか。民主の世の中に命令は絶対にいけな
いのだと思います（熊本県教職員組合文化部1962『熊本教育』第178号、56頁）。

---

## はじめに

　冒頭の中3男子の「声」は、昭和37年11月に刊行された県教職員組合1962
『熊本教育』第178号に掲載された「学力テストと中学生」という特集記事の中
から抜粋したものである。当時の熊本県では県内の小3～中2の1,704人、中3
の468人が文部省「全国学力調査」の受験を拒否している。「全国学力調査」の
実施は、熊本県では子どもへの指導に利活用するよりも、クラス・学校・市町
村・教育事務所ごとにデータが出され、点取り競争となっていること、教師の
人事異動にも結び付いていたことが指摘された（「子ヤギのいる学校に行きたい」
刊行委員会, 1999：106・116）。また、熊本県教職員組合（以下、「県教組」）なども
激しく反対運動を展開し、岩手県に次いで多くの行政処分者を出している[1]。

　本章は、熊本県の戦後の学力テストの実施状況、ならびに文部省「全国学力
調査」への対応などを確認して、熊本県の学力向上を目指す学力テスト政策が

464　第3部　中国・四国・九州・沖縄地方

冒頭に掲げたような抑圧的で管理主義的なものであったか否かを検証すること
である。それは、現代の熊本県の学力テスト政策の基盤形成にもなっていると
思われる。本章における第二課題は、平成になってから熊本県が実施した「県
個人学習診断テスト」と「県学力調査」、文科省「全国学力・学習状況調査」
（以下、「全国学テ」）において、どのような学力政策が展開されたかを検証するこ
とである。果たして、昭和30年代の文部省「全国学力調査」の実施の際に見ら
れたような管理主義的で強圧的な指導がなされたか否かを検証することである。

　こうした課題の設定は、先行研究の指摘を受けたものである。その先行研究
とは、学術研究ではないものの、平成3（1991）年度から実施され、平成11
（1999）年度に終了する「県個人学習診断テスト」の廃止運動を保護者と教員側
から描いた「子ヤギのいる学校に行きたい」刊行委員会1999『子ヤギのいる学
校に行きたい―熊本「個人学習診断テスト」七年戦争―』（南方新社）であった。
当時の熊本県は、知事であった細川護熙が熊本県を「東大合格者も日本一」と
するといった大号令の下、「学力日本一」を目指した学力向上運動が開始され
た。昭和62年に県教育委員会（以下、「県教委」）は学力向上対策事業を開始し、
その具体的事業の一つが「県個人学習診断テスト」であった。このテストは、
県下一斉テストとして児童生徒に受験を強いるだけでなく、教員の人事異動に
も利用したとされる熊本版「ハイステイクス・テスト」（テストの結果責任を伴う
強圧的テスト）となったものである。そして、全国的にも例を見ない、県学力
テストに対する住民監査請求や熊本地裁での訴訟までもが行われた。詳しい内
容は、『子ヤギのいる学校に行きたい』に譲ることとするが、本書で注目した
い点は、冒頭に掲げた「全国学力調査」の実施に抗議した中3男子の「声」が、
現代の学力テスト実施の際にも生きていたのではなかろうか、と言う点である。
「誰のための、何のための教育」か。本章は、熊本県における「学力テストの
利活用」に着目し、その問題点を探ることである。まずは、戦後の学力テスト
の歴史的展開から確認したい。

## 1　戦後の学力テストの歴史

　戦後から今日までの熊本県の「県教委」「県教育研究所」（後の「県教育セン

第24章 「熊本型教育」「熊本型授業」を目指して〜熊本県〜 465

ター」）などが実施した戦後の学力テストの実施状況を時期区分して示すと、〈表─１〉のようになる。「教育政策テスト」は10件、「学習指導改善テスト」は12件となり、バランスの取れた実施内容になっている。

〈表─1〉熊本県の戦後学力テストの実施状況

|  | 昭和20年代 | 30年代 | 40年代 | 50年代 | 60年代〜平成18年度 | 19年度〜令和2年度 | 合計 |
|---|---|---|---|---|---|---|---|
| 教育政策テスト | 4 | 1 | 3 | 0 | 2 | 0 | 10 |
| 学習指導改善テスト | 0 | 0 | 5 | 3 | 4 | 0 | 12 |
| 合計 | 4 | 1 | 8 | 3 | 6 | 0 | 22 |

＊数値は新規に開発・作成された学力テストを用いた調査研究であり、２年以上継続されたものでも「１」としてカウント。

　熊本県の県教育研究所の発足は昭和30年４月であり、他県と比べるとだいぶ遅い。県の戦後の学力調査は県教育庁調査課が実施しているが、その最初となったものが昭和24年の同日に行われた「計算能力実態調査」（小６・中１・３）と「読み書き能力の実態調査」（小６・中１・３）であった（熊本縣教育庁編，1950）。前者の「計算能力実態調査」は抽出方法によって小・中27校を対象に、児童生徒の計算能力の実態を把握しようとしたものである。結果は、学年別・男女別・地域別の得点分布や問題ごとの正答率が出された。後者の「読み書き能力の実態調査」も児童生徒の読み書き能力の実態を把握するために「書取」「かなつけ」問題が出題された。

　昭和25年度からは「国語標準学力検査」が県国語研究会（県教組や県教育委員会指導室も支援）を主体として開発されたが、その背景には文部省の指導要録や高校入学者選抜などに関する基本政策に従い、県でも学力検査や標準学力テストの開発を意図したことが挙げられる[2]。当時の「国語標準学力検査作製準備委員会」の委員長であった西本長久は、その意図として「従来教師が過ちを犯し易かつた主観的評価を避け客観的評価をとる」（西本，1951：48）ことなどに加え、生徒指導要録の制定が必要性を生み出したと指摘した。「標準検査の

466　　第3部　中国・四国・九州・沖縄地方

記録欄が設けてあるにもかかわらず、現在適当な公認学力検査がない為に各學校共、空欄のままにしていることは我々の遺憾とするところである。即ち、標準学力検査は指導要録記入上欠くべからざるものである」（同上, 1951：49）と。こうして熊本県は、「全国的にも皆無」と位置づけた国語標準学力検査の開発に着手し、同年11月には検査問題の構成を終えている。

　次に、県教育庁が着手した学力テストは昭和28年2月19・20日に行われた「県学力調査」（小5・中2：4教科）であり、悉皆調査として約10万人の児童生徒を対象とした。その目的は、「児童生徒の学力水準の実態を明らかにし、本県教育改善のために必要な資料を得ること」（熊本県教育庁編, 1953：3）であり、小学校国語では学習指導要領、県基底カリキュラムに示された範囲から出題した。このテストは、国研「全国小・中学校児童生徒学力水準調査」に準拠して作成され、昭和28・29年度は「県小中学校学力調査」に名称変更されて実施された。

　続いて、昭和31年度には「県小学校児童学力調査」（小6：2教科）が悉皆調査によって行なわれた。翌32年度は、文部省「全国学力調査」の成果を確認するために前年度の「全国学力調査」の問題に準じて出題されたが、前年度の問題を検討して、程度や内容に問題があれば是正し、全体としては前年度と同程度にしたものであった。「児童の国・算の学力の実態を明らかにし、年々向上のあとを確かめると共に、本年度努力目標『基礎学力の充実』のための基礎資料を得ること」（熊本県教育庁編, 1957：3）を目的にし、小6児童全員に課したものであった。結果は、科目ごとの平均点・個人得点別度数分布、領域別得点を分析し、昭和33年12月9日にも実施した。

　昭和31年度から実施された文部省「全国学力調査」は、進学時の内申書、就職試験の書類には記入しないことが求められていた。ところが、文部省は他方では市町村教委の定めによることとしながらも、生徒指導要録には「標準化された結果があれば記入する」という文言があり、児童生徒の「指導要録に記入されることが適切」（文部省初等中等教育局地方課, 1962：18）とした。つまりは、「全国学力調査」の結果を「指導要録」に記載することを文部省側は求めており、児童生徒の学習指導・進路指導における資料となったことになる。こうし

た文部省側の政策に対しては、熊本県では「学力調査結果指導要録不記入」とする県教組の組織的な闘いが起きている。

県教組文化部は、昭和36年に「全国学力調査の非科学性と非教育性」と題して、「全国学力調査」の問題点のみならず、「全日本中学校長会」「全国の学校現場」の声、「専門的な学識経験者」の見解などによる反対意見や批判的見解を紹介している（県教組文化部, 1961）。県教組文化部は、「全国学力調査」が実施されている11年の間は、機関紙『熊本教育』を使って、多くの批判的な論考を紹介した[3]。とりわけ、昭和38年1月には小・中学校教職員が小・中学校長会への要望書の中で、「全国中学校一斉学力調査」（以下、「学テ」）が「標準検査としての科学的、厳密な手続きも十分でなく、その妥当性、信頼性については専門学者の間でも厳しい批判が出ております」（熊飽教組文化部, 1963：6-7）とした上で、県教委による指導要録記入への強権的な指導を拒否し、各学校の職場での不記入体制の闘いを展開した。熊本県における学テ反対闘争は、岩手県に次いで激しかったと評価された[4]。

## 2　学力と知能

次に、熊本県が県として学力テストを実施する際に、知能検査も合わせて行っている実態に鑑みて、熊本県における「学力」と「知能」の相関を調査した研究を取り上げる。熊本県の学力検査と知能検査を併用した調査研究は〈表―2〉で示した通りであるが、全国的な動向を見る限りでは熊本県の知能検査の実施は遅かったと言える。

しかしながら、県内の個別の学校の知能検査の利用状況を見る限りでは、昭和20年代から知能検査の利用は開始されたようである。一例を挙げると、県教組文化部が刊行した昭和28年1月の『熊本教育』（第6巻第1号）に掲載された塩津正雁（熊本市立湖東中学校教諭）による「子供の學力と環境」によれば、同中学校（850名）の生徒に対して国・数・社の標準学力テストと「田中A式」知能検査が行われていたことが指摘されている。特に、診断性知能検査の結果は7段階に区分され、国語よりも数学との学力の相関が強いこと、「学力測定の基礎の一つとして知能」を考えることができ、「環境の良不良が学力の伸長度

468　第3部　中国・四国・九州・沖縄地方

に影響している」（塩津，1953：11）と指摘された。つまりは、昭和20・30年代の県全体の知能検査の普及状況は資料的には不明ではあるが、湖東中学校の事例を見る限り、昭和20年代には標準学力テストと知能検査の併用は行われていたと推測される。

　県教育研究所、ないしは県教育センター（昭和46年7月設立）が行った「標準学力検査」と「知能検査」を用いた調査研究は、資料的には〈表―2〉で示した4件を確認できたが、その最初となったものが昭和43年の「理科における学習指導の近代化に関する研究」（小5・6）であった。

〈表―2〉「標準学力検査」と「知能検査」を用いた調査研究

| 調査研究の名称 | 対象学年・教科 | 初回のテスト実施年（度） |
|---|---|---|
| 理科における学習指導の近代化に関する研究 | 小5・6：理 | 昭和43年9月・10月 |
| 中学校数学科におけるシート学習の実証的研究 | 中2：数 | 昭和43年度 |
| 学力検査 | 小3～中3：算・数 | 昭和48年12月 |
| 個を生かし、基礎的・基本的事項をおさえた学習指導の研究 | 小2・5：2教科＋音<br>中1・2：英・技術家庭 | 昭和57年度 |

＊各調査研究の主なる目的は「学力と知能」の相関関係である。

　「理科における学習指導の近代化に関する研究」（小5・6：理）の目的は、「物理教材について『問題設定→予想→討論→実験→適応発展』の指導過程を立て、授業をとおして授業分析を行ない、理科学習の改善と学習指導近代化の資料としたい」（熊本県立教育研究所，1969a：1）というものであった。研究事項としては、（1）「事前」、（2）「実験中」、（3）「事後」（まとめ）の3項目が挙げられ、昭和43年9月6日に「事前テスト」、10月7日に「事後テスト」が研究協力校の阿蘇郡一の宮町立宮地小の小5・6で実施された（同上，1969a：2-3）。学習の近代化には「義務教育年限延長」「英才教育」「教科内容の精選」の3項目が挙げられるが、特に英才教育においては能力ある者を特別に選び出し、集中的に教育してエリート教育を施すことが提案された。そして、知能と理科学

力とともに、「事前・事後・定着テスト」の結果の一覧表が作成され、「大体知能偏差と理科学力偏差及び事前テストは比例しているように考えられる」（同上，1969a：54）との結論が導かれた。

　県教育センターが行った最後の調査研究が昭和57年の「個を生かし、基礎的・基本的事項をおさえた学習指導の研究」（小2・5：2教科＋音、中1・2：英・技術家庭）であり、研究協力校の小・中学校の7校を対象に昭和55年度からの3年間の継続研究として行われたものであった。同研究は、「一斉授業のなかで、個を生かす学習指導の基礎となる事項について、調査・研究し学習指導改善の資料とする」（熊本県立教育センター，1981：41）ことを目的としたが、最初の第1年次は、昭和55年10月25日に県内の学校・教員（調査人員）に対する質問紙調査が行われ、標準学力検査と知能検査を「過去に実施したことがあるか」を問うものであった。〈表―3〉で示したように、過去の実施期間の範囲は明示されていないものの、「標準学力検査」は小学校91％、中学校87％、「知能検査」は小学校89％、中学校99％も実施されていたことが報告された（同上，1981：43-44）。つまりは、熊本県では学力テストと知能検査の実施状況調査では、未だに両方の検査が全県的に実施されている状況であった（同上，1981：43）。

〈表―3〉「標準学力検査」と「知能検査」の実施状況（昭和55年10月25日実施）

| 学校 | 依頼数<br>（回収率） | 調査人員<br>（回収率） | 標準学力検査<br>実施率 | 知能検査<br>実施率 |
|---|---|---|---|---|
| 小学校 | 62校（86.2％） | 1,683人（71.3％） | 91％ | 89％ |
| 中学校 | 45校（97.8％） | 1,125人（86.7％） | 87％ | 99％ |

　知能検査の利用内容に関しては、「大いに利用している」「だいたい利用している」の合計を示すと、「学年・学級を対象とした集団への利用」において最も利用率の高かったものが「知能検査と標準学力の結果を比較して学習指導の反省のために利用している」（小学校62.7％、中学校66.1％）であった。次いで「学年・学級の知的水準が把握できるので指導計画案に利用している」（小学校

470　第3部　中国・四国・九州・沖縄地方

42.3%、中学校53.1%）、「学級編成のための資料として利用している」（小学校36.3%、中学校25.0%）であった（同上，1981：43-44）。また「個人への利用」においては、最も利用率の高いものが「ひとりひとりの児童生徒の知的能力を把握するために利用している」（小学校67.6%、中学校75.4%）、次いで「学業不振児の原因の発見と指導に利用している」（小学校46.8%、中学校52.2%）、「優秀児・精神薄弱児の発見と指導に利用している」（小学校34.1%、中学校42.7%）であった（同上，1981：44）。そして、知能検査の結果と学力検査の成績との間の相関は「高い」とされたが、同時に「知能によってのみすべてが決定されるとはいえない」（同上，1981：50）とも指摘した。

## 3　学習指導の改善

　熊本県における学習指導改善を目的とした調査研究は、県教育研究所と県教育センターによって行われたが、その教科別内訳は算・数が4件、国語と理科が各2件、英語が1件、複数教科（2科目以上）が3件の合計12件であった。

　〈表―4〉の中には全国教育研究所連盟（以下、「全教連」）との共同研究の成果が2件あるが、その最初となった調査研究が全教連の共同研究「学習指導の近代化」に分担研究を担って参加した昭和43年度の「理科における学習指導の近代化に関する研究」（小5・6：理）であった。もう1件は、昭和47年度の「教育のシステム化に関する研究」（小4：算）であり、全教連との共同研究「教育のシステム化に関する研究」に参加した4年間の継続研究として、研究協力校の熊本市立慶徳小（40人）において実施されたものであった。前者の「理科における学習指導の近代化に関する研究」は、すでに前節で紹介しているので、ここでは割愛する。

　次に、県独自の学習指導改善を目指した調査研究の中から数学と国語に関するものを各1件取り上げて、その特徴を紹介する。昭和43年度の「中学校数学科におけるシート学習の実証的研究」（中2：数）は、研究協力校の八代市立第二中で行われた意欲的・挑戦的な研究であった。当時の教育が「論理的で行動分析を基礎とした科学的な授業が望まれているのではなかろうか」（熊本県立教育研究所，1969b：はじめに）という認識の下、論理分析によるプログラミングさ

〈表—4〉 熊本県の「学習指導改善テスト」の実施状況

| 調査研究の名称 | 対象学年・教科 | 初回のテスト実施年（度） |
|---|---|---|
| 理科における学習指導の近代化に関する研究（全教連） | 小5・6：理 | 昭和43年9月・10月 |
| 中学校数学科におけるシート学習の実証的研究 | 中2：数 | 昭和43年度 |
| 理科学習指導過程の研究 | 小5・6：理 | 昭和45年6月19日 |
| 教育のシステム化に関する研究（全教連） | 小4：算 | 昭和47年度 |
| 算数・数学指導についての研究 | 小1～6：算 | 昭和48年度 |
| 発達段階に即した数概念形成過程についての研究 | 小1～6：算 | 昭和51年8月 |
| 個を生なし、基礎的・基本的事項をおさえた学習指導の研究＊ | 小2・5：2教科＋音<br>中1・2：英・技・家 | 昭和57年度 |
| 学習到達度とその評価方法に関する研究＊ | 小5・6：国、小5：社<br>中1：数、中3：英 | 昭和58年7月～10月 |
| 基礎学力を身につけさせる指導法の研究＊ | 小6：4教科<br>中3：5教科 | 昭和62年9月頃 |
| 言語事項の指導法についての調査研究 | 小5～中3：国 | 平成元年度 |
| 中学校英語から高校英語への移行を容易にする教材の研究 | 中3：英 | 平成2年2月 |
| 小学校「国語科学習遅滞児」の学力分析と指導 | 小1～5：国 | 平成3年度 |

「全教連」は全教連との共同研究。「＊」は2科目以上の複数科目を対象にした調査研究。

れた教材を行動分析によって裏付しながら指導を行なうことを試みたものであった。昭和42年度からの2年間の継続研究として、第1年次は能力別学級編成を行ない、能力の異なった生徒にシート学習を実施した。その意図は、「シート学習では、シートのプログラミングが問題であって、プログラムのでき方によって、学習効果の期待も左右される」としつつも、現状では「シート作りの技術は確立されていない」とした。そこで、「論理分析や行動分析を導入することにより、効果的なシートをだれにでもできるような方法で、シート

472　第3部　中国・四国・九州・沖縄地方

を作製し、学習効果の向上を期待したい」（同上，1969b：3）とするものであった。第2年次においては、「一次関数とグラフ」の実験授業が15時間行われ、「実験学級」（自作シート）と「比較学級」（一斉学習）で能力別学級の上位群と中位群の各1クラス（合計4クラス）が設置され、比較検証された。「知能テスト」「標準学力テスト」「予備テスト」「事前・事後テスト」などが実施され、シート学習組と一斉学習組の知能と学力の比較が試みられた[5]。

　　国語科では、平成3年度に県教育センターの教科研修室研究員の森谷孝己が「小学校『国語科学習遅滞児』の学力分析と指導について」（小1～5：国）と題する調査研究を行なっている。小学校国語科において、「国語学力が比較的劣っていると思われる児童の学力を分析し、実態を明らかにする中に、その問題点を探り、今後の指導のあり方について考察する」（森谷，1991：29）ことを研究目的とし、県下6地域から学校規模を考慮し、各学年約900人を抽出して実施したものである。県下の約80％で実施されている「教研式小学校学力診断検査国語科用」（1学期初めに実施）で測定された言語技能や言語知識によって、児童の偏差値を8段階に区分し、その中の2～4段階の児童を「学習遅滞児」と位置づけた。そして、全国平均正答率と学習遅滞児の正答率の差を当てはめて、各有意差の様子を把握して、学習遅滞児の学年別特徴を分析している。学習遅滞児の国語学力は、「就学前の言語生活や教科学習以外の言語生活によって身につけた言語能力の影響が大きい」（同上，1991：33）とされ、学習遅滞児の指導のあり方が提言された。

　　熊本県では、県教育センターが昭和58年度から3年間の共同研究「学習到達度とその評価方法に関する研究」を展開し、その趣旨を「すべての児童生徒が身につけるべき学習目標を具体的に設定し、そのそれぞれの学習目標に基づいた評価について、どのような方法で行えばよいか、また、学習目標と児童生徒の到達度との間にみられる問題点を分析して、学習到達状況に応じた指導の方法について研究すること」（森，1984：5）とした。第1年次は、小・中の全教科を対象にしたペーパー・テストや実技テストによる「学習到達度調査」（正答率）、第2年次は「検証計画設定・授業研究・資料収集と分析・研究仮説の修正」、第3年次は「授業研究と研究のまとめ」が実施された。研究授業では児

第24章　「熊本型教育」「熊本型授業」を目指して～熊本県～　473

童生徒による「相互評価」や「自己評価」も行われた。

　以上、熊本県における学力と知能の相関調査、及び学習指導改善に関する調査研究を概観してきたが、その特徴は教科学習における科学的なあり方を追及することであり、従来にはなかった方法で学習指導のあり方を追求する意欲的・挑戦的な研究であった。

## 4　現代の学力テストの動向

　次に、現代の熊本県の学力テスト政策の動向を確認しておきたい。県教委は、先にも述べたように、昭和62年度から「学力向上対策事業」を開始し、大学・短大への進学率、とりわけ国公立大学への合格率を高めることを目指している。その学力向上事業は、高校だけでなく小・中学校でも始まるが、それが平成3年度から開始された「県個人学習診断テスト」（小1～中3：2教科）であった。平成3・4年度は「学力向上対策事業」で指定されたモデル校を研究協力校とし、「基礎・基本的な学習事項についての習熟度を図り、個々の学力に応じたきめ細かな指導」（光永, 1994：4）をして、学力向上を図ることであった。本格実施となった平成5年度からは、実施主体も「県個人学習診断テスト実施協議会」という任意団体に移り、小3～中3までを対象に、中学校は国・数・英の3教科のテストを実施した。マークシート方式の県下一斉テストによって行われ、結昗は業者を通じて県教委が一括管理した。クラス・学校・市町村・教育事務所別の正答・誤答の分析がなされた。

　しかしながら、熊本市を含め県内の児童の3割が不参加、大量の白紙答案が出たことからも明らかなように、県内には反対が多かった。県教組は、平成5年度の「個人学習診断テスト」では受験ボイコット者は2千5人、白紙答案が4百枚、保護者などによる採点結果のマークシート転記拒否の申し入れも7百人を上回ったことを公表した（『西日本新聞』1993. 12. 23.）。この現象は、昭和31年度から開始された文部省「全国学力調査」を実施する際にも見られたものであり、歴史は繰り返すということであろうか。県教組の機関紙1994『熊本教育』第549号・第550号には県内の小中学校教員14名、「大津町の教育を考える会」などの反対意見などが紹介された。また、地元紙の『西日本新聞』や『熊本日

474　第３部　中国・四国・九州・沖縄地方

日新聞』でも県教委の姿勢を追求する母親らの抗議が掲載された[6]。結局、「県個人学習診断テスト」は平成５年度から平成11年度まで実施され、12・13年度は休止に追い込まれた。

　平成12年、県教委は教育の基本的方向性を示した「県教育改革大綱」を策定し、県教委の組織改編、学校や教職員の評価システムの変更、道徳教育の充実、体育スポーツの推進などを骨子とした教育行政の基本方針を示した（『熊本日日新聞』2000.9.20.）。また、児童生徒の資質や能力を十分発揮できるように学校教育の充実も掲げている。県教委は、平成15年11月から新たに「県学力調査」（小３〜６：２教科、中１・２：５教科）を開始し、県全体の悉皆調査として児童生徒の学力や学習状況及び教師の学力向上への取り組み状況等について調査・分析することを目指している[7]。

　その目的は、「小学校及び中学校の学習指導要領において身に付けることが求められている資質や能力が児童生徒にどの程度身に付いているかを調査・分析し、成果や課題等に基づき、新たな取組の方向性を明らかにするとともに、市町村教育委員会と連携を図りながら今後の学校における基礎・基本の確実な定着を図るための指導方法の工夫改善に資する」（熊本県教育委員会，2009：2）であった。２回目の平成16年度には、小３〜小６が４教科、中１〜３が５教科に拡大され、各教科の課題として「考えを整理して適切に表現する力の課題がある」（『熊本日日新聞』2006.3.28.）などと分析された。

　平成20年度の「県学力調査」の結果は、県教育センターの『研究紀要』（第38集）でも分析され、「県学力調査結果から見えてきた課題」として「観点別」と「問題別」に区分されて指摘されている（熊本県立教育センター，2010：3）。観点別では「数学的な見方や考え方」や「科学的な思考」のような思考力、判断力に関する観点が知識・理解や関心・意欲・態度と比較して、各教科で低い傾向にあるとされた。問題別では、主に「知識」に関する問題と主に「活用」に関する問題を比較した場合、５教科において主に「活用」に関する問題の正答率が低い傾向にあるとされた。また、合わせて過去３回の文科省「全国学テ」の結果分析も行われ、「県学力調査」と類似の傾向として思考力、判断力、表現力などの育成に課題があると指摘された。

第24章　「熊本型教育」「熊本型授業」を目指して～熊本県～　　475

　県教委は、平成14年度に「ゆうチャレンジ」（小3～6：2教科、中1～3：2教科＋英）と呼ばれる学習到達度を客観的に把握できる県独自の評価問題も開発している。使用の有無については、市町村教委や学校の判断に任せ、県教委としてデータの収集・分析はしていない。しかしながら、その観点別評価結果においても、熊本県の児童生徒の学力には「思考力、判断力、表現力などの育成に課題がある」（同上, 2010：2）と指摘され、県の「県学力調査」や文科省の「全国学テ」と同様の結果分析を行なっている。さらには、学習指導要領で示された「生きる力」を育むための「確かな学力」を確立することも目指され、「思考力、判断力、表現力を高める」指導のあり方として「徹底指導」と「能動型学習」を柱とした「熊本型教育」と「熊本型授業」の展開を全県的に推進している。

## 5　「熊本型教育」の立案と消滅

　県教委は、もともと平成13年度から基礎的な知識の定着と児童生徒の主体的な学習活動を両輪とする「熊本型授業」を提唱していた（『熊本日日新聞』2010.1.15.）。県教委は、モデルとなる授業実践例を資料集やビデオ収録などして各学校などに配布し、かつ平成18年度に県教育センターから刊行された『研究紀要』では、「熊本型教育の充実を図る」（熊本県立教育センター, 2007：3）といった県独自のミッション（目標）が掲げられた。教科教育の研究では「熊本型授業」「既習型の教育と探求型の教育」等の実践的研究に取り組み、確かな学力の向上に寄与することが目指された。そして、「熊本型教育」の展開には児童生徒一人ひとりの考えを大切にし、認め、ほめ、励ます「くまもとの教職員像」までもが提唱され、県教委は平成17年4月には、以下のような理想の教職員像も提示した。

〈くまもとの教職員像〉～「認め、ほめ、励まし、伸ばす」くまもとの教職員～
　1　教職員としての基本的資質
①教育的愛情と人権感覚：自らの言動が児童生徒の人格形成に大きな影響を与える
　　ことを自覚し、豊かな人権感覚を持って、一人一人に温かく、また公平に接する

476 第3部 中国・四国・九州・沖縄地方

教職員

②使命感と向上心：教職員としての使命感と情熱を持ち続け、時代の変化から生じ
る新しい課題にも積極的に対応するため、常に新しい知識を求め、実践に生かす
教職員

③組織の一員としての自覚：互いに情報を共有し、協力し合って組織的に課題に対
応する教職員


2　教職員としての専門性

①児童生徒理解と豊かな心の育成：児童生徒との信頼関係を培い、一人一人の個性
やよさをしっかりと見つめ、自分に対する自信と他者に対する思いやりの心を育
む教職員

②学習の実践的指導力：基礎・基本を習得させるための徹底した指導と児童生徒が
自ら学び自ら考える力を身に付ける学習を着実に展開し、確かな学力を育む教職員

③保護者・地域住民との連携：保護者・地域住民の大きな期待があることを自覚
し、保護者や地域住民と情報を共有し、またそのニーズの把握に努め、互いの信
頼関係の中で課題解決に当たる教職員

　何とも崇高で、確たる教職員像の追求であり、こうした熊本県の取り組みに
は敬意を表したいと思う。熊本県の教職員が真に「児童生徒一人ひとりの考え
を大切にし、認め、ほめ、励ます教育」を最大限尊重するのであれば、それは
全国的なモデルにもなり得るものである。だが留意すべき点は、この教職員像
は県教委によるトップ・ダウン的なものであり、半強制的なものである。そし
て、「熊本型教育の展開」にとって重要な各教科の指導上の改善点の指標と
なったものが「県学力調査」と「全国学テ」の結果であったという点である。
つまりは、熊本県が目指す児童生徒の学力向上政策、教員の資質向上を目指す
教職員政策、児童生徒一人ひとりを大切にする「熊本型授業」の成果指標の
ベースとなっているものが「県学力調査」と「全国学テ」の結果ということに
なる。

　一例を挙げると、県教育センターは「県学力調査」（中3：2教科＋理・英）

における平成15年（理・英は平成19年）と平成23年の定着率の結果を比較して、「活用」は定着率の増加が見られ、「知識」は減少した問題も見られたと分析した。「全国学テ」の結果は、〈表―5〉のように、平成22年度と24年度の結果が比較され、「全国平均を下回る項目が増加した」（同上, 2013：2）と分析された。そして、「活用」する学習が重視される中、「その基盤となる知識・技能の確実な習得に我々が取り組まなければならないことは明白である」（同上, 2013：2）とまで断言された。

〈表―5〉 熊本県における平成22・24年度の「全国学テ」調査結果（同上, 2013：2）

| 学年 | 小学校6年生 | | | | 中学校3年生 | | | |
|---|---|---|---|---|---|---|---|---|
| 教科 | 国語 | | 算数 | | 国語 | | 数学 | |
| 問題 | A | B | A | B | A | B | A | B |
| H22本県 | 83.6 | 78.2 | 75.4 | 49.3 | 75.5 | 67.2 | 65.5 | 45.1 |
| 全国 | 83.3 | 77.8 | 74.2 | 49.3 | 75.1 | 65.3 | 64.6 | 43.3 |
| H24本県 | **81.5＊** | **55.0＊** | 73.9 | 59.2 | **75.0＊** | 64.4 | **61.9＊** | 50.1 |
| 全国 | 81.6 | 55.6 | 73.3 | 58.9 | 75.1 | 63.3 | 62.1 | 49.3 |

＊は「全国」よりも低かった点数。平成24年度には理科も実施されたが省略。

　学力テストの結果が教育の良し悪しの判断材料とされ、日常的に学校教育や授業指導の全てに影響を及ぼすことはかなり危険な考え方にもなりかねないが、それでも県が求める学力観は「習得型の教育」（基礎的・基本的な知識・技能の習得）と「探求型の教育」（自ら学び自ら考える力の育成）とに区別され、両方の学力を「総合的に育成する」（同上, 2007：9）ことも明言された。そして、何よりも児童生徒一人ひとりの考えを大切にし、認め、ほめ、励ますことを目指す「熊本型教育」の展開は、学力テストの結果を判断基準としていることを注視すべきである。

　「くまもとの教職員像」は、県教委などのHPなどに掲載され、今も重視されている。ところが、「児童生徒一人ひとりの考えを大切にし、認め、ほめ、励ます教育」を尊重する「熊本型教育」は、県教育センターの『研究紀要』では平成18年度（第35集）では「熊本型教育の展開」、平成19年度（第36集）では

「熊本型教育の確立を目指して」と高らかに掲げられていたが、平成20年度（第37集）からは「明日を拓く熊本県教育の充実を目指して」（同上，2009：7）という文言に変わっている。どこにも「熊本型教育」という言葉は見当たらない。発展的解消と言えなくもないが、「熊本型教育」の確立よりも、平成20年1月の中教審答申「学習指導要領等の改善について」で示された「知識基盤社会」への対応、同年7月の「教育振興基本計画」に合わせた教育目標の設定など、国・文科省によって示された今日的教育課題に速やかに応えることが優先されたようである。熊本県独自の「熊本型教育」「熊本型授業」の追求は、文科省「全国学テ」の結果がトップクラスであった秋田や福井をモデルとし、「学力上位県に学べ」が成否を判断する指標として位置づけられているのである（『熊本日日新聞』2015.7.30.）。

## おわりに

　本章の課題は、熊本県における「学力テストの利活用」の実態を解明することであった。具体的な第一の課題は、熊本県の戦後の学力テスト政策、ならびに文部省「全国学力調査」への対応などを確認して、その特質を解明することであった。熊本県独自の学力向上を目指す学力テスト政策は、オーソドックスなものであり、文部省「全国学力調査」の実施を除いては、熊本県では特に管理主義的な側面や強圧的な意図は確認できなかった。その背景には、文部省「全国学力調査」に対する県教組を中心とした反対闘争が岩手県に次いで激しく、「全国学力調査」に対する反対意見や批判的見解は県内各方面から出されたことが挙げられる。

　しかしながら、現代の熊本県の学力テスト政策は結果を重視する政策への変容が確認できる。そこで、本章の第二課題として熊本県における平成3年度からの「県個人学習診断テスト」と平成15年度からの「県学力調査」、平成19年度からの文科省「全国学テ」において、どのような学力政策が展開されたかを検証することとした。「県個人学習診断テスト」の実施には、文部省「全国学力調査」同様に、県内には多くの批判や反対があったことが確認できた。しかしながら、平成13年度以降には県では独自の教育政策が提言され、児童生徒一

人ひとりを大切にする「熊本型教育」「熊本型授業」の実施、そして「認め、ほめ、励まし、伸ばす」といった「くまもとの教職員像」といった政策も掲げられた。その内容は、他県にもまして崇高な教育の理想を追求するものであった。現代の熊本県の教育政策は、崇高な教育の理想を追求するものなのか、それとも学力テストによる管理主義的で強圧的なものなのか。まさにアンビヴァレントな状態に陥っている。

　その答えは、熊本県の文科省「全国学テ」への対応によって確認できる。平成26年度における県の「県教育振興基本計画」では、「全国学テの平均正答率」において、平成24年度の現状値が「10項目の中の6項目で上回る」であり、平成25年度の目標値として「すべて全国平均を上回る」（熊本県教育庁教育政策課, 2014：10）ことが掲げられた。熊本県では、この全国学テの結果が教育の成果を示す重要な指標となっていることは疑いない。だが、一方では全国学テ結果が概ね全国平均以上であることも示され、「基礎的な学力の定着及び思考力・判断力・表現力等の育成については一層の取組が必要です」（同上, 2014：10）とのコメントも出されている。現在の熊本県の基本的なスタンスは、「テスト結果で成果を出す教育」であると同時に、県が新たに掲げた平成21年3月決定の「くまもと『夢への架け橋』教育プラン」による「夢を叶える教育」の実現も重視しているようである。

　であるならば、「熊本県の独自性や固有性を大切にする」ことは重要な理念ではなかろうか。児童生徒一人ひとりの考えを大切にし、認め、ほめ、励ますことを目指す「熊本型教育」「熊本型授業」の強固な基盤づくりが揺るぎないものであることを期待したい。


〈注〉
〈1〉岩手県と熊本県の行政処分者を比較すると、岩手県は免職9、停職45、減職338、訓告477人。熊本県は免職8、停職6、減職2、訓告4人であった（吉住, 1962：50）。刑事弾圧の数値も記載されているが省略。なお、熊本県教職員組合の学テ反対闘争は、上河一之2016『近代熊本における国家と教育』（熊本出版文化会館）が参考になる。
〈2〉「学籍簿」は、戦後の昭和23年に「指導要録」と名称変更され、指導上必要な原簿とされた。その後、昭和30年・36年にも改訂され、「指導及び外部に対する証明」と

480　第 3 部　中国・四国・九州・沖縄地方

いった二つの機能が明確化された。

〈3〉一方、県教育研究所は昭和42年度に文部省「全国学力調査」の昭和37年度から41年度までの 5 年間に及ぶ小・中学校の学力調査結果を熊本県の各地域と国との平均点の比較分析を行なっている（熊本県教育研究所, 1967）。

〈4〉熊本県は、岩手県に次いで多くの行政処分者を出している県である。県教職員組合による反対闘争の経緯や裁判闘争を描いた先行研究が先にも挙げた上河一之2016『近代熊本における国家と教育』（熊本出版文化会館）である。一方、県教育研究所は昭和38年度には中学校の数・英で追跡調査を行い、解答方法を変えた場合の正答率の違いを調査している（熊本県立教育研究所, 1964：44）。

〈5〉シート学習と一斉学習の比較検証の結果としては、優秀な児童生徒（ 5 段階法で 5 と 4 の上）では問題解決の正解率は、知能・学力における「差は殆どない」とされ、普通生徒（ 5 段階法で 4 の下と 3 ）では、シート学習組が優れ、その差は「テスト毎に大きくなる傾向が認められた」（熊本県立教育研究所, 1969b：26）と指摘された。

〈6〉『西日本新聞』（1993. 12. 21.）では、「保護者の教育権や選択権」を無視するものとして「県個人学習診断テスト」に断固反対する母親らと県教委のやり取りが紹介されている。『熊本日日新聞』（1997. 12. 16.）では、「一斉一律」で実施した「県個人学習診断テスト」において県教委が保護者・教師との間で「ボタンの掛け違いがあった」ことを認めている。

〈7〉「県学力調査」は、令和元年度から「県学力・学力学習状況調査」に名称変更し、小 3 〜 6 （ 2 教科）、中 1 ・ 2 （ 2 教科＋英）になっている。令和 3 年度も実施。


〈引用・参考文献一覧〉

熊飽教組文化部　1963「昭和37年度　学力調査結果指導要録不記入の闘い―総括と反省―」熊本県教職員組合文化部『熊本教育』第185号、6-10頁

熊本県教育委員会　2009『平成20年度「熊本県学力調査」結果報告書（調査の概要）』1-2頁

熊本縣教育庁編　1950『教育調査資料集』1-170頁

熊本県教育庁編　1953『昭和27年度　熊本県学力調査結果報告』1-89頁

熊本県教育庁編　1957『熊本県小学校児童生徒学力調査報告書　昭和32年度』1-186頁

熊本県教育庁教育政策課　2014『第 2 期くまもと「夢への架け橋」教育プラン（熊本県教育振興基本計画）』熊本県教育委員会、1-98頁

熊本県立教育研究所　1964「学力テストの追跡調査（昭和38・12・ 5 日付け　熊本日日新聞より転載）」熊本県教職員組合文化部『熊本教育』第196号、44-45頁

熊本県立教育研究所　1967「地域類型別にみた過去 5 年間の全国学力調査の結果について」1-36頁

熊本県立教育研究所　1969a「理科における学習指導の近代化に関する研究（仮説実験授業を生かして）」『研究紀要』第20号、1–56頁

熊本県立教育研究所　1969b「中学校数学科におけるシート学習の実証的研究」『研究紀要』第20号（第3分冊）、1–36頁

熊本県立教育センター　1981「個を生かし、基礎的・基本的事項をおさえた学習指導の研究―個の学習状態に応じた学習指導の研究―」『研究集録』第9集、41–68頁

熊本県立教育センター　2007「プロジェクト研究・教科教育研究・教育経営研究・課題研究」『平成18年度　研究紀要』第35集、1–234頁

熊本県立教育センター　2009「「PISA型『読解力』向上を目指した指導の工夫」に関する研究」『研究紀要』第37集、1–159頁

熊本県立教育センター　2010「平成21年度　熊本県立教育センター研究概要」『平成21年度　研究紀要』第38集、1–15頁

熊本県立教育センター　2013「研究主題　未来を拓く確かな学力をはぐくむ教育の展開」『平成24年度　研究紀要』第41集、1–151頁

県教組文化部　1961「全国学力調査の非科学性と非教育性」熊本県教職員組合文化部『熊本教育』第164号、23–34頁

「子ヤギのいる学校に行きたい」刊行委員会　1999『子ヤギのいる学校に行きたい―熊本「個人学習診断テスト」七年戦争―』南方新社、1–266頁

塩津正雄　1953「子供の學力と環境」熊本県教職員組合文化部『熊本教育』第6巻第1号、9–15頁

西本長八　1951「國語標準学力検査について」熊本県教職員組合文化部『熊本教育』第4巻第4号、48–51頁

光永新治　1994「『個人学習診断テスト』に対する私たちの考え方」熊本県教職員組合文化部『熊本教育』第550号、4–5頁

森　晋介他　1984「学習到達度とその評価方法に関する研究」熊本県立教育センター『研究集録』第12集、1–56頁

森谷孝己　1991「小学校「国語科学習遅滞児」の学力分析と指導について」熊本県立教育センター『研究集録』第19集、29–34頁

文部省初等中等教育局地方課　1962「昭和37年度全国小・中学校学力調査について（通達）」『教育委員会月報』No.141、4–27頁

吉住和郎　1962「教育裁判・憲法と教育基本法を守る闘い」熊本県教職員組合文化部『熊本教育』第4巻第4号、25–54頁

## 第25章 「本土なみの学力」への葛藤～沖縄県～

〈学力調査結果の分析と活用〉

　昭和31年から始まった全国学力調査は、すでに10回を重ね、沖縄でも文部省の実施要領にしたがって過去10回にわたってしっ皆で調査に参加し、児童生徒の学力を全国水準と比較してみてきたが、いまだに全国水準に達しないばかりか全国の最低県の学力にもおよばない現状である。

　かかる現状を私どもは率直に認め、学力不振の原因がどこにあるか、各関係者が、謙虚にいま一度学力調査結果を反省する必要があろう（喜久里（教育研究課）, 1966：1）。

---

## はじめに

　戦後27年間も米国の統治下にあった沖縄県の本土復帰は、昭和47年5月に実現した。本土復帰自体は大変喜ばしいことではあるが、同時に今でも沖縄が基地問題を抱え、そして本土とは異なる政治・経済・社会・文化的な諸問題に直面していることは憂慮すべきである。戦後沖縄初のアナウンサーとなった川平朝清さんは、沖縄復帰50年のインタビューに答えて、今なお過重な基地負担が押し付けられる現状を問題視している。「五十年前、日本は施政権返還という『名』を取り、米国は基地の自由使用の『実』を取った。ここに欠如しているのは、沖縄に住む人たちの人権を守る視点です」（『東京新聞』2022. 2. 17. 朝刊）と沖縄の「本土復帰」における課題を的確に指摘している。

　本章の目的は、戦後の沖縄の学力問題、とりわけ「本土なみの学力」を目標としつつも、今日でも到達しえない沖縄県の学力向上対策の歴史を描くことである。それは、学力向上に向けた沖縄県の努力と葛藤の歴史とも言える。昭和47年に沖縄県の本土復帰は現実のものとなるが、一方で、沖縄県の教育状況に目を向けると、教育の施設設備、備品その他あらゆる条件が他県に劣り、そこ

から「学力低下問題が急速に出てきた」(沖縄県教育庁義務教育課, 2007：12) と指摘された。本土復帰は、それまでの沖縄独自の受験システムを崩し、大学受験など地元の琉球大学への入学者が他府県によって占められるといった状況を生み出した。「これまで本土との直接の比較を考えなくてもよかった受験生や父母たちはこれで衝撃を受け、いきなり"本土なみの学力"が要求されるようになったことがその背景にあった」(同上, 2007：13) とされた[1]。復帰当時の沖縄教育界の強い関心事の一つが、本土と比較した際の学力差の問題であった。

　本章の課題は、第一には戦後から昭和47年の本土復帰までの期間、及び本土復帰直後における沖縄の学力向上を目指す学力テストの実施状況を確認し、沖縄県が目指した学力向上政策を検証することである。いわば、「学力テストの利活用によるイノベーション（革新性・先駆性）」を検証することである。第二には、平成元年から開始された県の「到達度テスト」以降における現代の学力政策を確認しつつ、「本土との学力差」を解消できない沖縄県の努力と苦悩を検証することである。

　これまでも沖縄の学力問題を検討した著書や論文数は多い。そして、教育界やマスコミなど多方面から論じられていることも特徴である。古くは、上沼 (1966) が戦後の沖縄教育の強い関心事を「本土と比較した際の学力差の問題である」（上沼, 1966：106）とし、学力向上に向けた本土とは異なる沖縄の対応を紹介している。広島大学沖縄教育研究会 (1971) は、沖縄の本土復帰に伴う教育上の諸問題に実証的にアプローチしている。同書は、昭和40年3月に結成された広島大学教育学部の「沖縄教育研究会」による沖縄の教育の当面する諸問題を4度にわたって現地調査したものであった。特に「教育水準や教育の条件の面において、本土との間に大きな格差が認められる」（広島大学沖縄教育研究会, 1971：4）ことを問題視したものである[2]。昭和60年代には、元県教育委員長であった翁長 (1987) が沖縄の学業不振の状況を指摘し、「学力向上が最大の課題」であると主張した。藤原 (2010b) は、琉球政府時代における沖縄の児童生徒の学力実態について文部省「全国学力調査」(1956〜1966) を中心に検討し、文教局の学力向上の取り組みを分析した。『沖縄新報社』の元編集局長であった市村 (2009) も、半世紀前の「全国学力調査」の結果を基に、大きく開

484 第3部 中国・四国・九州・沖縄地方

いた本土との学力差及び沖縄県内の学力差の実態を回顧した。

　現代の沖縄の学力問題については、文部科学省「全国学力・学習状況調査」
（以下、「全国学テ」）の結果を分析する研究者が多い。藤原（2008・2009・2010a・
2016）は、平成19〜21年度、平成26年度の全国学テの結果を基に、沖縄の児童
生徒の学力実態、生活と学習、学校における指導の実態などを論じている。特
に、平成21年度に2教科・科目で「最下位」を脱したものの、「全国学力調査
に準じた学力到達度テストの実施など学力向上対策が強化され、ドリル型の繰
り返し学習が横行している」（藤原, 2010b : 83）と苦言を呈している。三村（2010）
は、『沖縄・学力向上のための提言』、及び（2012）「沖縄の学力問題」において、
全国学テの結果を受けて、沖縄の学校・家庭・地域・行政の学力向上における
役割を提言している。

　西本（1999）は、沖縄県の低学力問題における文化的要因に注目し、再生産
論的アプローチを試みている。また、西本（2012）は沖縄の学力低下の原因を、
学校教育ではなく家庭や地域の問題、さらには沖縄の言語・文化・環境などの
問題を取り上げ、具体的な改善策や対策も論じている[3]。一方、県独自の学力
テストである「県到達度テスト」（平成元年度〜平成19年度）、「県到達度調査」
（平成20年度〜現在）については、山崎・西本・廣瀬（2014）らが全国学テととも
に同一の児童生徒の連結データによる追跡調査を行い、学力の実態を解明しつ
つ、学力向上対策のあり方を提言している。

　これらの多くの先行研究が指摘する共通項は、沖縄が抱える児童生徒の実態、
ならびに学校・教師の指導のあり方、そして沖縄独自の歴史的・社会的・文化
的な特殊性に着目し、それらを背景・要因として低学力問題が起こっているこ
とを指摘するものである。つまりは、沖縄の低学力問題を理解するには、単純
に児童生徒の低学力の実態や要因を解明するだけでなく、本土とは異なる様々
な沖縄の特殊事情も理解することが不可欠となる。まずは、戦後の学力テスト
の歴史から確認しよう。


## 1　戦後の学力テスト開発の歴史

　戦後から今日までの「琉球政府文教局」（本土復帰の昭和47年まで）「県教育委

員会」（以下、「県教委」）「県教育研修センター」（後の「県教育センター」）など
が実施した学力テストの実施状況を時期区分して示すと、〈表—1〉のように
なる。『教育政策テスト』は15件、「学習指導改善テスト」は5件であり、沖縄
県では「教育政策テスト」による「学力向上」が戦後の本土復帰前まで、そし
て本土復帰後から今日まで絶えず県の重点施策であったことが理解できる。そ
こには「本土なみの学力」を求める沖縄の姿が浮き出てくる。

〈表—1〉 沖縄県の戦後学力テストの実施状況

|  | 昭和20年代 | 30年代 | 40年代 | 50年代 | 60年代～平成18年度 | 19年度～令和2年度 | 合計 |
|---|---|---|---|---|---|---|---|
| 教育政策テスト | 1 | 5 | 3 | 3 | 2 | 1 | 15 |
| 学習指導改善テスト | 0 | 0 | 1 | 2 | 2 | 0 | 5 |
| 合計 | 1 | 5 | 4 | 5 | 4 | 1 | 20 |

＊数値は新規に開発・作成された学力テストを用いた調査研究であり、2年以上継続されたものでも
「1」としてカウント。

　沖縄県の戦後の学力テストの歴史を「本土復帰前」と「本土復帰後」に区分
すると、〈表—1〉の学力テストの実施件数は、前者は9件、後者は11件とな
る。〈表—2〉は9件の中の8件の「教育政策テスト」の実施状況である。本
節では「本土復帰前」の米軍統治下に置かれていた琉球政府文教局により実施
された8件の「教育政策テスト」を確認しておきたい。
　戦後の最初の学力テストは、昭和25年の「学力テスト」（小6：2教科、中3：
数・英）であり、初回は同年6月30日、2回目が同年12月12日に行われたもの
である。全島児童生徒の学力の実態把握を目的として、「全島一斉」（『沖縄タイ
ムス』1950.6.30.）に実施されている。ゴールドン・ワーナー1972『戦後の沖縄
教育史』では「小学児童の80％について行った数学のテストでは平均点は100
点満点の50点以下であった」（ワーナー, 1972：86）と記述されたが、群島政府
文教部は、この学力低下を是正するために、新しい教員を養成する教員訓練校
を増設し、各課目の講習で古い教員を再教育する施設を作り、標準日本語の使

〈表—2〉沖縄県の「本土復帰前」の「教育政策テスト」の実施状況

| 調査研究の名称 | 対象学年・教科 | 初回のテスト実施年（度） |
|---|---|---|
| 学力テスト | 小6：2教科<br>中3：数・英 | 昭和25年6月30日・12月12日 |
| 標準学力検査 | 小3〜中3：学年で<br>教科は異なる＊ | 昭和30年6月17日〜6月30日 |
| 義務教育学力テスト | 中3：5教科＋音楽・<br>図工・保育・職業 | 昭和31年2月3・4日 |
| 教研式全国標準診断的学力テスト | 中2・中3：4教科 | 昭和31年2月下旬（中2）<br>昭和31年4月26・27日（中3） |
| 標準読書力診断テスト | 中1〜3：国 | 昭和34年度 |
| 学業不振の原因について | 小5・中1：2教科 | 昭和38年4月〜5月 |
| 知能に関する実態調査 | 中2：3教科 | 昭和42年度1学期 |
| 社会科学力調査 | 小6・中3：社 | 昭和45年12月7日〜12日 |

「＊」は、小3（社・理）小4（国・算）小5（社・理）小6（4教科）中1（国・数）中2（国・社）中3（数・理）。

用を強化する計画を発表した。

　昭和30年6月17日〜6月30日に実施された「標準学力検査」（小3：社・理、小4：国・算、小5：社・理、小6：4教科、中1：国・数、中2：国・社、中3：数・理）は、農村と都市の小・中学校より、学級を単位に各学年から任意の1学級を選択して実施された。「知能検査の結果に関する一考察を試み併せて知能検査の機能の一吟味として、知能検査がどの程度学力を予言し得るかということを検討」（与那嶺・東江, 1956：1）したものであり、測定された知能と学力から農村と都市を比較分析したものであった。そして、課題として（1）現行知能検査の言語並びにその他の文化的要因を検討し、沖縄の児童生徒が知能検査によって測定される場合に受けるハンディキャップの有無や程度を吟味すること、（2）知能検査の機能を吟味すること、を挙げている。学力検査には「田研式標準学力検査」が、知能検査には「新制田中A式・B式知能検査」が利用され、A式・B式の結果比較、ならびに各教科の学力検査の平均偏差値と標準偏差から知能との相関分析が行われた。

昭和31年2月の「義務教育学力テスト」（中3：5教科＋音・図・保・職業）においても知能検査が実施され、中3（15,305人）の知能と学力実態を把握し、両者の相関を調査して中学校教育の改善及び学習指導の基礎的資料を得ることがなされた。また、同テストは高等学校入学者選抜の資料にも利用された。同年2月下旬には「教研式全国標準診断的学力テスト」（中2：4教科）も実施された（琉球政府文教局, 1956）。

　一方、本土復帰後の「教育政策テスト」に関しては、次節でも示した〈表―5〉で確認できる。加えて、現代の学力テストとして第4節で示した「到達度テスト」「県学力到達度調査」も含まれる。同じく「学習指導改善テスト」の実施状況も見てみると、〈表―3〉で示したように、「本土復帰前」が1件、「本土復帰後」が4件である。教科別では算数・数学が3件、英語が2件である。その数は少ない。

〈表―3〉 沖縄県の「学習指導改善テスト」の実施状況

| 調査研究の名称 | 対象学年・教科 | 初回のテスト<br>実施年（度） |
|---|---|---|
| 学習指導法に関する研究 | 中1：数 | 昭和41年度 |
| 中学校英語科におけるプログラム学習の実践的研究 | 中2・3：英 | 昭和54年9月～10月 |
| プログラム学習の有効性に関する比較研究 | 中2：英 | 昭和57年度 |
| 「数と計算」分数分野の習熟調査とその指導改善のために | 小3～6：算 | 平成元年7月 |
| 教育工学的手法による学習指導法の研究 | 小6：算 | 平成4年度 |

　中学校の英語科における「プログラム学習の有用性」の有無を立証した調査研究は、昭和54年9月～10月「中学校英語科におけるプログラム学習の実践的研究」（中2・3：英）と昭和57年度の「プログラム学習の有効性に関する比較研究」（中2：英）である。前者は、「実験群」において実験用に作成されたプログラム・テキストを用いて、授業時間ごとに個別学習をさせる試みを行っている。「統制群」と標準学力テスト結果の比較を通して、その効果を分析して

488　第3部　中国・四国・九州・沖縄地方

いる。後者は、「プログラム・テキストによる授業実践」のデータに基づき、当該学習方式の「有効性」を実証している。

　小学校の算数については、「診断テスト」を実施して分数領域における学力低下の実態をさぐるために、平成元年度に「『数と計算』分数分野の習熟調査とその指導改善のために」（小3～6）を、平成4年度に「教育工学的手法による学習指導法の研究」（小6：算数）を実施している。小学校児童の分数計算のつまずきや理解不足に対応する県教育センターの取り組みである。繰り返しになるが、沖縄県では「学習指導改善テスト」は「教育政策テスト」に比べると少ないことが指摘できる。

## 2　「本土復帰前」と「本土復帰後」の学力向上政策
### （1）「本土復帰前」の学力向上政策

　昭和31年度から開始された文部省「全国学力調査」が沖縄に与えた影響を考察した藤原（2010b）は、琉球政府時代の沖縄の「全国学力調査」（昭和31～41年）に関する報告書を中心に、琉球政府文教局による本土学力に接近する様々な試みを紹介した。例えば、本土では「全国学力調査」は抽出校＋希望校で実施されたが、沖縄では最初から悉皆調査で行われ、その中から1/3程度が抽出されたデータ分析が行われた（藤原, 2010b：87-88）。藤原は、こうした大量のデータ分析により、琉球政府文教局が「全国学力調査」の結果分析を丁寧に行っていること、沖縄の全域・地区・市町村段階で「学力向上連絡協議会」の組織化や教員の資質向上のための取り組みを行ったことなどを指摘した（同上, 2010b：98）。

　戦後から開始された沖縄県の学力問題を考察した研究としては、上沼（1966）が沖縄の戦後の関心事は本土と比較した際の学力差の問題であったとし、沖縄では本土のような学テ反対闘争も起こらず、「学力テストを復帰のための準備の一つとして受け止められておりむしろ、学力の向上、教育現状の打開のための好個の手段として積極的に受け入れられる傾きが強い」（上沼, 1966：107）と指摘した。本土とは異なる沖縄の特殊事情が理解できる。そして、本章の冒頭でも紹介した県教育研究課の喜久里が昭和41年に述べたように、10年間の「全

国学力調査」に対する沖縄県のスタンスは、全ての教科における学力不振を明確なものとし、まずはその原因を突き止めることであった。例えば、昭和36年度の「全国中学校一斉学力調査」（以下、「学テ」）結果の平均点比較は、〈表―4〉のように公表された。本土との学力差は明確であった。

〈表―4〉 昭和36年度の「学テ」結果の教科別平均点（琉球政府文教局、1963：115）

| 教科 | 中 2 | | | 中 3 | | |
|---|---|---|---|---|---|---|
| | 沖縄（a） | 本土（b） | 差（b－a） | 沖縄（a） | 本土（b） | 差（b－a） |
| 国語 | 40.8 | 57.8 | 16.2 | 47.5 | 60.7 | 13.2 |
| 社会 | 33.9 | 50.9 | 17.0 | 41.9 | 53.7 | 11.8 |
| 数学 | 47.1 | 64.0 | 16.9 | 41.8 | 57.2 | 15.4 |
| 理科 | 44.0 | 57.5 | 13.5 | 41.6 | 53.2 | 11.6 |
| 英語 | 50.7 | 68.2 | 17.5 | 48.3 | 65.2 | 16.9 |

　喜久里は、こうした学テ結果を基に「特定の教科の特に不振の問題をとりあげていく対処療法的な指導では、学力水準の向上の抜本的な解決にはならない」（喜久里、1966：20）とし、学校全体の教育態勢や家庭・地域社会環境などの問題を掘り下げて検討することを訴えた。当時の沖縄教育界の強い関心事の一つが、本土と比較した際の学力差の問題であった。沖縄では、「復帰前までの大学進学といえば、琉球大学はもちろん他の私立大学も含め、他県の大学とはほとんど無関係の形で入試が行われてきた。本土の国立大学への入学にしても、国・自費特別入学制度によって、特別のシステムで行われてきた。これは、とりもなおさず本土各県における高校の受験準備とは違った内容で、"受験準備"が沖縄独自のものとして存在していた」（沖縄県教育庁義務教育課、2007：12）などと指摘された。「本土との学力差」を埋め、「本土なみの学力」を持つことが喫緊の課題であった。

　沖縄と本土の生徒の学力比較を行った学力テストとしては、昭和31年4月26・27日に悉皆調査として行われた「教研式全国標準診断的学力テスト」（中3：4教科）が挙げられる。これは東京教育大学が作成したテストであり、「本土の3年生と成績を比べてみる」（『沖縄タイムス』1956.4.26.夕刊）ことを意図し

490　第3部　中国・四国・九州・沖縄地方

たものであった。昭和33年6月27日には小5・中2を対象に実施された。昭和
45年には「広島大学教育学部沖縄教育研究会」（広島大学教育学部の教官、学生・
院生、付属小・中の教官等の協力）が小6・中3「社会科学力調査」（小6・中3：
社）を実施し、広島県の小・中学校との比較考察を行なっている。これは、戦
後二十数年間を経ても、依然として教育水準や教育の条件面において、沖縄と
本土との間に大きな格差が認められることから、「本土復帰に伴う教育上の諸
問題に実証的にアプローチ」（広島大学沖縄教育研究会，1971：4）したもので
あった。

## （2）「本土復帰後」の学力向上政策

　復帰前の昭和45年には「沖縄学習対策研究委員会」が設置され、研究を進め
る中で、県独自のテスト問題つくりが提案された。その理由としては、「全国
的な物差しは、備えてないため、全国水準との比較は困難であるが、類似した
基礎学力調査を実施した他教育団体の結果と部分的にではあるが比較すること
は可能であろう」（沖縄県教育庁義務教育課，2007：16）と述べられ、急ぎ学力テス
トを実施しようとするものであった。そして、昭和47年に沖縄は本土復帰を果
たした。以後は「本土なみの学力」が合言葉となっている。

〈表―5〉沖縄県の「本土復帰後」の「教育政策テスト」の実施状況

| 調査研究の名称 | 対象学年・教科 | 初回のテスト実施年（度） |
|---|---|---|
| 学力診断 | 小1～6：4教科 | 昭和47年11月下旬 |
| 「古典学習指導」（入門期）の実態調査 | 中3：国 | 昭和52年1月～2月 |
| 基礎学力調査 | 小5・中2：2教科 | 昭和53年2月15日 |
| 全国標準学力検査（NRT） | 小5：2教科 | 昭和57年6月～7月 |
| 標準学力検査 | 小5・中2：2教科 | 昭和62年度 |

　昭和47年5月に設立された「県立教育センター」は、設立後に2件の学力調
査を行なっている。昭和47年11月下旬の「学力診断」（小1～6：4教科）と昭

和52年1月〜2月の「『古典学習指導』（入門期）の実態調査」（中3：国）である。昭和50年には県教委主催の「教育事情懇談会」において、学力向上対策の必要性が提起され、同年6月には「県学力学習対策研究委員会」も設置され、以後学力向上が県教委の主要施策となった。特に、この研究委員会の第2専門部会が基礎学力の調査を担うこととなり、初回として実施されたのが昭和53年2月15日の「基礎学力調査」（小5：2教科、中2：2教科・英）であった。小5と中2の各2千5百人（抽出率10％）が各教育事務所単位で受験している（『琉球新報』1978.2.15.夕刊）。

　この「基礎学力調査」は、「児童、生徒の基礎学力を客観的に調査、分析して、つまずきや、その要因を明らかにし、今後の学習指導の手がかりをつかむ」（沖縄県教育委員会, 1978：序）ものであり、「読み・書き・計算」の基礎学力の実態を調査したものである。さらには、基礎学力の不振を解明すべく昭和57年と翌58年に知的な判断力や活力、作業にあたっての速さや器用さをテストする「AﾅPクレペリン精神作業検査」を実施し、「心や体の動き、生活や学習のどこかにゆるみがあり、異常があると認められる生徒が30％近くいる」（翁長, 1987：39）こと、同じく同年には学業適性と学業成績の関係を検討する「学力向上要因検査（FAT）」も実施され、「学習意欲喪失者が64％」「学習方法について80％の生徒が学習方法を身につけていない」（同上, 1987：40-41）といった指摘がなされた。

　昭和61年には学力向上に関する基本方針の策定、ならびに必要な調査・研究を実施する「県学力向上対策委員会」が設置され、県を挙げた学力向上対策が第3次（平成5-8年度）まで実施された（沖縄県教育委員会, 1997）。この間、平成元年以降は「達成度テスト」（小6・中2）によって全県的に悉皆調査による学力向上が目指され、現在に至っている。平成元年の「達成度テスト」については、第4節で述べることとする。

## 3　「学力テスト」と「知能検査」の実施状況

　平成元年の「達成度テスト」の内容を述べる前に、確認すべき点がある。それは、沖縄県では学力テストを実施する際に「知能検査」も用いた調査研究が

492　第3部　中国・四国・九州・沖縄地方

10件も行われており、佐賀県の14件に次いで多かったと言える（〈表―6〉）。その特徴は、「学力と知能」の相関関係を調査分析することではあったが、同時に沖縄県の地域・文化的な要因が影響しているのか否かという点と、学業不振児の原因を探ることも一貫して行われた。つまりは、「知能検査」によって県の学力低下の原因を調べ、「本土なみの学力」の実現に結び付ける方策を探ることが行われたわけである。

〈表―6〉 学力テストの実施において「知能検査」を用いた調査研究

| 調査研究の名称 | 対象学年・教科 | 初回のテスト 実施年（度） |
|---|---|---|
| 標準学力検査 | 小3〜中3：学年で教科は異なる＊ | 昭和30年6月 |
| 義務教育学力テスト | 中3：5教科＋音楽・図工・保育・職業 | 昭和31年2月 |
| 教研式全国標準診断的学力テスト | 中2・中3：4教科 | 昭和31年2月・4月 |
| 学業不振の原因ついて＊＊ | 小5・中1：2教科 | 昭和38年4月〜5月 |
| 学習指導法に関する研究 | 中1：数 | 昭和41年度 |
| 知能に関する実態調査 | 中2：3教科 | 昭和42年度1学期 |
| 学力診断 | 小1〜6：4教科 | 昭和47年11月 |
| 全国標準学力検査（NRT） | 小5：2教科 | 昭和57年6月〜7月 |
| 標準学力検査 | 小5・中2：2教科 | 昭和62年度 |
| 到達度テスト | 小6：2教科 中2：2教科＋英 | 平成元年12月 |

「＊」は、小3（社・理）小4（国・算）小5（社・理）小6（4教科）中1（国・数）中2（国・社）中3（数・理）。「＊＊」は「学業不振児の判別」であり、その他の全てが「学力と知能の相関関係」を主なる目的とした調査である。

　琉球政府文教局は、昭和29年10月下旬から11月上旬にかけて「新制田中B式知能検査」を用いて、小5（3,200人）と中2（3,400人）に知能検査を実施した。その目的は「全琉小中学校児童生徒の知能の実態とその一般的傾向を明らかにして、琉球教育改善のための基礎資料とする」（琉球政府文教局, 1955：204）こと

であり、結果は琉球児童生徒の知能偏差値の分布状況として5点刻みの19段階に区分され、小学校の平均は46.0、中学校の平均が46.4と算出された。そして、琉球では全国的な平均より劣るだけでなく、「上知能の児童生徒が少なく、下知能の児童生徒が多い」（同上，1955：206）ことが立証されたと述べられた。この知能検査は、翌30・31年度が中3、32年度が小6・中3、33年度が小5・中2の全員を対象にした「教研式学年別団体知能検査」であった[4]。

　知能検査と共に行われた最初の「学力テスト」は、すでに第1節でも言及した昭和30年6月から開始された「標準学力検査」（小3～中3）であった。県の児童生徒の知能の実態を測定し、知能検査の機能として「どの程度学力を予見し得るかということを検討」（与那嶺・東江，1956：1）したものであった。次に、昭和31年2月に行われた「義務教育学力テスト」（中3：5教科＋音楽・図工・保育・職業）では、「学習上の問題点、並びに環境の優位さ等を診断する」（琉球政府文教局，1957：56）ために、全琉からサンプル学級を抽出し、それを都市・半都市・農漁村・へき地の別に診断資料を作成した。

　昭和38年4月～5月の「学業不振の原因について」（小5・中1：2教科）では、知能検査「田研式学習能力診断知能検査」と学力検査「田研式項目別診断学力検査」（1年用）の結果を基に、「知能相応の学力を身に付けていない学業不振児とみなされる児童生徒がどのような原因で不振に陥ったかを調査」（琉球政府文教局研究調査課，1964：71）し、学業不振児の実態と原因を考察した。昭和42年度1学期に行われた「知能に関する実態調査」（中2：3教科）は、3年間の継続研究の1年目に行われ、知能検査を実施することによって、「個々の児童・生徒の知能の実態および学級・学校・地域の傾向をはあくし、学習指導の改善・学級経営・生徒指導等に役立てる資料を得る」（沖縄教育研修センター，1970：2）ことを意図した。中2全員に「教研式新制学年別知能検査」を、矢島を除く沖縄諸島のへき地校で「教研式標準学力検査G型式」（第1学年用）と「学習適応検査」（AAI）を実施し、学力と知能の相関を調査研究した。知能検査の2年間の年度別地域類型別平均点を比較し、翌43年度は小5・中2の全員に「教研式新制学年別知能検査」を、宮古と八重山の中学校で、知能検査・学力検査（5教科）・学習適応検査（AAI）を実施した。

494 第3部 中国・四国・九州・沖縄地方

　本土も含めて全国で最後となった知能検査を用いた学力テストが平成元年12月の「到達度テスト」（小6：2教科、中2：2教科＋英）であった。悉皆調査によって行われ、児童生徒の基礎的・基本的事項の定着を確認し、「（1）どの学年で、どの内容につまずきがあるか。（2）県内の地域ごとの学力はどうなっているか。（3）各学校の学力は年次的にどのような動きをしているか」（沖縄県教育委員会, 1997：53）などの観点で調査したものである。結果は、学年別・領域別・問題別の分析が行われた。平成20年度から開始された「県学力到達度調査」の前年度まで実施された。

　以上のように、沖縄県では昭和29年度から知能検査の利用開始が始まり、昭和30年度から平成元年度まで学力テストの実施の際に知能検査も行われ、主として「学力と知能」の相関関係が調査された。元沖縄県の県教育委員長であった翁長（1987）は、沖縄県にとって学業不振の状況を様々な角度から取り上げているが、県教育庁の資料を使って沖縄の小・中学生の知能が全国平均値と比べても低いことを指摘して、「知能の発育は全国の年齢相応の発達水準よりわずかに遅れている」（翁長, 1987：33-34）と述べた。昭和50年代に県教委の要職にあった人物でも、沖縄県の知能低下を堂々と主張していることから鑑みて、沖縄県における知能検査の浸透度は広く、深かったと言わざるを得ない。そして、沖縄県の低学力の要因の一つが知能の低さにあるという、誤った判断がなされることになる。

## 4　現代の学力向上対策

　沖縄県の学力向上対策は、昭和63年に「人材を以って資源と為す」が掲げられ、「第一次学力向上対策」（昭和63年度～平成2年度）が学校・家庭・地域も巻き込んだ県民総ぐるみの事業として開始された。その中で、学力テストも平成元年度から「到達度テスト」（小5・中2）が開始されたが、その目標は標準学力テストの偏差値の平均を全国水準に引き上げ、かつ水準以上にすることであった。「第二次学力向上対策」（平成3年度～5年度）「第三次学力向上対策」（平成6年度～8年度）を経て、平成14年度からの5年間に新学力向上対策主要施策「夢・にぬふぁ星プラン」が策定され、基礎学力の定着を目標に掲げ、組

織的・計画的な取り組みが展開された[5]。結果的には、各教科の平均点は確実に上昇し、当初の目的を達成している。

　しかしながら、藤原は「到達度テスト」が「学校間の競争を呼び込み、学力向上への過熱を強めてきている」（藤原，1994：20）と批判した。地元新聞の沖縄タイムス社は「達成度テスト」実施の際には試験中に生徒の誤答を教師が指摘する「田植え方式」といった「不正」が横行していたことを暴露した（沖縄タイムス社，2008：22）。学校現場の実態を報告する小学校教員で組合員の比嘉美津枝は、毎年12月に行われる「到達度テスト」においては、平均点を上げるために4月から事前対策に追われ、点数の結果に一喜一憂する学校現場の実態を指摘した。沖縄県で設定した達成目標の県平均値をクリアするために、補習授業を組む学校、能力別学級編成をして全教職員でテスト対策をする学校、テスト問題を繰り返しドリルする学校があると言う。比嘉は、「学校現場では、教員の説明責任のために、数値化の嵐が吹き荒れている」（比嘉，2006：41）と指摘した。そこには、全国の中でも「学力下位」と位置づけられた沖縄県の歴史があり、何としても「学力の底上げをしたい」という県民の悲願も込められてはいるものの、「子どもたちの基礎学力の向上をめざしたはずの施策は今や競争と序列化に使われている」（同上，2006：42）といった告発がなされている。沖縄に「真の学力」「ほんとうの学び」を取り戻すことが比嘉の願いである。

　だが、平成19年度から開始された第1回「全国学テ」の結果が最下位となった沖縄県では大きな衝撃が走る。県教委の仲村守和教育長は、同年の11月5日に文科省を訪問し、「教員の派遣」「学習支援員の配置」「教職員の増員」などの支援策を要請している（『日本経済新聞』2007.11.6.）。そして、翌平成20年度には県の教育目標として全国学テで「2011年には正答率70％」という高い目標を掲げている。平成21年度の沖縄県の全国学テの結果が全国最低の58.3％であったことを考慮すると、およそ実現は難しい数値であった。さらには、平成20年度には2年連続で「学力日本一」となった秋田県の授業方法や基礎学力定着システムを学ぶために、秋田県との教員相互派遣に関する覚書にも調印し、以後、秋田県に毎年教員派遣を行なう事業を展開している。沖縄県には沖縄県の教育があり、特殊事情を背景とした沖縄県の地域や学校がある。秋田県をモデルと

496 第3部 中国・四国・九州・沖縄地方

した「学力向上策」は、必ずしも沖縄県にはマッチしないのではなかろうか。

　全国学テの開始翌年の平成20年12月から行なわれた学力テストが「県学力到達度調査」（小4：2教科、中2：2教科＋英）であり、悉皆調査によって全県的に実施された。目的は、「児童生徒一人一人に基礎的・基本的な知識・技能を確実に習得させるとともに、これらを活用して課題を解決するために必要な思考力・判断力・表現力等を育むため」、「授業の改善・充実」の手だてとして活用する」（沖縄県教育委員会, 2011：表紙）とされ、全国学テの「A問題」「B問題」を意識した類似問題が出題された。各教科の結果、及び問題ごとの分析が行われた後には授業アイディア例の紹介もなされた。まさに、日常的な授業から学力テストを意識することが求められたことになる。

　沖縄県の全国学テにおける悲願は「最下位脱出」である。平成26年には小中学校ともに4教科の平均正答率が「全国最下位」であっただけでなく、中学校では平成19年の全国学テ開始以来10年連続で最下位であった。沖縄県教育庁は、全国学テ対策として「公立小学校で春休み期間中、補習授業に取り組むよう各市町村教育委員会に提言」（『琉球新報』2014.1.28.）し、補習授業では全国学テの過去問を活用する案も検討され、実施の裁量を各校長に任せるとした。こうした沖縄県の対策問題の反復練習は平成21年から指摘され、「沖縄県では過熱化している」（藤原, 2010b：159）との指摘がなされた。沖縄県では「最下位脱出」という悲願達成のために、なりふり構わぬ教育政策が展開されている。県教委は、平成26年度の全国学テでも小学校30位台、中学校は全国平均正答率との差を縮めることを掲げ、補習指導、過去問の繰り返し練習などを学校現場に求めている（藤原他, 2016：122）。

## 5　沖縄県の学力低下・教育格差の現状と対策

　本節では、沖縄県の学力低下・教育格差の現状を問題視する先行研究を取り上げるだけでなく、沖縄県の学力低下問題を誘引する社会的・教育的なデータも確認し、沖縄県が今でも抱える県固有の問題を検討する。平成19年から始まった全国学テの結果は、すでに本文でも示しているように「全国最下位」の状態から脱しつつあるものの、依然として沖縄県が抱える独自の学力低下の要

因があることが指摘されている。

　沖縄県の低学力問題に早くに着目した琉球大学の西本（1999）は、沖縄県の文化的要因（親の学歴や進学期待など）の問題を取り上げ、再生産論的アプローチを試みている。西本は、自らが行ったデータ分析から「沖縄においては家庭環境と高校生の進路選択は大きく関連」し、「階層的な格差が存在する」（西本, 1999：362）としている。西本が指摘するように、沖縄県と県外格差は明確であり、「大学・短大への進学率」「高校への進学率」「県民平均所得」が全国最下位、「高校中退率」「失業率」が全国1位であるが、加えて文化的な側面においても県外との格差は歴然としていた。特に、「住む」「働く」「学ぶ」といった経済企画庁の「新国民生活指標」（豊かさ指標）は、沖縄県は軒並み全国平均以下であった。例えば、平成11年度の「豊かさ指標」の「総合指標順位」において沖縄県は46位であった。個別の項目で特に低かったのは、「収入と消費生活」が46位、「賃金や労働環境」が47位、「大学や文化施設」が46位とされた（自由国民社『月刊基礎知識』2003年8〜9月号）[6]。

　各種のWEBサイトから沖縄県の現状を最高の県と数値的に比較してみると、年度は異なるものの、令和3年度における「大学進学率」は京都府が69.8%であったが、沖縄は40.8%であった。平成24年度の「高校進学率」は新潟県が99.35%で、沖縄は95.00%であった。平成28年度の「年間完全失業率」の全国平均は3.1%で、失業率が最も高いのは沖縄県の4.4%であった。令和3年に最も「平均年収」が高かった都道府県は、東京都の438万円であったが、沖縄県は336万円であった。人口1,000人当りの「離婚率」が最も高い県は沖縄県の2.53で、低い県は新潟県の1.26であった。

　琉球大学の藤原（2010a）は、平成21年度の全国学テにおける「児童質問紙調査」から小学校児童の生活状況は改善され、地域と連携して学校全体の取り組みが進んでいることを具体的に指摘した。例えば、沖縄県の授業時間以外の学習時間や読書時間は、「全国平均よりも割合が高い」（藤原, 2010a：160）ことが指摘されたが、逆に中学校生徒のそれらは全国平均よりも低いか、同程度であった。こうした沖縄県の児童の生活実態は一般的に「夜型社会」と言われ、夜の10時以降午前0時未満の就寝がかなり多いことが以前から指摘されていた。

498　第3部　中国・四国・九州・沖縄地方

　また、沖縄県の学校教育においては不登校・いじめが多いだけでなく、飲酒・喫煙・シンナー・性非行・校内暴力なども目に付く。

　さらには、沖縄県は長崎や鹿児島県ほどではないものの、多くの離島から構成されている点も考慮すべきである。平成30年1月における沖縄の離島数は148を数え、県人口（約146万人）の約8.9％を占めている。交通の便の困難さに伴う人との交流、情報や環境などの地理的ハンディを考えると、沖縄県自体が多くの地理的・環境的問題を抱えていることになる。そうしたことも沖縄県における学力低下の要因になっていることは容易に想像が付く。言い換えれば、沖縄県の学力問題とは単に授業時間数を増やせば学力も上がると言った単純な問題ではない。沖縄県の学力問題は沖縄独自の歴史・文化・精神にも関連する構造的問題であることを認識したい。

　もちろん、沖縄県の学力低下や教育格差を是正する提言も様々になされている。「第一次学力向上対策」（昭和63年度～平成2年度）以降は、児童生徒の学力を全国水準に引き上げ、その後は全国水準以上とする目標を掲げ、平成12年度の「県学力向上対策推進会議」以降にも「県学力向上改善委員会」「県学力向上推進本部会議」などが次々に設置され、現在も県の総力を挙げての学力向上対策を推進している。沖縄県内の大学で教育学を専攻する研究者からも類似の提言がなされている。沖縄国際大学の三村（2010・2012）は、学校・家庭・地域・行政における学力向上に向けた果たすべき役割を提言している。三村は、「沖縄学力低迷の基盤的要因は、離島県であること」（三村, 2012：100）などを挙げ、県外との往来の簡便化を提言した。沖縄の学力向上に関しては、様々な人々が様々な角度から問題点を指摘し、具体的な改善案を提言していることがわかる。

## おわりに

　本章の課題は、沖縄県の学力向上が「本土並み」を目標として、歴史的には様々な学力テスト・学力調査が琉球政府文教局・県教委・県教育センターなどによって実施されてきたことを解明することであった[7]。そうした沖縄県の歴史は、昔も今も変わりがない。琉球政府文教局は、昭和40年に文部省「全国

学力調査」の結果分析を行ない、沖縄が年々全国平均との差を縮めているものの、「学校間の学力のひらきはいちじるしく大きい」（琉球政府文教局, 1965：99）とし、学力向上には「教師の資質の向上は最も重要なもの」（同上, 1965：102）とした。この教師の資質の向上と言う点は昔も今も変わりがない。例えば、県教育長の津嘉山朝洋も平成13年に学力向上対策の推進においては教師が「教えるプロ」の自覚を持つべきであるとして、「教師は授業で勝負する、授業で子どもを変えるという気概を大切にしたい」（沖縄県教育委員会, 2002：594）と呼びかけている。

　戦後から開始された「本土に追いつけ」といった沖縄の学力向上対策は、昭和61年に開催された「沖縄県学力向上対策委員会」の答申に基づく「学力向上対策」によって新たな取り組みがスタートし、その努力の歴史は今も継続されている。現在、沖縄県の学校・家庭・地域・行政などを含む全県的な取り組みは、全国学テにおける「全国最下位」の脱出を掲げ、具体的な成果も出始めている。沖縄県の目標は、近年では絶えず全国学テの結果に置かれ、沖縄県と全国平均正答率との差が平成19年から現在までグラフ化され、検証され、対策が立てられている[8]。そして、「小、中学校とも全ての科目において、全国と比較して平均正答率は±10％の範囲内にあり、大きな差は見られない」などと指摘し、学力向上対策の取り組みが成果を上げていることを強調している。但し「思考力・判断力・表現力等の育成が今後も必要である」（同上, 2022：6）ことが課題として掲げられてもいる。

　今日の沖縄県の学力向上政策は、「全国学テ」「県到達度調査」の実施に合わせて、補習教育、事前対策、学校行事の削減による授業時間の確保などが行われている[9]。学力向上にとって学力テストが有効であるという県の認識は昔も今も変わっていない。例えば、県教委は「県学力向上推進5か年プラン・プロジェクトⅡ」（令和2～6年度）において、重点事項として「自立した学習者の育成」「中学校期の学力課題の改善」を掲げているが、特に中学校における「具体的取組事項」として、「児童生徒の成長を捉え、次の学びに生かすテスト改善」（同上, 2022：3）として、テストが児童生徒の良い点や改善点を評価し、学ぶ意義や価値を実感できるものにすることを提言している。そして、テスト

改善により「指導と評価の一体化」に取り組み、学習評価の改善、学習指導の改善へと進むことを推進する。「学力テストの利活用による教育実践の改善」が沖縄県の「イノベーション（革新性・先駆性）」になっていることを意味するものである。

　筆者自身は、沖縄県の様々な歴史的・社会的・教育的課題を抱える中での沖縄県の学力向上に真摯に取り組む姿勢と努力には敬意を表するものではあるが、同時に学テや全国学テの全国的順位に異常なまでに注視してきた点には疑問を持つ。例えば、沖縄の低学力問題を文化的要因から考察した西本（1999）の指摘を参考とすれば、沖縄には「相互扶助」「相互協力」の精神に根ざした「親和性の文化」と呼ばれる沖縄独自の文化があると言う。沖縄の「ユイマール」（助け合い）・「モアイ」（模合）と言う今も残る習慣のことである。こうした沖縄の固有の文化は、学校の支配的文化である「競争主義・業績主義」とは相いれない「地域に残る親和性の文化」（西本，1999：368）であり、西本は、このことが沖縄の低学力問題となっているという可能性を指摘する。西本が危惧することは「学力向上を目指すあまりかえって沖縄のよさが失われるのではないか」（同上，1999：369）という点である。本書の立場も同じであるが、西本の指摘は沖縄の教育を考える上での指標になるものではあるまいか。


〈注〉
〈1〉昭和45年に「沖縄学習対策研究委員会」を設置し研究を進める中で、県独自の問題つくりが提案された。その理由の中に、「全国的な物差しは、備えてないため、全国水準との比較は困難であるが、類似した基礎学力調査を実施した他教育団体の結果と部分的にではあるが比較することは可能であろう」（沖縄県教育庁義務教育課，2007：16）と述べられ、沖縄の置かれた厳しい状況が確認された。
〈2〉沖縄の教育を本土と比較し、「学力低下」と指摘する見解に反論、もしくは慎重な対応を求める意見もある。琉球大学教育学部の浅野は、本土と沖縄の比較の有効性と問題性を指摘する（浅野　誠1983『沖縄教育の反省と提案』明治図書）。
〈3〉全国学テの結果分析と沖縄県の学力向上対策を論じた研究は他にもある。例えば、地元紙の沖縄タイムス社2008『学力ってなに―「最下位」の衝撃を超えて―』（沖縄タイムス・ブックレット15）、市村彦二2009『沖縄の学力』新星出版、元県教育長であった中村守和2012『激震・沖縄の教育―「凡事徹底」県教育長ドキュメント―』沖縄タイ

ムス、諸見里　明2020『学力テスト全国最下位からの脱出─沖縄県学力向上の取り組み
─』学事出版などである。

〈4〉昭和30年6月の「標準学力検査」（小3～中2）の実施とともに、「新制田中A式」
「新制田中B式」の知能検査が実施され、これを琉球大学教育学部教授与那嶺松助、助
手東江康治が結果分析を行なう（与那嶺松助・東江康治1956「知能検査に関する考察二
題」文教局研究調査課『琉球文教時報』No.21、1-12頁）。

〈5〉「夢・にぬふぁ星プラン」は、一人ひとりに基礎学力を身に付けさせることを目標
とし、県教委は「夢・にぬふぁ星プランⅢ」（平成24年度～平成28年度）として、「幼児
児童生徒一人一人の「確かな学力」を向上させ、「生きる力」を育む」ことを目標に掲
げている。

〈6〉しかしながら、大山（2020）は「沖縄における幸福度は、日本において相対的に
高い」と指摘している。結論としては、沖縄は、「（1）楽観的な社会であること、また、
（2）他者とのつながり・支えあいを大切にする社会である」ことが概ね肯定されてい
る。ただし、沖縄において、相対的に幸福度が高い一方で、まったく満足していない人
の割合も相対的に高い、という指摘も行う（大山雄太郎2020「リサーチペーパー 沖縄
の幸福度が相対的に高い要因に関する一考察　内閣府『満足度・生活の質に関する調
査』結果の分析から」1-19頁、u-tokyo.ac.jp［2022.9.9.取得］）。

〈7〉地元新聞社の「琉球新報社」も、昭和35年10月2日に「高校進学模擬テスト」（中
3：5教科）を学習研究社後援で開始し、1,931人が4会場で受験している（『琉球新報』
1960.10.2.）。昭和39年には「新報模試」として、「大学受験模試」（10月25日・11月29日）
と「高校進学模試」（7月12日・9月13日・12月20日）を実施している。その実施意図
は、「戦後の沖縄教育はあくまでも現実社会を乗り切る学力、本土の学生に伍してヒケ
をとらない学力をもつ人間教育を目標にすべきである」（『琉球新報』1964.3.7.夕刊）と
している。昭和41年以降は、「初期の目的を一応達成した」（琉球新報社, 1973：365）
として実施を取りやめている。

〈8〉数値化の目標は他にもある。例えば、平成28年度の全国学テにおける平均正答率
における目標値は小6で102、中3で100である（標準化得点を全国100とした場合）。
「県学力到達度調査」の平均通過率は小5が85％（前年度は49.4％）、中2が80％（前年度
は49.7％）を掲げている（沖縄県教育委員会, 2016：14-15）。

〈9〉沖縄県では高校の早朝講座「ゼロ校時」という1時間目の前に行われる早朝講座
（月～金：7時半から40～50分程度）が有名である。英語や数学などの主要科目を教諭
が教えるが、主催はPTAで教諭は兼職兼業届け出を県教委に提出し、PTAから報酬を
受け取る。昭和61年に県立開邦高校（南風原町）が開設時に開始し、現在では県立高校
59校のうちの約半数が実施している（『東京新聞』2022.5.20.朝刊）。「本土に追いつ
け」といった学力政策の一環である。

## 〈引用・参考文献一覧〉

市村彦二　2009『沖縄の学力：教育担当記者の述懐』新星出版

沖縄教育研修センター　1970「知能に関する実態調査報告書」『研究紀要』第26号、1-14頁

沖縄県教育委員会　1978『基礎学力調査の報告書（昭和53年2月実施）』1-102頁

沖縄県教育委員会　1979『基礎学力調査の報告書（昭和54年2月実施）』1-110頁

沖縄県教育委員会　1997『学力向上対策のあゆみ』1-419頁

沖縄県教育委員会　2002『学力向上対策推進期間のまとめ』1-602頁

沖縄県教育委員会　2008『平成19年度　達成度テスト結果の分析・考察のまとめ〈小学校4年生　国・算〉』1-68頁

沖縄県教育委員会　2011『平成22年度　沖縄県学力到達度調査結果の分析・考察のまとめ』1-89頁

沖縄県教育委員会　2016『平成28年度　沖縄県教育委員会の点検・評価報告書（平成27年度対象）』1-166頁

沖縄県教育委員会　2022「沖縄県学力向上推進5か年プラン・プロジェクトⅡ～学びの質を高める授業改善・学校改善～」1-21頁 pref.okinawa.jp［2022.9.6.取得］

沖縄県教育庁義務教育課　2007『学力向上の歩み』沖縄県教育庁義務教育課

沖縄タイムス社　2008『学力ってなに―「最下位」の衝撃を超えて―』（沖縄タイムス・ブックレット15）沖縄タイムス社

翁長助裕　1987『教育の活性化をめざして―沖縄教育の課題と展望―』琉球新報開発

上沼八郎　1966『沖縄教育論―祖国復帰と教育問題』南方同胞援護会

喜久里　勇　1966「学力調査結果の分析と活用」琉球府・文教局総務部調査計画課『文教時報』No. 101、1-20頁

西本裕輝　1999「沖縄の学力問題への再生産論的アプローチ」『琉球大学教育学部紀要』第54集、359-371頁

西本裕輝　2012『どうする「最下位」沖縄の学力』琉球新報社

比嘉美津枝　2006「悉皆調査がもたらすもの」日本教職員組合『教育評論』Vol. 713、40-42頁

広島大学沖縄教育研究会編　1971『沖縄の本土復帰と教育』葵書房

藤原幸男　1994「国際化時代の沖縄における学校教育の課題」竹田秀輝編『国際化時代・島空間の可能性の探求』沖縄時事出版、17-30頁

藤原幸男　2008「全国学力・学習状況調査の沖縄県結果の検討」『琉球大学教育学部実践総合センター紀要』第15号、1-14頁

藤原幸男　2009「平成20年度全国学力・学習状況調査　沖縄県結果の検討―中学校について―」『琉球大学教育学部紀要』第74集、89-100頁

藤原幸男　2010a「平成21年度全国学力・学習状況調査　沖縄県結果の検討」『琉球大学教育学部紀要』第76集、157-172頁

藤原幸男　2010b「琉球政府時代沖縄の児童生徒の学力実態―全国学力調査（1956〜1966）を中心に」『琉球大学教育学部紀要』第77集、83-100頁

藤原幸男他　2016「2015年度全国学力テスト実施直前期の対策補習の実態―沖縄県における小学校の場合―」沖縄キリスト教短期大学『紀要』第44号、121-129頁

三村和則　2010『沖縄・学力向上のための提言―島を育てる学力をめざして―』ボーダーインク

三村和則　2012「沖縄の学力問題」『日本教科教育学会誌』第34巻第4号、97-102頁

山崎博敏・西本祐輝・廣瀬　等　2014「沖縄の学力追跡調査―学力向上の要因と指導法―」協同出版

与那嶺松助・東江康治　1956「知能検査に関する考察二題」琉球政府文教局研究調査課『文教時報』No. 21、1-13頁

與那嶺進　1958「1958年度　標準検査の結果をかえりみて」琉球政府文教局研究調査課『文教時報』No. 48、24-26頁

琉球新報社　1973『琉球新報社八十年史―新聞にみる沖縄の世相―』琉球新報社

琉球政府文教局　1955〜1963『琉球　教育要覧』琉球政府文教局調査研究課

琉球政府文教局　1965『教育白書―沖縄教育の歩みと将来の展望―』1-275頁

琉球政府文教局研究調査課　1956「教育測定」『琉球　教育要覧―1956―』59-61頁

琉球政府文教局研究調査課　1964『研究協力校における事例研究（第2集）』1-33頁

琉球文教局研究調査課　1962「標準読書力診断テスト結果の概要」『文教時報』No. 78, 27-34頁

ワーナー，ゴールドン（茂木茂八訳）　1972『戦後の沖縄教育史』日本文化科学社

# 終章 「学力向上」を目指す「学力テスト」の課題と展望

〈『学力』をどうとらえるか〉

　一九九〇年代以降の学力論は、「やる気を育てる」とか「力を伸ばす」といった、表面的には非常に「教育的な美辞麗句」にもかかわらず、実質的には教育を全面的に選抜コードに従属させ、しかも伝達可能／不能という教育コードを手放してしまったために、選抜の結果を、つまりより良い学力／より劣る学力を、全面的に教育に帰責させる結果を招いている。これが「教育の無限責任」という事態である。どこまでが教育の責任の範囲かということがわからなくなり、「学力低下」と呼ばれるものは全部教育の責任である、学校の責任である、そういう「責任をとれ！」状態を招くことになる（今井, 2008：133-134）。

---

## 1　「学力向上」を目指す「学力テスト」

　本書の各章でも紹介したように、各都道府県の学力テストの実施状況は多種多様であり、それぞれの県の教育事情や意図を反映したものであった。本書においては、各都道府県の学力テストのあり様を分析するために、学力テストを「教育政策テスト」と「学習指導改善テスト」に区分し、それぞれの県の特色や問題点を指摘した。

　「教育政策テスト」は、その目的によって「標準学力テスト」「学力水準テスト」「学力診断テスト」「学力評価テスト」などに区分される。「教育政策テスト」においては、一般的には学力の実態把握による学力向上策を検討する場合が多いが、他方では学力に問題を抱える学習不振児や学習遅滞児などの低学力児童の救済や改善を目指す場合にも用いられた。他方、「学習指導改善テスト」は学習指導の改善や低学力児童の学力保障を意図したテスト開発や調査研究の工夫が見られることが特徴的である。この「学習指導改善のためのテスト」は、標準学力テストのような標準化された規準（norm）は存在せず、教師作成によ

る学級や学校を単位とする小規模テストとなるものである。この「学習指導改善のためのテスト」による調査研究は、実験・研究・実証授業などにおいて授業の学習指導プランが示され、その前後に児童生徒の学力の実態を検証する学力テストが実施される。

本書で考察の対象とした25都道府県の「学力向上」を目指した「学力テスト政策」のあり様は、それぞれが特色ある「イノベーション（革新性・先駆性）」と「ダイバーシティ（多様性・多元性）」の歴史を持つものであった。とりわけ、前者の「イノベーション」については、「学力テストそれ自体のイノベーション」と「学力テストの利活用による学力向上のイノベーション」とに区分して、各都道府県の学力テストのあり様を検証した。「学力テストのイノベーション」とは、学力テストそれ自体のイノベーションを問うたものであり、学力テストの新たな実施内容や評価・分析のあり様などに着目したものである。「学力テストの利活用による学力向上のイノベーション」とは、学力テストそれ自体のイノベーションを問うたものではなく、学力テストの利活用による学力向上のあり様に着目したものである。

## 2　学力テストそれ自体の「イノベーション」

「学力テストそれ自体」における「イノベーション」の事例としては、二つの特徴を挙げておきたい。第一の特徴は、各都道府県独自の「教育政策テスト」としての「標準学力テスト」の開発・実施が行われたことであった。例えば、北海道では戦後直後から学力テストの標準化における「妥当性」「信頼性」「客観性」「処理の効率」などが検討され、昭和27年度までに小４〜高３までの４教科において標準学力検査問題が総計25セット作成された。類似の事例は愛媛県でも確認できるが、愛媛県の場合には昭和25年７月に「愛研式標準學力檢査」（小２〜中３：４教科）が実施され、各学級・学校の比較ができる学力検査の作成が目指された。こうした特色ある、独自の学力テストの開発・作成は、北海道や愛媛以外にも宮城県の「宮教研式」、山形県の「山教研式」、千葉県の「千教研式」、神奈川県の「神奈川教研式」なども確認でき、戦後の学力テストのイノベーションの実態を示す代表的な事例となるものであった。

終章 「学力向上」を目指す「学力テスト」の課題と展望　507

　第二の特徴は、「教育政策テスト」と「学習指導改善テスト」の双方で「学力・学習評価」のあり様が模索されたことであった。例えば、山口県は昭和40年代に「相対評価」に代わる「観点別達成状況評価」「学習到達度評価」「形成的評価」「ショートサイクル評価」などの新たな評価方法に着目して、先駆的な取り組みを開始した。また、昭和50年代の京都府で導入された「到達度評価」は子どもの「学び」に焦点化し、教育活動自体を評価する試みであった。「到達度評価」は「テスト」のあり方を重視するものではなく、児童生徒の「学びの保障」を目標とし、教師による「わかる授業」の創造的実践を展開するものであった。いわば、指導に役立つ評価のあり様の模索であった。本書では、岐阜県の学力テストにおける「到達度評価」の試みは、京都府に先駆けて行われたことも指摘した。

　また、「学習指導改善テスト」に限定した「イノベーション」の事例としては、大阪府の全国で最多の54件にも達する「学習指導改善テスト」の調査研究を挙げておきたい。その実施主体は「府科学教育センター」であったが、その活動には二つの特色が挙げられる。一つは、「学習・教育評価」のあり方の改善である。大阪府における最初の学力評価の研究は、府教育研究所による昭和29年10月と11月上旬の「国語科評価の基礎的研究」（小6・中3）であり、「学力に影響を及ぼす要因を究明し学力を測定する正しい尺度—問題—を設定する」（大阪府教育研究所, 1955：1）ことを意図したものであった。その後も、「評価基準」や「評価の方法」の改善に関する調査研究は昭和60年度まで継続され、教授・学習過程における評価システムの構造を明らかにすることを試みている。第二には、昭和48年度から「府科学教育センター」が「学力保障」の観点から取り組んだ「基礎学力研究」「つまずきの改善・解消・改善」「学習遅滞児（スローラーナー）」の一連の調査研究である。詳しくは本文に譲るが、児童生徒一人ひとりの「学力保障」を目指した大阪府の真摯な取り組みは賞賛に値する。

　その他の「学習指導改善テスト」の「イノベーション」としては、新潟県の徹底的な「学業不振児」の原因解明と学習指導の改善、長野県の「信濃教育会教育研究所」による国語（作文・漢字）と算数・数学における重点的な学習指

508 終章 「学力向上」を目指す「学力テスト」の課題と展望

導の改善や検証、岐阜県の機能的学力観に基づく問題解決型の学力の育成、鳥取県の「学力診断テスト」による学習の「つまずき」「問題点」「欠陥」を発見する試み、島根県の子どもの「学力の伸び」を育てる学習指導の重要性への提言、熊本県の「熊本型授業」の展開なども特筆される。言い換えれば、「学習指導改善テスト」の質や量は各都道府県によって違いはあるものの、それぞれが独自の視点、ないしは独自の問題意識の下で様々な形や方法で行われたものであった。こうした「学習指導改善テスト」による授業研究、授業改善が日本の学校・教師の学習指導・生徒指導の力量を高めたと評価することは間違いなかろう。

## 3　学力テストの利活用による学力向上の「イノベーション」

「学力テストの利活用による学力向上のイノベーション」としては、テスト結果の分析や追跡調査に特色のあった大阪府や福井県の事例が挙げられる。大阪府では戦後直後からテスト結果に基づく詳細な学力の実態分析や追跡調査が府教育研究所によって繰り返し行なわれた。例えば、昭和29年1月には詳細な結果分析として「府小・中学校における学力の実状」「追跡調査からみた学力を左右する要因について」「学力調査により測定される能力について」「府における中学校数学科の学力推移」などの調査結果が刊行され、年度間の学力比較や学力推移に関する追跡調査が行なわれた。また、昭和35年1月にも「過去十年間の学力調査からみた学力推移について」（小6：4教科、中3：5教科）が実施され、「過去10年間実施してきた学力調査の結果をふまえ、この間における児童生徒の学力推移の相を明らかにし、学習指導上の参考にする」（同上，1960：概要）ことが意図された。

同じく、福井県でも学力テストの結果は昭和30年代以降から繰り返し検証・分析され、問題点・改善点の指摘がなされた。福井県では、「県標準学力検査」実施後は毎年必ず報告書が刊行され、詳細な調査結果の分析がなされた。こうした福井県の姿勢は、現代にも継続されている。「県標準学力検査」は、平成23年から「SASA」（Student Academic Skills Assessment）と改称されたが、県教育研究所調査研究部（学力調査分析ユニット）では、「全国学力・学習状況調査」

（以下、「全国学テ」）および「SASA」を「一括して管理し、詳細な分析を行うことで、学力向上に向けた検証・改善サイクルの構築」（調査研究部, 2015：69）が目指された。大阪府や福井県の試みは、たんに学力テストを実施するだけでなく、その結果分析や追跡調査を徹底的に行うことであり、そうした自己点検や反省が学力向上や授業改善に直結するものとなった事例である。

　その他の「学力テストの利活用による学力向上のイノベーション」としては、テストの結果の公表の仕方、知能検査・性格検査・家族検査などとの相関、教育諸条件（家庭環境、親の職業・学歴、地域性、知能、学校・学級規模、教員経験年数、施設・図書の冊数・進学希望率など）と学力との相関調査、TT授業・少人数授業、新たな教材・器具の導入による学習効果の検証などの様々な取り組み事例も挙げられる。全ての事例の総括を行なうことはできないが、各章で紹介した各都道府県の取り組みは、まさに日本の学力テストの利活用によるイノベーションを示す事例となるものであった。

## 4　「学力テスト」のダイバーシティ

　学力テストの「ダイバーシティ（多様性・多元性）」については、本書では学力テストの実施主体に着目した。例えば、茨城県では「県教育研究連盟」（以下、「茨教研連」）や「県教育研究会」（以下、「茨教研」）による学力テストが実施された。とりわけ、県下の公立の小・中・高教員による自主的教育研究会「茨教研」は昭和37年8月27日に発足し、「学力調査の実施」を重点事業に掲げていた。そして、翌38年6月に小4〜6（2教科）、中1〜3（2教科＋英）を対象に学力調査を希望制で実施している。昭和42年度からは「学力診断のためのテスト」と名称変更され、今日に至っている。この「茨教研」による「学力診断のためのテスト」は、まさに県教委に代わる全県的なテストであり、県独自のものであった。「茨教研」は、平成22年6月24日に「創設50周年記念事業実行委員会」を設立し、『五十年の歩み』を刊行し、その活動の軌跡を総括している（茨城県教育研究会, 2011）。

　茨城県と類似する事例は、富山県においても確認できる。富山県では、昭和38年11月に中3（国・理）を対象に悉皆調査の形で「県中学校教育研究会」に

よる「県中教研学力調査」と呼ばれる学力テストを開始した。このテストは、後に中1〜中3までに拡大され、テスト結果に基づいて進学・進路指導が行われた。その他にも、昭和22年4月に民間の教育職能団体として設立された長野県の「信濃教育会教育研究所」や昭和37年4月に創設された「大阪府科学教育センター」の活動も特色あるものであった。また、静岡県では県教育委員会、県教育研究所による学力テストに加え、県校長会・県英語教育研究会・財団法人の「静岡県出版文化会」による学力テストも実施された。愛知県における全県的な「学校テスト」の実態も注目に値する。こうした事例は、日本の地方学力テストの「ダイバーシティ」を象徴するものであった。

## 5 文部省「全国学力調査」の影響

しかしながら、地方学力テストにおける「イノベーション」と「ダイバーシティ」を阻害、ないしは衰退させる要因となったものとしては、一つには昭和31年度〜41年度まで実施された文部省「全国学力調査」が挙げられる。もう一つは1960年代における高校進学率・大学進学率の上昇といった全国的な学力・学歴獲得競争の激化する時代とも重なり、全国の都道府県で進学・受験を意識した学力テスト政策が展開されたことであった。

特に、昭和36年度に実施された「全国中学校一斉学力調査」（以下、「学テ」）の結果は、東北地方や九州地方の各県を学力下位県とし、東京や大阪などの都市部、富山や福井などの北陸地方、香川や愛媛などの四国地方を学力上位県とした。こうした学テの全国ランキングの公表は、都道府県別の全国的な学力競争を引き起こしたが、全国の中で最も学テの実施に激しく反対した岩手県も例外ではなかった。

岩手県の場合には、学テ反対闘争の「岩手事件」以降において「学力調査アレルギー的風潮が教育界に残った」（岩手県教育委員会, 1982：1328）と指摘されたが、県教委は昭和36年度になって、「学力向上対策」を具現化すべく長期的総合的な教育行政計画の作成に着手している。そして昭和38年10月15日には「教育振興基本条例」が制定され、翌39年6月30日にA4版500頁にも及ぶ「県教育振興基本計画」が公表された。この「第1次教育振興基本計画」で最も注

終章　「学力向上」を目指す「学力テスト」の課題と展望　　511

目すべき事柄は、岩手県において教育格差を生じさせる要因として挙げられた
ものが県における社会的・経済的・文化的諸力としての「教育的民力」であっ
た。この「教育的民力」の向上が学力向上のカギとされた。

　一方、福井県は昭和36年の学テ結果は学力上位県に位置したが、その要因と
しては学校現場における事前対策の徹底が挙げられた。この結果、福井県では
学テが「中学校の学校現場に残したものは、学校平均点への関心、テスト主義
によるドリル方式、補習授業の強化であった」(福井県教育史研究室, 1979：919)
と総括された。このことは、学テの実施が学校現場をテスト主義に巻き込む悪
影響をもたらしたとも批判された。さらには、学テの実施がその調査時期、実
施科目、対象生徒が高校入試の準備等と重なり合うため、「高校入試の結果に
も大きく影響することを予想して、真剣に取り組んだ」(同上, 1979：919) との
記述らあり、福井県では「学テ」と「受験学力」が同一レベルの重点事項で
あったことが示唆された。

　同様の示唆は、昭和42年に秋田県の指導主事であった向山の見解にも見られ
た。向山は、秋田県の中学校では学力検査を軽視しているわけではなく、「標
準検査で測定しうる学力とは別な学力に焦点が移されていく状態を如実に示し
ている」(向山, 1967：21) と指摘した。つまりは、中学校では「ワーク」「ドリ
ル」「模試」といった受験学力を念頭に置いた授業が行われ、標準学力検査の
利用が減少していると説明した。向山は、こうした状況を「実に好ましくない
傾向」(同上, 1967：21) と述べ、標準学力検査の存続を訴えたが、全国的には
児童生徒の学力の実態を把握し、教育施策の改善に生かすという「教育政策テ
スト」は次第に実施されなくなった。

　岩手県や福井県、そして秋田県の指導主事向山の見解からすると、全国的な
「標準学力テスト」の実施は昭和41年度で終了した文部省「全国学力調査」に
対する「学力テスト・アレルギー」もあって実施数自体は減少した。代わって
急増したものが、実験・研究・実証授業を行い、学習指導改善に結びつけるよ
うな学校・学級単位の小規模な「教師作成テスト」を実施するケースであった。
つまりは、「全国学力調査」の影響は全てが悪影響であったわけではなく、「学
習指導改善」を促す契機ともなったと言える。しかしながら、全国的に中学校

における学力の実態を把握する標準学力テストの実施が減少した理由としては、1960年代以降の「受験学力の向上」への重視が指摘され、日本の学力向上はおおむね「受験学力向上」へと収斂されていった。

## 6　現代の「学力テスト」の特徴

　平成8（1996）年、中央教育審議会（以下、「中教審」と略す）は「ゆとり教育」を実現すべく各学校に対して「子供たち一人一人の良さや可能性を見いだし、それを伸ばすという視点を重視する」（中教審, 1996：27）ことを求め、平成10年度から時間数・必修科目単位数の削減による「ゆとり教育」が実施された。

　この時代は、全国の都道府県や市区町村教育委員会における学力テストの実施を復活させることになるが、その理由としては、第一には「ゆとり教育」に対する学力低下批判、ならびに平成15（2003）年の「PISAショック」を契機として、地方自治体でも学力の実態把握と学力向上が強く意識されたことが挙げられる。第二には、平成15年の中教審答申において、全国の教育委員会に対して「独自の学力調査を実施するなどして、きめ細かい状況把握を行うことが重要である」（同上, 2003：7）との勧告がなされたためであった。また、政府・文科省が提言する「ナショナル・ミニマムの達成からローカル・オプティマムの実現へ」という潮流は、地方分権化と平成15年以降の地方自治体における独自の学力テストの普及・拡大によって確実なものとなっていく。その結果、平成15年度以降に多くの都道府県では学力テストを実施し、平成18年度には39都道府県・13指定都市に達している。平成15年からは、苅谷・志水（2004）が指摘した「学力調査の時代」（苅谷・志水, 2004：1）が到来することになる。

　この都道府県・政令指定都市の学力テストの実態は、文科省が平成20（2008）年度に「全国学力・学習状況調査等を活用した学校改善の推進に係る実践研究」として、全ての都道府県・政令指定都市に対して実施した教育及び教育施策の成果と課題を検証する委託研究事業の報告内容から伺い知ることができる（文科省, 2009）[1]。まさに、全国の都道府県・政令指定都市が「学力調査の時代」を迎えたと言えるが、同時に「疑問だらけの調査が少なくない」（苅谷・志水, 2004：1）との指摘もなされた。今や、日本の学力テスト体制は、国・文科省に

終章 「学力向上」を目指す「学力テスト」の課題と展望　513

よる「全国学テ」、都道府県・市区町村別の「地方学力テスト」、学校別の「学校テスト」などを繰り返し実施し、重層的な学力テスト構造を構築している。

　現代の学力テストの注目すべき動向としては、以下の点を挙げておきたい。第一には、平成19年度から開始された全国学テの結果において、平均点やランキングの結果を目標に掲げる県が多いという点である。例えば、北海道は平成19年度から平成22年度まで4年連続で全国学テにおける都道府県別平均正答率が40位台に低迷したという結果に対する強い危機感を持ち、兎にも角にも「全教科で全国平均以上」とすることが最優先課題となっている。同じく、岡山県でも平成24年2月に石井正弘県知事が全国学テにおける順位低下を受けて、小・中学校において「全国10位以内」を目標に掲げている（『山陽新聞』2012.2.19.朝刊）。岡山県の令和3年度の全国学テの結果は、過去最高の小6が15位、中3は16位となったものの、目標達成には至っていない（『山陽新聞』2021.9.1.朝刊）。北海道や岡山県のように、全国学テの結果の改善を数値目標として掲げる県は多い。しかしながら、テスト結果を重視する方策は学校現場に無理な達成基準を強いることになる。いわば、教育における本末転倒の事態が発生することになる。

　第二には、学力テストを用いた新たな評価方法として、「経年変化」の測定・評価、「学力の伸長度」を測定する試みが行われたことであった。それまで日本の学力テスト結果の分析は、概ね平均点や到達度の分析である場合がほとんどであり、児童生徒の学力達成状況の「成長度」を評価することは新たな方策であることは疑いない[2]。前者の「経年変化」については、京都府が先行したが、平成14年度に開始された香川県「学習状況調査」においても経年変化の分析が行われた。後者の「学力の伸長度」に関しては、岡山県の「基礎基本を重視した図形の論証指導に関する研究」（平成3年度）、埼玉県の「埼玉県学力学習状況調査」（平成27年度）、福島県の「ふくしま学力調査」（令和元年度）で実施された児童生徒の学力達成状況の「成長度（student growth）」を評価するという政策が目新しい。

## おわりに

本書の課題は、全国の25都道府県における戦後から今日までの「学力向上」を目指した「学力テスト政策」の実施状況を実証的に解明したものである。実に、各都道府県の学力テストの歴史的展開は、個性豊かな特色や多様性に溢れたものであった。そして、こうした各都道府県の自律的・自主的な学力向上政策が日本の学校教育における学習指導の質を上げ、児童生徒の学力を高度に保った要因となるものであった。

しかしながら、現代の日本の地方自治体の教育は岐路に立っていると思われる。小泉政権下で進められた「自由」と「規制緩和」という構造改革下で行われた「競争」と「選別」に基づくサバイバル・ゲームの展開が、国のみならず地方自治体でも次第に鮮明になりつつあるからだ。このことは、結果的には教育格差・学校間格差、地域格差などを生み出す要因ともなりうる。国は、PISAなどの国際学力競争において、各都道府県は全国学テでの順位競争において学力向上を目指して、市区町村や学校・教師に過度な負担を強いるようになる。それは、学力テストを教育成果の一元的な評価・選別の道具とし、学校・教師を学力競争に駆り立てる日本版「ハイステイクス・テスト」（北野, 2011）となりうる危険性を内包するものである。この危惧が現実のものとなってはならない。くり返しになるが、全国学テによる教育委員会や学校・教師の集権化や統制・監視への道に進んではならない。地方学テによる分権化や多様化・個性化への道に進むべきではなかろうか。

私たちの誰もが「学力が上がること」「学力テストで高い点数を取ること」には疑いを持たないし、何人も学力テストには批判も反対もしない。なぜなのか。教育哲学者の今井は、現代の学力に関して冒頭の一節のように述べているが、それに加えて学力向上のスローガンに何人も批判しなくなった理由として、「学力論が完全に外部からの成果要求に順応したことを意味している」（今井, 2008：129）と指摘した。今井が指摘する「外部」とは、教育システム以外の様々な存在である。そして、今の学力論は単に「知識の総量」を意味する「認知能力」だけでなく、「社会の変化に対応できる能力」といった意欲・興味・関心・努力といった子どもの「非認知能力」をも内包する無限のものとなった。

終章 「学力向上」を目指す「学力テスト」の課題と展望 515

　こうした多様な能力、そして、そもそも測定することが困難と思われる学力を測定する学力テストは、それ自体を作成することが困難であるだけでなく、テストの専門的な知識や技術のレベル・内実を問うことも専門家以外には難しい。私たちが熱い眼差しで注視するのは、テストの点数や順位である。児童生徒も学校・教師も同じである。テストは、知識の範囲を狭め、ものごとを深く考えることを奪い、様々な社会問題や人権問題から目をそむけ、心を閉ざす。そして、人の生き方や考え方を内向きにし、競争での勝利という方向性に導く。テストによる競争社会は、既存の社会をリニューアルすることよりも温存することに向かうし、他人の存在は競争相手程度にしかならない。テスト重視の教育は、間違いである。

　もちろん、本書でも述べたように、各都道府県においては学力テスト以外の学力向上策として「少人数学級の実現」「教員の加配」「補習授業の強化」「教員研修」「指導主事の現場への派遣」「独自のカリキュラムや教科書・教材開発」などを実施するケースも多い。しかしながら、今や日本人だけの「学力向上」ではなく、外国人子弟も考慮した「学力の多様化」を、いじめ・LGBTなどの「人権と教育」を、地球温暖化や貧困などの「環境・社会的問題」などに正面から、真剣に取り組むべき時ではなかろうか。様々な分野で日本が世界に後れを取る後進国になってしまう危険性を感じるのは、筆者だけではなかろう。経済面だけではなく、グローバルな視点での人権や権利教育、学習の基盤となる情報活用能力や問題解決能力の育成、学習者自身による能動的な学習スタイルの自己調整学習など、今後の課題、喫緊の課題は多い。学力テストは、ほどほどにすべきである。


〈注〉
〈1〉文科省以外で都道府県・政令指定都市の動向を分析した先行研究は、濱中淳子・杉澤武俊2004「都道府県学力調査の報告」（東京大学基礎学力研究開発センター主催『基礎学力シンポジウム』（http://www.p.u-tokyo.ac.jp/coe/sympopaper/hamanaka_sugisawa.pdf）が挙げられる。同調査は、平成7年度以降に教育委員会が主体となって実施した学力調査の実態解明である。調査期間は平成15年7〜8月であり、約8割の都道府県と政令指定都市で独自の学力調査が実施されていることが報告される。

516 終章 「学力向上」を目指す「学力テスト」の課題と展望

〈2〉米国を例にすると、こうした学力達成状況の「成長度」を評価することは、実は
運用段階において、「成長度」への教員の貢献度を測る教員評価政策ともなっている。
詳しくは、北野秋男2017「現代米国のテスト政策と教育改革―『研究動向』を中心に
―」日本教育学会『教育学研究』第84巻第1号、27-37頁を参照されたい。

### 〈引用・参考文献一覧〉

茨城県教育研究会 2011『五十年の歩み』1-195頁

今井康雄 2008「『学力』をどうとらえるか―現実が見えないグローバル化の中で―」
田中智志編著『グローバルな学びへ―協同と刷新の教育―』東信堂、105-137頁

岩手県教育委員会 1982『岩手県教育史第3巻・昭和Ⅱ編』岩手県教育委員会

大阪府教育研究所 1955「国語科評価の基礎研究」『昭和29年度 研究報告集』第15号、
1-59頁

大阪府教育研究所 1960「過去十年間の学力調査からみた学力推移について（小学校
編・中学校編）」『研究報告集』第46号、1-51頁

苅谷剛彦・志水宏吉編 2004『学力の社会学―調査が示す学力の変化と学習の課題―』
岩波書店

北野秋男 2011『日米のテスト戦略―ハイステイクス・テスト導入の経緯と実態―』風
間書房

佐貫 浩・世取山洋介編 2008『新自由主義教育改革―その理論・実態と対抗軸―』大
月書店

篠原 優 1951「標準学力検査の一検定」愛媛縣教育研究所『愛媛縣教育研究所紀要』
第六集、58-64頁

全国都道府県教育長協議会第1部会 2014『学力向上のための取組について：平成25年
度研究報告 No.1』1-113頁 http://www.kyoi…/H25ichibukai.pdf［2016.3.31.取得］

地方分権改革推進会議 2002『事務・事業の在り方に関する意見―自主・自立の地域社
会を目指して―』1-63頁 http://www8.cao.go.jp/…/021030iken.pdf［2013.8.1.取得］

中教審答申 1996「21世紀を展望した我が国の教育の在り方について（第一次答申）」
18-54頁

（以下、「中教審答申」は文科省ホーム・ページ「諮問・答申等」から取得）

中教審答申 2003『初等中等教育における当面の教育課程及び指導の充実・改善方策に
ついて』1-21頁

中教審答申 2005『新しい時代の義務教育を創造する』1-44頁

調査研究部（学力調査分析ユニット） 2015「『平成26年度全国学力・学習状況調査』の
分析と分析方法の研究―学力調査分析ユニットの役割―」福井県教育研究所『研究紀
要』第120号、69-77頁

戸澤幾子　2010「全国学力調査の見直し」『レファレンス』2010年6月号、49-72頁　http://www.ndl.go.jp/…/refer/pdf［2014. 5. 30. 取得］

フーコー，ミシェル（田村　俶訳）　1977『監獄の誕生』新潮社

福井県教育史研究室　1979『福井県教育百年史（第二巻通史編（二））』福井県教育委員会

北海道立教育研究所　1953「標準学力検査問題」『研究紀要』第5号、1-205頁

向山　清　1967「標準検査の利用と問題点」秋田県教育委員会『教育秋田』No. 218、20-22頁

文科省　2007「全国学力・学習状況調査の概要」http://www.mext.go.jp/….htm［2014. 4. 10. 取得］

文科省　2009「全国学力・学習状況調査等を活用した学校改善の推進に係る実践研究成果報告書」http://www.mext.go.jp/…/1290073.htm［2014. 4. 10. 取得］

文科省　2010「都道府県・指定都市による独自の小学校・中学校学力調査について—平成22年度調査—」http://www.mext.go.jp/…/1315454.htm［2013. 5. 7. 取得］

山田哲也　2008「新学力テストの性格と課題—ペダゴジーの社会学の視角から—」『日本教育政策学会年報』第15号、38-57頁

# あ と が き

　本書は、令和6（2024）年度の日本大学文理学部出版助成金を受領して刊行したものである。本書は、「まえがき」でも述べたように前著の2022『地方学力テストの歴史—47都道府県の戦後史—』（風間書房）の姉妹編として刊行したものである。本書の内容は、戦後の「地方学力テスト」の歴史と現状を各都道府県別に記述し、それぞれの県の学力テストの特徴や問題点などを指摘した。紙幅の関係で47都道府県すべてを取り上げることはできなかったが、代わって学力テストの内容や実施などに関して特色のある25都道府県に着目して記述した。そして、本書においては地方学力テストの歴史と現状を分かりやすく、読みやすくする工夫を行い、25都道府県の差異や特色を描き出すことに腐心した。

　また、前著で調査収集した各都道府県の学力テストに関する資料は、本書でも利用した。ただし、令和4年～5年の2年間に各県立図書館、県教育センター、そして市立図書館などで資料調査と収集を行い、新たな資料の発掘に努めた。特に、各県立図書館では地元新聞に掲載された学力テスト関連の記事をマイクコフィルムなどから収集し、新たな事実関係の確認も行った。本書の特色の一つが、この足で稼いだ資料の調査収集に基づく記述がなされたことである。

　さて、昨年の令和5（2023）年5月8日に新型コロナウイルス感染症は感染症法上の位置づけが「2類相当」から季節性インフルエンザと同等の「5類」に引き下げられた。大学においても対面式の授業が完全復活し、ようやくコロナ前と同じ日常が戻りつつある。何事もない日常生活を送ることの幸せを改めて実感する次第である。また、そうした中で本書を刊行できたことに関係各位にも感謝申し上げたい。とりわけ、日本大学文理学部の出版助成金を受領できたことには感謝したい。私自身、文理学部の出版助成金を受領するのは3度目となった。

　最後に、本書の出版を快諾して頂いた風間書房の風間敬子社長にも御礼を申

し上げたい。これで風間書房からは4冊目の刊行となったが、今回も編集・校正作業には多大なご支援・ご協力を頂いた。感謝の言葉以外には見つからない。

2024年10月

北 野 秋 男

著者紹介

北野　秋男（きたの　あきお）

1955年生まれ、富山県出身、日本大学大学院文学研究科博士後期課程
満期修了、日米の学力テスト政策の比較研究、博士（教育学）
日本大学文理学部特任教授

〈主要著作〉
北野秋男2003『アメリカ公教育思想形成の史的研究―ボストンにおけ
る公教育普及と教育統治―』風間書房、北野秋男2011『日米のテスト
戦略―ハイステイクス・テスト導入の経緯と実態―』風間書房、北野
秋男・吉良　直・大桃敏行編著2012『アメリカ教育改革の最前線―頂
点への競争―』学術出版会、北野秋男・下司　晶・小笠原喜康2017
『現代学力テスト批判―実態調査・思想・認識論からのアプローチ―』
東信堂、北野秋男・上野昌之編著2020『ニッポン、クライシス！～マ
イノリティを排除しない社会へ～』学事出版、佐藤　仁・北野秋男編
著2021『世界のテスト・ガバナンス―日本の学力テストの行く末を探
る―』東信堂、北野秋男2022『地方学力テストの歴史―47都道府県の
戦後史―』風間書房など。

## 学力テストのイノベーションとダイバーシティ
―全国の学力向上政策の実証的研究―

2024年12月10日　初版第1刷発行

著　者　北　野　秋　男

発行者　風　間　敬　子

発行所　株式会社　風　間　書　房

〒101-0051　東京都千代田区神田神保町1-34
電話 03（3291）5729　FAX 03（3291）5757
振替 00110-5-1853

印刷　平河工業社　　製本　高地製本所

©2024　Akio Kitano　　　　　　　　　　　NDC分類：370
ISBN978-4-7599-2521-0　　Printed in Japan
[JCOPY]〈出版者著作権管理機構　委託出版物〉
本書の無断複製は、著作権法上での例外を除き禁じられています。複製される
場合は、そのつど事前に出版者著作権管理機構（電話 03-5244-5088、FAX
03-5244-5089、e-mail: info@jcopy.or.jp）の許諾を得てください。